공간과 범죄예방

Space and crime prevention

지역중심
범죄예방의
이해와 실제

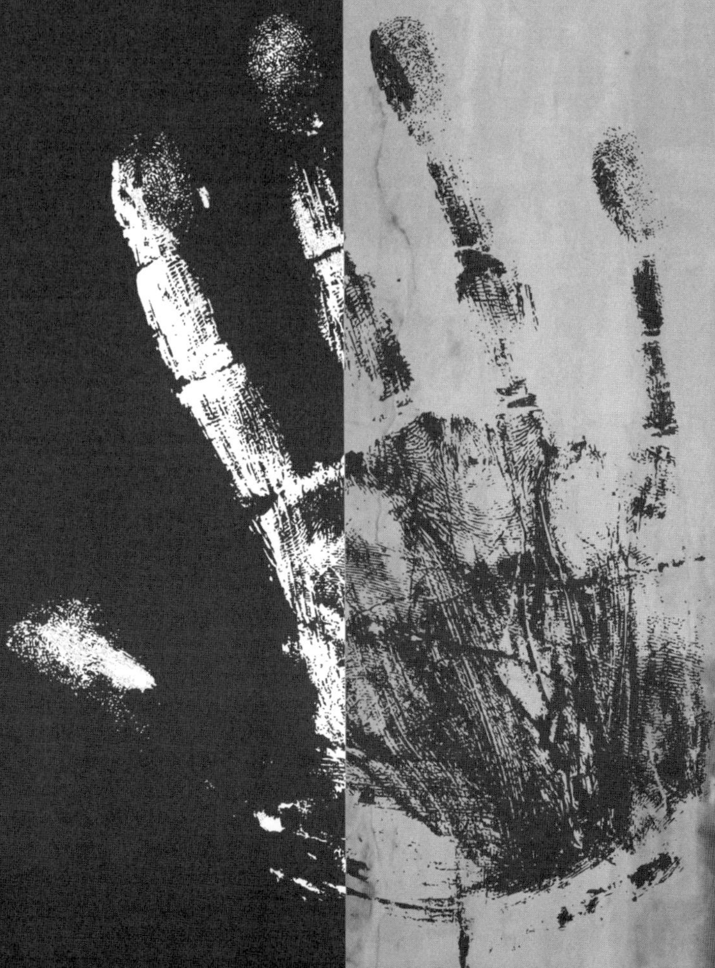

윤우석 지음

도서출판 그린

서 문

안전하고 평온한 삶을 영위하는 것은 모든 인간의 기본적 본능일 것이다. 이 책에서는 우리가 삶을 살아가고 있는 공간에서 발생하는 다양한 사회문제들을 살펴보고 이를 예방하고 대응할 수 있는 방안들을 사회통제론적 시각과 상황적 범죄예방론의 시각에서 집중적으로 논의하였다. 또한 범죄, 무질서, 범죄두려움, 정신건강문제 등을 삶의 질을 떨어뜨리는 사회문제로 정의하고 이들 문제들의 발생원인을 설명하는 다양한 범죄학 이론들을 논의하고 이들 이론에 기초한 예방책을 살펴보고자 하였다. 이와 더불어 범죄예방의 중추적 역할을 담당하고 있는 경찰의 활동을 소개하고 그 효과성을 평가하고자 하였으며 현행 범죄예방진단의 과정을 서술함으로써 범죄위험성 판단의 기준과 척도에 대한 이해를 도모하고자 하였다. 특히 이 책자는 다른 범죄예방에 관한 저술들과 달리 범죄에 국한 된 논의가 아닌 삶의 질과 관련된 모든 사회적 현상을 담고자 노력하였다는 점이다.

범죄학적 관점에서 이 책은 범죄자가 독특한 범죄적 특성이나 성향을 가졌다는 범인성에 기초한 범죄학 이론보다는 범죄자에 대한 억제와 통제 그리고 범죄기회 감소를 통한 범죄예방을 강조하는 범죄학 이론을 주요 이론으로 다루었다. 기존 많은 연구들이 범죄예방의 방법으로 범죄자의 범인성을 개선시키는 쪽으로 논의가 발전하였으나 그 효용성의 한계가 지적되었다. 또한 범죄예방이라는 형사사법적 대응의 핵심 주체는 경찰이기에 경찰의 근거이론이 되는 고전주의 범죄학, 억제이론, 그리고 상황론적 범죄예방 이론을 주로 다루고자 하였다. 이와 더불어 사회적 통제의 중요성을 강조하기 위해 고전주의 사회해체이론에서 발전한 수정된 사회해체이론의 논의를 중심으로 범죄예방을 위한 사회적 통제의 중요성을 강조하고자 하였다.

제 1장에서 범죄와 일탈의 개념, 범죄의 형성과정, 범죄와 정치적 성향 및 시대적 상대성 등을 다룸으로써 범죄에 대한 독자들의 이해를 높이고자 하였다. 또한 기존 범죄예방모델 중 보건모형을 검토하고 사회통제론적 시각과 상황적 범죄예방론의 시각을 통합적으로 접목하려는 시도를 하였다. 제 2장에서는 범죄의 공간 집중화 현상 및 범죄발생 현황을 설명함으로써 범죄발생에 있어 공간의 중요성을 강조하고자 하였다. 제 3장에서는 범죄예방이론 중 사회통제론적 시각의 발전사를 검토하였고 지역사회의 구조

적 특성, 기능적 특성, 지역사회의 사회통제력의 관계를 전반적으로 살펴보고자 하였다. 제 4장은 고전주의 범죄학과 신고전주의 범죄학에 대한 논의를 살펴보고자 하였다. 또한 피해자학이론이라 불리는 생활양식이론과 일상행위이론을 중심으로 범죄피해의 위험요소와 범죄발생의 조건을 검토하였다. 제 5장은 신고전주의 범죄학의 핵심이라 할 수 있는 상황적 범죄예방이론에 대해 설명하고자 하였다. 상황적 범죄예방이론의 범죄기회 구조 및 범죄기회 감소 기법에 대해 논의하였다. 제 6장은 상황적 범죄예방 기법에 대해 논의하고 이의 효과에 대한 기존 선행연구의 내용을 정리하고자 하였다. 제 7장은 최근 가장 각광받고 있는 범죄예방방법인 CPTED의 발전사와 기본원리를 설명하고자 하였다. 몇몇 국내 적용 사례 역시 검토하였다. 제 8장은 지역사회와 범죄예방이라는 주제로 지역사회범죄예방의 개념 및 개인수준의 범죄예방활동에 대해 설명하였다. 특히 사회통제의 구성요소들 간의 관계를 집중적으로 다루었다. 제 9장에서는 지역사회의 무질서와 범죄두려움의 원인이론 및 영향요인을 파악함으로써 무질서와 범죄두려움 감소를 위한 방안을 논의하과 하였다. 제 10장에서는 지역사회의 공간이 거주민들의 정신건강에 미치는 영향을 살펴보고자 하였다. 제 11장에서는 경찰활동과 범죄문제를 논의하였다. 특히 경찰의 다양한 활동들이 어떻게 범죄, 무질서, 범죄두려움, 그리고 정신건강에 영향을 미치는지를 파악하고자 하였다. 마지막으로 제 12장에서는 최근 한국 경찰에서 도입하여 활용하고 있는 범죄예방진단의 개념과 실무 적용방법에 대해 설명하고자 하였다.

이 책을 읽는 독자들은 아마도 경찰학 전공자이거나 범죄학에 대한 관심이 많은 학부생 혹은 대학원생들일 것이다. 범죄학에서 범죄예방이라는 연구영역은 범죄원인론만큼이나 중요한 부분이다. 아무쪼록 범죄학에 관심 있는 많은 실무자와 학생들이 이 책을 통해 범죄예방에 대한 이해를 도모하는데 도움을 받기를 바란다.

계명대학교 명교생활관 명교관에서

차 례

범죄와 범죄예방

제1절 범죄와 일탈

1. 범죄와 일탈의 개념

범죄예방(Crime Prevention)을 이해하기 위해서는 범죄예방과 관련된 다양한 개념에 대한 이해가 선행되어야 한다. 특히 범죄예방의 최우선 주체가 되는 범죄(Crime)에 대한 이해가 필요하다. 범죄는 무엇인가? 아마도 대부분의 사람들은 범죄란 살인(Murder), 강도(Robbery), 강간(Rape), 절도(Larceny), 폭행(Violence), 주거침입절도(Burglary), 사기(Fraud), 방화(Arson) 등 일상적으로 범죄라 인식되는 어떠한 행위를 범죄라 말할 것이다. 범죄학(Criminology)을 전공하지 않았음에도 불구하고 일반인들이 범죄를 이렇게 정의할 수 있는 이유는 무엇일까? 아마도 사회화(Socialization)가 잘 되어 있기 때문일 것이다. 부모들은 자식을 양육(Nurturing)함에 있어 자식들이 나쁜 짓을 하는 것을 경계하고 잘못된 행동이라 훈육(Discipline)했을 것이다. 또한 우리는 어린 시절부터 학교의 정규교육을 통해 범죄는 나쁜 것이라 배웠다. 또한 뉴스와 미디어에서 거의 매일같이 보도되는 다양한 종류의 범죄 사건들을 간접적으로 경험(Indirect Victimization Experience)을 했거나 혹은 직접적으로 피해를 당했거나(Direct Victimization Experience) 하였을 것이다. 이에 범죄는 나쁜 행위이며 범죄자는 처벌(Punishment)받아 마땅하다는 사회적 교육이 자연스럽게 이루어졌을 것이다.

범죄학을 전공하지 않은 일반인 조차 범죄가 무엇인지 잘 알고 있음에도 불구하고 왜 많은 범죄학 책자들은 범죄를 명확하게 정의하지 못하는 것일까? 사실상 거의 대부분의 범죄학 이론들은 범죄를 법에 규정된 행위로 보는 협의론적 관점과 법 이외의 다른 일탈적 행위(Deviant Behaviors)까지 포괄하는 광의론적 관점을 뒤섞어서 제시한다. 이로 인해 범죄를 명확하게 무엇이다라고 정의내리는 것은 매우 복잡하고 난해한 문제가 된다. 예를 들어 대부분의 사람들은 어린 시절 부모로부터 '거짓말 하지 말라', '착하게 행동하라'는 교육을 받았을 것이다. 그렇다면 거짓말은 범죄인가? 이 질문에 여러분의 답은 무엇인가? 저자의 입장에서 정답은 '범죄일 수도 있고 아닐 수도 있다'

이다. 흔히 사람들은 거짓말에는 '나쁜 거짓말'과 '좋은 거짓말'이 있다고 생각하는 경우가 많다. 도대체 이 구분은 어디에서 오는가? 나쁜 거짓말과 좋은 거짓말을 구분하는 기준은 무엇인가? 결국 거짓말은 나쁘다고 배웠음에도 불구하고 많은 사람들은 거짓말을 하며 산다. 거짓말이 상대방의 의사결정에 중요한 왜곡을 발생시켜 금전적인 손실을 입혔다면 우리는 이것을 사기[1]라 한다. 즉, 범죄가 되는 것이다. 하지만 가족들이 걱정할 것을 우려하여 자신이 겪고 있는 힘겨운 일상(예: 건강, 직장, 금전, 인간관계 문제 등)을 공유하지 않는 것은 범죄가 아닌 착한 거짓말이라고 말할 것이다.

잠시 질문을 변경해 보도록 하자. 거짓말을 하는 것은 나쁜 행동인가? 이 질문에 대해 거의 대부분의 독자들은 '나쁜 행동'이라 동의 할 것이다. 왜 거짓말은 범죄인가?라는 질문에서는 모호했던 대답이 거짓말이 나쁜 짓인가?라는 질문에는 확실히 나쁘다고 대답하는 사람들이 많을까? 이 질문에 대한 대답은 바로 도덕(Morality) 혹은 규범(Norm)이라 불리는 범죄보다 상위에 있는 개념의 학습 결과 때문일 것이다. 우리사회는 사회구성원들의 행위가 도덕이라는 사회적 규범의 범주 내에서 이루어지기를 기대한다. 흔히들 '경로효친사상'이라는 용어를 알고 있을 것이다. 경로효친은 부모를 공경하고 부모가 아닌 다른 이웃 어른 역시 공경하는 생활태도를 가져야 한다는 오래된 사회적 규범이다. 지하철이나 버스에서 노약자/장애인/임산부를 배려하는 좌석이 마련되어 있는 것을 보았을 것이다. 젊고 건강한 사람이 이 같은 배려석에 앉아 있으면 대부분의 사람들은 눈살을 찌푸리거나 혹은 야단을 칠지도 모른다. 이 같은 사람들의 반응 저변에는 바로 사회적 규범이라는 도덕이 내재되어 있기에 나타난 현상일 것이다. 즉, 우리는 모든 사회구성원이 도덕적으로 행동하기를 기대한다. 도덕적으로 행동하지 않는 사람 중 일부는 범죄자라 칭하며 처벌을 통해 그의 행위를 벌하고 사회를 바로 잡으로는 것이다. 즉, 도덕 혹은 사회적 규범은 범죄보다 상위에 존재하는 개념이며 사회구성원들의 행동을 통제하는 사회통제 시스템이 된다. 이 같은 사회통제 시스템을 우리는 사회통제(Social Control)라 부른다.

일반적으로 우리사회의 가치와 규범과 같은 도덕적 잣대를 벗어나는 행위를 일탈(Deviance)라 한다. 즉, 일탈은 도덕과 대비되는 영역이다. 하지만 모든 일탈행위가 법적 처벌을 받는 것은 아니다. 일탈행위는 사회적으로 용인되는 선한 행위 즉, 절대적인 도덕적 선(Absolute Moral Goodness)을 벗어나는 행위에 대하여는 사회적 비난가능성

1) 형법 제 347조에서 사기죄는 사람을 기망하여 재물의 교부를 받거나 재산상의 이익을 취득한 행위라 정의하고 있다. 즉, 사람을 기망하는데 사용되는 수법은 거짓말이 기초가 된다.

이 있는 행위를 의미한다. 따라서 일탈행위가 범죄일수도 있고 범죄가 아닐 수도 있다. 예를 들어 앞에서 예시로 들었던 거짓말은 타인의 법익을 침해하지 않는다면 법적으로 제재를 받지 않는 일탈행위가 된다. 하지만 거짓말이 타인의 명예를 침해[2)]하거나 재산상의 이익을 편취한 경우 우리는 법으로 처벌하게 된다. 즉, 일탈은 도덕적 행위를 벗어난 행위로 범죄 보다 광범위한 행위인 것이다.

일탈행위 중 연령에 의해 범죄가 아닌 다른 용어로 불리는 대표적인 개념이 비행(Delinquency)이다. 비행은 청소년에 의해 저질러진 일탈행위를 의미하며 많은 경우 법적 처벌을 받지 않는 행위[3)]들이 포함된다. 성인에게는 일탈행위로 간주되지 않지만 특정 연령(일반적으로 미성년자)의 사람들이 그 행위를 하면 이를 일탈행위로 인식하는 경우가 있다. 우리는 이를 지위비행(Status Delinquency)이라 한다. 대표적인 지위비행으로 청소년의 흡연, 음주, 가출, 무단결석 등이 포함된다. 하지만 비행행위 중에서도 중비행(폭행, 절도, 성범죄 등)은 소년법에 의한 보호처분의 대상이 되기도 한다.

사회적 규범은 시대의 변화와 인류 역사의 발전 속에서 매번 변화했다. 이에 우리가 옳다고 생각하는 도덕의 범주도 변화한다. 과거 사회에서는 노예무역이 성행하였고 미국에서는 흑인과 백인이 출입할 수 있는 식당이나 좌석이 구분되었다. 한국 역시 과거에는 사노비와 공노비 제도가 있었고 신분계급이 명확했다. 하지만 현대 사회에 와서는 이 같은 차별은 헌법에서 보장하는 기본적 인권과 평등권을 침해하는 중대한 해악으로 인식된다. 다시 말해서 사회통제는 사회상의 변화에 따라 변화할 수 있다. 따라서 일탈이라 불리는 행위 역시 시대에 따라 변화할 수 있으며 범죄 역시 법률의 개정 등을 통해 새로 생겨나거나 없어지기도 한다. 대표적으로 간통죄는 배우자가 있는 사람이 간통을 하는 경우 2년 이하의 징역에 처한다는 처벌하는 규정(형법 241조 간통죄)이 2015년 헌법재판소의 위헌판결로 폐지되었다. 헌법재판소는 간통죄가 성적 자기결정권 및 사생활의 비밀과 자유를 침해하여 헌법에 위배된다고 판시하였다. 또한 2017년 헌법재판소는 형법 제 269조에서 규정하고 있는 낙태죄를 헌법불일치 판결을 하였다. 헌법재판소는 낙태죄는 모자 보건법이 정한 예외를 제외하고는 임신기간 전체를 통틀어 모든 낙태를 전면적이고 일률적으로 금지하고 있으며 이를 위반할 경우 형벌을 부과하

2) 형법 307조에서 명예훼손죄는 공연히 구체적인 사실이나 허위 사실을 적시하여 사람의 명예를 훼손하는 행위라 정의하고 있다. 여기서 허위 사실을 말하는 것은 거짓말이라는 일탈행위이다.

3) 형법 제 9조에서 형사미성년자는 만 14세가 죄지 아니한 자라 규정하고 있으며 이들의 행위는 처벌하지 않는다. 다만 여기서 주의할 부분은 만 14세 미만의 자가 저지른 행위가 범죄행위가 아니라는 것이 아니라 형법에서 범죄를 규정하고 있는 구성요건 해당성, 위법성, 그리고 책임성이라는 3가지 조건 중 책임을 질 수 있는 능력이 없으므로 처벌하지 않는 것이다.

는 것은 임신의 유지 및 출산을 국가가 강제하는 것으로 파악하였다. 즉, 임신한 여성의 자기결정권을 제한하는 것과 태아의 생명 보호권의 측면에서 임신 22주까지는 허용할 수 있을 것으로 판시하였다. 이에 낙태가 모든 임신 기간에 허용되는 것이 아니라 초기 22주까지의 낙태행위는 법으로 처벌하지 않게 된 것이다. 여기서 떠오르는 또 다른 생각은 사회변화에 따라 과거 범죄였던 행위가 더 이상 형사처벌을 받지 않는 행위가 되었을 때 이 행위는 일탈이라 규정지을 수 있는지가 문제가 된다. 원칙적으로 일탈이라는 개념은 범죄의 상위 개념이므로 범죄가 아닐지라도 사회적 규범에 기초할 때 일탈적 행위가 될 가능성이 높다. 예를 들어 간통죄가 폐지되어 형법상 형사처벌의 대상이 되지는 않으나 민법상 위자료 소송이 가능하다는 측면에서 일탈로 규정하는 것이 맞을 것이다. 즉, 사회규범상 옳은 행위로 보기 어려울 것이다. 낙태죄의 경우 역시 생명을 해친다는 측면에서 임산부의 자기결정권이 존재하더라도 도덕적 행위라 단정 짓기는 어려울 것이다. 정리할 때, 일탈은 범죄를 포함한 모든 비도덕적 행위와 비규범적 행위라 할 것이다.

여기까지 범죄, 도덕, 규범, 일탈, 비행 등 다양한 유사 개념을 설명하고자 하였다. 다음으로 범죄는 어떻게 형성되는가에 대해 논의하고자 한다.

소년법의 보호대상과 보호처분

소년법은 만 19세 미만 소년의 범죄 및 일탈행위에 대해 형사처벌(Criminal Punishment)이 아닌 보호처분(Probation)을 통해 형사처벌에 의한 낙인(Stigimization)을 최소화 시키면서 품행을 교정하기 위해 1988년 12월 31일에 제정되었다.

소년법의 목적

제 1조(목적) 이 법은 반사회성(反社會性)이 있는 소년의 환경 조정과 품행 교정(矯正)을 위한 보호처분 등의 필요한 조치를 하고, 형사처분에 관한 특별조치를 함으로써 소년이 건전하게 성장하도록 돕는 것을 목적으로 한다.

소년법상 보호처분의 대상

제4조(보호의 대상과 송치 및 통고) ① 다음 각 호의 어느 하나에 해당하는 소년은 소년부의 보호사건으로 심리한다.

1. 죄를 범한 소년
2. 형벌 법령에 저촉되는 행위를 한 10세 이상 14세 미만인 소년

3. 다음 각 목에 해당하는 사유가 있고 그의 성격이나 환경에 비추어 앞으로 형벌 법령에 저촉되는 행위를 할 우려가 있는 10세 이상인 소년

가. 집단적으로 몰려다니며 주위 사람들에게 불안감을 조성하는 성벽(性癖)이 있는 것

나. 정당한 이유 없이 가출하는 것

다. 술을 마시고 소란을 피우거나 유해환경에 접하는 성벽이 있는 것

소년법상 보호처분의 유형

제32조(보호처분의 결정) ① 소년부 판사는 심리 결과 보호처분을 할 필요가 있다고 인정하면 결정으로써 다음 각 호의 어느 하나에 해당하는 처분을 하여야 한다.

1. 보호자 또는 보호자를 대신하여 소년을 보호할 수 있는 자에게 감호 위탁
2. 수강명령
3. 사회봉사명령
4. 보호관찰관의 단기(短期) 보호관찰
5. 보호관찰관의 장기(長期) 보호관찰
6. 「아동복지법」에 따른 아동복지시설이나 그 밖의 소년보호시설에 감호 위탁
7. 병원, 요양소 또는 「보호소년 등의 처우에 관한 법률」에 따른 소년의료보호시설에 위탁
8. 1개월 이내의 소년원 송치
9. 단기 소년원 송치
10. 장기 소년원 송치

② 다음 각 호 안의 처분 상호 간에는 그 전부 또는 일부를 병합할 수 있다.

1. 제1항제1호 · 제2호 · 제3호 · 제4호 처분
2. 제1항제1호 · 제2호 · 제3호 · 제5호 처분
3. 제1항제4호 · 제6호 처분
4. 제1항제5호 · 제6호 처분
5. 제1항제5호 · 제8호 처분

③ 제1항제3호의 처분은 14세 이상의 소년에게만 할 수 있다.

④ 제1항제2호 및 제10호의 처분은 12세 이상의 소년에게만 할 수 있다.

⑤ 제1항 각 호의 어느 하나에 해당하는 처분을 한 경우 소년부는 소년을 인도하면서 소년의 교정에 필요한 참고자료를 위탁받는 자나 처분을 집행하는 자에게 넘겨야 한다.

⑥ 소년의 보호처분은 그 소년의 장래 신상에 어떠한 영향도 미치지 아니한다.

2. 범죄의 형성과정에 대한 관점

1) 범죄 형성의 3가지 주요 관점

(1) 합의론적 관점(Consensus Perspective)

범죄라는 행위가 어떻게 규정되는가에 대한 대표적인 관점이 합의론이다. 합의론적 관점은 법규범이 사회적 합의에 의해 형성되었다고 본다. 합의론은 사회의 다양한 부분들이 하나의 통합된 구조로 조직되어 있다고 본다. 합의론은 사회학의 대표적인 이론인 구조기능론(Structural Functionalism)의 논의를 따른다. 구조기능론적 관점은 기본적으로 사회를 상호 연관된 부분들로 이루어진 하나의 체계로 바라본다. 이렇게 체계 내에서 각각의 사회 체계의 부분들은 전체가 균형 상태를 유지하며 조화롭게 잘 작동하는 데 이바지하는 기능을 수행한다.

대표적인 기능론자인 파슨스(Parsons, 1951)는 사회는 하나의 체계로 볼 수 있으며 이 사회 체계는 생물유기체와 마찬가지로 1) 항상성과 2) 균형을 유지하려 한다고 주장한다. 생물유기체가 의, 식, 주라는 기본적인 욕구를 가지는 것처럼 모든 사회도 그 사회가 생존과 균형을 유지하기 위해서는 필수적으로 충족되어야 하는 기본적인 욕구가 있다고 주장한다(박철현, 2014). 전체 사회는 상호관련 된 제도(정치, 경제, 종교, 교육, 가족 등)들로 구성된 하나의 체계로서 역할을 담당한다. 범죄와 같은 사회문제는 사회적 병리현상(Social Pathological Phenomenon)이며 사회해체(Social Disorganization)의 결과물이다.

사회는 어느 한 부분이나 제도의 변화가 다른 부분에 대하여 상당한 영향을 미치기 때문에 사회의 구성원들이 규범, 목표, 규칙, 그리고 가치에 대해서 일종의 합의나 동의를 이룬다고 본다. 사회 구성원들은 자신들의 생활과 활동을 지도하는 신념, 가치, 규칙을 규정하는 법률을 제정하게 된다. 법률은 사회에서 일반적으로 합의된 행위규범이 되는 것이다. 즉, 법은 우리 사회의 가치, 신념 그리고 의견의 주류를 반영하는 것이며 범죄는 사회에 해악(Social Harm)을 끼치는 행위가 된다. 이때 사회적 해악은 타인의 법익 뿐만 아니라 자기 자신의 법익을 침해하는 경우도 범죄로 이해한다. 따라서 피해자 없는 범죄(Victimless Crime)라 불리는 약물남용, 매춘 등의 범죄도 법률을 통해 규제해야 한다고 본다. 법은 모든 사회구성원들에게 균등하게 적용된다. 생계형 범죄자가 주로 저지르는 절도행위건 상류층이 많이 저지르는 화이트칼라 범죄(횡령, 담합, 부당거래 등)건 모두 법에 의해 처벌 받는다.

범죄에 대한 합의론적 관점은 전형적으로 보수주의적 범죄학과 관련성이 깊다. 모든 사회의 구성원은 그 사회를 관통하는 합의 된 가치와 규범을 준수해야 할 의무가 있으며 법률을 통해 행위규범이 완성된다. 사회구성원을 대표하는 의회 의원들에 의해 법이 제정되며 법률에 기초한 사회통제가 이루어진다. 법률은 현존하는 사회를 정상적으로 운영하게 만드는 순기능을 담당하므로 이를 준수해야할 의무가 사회구성원들에게 주어진다. 따라서 부당하게 법률을 위반하는 행위는 범죄행위가 되며 처벌받게 되는 것이다.

(2) 갈등론적 관점(Conflict Perspective)

범죄 형성에 있어 합의론적 관점과 가장 첨예하게 대립하는 것이 갈등론적 관점이다. 갈등론은 사회를 상호갈등적인 다양한 집단의 집합으로 이해한다. 갈등론은 우리 사회에 존재하는 부, 명성, 권력 등과 같은 자원은 희소성을 가지기 때문에 이를 획득하고 유지하기 위해 불가피하게 개인 혹은 집단 간 갈등이 존재한다고 설명한다. 즉, 사회는 희소한 자원을 획득하기 위해 투쟁하는 집단들로 구성되며 이들 집단 중에서 자신들의 정치적, 경제적 힘을 주장할 수 있는 집단이 자신들의 이익과 기득권을 보호하기 위한 수단으로 법을 만들어 냈다고 본다. 합의론이 사회질서 유지를 위해 합의 된 가치가 존재한다고 이해한다면 갈등론은 권력과 강제에 의해 사회가 유지되며 이는 권력을 가진 집단의 이익을 대변할 수 있는 가치와 이념을 통해 질서가 유지된다고 한다.

법은 사회에서 영향력 있는 집단의 이익을 보호하기 위한 수단이나 지배집단이 자신들의 우월성을 보장하기 위한 행위규범으로 사용되고 있다고 주장한다. 따라서 법은 모든 사회구성원에게 평등하게 적용되지 않고 선별적으로 집행되는 경향이 있다고 한다. 길거리 범죄라 불리는 강도, 절도, 침입절도 등과 같은 범죄는 주로 사회적 하층민이 많이 저지른다. 한편 횡령, 배임 등 화이트칼라 범죄는 기업가 등 사회적 상류층이 많이 저지른다. 10만원을 훔친 절도 범죄자와 100억 원의 회사 돈을 횡령한 범죄자 중 누가 더 많은 처벌을 받아야 할까? 갈등론은 사회적 해악이 보다 큰 화이트칼라 범죄 보다 길거리 범죄자들이 더 자주 그리고 더 많이 처벌 받는다고 주장한다. 한국 사회에서도 이 같은 현상이 자주 목격됨을 쉽사리 알 수 있다. 법은 누구를 위해 존재하는 것인가?라는 질문에 갈등론적 관점은 희소 자원을 차지한 지배계층(정치인, 경제인, 유명인 등)의 이익이 침해되지 않기 위해 존재하는 것이라 설명한다.

대표적으로 갈등주의 혹은 비판주의 범죄학의 창시자 혹은 사회주의와 공산주의의 창시자로 불리는 칼 마르크스(Karl Marx: 1818-1883)는 과학적인 경제학의 정립자로 독일의 유대인 가정에서 태어났다. 1848년에 저술한 공산당선언을 통해 전 세계적인 사회주의혁명과 계급투쟁의 밑거름이 되었다. 또한 1867년에 저술한 자본론을 통해 공산주의 경제체제의 과학적 기초를 제시하였으며 유물론과 변증법을 포괄하였다. 마르크스에 따르면 사회는 우리 인간이 필요한 물자를 생산하는데 필수적인 생산수단(땅, 공장, 기업, 자본 등)의 소유여부에 따라 유산자(Haves)와 무산자(Have-nots)의 두 가지 계급으로 나뉘며 현대사회에서의 자본가와 노동자의 관계라 볼 수 있다. 이들 두 계급은 서로의 이익을 최대화시키기 위해 투쟁하지만 우위에 있는 자본가가 노동자를 착취하는 경향이 있다고 주장한다. 일반적으로 자본가들 사이의 경쟁에 의해 자본가도 파산할 수 있고 따라서 생산수단을 잃고 무산자가 될 위험이 존재한다. 이에 자본가들은 항상 자신이 고용한 노동자의 임금을 좀 더 적게 주려고 노력할 수밖에 없다. 이 과정에서 노동자는 빈곤화의 길을 걷게 되기 때문에 점점 빈곤화 된 노동자 계급은 자신들의 계급 이익을 자각하게 되고 자본가 계급과의 갈등이 심화된다. 결국 노동자 계급에 의한 혁명이 발생하게 되어 기존의 사회질서가 무너지고 새로운 사회질서로 대치된다고 설명한다.

마르크스주의 갈등이론에 기초할 때 사회문제는 두 집단 간의 투쟁으로 인한 갈등의 결과라 이해된다. 결과적으로 사회문제는 필연적으로 존재할 수밖에 없는 것이며 자본과 권력을 가진 자들이 자신들에게 유리한 형태로 범죄와 비범죄를 결정짓는다. 따라서 범죄는 자본가를 보호하고 하층민을 희생하는 방향으로 계획되는 정치적 개념이다(Siegel, 2018:14).

(3) 상호작용론적 관점(Symbolic Interactional Perspective)

기능론과 갈등론이 제도나 대규모 집단과 같은 사회의 광범위한 측면에 관심을 갖는데 비해 상징적 상호작용론은 소규모 집단에서 상호작용하고 있는 개인들의 사회심리적인 역학에 초점을 맞춘다(고성호 외, 2020:25). 상징적 상호작용론을 주장한 미드(Mead, 1934)는 인간은 신체적으로 유약하기 때문에 생존을 위해서는 협동생활이 필수적이며 협동을 용이하게 하고 생존, 적응을 촉진시키는 행위를 지속하게 된다고 본다(박철현, 2014:40). 즉 인간은 맹수의 이빨이나 발톱과 같은 무기를 가지지 못했기 때문에 협동생활로 자신들을 보호하며 협동생활을 통해 다른 동물이 가지지 못하는 능력(정신능력)을 가진다고 본다. 특히 정신능력은 상징을 사용하고 상상 속에서 행위의 여러 가지 대안적 노선들을 시연해 보고 이에 따라 적절하지 않은 행위노선을 지양하고 동시에 적절한 행위노선을 선택할 수 있도록 만든다고 한다. 이러한 정신능력을 통해서 개인들은 몸짓이나 언어와 같은 상징을 이용하여 상호작용을 할 수 있다고 본다. 서로 간의 태도를 해석하고 이것에 의해 산출된 의미에 기초하여 행동하며 이러한 의미의 교환을 통해서 공유된 경험의 세계가 인간사회가 된다고 본다(박철현, 2014:40-41 재인용).

상징적 상호작용은 여러 단계의 발전과정을 가지는데 1) 준비단계(Preparatory Stage)로 의미에 대한 정확한 이해 없이 단순히 타인의 행동이나 말을 단순히 흉내 내고 모방하는 단계를 의미한다. 2) 놀이단계(Playing Stage)는 간단한 놀이를 통해 다른 사람의 역할을 이해하고 인식하는 것으로 소꿉놀이 등을 통해 엄마나 아빠의 역할을 경험하는 것을 의미한다. 3) 게임의 단계(Gaming Stage)는 단순히 한 사람이 아닌 여러 사람들의 역할을 마음속으로 상상하면서 서로의 예상되는 반응들을 상상 속에서 평가하는 조직화된 게임을 통하여 자아를 발달시키는 것을 의미한다(박철현, 2014:41). 예를 들면, 축구에서 골키퍼가 공을 차면 그 공은 미드필드에게로 전달되고 다시 이것이 공격수에게 전달되어 상대방 골문으로 들어가는 과정에서 개별 주체들의 역할을 상상하면서 이해하는 것이다. 이때 개별 주체들의 행동이 어떻게 될 것이라 예측하면서 상징적 상호작용이 이루어진다.

대부분의 상호작용은 의미를 지닌 상징을 통해 이루어지며, 의미는 생각하고 느끼는 존재인 사람들의 상호작용으로부터 나온다. 사회는 이러한 상호작용을 하는 사람들로 구성되어 있으며 사회를 이해하기 위해서는 바로 이 같은 상호작용을 이해해야 한다. 집단, 조직, 전체로서의 사회는 이러한 상호작용을 통해 만들어지고 유지되고 변한다. 상징적 상호 작용론자들에 따르면 사회적 삶은 사람들의 해석과정을 포함한다. 어떤 사건이 실제가 되는 것은 그 사건이 지닌 고유의 속성에 의해서가 아니라 사회적 행위자인 사람들이 부여한 해석을 통해서 이루어진다(고성호 외, 2020:25). 대표적인 상호작용론자인 토머스(Thomas)는 사람들이 어떤 상황을 실제로 규정한다면 그 상황은 결과적으로 실제가 된다고 주장하였다(고성호 외, 2020:25). 즉, 사람들이 사용하는 언어, 몸짓 등을 통해 의사소통하는데 이를 어떻게 해석하고 의미부여 하는가에 따라 부정적 혹은 긍정적 행동으로 파악되는 것이다. 범죄 역시 결과적으로 이 같은 상호작용의 결과물로 이해된다. 우리는 도박은 잘못된 것이라 인식하면서 주식이나 로또는 정당하다고 이해한다. 아파트를 전세를 통해 여러 채 구입하는 것을 우리 사회는 부동산

투기로 인식하는 경향이 있으나 주식이나 펀드를 사는 것은 투자로 인식하는 경향이 있다. 이와 같은 실제에 대한 사회구성원들이 이해가 사회문제를 결정짓는 원인이며 이에 기초하여 사회문제의 여부가 결정되는 것이다. 사회구성주의는 객관적인 사회문제 보다는 사회구성원들의 주관적 판단을 강조한다. 언론에서 범죄의 심각성을 이야기하는데 과연 범죄는 심각한가에 대한 의문이 생기지만 사회구성원들이 주관적으로 범죄는 두렵다고 인식하고 범죄는 없어져야 할 사회 악으로 인식한다. 실제 술이나 담배가 건강에 미치는 악영향이 더 큼에도 불구하고 우리는 마리화나는 중독성이 심하고 범죄를 야기할 수 있다며 처벌해야 한다고 믿는다.

상징적 상호작용론은 어떤 사회적 조건이 영향력 있는 집단에 의해 나쁜 것으로 낙인 찍히거나 자신들의 가치를 위협하고 보통의 사회적 기대에 위배된다고 규정지을 때 범죄가 된다고 설명한다. 대표적인 낙인이론가 하워드 베커(Becker, 1963)는 그의 저서 외부인(Outsiders)에서 일탈행위는 사람들이 그렇게 낙인 찍은 행위를 의미하며 일탈자는 성공적으로 낙인찍힌 사람들이라 하였다. 또한 악의 극화(Dramatization of Evil)을 주장한 타넨바움(Frank Tannenbaum)은 그의 저서 'Crime and Community(1938)'에서 범죄자는 일반인과 거의 다르지 않은 사람인데 첫 범죄를 저지르게 되고 이에 대한 사회적 반응(Social Interaction)으로 지속적으로 그 같은 일탈 행동을 반복하게 된다고 설명하고 있다. 예를 들면 어떤 지역에서 청소년들이 장난을 치다가 우연히 다른 집 유리창을 깨거나 행인을 희롱하는 등의 행위를 일상적 생활 중에서 저지른다면 지역사회 거주민들은 이러한 청소년의 행동을 비행으로 간주하고 비우호적으로 이해하고 부정적으로 반응하게 된다. 이웃사람들이 그러한 청소년들의 행동을 지역사회에서는 절대 용납될 수 없는 나쁜 행위로 치부하게 되고 일탈행위를 한 청소년들은 지역사회에서 악마나 비행소년으로 간주하게 되고 낙인찍히게 된다. 즉, 범죄는 상징적 상호작용의 결과물인 것이다.

2) 범죄의 이념 편향성과 상대성

범죄의 형성에서 3가지 접근방법을 살펴보았다. 범죄가 법률을 위반한 행위이건 아니면 사회도덕을 위반한 일탈행위이건 범죄는 동시대를 살아가고 있는 사람들의 이념적 성향에 영향을 받는다. 이념이란 일련의 신념이나 가치를 의미하며 사람들의 삶에 무의식적으로 영향을 미치는 인식이다. 이념은 개개인들의 종교적, 정치적, 사회적, 그리고 도덕적 판단의 근간이 된다. 즉 이념은 사회현상을 이해하고 대책을 강구하는데 중요한 잣대로 역할하며 일반적인 선입견을 형성하는 기초가 된다. 사람들은 이념의 차이에 따라 범죄와 범죄자들에 대한 선입견의 형성이 달라지며 정책개발과 실행에 있어서 중요한 차이를 가져온다. 정치적으로 보수적인 사람과 진보적인 사람은 정치적 이념이 다르기에 범죄에 대한 정책에서도 차이를 보인다. 주로 보수적인 정책은 범죄에 대한 강한 처벌과 응보를 강조한다. 한편 진보적 정책은 범죄자에 대한 인권확보 및 교정가능성에 초점을 둔다. 이 같은 정치적 이념은 범죄학이론에도 그대로 적용된다. 보수(통제, 제재)주의 범죄학이론들은 범죄자에 대한 통제와 억제의 필요성을 강조한다. 한편 진보주의 범죄학이론들은 범죄자에 대한 책임과 제재보다는 범죄를 유발한 사회구조와 주위환경의 변화가 중요하다는 인식을 가진다. 인간에 대한 본성(Nature)에 있어서 보수주의는 인간을 욕망을 추구하는 존재로 인식하는 반면 진보주의는 인간은 선하나 주위 환경에 의하여 악하게 되었다는 설명을 한다.

마리화나(대마초)에 관한 선입견과 실제 사실의 차이

마리화나에 대한 신화	마리화나에 대한 사실
1. 과학은 마리화나가 건강에 해롭다는 것을 증명하였다.	1. 과학적 증거에 따르면 마리화나 사용은 위험을 야기하지만 그 위험이 대단하지는 않다는 결론이다.
2. 마리화나는 의학적으로 이로움이 없다.	2. 녹내장, 암, 에이즈와 관련된 치료에서 마리화나의 효과가 입증되었다.
3. 마리화나는 중독성이 있다.	3. 마리화나와 신체적 의존성은 관련성이 없다.
4. 마리화나는 사람들이 더 강한 마약을 사용하게 하는 원인이 된다.	4. 마리화나 사용과 다른 마약의 사용 사이의 원인이 되는 연결고리는 없다.
5. 법이 충분히 처벌하지 않기 때문에 마리화나 사용은 광범위하게 증가하고 있다.	5. 마리화나 관련 재재는 체포, 구금, 벌금, 보호관찰 등을 포함하는 광범위한 처벌이 극단적으로 최근에 증가하고 있다.
6. 마리화나는 두뇌 손상의 원인이 된다.	6. 이런 주장을 뒷받침하는 연구결과는 아직 없다.
7. 마리화나는 사용자의 동기부여를 감소시킨다.	7. 어떤 물질의 과도한 사용은 낮은 성취와 관련되지만 마리화나를 찾는 것이 좋지 않듯이 다른 물질을 찾는것도 좋지 않다.
8. 마리화나 사용은 기억력을 약화시킨다.	8. 마리화나의 사용은 단기간의 기억상실을 유도하지만 장기간의 기억상실에 대한 증거는 없다.
9. 마리화나 사용은 정신적 질병을 유도한다.	9. 마리화나의 사용은 영구적이거나 장기간 심리적인 효과의 원인이 되지 않지만 마리화나의 영향으로 심리적 효과를 볼 수 있다.
10. 마리화나는 공격과 범죄의 원인이 된다.	10. 마리화나는 공격성을 감소시키고 통계적으로 범죄와 관련이 없다.
11. 마리화나 사용은 예방될 수 있다.	11. 미국 마약예방프로그램의 성공은 매우 제한적이다.

출처: 황의갑 외 (2014) 범죄학. 그린출판사. p. 56.

범죄는 시대 상황에 따라서도 차이가 난다. 즉, 상대성을 가진다. 범죄행위 혹은 일탈행위는 바람직한 행위와 바람직하지 않은 행위의 경계선에 존재하는 행위들에 대한 상대적 판단을 유발한다. 이를 범죄행위의 상대성이라 한다. 범죄행위는 시대적 관점과 장소적 관점에 따라 범죄행위가 될 수도 아닐 수도 있는 모호한 경계선이 존재한다. 예를 들어 미군의 이라크 침공으로 바그다드의 후세인 대통령 동상이 부셔졌다. 후세인의 동상을 무너트린 행위는 바그다드에서는 영웅시 되는 행위로 인정받았다. 하지만 예시를 변경하여 만약 어떤 사람이 서울 광화문에 있는 이순신 장군 동상을 부셔버린다면 이 행위는 범죄가 될 것이다. 또한 1900년대 초반 미국에서는 금주법을 시행하여 술의 제조와 유통 그리고 판매를 불법으로 만들었다 하지만 현재 주조는 합법이다. 한편 1900년대 초반 미국에서 대마초의 흡입은 합법이었고 아내에 대한 폭력(엄지손가락의 규정: Rule of The Thumb)[4] 역시 미국의 몇몇 주에서는 합법적인 행위로 인정받았으나 현재에는 당연히 가정폭력으로 처벌받는다. 저자가 어린 시절 거의 대부분의 어른들은 집안에서 담배를 피웠다. 공공장소나 식당 등 어디든지 흡연하는 사람을 쉽게 접할 수 있었다. 2009년 서울시를 시작으로 공공장소에 대한 흡연을 금지하였으며 이후 식당, 술집, PC방, 당구장 등 모든 장소에서 흡연자가 설자리를 잃었다. 2021년 현재 흡연 장소 이외의 장소에서 흡연하는 것은 불법적인 행위로 인식된다. 즉, 특정 행위의 불법성을 판단하는 기준은 시간과 장소에 따라 변화함을 알 수 있다. 특정 행위가 범죄행위로 인식되는 사회에서 그 행위가 단순히 심각한 해악을 끼치기 때문에 불법인 것이 아니라 그 행위를 사회적으로 불법이라 인식하는 태도에 의해 불법적 행위로 간주되는 것이다. 대표적으로 마리화나에 대한 신화와 사실의 차이에서 그 증거를 찾을 수 있다.

3) 범인성과 범죄상황

범죄자의 범인성(Criminality)이란 범죄자가 내재하고 있는 생물학적, 심리학적, 그리고 사회학적 요인들로 범죄를 유발하는 특성을 의미한다. 기존 많은 범죄학자들은 범죄자의 범인성을 찾기 위해 부단히 노력했다. 거의 대부분의 범죄학이론들은 범인성이 개인 간 차이가 존재하는지 아니면 집단 간 차이가 존재하는지를 찾고자 하였다. 범죄자가 다른 일반인과 다른 특징적인 개인적 차이가 존재하는지를 파악하는 것을 미시

4) 엄지손가락 규정은 남편이 아내를 체벌할 때 엄지손가락 두께보다 작은 회초리로 때리는 것은 불법이 아니라는 규정이다.

적인 범죄학 이론이라 한다.

미시적인 범죄학 이론들은 범죄자가 고유하게 가지고 있는 생물학적 특성, 심리적 특성, 그리고 사회학적 특성이 범죄에 어떻게 영향을 미치는지를 파악하고자 한다. 초기 범죄학이론들은 범죄자의 두개골 모양, 체형, 지능, 유전적 특성 등 다양한 생물학적인 특성과 범죄행동의 관계를 파악하고자 하였다. 이후 정신분석학, 인성이론, 인지이론, 행위학습이론 등 심리학적 특성에 기초한 범죄학 이론들이 논의되었다. 특히 연쇄 살인범 등 심각한 범죄자를 지칭할 때 많이 사용하는 싸이코패스라는 용어는 전형적인 심리학적 범인성을 의미한다. 미시 범죄학 중 사회학적 범죄학은 범죄자가 어떻게 범죄행위를 학습하게 되고 긴장을 느끼며 낙인이 이루어고 사회적 유대가 유지되는지에 관심을 가졌다.

한편으로 범죄자가 속해 있는 사회, 조직, 집단의 특성에 의해 범인성이 결정되는지를 파악하는 것을 거시적 범죄학 이론이라 한다. 거시범죄학은 인간은 사회적 동물이므로 자신이 속해 있는 사회의 영향을 받는다고 이해한다. 특히 계층, 경제적 지위, 하위문화 등 사회구조와 문화가 범죄율에 미치는 영향을 설명하려 한다. 시카고 범죄학파의 대표적인 이론 중 사회해체이론은 지역사회의 사회해체로 인한 사회통제력의 약화가 범죄의 원인이라 지목한다. 경제적으로 부의 성취라는 문화적 목표 달성이 어려운 사회하층민이 긴장을 하여 범죄자가 될 가능성이 높다고 주장하는 머튼의 긴장 이론 역시 대표적인 거시범죄학 이론이다. 최근에는 미시와 거시 이론을 통합하여 다양한 범인성의 상호작용을 논의하려는 시도들이 많아지고 있다. 거시적인 특성은 미시적인 특성과 결합되어 상호작용을 일으킬 가능성이 높기 때문이다. 궁극적으로 범죄자의 범인성을 설명하려는 범죄학 이론들은 왜 범죄자는 다른 개인보다 범죄행동을 더 많이 하는가? 혹은 왜 이 집단은 다른 집단 보다 더 많이 범죄율이 발생하는가?라는 질문에 답하고자 한다. 거시적인 범죄학 이론들은 범죄율의 변화에 사회구조와 문화의 변동이 어떤 영향을 미치는지를 살펴보고자 하였다.

최근 범죄학의 새로운 시각은 범죄자의 내적 범인성에 기초한 범죄통제와 범죄정책의 한계점을 지적하며 범죄발생의 상황에 초점을 두고 논의가 이루어지고 있다(Clarke, 1997). 기존 범인성에 기초한 범죄학 이론들은 범죄자의 범인성을 개선시키는 정책을 제시하였다. 인지치료 등 다양한 교정시설에서 도입된 심리학적 접근은 비용대비 효용성이 낮은 것으로 나타났다. 사회학적 접근에 기초한 정책 역시 크게 성공적이지 않은 것으로 나타났다. 빈곤이 범죄를 야기한다는 논의에 기초하여 사회보장성 급여를 지급하고 주거지원을 하였으나 범죄율의 개선을 쉽사리 나타나지 않았다. 즉 범인성에 기초한 전통적인 범죄학 이론들은 범죄발생의 원인요인이 너무나도 다양하여 어느 부분을 교정하고 치유해야 하는지가 모호하며 실제 적용되는 프로그램들의 불만족스러운 결과들이 도출되었다. 결국 많은 범죄학자들이 범죄자의 범인성에 치우친 논의에서 범죄발생의 상황과 기회에 대한 논의로 관심을 돌리게 되었다. 범죄발생 상황과 기회와 관련된 논의들은 특정범죄가 발생하게 되는 기회상황을 통제함으로써 범죄가 감소할 것이다 기대한다. 따라서 범죄행위를 저지르는 범죄자에 관심이 있기보다는 범죄발생의 상황에 집중한다. 범죄에 대한 상황론적 접근은 범죄자에 대한 형벌부과나 범인성 개선시키기 보다는 범죄발생 위험 상황을 예측하고 범죄자가 범죄행동을 저지르도록 유도하는 범죄위험요인을 차단하는데 관심을 가진다(Clarke, 1997: 2).

제2절 범죄예방의 이해

1. 범죄예방의 개념

범죄예방(Crime Prevention)은 범죄라는 일탈적 행위의 사전예방이라는 의미를 가진다. 하지만 앞에서 살펴보았듯이 범죄라는 개념은 법률을 위반한 행위라는 협의적 관점 보다는 광의의 관점에서 접근할 필요성이 있다. 기존 많은 범죄예방 관련 논의들은 주로 직접적인 범죄문제에 집중하는 경향이 있었다. 하지만 최근 논의들은 범죄예방을 단순히 법률을 위반한 행위에 국한하기 보다는 일탈적 행위 혹은 사회구성원의 삶을 질을 떨어뜨리는 모든 행위로 확장하고 있는 추세이다. 따라서 이 책에서는 범죄예방의 대상 범위를 확장하여 접근하고자 한다.

범죄예방의 개념정의에서 가장 논란이 되는 것은 범죄예방이라는 동일한 용어 사용에도 불구하고 범죄예방 주체에 따라 범죄예방의 의미가 달라진다는 점이다. 일반적으로 우리가 사용하는 범죄예방이라는 용어는 경찰과 같은 형사사법 기관이 범죄자가 저지를지도 모르는 범죄를 미연에 막는 행위로 이해한다. 특히 범죄문제에 있어 가장 밀접하게 관련된 형사사법기관은 경찰이다. 경찰은 범죄자가 범죄행위에 가담하지 않도록 정기적인 순찰활동 및 범죄위험성 파악을 통해 범죄위험요소를 제거한다. 주로 이 같은 업무는 경찰의 기능 중 생활안전 경찰 분야에서 수행하는 업무이다. 경찰은 경찰서 산하에 지구대와 파출소를 두고 24시간 순찰 및 신고출동업무를 담당한다. 실제 발생한 사건을 처리하기 위해 출동하는 신고출동은 범죄예방이라기 보다는 범죄대응에 가깝다. 오히려 일상적인 순찰활동이 대표적인 범죄예방 활동으로 이해된다. 순찰 경찰관은 범죄자의 범죄가담을 억제하고 시민들에게 안전감을 제공하는 전형적인 범죄예방 기법으로 이해된다.

하지만 다른 형사사법기관의 범죄예방 활동이라 불리는 역할이 진정한 의미의 범죄예방이라 할 수 있는지 모호하다. 예를 들면 검찰은 범죄자가 저지른 범죄행위에 대해 기소하고 형벌을 구형한다. 검찰이 기소한 재판을 법원은 심리하여 형량을 결정하고 범죄자에게 적절한 형사처벌을 부과한다. 검찰과 법원의 입장에서 범죄예방이란 범죄자에게 적절한 형사처벌을 통해 향후 범죄가담을 억제함으로써 범죄예방을 도모하는 것으로 이해될 수 있다. 이와 더불어 범죄자를 구금하는 구치소와 교도소 역시 재소자들이 교정시설에 머무르는 동안 향후 사회로 돌아가 범죄에 재가담(재범)을 하지 않도록 직업교육, 심리 상담과 치료, 인성교육 등 다양한 교정처우를 통해 재범을 막는 것이 범죄예방으로 이해될 수 있다.

또한 개인의 측면에서 범죄예방은 외출 시 문단속을 철저히 하고 자동차, 오토바이, 자전거 등에 자물쇠를 채우는 행위 등이 범죄예방으로 이해될 수 있다. 가정에서는 부모가 자녀들이 일탈/범죄행동에 가담하지 않고 올바른 사회인으로 성장할 수 있도록 애착을 가지고 적절하게 감독함으로써 범죄예방을 이룰 수 있을 것이다. 학교당국은 학생들 간의 폭력행동 등을 방지하기 위해 학교폭력 예방교육을 실시하고 총기와 칼과 같은 무기를 소지하지 않도록 함으로써 범죄예방을 도모할 수 있다. 도시설계자의 측면에서는 야간 가로등 조명을 밝히고 CCTV를 설치하고 건축물의 위치와 설계를 통해 범죄행동을 잘 감시하고 접근을 통제하는 것이 범죄예방으로 이해 될 수 있다. 범죄예방 조치를 취하는 개별 주체에 따라 범죄예방의 방법과 유형을 매우 다양한 것이다.

범죄예방 주체의 다양성에도 불구하고 범죄예방이라는 개념의 공통된 하위요소는 "미래(Future)"라는 점이다. 미래는 과거와 현재가 아닌 아직 다가오지 않은 어느 시간적 시점이다. 범죄예방이라는 용어와 개념을 사용하고 있는 주체들은 미래 어느 시점에 발생하게 될 범죄가 일어나지 않도록 어떠한 조치를 취하고 있으며 이 조치를 범죄예방이라 부르는 것이다. 다만 미래 시점만은 강조하는 경우 범죄예방의 개념은 매우 포괄적이고 무한대의 행위나 조치가 범죄예방이 될 수 있기에 범죄예방이라는 개념이 더욱 모호해 진다. 이를 일부나마 극복할 수 있는 방안은 범죄예방의 개념에 장소(Place)와 상황(Situation)을 같이 고려하는 것이다. 사실상 범죄자의 행위를 근원적으로 막고 범죄를 유발하는 원인을 제거하거나 치유하는 것은 거의 불가능에 가깝다. 기존 많은 범죄학 이론들은 범죄자 개인의 근원적인 범죄원인을 파악하고자 노력하였다. 하지만 현실적으로 개인의 범죄원인은 생래적인 요인에서부터 가정, 학교, 사회로부터 영향을 받은 많은 다양한 원인이 존재하므로 이를 해결하겠다는 것은 허황된 꿈인지도 모른다. 일개 개인이 빈곤으로 인해 절도를 범하게 된 절도범의 범죄 원인(결국 돈)을 해결해 줄 수 없기 때문이다. 그럼에도 불구하고 최소한 절도라는 범죄가 발생하게 되는 상황과 장소를 여러 가지 범죄예방 조치를 통해 통제하고 관리함으로써 절도범이 그 장소에서 절도행위를 포기하도록 만든다면 어쩌면 이 방법이 가장 효과적인 절도예방 방법일 것이다. 즉, 미래에 발생가능성이 있는 범죄를 장소와 상황을 고려하여 범죄가 발생하지 않도록 적절한 조치를 취하는 것이 범죄예방이라 할 것이다. 범죄예방을 시간, 장소, 그리고 상황을 동시에 고려하는 것이라 이해한다면 우리는 범죄예방과 혼동하기 쉬운 범죄통제(Crime Control)라는 개념을 구분하기 쉬워진다.

기존 국내외 많은 논문과 저서에서 범죄통제를 범죄예방과 유사하게 사용하는 경우가 많았다. 하지만 범죄예방은 범죄가 발생하기 이전에 이를 저지하기 위한 시도를 의미하며 범죄통제는 범죄발생을 일정(목표)수준을 유지하고 관리하는 것을 의미한다. 과거의 범죄가담에 따른 형사처벌과 같은 형사사법 기관의 형벌이나 형사사법적 절차는 사후적인 접근이며 범죄발생의 상황과 장소를 고려하지 않기 때문에 범죄예방이라 할 수 없는 것이다. 다만, 교도소 내에서 재소자의 일탈적 행동을 막기 위해 교도관을 배치하거나 법원에서 피고인의 행동을 제지하기 위해 경비원을 배치하는 것은 특정 장소와 상황에서 범죄예방이라는 사전적인 조치이므로 범죄예방에 해당 될 것이다.

여기서 기존 범죄예방의 개념을 종합적으로 정리한 슈나이더(Schneider, 2010)의 논의를 잠시 살펴보고자 한다. 슈나이더는 톨란(Tolan, 2002)의 말을 인용하면서 범죄예방은 특정 장소와 시간에 범죄발생을 막는 사전적인 적극적 대응으로 정의한다(Schneider, 2010:p.5). 슈나이더(Schneider, 2010)는 미국 국가범죄예방연구원(National Crime Prevention Institute, 1978)이 범죄예방을 "범죄위험성을 예측(anticipation), 인지(recognition), 그리고 평가(appraisal)하여 이를 제거하기 위한 조치를 취하는 것"이라 정의에 대해 이 정의는 범죄에 대한 사전적이고 적극적이며 문제 지향적 전략이라는 측면에서 강점을 가지지만 너무 포괄적이라는 한계점이 있다고 지적한다. 또한 그는 엑블룸(Ekblom, 1996)이 범죄예방을 "범죄사건을 유발하는 메커니즘에 조치를 취함으로써 범죄발생의 가능성을 낮추는 것"이라 정의 한 것에 대해 범죄원인에 적극적인 대처를 하려는 측면에서 강점을 가지는 정의이지만 대부분의 범죄예방 전략들이 범죄원인 보다는 범죄발생 기회를 제공하는 특정 시공간에 대응한다는 측면을 간과하였다고 비판하였다. 또한, 그는 범죄예방의 대가인 랩(Lab, 2004)이 정의한 범죄예방-"범죄의 양적 수준 혹은 인지된 범죄두려움의 수준을 감소하기 위한 모든 활동"-(이순래 · 박철현 · 김상원, 2011)이 상당히 불명확하고 적극적인 대응을 간과하였다고 주장한다. 마지막으로 슈나이더는 셔먼과 그의 동료들(2006)이 '범죄예방은 의도(Intentions) 보다는 결과(Consequences)를 중심으로 파악해야 한다'는 결과중심적인 정의에 대해 너무 불명확하고 포괄적이라는 한계점을 가진다고 비판하였다. 결과적으로 슈나이더는 기존 범죄예방의 개념 정의가 불명확하거나 너무 포괄적이라는 점에서 '형사절차상 처벌을 통한 무능력화(Incapacitation)를 제외하고 개인과 특정 장소에서 발생할 수 있는 범죄행위를 사전에 예방하는 것이 범죄예방'이라 정의하였다(Schneider, 2010:5).

범죄예방이라는 개념의 정의는 기존 학자들의 논의처럼 범죄라는 일탈 행동의 사전적인 예방에 있다. 다만 기존 범죄예방의 개념 속에서 논의되고 있는 범죄는 협의의 범죄개념에 국한하고 있다는 한계점이 있다. 일반적으로 범죄라는 개념은 형법 등 법률에서 정의하고 있는 처벌 받을 만한 행위를 의미한다. 이 정의는 형사사법기관의 입장에 치우진 범죄의 개념정의이다. 형사사법 실무적으로 볼 때, 살인, 강도, 강간, 절도, 폭행, 마약, 등 형사처벌이 필요한 범죄의 발생을 최우선적으로 예방하는 것이 1차적인 범죄예방의 목적인 것은 사실이지만 이는 범죄라는 개념을 행정 편의적으로 판단하는 한계점이 있다. 범죄라는 행위는 앞에서 살펴보았듯이 사회상과 시대상의 변화에 따라 다양한 형태로 변화한다. 또한 법률에 의해 처벌 받지 않는 일탈 행위가 오히려 범죄보다 더 큰 사회적 해악을 끼칠 수 도 있다. 사회적 해악은 금전적이거나 신체적인 이익에 국한하지 않고 삶의 질을 해치는 행위 역시 사회적 해악이 될 수 있기 때문이다. 따라서 무질서 행위-흔히 일탈적 행위- 역시 범죄예방의 대상에 포함시켜야 할 것이다.

이와 더불어 범죄두려움과 같은 거주민의 심리적 해악을 범죄예방의 포함시켜야 한다는 주장이 끊임없이 제기되었음을 간과하지 말아야 한다. 랩(Lab)교수가 범죄예방의 목적을 범죄와 범죄두려움을 감소시키는 것이라고 주장하였듯이 범죄예방은 법적으로 처벌 가능한 위법행위에 더하여 이와 유사한 일탈적 행위와 그의 심리적 부작용을 포함 할 수 있어야 한다. 실제 기존 범죄학 논의들이 1970년대까지 범죄와 일탈에 국한되어 논의되었으나 이후 범죄두려움, 무질서, 정신건강 등 다양한 결과물에 관심을 가지기 시작하였다. 협의의 범죄는 비록 도덕, 사회적 규범, 관례에 어긋나는 어떠한 일지라도 법규에 처벌조항이 없는 경우는 범죄가 되지 않는다는 한계점이 존재한다. 한편 법에서 처벌조항이 없을지라도 우리는 도덕이나 사회적 규범에 어긋나는 행위에 대해 비난 할 수 있다는 측면에서 많은 범죄학자들은 범죄를 일탈적 행위로 파악하려 한다.

따라서 이 교재에서 범죄예방의 대상은 단순히 협의의 범죄 뿐만 아니라 지역주민들의 행복한 삶을 영위하는데 악영향을 미치는 무질서, 범죄두려움, 정신건강에까지 그 대상을 확장하고자 한다. 실제 기존 연구에 따르면 무질서한 지역에서 범죄두려움이 증가하고 범죄가 많이 발생할 뿐만 아니라 거주민들의 자살충동 및 우울감이 증가하는 것으로 파악된다. 즉, 범죄예방은 '형사처벌이 가능한 행위에 국한하지 않고 이와 유사한 행위 및 결과물의 감소를 통해 삶의 질을 높이는 모든 사회 주체들의 활동'으로 정의하고자 한다.

2. 범죄예방의 역사

범죄예방이라는 용어의 사용이 언제부터 시작되었는지 그 유례를 탐구한 문헌자료는 명확하지 않다. 다만 범죄예방은 새로운 것이 아니라는 점은 분명하다. 인류는 자신과 자신의 가족 그리고 부족을 보호하기 위해 울타리를 치고 채집물 및 농작물을 특정장소에 보관함으로써 이방인의 침입이나 약탈을 예방하고자 했다. 초기 인류의 범죄대처는 주로 응보, 복수, 보복에 기초하여 이루어졌다. 탈리오법칙(lex talionis)이라 불리는 '귀에는 귀, 눈에는 눈'이라는 응보주의적 대응은 고대 함무라비 법전에서도 기본 원칙으로 이용되었다(이순래 · 박정선 · 박철현, 2019). 즉, 범죄예방의 최선책은 개인의 응보적인 행동이었다. 범죄자는 범죄로 인해 얻을 수 있는 실익이 없고 응보와 보복의 대상이 되기 때문에 범죄 행동이 억제 될 것이라 가정되었다. 사실상 이 같은 응보주의적 접근은 공식적인 형사사법 체계가 갖추어진 현재에도 일부 남아 있다. 특히 법원의 형벌부과는 국민들의 법 정에 비해 상당히 동떨어진 경우가 많은데 이는 과거 응보주의의 잔재라 할 것이다. 경찰제도가 마련되지 않았던 고대국가에서 질서유지는 군대에 의해 이루어졌으며 몇몇 도시국가 및 도시에서 경찰활동이 이루어졌으나 거의 대부분의 범죄대처는 시민들의 참여에 의해 이루어졌다. 영국의 경우 시민경찰활동에 남성들이 의무적으로 가입하도록 되어 있었으며 야간과 특정 지역에서 범죄행위가 발생하는 경우 시민들은 범죄위험 징후에 대해 고함(Hue and Cry)을 치고 적극적으로 체포활동에 참여해야만 했다. 이후 영국에서는 웬체스터(Winchester) 법에서 감독과 감시 그리고 고함과 외침의 의무를 지도록 입법화되기도 하였다. 1800년대까지 시민의 치안참여가 이루어졌으며 런던 경시청과 같이 초기 경찰조직의 도입과 함께 범죄예방은 시민의 책임이 아닌 국가의 책임으로 넘어왔다. 초기 미국 역시 자경단(Vigilance)을 통해 치안을 유지하였으며 여러 도시 경찰이 형성되면서 범죄대처의 의무가 시민에서 주정부와 시정부로 넘어오게 되었다(이순래·박정선·박철현, 2019:43). 범죄예방에 시민의 참여 전통은 사실상 국가 및 지방정부 중심으로 이루어지던 치안 활동의 한계점을 드러낸 1960년대 이후 다시금 주목받기 시작한다. 많은 경찰활동과 프로그램들이 지역주민들과의 협력과 도움을 통해 이루어지고 있으며 지역사회 조직의 참여와 활성화를 통해 지역사회의 비공식적 사회통제력 강화를 통해 지역사회의 범죄문제 해결 및 하위문화의 만연을 방지하려는 노력들이 지속되고 있다. 경찰중심의 범죄예방이 지역사회 중심 범죄예방으로 변모하는 과정인 것이다.

3. 범죄예방과 범죄통제의 차이

범죄예방은 앞에서 잠시 살펴보았듯이 범죄통제와 차이가 분명하게 존재한다. 범죄통제는 주로 경찰, 검찰, 법원, 교정 등 형사사법기관이 발생한 범죄에 적절하게 대응하고 범죄자를 처벌하는 일련의 과정을 통해 사회 전을 확보하려는 것이다. 하지만 서구 사회에서 1960년대 이후 범죄의 급속한 증가와 사회적 불안감으로 인해 전통적인 범죄통제의 한계에 직면하게 되었다. 형사사법 기관들은 범죄를 적절하게 통제하지도 못하였고 억제하지도 못했으며 예방하는데도 한계점을 드러냈다. 결과적으로 형사사법 시스템 속에 놓여있던 억제중심의 범죄통제가 아닌 예방 중심의 대응이 요구되었다. 여기서는 범죄예방과 범죄통제의 차이를 살펴보고자 한다(Schineider, 2010:7-20).

범죄예방과 범죄통제의 차이점

	범죄예방	범죄통제
시점	적극적	대응적
접근	예측, 평가, 개입	개입
대응	문제지향적 포괄적 대응과 해결책	특정 사안에 대한 대응과 해결책
책임	시민사회	국가기관
서비스제공자	공공건강, 지역조식, 사회복지, 자원봉사자	형사사법기관
핵심 통제	비공식적 사회통제	공식적 사회통제
대상범위	범죄, 범죄원인, 무질서, 두려움 등	범죄
대상	피해자, 가해자, 지역사회	가해자
셋팅	자연적	인공적
주요목적	사회적 기능의 개선	개인에 대한 통제

출처: Schneider(2010). Crime Prevention: theory and practice, p.8.

첫째, 범죄예방은 범죄통제에 비해 적극적인 조치(Proactive Intervention)다. 기존 전통적인 형사사법시스템의 범죄대응은 범죄가 발생한 것에 대해 범죄자에 대한 처벌을 중심으로 이루어졌다. 하지만 범죄예방은 다양한 조치를 통해 범죄 및 범인성(범죄원인)을 동시에 감소시키려는 노력이다. 범죄예방은 범죄가 발생할 수 있는 기회를 특정 시간이나 장소에서 차단하고 감소시킬 수 있는 전략 및 조치를 통해 범죄예방을 도모하고자 한다. 대표적으로 환경설계를 통한 범죄예방이론은 건축물이나 도시의 건축설계 및 디자인을 통해 범죄기회를 차단하려 한다. 또한 상황적 범죄예방이론은 범죄피해 대상물에 대한 견고성 확보, 범죄행위에 대한 감시 강화, 범죄자의 발각가능성 증대 등과 같은 조치를 통해 범죄 발생을 감소시키려 한다. 또한 범죄예방은 상황과 기회의 감소 뿐만 아니라 지역사회의 건전화를 통해 지역주민들이 지역사회의 범죄문제에 대응할 수 있는 능력을 향상시키거나 비행행동을 하는 청소년들에 대한 선도와 교육을 통해 비행을 감소시키려 노력한다.

둘째, 범죄예방은 문제지향적 접근(Problem-oriented Approach)이다. 범죄예방을 위한 조치는 범죄문제와 관련된 다양한 정보 수집을 통해 정확하게 범죄문제의 원인을 파악하고 평가하여 적절한 조치를 취하는 것이다. 따라서 문제의 정도와 성질에 따라 범죄예방 조치는 다양해진다. 쓰레기 무단투기가 심각한 지역의 지방자치단체와 관할 경찰서가 쓰레기 무단투기 장소를 확인하고 쓰레기 무단 투기의 이유가 쓰레기 배출 장소의 부족에 기인한 것이라면 쓰레기 수거 동선을 확대하여 쓰레기 무단 투기 장소를 합법적인 쓰레기 배출 장소로 변경함으로써 문제를 해소 할 수 있을 것이다. 하지만 쓰레기 무단 투기가 지역주민들의 준법정신의 문제라면 쓰레기 무단 투기 금지 캠페인과 쓰레기 무단투기 행위에 대한 처벌인지 및 단속강화를 통해 이 문제를 해소할 수 있을 것이다. 즉, 직면한 문제에 대한 정확한 분석과 평가를 통해 대응방법과 해결책이 달라지는 것이다. 범죄예방의 문제지향적 접근은 기존 전통적인 경찰활동의 한계점을 극복하는 차원에서 새롭게 도입된 문제지향적 경찰활동에서 제시되는 SARA모델(Scan, Analyze, Respond, and Assess)과 유사하다. 문제지향적 경찰활동은 전통적인 범죄통제적인 경찰 대응에서 벗어나 문제를 분석하고 적절한 평가와 대응 그리고 환류를 통해 범죄문제를 해결하려는 것이다(Goldstein, 1987).

셋째, 범죄예방의 주체는 공적 영역에서 사적영역으로 이전되고 있다. 기존 전통적인 형사사법 시스템은 국가 중심의 범죄예방 접근법이었다. 국가는 범죄를 입법을 통해 정의하고 법집행을 정부기관인 형사사법기관에서 집행하도록 함으로써 국가가 전적으로 범죄문제의 책임을 지는 상향식 문제해결 시스템이었다. 한편 범죄예방은 하향식 접근법을 적용하려는 시도이다. 비록 범죄문제의 주요한 책무는 국가가 가지지만 범죄문제 해결을 위해 다양한 주체들(학계, 지역사회 등)이 참여하려는 것이다. 지역사회의 범죄문제는 국가의 문제임과 동시에 그 지역에 거주하는 시민과 지역사회 조직의 당면한 문제이다. 지역사회 스스로 지역의 범죄문제 해결에 국가기관과 협조함으로써 지역사회를 지키고 안전을 확보하려는 노력이 요구된다. 따라서 국가기관 중심의 범죄예방이 아닌 지역사회 범죄예방이 핵심적이다.

넷째, 범죄예방은 비공식적 사회통제를 활성화시킴으로써 보다 효과적으로 범죄에 대처 할 수 있을 것이라 기대한다. 범죄예방의 책무가 국가기관에서 시민사회로 일부 이전 된다는 것은 지역사회가 지역의 범죄문제 해결에 참여하는 것을 의미한다. 지역사회의 구조적인 특성은 지역주민들의 통합과 결집력에 영향을 미쳐 비공식적 사회통제와 집합적 효능감을 결정짓고 이는 결과적으로 지역사회의 사회문제의 양상에 영향을 미친다. 기존 사회해체이론의 논의에서 보듯이 지역사회의 범죄문제는 지역주민들 스스로 집합적인 대응능력에 따라 그 양상이 상당히 달라진다. 지역주민들 간의 결집력이 강하고 유대와 신뢰가 형성된 지역에서는 지역사회에 대한 애착이 높고 지역주민들 간의 교류가 활발하여 익명성이 낮아진다. 범죄문제가 발생하게 되면 지역주민들은 지역사회의 위험신호에 대해 적극적인 개입을 통해 문제해결을 시도하게 된다. 경찰과 같은 정부기관의 직접적인 개입이 아닌 지역 거주민들에 의한 비공식적 개입은 잠재적 범죄자의 행동을 억제하게 되어 범죄가 덜 발생하게 되고 범죄두려움이 낮아져 지역사회가 보다 더 활성화 되는 선순환이 된다.

다섯째, 범죄예방은 범죄자와 (잠재적)범죄피해자 모두에 적용된다. 기존 전통적인 형사사법적 범죄통제는 범죄자에 대한 체포, 기소, 판결, 그리고 처벌을 중심으로 논의되었다. 한편 범죄예방 전략과 조치들은 범죄자에 대한 개입에 국한하지 않고 범죄피해를 입을 가능성이 있는 잠재적 범죄피해자에 대한 보호조치 역시 고려한다. 또한 전통적인 범죄통제적 접근이 범죄자에 집중해 있었다면 범죄예방은 잠재적 범죄자에 보다 관심을 가진다. 즉, 범죄를 저지를 가능성이 있는 사람과 범죄피해를 당할 가능성이 있는 사람(혹은 물건)을 동시에 고려하려는 것이다. 아파트에 CCTV를 설치하고 경비원을 고용하는 것은 잠재적 범죄자에게는 감시성의 강화로 발각 가능성이 높아짐을 의미하는 것과 동시에 아파트 거주민들은 안전한 주거환경에서 거주할 수 있는 기회를 제공한다.

여섯째, 범죄예방은 범죄에 국한하지 않고 이외의 일탈적 행위와 그 결과물에 관심을 가진다. 기존 전통적인 형사사법적 접근은 법규를 위반한 범죄자에 대한 처분에 집중하였다. 한편 범죄예방은 처벌 받을 만한 범죄에서부터 일탈적인 무질서 행위까지 그 범위가 확장된다. 특히 최근 사회해체이론의 논의를 보면 지역사회의 사회문제는 지역주민들의 정신건강 및 자살행동에까지 영향을 미칠 수 있다는 주장이다. 이에 이 교재에서는 범죄예방을 기존의 범죄, 범죄원인, 무질서, 범죄두려움에 국한하지 않고 이를 보다 확장하고자 한다. 즉 범죄예방은 범죄와 무질서 행위로 인해 지역주민들이 겪게 되는 심리적 부작용(두려움, 우울감, 무력감, 긴장, 등)과 그에 따른 부정적 결과(건강약화, 자살 등) 역시 중요한 관심의 대상이 된다.

4. 주요 범죄예방 모형

1) 보건모형

범죄예방의 주요 예방모형 중 하나는 보건모형(Public Health Model)이다. 보건모형은 1976년 브랭팅함(Brantigham)과 파우스트(Faust)가 범죄예방모형으로 도입하였다(Brantingham & Faust, 1976; 이순래·박정선·박철현, 2019:50 재인용). 보건모형은 1차적 예방, 2차적 예방, 3차적 예방으로 이루어져 있으며 기존 질병예방과 통제 방식처럼 범죄문제를 다루는 것이다.

1차적 예방모형은 질병이 발생하지 않도록 예방접종과 공중보건을 위해 위생관리를 철저히 하는 것이다. 1차적 예방모형은 계절성 독감 등의 예방을 위한 백신접종에서부터 B형간염, 결핵, 뇌수막염, 소아마비, 폐렴구균, 수두, 홍역, 일본뇌염, 장티푸스 등의 전염병 예방을 위한 표준화된 예방 절차가 있다.

다음으로 2차적 예방모형은 질병 발생가능성이 높은 사람이나 사업장에 대한 예방조치를 지속하는 것이다. 2차적 예방모형은 위험성이 높은 대상 및 장소에 대한 선제적 대응방안이다. 질병이나 재해 위험성이 높은 곳에 대한 위험성 평가를 통해 위험 요소를 파악하는 것이 대표적인 2차적 예방모형에 속한다. 또한 병원 수술실에서 수술 중 감염 등을 막기 위해 소독을 철저히 하고 중환자실을 멸균상태로 운영하는 등의 활동 역시 2차적 예방모형에 속한다. 이와 더불어 산업재해가 많이 발생하는 작업장 등에서 안전장비를 착용하도록 의무화 하고 사업장의 안전관리가 제대로 이루어지도록 하는 노력이 2차적 예방모형을 적용한 사례라 할 것이다.

마지막으로 3차 모형은 질병이 발생한 이후 질병의 확산을 막고 향후 질병이 발생하지 않도록 조치하는 것이다. 2020년 창궐한 코로나 바이러스(Covid-19)의 감염을 막기 위한 사회적 거리두기와 방역수칙 단계를 구축하였다. 사회적 거리두기와 방역수칙에 따라 단계별로 국공립 시설에서부터 개인 운영 사업장(노래방, 카페, 종교시설 등)에 대한 운영을 일시적으로 제한하는 조치를 단행하고 5인 이상 집합을 금지하는 등의 대책이 대표적인 3차적 공중보건 예방 모형에 속할 것이다.

브랭팅함과 파우스트는 범죄예방을 위한 보건모형을 어떻게 적용할 것인지 그 방법을 자세하게 설명한다. 우선 1차적 범죄예방은 범죄행위를 촉발하거나 범행기회를 제공하는 물리적 사회적 환경 조건을 판별하여 이를 개선시키는 것이라 주장한다. 한편 2차적 범죄예방은 잠재적 범죄자를 조기에 판별하고 이들이 불법행위를 저지르기 이전에 개입하는 방안이라 한다. 마지막으로 3차 범죄예방은 실제 범죄를 저지른 사람들을 어떻게 다룰 것인가라는 주제와 향후 이들이 또다시 범죄를 저지르지 않게 만드는 방안을 마련하는 것이라 한다.

범죄예방의 보건예방적 접근방법은 랩(Lab) 교수의 논의에서 보다 구체적인 내용을 확인할 수 있다. 브랭팅함과 파우스트의 범죄예방 보건모형을 보다 발전시킨 랩(Lab) 교수는 범죄예방의 보건모형을 구체화 시켰다(Lab, 2014). 랩 교수는 브랭팅함과 파우스트의 주장에 기초하여 1차적 범죄예방은 범죄행위를 촉진하거나 기회를 제공하는 물리/사회적 환경 조건을 파악하는 것이라 설명한다. 이에 그는 1차적 범죄예방(Primary

Crime Prevention)으로 환경설계(건축설계, 보안등, 접근통제, 재물인식표 부착), 이웃감시(감시, 시민순찰), 일반예방(체포와 재판, 양형 방법), 대중교육(범죄수준, 두려움, 자기부조), 사회범죄예방(실업, 빈곤, 취업/취업훈련), 민간경비를 가능토록 하는 광범위한 사회적 참여가 포함될 수 있다고 설명하였다(Lab, 2014:28-30). 환경설계는 범죄예방을 위한 기법으로 범죄자를 감독하고 범죄자가 범행을 저지르기 어렵게 만들고 거주민들에게 안전감을 확대할 수 있는 방법이다. 이웃감시와 시민순찰 역시 거주민들이 지역사회를 통제하는 능력을 향상시킬 수 있는 활동이다. 또한 랩 교수는 형사사법 시스템의 활동 역시 1차적 범죄예방이 될 수 있다고 주장한다. 경찰의 순찰활동은 범죄대상으로서의 매력도와 거주민들의 범죄두려움에 영향을 미칠 수 있다. 법원과 교정시설을 범죄자에게 처벌받을 위험성에 영향을 미칠 것이며 일반인들의 범죄 인식에도 교육적 영향이 있다. 그 외에도 개인수준과 집단 수준에서 범죄의 원인 될 수 있는 범인성을 개선시킬 수 있는 여러 가지 방안들이 가정, 학교, 지역 단위에서 제안될 수 있다(Lab, 2014:29-30).

2차적 범죄예방(Secondary Crime Prevention)은 잠재적 범죄자에 대한 판별과 예측(조기 판별, 문제행위자 예측), 상황적 범죄예방(문제판별, 상황특유의 대처방안), 지역사회경찰활동, 약물남용(예방, 처우), 학교와 범죄예방(잠재적 문제소년에 대한 활동)으로 구성된다(Lab, 2014:29). 2차적 범죄예방은 잠재적 범죄자에 대한 조기 식별과 개입을 하는 방안에 집중되어 있다. 특히 상황적 범죄예방(Situational Crime Prevention)이 대표적인 2차적 범죄예방이라 설명한다. 상황적 범죄예방과 함께 제안되는 2차적 범죄예방으로 지역사회경찰활동(Community Oriented Policing)이 제안되었다. 그는 1차적 범죄예방과 2차적 범죄예방은 매우 유사성을 가진다고 설명한다. 다만 차이점이라면 2차적 범죄예방은 주로 잠재적 범죄자에 대한 파악 및 적극적 개입을 위한 부모, 학교, 그리고 지역사회의 문제 파악과 개입에 있다(Lab, 2014:29-31).

마지막으로 3차적 범죄예방(Tertiary Crime Prevention)은 직접적으로 범죄를 저지른 범죄자를 대상으로 처벌을 통한 특별예방 및 무력화 전략의 사용과 사회복귀를 위한 다양한 프로그램 및 처우를 의미한다(Lab, 2014:31; 이순래·박정선·박철현, 2019:50-51). 랩 교수는 3차적 범죄예방은 형사사법기관에 의한 범죄예방이 대표적이라 하며 기존 범죄예방 관련 논의에서 제외되는 경우가 많았다고 지적한다(Lab, 2014:30). 대표적인 3차적 범죄예방 방안으로 교정시설에서 재소자들을 교화시키기 위해 제공하고 있는 다양한 프로그램이 포함된다. 또한 형사사법기관의 활동을 벗어나

민간교정 프로그램, 다이버전 프로그램, 그리고 지역사회교정(Community Correction) 프로그램 역시 3차적 범죄예방에 포함된다.

종합할 때, 범죄예방의 보건모형은 범죄를 전염병과 같은 질병으로 파악하고 질병예방과 통제 방안을 동시에 고려한다는 측면에서 의의를 가진다. 또한 범죄문제에 대한 3단계 접근방법을 통해 범죄문제를 종합적으로 예방 할 수 있는 접근방법이다. 다만 범죄예방의 보건모형이 가지는 한계점은 1차와 2차 범죄예방 접근 방법이 거의 유사하며 3차적 범죄예방 접근법이 과연 범죄예방인지 아니면 범죄통제에 기인하는 결과물인지에 명확하지 않다는 한계점을 가진다. 그럼에도 불구하고 범죄예방의 보건모형은 매우 체계적이며 포괄적으로 범죄예방 기법과 정책을 평가할 수 있는 기회를 제공한다.

랩(Lab)교수의 범죄예방 1, 2, 3단계 접근방법

1차적 범죄예방	환경설계(건축설계, 보안등, 접근통제, 재물인식표) 이웃감시(감시, 시민순찰) 일반예방(체포와 재판, 양형방법) 대중교육(범죄수준, 두려움, 자기부조) 발달론적 범죄예방(부모양육기술 교육, 예비학습, 인지능력 향상 프로그램) 조기개입프로그램 사회적 범죄예방(실업, 빈곤, 취업/취업훈련) 민간경비
2차적 범죄예방	판별과 예측(조기판별과 문제행위자의 예측, 범죄지역분석) 상황적 범죄예방(문제판별, 상황특유의 대처방안) 지역사회경찰활동 약물남용(예방과 처우) 학교와 범죄예방
3차적 범죄예방	특별예방 무력화 사회복귀와 처우

출처: Lab (2019). Crime Prevention: approaches, practices, and evaluations. Anderson Publishing. p. 29.

2) 상황통제모형

범죄예방의 상황통제모형(Situational Crime Prevention)은 범죄의 원인(Cause of Crime)은 범죄자의 고유한 성향(Criminality)에 기인한다는 주장을 거부하고 범죄발생은 범죄를 유발하는 범죄상황에 기초한다고 설명한다(Clarke, 1997). 따라서 범죄예방을 위해서는 범죄자가 범죄를 저지르게 된 타고난 기질이나 범인성에 초점을 두기 보다는 범죄가 발생하게 되는 상황의 통제가 중요하다고 주장한다(Clarke, 1997). 상황통제모형은 고전주의 범죄학에 기초하여 등장한 신고전주의 범죄학의 일부분으로써 인간의 범죄행동은 합리적 선택에 기초하고 있다고 주장한다(Clarke & Cornish, 1985; Cornish & Clarke, 1986). 합리적인 선택은 장소, 시간, 대상물 선택 등 거의 모든 범죄행위의 결정에 중요한 영향을 미친다. 범죄가 발생하기 위해서는 잠재적 범죄자, 매력적인 대상, 그리고 감독자가 부재한 특정 지점에서 발생하기 때문에 전략적인 대응이 요구된다고 한다(Cohen & Felson, 1979). 클락 교수가 주장한 상황적 범죄예방론은 합리적 선택이론, 일상행위이론, 생활양식이론, 문제지향적 경찰이론, 환경설계를 통한 범죄이론을 종합적으로 적용하여 상황적 범죄예방 전략을 소개하고 있다(Clarke, 1997).

범죄예방의 상황모형은 범죄자의 합리성에 기초한 범죄대응전략이라는 측면에서 실효적인 범죄예방 정책을 고안하는데 크나큰 기여를 하였다. 클락(Clarke)와 호멜(Homel)은 1997년 16가지의 상황적 범죄예방기법(Clarke & Homel, 1997)을 제시하였으며 이후 24가지 기법으로 확장하였다. 1990년대 이후 거의 대부분의 범죄예방 전략과 조치들이 상황모형에 기초하여 고안되고 사용되고 있다. 버스터미널, 공항, 여객터미널, 공중화장실, 길거리에 투명비닐을 씌운 쓰레기통을 비치함으로써 쓰레기통에 폭탄 등 위험물질을 쉽게 파악할 수 있어 테러방지에 기여하고 있다.

3) 사회통제모형

범죄예방의 사회통제모형은 범죄통제라는 용어와 유사하지만 매우 다른 개념이다. 사회통제의 개념은 사회규범을 유지하고 지탱할 수 있는 사회적 규율로서 도덕, 법률, 전통, 규범을 포괄하는 것이다(윤우석, 2009). 사회통제가 범죄학의 영역으로 받아들어진 것은 고전주의 범죄학과 사회통제론적 범죄학과 그 맥을 같이 한다고 할 수 있다. 두 이론적 논의들의 공통점은 인간은 누구나 범죄를 저지를 수 있다고 가정하나 통제방안에 있어서는 다른 시각을 나타내고 있다. 예를 들면, 고전주의 범죄학에서는 인간을 합리적인 자기결정을 할 수 있는 존재로 보고 법률을 통한 형벌의 부과라는 공식적인 통제를 사회통제의 방안으로 사용할 것을 주장하고 있다. 한편 사회 통제론적 시각에서 사회구성원들에 의한 통제, 즉 비공식적 통제를 강조한다. 사회통제를 범죄억제와 예방을 위한 방안으로 제시한다는 측면에서 두 이론적 논의는 유사성을 지니나 사회통제의 개념을 보다 발전시키고 지역사회와 범죄를 연계시키는 장점을 가지는 논의가 범죄생태학에서의 사회 통제론적 시각이다. 한편 고전주의에 기초한 통제모형은 신고전주의 학파의 상황통제모형으로 발전하였다는 차이를 가진다.

범죄예방에서 사회통제모형은 헌터(Hunter, 1985)의 다수준 접근법에서 찾을 수 있다. 헌터(1985)는 사회통제를 세 가지로 구분하여 설명한다. 첫 번째는 개인적 사회통제(Private Social Control)이다. 개인적인 사회통제란 사회통제의 최하위 단위로써 개인과 가족에 의해 이루어지는 비공식적인 사회통제이다. 개인적인 수준의 사회통제는 가족구성원들이 사회적 규범에 맞추어 삶을 영위할 수 있도록 규율하고 통제할 수 있는 능력을 의미하며 이는 개인이 가지는 인적네트워크를 통하여 획득될 수 있다(Bursik & Grasmick, 1993). 사회통제의 두 번째 종류는 집단적 혹은 교구적 사회통제(Parochial Social Control)로서 지역사회를 구성하는 거주민과 지역사회조직에 의해 수행되는 사회규범의 유지능력을 의미한다. 기존 통제론적 범죄접근에서 강조되었던 비공식적 사회통제가 일반적으로 지칭하는 것이 바로 이 교구적 사회통제이다. 사회통제의 마지막 단계를 공공의 사회통제(Public Social Control)인데 이는 지역사회외부에 존재하는 공식적인 조직들에 의한 사회통제를 의미하며 공식적인 사회통제라 불리고 있다. 주로 범죄통제는 공식적 사회통제의 하부구조로 이해된다. 초기 헌터(Hunter, 1985)의 논의에 따르면 공공의 사회통제는 지역 사회적 시각에서 해석되었다. 다시 말해서 공공의 사회통제는 지역사회 구성원들이 지역사회 외부의 공식적인 조직들로부터 자신들의 지역에 필요한 자원을 획득할 수 있는 능력을 의미하였으며 이 속에는 형사사법기관으로부터의 치안서비스 확보도 포함하는 것이다. 한편, 경찰학연구의 다른 많은 학자들은 공공의 사회통제력을 형사사법기관의 범죄통제능력을 의미한다. 예를 들면 경찰의 체포율이나 검거율의 정도에 따라 경찰활동에 대한 평가의 척도로 사용된다. 또한 버식(Bursik)과 그레스믹(Grasmick)의 논의(Bursik & Grasmick, 1993)를 살펴보자면 공식적인 사회통제란 지역사회의 입장에서 원조획득능력이라 할 수 있으며 형사사법기관의 입장에서는 이들 기관이 자체적인 범죄통제능력을 의미하는 복합적인 개념인 것이다.

범죄예방의 사회통제모형의 기틀을 제공하고 있는 사회생태학은 파크(Park)와 버제스(Burgess) 등 도시생태학자들에 영향을 받은 시카고학파의 사회해체이론(Social Disorganization Theory)이 대표적이다. 쇼와 맥케이(Shaw & McKay, 1942)는 도시화가 심화 된 시카고에서 청소년의 비행이 특정 장소에 집중되는 현상을 파악하였다. 그들은 청소년들의 비행과 범죄가 많이 발생하는 지역이 주로 가난하고, 거주가 불안정하며, 다인종으로 구성된 지역사회라는 것을 파악하였다. 일반적으로 이민자 밀집지역과 흑인 밀집지역의 거주민들은 경제적으로 가난하다. 또한 인종이 뒤섞여 있어 거주민들 간의 교류나 유대가 약하다. 이와 더불어 도시사회의 특성상 인구이동이 빈번하게 발생하게 되어 전통적인 규범과 가치를 유지하고 지역사회에 애착을 형성할 수 없어 통일된 가치체계나 규율이 유지되기 어려웠고 비행하위문화가 유발될 수 있다. 결과적으로 쇼와 맥케이는 지역사회의 구조적인 특성이 지역사회의 해체를 야기하며 이는 궁극적으로 범죄와 같은 사회문제를 야기한다고 보았던 것이다.

사회해체이론은 이후 수정된 사회해체이론(Systemic Model of Social Disorganization Theory)과 집합적 효능감이론(Collective Efficacy Theory)으로 발전하여 현재에 이르고 있다(Bursik & Grasmick, 1993; Sampson & Grove, 1989; Sampson et al., 1997; 1999). 생태학적 범죄학자들은 지역사회의 사회통제능력의 약화로 범죄가 빈번하게 발생한다고 설명한다. 기존 연구들은 지역사회의 사회통제의 수준에 따라 범죄의 발생이 결정된다고 보았다(Bursik & Grasmick, 1993; Morenoff et al., 2001; Sampson et al., 1997; 1999; Silver & Miller, 2000; Sampson & Grove, 1989). 특히 비공식적 사회통제가 약화되면 범죄는 심각한 수준으로 증가하는 것으로 나타났다(Belliar, 1997; 2000; Bursik & Grasmick, 1993; Morenoff et al., 2002; Sampson et al., 1997; 1999; 2002; Sampson & Grove, 1989; Simcha-Fagan & Schwartz, 1986; Taylor et al., 1984).

최근 생태학적 범죄학 이론은 범죄에 국한하지 않고 사회통제모형을 무질서, 범죄두려움, 그리고 지역주민들의 신체 및 정신건강에까지 확장하려 시도하고 있다(Sampson et al, 2002). 이는 지역주민들이 일상을 살아가고 있는 지역사회의 건전성은 지역사회의 발전과 지속성을 결정하기 때문이다. 지역사회 구성원들의 행동을 통제하고 지역외부로부터 자원을 획득할 수 있는 능력을 갖춘 지역사회는 범죄 등의 사회문제에 보다 효과적으로 대처할 수 있을 것이다. 따라서 사회통제가 잘 이루어지는 지역에 거주하는 사람들은 삶의 환경이 쾌적하고 무질서 등 범죄문제가 덜하여 안전하게 거주 할 수 있게 된다. 반면, 범죄문제가 심각하고 지역이 낙후된 곳에 거주하는 사람들은 불안감, 무기력감, 애착결여 등 심리적 문제를 겪을 수 있으며 위생상의 문제 역시 겪을 것이다. 이는 결국 거주민들의 신체와 정신건강에 부정적 영향을 미칠 것이다(Ross, Mirowsky, & Pribesh, 2001; Sampson et al, 2002).

범죄의 공간 집중화 현상

제1절 범죄집중화

1. 범죄집중화의 개념(Concept of Crime Concentration)

이탈리아 경제학자 파레토(Vilfredo Federico Damaso Pareto, 1848-1923)는 소득 분포의 80대 20법칙(일명, 파레토 법칙)을 제안하였다. 파레토 법칙은 상위 20%의 사람들이 전체 부(富)의 80%를 차지하고 있는 현상을 설명한다. 다시 말해서 경제적 부는 특정 집단에게 집중된다는 것이다. 신기하게도 파레토 법칙은 범죄발생에도 유사하게 적용된다.

범죄발생의 집중화 현상은 범죄가 집중적으로 발생하는 것을 의미한다. 범죄를 반복적으로 저지르는 범죄자를 상습범죄자라 하며 범죄피해를 집중적으로 당하는 피해자를 상습피해자라 한다. 기존 많은 범죄학자들은 상습범죄자에 대한 연구를 진행하였고 많은 연구들이 어린 시절부터 이른 범죄가담(Early Involvement in Criminal Behaviors)은 이후 지속적인 범죄행위와 관련성이 깊은 것으로 파악하였다(Piquero, Farrington, & Blumstein, 2003). 상습 범죄피해자 역시 범죄피해를 지속적으로 당하는 경향이 있다(Johnson, 2010). 또한 범죄는 시간적으로 집중될 수 있다. 예를 들면 젊은층이 많이 몰리는 금요일 야간 시간에 폭력범죄가 집중되는 경향이 있다. 범죄집중화 현상에 대한 최근 논의들 중 가장 많이 관심을 받고 있는 분야가 범죄의 지역집중 현상이다. 범죄의 지역 집중화 현상과 관련하여 가장 많이 논의되는 범죄학이론으로 사회해체이론(Social Disorganization Theory)과 범죄기회이론(Crime Opportunity Theory)이 있다.

사회해체이론은 시카고 사회학파에서 유래된 대표적인 사회학적 범죄학 이론이다. 한편, 범죄기회이론은 고전주의 범죄학에 기반을 두고 발전한 신고전주의 범죄학 이론(합리적 선택이론, 일상행위이론, 생활양식이론, 범죄패턴이론, 환경설계를 통한 범죄예방이론, 상황적 범죄예방론)을 지칭한다. 또한 최근 경찰관련 이론으로 각광받고 있는 깨어진 창문이론(Broken Window Theory) 역시 범죄의 지역집중화 현상과 관련을 가진다. 기존 논의들은 범죄가 집중적으로 발생하는 지역을 범죄다발지역 혹은 범죄핫스팟(Hotspot)이라 한다. 특히 사회해체이론 기초할 때, 범죄다발지역의 특성은 주로 빈곤하고 인구이동이 빈번하면서 주택 및 각종 기반 시설이 노후하고 무질서가 많이 발생하며 룸살롱 등 유해업소가 집중되어 있는 곳이 많다. 범죄예방의 상황통제모형과 사회구조모형의 논의에서 볼 때 이들 지역은 범죄기회가 많고 지역사회의 통제와 유대가 약하며 공식적인 경찰의 통제가 미약한 지역인 경우가 많다. 또한 범죄는 특정 범죄유형이 특정 장소나 시간대에 집중될 수도 있다. 결과적으로 볼 때, 범죄 집중화 현상은 시간, 장소, 대상, 범죄유형, 범죄수법, 범죄자를 중심으로 범죄가 집중적으로 발생하는 현상을 의미하는 것이다.

패럴(Farrell, 2015)은 범죄집중화 현상을 이론으로 정립 시키고자 범죄집중화 매트릭스를 제시하였다. 범죄집중화 매트릭스에 따르면 범죄집중화는 공간, 시간, 범죄유형, 그리고 범행수법의 반복성을 가진다. 또한 범죄 대상, 범죄 발생 장소, 그리고 범죄자의 반복성을 나타낸다. 이들 요소들이 결합하여 다양한 범죄집중화 현상이 유발된다.

범죄 집중화 매트릭스

	목표물(Target)	장소(Location)	범죄자(Offender)
공간적 반복 (Spatial Repeat)	동일 장소나 인접 장소에서 동일한 피해자 대상	동일 장소나 인근 장소에서 반복적으로 범죄발생(동일한 범죄자나 동일한 범죄유형일 필요 없음)	동일 범죄자가 동일/유사 장소에서 재범(동일한 범죄유형일 필요 없음)
시간적 반복 (Temporal Repeat)	동일 피해자에 대한 잦은 반복적 피해(Victim Career)	동일 장소나 인근 장소에서 잦은 반복적 범죄발생(상습 범죄발생 지역)	동일 범죄자에 의한 잦은 상습범행
범죄 유형 반복 (Crime Type Repeat)	동일 피해자에 대한 동일 범죄유형 반복	동일 장소나 유사 장소에서 동일 범죄유형 반복 발생 (예: 마약 판매 거리)	동일 범죄자가 동일한 범죄유형(상습절도) 저지름.
범죄 수법 반복 (Tactical Repeat)	동일 피해자에 대한 동일 수법 반복	동일 장소에서 동일한 범죄 수법 (예: 백화점 소매치기)	동일 범행 수법으로 상습범행

출처: Farrell(2015). Crime concentration theory, Crime Prevention and Community Safety, 17(4):236.

2. 범죄집중화 관련 연구

범죄집중화 현상은 상습범죄자에 의해 처음으로 소개되었다. 울프갱과 그의 동료들

(Wolfgang, Figlio, & Sellin, 1972)은 필라델피아에서 출생한 10,000명의 남아를 추적 조사한 결과 6%의 조사 대상자가 전체 코호트들이 저지른 범죄의 51.9%를 저질렀다는 매우 놀라운 결과를 보여주었다. 반대로 범죄피해 역시 집중되는 경향이 나타났다. 많은 연구들이 범죄피해자들은 반복적으로 범죄피해를 당하고 있다는 결과를 보여주었다 (Farrell, 2005; Johnson, 2010; Johnson et al., 1997; Pease, 1998). 1%의 범죄피해자가 전체 대인범죄(Personal Crime: 폭행 등 범죄) 중 59% 정도 피해를 입고 있으며 2%의 가구가 전체 재산범죄피해 중 41%를 당하는 것으로 나타났다(Pease, 1998). 주거침입절도 범죄피해의 10.5%가 반복 피해를 당했으며 반복피해 가구는 일반 가구에 비해 2.5배 더 많이 주거침입절도 피해를 당하는 것으로 나타났다(Johnson, 2010).

1989년 셔먼과 그의 동료들(Sherman, Gartin, & Briggs, 1989)은 미네아폴리스 시(City of Minneapolis)의 3.5% 지역에서 전체 범죄발생 신고건수의 50%가 보고되고 있다는 통계자료를 발표하였다. 유사하게도 피어스와 그의 동료들(Pierce, Spaar, & Briggs, 1988)은 보스톤(Boston)의 3.6% 지역에서 50%의 긴급신고전화가 접수되었음을 보고하였다. 웨이스버드(Weisurd, 2014)는 5개 대도시와 3개 소도시에 대한 범죄집중화 현상을 분석한 결과 대도시에서는 50%의 범죄사건이 캘리포니아 주 세크라멘토(4.2%), 워싱턴 주 시애틀(5.1%), 뉴욕 주 뉴욕(5.5%), 그리고 오하이오 주 신시네티(6%)의 일부 지역에 집중되는 현상을 파악하였다. 범죄집중화 현상은 소도시에서 더욱 극명하게 나타났는데 미네소타 주 브룩클린 파크(Brooklyn Park, Minnesota)에서 2.1% 지역에서 50%의 범죄사건이 발생하였으며 캘리포니아 주 레드랜드(2.1%)와 벤투라(3.5%)에서도 유사한 결과를 보여주었다(Weisburd, 2014). 또한 스펠만(Spelman, 1995)은 학교, 지하철, 공원 등 공공장소들 중 안전도가 낮은 10%의 시설에서 범죄 신고의 50%가 접수된다는 결과를 보여주었다.

웨이스버드(Weisburd)와 그의 동료들(2004)은 시애틀(Seattle)의 전체 가로(Street Segments) 중 4.5% 가로에서 50%의 범죄사건이 14년간 지속되는 것을 발견하였다. 캐나다 벤쿠버에서 쿠란(Curman)과 그의 동료들(Curman et al., 2014)은 7.8%의 가로에서 60%의 범죄가 발생하였고 시간적 지속성을 나타낸다는 결과를 보여주었다. 브라가와 그의 동료들(Braga, Hureau, & Papachristos, 2010)의 연구결과 보스톤에서 1% 가로에서 50%의 상업 강도가 발생하였으며 8% 가로에서 길거리 강도의 66%가 발생한 것으로 나타났다. 또한 총기사건이 거의 30년간 단 5%이내의 지역(거리, 교차로)에서 발생하는 것으로 나타났다(Braga et al., 2010). 2014년 연구에서 웨이스버드

(Weisburd)는 대부분의 도시에서 지난 30년 간 50%의 범죄사건이 도시 전체 가로의 5% 내외 지역에서 발생되고 있음을 보여주었다(Weisburd, 2014).

범죄의 집중화 현상은 개별 범죄에도 적용된다. 셔먼과 그의 동료들(Sherman et al., 1989)은 모든 강도가 전체 도시의 2.2% 지역에서 발생하며 차량절도는 2.7% 지역에서 강간은 1.2% 지역에서 그리고 주거침입절도는 11% 지역에서 발생함을 보여주었다. 유사하게도 웨이스버드와 그린(Weisburd & Green, 1995)은 뉴저지 주 저지시티(Jersey City)의 4.4%를 차지하는 약물남용 핫스팟(Drug Hot-spot)에서 전체 마약범 체포와 마약 관련 응급전화의 46%가 발생하였음을 보여주었다.

한국에서도 범죄집중화 현상이 나타나는데 기존 범죄피해 실태조사의 자료에 기초할 때 범죄집중화 현상이 두드러지게 나타나는 것을 파악할 수 있다. 현재까지 지역별 범죄집중화 현상을 가장 잘 파악하는 방법은 경찰에서 주로 사용하고 있는 지오프로스(Geopros) 프로그램을 통한 범죄지도이다. 범죄지도는 지리적 프로파일링의 일종으로 특정지역에서 발생한 범죄를 점이나 색으로 지도상에 표시하는 것이다. 범죄지도는 전형적으로 범죄지도 작성 프로그램과 기초자료를 통해 범죄발생의 통계적 분석을 시도하는 빅데이터 분석의 일종이다.

행정안전부 지역안전등급: 범죄분야

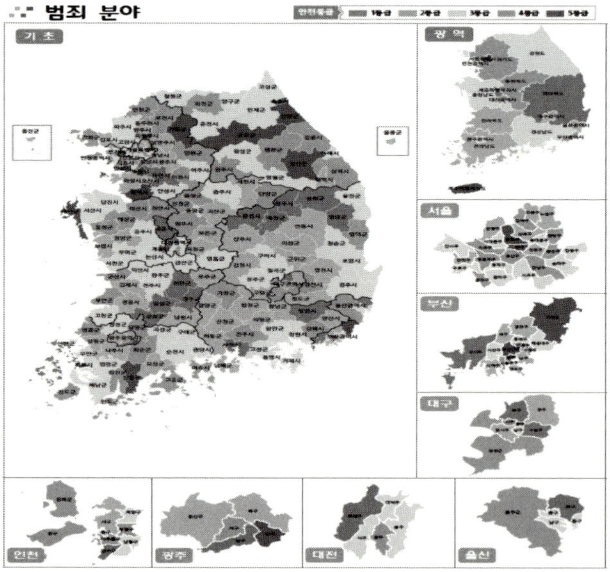

출처: 2019년 지역안전등급, 행정안전부 & 국립재난안전연구원, 2020.

유사하게도 국내에서는 재난 및 안전관리 기본법에 기초하여 행정안전부에서 지역안전지수를 공표하고 있다. 지역안전지수의 공개 목적은 자치단체의 안전관리 책임성 강화와 취약 분야에 대한 개선 사업 등 자율적 개선 유도를 목적으로 한다. 지역안전지수란 안전에 관한 각종 통계를 활용하여 자치단체별 안전수준을 계량화한 등급이다. 등급은 1등급에서 5등급으로 나뉜다. 1등급일 수록 안전한 지역을 의미한다. 생활안전지수는 총 7개 분야에 대해 공개되고 있다. 1)교통사고, 2) 화재, 3) 범죄, 4) 자연재해, 5) 생활안전, 6) 자살, 7) 감염병으로 구성된다. 또한 행정안전부는 2016년 1월부터 생활안전지도를 구축하여 자신의 주거지역에 대한 다양한 안전지도를 표기하고 있다. 생활안전지도는 교통안전, 재난안전, 치안안전, 취약계층 맞춤안전, 시설안전, 산업안전, 보건안전, 사고안전 등 8개 분야로 구성되어 있다. 이외에도 생활안전지도는 거주지 주변 안전시설(대피시설, 치안시설(경찰서, 지구대, 파출소), 의료시설, 약자보호시설(성폭력지원시설, 무더위 심터 등의 위치 정보 역시 제공하고 있다. 생활안전지도는 다양한 안전관련 이슈 및 현황을 여러 국가기관으로부터 획득된 자료를 빅데이터 분석을 통해 파악할 수 있는 기회를 제공하고 있다.

볼티모어 시 범죄발생 지도

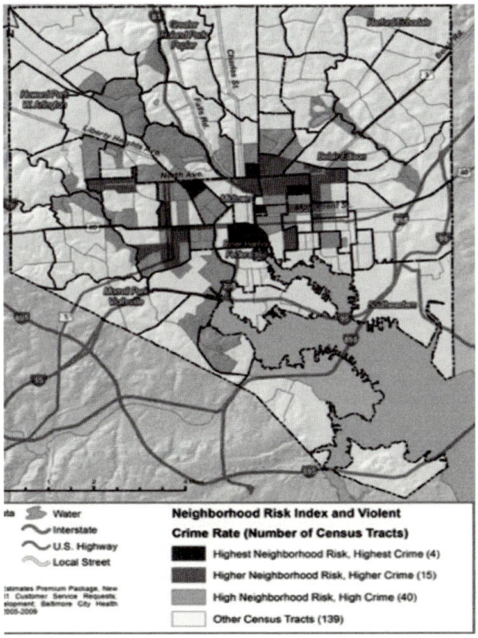

출처: https://societyhealth.vcu.edu/media/society-health/pdf/PMReport_Baltimore.pdf

제2절 범죄 데이터의 이해

1. 범죄데이터 분석의 중요성

범죄가 증가하고 있는가? 아니면 감소하고 있는가? 위 질문에 정확히 답변하기 위해서는 범죄발생 추세와 현황에 대한 파악이 필요하다. 많은 사람들은 단순히 언론에서 보도되는 자극적인 범죄관련 뉴스에 기초하여 범죄는 막연히 증가하고 있다고 인식할 수 있다. 언론에서는 범죄가 지속적으로 증가하고 있으며 흉포화되고 있다는 인상을 심어주는 뉴스를 생산하고 있지만 실제 범죄는 전 세계적으로 감소하는 추세이다. 범죄발생 현황의 파악은 향후 범죄발생 추세를 예측하고 범죄에 대응할 수 있는 정책적 방안을 제시하기 위해 중요한 기초자료가 된다. 즉, 범죄발생의 현황을 파악하는 것은 범죄예방의 첫 번째 단계인 것이다.

범죄예방을 위한 정책 마련을 위해서는 정확한 범죄분석이 일차적으로 이루어져야 한다. 이를 위해 주로 사용되는 통계자료로는 경찰과 검찰에서 제공하는 공식범죄통계자료(Official Crime Data)와 설문조사에 기초한 자기보고식 범죄통계자료(Self-reported Crime Data)가 있다. 범죄에 대한 공식통계자료는 경찰 및 검찰에서 인지한 통계자료에 의존하기 때문에 공식적으로 신고 되지 않은 범죄는 포함되지 않는다. 신고 되지 않고 숨겨진 범죄를 우리는 숨은 범죄(Hidden Crime)라 한다. 영국 범죄피해조사 결과에 따르면, 가정폭력피해의 26%, 성범죄의 38%, 협박 32%, 폭행 45%, 주거침입절도 72%, 차량 내 절도 50% 정도만 신고 되는 것으로 나타났다(Bowles, Reyes, & Garoupa, 2009:372). 숨은 범죄의 일부를 파악할 수 있는 중요한 단서는 설문조사를 통해 범죄피해경험을 조사하거나 혹은 범죄가해 경험을 조사하는 방법이 있다. 범죄피해조사 자료를 분석해 보면 공식통계자료에 비해 범죄발생의 규모가 보다 큰 것으로 나타난다. 이 같은 차이는 범죄피해자들이 범죄피해를 신고하지 않았기 때문에 발생한 결과이다.

그렇다면 범죄피해자들은 범죄피해를 당했음에도 불구하고 왜 경찰이나 검찰에 신고하지 않은 것일까? 이 질문에 대한 해답을 찾기 위해 많은 연구자들이 연구를 진행하였고 범죄피해의 심각성 정도, 형사사법기관에 대한 신뢰와 믿음, 범죄피해의 회복 보장 가능성, 보복가능성 등이 주요한 결정요인으로 이해되고 있다. 즉, 범죄피해자들은 범죄피해가 심각하지 않으면 신고할 가능성이 낮다(Reyns & Randa, 2017). 또한 범죄피해자들은 경찰과 같은 형사사법기관이 자신의 범죄피해를 잘 해결해줄 것이라는 신뢰와 믿음이 약할 때 범죄피해 신고를 덜 하는 것으로 나타났다(Xie, 2014). 또한 범죄피해자들은 도난보험 등 보험에 가입되어 있는 경우 피해회복을 위해 신고를 하는 더 많이 할 것이다(Bowles et al., 2009). 가정폭력의 경우 범죄피해를 신고하는 경우 또 다시 피해를 입을지도 모른다는 보복 두려움에 신고를 하지 않는 경우도 많다(Felson, Messner, Hoskin, & Deane, 2002). 즉, 범죄데이터는 공식통계자료와 설문조사에 기초한 자료를 통해 파악이 가능하지만 그럼에도 불구하고 암수범죄를 완전히 파악하기란 한계점이 있다.

2. 공식통계자료의 이해

공식통계는 수천 년 전부터 존재했던 통치수단 중 하나이다. 구약성경을 보면 이스라엘 인구에 대한 조사가 실시되었음이 기술되어 있다. 다른 많은 문헌에서도 국가통치의 수단으로 인구조사가 이루어졌던 것으로 나타난다. 고대국가로부터 현대국가에 이르기까지 인구조사는 대표적인 공식통계조사였다. 한편 범죄통계조사 역시 상당히 오랜 역사를 가진다. 범죄통계조사는 20세기 이전부터 이루어져 왔고 각 지역의 체포통계, 법원기록, 유치장, 교도소 자료에 바탕을 두었다고 한다(황의갑 외, 2015).

미국의 경우 1829년 뉴욕에서 최초로 범죄통계가 조사되었으며 미연방정부에서는 1907년부터 범죄통계를 수집을 시작하여 미국 표준범죄보고(Uniform Crime Reporting)가 1929년에 제작방식이 제정되게 되었다(Robinson, 1933). 하지만 범죄통계의 초기 연구자인 셀린(Sellin)은 법원이나 교도소 기록을 사용하는 것은 범죄가 가지는 지표로서의 가치를 희석시키는 것으로 범죄발생 자체를 설명하는데 한계가 있다는 지적을 하고 있다(Sellin, 1931; 황의갑 외, 2015:88 재인용).

국내에서 범죄발생 현황을 파악할 수 있는 공식통계로는 대검찰청의 범죄백서와 범죄통계 그리고 경찰청의 범죄백서가 있다. 국내 범죄통계는 미국의 공식범죄통계(Uniform Crime Report)와 마찬가지로 경찰과 검찰에서 수집된 범죄정보를 통해 매년 범죄발생 현황을 제공하고 있다. 여기서는 미국의 범죄통계를 간략하게 살펴보고자 한다.

1) 미국의 범죄통계

1920년대 미국은 공식범죄통계자료를 경찰기관에서 취합한 범죄발생 통계로 파악하기 시작하였다. 현재 18,000개 이상의 경찰기관이 미국 연방수사국(FBI: Federal Bureau of Investigation)에 범죄발생정보를 제공하고 있다. 이 정보는 미국 전체 인구의 95%를 담당하는 경찰기관들의 기록이다. 하지만 아직까지도 도시지역은 95%, 시골지역은 89%로 미국 전체를 설명하기에는 한계점이 존재한다. 이는 FBI가 범죄통계에 대한 자료 수집을 경찰기관들의 자발적 참여에 기초하고 있기 때문이다.

미국표준범죄보고(UCR)는 두 종류의 공식범죄 자료로 이루어져 있다. 파트 1은 색인범죄(Index Crime)을 의미하는데 살인, 강간, 강도, 가중폭행, 침입절도, 절도, 자동차절도 그리고 방화로 구성되어 있다. 따라서 유괴, 횡령, 기업사기, 기타 화이트 칼라 범죄는 색인범죄에서 제외되어 있다. 범죄율은 인구 10만 명당 발생건수의 비율로 계산되고 있으며 (발생범죄건수/인구수 *100,000) 만약 인구 2만 명의 도시에서 200건의 범죄가 경찰에 보고된다면 범죄율은 1,000이 된다. 또한 FBI는 모든 경찰관서에 범죄보고 표준양식을 배포하고 있다. 파트 II 범죄는 파트 I 목록에 없는 20가지의 특정 범죄들과 기타 모든 범죄들을 포함하는데 횡령, 기물파손, 성범죄, 음주소란, 지위비행 등이 포함된다. 파트 II 범죄 자료는 원칙적으로 언론에 공개되지 않는다.

미국표준범죄보고(UCR)의 장점은 미국사회의 범죄정보를 파악하는 중요한 기초자료이며 미국의 각 주와 도시들 간의 범죄율 비교를 가능하게 하고 있다는 점이다. 또한 미국표준범죄보고(UCR)는 매월 자료가 업데이트되기 때문에 월별 범죄대책을 강구할 수 있는 장점이 있다. 또한 범죄자료를 매년 정기적으로 취합함으로써 연도별, 지역별 비교를 가능케 한다. 공식통계는 표준화된 범죄규정을 적용함으로써 연도별 또는 지역별 비교를 가능하게 한다. 공식통계가 특정한 범죄에 대한 다량의 상세한 정보를 수집하기 때문에 범죄와 범죄자에 대한 유형과 추세를 파악하는데 유용하다.

한편 미국표준범죄보고(UCR)의 단점은 사회적으로 문제가 되는 중요범죄들(화이트칼라범죄)이 빠져 있다는 점이다. 또한 미국표준범죄보고(UCR)는 정치적 조작의 도구가 될 수 있다. 즉 경찰 행정가들은 인력과 장비, 교육훈련을 위한 추가적 예산요구를 정당화하기 위해 미국표준범죄보고(UCR) 자료를 이용하기도 한다. 또한 미국표준범죄보고(UCR)가 가지는 다른 문제점은 범죄발생 숫자를 계산하는 방식이 다수의 피해자가 존재할 지라도 한건의 범죄로 파악한다는 점이다. 경찰통계는 발각되고, 신고되고,

기록된 범행에 국한되므로 암수범죄가 존재할 수 있다. 경찰통계는 경찰 스스로의 과소보고 경향에 따라 불확실하게 나타나기도 한다. 범죄나 범죄자에 대한 공식통계는 통계를 작성하는 형사사법기관의 한계와 편견에 따라 통계의 정확성이 떨어지기도 한다. 공식통계자료는 범죄자와 피해자에 대한 정보와 자료가 부족하게 기록되어 있다(황의갑 외, 2015:94-97).

3. 자기보고자료의 이해

자기보고자료(SRD: Self-Reported Data)는 설문조사를 통해 범죄추세와 현황을 파악하는 대표적인 범죄학 연구방법이다. 자기보고자료는 공식통계자료의 한계점을 보완할 수 있으며 보다 양질의 통계자료를 추출할 수 있다는 장점을 가진다. 공식통계자료는 근본적으로 암수범죄의 한계점을 가지기 때문에 일반인들이 얼마나 많은 범죄를 실제 저지르고 있는지에 대하여 정확한 정보를 제공하기 어렵기 때문이다. 또한 자기보고자료를 통해 공식통계자료로 파악하지 못하는 구체적인 범죄자 및 범죄피해자의 특성과 원인을 파악할 수 있는 기회를 가질 수 있다. 기존 많은 연구들은 청소년을 대상으로 자기보고자료를 획득하는 경향이 있었다. 하지만 설문조사에 기반한 자기보고식 자료 획득방법은 설문작성의 정직성 담보의 한계, 응답을 거부에 따른 자료 소실, 그리고 설문에 참여할 수 없는 사람(예: 교도소에 수감 중인 범죄자)이 제외될 수 있다는 한계점도 가진다.

대표적인 자기보고 자료로 미국의 전미청소년조사(NYS: National Youth Survey)가 있다. 미국 청소년조사는 1976년 콜로라도 대학의 엘리엇 교수에 의해 고안된 자기보고식 범죄태도 및 행동 연구이다. 11세에서 17세 사이의 패널(1,725명)을 대상으로 1981년까지 매년 10회 상담을 받도록 하여 조사가 진행되었고 이후 1984년, 1987년, 1990년, 1993년, 그리고 2002년에 다시 조사를 하였다. 2011년 조사대상자들의 연령은 46-55세에 이르게 되었다. 전미청소년조사는 2000년에 전미청소년 및 가족조사(National Youth Survey-Family Study)로 명칭이 변경되었다. 2002년부터 참여자들의 DNA정보 역시 수집하고 있다. 전미청소년조사는 청소년들의 가치, 태도, 신념에 대해 파악하고 가정, 학교, 지역에서의 매우 다양한 문제행동(범죄, 일탈, 범죄피해, 임신, 우울, 데이터 폭력, 성행위, 학교성적 등)을 조사하였다. 예를 들면 일탈행위를 조사하기 위해 조사 참여 청소년들에게 '지난 크리스마스에서 이번 크리스마스 기간 까지 일탈행위를 한 빈도'를 묻는 방식으로 조사가 이루어졌다. 전미청소년조사는 청소년 비행 및 범죄를 이해하는데 많은 도움을 주었으며 종단자료(Longitudinal Data)를 통해 시계열적으로 범죄행동의 변화상을 파악할 수 있는 기회를 제공하였다.

한국의 경우 미국의 전국청소년 조사와 유사하게 한국청소년정책연구원에서 초등학교 4학년(2004-2008)과 중학교 2학년생(2003-2008)을 대상으로 청소년 패널조사가 진행되었으며 2010년에서 2016년까지 한국아동청소년패널조사가 진행되었다. 현재에는 2018년부터 진행 중인 아동청소년패널조사에 5,197명의 초등학교 4학년과 중학교 1학년 패널이 조사에 참여하고 있다.

다음으로 범죄피해에 대한 경험을 설문조사하는 피해자 조사가 있다. 피해자조사는 미국의 전국범죄피해조사(NCVS: National Crime Victimization Survey)가 대표적이다. 전국범죄피해조사는 전국조사를 위해 가구와 기업 표본이 층화다단계 군집 기법으로 선택되었는데 대략 136,000명의 인구를 포함하는 6만 가구와 15,000여 개의 기업을 표본으로 하고 있다. 표본들은 여섯 개의 별도 그룹으로 나뉘어져 한 달에 한 그룹씩 조사가 이루어진다. 이러한 방식으로 모든 표본들에 대한 조사가 6개월 동안 이루어지고, 다음 달 부터 이 과정이 반복된다. 각 가구는 다른 가구로 표본이 교체되기 전에 3년 동안 최대 7회 방문조사를 받게 된다. 하지만 예산으로 문제로 현재에 와서는 4만 가구로 표본이 축소되었고 방문조사에 비하여 전화면접 조사에 의존하고 있는 실정이다. 피해자 조사는 공식통계자료의 한계를 극복하기 위하여 고안된 방법으로 경찰에 신고 되지 않은 범죄를 파악할 수 있다는 장점을 가진다. 하지만 피해자조사는 범죄피해자의 자기 범행은 파악이 불가능하며 범죄피해자의 기억력과 정직성이 의심되기도 한다.

한국에서도 미국의 전국범죄피해조사를 도입하여 형사정책연구원에서 1994년 1차 조사를 시작으로 2009년 조사방법을 전면 개편하여 2012년부터 정기적으로 2년 단위로 범죄피해조사를 실시하고 있다. 형사정책연구원의 전국범죄피해조사는 국가승인통제로 지정되어 지속적 있는 조사를 통해 범죄피해의 실태와 범죄피해자의 특성을 파악하는데 중요한 기초자료를 제공하고 있다.

제3절 한국의 범죄발생 추세

1. 범죄발생의 일반적 추세

한국의 범죄발생 추세를 공식적으로 확인할 수 있는 방법은 대검찰청에서 발표하고 있는 범죄분석이 있다. 다만 범죄분석은 〈표〉 형식으로 정리되어 있어 일반인들이 이해하기에는 어려움이 있다. 이에 법무부 사법연수원에서는 범죄분석 자료를 매년 해설하는 방식으로 범죄백서가 제작된다. 범죄백서는 대검찰청 범죄분석 자료에 기초하여 법무연수원에서 1984년부터 범죄별 발생추세 등 특성을 설명하는 범죄백서를 발간하고 있다. 범죄백서는 1984년에서 2018년까지 전년도 범죄통계자료를 분석한 보고서가 매년 발간되고 있다. 범죄백서는 한국의 범죄발생 추세 및 현황을 파악하기에 적합한 공식통계자료이다.

다음 〈그림〉은 현재까지 발간 된 범죄백서의 통계자료를 저자가 정리하여 새롭게 분석한 결과이다. 이 그림에서는 거의 지난 50년간 한국의 범죄발생 추세를 그래프로 보여준다. 범죄백서 자료에서 1967년과 1973년까지의 자료가 범죄백서에 포함되어 있지 않으므로 추세분석에서 제외되었다. 전체적으로 볼 때, 한국의 범죄추세는 2004년까지 증가하다가 2005년과 2006년에 상당한 감소를 보여주었다. 하지만 2008년 세계경제위기를 겪으며 현격한 증가세를 보이다가 2010년에 크게 감소하였다. 이후 2010년 이후 범죄발생은 안정세를 보이다가 2017년 이후 다시금 감소세로 돌아섰다. 지난 50년간의 범죄발생추세로 볼 때, 1970년대에서부터 한국의 범죄발생 추세는 지속적인 증가세를 보이다가 정점을 찍고 감소세로 돌아선 것으로 보인다. 특히 한국의 범죄발생 추세에서 특이점은 1997년 IMF경제위기와 2008년 세계경제위기 기간 동안 상당히 가파른 범죄발생 증가세를 보였다는 점이다. 아마도 경제위기와 범죄와 상당한 관련성이 존재하는 것으로 판단된다. 실제 기존 연구결과에 따르면 한국의 IMF 경제위기로 인한 실업률의 증가와 빈부격차는 폭력 범죄 증가와 상당한 관련성을 가지는 것으로 나타났다(윤우석, 2010).

지난 50년 간 한국의 범죄발생 추세분석

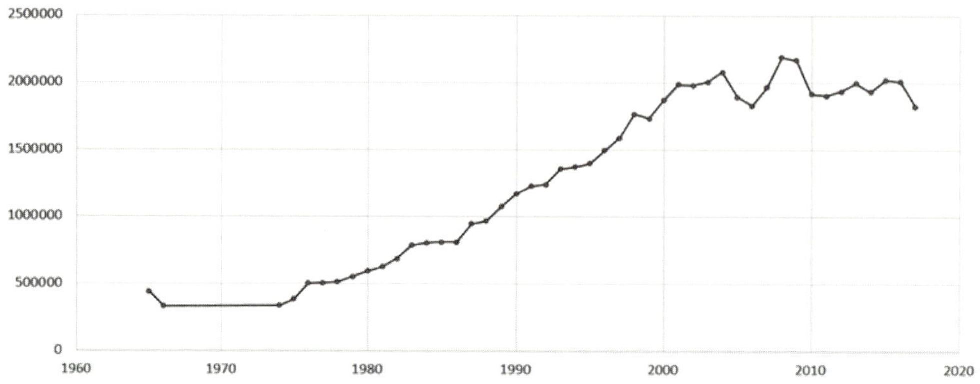

2020년에 발간된 범죄백서에서 지난 10년 간 범죄발생 추세 그래프를 보자면 2009년에서 2018년까지 일부 증가세를 보이다가 2010년까지 감소하고 안정세를 보이다가 2017년부터 2018년까지 급격한 감소세를 보여주고 있다. 지난 50년 간 발생한 범죄추세와 10년간의 범죄발생 추세의 차이점이 발생하는 이유는 아마도 한국의 범죄는 크게 형법범죄와 특별법 범죄로 구분되는데서 기인하는지도 모른다. 우선 특별법 범죄는 도로교통법 등 일반 형법이 아닌 특별법을 위반한 범죄를 의미한다. 최근 10년 간 발생추세로 볼 때 특별법범은 2009년까지 증가한 이후 감소세를 보이고 있다. 한편 특별법 범죄와 달리 형법범죄는 지난 10년 간 일부나마 증가하는 추세로 보인다. 결국 지난 10년 간 범죄발생이 안정세를 보이는 이유는 특별법 범죄가 감소하였음에도 불구하고 형법범죄가 증가한 것에 기인하는 것으로 보인다.

범죄추세의 변화에 강력하게 영향을 미치는 요인 중 또 다른 하나는 신고율(Reported Rate)이다. 한국의 신고율은 1993년에 17.3%에서 2002년에는 34.9%그리고 현재에는 보다 더 신고율이 증가했을 것이라 생각된다. 신고율이 증가하면 전체 범죄건수는 오히려 증가할 수 있으며 신고 증가의 대부분은 범죄발생의 많은 부분은 차지하는 절도, 성폭행 등과 같은 범죄들이다. 이들 범죄들은 전통적으로 신고율이 낮아 숨은 범죄가 많았고 이들 범죄들에 대한 신고율 증가는 범죄사건의 증가를 유발하였다. 하지만 신고율 증가에 비해 범죄율 증가는 미비한 상황으로 나타나 전체 발생한 범죄(숨은 범죄를 포함한)는 오히려 감소하였다고 보는 것이 옳을지도 모른다. 결과적으로 범죄율의 전체적인 변화상황을 파악하기 위해서는 경찰 및 검찰 등의 공식통계자료에만 의존하기 보다는 신고율 및 자기보고자료(피해조사 및 가해조사)를 동시에 고려할 때 보다 정확한 결과를 도출할 수 있다.

지난 10년 간 전체 범죄발생 추세(2009-2018)

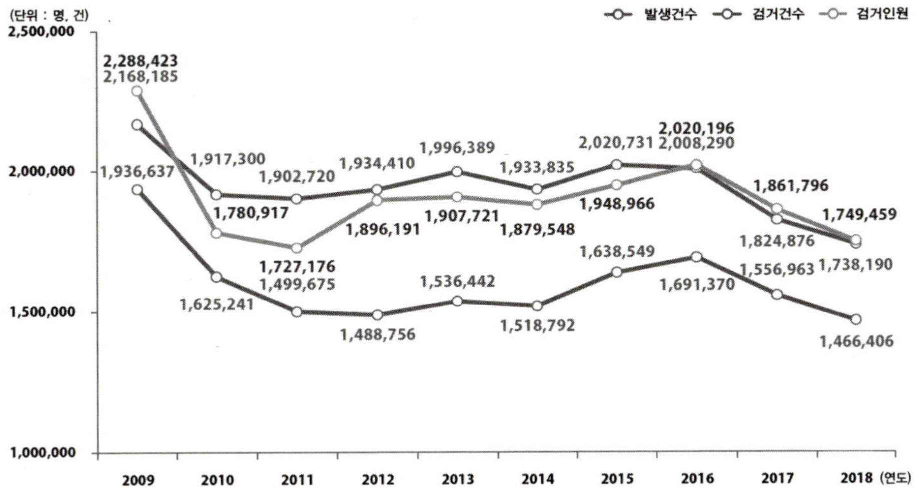

출처: 사법연수원(2020). 범죄백서, p. 66

지난 10년 간 특별법 범죄 발생 추세(2009-2018)

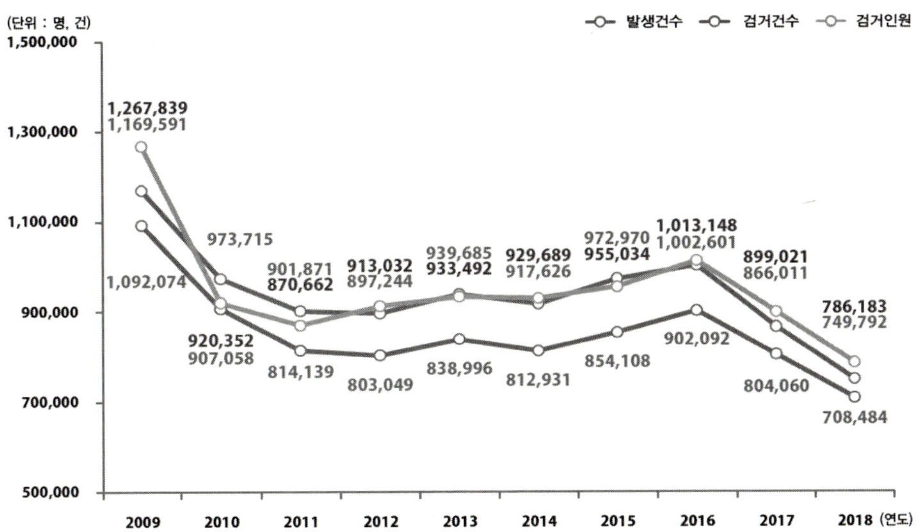

출처: 사법연수원(2020). 범죄백서, p.70

지난 10년 간 형법 범죄 발생 추세(2009-2018)

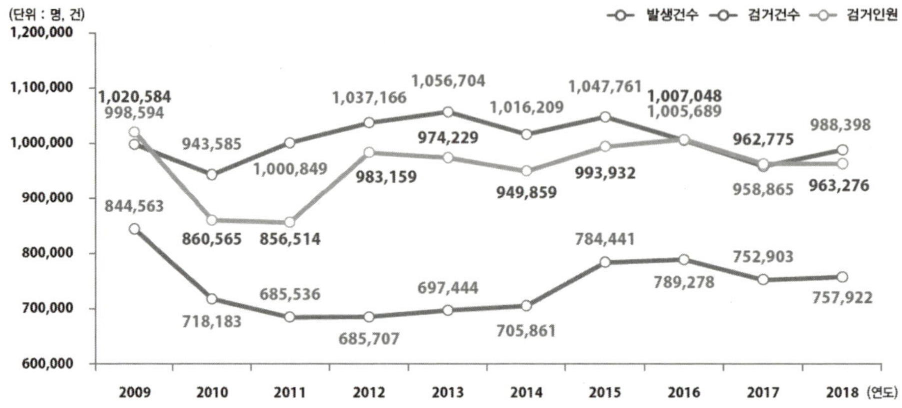

출처: 사법연수원(2020). 범죄백서, p.68.

2. 강력범죄(흉악범죄) 발생추세

연쇄살인범, 강도범, 강간범, 방화범 등 일반 범죄 보다 더 심각한 범죄로 분류되는 이들 범죄는 일반인들의 범죄두려움 형성에 상당히 영향을 미친다. 2000년대 중반 유영철, 강호순, 정남규 등 한국 사회를 극도로 두렵게 만들었던 연쇄살인사건은 전형적으로 뉴스미디어가 관심 가져하는 사건들이었다. 실제 한국사회의 살인사건 통계를 살펴보자면 살인은 지속적으로 감소추세에 있다. 그럼에도 불구하고 많은 사람들은 뉴스미디어를 통해 접한 잔인한 살인사건에 매몰되어 안전하지 않다는 인식이 심화된다.

1990년대 후반 한국사회를 떠들썩하게 만들었던 탈주범 신창원은 1997년 부산교도소를 탈옥하여 2년이 넘는 기간 동안 전국 방방곳곳을 돌아다니며 치안에 위협을 가했다. 연일 신창원 관련 뉴스가 보도되었으며 수많은 경찰관의 동원되어 치안에 큰 부담으로 작용하였다. 신창원에 대한 우호적인 인식 역시 동시에 형성되어 '홍길동', '일지매' 같은 의적으로 표현되기도 하였다. 가히 '신창원'신드롬이라 할 정도로 한국사회는 모순적인 현상을 경험하였다.

2008년 12월에는 경기도 안산시 단원구에 소재한 한 교회의 화장실에서 그 당시 9세였던 여아를 강간하는 사건이 발생하였다. 조두순 사건으로 유명한 이 사건은 한국사회에서 성범죄에 대한 두려움을 극화 시켰으며 성범죄자에 대한 강한 처벌의 필요성이 대두되었다. 2021년 현재 12년을 복역한 조두순은 만기로 형을 마치고 사회로 복귀하였다. 조두순의 출소 당시 많은 사람들이 그의 재범 가능성에 대한 걱정과 두려움에 떨었다. 방화범죄 역시 심각한 사회적 피해와 두려움을 양산한다.

2003년 2월 18일 대구지하철 1호선 중앙로역에서 발생한 방화사건으로 192명의 사망자와 6명의 실종자 그리고 148명이 부상을 입은 세계 3대 최악의 지하철 사고로 꼽힌다. 방화범 김대한(범행당시 56세)은 개인택시 운전자로 뇌졸중으로 상하신 마비 및 지체장애 2급 판정을 받고 비관하여 방화를 계획한 것으로 드러났다. 또 다른 방화 사건으로 2008년 2월 10일 한국사회를 경악하게 만들었던 국보 1호 숭례문 방화사건이 있다. 국보 1호 숭례문이 불타는 모습을 전 국민이 망연자실하게 목격하게 된 사건으로 방화범죄의 심각성을 보여주는 대표적인 사례이다. 방화범 체종기는 범행당시 68세로 토지보상에 대한 불만으로 방화를 저지른 것으로 드러났다. 다음으로 한국 방화범죄 역사상 가장 오랜 기간 연쇄방화로 기록된 '봉대산 불다람쥐' 사건이 있다. 이 사건은 1994년에서 2011년까지 무려 17년 간 울산광역시 동구 봉대산 일대에서 96건의 연쇄방화가 발생했다. 한국 역사상 가장 많은 현상금 3억이라는 금액이 걸리는 등 매우 심각한 사건으로 인식되었다. 연쇄적으로 발생한 방화사건으로 울산 시민들은 오랜 기간 방화범죄의 피해를 당할지도 모른다는 두려움에 떨었다. 2011년 화재 현장 인근 CCTV 화면에 연쇄방화범이 결정적으로 찍히게 되어 연쇄방화범을 체포하게 되었다. '봉대산 불다람쥐'로 유명해진 이 방화범은 평범한 50대 대기업 직원으로 드러나 더욱 충격을 주었다.

이상에서 살펴보았듯이 살인, 강도, 강간, 방화는 매우 심각한 사회적 피해와 함께 범죄두려움을 양산한다. 이에 우리는 이들 4가지 범죄를 흉악범죄라 부른다. 흉악범죄의 발생추세를 살펴보기 전에 흉악범죄의 정의를 파악하자면 검찰통계사무규정에서 강력범죄란 살인, 강도, 강간, 방화, 폭행, 상해, 협박, 공갈, 약취, 유인, 체포 및 감금과 폭력행위 등 처벌에 관한 법률위반을 지칭하고 있다. 강력범죄 중 생명 및 신체에 중대한 위해를 가하는 범죄를 흉악범죄라 하며 살인, 강도, 성폭력(성폭력범죄의 처벌 및 피해자 보호 등에 관한 법률 상 성폭력 포함), 방화로 4가지를 지칭한다.

전체 흉악범죄의 발생 및 검거 추이를 살펴보자면, 2009년 27,014건의 흉악범죄가 발생하였던 것이 2018년에는 35,272건이 발생하여 130%증가하였다. 인구 10만 명당 흉악범죄 발생건수는 54.3건에서 68.1건으로 증가하였고 검거율은 전반적으로 증가와 감소를 반복하다가 최근 95%이상을 유지하고 있다. 흉악범죄 발생건수와 검거인원이 차이가 나는 이유는 1인의 범죄자가 다수의 흉악범죄를 저질렀거나 공범이 있는 경우 검거인원이 검거건수 대비 다를 수 있다.

흉악범죄 발생 현황을 2009년에서 2018년 기준으로 볼 때, 살인은 2009년을 정점으로 감소하는 추세이고, 강도 역시 2009년을 정점으로 감소하는데 감소폭이 매우 크다. 방화는 2008년과 2011년에 정점을 찍고 일부 감소하고 있다. 유일하게 증가하고 있는 흉악범죄는 성폭력 범죄이다. 성폭력 범죄는 2009년 대비 2018년에 185%가량 증가한 것으로 나타났다. 즉, 흉악범죄는 사실상 성폭력 범죄가 대부분을 차지하는 것으로 보인다. 흉악범죄들 중 살인과 강도는 현격한 감소를 보이고 있으며 방화 역시 감소추세이다. 하지만 강간 및 강제추행과 같은 성폭력은 오히려 급격한 증가세를 보여 전체 흉악범죄 발생건수가 증가한 것처럼 보인다. 살인, 강도, 방화 범죄가 감소하는 추세인데 반해 성폭력 범죄가 증가하는 이유는 무엇일까?

이 같은 질문에 답하고자 몇 가지 의견을 제시해 보고자 한다. 첫째, 살인, 강도, 방화 범죄에 대한 경찰의 적극적 대응이 원인일 수 있다. 최근 경찰은 강력범죄에 대해 사회적 우려를 생각하여 매우 적극적으로 대처하고 있다. 살인과 같은 강력범죄가 발생할 경우 모든 경찰력을 동원하여 신속하게 범인체포가 이루어질 수 있도록 대응하고 있다. 강도 사건 역시 살인 사건에 준하게 매우 강력하게 대처한다. 둘째, 스마트기기를 이용한 결제시스템(삼성페이, 카카오 페이 등)과 신용카드 생활화로 현금 소지가 급격하게 감소하여 강도 역시 감소된 것으로 보인다. 강도는 금전 특히 현금을 탈취를 목적으로 하는 범죄유형이다. 현금소지가 감소할수록 강도범죄자의 이익은 감소할 것이나 강도에 대한 강한 처벌과 경찰 대응의 적극성은 위험성을 증가시킬 것이다. 이로인해 강도범죄의 매력성이 떨어질 것이므로 강도는 향후에도 감소할 가능성이 높다. 셋째, CCTV등 물리적 환경의 개선에 따른 발각가능성이 높아진 것이 영향을 미쳤을 것으로 이해된다. 강도와 방화는 전형적인 길거리 범죄의 한 부분에 속한다. 사람들의 눈에 잘 띄지 않는 후미진 골목길이나 야간 시간에 강도와 방화 사건이 많이 발생하였다. 하지만 최근 거의 모든 교차로와 골목길 마다 CCTV가 설치되고 있고 개인이 설치한 사설 CCTV와 차량용 블랙박스까지 고려한다면 거의 모든 공간이 감시되고 있는 실정이다. 이로 인해 강도와 방화범 입장에서 합리적으로 판단할 때 이전에 비해 체포될 가능성이 더 높아졌을 것이며 이는 결과적으로 범죄감소로 이어질 것이다. 마지막으로 성폭행 범죄에 대한 인식개선과 신고율의 향상이 성폭행 범죄가 증가한 것을 설명할 수 있는 가장 합리적인 이유일 것이다. 실제 성폭행 범죄가 더 증가한 것인지 아니면 성폭행 범죄는 그대로이나 이에 대한 신고가 증가한 것인지 명확하게 구분하기는 어렵다.

10년 기준 흉악 범죄 발생 추세(2009-2018)

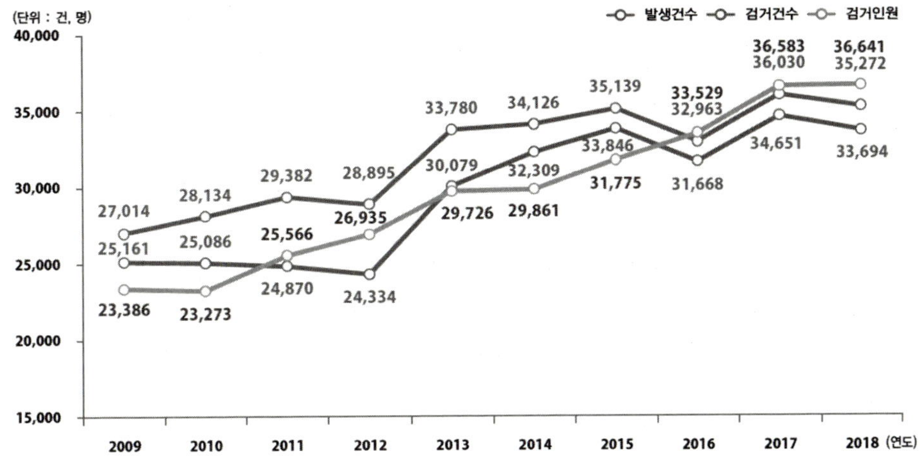

출처: 사법연수원(2020). 범죄백서, p.76.

10년 기준 흉악 범죄별 발생 추세(2009-2018)

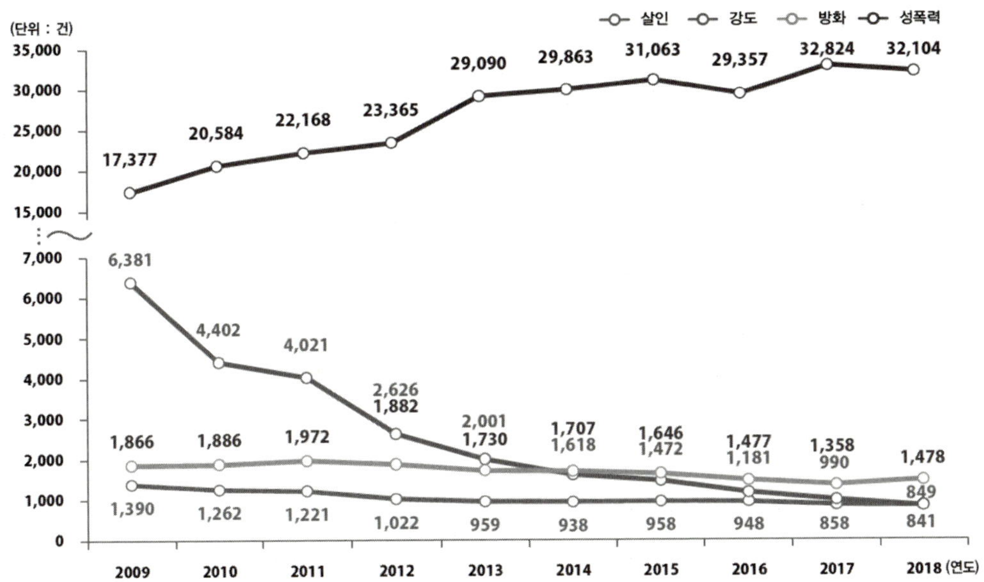

출처: 사법연수원(2020). 범죄백서, p.78.

하지만 많은 연구자들의 논의에서 볼 때, 강간과 강제추행으로 대표되는 성폭행 범죄는 이전에 비해 신고율이 현격하게 상승한 것이 사실이다. 이는 사회적으로 성폭행 피해에 대한 잘못된 선입견(예: 강간신화)이 개선되고 있으며 성폭행 범죄피해자에 대한 보호와 성범죄자에 대한 사회적 응보가 동시에 작용하는 것으로 보인다. 이는 결국 성폭행 범죄피해에 대한 신고를 증가시킬 것이므로 성폭행 범죄의 암수범죄가 감소하면서 성폭행 범죄가 증가한 것처럼 드러났을 가능성이 높다.

강간 신화(Rape Myth)

1. 성폭력 가해자는 정신이상자이다.
2. 성폭력은 억제할 수 없는 남성의 성충동 때문에 발생한다.
3. 여자에 비해 남자는 성욕이 강하다.
4. 여성들의 야한 옷차림이 성폭력을 유발한다.
5. 성관계가 있었던 여성과의 성적 행동은 성폭력이 될 수 없다.
6. 강간범들은 칼이나 주먹을 사용한다.
7. 성폭력은 억제할 수 없는 남성의 성충동 때문이다.
8. 성폭력은 젊은 여성들에게 주로 일어난다.
9. 끝까지 저항하면 강간은 불가능하다.
10. 적극적으로 저항하지 않는다는 것은 은근히 강간당하기를 원하기 때문이다.
11. 성폭력은 주로 낯선 관계에서 발생한다.
12. 데이트에 응하여 집까지 따라간 여성은 성폭력을 당해도 할 말이 없다.
13. 부부사이에는 성폭력이 쉽게 일어날 수 없다.
14. 여성은 강간에 대해 일상적으로 거짓말을 한다.

한편 흉악범죄의 발생 장소를 살펴보자면 흉악범죄 중 상당 부분은 대도시에서 많이 발생하고 있으며 살인과 방화는 중소도시에서 많이 방생하였다. 하지만 인구비례에 따른 비교가 아니므로 어느 지역이 보다 더 많은 범죄가 발생했는지 명확하게 결론내리기는 어렵다. 다음으로 발생시간을 볼 때, 흉악범죄 중 살인은 자정 전 저녁시간에 많이 발생하고 있으며 강도는 늦은 저녁과 새벽 시간대에 많이 발생했다. 한편 방화는 전반적으로 저녁과 새벽 야간 시간대에 많이 발생했다. 성폭력은 살인과 거의 유사하게 자정 전 저녁 시간대에 많이 발생하는 것으로 보인다.

2018년 기준 지역별 흉악범죄발생추세

[단위 : 건(%)]

죄명 \ 구분	계	대도시	중·소도시	도시 이외
살　인	849(100)	331(39.0)	445(52.4)	73(8.6)
강　도	841(100)	416(49.5)	390(46.4)	35(4.2)
방　화	1,478(100)	647(43.8)	707(47.8)	124(8.4)
성 폭 력	32,104(100)	17,115(53.3)	13,360(41.6)	1,629(5.1)

주 : 1. 대검찰청, 『2019 범죄분석』.
2. 대도시는 특별시 및 광역시.

출처: 사법연수원(2020). 범죄백서, p.79.

2018년 기준 시간별 흉악범죄발생추세

[단위 : 건(%)]

죄명 \ 구분	계	00:00 ~ 02:59	03:00 ~ 05:59	06:00 ~ 08:59	09:00 ~ 11:59	12:00 ~ 14:59	15:00 ~ 17:59	18:00 ~ 20:59	21:00 ~ 23:59	미상
살　인	849 (100)	65 (7.7)	57 (6.7)	63 (7.4)	91 (10.7)	78 (9.2)	77 (9.1)	133 (15.7)	140 (16.5)	145 (17.1)
강　도	841 (100)	112 (13.3)	135 (16.1)	49 (5.8)	76 (9.0)	68 (8.1)	67 (8.0)	90 (10.7)	98 (11.7)	146 (17.4)
방　화	1,478 (100)	165 (11.2)	154 (10.4)	106 (7.2)	120 (8.1)	140 (9.5)	188 (12.7)	213 (14.4)	250 (16.9)	142 (9.6)
성 폭 력	32,104 (100)	3,054 (9.5)	3,250 (10.1)	2,246 (7.0)	2,394 (7.5)	2,615 (8.1)	3,327 (10.4)	4,034 (12.6)	5,086 (15.8)	6,098 (19.0)

출처: 사법연수원(2020). 범죄백서, p.79.

3. 범죄피해자 조사에서 드러난 범죄발생 추세

한국의 범죄통계 중 형사정책연구원에서 조사하고 있는 전국범죄피해조사 2018[5](2020)의 자료에 기초하여 범죄발생 추세를 간략하게 정리하자면 다음과 같다.

전국범죄피해조사 2018(김민영 외 2인, 2020)의 분석결과, 전체 응답자의 범죄피해율은 폭력범죄의 경우 0.57%로 나타나 인구 10만 명당 566명이 폭력범죄피해를 당하는 것으로 나타났다. 2012년 768명, 2014년 372명, 2016년 388명에 비해 2018년도에

5) 형사정책연구원의 전국범죄피해조사는 통계청 국가승인통계로 국민생활안전실태조사로 지칭되고 있다. 전국범죄피해조사 2018은 2019년 5월에서 7월까지 전국 6,704가구의 만 14세 이상 가구원 13,136명을 대상으로 가구방문조사를 통해 자료가 수집되었다(김민영 외 2인, 2020).

는 566명으로 상당히 증가한 수치를 보여주었다. 재산범죄의 경우 전체 응답자의 3.11%가 재산범죄피해를 당하였다고 응답하여 인구 10만 명당 3,112명이 재산범죄피해를 당하는 것으로 나타났다. 2012년 3,832명, 2014년 3,290명, 2016년 3,168명이었던 것이 2018년에 3,112명으로 지속적인 재산범죄피해의 감소세를 보여주고 있다.

전국범죄피해조사 2018에서 범죄발생추세에 대한 인식을 묻는 질문에 응답자들은 자신이 살고 있는 거주동네의 범죄가 2019년에 증가할 것이라는 응답이 전체의 21.5%였으나 우리나라 전체 범죄는 증가할 것이라는 응답이 51.6%에 달했다. 자신의 거주동네에 대한 범죄발생 추세 인식에 비해 전국적인 범죄발생 가능성에 대한 우려가 더 높은 것으로 나타났으며 이 같은 현상은 이전 연구에서도 뚜렷하게 나타난 현상이다. 전국범죄피해조사 2012에서 자신의 거주 동네에서 범죄발생추세는 31%라 응답한 반면 전국적으로는 63.6%가 증가할 것이라 응답하였다. 2014년 조사에서는 응답율은 22.5%(거주 동네) v.s 48.1%(전국), 2016년에서는 15.4%(거주 동네) v.s 34.4%(전국)였다. 전체적으로 2018년 조사에서 범죄발생 추세에 대한 응답이 2012년 이후 감소하다가 다시 증가하는 모습을 보여주었으며 이는 자신의 거주 동네 및 전국적인 추세에서 동일하게 나타났다.

전국범죄피해조사 2018에서 밤길 범죄피해 두려움에 대한 질문에 대해 응답자들의 두렵다는 인식은 20.3%로 나타났다. 1996년 42.4%의 응답이 두렵다는 인식으로 정점을 찌고 2003년 39.7%, 2009년 37.9%, 2013년 29.7%, 2015년 21.5%, 2017년 19.6%로 감소세를 보였다. '밤에 혼자 동네 골목길을 걸을 때 두려운가?'라는 대한 질문에서 상당 부분 두렵지 않다는 응답이 1990년대 40%대, 2000년대 30%대였던 것이 20%대로 감소한 것은 매우 의미있는 결과이다. 아마도 가로조명의 개선과 범죄예방 환경조성사업이 밤길 골목길 보행에 두려움을 감소시키는데 큰 역할을 한 것으로 보인다. 또한 재개발 및 재건축을 통해 주거환경의 개선이 이루어진 사례가 많아지고 있는 것 역시 밤길 범죄두려움 인식에 긍정적 영향을 미쳤을 것으로 이해된다.

개인의 범죄피해 두려움을 성별로 구분하여 평가한 결과 성별차이가 현격하게 드러났다. 남성의 경우 6.9%가 범죄피해를 당할까봐 두렵다는 응답을 하였고 여성 응답자의 경우 26.2%가 범죄피해 두려움을 호소하여 4배 이상 성별 차이가 나타났다. 이 같은 현상은 이전 범죄피해조사에서도 유사하게 나타난 현상이다.

다음으로 범죄피해자의 범죄피해에 대한 경찰신고 여부를 파악한 결과 폭력범죄피해에 대한 신고율이 재산 범죄피해에 대한 신고율 보다 이전 대비 상당히 증가한 것으로 나타났다. 세부적으로 살펴보자면, 폭력범죄 중 강도피해자들은 2018년 신고율이 49.1%에 달해 이전 2012년 34.11%, 2014년 39.57%, 2016년 39.74%에 비교하여 신고율이 높아졌다. 폭행피해 역시 신고율이 34.76%로 나타나 2014년과 2016년에 비해 높아졌다. 성폭력 범죄에 대한 신고율은 매우 큰 증가세를 보여주었는데 2014년 성폭력 범죄에 대한 신고율이 18.72%, 2014년 9.83%, 2016년 15.62%였던 것이 2018년에 31.23%로 매우 큰 증가세를 보였다. 전체적으로 볼 때, 성폭력 범죄에 대한 신고율은 강도나 폭행에 비해 낮은 수준에 머물러 있음을 알 수 있다. 하지만 최근 신고율이 증가하고 있는 것으로 나타나 성폭력 범죄의 암수범죄가 감소할 것으로 기대된다. 다만 공식통계상 신고율 증가는 성폭력 범죄 증가로 나타날 수 있어 사실에 대한 왜곡현상으로 나타날 개연성이 존재한다.

재산범죄의 경우 이전 조사에 비해 신고율이 일부 감소 및 정체되어 있는 것으로 나타났다. 전체 재산범죄피해 신고율은 2018년 21.71%로 나타나 2012년 23.30%과 2014년 23.58%에 비해 감소하였고 2016년 21.53%에 비해 극히 미미한 증가를 보여주었다. 재산범죄 중 가장 신고율이 높은 것은 사기 범죄피해로 25.81%가 사기 범죄피해를 신고한 것으로 나타났다. 다만 전체적으로 재산 범죄 신고율은 20%대 초중반에 머물러 있어 상당한 암수범죄가 존재하는 것을 알 수 있다.

범죄피해를 당했음에도 불구하고 범죄피해를 신고하지 않은 이유에 대해 응답자들은 공통적으로 '피해가 심각하지 않아서'라는 이유가 가장 많았다. 이 같은 결과는 폭력/재산 범죄를 불문하고 동일하게 미신고 이유 1순위로 나타났다. 재산범죄피해의 경우 미신고 2순위 이유로 '증거가 없었기 때문에'라는 응답이 많았다. 한편 폭력범죄피해의 경우 미신고 2순위 이유로 '다른 방식이나 개인적으로 처리/해결해서'라는 응답이 전체의 15.74%로 나타났다. 아마도 이 같은 결과는 미신고 3순위 이유로 나타난 '가해자를 아는 사람이기 때문'이라는 응답 16.40%에 영향을 받은 것으로 보인다. 즉, 폭력 피해자들은 폭력 가해자와 아는 사이일 가능성이 높고 이를 공식적인 형사사법기관의 개입 없이 개인적으로 문제를 해결하는 것으로 이해된다. 폭력피해 미신고 이유 중 상위권 이유로 '경찰이 아무조치도 취하지 않을 것이라고 생각해서(5.29%)'로 나타나 경찰에 대한 신뢰미약이 미신고 이유로 나타났다. 재산범죄 역시 폭력 범죄 미신고 이유와 같이 경찰에 대한 신뢰미약이 미신고 4순위 이유로 나타나 경찰이 범죄피해자에게 범죄 대응의 적극성을 홍보와 신뢰성 회복이 중요함을 시사하는 결과이다. 특이하게도 폭력 범죄 피해 미신고 이유 중 2014년과 2016년에 상당히 상위권을 차지하였던 '피해가 알려지는 것이 창피하고 수치스러워서'라는 응답이 2018년에는 0.82%로 현격하게 감소하였다는 점이다. 기존 많은 범죄피해조사에서 성폭력 범죄피해자들의 피해 미신고 이유로 사회적 편견에 대한 걱정과 염려가 있는 것으로 파악되었다. 다행스럽게도 전국범죄피해조사 2018에서는 이 같은 사회적 편견에 대한 불안감이 얕아진 것을 보인다. 즉, 폭력 범죄에 대한 신고율은 사회적 인식의 영향을 덜 받고 있으며 오히려 범죄피해의 심각성과 가해자와의 관계가 더 중요한 신고요인으로 보인다.

범죄피해 신고여부

구 분				연도			
				2012	2014	2016	2018
폭력 범죄 피해	강도	신고	(%)	34.11	39.57	39.74	49.10
		미신고	(%)	65.89	60.43	60.29	50.90
	폭행	신고	(%)	35.06	11.58	28.59	34.76
		미신고	(%)	64.94	88.42	71.41	65.24
	성폭력	신고	(%)	18.72	9.83	15.62	31.23
		미신고	(%)	81.28	90.17	84.38	68.77
	괴롭힘	신고	(%)	9.02	16.98	15.23	14.35
		미신고	(%)	90.98	83.02	84.77	85.65
	전체	신고	(%)	31.79	16.26	27.44	32.60
		미신고	(%)	68.21	83.74	72.56	67.40
재산 범죄 피해	사기	신고	(%)	36.92	25.61	20.58	25.81
		미신고	(%)	63.08	74.39	79.42	74.19
	절도	신고	(%)	22.37	27.68	26.07	20.12
		미신고	(%)	77.63	72.32	73.93	79.88
	손괴	신고	(%)	17.03	11.82	11.73	24.22
		미신고	(%)	82.97	88.18	88.27	75.78
	기타	신고	(%)	9.19	21.09	–	5.70
		미신고	(%)	90.91	78.91	100.00	94.30
	전체	신고	(%)	23.30	23.58	21.53	21.71
		미신고	(%)	76.70	76.42	78.47	78.29

출처: 김민영 외 2인(2020). 전국범죄피해조사 2018. p. 222.

범죄예방의 사회통제론적 접근

제1절 개관

이 책에서 범죄예방의 정의를 '형사처벌이 가능한 행위에 국한하지 않고 이와 유사한 행위 및 결과물의 감소를 목표로 하는 모든 사회 주체들의 활동'이라 하였다. 기존 범죄예방에 대한 많은 연구들은 범죄예방을 범죄행위에 국한하여 미연에 범죄를 막는 활동(Tolan, 2002)에서부터 범죄와 범죄결과물(Dijk & Waard, 1991), 범죄 위험성 예측과 평가(National Crime Prevention Institute, 1978), 범죄원인 메카니즘에 대한 개입(Ekbolom, 1996), 그리고 범죄와 범죄두려움의 감소(Lab, 2004)로 다양하게 정의되고 있다. 범죄라는 현상을 협의의 범죄개념으로 이해하는 경우 명확하게 형법상 범죄를 예방하기 위한 활동이 범죄예방이라 할 것이다. 하지만 기존 대부분의 범죄예방 정책들은 범죄행동과 이와 유사한 무질서 및 일탈행동을 종합적으로 고려하는 방향으로 확장되어 왔다. 대표적으로 경찰정책은 범죄중심 대응(Crime-oriented Response)에서 무질서와 범죄두려움 감소를 포함시켜 문제지향적(Problem-Oriented)이고 지역사회중심적인 경찰활동(Community Oriented Policing)을 통해 거주민의 삶의 질을 개선하는 방향으로 변해왔다. 즉, 범죄예방의 궁극적 목표는 서비스 이용자인 시민들의 삶의 질을 개선하는 것이다. 따라서 범죄예방은 지역 거주민들의 삶의 질을 해치는 범죄행동에서부터 물리적 환경까지 개입하는 다양한 사회주체(개인, 지역, 학교, 경찰 등)의 활동을 의미한다. 다만 이 책에서 범죄예방은 개인의 범인성(Criminality)을 개선시키는 방법에 대한 논의와 범죄자 처벌을 통한 무능력화는 실제적인 고려의 범위를 벗어난다. 범죄예방 모형 중 보건모형의 1단계와 2단계의 범죄예방 방안 중 상황 및 지역과 관련된 내용을 중심으로 다루고자 한다. 또한 기존 범죄학의 사회해체이론과 범죄기회이론의 논의들을 중심으로 3장, 4장, 5장, 6장에서₩ 상황적 범죄예방 모형과 사회통제모형을 집중적으로 논의하고자 한다.

제2절 사회통제론적 접근의 발전

1. 고전적 사회해체이론

범죄학 연구에서 대표적으로 사실로 받아들여지고 있는 결과는 사회의 특정지역에서 다른 지역에 비하여 보다 더 범죄가 많이 발생한다는 점이다. 많은 사회학자들은 이 같은 현상의 원인을 찾기 위해 여러 가지 방법으로 시도하였고 다양한 원인요인들을 제시하고 있다. 범죄와 지역의 관계에 관한 가장 초창기 연구로 프랑스 범죄학자 게리(A.M. Guerry)와 깨틀렛(A.J. Quetelet)의 연구가 있다. 특히 깨틀렛(Quetelet)은 170년 전 프랑스 내에서 나이, 교육, 직업, 기후 계절, 성 등이 범죄에 끼치는 영향을 논의함으로써 공간범죄학의 시초라 평가받고 있다(Andresen et al., 2010; 박경래 외, 2012:51 재인용). 이후 사회학적 접근을 통한 지역과 범죄의 관계에 대한 연구들이 진행되었다. 초기 사회학적 접근방법들은 범죄의 도시집중화 현상의 원인을 도시화, 인구이동, 그리고 산업화로 설명하고자 하였다. 즉 지역사회에 인구이동이 심하고 도시화 되었고 산업화 될수록 범죄가 증가한다는 것이다. 따라서 초기 연구자들은 지역과 범죄의 관계가 산업화로 인해 도시화된 지역적 특성이 범죄의 원인이라는 주장을 펼쳤다. 하지만 이 같은 주장은 범죄 지역의 특성만을 나타낼 뿐 왜 이 같은 요인들이 범죄를 유발하게 되는가에 대한 설명이 이루어지지 못한 임시적인 결론에 불과하였다.

지역과 범죄의 초기 연구모델

지역사회의 구조 (Structural Characteristics of Community)	→	사회문제 (Social Problems)
인구이동(Population Mobility) 도시화(Urbanization) 산업화(Industrialization)		범죄(Crime) 무질서(Disorder) 범죄피해(Victimization)

지역과 범죄의 관계에 관한 연구가 실제 체계적으로 이루어진 것은 시카고 대학의 학자들에 의해서다. 시카고 대학 사회학자들은 급속하게 도시화되고 인종적 다양성을 경험한 시카고 지역에 주거환경에 대한 연구를 진행하였다. 도시의 생성과 발전에 관

한 사회학적 접근은 이후 도시 생태학이라는 이름으로 발전하였다. 도시생태학은 쇼(Shaw)와 맥케이(McKay)의 사회해체이론과 접목되어 범죄생태학으로 발전하게 되었다. 현재 범죄학에서 범죄생태학은 지역과 범죄의 관계를 생태학적 관점에서 가장 잘 설명하고 있는 이론으로 평가받는다.

생태학적 범죄학은 도시를 일종의 사회적 유기체로 보고 인간과 도시환경의 상호연관성과 상호의존성에 관심을 가진다. 생태학적 범죄학은 범죄율이 도시지역의 특정 공간에서 집중되어 발생하고 있으며 이 차이는 개별 개인의 영향 보다는 지역사회의 구조적 틀의 영향을 받는다는 시각에서 연구가 진행되었다.

초기 도시 생태학자들은 시카고 대학을 중심으로 발전하였다. 시카고 대학의 로버트 파크(Robert Park)와 어니스트 버제서(Ernest Burgess)는 도시 중심의 비즈니스지역에서부터 방사형으로 확장되어 성장한다고 인식하였는데 각각의 원과 존은 다른 존과는 차별되는 나름의 특성을 가진다고 한다. 버제스(Burgess)는 1925년 동심원이론에서 도시는 사회계층의 공간 사용의 분화과정을 통해 다섯 개의 동심원을 그리며 발전한다고 주장하였다. 동심원이론은 도시의 성장이 5개의 원(도시 중심지역, 점이지역, 도시 노동자 거주지역, 도시 중산층 거주 지역, 통근자 거주지역)을 그리며 발전한다고 보았다. 동심원의 정중앙에는 1지대인 중심상업지역이 존재한다. 중심상업지역은 거주자가 거의 없고 상업시설이 주로 위치하는 곳으로 도시의 일자리가 집중하는 곳이다. 중심지역 바로 바깥의 지역을 점이지역(Transitional Zone)이라 부른다. 초기 도시형성과정에서 중심상업지역 가장 가까이에 도시의 초기 정착민들이 몰려 살았으나 도시가 확장되면서 기존 정착민들은 더 나은 주거환경을 찾아 떠나가게 된다. 기존 정착민들이 떠난 자리에는 도시로 일자리를 찾기 위해 찾아온 이방인(이민자, 농촌 이주자 등)이 자리 잡게 된다. 점이지역은 도시 외곽의 중·상류층이 거주하는 지역에 비해 매우 낙후되고 오래된 가옥과 건물들이 위치한 지역이다. 점이지역은 중심상업지역 가까이 위치하고 낙후된 주거환경으로 낮은 주거 임대료가 형성되어 도시에서 가장 가난한 이민자나 이주민들이 이주 초기에 정착을 위해 머무르는 곳이라 한다. 도시가 인구유입으로 팽창하게 되면 이웃 존은 다른 존을 잠식하게 되고 침입, 지배, 그리고 승계의 패턴으로 도시는 성장한다고 한다. 주로 도심지로 갈수록 주택의 질과 임대료가 낮아지기 때문에 초기 도시정착민들은 점이지역에 주로 거주하지만 경제적인 부의 축적이 이루어지면 도시의 더 바깥 지역에 위치한 주거지역으로 이동하게 된다고 설명한다(황의갑 외, 2012). 비록 시카고학파의 초기 연구가 범죄를 직접적으로 다루지 않았다는 한계점에도 불구하고 도시의 성장과정에서 도시에 거주하는 인간과 도시 환경의 관계를 연결 지었다는 의의를 가질 것이다. 이후 시카고학파의 논의는 Shaw와 McKay의 사회해체 이론으로 계승 발전한다.

초기 시카고학파의 연구는 직접적으로 범죄나 비행 등의 사회문제를 다루지 않았다면 클리포드 쇼(Clifford Shaw)와 헨리 맥케이(Henry McKay)는 그들의 저서 “청소년 비행과 도시지역:Juvenile Delinquency and Urban Areas”에서 범죄와 공간의 관계를 직접 분석하고자 하였다. 그들은 시카고에 거주하고 있는 청소년들의 비행행동에 관심을 가지고 방대한 자료를 분석한 결과 청소년 비행이 시카고 전반에 걸쳐 골고루 분포되기 보다는 특정 지역에 집중됨을 알게 되었다. 쇼와 맥케이는 비행청소년의 경찰체포기록을 활용하여 시카고 범죄발생 지도를 작성하였다. 범죄발생 지도에 범죄다발지역으로 표시되는 곳은 거의 대부분 지역적 특성이 다른 지역과는 차이가 나타났다. 범죄다발지역은 주로 이민자의 비율이 높고 공적부조(예: 기초생활수급)를 받는 가정이 많고 자가 소유 주택비율이 낮은 지역이었다. 전형적으로 점이지역의 구조적 특성과 일치하는 결과를 보여주었다. 즉, 점이지역에서 범죄율이 높았던 것이다.

이 같은 점이지역의 높은 범죄율을 설명하기 위해 쇼와 맥케이는 점이지역의 구조적 특성에 기인하는 사회적 문제를 제기하며 사회해체이론을 제시하였다. 점이지역은 빈곤자의 비율이 높고 인구인동이 심하며 인종적으로 이질적인 지역이다. 이들 지역은 구조적 문제로 인해 사회문제를 해결할 수 있는 유익한 활동이 어려워지고 이는 결과적으로 사회적 해체를 경험하게 된다. 빈곤한 지역은 지역사회의 문제 해결을 위한 자원이 부족하고 높은 주거이동은 지역사회의 공동체 의식의 발달을 저해하며 익명성을 높인다. 다양한 인종적 뒤섞여 있는 지역에서는 지역사회의 공통 가치(Common Value)가 형성되기 어려워 지역주민들의 행동을 규율할 수 있는 사회적 통제가 약화된다. 이 같은 사회해체는 문화전달이라 불리는 과정을 통해 한 세대에서 다음 세대로 전파되어 비행하위문화가 형성된다고 설명한다(황의갑 외, 2012: 308). 즉, 사회해체이론은 지역사회의 구조적인 특성인 빈곤, 인종적 이질성, 그리고 거주의 불안정성이 지역사회의 사회해체를 가져오게 되며 사회가 해체된 지역에서는 범죄율이 높다는 주장을 펼친다.

쇼와 맥케이의 사회해체이론은 우리사회에는 일정한 범죄가 지속적으로 발생한다고 이해하였다. 따라서 인간은 누구나 범죄자가 될 수 있는 존재로 이해된다. 그리고 사회해체이론의 핵심은 범죄의 공간집중화 현상을 가정한다는 것이다. 사회해체이론은 도시지역에서 범죄는 특정지역에 집중적으로 발생한다고 가정한다. 범죄가 발생하게 되는 원인은 도시의 급격한 성장은 도시 근로자들의 생활 지역을 결정짓게 되고 도시의 빈민층과 이민자들이 주로 거주하는 점이지역에서는 사회해체가 일어나 범죄가 많이 발생한다는 것이다. 쇼와 맥케이는 도시화된 지역의 특정 지역에서 청소년들의 비행 행위를 쉽게 접할 수 있는 이유는 그 지역이 인구이동이 심하고 빈곤하며 여러 인종이 뒤섞여 지내기 때문에 사회적 통제가 약하고 문화적으로 범죄적인 성향을 나타내게 되어 비행이 빈번하게 발생한다고 설명한다. 쇼와 맥케이는 도시의 상업과 거주지가 교차하는 공간에서 범죄가 주로 발생하게 된다고 보았다. 사회해체이론은 점이지역은 적절한 주거환경, 교육, 보건, 등 인간 삶의 기초적인 서비스가 제대로 제공되지 않는 지역이라 설명한다. 이 지역에는 가난한 도시 빈민층이나 이민자들이 초기 도시 정착을 위해 최우선적으로 선택하는 지역이 될 수밖에 없다는 것이다. 점이지역에 거주하는 사람들은 기회가 있을 때마다 이 지역을 벗어나고 싶어 하고 이로 인해 그 지역사회의 공동체형성과 사회문제에 대한 공동체적 대처가 약화된다고 설명한다. 사회가 안정적으로 정비되어 있는 지역에서는 지역사회의 문제가 발생하면 지역조직이나 가족이 적절하게 이를 통제하는 기능(비공식적 사회통제력: Informal Social Control)이 작동될 수 있다. 하지만 지역사회의 빈곤과 급격한 인구의 유입은 지역사회의 통제기능이 붕괴되어 지역사회의 갱이나 비행 집단의 성장을 방치하게 된다. 이는 결국 또래집단에 기초한 비행하위문화의 확산 역시 막을 수 없게 된다. 즉, 사회적으로 해체된 지역에서는 범죄가 만연하게 되고 지속적으로 범죄가 발생하게 되며 그 지역에 거주하는 사람이 바뀔지라도 범죄는 지속적으로 발생하게 된다. 따라서 범죄는 그 지역에 거주하는 인간의 문제가 아닌 그 지역사회의 해체에 따른 결과물이 되는 것이다.

버제스(Burgess)의 동심원이론(Concentric Zone Theory)

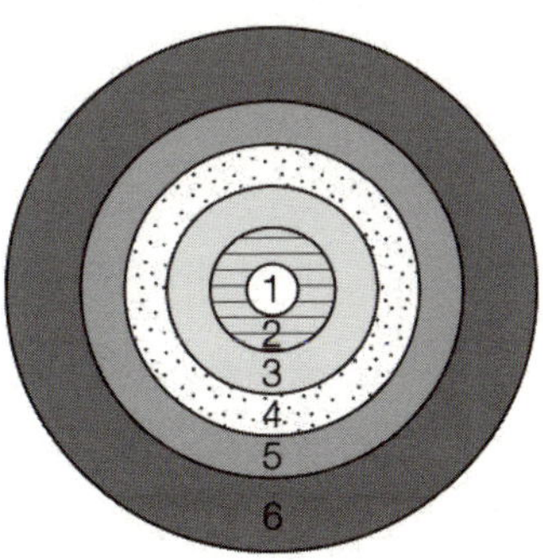

1. 중심 업무 지구　2. 점이 지대
3. 저급 주택 지구　4. 중산층 주택 지구
5. 고급 주택 지구　6. 통근권

출처: https://terms.naver.com/entry.nhn?docId=944479&cid=47334&categoryId=47334 검색: 2021년 2월 22일

쇼와 맥케이의 사회해체이론

지역사회의 구조적 특성	→	지역사회의 기능적 특성	→	사회문제
거주의 불안정성 (Residential Instability) 빈곤(Poverty) 인종적 이질성 (Racial Heterogeneity)		사회통제(Social Control) 비행하위문화 (Delinquent Subculture)		범죄(Crime) 비행 (Delinquency)

출처: Shaw, C. R. & McKay, H. D. (1942). Juvenile Delinquency and Urban Areas. Chicago: University of Chicago Press. 저자 재구성.

2. 수정된 사회해체이론

1) 수정된 사회해체이론의 고전적 사회해체이론에 대한 비판

쇼와 맥케이의 사회해체이론은 수정된 사회해체이론(Systemic Approaches of Social Disorganization)의 등장으로 고전적 사회해체이론이라 부르게 된다. 비록 쇼와 맥케이의 사회해체이론이 초기 지역과 범죄의 관계에 대한 이론적 기초를 제공하였다는 의의에도 불구하고 사회해체이론에 대한 통계적 검증은 1989년 샘슨(Sampson)과 그로브스(Groves)의 연구(Sampson & Groves, 1989)에서 이루어졌다. 결국 사회해체이론은 오랜 기간 이론적 논의에 머물러 있었다는 한계점을 가진다. 사실상 범죄학의 사회구조적 이론(아노미/긴장이론, 하위문화이론, 사회해체이론)은 1900년대 초중반까지 전성기를 거치지만 1960년 이후 등장한 미시적인 범죄학이론(사회학습이론, 사회통제이론, 일반긴장이론 등)의 대두로 범죄학 역사에서 사라지게 된다. 개인의 사회적 범인성에 관심을 가지는 미시범죄학 이론은 범죄학의 주류 이론으로 자리매김하게 된다. 하지만 다행스럽게도 사회해체이론은 1980년대 이후 다시금 범죄학 연구의 핵심주제로 등장하게 된다. 그 이면에는 개인의 생물학적, 심리학적, 그리고 사회학적 범인성을 강조하였던 범죄학 이론의 정책효과성에 대한 의문이 제기되었고 연구방법론의 개선에 따른 거시적인 범죄학 이론의 통계적 분석이 가능하게 된 현실이 반영되었다. 샘슨과 그로브스(1989)는 고전적 사회해체이론은 사회해체라는 개념을 정확하게 설명하지 못했고 현존하는 연구 자료들로는 사회해체이론을 정확하게 검증하기 어려웠기에 기존 연구에서 그 중요성이 퇴색되었다고 설명한다. 그들은 영국 범죄 설문(British Crime Survey)을 활용하여 고전적 사회해체이론을 검증함으로써 지역과 범죄의 관계에 관한 연구의 새로운 관심을 불러일으키는데 성공하였다. 또한 베카리아의 고전주의 범죄학 이론의 재등장으로 신고전주의 범죄학에 대한 관심이 증가하면서 범죄자의 합리성과 범죄발생상황에 대한 관심이 극대화 되면서 범죄예방에도 상황과 지역이라는 새로운 주제가 각광받게 된다.

초기 수정된 사회해체이론가 중 대표적으로 버식(Bursik)과 그래스믹(Grasmick)은 '이웃과 범죄(Neighborhood and Crime)'이라는 저서(Bursik & Grasmick, 1993)에서 쇼와 맥케이의 사회해체이론을 심도깊게 논의하였다. 특히 그들의 논의들 중 가장 핵심적인 내용은 고전적인 사회해체이론에서 강조하고 있는 사회해체(Social Disorganization)라는 개념을 명확화하기 위해 노력하였다는 점이다.

범죄학의 사회학습이론으로 유명한 에이커스(Ronald, L. Akers) 교수는 범죄학 이론의 평가기준을 제시한다. 그의 논의에 따르면, 범죄학 이론의 평가 기준은 1) 논리적으로 일관성, 2) 간결성, 3) 설명범위 4) 검증가능성, 5) 경험적 타당성, 6) 정책적 유용성이 있다. 고전적인 사회해체이론은 사회가 해체되면 범죄문제가 발생한다는 간결성과을 가진다(Akers et al., 2017). 고전적인 사회해체이론은 사회해체가 범죄의 원인이라 지목한다. 하지만 사회해체가 분명하게 무엇인지에 대한 논의에서 자유롭지 못하다.

버식과 그래서믹은 고전적 사회해체이론은 사회해체와 동시에 하위문화의 형성에 의한 범죄문제를 제기하였다는 측면에서 범죄의 원인이 사회통제의 문제인지 아니면 하위문화의 문제인지 분명하지 않다고 비판한다(Bursik & Grasmick, 1993). 왜냐하면 Shaw와 McKay의 사회해체이론에서 범죄문제 양산의 근원인 사회해체는 "공통의 가치를 깨닫지 못하는 지역사회: Community's inability to realize common value"와 "지역사회 주민들이 공통적으로 동의하고 있는 목적의 달성을 위해 지역주민들을 규율할 수 있는 능력미약: Inability of a local community to regulate itself in order to attain goals that are agreed to by the residents of that community"로 정의됨으로써 사회해체가 사회통제의 약화인지 일탈적 문화의 학습인지를 분명하게 구분하지 못해 개념의 명확성을 떨어뜨리는 결과를 가져왔다(Bursik, 1988; 윤우석, 2012: 322 재인용). 에이커스(Akers) 교수의 범죄학 이론 평가 기준에 따를 때 고전적 사회해체이론은 논리적 일관성에 있어서 사회통제와 하위문화를 동시에 범죄의 원인으로 다루고 있다는 문제점이 있는 것이다.

1989년 샘슨과 그로브스 역시 고전적 사회해체이론에서 제시하고 있는 사회해체의 개념을 명확하게 하고자 노력하였다. 그들은 사회해체는 지역주민들의 인간관계 네트워크(Sparse Local Friendship Networks)와 지역사회 조직 참여의 미비(Low Organizational Participation) 그리고 지역의 10대 청소년 또래 그룹들이 감독받지 않고 있는 상황(Unsupervised Teenage Peer Groups)이 사회해체라 설명한다(Sampson & Groves, 1989:783).

에이커스(Akers) 교수의 범죄학 이론의 평가 기준

1. 논리적 일관성(Logically Consistent): 이론의 논리적 일관성이란 이론에서 강조하고 있는 주장이 일관성을 보여야 한다는 것이다. 개인의 생물학적 특성이 범죄의 원이라 설명하면서 동시에 가정에서의 사회화가 범죄의 원인이라 주장하는 것은 논리적 일관성이 부족한 이론이다.
2. 간결성(Parsimony): 범죄학 이론은 궁극적으로 범죄의 원인을 설명하려는 이론이다. 따라서 범죄의 원인을 간결하게 설명할 수 있어야 한다. 가프레드선과 허쉬의 자기통제이론(Self-Control)은 범죄의 원인은 낮은 자기통제력 때문이라 설명한다(Gotteredson & Hirschi, 1990). 즉, 자기통제력이 낮을수록 범죄를 저지를 가능성이 높은 것이다.
3. 설명범위(Scope of Explained Crime): 범죄학 이론은 가능하면 많은 범죄행위의 원인을 설명할 수 있다면 보다 좋은 이론이 된다. 청소년 비행은 설명할 수 있으나 성인의 범죄행위를 설명할 수 있다면 이 이론은 제한적으로 활용될 수 밖에 없다.
4. 검증가능성(Testability): 범죄학 이론은 이론적 논의를 통해 범죄의 원인을 설명하는 것이다. 하지만 궁극적으로 이론의 옳고 그름을 판단하기 위해서는 검증이 가능해야 한다. 범죄학 이론의 검증가능성이란 범죄학 이론이 통계적 분석 등을 통해 과학적으로 분석된 결과물이 도출될 수 있어야 한다는 의미이다. 만약 어떤 범죄학자가 귀신이 범죄의 원인이라 설명하였다면 귀신에 의해 범죄행위가 발생하였다는 점을 과학적으로 증명해야한다. 과학적 검증이 불가능한 이론은 좋은 이론이 될 수 없다.
5. 경험적 타당성(Empirical Validity): 범죄학 이론의 경험적 타당성이란 범죄학 이론이 특정 대상이나 장소에서만 지지(Support)받는 결과물을 도출하는 것이 아니라 모든 대상과 장소에서 적용이 가능한지 여부를 의미한다. 이론이 제안되면 많은 후속 연구들이 이루어지며 이들 연구들이 다양한 인종, 성별 그리고 연령대를 대상으로 검증이 되고 지지받는다면 경험적 타당성이 높은 이론이라 할 것이다. 즉, 과학적 검증을 통해 이론을 지지하는 결과가 많이 도출될수록 좋은 이론이라 할 수 있다.

> 6. 정책적 유용성(Applicability and Effectiveness of Policy): 범죄학 이론은 궁극적으로 범죄의 원인을 파악함으로써 범죄발생을 최소화 시킬 수 있는 정책적 방안을 제시하기 위한 것이다. 따라서 범죄학 이론은 정책으로 적용가능하면서 효과적이어야 한다. 기존 많은 범죄학자들이 빈곤이 범죄의 원인이라는 설명을 하였다. 즉, 범죄의 원인이 빈곤(가난)이므로 모든 사회구성원을 가난으로부터 벗어나게 한다면 범죄문제가 해소될 것이다. 하지만 정책적으로 모든 사람들을 부유하게 만들어줄 수는 없다. 또한 일시적으로 빈곤에서 벗어나게 해주었을지라도 그것이 범죄를 감소시키는데 실질적인 도움이 되지 못한다면 좋은 이론이 아닐 것이다. 실제 기존 빈곤퇴치 관련 정책들이 많이 제안되었으나 범죄예방 및 감소효과는 거의 미비한 것으로 나타났다.

출처: Akers, R.L., Sellers, C.S., & Jennings, W.G. (2017). Criminological theories: introduction, evaluation, and application, New York: Oxford University Press. 저자 재구성.

이에 수정된 사회해체이론가들은 고전적 사회해체이론에서 강조하는 사회해체를 사회통제의 약화로 이해한다. 수정된 사회해체이론가들은 지역사회의 구조적 특성으로 파악되는 빈곤, 인구이동, 인종적 이질성이 지역주민들의 공식적이고 비공식적인 사회교류를 방해하고 이는 결과적으로 지역주민들의 집합적인 규율능력을 약화시킨다고 본다(Bursik & Grasmick, 1993; Sampson & Groves, 1989). 지역사회의 구조적 특성은 지역주민들 간의 교류와 인적네트워크 형성을 결정짓는 중요한 요소이다(Bursik & Grasmick, 1993). 지역주민들 간의 교류와 유대가 강화되면 지역사회의 인적네트워크가 형성되어 사회적 자본으로써 지역사회의 문제에 적극적인 개입이 가능하게 된다. 지역사회의 응집력, 애착, 교류, 지역사회 조직참여 등과 같은 지역주민들의 일상적인 활동을 지역사회의 기능적 특성이라 한다. 지역사회의 구조적 특성은 기능적 특성에 영향을 미치고 이는 다시금 지역주민들이 지역사회 문제에 대응 할 수 있는 능력을 결정하게 된다. 지역사회가 건강하고 활성화 되어 있다면 지역주민들이 지역문제에 적극적으로 개입할 것이다.

지역사회가 지역 거주민들의 인적 네크워크 형성공간이 되는 이유는 지역사회는 물리적인 공간임과 동시에 지역 거주민들이 유기적으로 교류하는 생태적 공간이기 때문이다(윤우석, 2012). 카사다(Kasarda)와 자노위치(Janowitz)는 지역사회를 정의함에 있어 지역사회를 인적네트워크가 체계화 되는 영역이라 정의하고 있다(Kasarda & Janowitz, 1974). 그들은 지역사회를 "사회화과정에서 유래되는 친구관계와 친족관계의 네트워크와 공식적이고 비공식적인 교류관계들이 복잡하게 얽혀있는 체계"라고 정의 내린다. 따라서 지역사회의 구조적인 특성인 빈곤, 인종적 이질성, 그리고 주거의 불안정성은 지역주민들의 인적교류를 약화시켜서 지역사회의 집합적인 사회통제능력을 감소시켜 범죄를 유발하는 것으로 이해되는 것이다. 안정적인 지역사회에서는 지역주민들 간의 친구관계, 이웃교류, 지역사회조직에의 참여, 지역사회에 대한 애착, 지역사회의 응집력와 신뢰가 증대되는 반면 사회경제적 지위가 낮고 이주민들이 많으며 인구이동이 심한 지역에서는 지역사회의 사회적 교류와 인적유대를 약화시킬 가능성이 높은 것이다(Bellair, 1997; 2000; Lowenkamp et al., 2003; Kasarda & Janowitz, 1974; Markowitz et al., 2001; Rountree & Warner, 1999; Sampson, 1988; Sampson & Groves, 1989; Warner & Rountree, 1997; 윤우석, 2012:322-323 재인용).

2) 샘슨과 그로브스(Sampson & Groves, 1989)의 고전적 사회해체이론 검증

샘슨(Sampson)과 그로브스(Groves)는 영국범죄설문(British Crime Survey) 자료를 활용하여 고전적 사회해체이론을 처음으로 증명하고자 하였다(Sampson & Groves, 1989). 쇼와 맥케이가 제시하였던 지역사회의 구조적 특성은 빈곤(Poverty), 인구이동(Residential Mobility), 그리고 인종적 이질서(Ethnic Heterogeneity)이었으나 샘슨과 그로브스는 5가지 지역사회의 구조적 특성을 사용하였다. 그들은 지역사회의 사회경제적 지위(Socioeconomic Status), 인종적 이질성(Ethnic Heterogeneity), 거주의 안정성(Residential Stability), 도시화(Urbanization), 그리고 가족해체(Family Disruption)라는 5가지 지역사회 구조적 특성이 지역주민들의 친구관계(Density of Friendship/Acquaintanceship)에 미치는 영향을 파악하였다. 기존 빈곤은 지역사회의 사회경제적 지위로 변경되었고 인구이동은 거주의 안정성으로 그리고 도시화와 가족해체가 추가되었다. 전체적으로 지역사회의 사회경제적 지위가 낮을수록, 인종적으로 이질적일수록, 도시화 정도가 심화될수록, 이혼율이 높을수록, 그리고 지역주민들의 인구이동이 많을수록 지역사회의 친구관계 네트워크가 약회되는 것을 보여주었다(Sampson & Groves, 1989:780). 즉, 지역사회의 구조적 특성이 지역주민들의 지역 내 인적교류에 매우 큰 영향을 미치는 것이다. 또한 지역사회의 구조적 특성들 중 지역사회의 사회경제적 지위가 높을수록 지역사회 조직에 참여도가 증가하는 것으로 파악되었다. 다른 구조적 특성은 지역사회 조직 참여에 크게 영향을 미치지 않았다. 1988년 샘슨은 지역사회의 구조적 특성과 친구관계네트워크와 지역애착의 관계를 연구한 결과 지역사회의 친구관계 네트워크에 가장 큰 영향을 미치는 변인은 지역 주민들의 거주 안정성(Residential Stability)로 나타났다. 시골이건 도시건 지역주민들의 거주 안정성은 지역의 친구관계에 가장 큰 영향을 미치고 있으며 친구나 친척집 방문, 스포츠 행사 참여, 이웃 간 나들이(댄스파티, 외식, 술자리)에도 지역사회의 거주 안정성이 가장 큰 영향을 미치는 요인으로 파악되었다(Sampson, 1988).

샘슨과 그로브스의 고전적 사회해체이론 검증(Samposon & Groves, 1989)

지역사회의 구조적 특성 →	사회해체 →	사회문제
거주의 불안정성 (Residential Instability) 지역의 사회경제적 지위 (Socioeconomic Status) 인종적 이질성 (Racial Heterogeneity) 도시화(Urbanization) 가족해체 (Family Disruption)	낮은 수준의 지역사회 친구관계 네트워크 (Lower Level of Local Friendship Network) 낮은 수준의 지역사회 조직에의 참여 (Lower Level of Participation in Community Organizations) –감독 받지 않고 있는 10대 청소년 그룹 (Unsupervised Teenage Peer Group)	범죄 (Crime) 비행 (Delinquency) 무질서 (Disorder)

출처: Sampson & Groves. (1989). Community Structure and Crime: Testing Social–Disorganization Theory, American Journal of Sociology, 94(4):774–802. 저자 재구성.

3) 버식(Bursik)과 그래스믹(Grasmick)의 비공식적 사회통제 논의

버식과 그래스믹은 1993년 'Neighborhood and Crime'이라는 저서에서 고전적 사회해체이론의 수정한 체계적 접근법을 제안하였다. 버식과 그래스믹은 지역사회의 사회해체를 지역주민들의 인간관계네트워크의 붕괴와 이로 기인한 사회적 통제의 약화로 보았다. 특히 그들은 지역사회의 다양한 종류의 사회적 통제를 강조한다. 지역사회 통제력 약화가 발생하는 이유는 지역주민들의 인적 71네트워크가 붕괴되었기 때문이라 주장하였다. 그들은 지역사회의 구조적 특성이 지역사회의 인적네트워크 형성에 영향을 미친다고 보았다. 한편 인적네트워크는 지역주민들의 개인수준의 사회통제와 지역수준의 사회통제를 결정하며 지역사회 경찰의 공식적 사회통제력에도 영향을 미친다고 보았다. 이들 3레벨의 사회통제력은 결과적으로 지역주민들의 행동을 통제할 수 있는 능력을 결정한다. 행동 통제 능력이 약한 지역에서는 범죄, 무질서, 비행, 그리고 범죄 피해가 증가하는 것으로 나타났다.

사회통제는 기존 사회의 규범과 법을 공고하게 할 수 있는 사회적 힘을 의미하며 사회통제가 원활하게 이루어지는 지역사회는 범죄나 무질서 문제에 효과적이고 적절하게 대처할 수 있다. 사회통제는 공식적 사회통제(Formal Social Control)와 비공식적 사회통제(Informal Social Control)로 구분되는데 형사사법기관이나 정부기관에 의해 이루어지는 통제를 공식적 사회통제라 한다. 한편 비공식적 사회통제는 개인 혹은 가족 수준의 사회통제와 지역 수준의 사회통제로 다시금 구분된다. 개인 혹은 가족수준의 통제를 사적사회통제(Private Social Control)라 하고 지역주민들이 범죄예방활동에 참여하는 등 범죄예방을 위한 활동이나 개입을 하는 것을 지역사회의 비공식적 사회통제(Informal Social Control or Parochial Social Control)라 한다. 버식과 그래스믹은 사적, 지역적, 그리고 공적 사회통제가 통합적으로 지역사회의 범죄문제에 영향을 미친다고 보았다. 도한 개별 사회통제들 간에도 서로 영향을 주고받는다고 보았다. 예를 들면 경찰의 공식적 사회통제는 지역사회의 비공식적 사회통제나 개인 혹은 가족의 사적 사회통제에 영향을 미칠 수 있을 것이다. 특히 범죄예방의 관점에서 경찰의 공식적 사회통제가 개인의 사적 혹은 지역의 비공식적 사회통제에 미치는 영향을 파악하는 것은 중요한 주제이다. 경찰이 범죄예방을 위해 노력할지라도 이 같은 활동이 개인이나 혹은 지역사회의 비공식적 사회통제를 해친다면 그 효과성이 반감될 것이기 때문이다.

버식과 그래스믹의 체계적 접근(Systemic Approach of Social Disorganization)

지역사회의 구조적 특성 →	사회적 관계 →	사회통제 →	사회문제
거주의 불안정성 (Residential Instability) 지역의 사회경제적 지위 (Socioeconomic Status) 인종적 이질성 (Racial Heterogeneity)	인간관계 네트워크 (Relational Network)	개인수준의 사회통제 (Private Social Control) 지역수준의 사회통제 (Parochial Social Control) 공식적 사회통제 (Formal Social Control)	범죄 비행 무질서 범죄피해

출처: Bursik, R. & Grasmick, H. G. (1993). Neighborhoods and Crime: the Dimensions of Effective Community Control, New York: Lexington Books. 저자 재구성

4) 집합적 효능감 이론(Collective Efficacy Theory)

샘슨과 그의 동료들(Sampson, Raudenbush, & Earls, 1977)은 1997년 사회과학 연구로는 드물게 Science지에 "Neighborhoods and Violent Crime: A Multilevel Study of Collective Efficacy"라는 제목의 논문을 발표한다. 이 논문은 수정된 사회해체이론의 논의 중 사회해체이론의 발전에 가장 큰 기여를 한 것으로 평가받는다. 이 논문에서 사용된 통계적 분석 방법은 기존 범죄학 연구에서 거시적 범죄학 이론을 평가하기에 가장 적합한 방법으로 인정받고 있으며 많은 연구자들이 후속적으로 사회해체이론을 검증하는데 큰 기여를 하였다.

샘슨과 그의 동료들(Sampson et al., 1997)의 집합적 효능감 이론

지역사회의 구조적 특성	→	집합적효능감 (Collective Efficacy)	→	사회문제
거주의 불안정성 (Residential Instability) 지역의 집중된 불이익 (Concentrated Disadvantages) 인종적 이질성 (Racial Heterogeneity)		사회적 응집력 (Social Cohesion) 비공식적 사회통제 (Informal Social Control)		범죄 비행 무질서 범죄피해 자살 질병

출처: Sampson, R. J., Raudenbush, S. & Earls, F. (1997). Neighborhoods and violent crime: a multilevel study of collective efficacy. Science. 277: 918-924. 저자 재구성

집합적 효능감이론(Collective Efficacy Theory)은 고전적 사회해체이론에서 강조하고 있는 사회해체를 집합적 효능감이라는 용어로 대체하여 사용한다. 샘슨과 그의 동료들은 지역주민들의 공통된 가치를 깨닫는 정도와 효과적인 사회통제 유지능력의 차이가 지역 간 범죄율의 차이를 결정짓는다고 주장한다. 집합적 효능감이론은 지역사회의 사회통제를 강조한다. 이 이론에서 사회통제란 지역사회의 구성원들이 지역사회의 집합적 목표에 따르도록 규율할 수 있는 그 집단의 능력이라 정의하고 있다. 지역사회의 집합적 목표는 일반적으로 지역주민들이 안전하고 질서가 유지된 환경에서 범죄로부터 자유롭게 살고자 하는 희망을 의미한다. 따라서 지역주민들의 사회통제는 경찰과 같은 형사사법기관의 공식적 사회통제가 아닌 비공식적 사회통제이다. 비공식적 사회통제는 지역주민들이 공공질서를 유지시키는 비공식적 메카니즘의 효과성을 의미한다. 지역 청소년들의 일탈행동에 지역주민들이 적극적으로 개입하고 지역의 사회문제에 즉각적으로 반응함으로써 궁극적으로 지역주민들의 삶의 안녕(Well-being)을 지키는 것이다.

지역사회의 비공식적 사회통제가 유지되기 위해서는 필수적으로 지역주민들이 지역

사회의 공통 선(Common Good)을 유지에 개입이 요구된다. 지역주민들의 개입을 이끌어 낼 수 있는 조건은 지역주민들 간의 상호 신뢰(Mutual Trust)와 결집력(Solidarity)이 요구된다. 지역 주민들 간에 신뢰가 부족하고 지역사회의 규범이 명확하지 않은 곳에서는 지역주민들의 개입을 기대하기 어렵기 때문이다. 따라서 지역사회의 사회통제가 얼마나 효과적으로 이루어지는가는 지역사회의 응집력 그리고 비공식적 사회통제능력에 달려있다. 따라서 집합적 효능감이란 지역사회의 응집력(Social Cohesion)과 비공식적 사회통제력(Informal Social Control)이 결합된 개념이다. 지역사회의 집합적 효능감이 높을수록 지역사회의 무질서와 범죄를 적절하게 통제할 수 있어 거주지를 범죄로 부터 안전하게 보전할 수 있다고 본다.

집합적 효능감이론은 고전적 사회해체이론의 논의와 마찬가지로 지역사회의 사회구조적 특성이 집합적 효능감을 결정짓는 중요한 요소라 설명한다. 샘슨과 그의 동료들은 지역사회의 인구이동이 빈번한 곳에서는 지역사회 조직의 붕괴를 가속화시키고 지역의 사회통제력을 약화시킨다고 설명한다. 이사가 빈번한 곳에서는 지역 주민들 간의 교류가 약화될 것이며 익명성이 증가하여 결과적으로 지역사회가 결집되기 어렵다. 또한 샘슨과 그의 동료들은 미국사회의 탈산업화로 중산층의 이동 및 빈곤층의 가중현상이 심화되었다고 설명한다. 따라서 지역사회의 자원은 가난하고 유색인종이 몰려 사는 지역에 투입되지 않고 점차 그들 지역이 고립되는 현상이 발생한다고 보았다. 이 같은 현상은 기존 고전적 사회해체이론에서 설명하고 있는 빈곤에 국한하는 것이 아니라 사회계층과 인종의 고립과 경제적 박탈을 야기한다. 사회적 불이익이 집중된 지역에 거주하는 사람들은 지역사회의 문제에 대한 통제력이 상실되었다는 인식이 심화될 것이다. 따라서 사회적으로 불이익이 집중된 지역이 형성되게 되면 이들 지역사회에서는 비공식적 사회통제력이 제대로 작동하지 않을 것이다. 비록 사회적으로 유대가 있는 지역일지라도 집중된 불이익이 심화 된 곳에서는 지역주민들이 효과적으로 집합적 행동을 수행하기에는 어려움을 겪을 것으로 예측된다(Sampson et al., 977:919).

지역사회의 구조적 특성 측정 방법의 변화

기존 사회해체이론은 지역사회의 구조적 특성으로 지역사회의 빈곤, 인구이동, 그리고 인종적 이질성을 제시하였다(Shaw & McKay, 1942). 이후 많은 학자들이 지역사회의 구조적 특성에 이혼율, 도시화 정도, 거주의 안정성, 사회경제적 지위

등 다양한 수정된 측정방법을 제안하였다. 특히 집중된 불이익과 라틴계 인구비율을 통한 지역사회의 구조적 특성을 새롭게 측정하려는 시도들이 자리 잡게 되었다.

기존 많은 연구에서 인종적 이질성은 흑인 인구비율을 많이 다루었다. 하지만 2000년대 접어들면서 미국사회는 흑인 인구보다는 라틴계 인구가 급증하게 되었다. 따라서 다인종을 파악하기 위해서는 새로운 접근이 필요하였다. 이에 연구자들은 인구통계 중 급증하고 있는 라틴계 인구의 비율을 파악함으로써 인종적 이질성을 측정하려는 시도들이 많아졌다.

다음으로 지역사회의 빈곤 문제는 고전적 사회해체이론에서 주로 사용되었던 구조적 특성이었다. 1989년 샘슨과 그로브스는 빈곤을 지역사회의 사회경제적 지위(Socioeconomic Status)로 수정하여 측정하였다. 이후 샘슨과 그의 동료들(Sampson, Raudenbush, & Earls, 1997)은 집중된 불이익(Concentrated Disadvantage)라는 새로운 개념으로 변경하였다. 집중된 불이익이란 지역사회의 구조적 특성으로 인해 지역사회가 사회경제적으로 다양한 불이익을 집중적으로 받게 된다는 의미를 가진다. 이에 집중된 불이익의 측정에 빈곤비율, 사회보장수급비율, 여성세대주 비율, 실업률, 18세 이하 청소년 인구비율, 그리고 흑인인구비율이 사용되었다(Sampson et al., 1997:920). 고전적 사회해체이론이 단편적으로 경제적 수준을 의미하는 빈곤을 통해 지역사회의 가난한 정도를 파악하였다면 현대 수정된 사회해체이론가들은 지역사회의 경제적 빈곤에서부터 지역사회가 겪고 있는 다양한 어려움을 의미한 집중된 불이익이라는 개념을 통해 지역의 복합적인 고충을 잘 표현하고 있는 것이다.

지역사회의 구조적 특성 측정방법(척도) 인구통계자료에 기초하여 비율을 사용함		
Concentrated Disadvantage	Immigrant Concentration	Residential Stability
1. Below Poverty Line 2. On Public Assistance 3. Female-headed Families 4. Unemployed 5. Less than age 18 6. Black	1. Latino 2. Foreign-Born	1. Same House as in 1985 2. Owner-occupied House
Sampson et al(1997). P.920.		

제3절 지역사회의 구조적 특성과 기능적 특성의 관계

1. 지역사회의 구조적 특성이 지역주민들의 관계에 미치는 영향

샘슨과 그로브스의 연구 이후 수많은 수정된 사회해체이론가들의 고전적 사회해체이론 검증 시도가 있었다. 대표적으로 지역사회의 구조적 특성이 지역주민들의 친구관계(Friendship Networks), 지역애착(Community Attachment), 지역사회조직 참여(Participation in Community Organizations), 이웃 간 교류(Neighboring) 및 레저활동(Leisure Activities)에 미치는 영향이 조사되었다.

우선 1991년 Sampson(1991)은 미국의 대표적인 사회학술지인 Social Forces지에 지역사회의 사회구조적 특성이 친구네트워크와 익명성(Anonymity)을 매개하여 지역사회 응집력(Community Social Cohesion)과 지역만족도(Community Satisfaction)에 미치는 영향을 연구하였다. 우선 지역사회의 구조적 특성 중 친구 네트워크와 익명성에 영향을 미치는 대표적인 구조적 특성은 거주의 안정성, 도시와, 그리고 사회경제적 지위였다. 지역사회의 사회경제적 지위가 높고 거주민의 거주가 안정적인 곳에서는 지역주민들의 친구관계 네트워크가 강하게 형성되어 있는 반면 익명성은 낮았다. 반면, 지역이 도시화 되어 있을수록 친구관계 네트워크는 약화되었고 익명성이 높아졌다. 사실상 현대 사회에서 대부분의 도시들이 겪고 있는 실상을 그대로 보여준 결과이다. 다음으로 지역사회의 응집력에는 친구네트워크와 익명성이 매우 큰 영향을 미치는 것으로 나타났다. 아마도 지역사회의 구조적 특성은 지역주민들의 인적 네트워크에 영향을 미치고 그 결과로 지역사회 응집력이 결정되는 것으로 파악된다. 이 결과는 수정된 사회해체이론의 논의에서 매우 중요한 이론적 논점을 제공한다. 기존 많은 연구자들은 지역사회의 친구관계, 이웃 간 교류, 지역사회 조직에 참여 등과 같은 기능적 특성과 그 외 지역사회 응집력, 지역사회애착, 지역사회의 비공식적 사회통제의 인과적 순서에 많은 관심이 없었다. 지역주민들이 친구와 아는 사람이 많고 지역주민들 간의 교류 및 지역사회조직에 참여가 많으면 지역사회는 결집력이 있는 사회로 이해하는 경향이 있었다. 하지만 샘슨의 1991년 연구를 통해 지역주민들의 인적네트워크와 활동은 결과적으로 지역사회 응집력과 같은 결과물을 도출시키는 독립적인 변인으로 작용한다는 것을 파악하였다는 의의를 가진다.

스코간(Skogan, 1989)은 지역사회조직의 참여가 지역범죄문제 해결 및 경찰관의 협력관계 형성에 매우 중요한 요소라 이해한다. 이에 지역사회의 구조적 특성이 지역사회조직활동 특히 '자율방범대 활동'에 미치는 영향을 파악하고자 하였다. 그는 '지역의 부유함(Community Affluence)'이라는 새로운 구조적 특성을 제안하였다. 지역의 부유함은 자가 소유자 비율, 평균 소득, 평균 교육기간, 그리고 집단 주거시설이 아닌 단독주거 비율[6)]로 측정되었다. 일반적으로 사회경제적 지위(SES: Socioeconomic Status)는 개인수준에서 개인의 소득, 교육수준 그리고 직업을 기준으로 측정한다. 한편 지역수준에서는 지역의 평균적인 대학 교육자 비율, 평균 거주민의 소득, 그리고 상위 혹은 하위 소득자 비율(예: 상위 20% 소득 혹은 하위 20% 소득자 비율)로 측정하는 경향이 있다(Sampson, 1991). 스코간은 뉴욕, 플로리다, 미주리에 거주하는 지역주민들을 대상으로 설문조사를 통해 분석자료를 획득하였다. 통계적 분석 결과, 지역의 부유함이 높은 동네에 거주할수록 지역사회조직 참여를 더 많이 목격하는 것으로 나타났다. 지역사회가 사회경제적으로 여유가 있을수록 거주민들이 지역사회조직에 참여할 가능성이 더 높고 이를 목격할 가능성도 높은 것으로 파악된다. 이 결과는 지역사회의 사회경제적인 요소가 지역사회조직 참여에 중요하다는 결과를 보여준다.

테일러(Taylor, 1996)는 볼티모어(Baltimore City)에서 66개 지역(Neighborhoods)을 무작위로 선정하여 지역의 인구통계(Census Data)와 설문자료를 분석하여 지역사회의 구조적 특성이 기능적 특성에 미치는 영향을 구조방정식 모델로 분석하였다. 분석결과 지역이 주거가 안정적이고 인종적으로 단일하며 교육수준이 높을수록 지역주민들이 지역사회에 소속되어 있다는 인식(애착-attached)이 강하고 지역주민들 간의 교류와 지역조직 참여활동이 활발하게 이루어지는 것으로 나타났다. 지역에 애착이 높은 곳일수록 지역주민의 지역 청소년들을 더 잘 통제하고 지역의 범죄두려움이 감소하는 것으로 나타났다.

벨레어(Belliair, 1997)는 스코간이 사용한 자료와 동일한 경찰서비스연구(Police Services Study) 자료를 활용하여 지역사회의 구조적 특성이 지역주민들의 이웃 간 교류(Neighboring)에 미치는 영향을 파악하였다. 벨레어는 '이웃 간 교류'를 동일한 지역에 같이 거주하는 이웃 간에 서로의 집을 자신이나 가족들이 얼마나 자주 방문하여 시간을 보내는가라는 질문을 통해 파악하고자 하였다. 교류빈도(거의 매일, 일주일, 한 달, 6개월, 1년)를 측정하고 그 응답 비율에 따라 지역사회의 이웃 간 교류 정도(Density)를 파악하였다. 이웃 간 교류에 통계적으로 유의미한 영향을 미치는 지역사회

6) 한국에서는 대도시에서 아파트 거주자가 원룸이나 단독주택 혹은 빌라 거주자에 비해 부유한 것으로 인식하는 경향이 있다. 하지만 미국에서는 주로 아파트가 공공임대주택인 경우가 많아 가난한 사람들이 많이 거주한다.

의 구조적 특성은 지역의 사회경제적 지위와 인종적 이질성이었다. 거주안정성이나 홀로 아이를 키우는 부모의 비율 그리고 청소년 비율은 유의미한 영향이 없었다. 즉, 지역의 사회경제적 지위가 낮고 인종적으로 이질적인 동네일수록 이웃 주민들 간의 교류가 현격하게 감소하는 것으로 나타나 가난하고 다인종으로 구성된 지역에서는 사회적 상호작용이라 할 수 있는 인적 교류가 약화됨을 보여주는 결과이다.

워너(Warner)와 라운트리(Rountree)는 지역사회의 사회적 결합(Social Ties)이 지역사회의 구조적 특성의 영향을 받아 범죄발생과 연결되는 메카니즘을 검증하고자 하였다(Warner & Rountree, 1997). 워너와 라운트리는 인구통계 조사 구역(Census Tracts)을 하나의 지역 단위(Unit of Community)로 구분하고 시애틀에서 100개 인구통계 구역을 선정하여 각 구역별로 50명의 거주자를 대상으로 설명조사를 진행하였다. 지역단위 변인 측정을 위해 1990년 미국 인구통계(Census Data)를 활용하였다. 이 연구에서 워너와 라운트리는 지역사회의 사회적 결합(Social Ties)을 이웃 간 교류(Neighboring)와 문제 해결을 위한 이웃 간 조력(Helping Neighbors with Problems)으로 측정하였다. 지역사회의 구조적 특성은 고전적 사회해체이론에서 사용한 빈곤, 인종적 이질성, 그리고 거주 안정성으로 측정하였다. 빈곤수준의 인구비율, 흑인인구비율, 그리고 거주지에 5년 이상 거주한 거주민의 비율로 구조적 특성이 파악되었다. 자료 분석결과, 지역사회의 사회적 결합은 인종적 이질성과 거주의 안정성에 영향을 받는 반면 빈곤의 영향은 없었다. 벨레어의 연구와 같이 인종적 이질성은 지역주민들 간의 교류를 약화시키는 것으로 파악되었다. 다만 빈곤의 영향을 없었고 오히려 거주의 안정성이 유의미한 영향을 미치는 것으로 파악되어 벨레어의 연구와는 다른 결과를 보여주었다. 워너(Warner, 1999)는 동일한 자료를 활용하여 사회적 결합(Social Ties)에 성별차이를 파악하고자 하였다. 분석결과, 거주의 안정성은 여성의 사회적 결합에는 영향이 있었으나 남성에게는 영향이 없는 것으로 나타나 지역사회의 구조적 특성이 성별에 따라 차별적으로 영향을 미칠 수 있음을 보여주었다.

버식(1999)은 수정 된 사회해체이론의 핵심이라 할 수 있는 지역의 인적네트워크(Friendship Networks and Ties)에 지역사회의 구조적 특성이 미치는 영향을 파악하고자 하였다. 이 연구에서 가장 흥미로운 결과는 인종적 동질성의 정도가 지역 주민들의 인적 네트워크 형성 중요함을 보여주었다는 것이다. 동질적인 인종이 거주하는 지역에서는 거주민들의 인적네트워크가 사적(Private)이건 집합적(Parochial)이건 유의미한 영향을 미치는 것으로 나타났다. 즉, 인종적으로 동질적인 지역에 거주하는 사람들일수록 지역에서 아는 사람이 많고 도움을 받을 사람이 많았다. 또한 동질적인 인종으로 구성된 지역에서 지역주민들은 일상적인 소비활동(쇼핑, 은행, 병원 등)을 지역사회 내에서 많이 하고 있는 것으로 파악되었다. 지역 내에서 소비활동을 많이 할수록 지역사회에 대한 이해도가 높고 지역주민들 간의 인지도가 증가하여 지역사회에 대한 문제를 쉽게 알아차리게 될 것으로 기대된다.

2003년 로웬캠프(Lowenkamp)와 그의 동료들(Lowenkamp, Cullen, & Pratt, 2003)은 샘슨과 그로브스의 고전적 사회해체이론 검증 연구를 재검증하고자 시도하였다. 그들은 기존 샘슨과 그로브스가 사용한 영국범죄조사(British Crime Survey) 자료 중 1994년 자료(샘슨과 그로브스는 1982년)를 활용하여 기존 사회해체이론의 경험적 타당성을 재검증하고자 시도하였다. 전반적으로 로웬캠프와 그의 동료들은 1994년 자료 역시 기존 샘슨과 그로브스의 초기 연구 결과와 거의 유사한 결론에 도달함을 보여주었다. 즉, 시간적 흐름에도 불구하고 사회해체이론의 검증모델의 평가 결과가 유사한 결론에 도달함으로써 경험적 타당성이 확보되었다.

스왈룹(Swaroop)과 모렌오프(Morenoff)는 2006년 '지역사회의 건설(Building Community)'이라는 논문에서 지역사회의 구조적 특성이 지역사회 조직 참여에 미치는 영향을 연구하였다(Swaroop & Morenoff, 2006). 그들은 시카고프로젝트(PHDCN: Human Development in Chicago Neighborhoods)자료와 1990년 미국 인구통계자료를 분석하여 결과를 도출하였다. 총 343개 지역단(Neighborhood Cluster)에서 8,782명의 시민이 설문조사에 참여하였고 865개 인구조사 구역(Census Tract)의 자료가 활용되었다.

시카고 지역 인류발전 프로젝트

시카고 지역 인류발전 프로젝트(PHDCN: Project on Human Development in Chicago Neighborhoods)는 아동과 청소년의 발달에 가정, 학교, 지역사회가 미치는 영향을 다학문제적으로 파악하려는 연구이다. 이 프로젝트는 인간의 긍정적 혹은 부정적인 사회적 행동의 발달과정(Developmental Pathways)을 이해하기 위해 디자인 되었다. 특이 이 프로젝트는 청소년비행, 성인범죄, 약물남용, 그리고 폭력의 발달과정을 검증하고자 한다. 동시에 이 프로젝트는 다양하게 수집된 자료에 기초하여 사회적 행동이 일어나는 환경의 상세한 영향을 파악하고자 한다. 이 프로젝트의 디자인은 크게 2가지 요소로 구성되어 있다. 첫째, 이 프로젝트는 시카고에 소재하고 있는 지역사회에 대한 집중적인 연구를 목적으로 한다. 특히 지역사회의 사회적, 경제적, 조직적, 정치적, 그리고 문화적 구조와 시간의 흐름에 따른 역동적인 변화를 파악하고자 한다. 두 번째로 이 프로젝트는 6,000명의 종단 패널 자료를 수집하여 조사 대상자들(아동, 청소년, 성인)의 삶의 변화에 따른 다양한 반사회적 행동의 유발요인이나 억제요인을 검증하고자 한다.

시카고 프로젝트는 다양한 정책연구기금 제공자(the John D. and Catherine T. MacArthur Foundation, the National Institute of Justice, the National Institute of Mental Health, the U.S. Department of Education, the Administration for Children, Youth and Families, the Harris Foundation, and the Turner Foundation)의 지원아래 하버드대학 공공보건대학(Harvard School of Public Health)의 조언을 받고 있다. 시카고 프로젝트는 지역주민 대상 설문조사, 코호트 종단조사, 그리고 코호트 신생아 조사가 포함되어 있다. 지역주민 설문조사는 1994년에서 1995년 2회에 걸쳐 진행되었다. 343개 지역단(Neighborhood Cluster)에서 총 8,782명의 시카고 거주민들이 조사에 참여하였다. 시카고 지역주민 설문조사자료는 지역사회의 구조적 조건과 지역 조직과 관련된 다양한 자료를 수집하고 있다. 다음으로 시카고 코호트 종단자료는 아동, 청소년, 성인을 대상으로 3가지 자료가 수집되었다. 코호트의 연령은 0세, 3세, 6세 9세, 12세, 15세 18세에 속하는 시카고 지역 코호트를 대상으로 7년간의 종단자료를 수집하였다. 종단조사는 1994년~1997년, 1997년~1999년, 2000년~2001년에 걸쳐 3회 조사가 이루어졌다. 코호트 종단 조사의 한 부분으로 412명의 신생아와 이들의 부모를 대상으로 1차 조사(1994년~1997년)가 이루어졌다. 시카고 프로젝트의 책임연구위원은 하버드 의과대학의 펠튼 앨즈(Felton, J. Earls) 교수이며 하버드 대학 사회학과 로버트 샘슨(Robert, J. Sampson) 교수와 시카고 대학 사회학과 스태판 라우덴부쉬(Stephen Raudenbush) 교수가 과학자문위원으로 참여하고 있다.

출처: https://www.icpsr.umich.edu/web/pages/NACJD/guides/phdcn/index.html

스왈룹과 모렌오프는 지역사회 거주민들의 지역사회 조직 참여는 도구적(Instrumental)이거나 표현적(Expressive)인 목적을 가지며 공적이거나 혹은 사적인 활동으로 유형화하였다(Swaroop & Morenoff, 2006). 일반적으로 도구적 동기는 지역에 거주하는 사람들이 자신의 거주지역을 개선시키기 위한 노력에 참여하려는 의도를 의미한다(Swaroop & Morenoff, 2006:1670). 한편 표현적 동기는 사회적 네트워크 형성과 지역사회에 대한 소속감을 증대시키려는 의도를 의미한다(Swaroop & Morenoff, 2006: 1670).

스왈룹과 모렌오프는 지역사회의 구조적 특성을 4가지 특성(집중된 불이익, 거주의 안정성, 라틴계 인구비율, 인구밀도)으로 측정하고 지역사회 조직에 참여 정도에 미치는 영향을 파악하였다. 연구결과 개인의 공적인 도구적 단체 활동에 영향을 미치는 지역사회의 구조적 특성은 집중된 불이익, 거주의 안정성, 그리고 라틴계/이민자 비율로 나타났다. 좀 더 구체적으로 살펴보자면, 모든 4가지 지역사회조직 참여에 지역의 집중된 불이익은 부정적 영향을 미치는 것으로 나타났다. 즉, 집중된 불이익을 많이 겪고 있는 지역일수록 지역사회의 도구적 혹은 표현적 단체 활동에 공식적 혹은 비공식적인 참여도가 낮은 것으로 나타났다. 특히 흥미로운 사실은 공식적인 도구적 단체 활동 참여는 집중된 불이익이 심각해질수록 정적인 영향을 미쳤으나 이후 감소하여 선형적인 관계가 아닌 비선형적 관계로 나타났다. 다시 말하자면 일정 수준 집중된 불이익 증가하면 지역조직 참여도가 높아졌으나 집중된 불이익 수준이 매우 심각해지면 오히려 조직 참여도가 떨어지는 것으로 나타났다. 사회해체이론에서 집중된 불이익을 당하는 지역이란 매우 불이익의 정도가 높은 지역을 의미한다. 따라서 지역의 불이익이 심각한 지역일수록 지역사회를 개선하고자 하는 도구적 동기를 가진 지역 조직 참여활동이 감소한다는 의미이다. 지역사회의 거주안정성 그리고 인종적 이질성은 개인수준의 변수나 지역사회의 다른 맥락적 변인(지역 사회 조직의 숫자, 지역사회의 무질서)을 고려할 경우 표현적 조직 활동에 참여가 더 증가하는 것으로 나타나 차이점을 보여주었다. 도구적 조직 참여에서는 유의미하지 않거나 오히려 반대의 결과가 나온 것에 비해 표현적 조직 활동에는 거주기간이 길수록 그리고 이민자 비율이 높을수록 활동성이 높아지는 것으로 나타났다.

스왈룹과 모렌오프의 지역 사회 조직(단체)의 유형 (Swaroop & Morenoff, 2006)

동기	공적(Formal)	사적(Informal)
도구적 (Instrumental)	도구적 단체(Instrumental Organizations) - 이웃감시 단체 주민자치 단체(주민협의회, 거주민 자치회 등) 지역정치 단체	문제 해결 행동(Problem-solving Actions) 지역 정치인과 대화 자치구 행정관료와 대화 지역 문제해결 모임 참석 지역주민들과 문제해결을 위한 모임

동기	공적(Formal)	사적(Informal)
표현적 (Expressive)	표현적 단체(Expressive Organizations) 종교단체 민족단체(Ethnic/Nationality Group) 시민단체	비공식적 이웃 간 교류(Informal Neighboring) 이웃에게 호의 베풀기 이웃의 재산 지켜주기 이웃에게 조언 구하기 이웃과 모임 갖기 이웃집 방문하기

출처: Swaroop & Morenoff. (2006). Building Community: The Neighborhood Context of Social Organization, Social Forces, 84(3):1670.

2. 지역사회의 구조적 특성이 사회적 응집력에 미치는 영향

1) 사회적 응집력의 개념(Concept of Social Cohesion)

수정된 사회해체이론에서 지역사회의 기능적 요인 중 가장 많은 주목을 받는 변인으로 사회적 응집력과 비공식적 사회통제를 들 수 있다. 특히 사회적 응집력은 비공식적 사회통제를 생산한다는 측면에서 비공식적 사회통제의 필요조건이라 할 것이다(Sampson et at, 1997). 사회적 응집력의 개념은 최근 들어 많은 연구영역에서 논의되고 있다. 기존 사회적 응집력에 대한 개념적 논의는 주로 사회학 분야에서 집중적으로 논의 되었다. 하지만 최근에 와서는 정치학, 사회복지학 등 사회정책을 고안하는 분야에서도 많은 관심을 받고 있다.

사회적 응집력과 관련된 학술적 논의는 사회학자 뒤르케임(Emile Durkheim)의 아노미이론에서 찾을 수 있다. 뒤르켐은 사회 분업론과 자살론에서 아노미 사회의 문제점을 제시하였다. 뒤르케임은 인간 사회의 복잡화와 분업화가 사회적 통합과 규제를 약화시키고 이로 인해 자살과 같은 사회적 일탈이 발생하게 된다고 생각하였다. 뒤르케임은 사회적 통합(Social Integration)과 사회적 규제(Social Regulation)의 중요성을 강조한다. 그는 사회적 통합과 사회적 규제의 수준에 따라 자살의 유형이 크게 4가지로 구분된다고 설명한다. 사회적 통합이 높은 상태에서 발생하는 자살을 이타적 자살, 사회적 통합이 낮아서 생기는 자살을 이기적 자살, 사회적 규제의 강화로 인한 운명적 자살 그리고 사회혼돈으로 인한 무규범상태에서 발생하게 되는 아노미형 자살로 분류하고 있다(Durkheim, [1897] 1951). 특히 사회학적 관점에서 자살을 설명하는 많은 학자들은 사회통합이 약화되어 기존 사회를 지탱하고 있던 가치와 규범이 붕괴되어 가치의 혼란이나 결여가 발생하게 되는 아노미상태에서 자살이 증대한다고 주장한다(Durkheim,

[1897], 1951). 뒤르케임의 아노미 이론에서 사회적 통합은 사회적 집합체 안에서 맴돌고 있는 집합적 삶의 정도로 정의된다(Maimon & Kuhl, 2008:923; 윤우석, 2011:150 재인용).

사회적 무질서나 무규범으로 인한 혼란 또는 혼돈의 상태를 아노미라 하는데 아노미 사회는 급격한 사회변동이나 전쟁, 기아 등 사회적 위기의 산물이다. 뒤르케임은 아노미의 영향이 하위계층보다는 상위계층이나 중산층에게 보다 더 영향을 미칠 것이라 강조한다. 이는 사회적 팽창으로 인해 경제적 부의 성취와 같은 열망은 사회적 번영기에 중상위층의 사람들에게 만족감을 주지 못하게 되며 자신들이 획득한 것 보다는 기대하는 것이 보다 더 커지기 때문이다. 한편 하위계층의 사람들은 열망 자체가 낮고 성취물과의 괴리가 많지 않으므로 아노미에 영향을 덜 받게 된다는 설명이다. 또한 그는 산업화와 도시화로 인하여 공유된 가치, 전통, 무조건적인 믿음에 기초하여 어우러진 전통적인 사회(기계적 연대-Mechanical Solidarity)에서 분업에 의존하게 되는 유기적인 연대(Organic Solidarity)의 사회로 옮겨갈 때 아노미가 발생한다고 주장하였다. 왜냐하면, 전통적인 사회의 전통, 가치, 그리고 규범이 급격하게 변화하는 사회에서 개인의 경제적 욕구를 충족시켜줄 수 없기에 사회적 통제수단인 규범과 전통이 퇴색된다고 보았기 때문이다. 결과적으로 뒤르케임의 아노미이론의 핵심 개념인 사회적 통합은 현대에 와서 사회적 응집력으로 표현된다. 두 개념은 전통적 가치와 규범의 공유라는 측면에서 매우 유사성을 가진다 할 것이다.

사회적 응집력의 개념은 범죄학 분야에서는 지역사회의 거주민들의 신뢰와 가치공유 그리고 소속감에 집중하는 반면 다른 연구영역에서는 사회 전반에 상존하는 그룹 들 간의 결집성과 사회에 관심을 가진다. 가와치(Kawachi)와 버크만(Berkman)은 사회적 응집력은 사회 내 그룹들의 연결성과 결집성의 정도로 정의내렸다(Kawachi & Berkman, 2000). 사회적 응집력은 두 가지 큰 목표를 추구한다. 첫째, 사회적 응집력은 잠재적 갈등의 부재를 추구한다. 인종/민족 간 긴장, 소득과 부의 불평등, 정치적 차이 그리고 다른 사회의 극단적 형태의 차이로 인한 갈등의 부재를 지향한다. 둘째, 사회적 응집력은 강한 사회유대(Social Bond)를 형성하고자 한다. 따라서 사회적 응집력은 1) 지역사회의 호혜적 신뢰와 규범의 존재, 2) 사회 타 영역들을 연결지어주는 풍부한 교류의 정도, 그리고 3) 갈등을 관리하는 기관들(Institutions)의 존재를 파악함으로써 측정할 수 있다(Kawachi & Berkman, 2000).

사회적 응집력의 개념을 심도 깊게 연구한 첸과 그의 동료들(Chan et al., 2006) 역시 사회적 응집력을 지역사회에 대한 신뢰, 지역사회에 대한 소속감, 지역사회에 적극적으로 참여하고 도움을 주려는 의지, 그리고 실제적으로 행동하려는 의지로 구성된 태도와 규범의 집합체로 사회 구성원들의 쌍방향적 교류와 관련 된 일에 대한 상태로 정의하였다. 첸과 그의 동료들은 사회적 응집력의 목표는 차이와 사회적 배제를 감소시키고 사회적 자본을 강화시키는데 있다고 설명한다. 사회적으로 응집되어 있음을 나타내는 대표적인 활동으로 2가지를 들 수 있다. 첫 번째는 협력하려는 의지를 나타내는 활동이다. 사람들 간에 신뢰하고, 정부/비정부 기관을 신뢰하고, 소속감을 가지고, 다양성을 존중하는 것에 협력하려는 의지가 반영된 어떠한 행동이 포함될 수 있다. 둘째, 사회적 참여이다. 참여는 사회 내에 존재하는 다양한 단체와 조직에 참여(자발적이고 자생적인 사회단체(시민활동), 사회봉사단체, 정치단체, 사회교육단체)하는 것을 의미한다(Canadian Council on Social Development, 2000; Chan et al., 2006 재인용).

포레스트와 케런스(Forrest & Kearns, 2001)는 사회적 응집력은 5가지 범위로 구분할 수 있다고 말한다. 첫째, 사회적 응집력은 공통가치와 시민사회의 문화의 영역이다. 사회적 응집력은 공통의 목표와 목적, 공통 도덕법칙과 행위준칙, 그리고 정치단체 지원 및 정치 참여를 통해 공통가치와 시민사회의 문화를 표출할 수 있다고 한다. 둘째, 사회적 응집력은 사회질서(Social Order)와 사회통제(Social Control)의 영역이다. 사회적 응집력은 현존하는 질서에 대한 위협이나 갈등의 없애고 비공식적 사회통제가 효과적으로 작동되도록 한다. 셋째, 사회적 응집력은 사회적 결속(Social Solidarity)과 부의 차이감소의 영역이다. 사회적 응집력은 조화로운 경제와 사회발전 그리고 보편적인 기준을 세우게 한다. 사회적 응집력은 공공재원과 기회를 재분배하고 서비스와 사회복지혜택의 공평한 접근이 가능하게 한다. 또한 사회적 응집력은 사회 구성원들에게 사회적 책무의 인식과 다른 이들을 돕고자 하는 의지를 가지도록 한다. 넷째, 사회적 응집력은 사회적 네트워크와 사회 자본을 의미한다. 사회적 응집력은 사회적 교류를 증대시키고 시민참여와 활동을 증대시킨다. 이는 결국 집합적 행동을 통한 문제해결을 쉽게 만든다. 마지막으로 사회적 응집력은 지역애착과 정체성의 영역이 있다. 사회적 응집력이 높은 지역에서는 지역에 대한 강한 애착이 형성된다. 이는 사람과 장소의 정체감이 밀접하게 관련되게 한다(Forrest & Kearns, 2001:2129).

2) 사회적 응집력과 유사개념

(1) 사회적 자본(Social Capital)

사회적 자본은 생태학적 범죄학에서 최근 들어 많이 인용되고 있는 대표적인 정치행정 용어이다. 자본은 인적자본, 물리적 자본, 그리고 사회적 자본으로 구분된다. 인적자본은 노동자가 가진 지식, 기술, 경험, 창의성 등의 능력을 의미한다. 물리적 자본은 경제적 생산을 위한 필수적인 생산요소(기계, 자본, 시설, 토지 등)를 의미한다. 사회적 자본은 물리적 자본과 인적자본과 마찬가지로 효과적인 생산이 가능하게 한다는 측면에서 공통성을 가지나 인간관계 내에 존재한다는 점에서 다르다.

사회적 자본의 정의는 사람들 간의 관계 속에 내재되어 사람들 간의 호혜적인 신뢰와 규범 그리고 쌍방 간의 지원과 같은 사회구조의 특성으로써 개인에게 자원을 제공하고 집합적 행동을 활성화시키는 역할을 하는 것(Kawachi & Berkman, 2000:175)으로 정의되고 있다. 대표적인 사회자본이론가인 콜맨(Coleman, 1990)은 사회자본의 정의는 사회자본의 작용에 의해 정의될 수 있다고 하였다. 그의 정의에 따르면 사회자본은 하나의 개체(Entity)가 아닌 여러 다른 개체의 다양성이 사회구조의 일부분을 구성하고 소속된 구성원들이 자신들의 목적을 완수하도록 행동하게 하는 것이라 정의하였다(Coleman, 1988). 유사하게 사회자본이론가 퍼트남(Putnam, 1993)은 사회자본을 사회가 목표로 하는 행동을 실행시킴으로써 사회적 효율성을 개선시켜 줄 수 있는 신뢰, 규범, 그리고 네트워크와 같은 사회조직의 특성이라 정의한다(Putman, 1993:167). 콜맨은 사회자본을 신뢰수준, 의무감의 정도, 규범의 정도, 효과적인 처벌의 정도, 적절한 사회적 기관의 수준, 정보채널의 정도로 파악할 수 있다고 보았다. 퍼트만 역시 유사하게 사회자본은 신뢰의 수준(Level of Trustiness), 호혜성의 정도(Level of Reciprocity), 시민 단체 멤버십의 밀도(Density of Membership in Civic Associations)로 측정할 수 있다고 보았다. 사실상 사회자본은 사회적 응집력과 매우 유사한 특성을 가진다. 이로 인해 사회적 자본은 사회적 응집력과 부분적으로 중복되는 개념이라 할 것이다(Kawachi & Berkman, 2000). 다만, 현재 생태학적 범죄이론가들은 사회적 응집력과 사회자본을 구분하는 경향이 있다. 일반적으로 사회적 응집력은 신뢰, 공통가치의 공유, 지원, 정체성 등의 인식적인 측면을 강조한다. 한편 사회자본은 지역에 소속된 개인들의 참여와 활동을 강조한다. 따라서 많은 범죄학 연구들에서 사회자본은 지역사회의 조직에 참여정도와 지역주민들 간의 교류활동의 정도로 파악되고 있다

(Morenoff et al., 2001; Villarreal & Silva, 2006).

(2) 지역애착(Community Attachment)

지역애착은 사회학, 인류학, 도시학, 지리학 등 다양한 학문영역에서 연구되는 개념이다. 지역애착은 장소감(Sense of Place), 장소애착(Place Attachment), 주거 애착(Residential Attachment), 지역감(Sense of Community), 장소 의존성(Place Dependence), 장소 정체성(Place Identity) 등 다양한 용어로 불린다(Hidalgo & Hernandez, 2001). 하이달고(Hidalgo)와 헤르난데트(Hernandex)는 지역애착을 사람과 장소 간의 정서적 유대감이나 연결(Link)로 정의하고 있다(Hidalgo & Hernandez, 2001:p.274). 지역애착은 사람들이 거주하고 있는 지역사회의 사회·물리적 환경(Socio-physical)에 대한 심리적 결합 혹은 애정적 결속으로 이해된다(Logan & Molotch, 1987). 즉, 사회적 응집력이 지역사회에 대한 가치의 공유 및 소속감이라면 지역애착은 사람들이 거주하고 있는 공간에 대한 심리적 평가 혹은 감정적결속이라는 측면에서 차이가 있다. 지역애착에 대한 정의에서 슈메이크(Shumaker)와 테일러(Taylor)는 지역애착을 주거환경과 개인들 간의 정서적 관계나 유대감이라 정의하였다(Shumaker & Taylor, 1983). 다시 말해 지역애착은 거주지의 환경에 대한 감정적 혹은 인지적 연결로 이해된다(Low, 1992). 지역애착은 지역에 거주하는 사람들이 평상시에 접하게 되는 환경과 이웃, 지역사회와 거지공간에 대한 정서적 감정과 믿음, 그리고 자신이 거주하는 물리적 환경을 유지관리하고 개인화하면서 강화되는 것으로 이해된다(Brown & Werner, 1985).

지역애착은 지역에 대한 정서적인 평가라 할 수 있는 지역만족도(긍정적 혹은 부정적 감정)와 달리 자신이 거주하는 지역에 대한 친밀한 감정을 유지하려는 거주민의 바램을 포함하는 개념으로 이해된다(Hidalgo & Hernandez, 2001). 따라서 지역애착은 지역에 대한 만족도와 같은 정서적 평가에서부터 여러 형태의 지역에 대한 감정을 포괄한다. 크로스(Cross, 2003)은 지역애착에 지역에 대한 만족도(Satisfaction), 선호도(Preference), 소속감(Sense of Belonging), 정체성(Identification), 그리고 의존성(Dependence)이 포함된다고 설명한다(Cross, 2003, p.15).

지역애착의 대상범위(Scope of Object)는 애착의 대상이 되는 지역 혹은 장소의 사회적 환경(Social Environment), 자연적 환경(Natural Environment), 그리고 형성된 환경(Built Environment)이 모두 포함된다(Cross, 2003). 우리는 우리가 거주하는 동네의 환경에 대해 만족하고 그 환경이 유지되기를 기대하고 이사 등으로 인해 다른 지역으로 떠나게 되면 그 지역을 그리워 할 가능성이 있다. 지역에 대해 긍정적 애착을 가진 경우 그 지역을 떠나는 것에 대해 그리움이 강할 것이다. 따라서 애착은 개별적인 거주지 환경에서부터 자신의 거주지역 혹은 거주도시에 이르기까지 그 범위가 다양하다(Brown et al., 2003; Cuba & Hummon, 1993).

지역애착이라는 용어로 최초로 사용한 학자는 카사다(Kasarda)와 자노위치(Janowitz)이다. 카사다와 자노위치는 사회문제의 핵심은 도시화나 산업화 보다는 지역애착에 달려 있다고 주장한다(Kasarda & Janowitz, 1974). 그들은 지역사회에 대한 거주민의 인식을 대변하는 '제한적 책임 지역(Limited Liability Community)'라는 용어를 제안한다. 제한적인 책임지역이란 거주민들의 필요와 열망을 만족시키지 못하는 거주환경이 되면 지역주민들은 기존에 자신들이 구축하였던 네트워크와 지역사회의 참여를 멈추고 그 지역을 언제라도 떠날 수 있다는 의미이다. 기존 논의들에 따르면, 지역애착은 지역에 거주함을 자랑스러워하고 삶을 영위하기 좋다는 느끼는 감정(Harris, Werner, Brown, & Ingebritsen, 1995; Twigger-Ross & Uzzell, 1996)이다. 따라서 지역의 거주환경이 부적절하다면 지역에 살고 있는 사람들은 자신들의 책무를 소홀하게 할 것이고 더 이상 그 지역에서 계속적으로 거주 할 필요성을 더 느끼게 될 것이다. 즉, 지역애착은 지역사회의 개선에 중요한 역할을 담당하는 기재로 작용할 수 있으며 지역유대가 강한 지역에서 지역애착을 가진 사람들이 지역사회의 낙후된 환경 개선에 동참하고 지역사회의 비공식적 사회통제력 증대를 위해 노력함으로써 지역사회의 건강하게 만들 수 있을 것이라 기대된다(Silver & Miller, 2004; 윤우석, 2017:112 재인용). 실버(Silver)와 밀러(Miller)는 지역의 집중된 불이익은 지역애착을 약화시키고 지역주민들의 지역문제에 대한 대응능력을 감소시킬 것이라고 설명한다. 이에 지역애착은 지역사회의 비공식적 사통제에 영향을 미치는 중요한 요인임을 보여주었다(Silver & Miller, 2004). 국내 연구에서도 지역수준의 애착이 집합적 효능감을 높이는 것으로 나타났다(윤우석, 2012). 또한 지역애착이 강할수록 지역주민들의 무질서에 대한 적극적인 대응을 이끌어내는 것으로 파악된다(Taylor, 1996).

한편으로 지역애착은 지역사회의 응집력과 비공식적 사회통제의 결과물로도 이해될 수 있다. 브라운(Brown)과 그의 동료들(Brown et al., 2001)은 지역사회의 집합적 효능감이 높은 곳일수록 지역사회의 범죄문제 등이 해소 될 것이므로 지역거주의 혜택을 많을 것이며 이는 결국 지역애착을 증대시킬 것이라 설명한다. 국내에서는 2017년 대구시 44개 동 거주민들을 대상으로 조사한 결과 지역애착은 지역수준의 변인들의 영향

보다는 개인수준의 변인들에 더 큰 영향을 받는 것으로 나타났다. 지역수준의 변인 중 지역애착에 영향을 미치는 변인으로 인구이동이 심한 지역일수록 지역애착이 낮은 것으로 나타났다. 한편 개인수준에서 측정한 지역의 응집력, 이웃 간 교류, 공식적 사회통제, 그리고 무질서 환경이 지역애착에 중요한 요인으로 파악되었다(윤우석, 2017).

3) 지역사회의 구조적 특성, 지역주민들 간의 교류, 그리고 사회응집력

사회적 응집력은 지역주민들의 집합적인 사회규율능력을 결정짓는 중요한 요인으로 이해된다. 집합적 효능감 이론과 수정된 사회해체이론의 모든 논의들은 지역사회의 사회적 응집력이 사회통제의 중요한 핵심 선행요인으로 지목하고 있다(Sampson, 1991; Sampson et al., 1997; Morenoff et al., 2001). 사회응집력의 예측요인으로 주로 활용되고 있는 변인들은 크게 구조적 변인과 기능적 변인이 있다. 구조적 변인이란 지역사회의 구조적 특성을 나타내는 사회경제적 특성과 인구특성을 의미한다. 대표적으로 구조적 변인으로 고려되는 변수는 빈곤 혹은 사회경제적 지위, 인구이동 혹은 거주의 안정성, 이혼율, 실업률, 도시화정도, 인종적 다양성 혹은 이질성, 청소년 인구비율 등이 고려된다. 다음으로 지역사회의 기능적 변수는 지역사회에 거주하는 사람들을 상호교류(Interaction)와 활동(Activities)을 의미한다. 기능적 변인으로는 지역주민들의 인적 네트워크 혹은 친구관계(친구의 숫자 등), 이웃 간 교류(Neighboring-이웃주민들 간 친분 쌓기), 지역사회 조직 참여(Participation in Community Organizations-시민/주민단체 활동, 종교 활동, 방범활동 등) 등이 사용된다. 이와 더불어 최근에는 지역사회의 응집력에 지역사회의 범죄, 무질서, 범죄두려움 등 결과 변인들의 상호작용(Reciprocal Effect)역시 다루어지고 있다. 즉, 기존에는 지역사회의 응집력이 무질서를 감소시키는 원인으로 이해되었으나 최근에는 지역사회의 무질서가 지역주민들의 사회적 응집력을 약화시킬 수도 있다고 이해된다. 대표적으로 깨어진 창문이론(Broken Window Theory)는 지역사회의 무질서는 지역사회를 약화시켜 지역사회의 범죄문제를 심화시킬 수 있다고 주장한다(Kelling & Wilson, 1982).

지역사회의 응집력에 지역사회의 구조와 기능이 미치는 영향을 처음으로 파악한 연구로 샘슨의 1991년 연구(Sampson, 1991)가 있다. 샘슨은 지역사회의 사회적 응집력은 지역의 만족도를 예측하는 변인임과 동시에 지역사회의 구조와 기능에 영향을 받는다는 것을 경험적 연구를 통해 확인시켜 주었다. 그는 영국범죄자료(BJS) 중 1984년 자료를 활용하여 지역사회의 사회적 응집력에 영향을 주는 변인을 파악하였다. 연구결과 지역사회의 사회적 응집력은 지역사회의 다양한 특성에 영향을 받는 것으로 나타났다. 우선 구조적 특성 중 응집력에 영향을 미치는 변인은 인종적 이질성과 도시화였다. 인종적으로 이질적인 지역일수록 지역사회의 사회적 응집력이 낮았으며 도시화가 된 지역일수록 응집력이 낮은 것으로 나타났다. 한편 지역사회의 응집력을 강화시킬 것이라 기대되었던 거주의 안정성은 유의미한 영향을 미치지 않았다. 지역사회의 사회경제적 지위 역시 응집력과는 관련이 없는 것으로 나타났다. 즉, 사회적 응집력은 도시화가 심화된 인종적으로 이질적인 지역사회에서 심각하게 약화된다. 다음으로 기능적 특성으로 고려된 친구관계(친구 및 아는 사람의 숫자)와 익명성은 모두 사회적 응집력에 유의미한 영향을 미치는 것으로 파악되었다. 다시 말해서 지역사회에서 교류하는 친구가 많고 지역주민들을 잘 알수록 지역사회의 응집력이 높게 나타났으나 서로 간에 잘 알지 못하는 익명성이 높은 지역에서는 응집력이 약화되는 것으로 파악되었다.

사회적 응집력이 지역주민들의 친구관계 및 익명성에 영향을 받는다는 결과는 지역사회의 기능적 특성들 간에 인과적 순서가 존재함을 보여주는 결과이다. 다시말해 지역사회의 구조적 특성은 지역주민들의 인간관계에 영향을 미치고 이는 다시금 지역사회의 응집력과 사회통제에 영향을 미칠 것이라는 수정된 사회해체이론의 논의를 지지하는 결과이다. 대표적으로 이 같은 결과를 확인할 수 있는 결과로 거주의 안정성, 친구관계, 그리고 사회적 응집력이다. 초기 결과에서 거주의 안정성은 사회적 응집력에 직접적인 효과가 없는 것으로 파악되었다. 하지만 이 결과는 사회적 응집력을 예측하는 분석 모델에서 친구관계/익명성과 거주의 안정성을 동시에 고려하였기 때문이다. 즉, 거주의 안정성은 친구관계/익명성을 예측하는 중요한 원인이나 사회적 응집력에 미치는 영향은 친구관계/익명성을 통해서 전달된다는 것이다. 직접효과(Direct Effect)보다는 간접효과(Indirect Effect)가 작용하는 것이다.

다음으로 중요한 발견은 샘슨의 연구에서 지역사회의 두려움이 지역사회의 사회적 응집력에 직접적으로 감소효과를 보여주었다는 점이다. 기존 논의에 기초할 때, 지역사회의 구조적 특성, 지역사회의 응집력/사회통제, 그리고 무질서/범죄두려움의 순서로 인과관계가 가정되었다. 하지만 기존 논의 결과 무질서는 지역주민들의 두려움을 증가시키고 이는 지역사회의 응집력을 약화시키는 것으로 파악되었다. 즉, 반대방향의 인과성이 존재하는 것이다. 말코위치(Markowitz)와 그의 동료들(Markowitz, Bellair, Liska, & Liu, 2001)은 영국범죄자료(BJS) 중 1984년, 1988년, 그리고 1992년 자료를 활용하여 반복/비반복 모델(Recursive or Non-Recursive Models)을 분석하였다. 분석결과 지역사회의 구조적 특성 중 중간 소득(Mdian Income), 인종적 이질성, 거주의 안정성, 도시화가 사회적 응집력에 영향을 미치는 것으로 파악되었다. 즉, 지역사회가 중위소득 이상의 거주자가 많고 오랜 기간 거주한 사람이 많을수록 응집력이 높았으나 인종적으로 이질적이고 도시화가 된 지역일수록 응집력이 낮아지는 것으로 나타나 기존 사회해체이론의 논의와 거의 유사한 결과를 도출하였다. 이 연구에서 말코위치와 그의 동료들은 지역사회 응집력이 무질서와 범죄(주거침입절도)에 직접적인 감소효과가 있음을 보여주었다. 한편 반대방향으로 무질서과 절도가 두려움을 야기하여 지역사회의 응집력을 감소시키는 효과 역시 존재한다는 것을 보여줌으로써 반복모델과 비반복 모델이 동시에 지지받는 결과를 보여주었다. 즉, 기존 사회해체이론의 논의를 보다 확장시킬 필요성이 있음을 시사하는 결과이다.

사회해체모델

<table>
<tr><th colspan="9">전통적인 반복 모델(Traditional Recursive Model)</th></tr>
<tr><td colspan="2">1단계</td><td colspan="2">2단계</td><td colspan="2">3단계</td><td colspan="3">4단계</td></tr>
<tr><td>도시화
산업화</td><td>→</td><td>인구이동
사회경제적 지위
인종적 이질성</td><td>→</td><td>지역사회 응집력</td><td>→</td><td colspan="3">무질서/범죄</td></tr>
<tr><th colspan="9">비반복 모델/상호작용모델(Non-recursive Model/Reciprocal Model)</th></tr>
<tr><td colspan="2">1단계</td><td colspan="2">2단계</td><td colspan="2">3단계</td><td colspan="2">4단계</td><td>5단계</td></tr>
<tr><td rowspan="2">도시화
산업화</td><td rowspan="2">→</td><td rowspan="2">인구이동
사회경제적 지위
인종적 이질성</td><td rowspan="2">→</td><td>지역사회 응집력</td><td>→</td><td>무질서/범죄</td><td>→</td><td>두려움</td></tr>
<tr><td colspan="5">←</td></tr>
</table>

출처: Markowitz et al. (2001). Extending social disorganization theory: modeling the relationships between cohesion, disorder, and fear, Criminology, 39(2):294. 저자 재구성.

사회적 응집력에 대한 영향요인을 분석한 국외 연구와 더불어 국내 연구들 역시 제한적이기는 하지만 진행되었다. 2010년 윤우석(2010)은 서울, 인천, 경기지역 33개동을 대상으로 획득된 설문자료를 분석하여 지역사회의 유대에 영향을 미치는 요인을 살펴보았다. 특히 이 연구는 지역 경찰의 활동역량, 즉, 공식적 사회통제가 지역사회의 응집력과 비공식적 사회통제에 미치는 영향을 분석하는 것이 목적이었다. 위계선형회귀분석을 통해 도출된 결과에 따르면, 지역사회의 응집력에 영향을 미치는 요인으로 개인수준에서는 연령과 주택소유여부가 영향을 미치는 것으로 나타났다. 즉, 지역사회의 응집력은 연령이 높고 주택을 소유한 경우 더 높게 평가하였다. 지역수준의 변인들 중 구조적 변인(빈곤, 인구이동) 중 인구이동은 지역사회의 응집력을 낮추는 것으로 나타났으며 기능적 변인(주민들 간의 교류, 지역사회 조직에 참여) 중 지역사회 조직 참여가 사회적 응집력을 높이는 것으로 나타났다. 다만 공식적인 사회통제를 고려한 모델에서 인구이동과 지역사회 조직의 참여 효과는 사라졌으며 지역사회의 공식적 사회통제능력을 긍정적으로 인식할수록 자신의 거주지에 대한 사회적 응집력을 높게 응답하였다(윤우석, 2010:397).

지역사회 애착의 영향요인

지역애착의 영향요인을 파악하기 위해 기존 지역관련 선행연구들의 결과를 파악하고자 하였다. 직접적으로 지역애착의 영향요인을 연구한 연구들은 많지 않아 지역애착을 예측하는 변인들의 이론적 근거 및 논거를 파악하는데 한계점이 있었다. 다만 기존 생태학적 범죄학 연구들에서도 지역사회의 유대와 결집력 그리고 애착에 관한 논의들이 파악됨으로 이의 영향요인들을 포괄적으로 고려하여 지역애착 영향요인을 살펴보고자 한다.

우선 선행연구들의 결과 지역애착에 영향을 미치는 요인으로 지역수준에서는 지역사회의 구조적 특성, 무질서, 인적교류와 유대, 그리고 경찰활동 변인이 고려되고 있었으며 개인수준에서는 인구사회학적 특성(성별, 연령)과 사회경제적 지위(소득, 교육수준, 가구주 여부), 거주기간, 인적네트워크, 범죄피해경험, 그리고 범죄두려움이 포함되었다.

1) 지역사회의 구조적 특성: 집중된 불이익과 주거안정성

지역수준에서 지역사회의 구조적 특성은 지역애착을 결정짓는 중요한 요인으로 이해된다. 구조적 특성 중 지역의 경제적 수준은 지역애착에 영향을 미치는 것으로 보인다. 부유한 지역은 다른 지역에 비해 지역주민들 간의 인적교류가 많고 지역사회 조직에 참여를 증대시켜 지역사회의 결집력과 신뢰도를 증대시키는 것으로 보인다(Bellair, 1997, Garcia et al., 2007). Brown과 그의 동료들의 연구(2001)에서 가구주 비율이 높은 지역에서는 지역사회의 애착이 증대되는 것으로 나타났다. 한편 Sampson의 연구(1988)에서는 집중된 불이익을 측정하는 변인으로 주로 사용되는 지역사회의 사회경제적 수준, 이혼률, 16세 이하 청소년 비율, 그리고 실업률과 지역애착의 관계를 살펴보았는데 16세 이하 청소년의 비율이 높을수록 애착수준이 낮아지는 것으로 나타났다. Gerson과 그의 동료들(1977)은 지역사회의 사회경제적 지위와 인종적 특성은 지역애착에 영향을 미치지 않는다는 연구결과를 발표하였으나 최근에는 가난하고 흑인밀집지역일수록 지역사회의 정체성이 약하고 부유한 지역에서는 지역에 대한 신뢰도가 높다는 결과를 보여주고 있다(Crenson, 1983; Tayloer et al., 1984). 부유한 지역에 거주할수록 지역주민들은 지역사회의 가치를 높게 평가하게 되는데 범죄가 적고, 집값이 높고, 지역의 정체성이 강하며 사회적 지지를 받고 안전하다는 인식을 보다 더 많이 느끼게 될 것이므로 지역에 대한 애착이 강화될 것이라 기대된다(Taylor, 1996: 46).

Silver와 Miller(2004) 역시 집중된 불이익으로 고통 받는 지역일수록 지역애착 형성에 부정적인 영향을 줄이라 가정하고 지역애착이 약할수록 지역사회의 사회통제능력이 감소한다는 결과를 보여줌으로 지역사회의 사회경제적 특성의 영향을 지역애착이 매개하여 비공식적 사회통제 약화를 초래한다고 보았다. 결국 지역사회의 사회경제적 지위와 인구 특성은 지역사회의 애착 형성에 영향을 미칠 것이다. 특히 하층민들이 많이 거주하는 지역일수록 인종적으로 이질적인 지역일수록 지역애착 수준이 낮을 것으로 보인다.

또한 지역수준의 특성 중 주거안정성은 지역애착형성에 중요한 요인으로 파악된다(Hunter, 1974; Kasarda & Janowitz, 1974; Taylor, 1996). 비록 지역사회의 인적 네트워크가 형성되기 위해서는 많은 시간적 과정이 필요한 만큼 지역감(Sentiment of Community) 형성에 거주기간의 영향이 덜한 것으로 파악(Sampson, 1988)되지만 다른 어떤 구조적 특성들보다도 지역의 주거안정성은 중요한 변인으로 고려되고 있다(Brown et al., 2003; Kasarda & Janowitz, 1974). 주거가 안정적인 지역에서는 지역주민들 간의 교류증대, 인적네트워크 강화, 익명성을 감소시킨다(Sampson, 1991). 이는 결과적으로 지역사회의 유대와 신뢰도 증진에 도움이 되며 지역사회에 대한 관심과 애착을 증가 시킬 것으로 파악된다(Kasarda & Janowitz, 1974; McMillan & Chavis, 1986; Sampson, 1991). 결국 주거가 불안정한 지역에 비해 주거가 안정된 지역에서 높은 수준의 지역애착이 높을 것으로 가정되는 것이다.

2) 인적교류와 사회유대

Kasarda와 Janowitz(1974)는 지역사회의 결집력(Local Fabric)은 지역주민들의 애착형성에 기여할 것으로 보았다. Sampson(1988) 역시 지역애착은 지역사회의 유대, 인적네트워크, 그리고 지역사회조직에의 참여를 통해 강화될 수 있을 것이라 보았다. 지역사회의 인간관계는 지역사회 애착을 증진시키고 지역사회 유대 역시 지역사회의 만족도를 높이는 것으로 파악되었다(Sampson, 1991). 지역사회의 친구나 친척이 많고 지역조직에 참여하며 비공식적 사회활동에 적극적일수록 지역감, 지역에 대한 관심, 그리고 이사에 따른 미안한 감정을 더 많이 느끼는 것으로 파악된다(Kasarda & Janowitz, 1974).

특히 지역애착은 지역사회의 친구관계와 상당히 강한 관련성을 보여주었다. 아마도 지역사회의 친구관계는 지역주민들 간의 잦은 교류를 통해 강화될 것이며 이는 결국 지역애착을 형성하는데 기여하는 것으로 보인다. 기존 생태학적 범죄학 연구들 역시 지역주민들 간의 교류, 지역사회 조직에의 참여, 지역 친구관계 등 지역사회의 인적교류활동은 지역사회의 결집력과 신뢰강화에 긍정적 영향을 미치는 것으로 파악되었다(Lynch et al., 2002; Perkins et al., 1996; Silver & Miller, 2004; Skogan, 1989).

지역사회 교류와 인적네트워크를 통한 결집력과 유대 강화는 결과적으로 지역사회의 애착 형성에도 긍정적 영향을 미칠 것으로 기대된다. 다만 지역유대는 자신이 거주하는 집에 대한 애착 보다는 지역에 대한 애착에 보다 큰 영향을 주는 것으로 파악된다. 일반적으로 거주하는 집에 대한 애착과 지역애착은 개념적으로 차이를 보이는데 자신의 주거에 대한 애착은 주거하는 집의 상태와 년식 그리고 소유여부에 영향을 많이 받는다고 한다(Brown et al., 2003). 한편 지역애착은 비록 지역사회의 주거환경에 대한 조건과 관련되지만 주거지가 낙후되었다고 해서 반드시 지역애착을 감소되지는 않는다고 한다. 지역이 낙후된 지역일지라도 지역사회의 유대가 강한 곳에서 지역애착과 관심이 높았던 것으로 파악되기 때문이다(Brown et al., 2003). 따라서 지역주민들 간의 교류, 인적네트워크, 그리고 지역유대는 지역애착을 예측하는 영향요인으로 작용할 것으로 보인다. 특히 지역주민들 간에 자주 교류하고 유대가 강한 지역일수록 지역애착을 증대 시킬 것으로 기대된다.

3) 무질서

지역사회의 무질서 환경과 지역애착의 관계는 흥미로운 주제이지만 제대로 다루어지지 않았다(Taylor, 1996). 다만 기존 무질서이론들의 논의에 기초할 때 지역사회의 무질서는 지역애착형성에 부정적인 영향을 미칠 것으로 파악된다. 일반적으로 무질서 이론의 논의에 따르면 대부분 지역사회의 무질서는 지역사회의 유대약화 두려움 증대 그리고 지역사회를 떠나려는 마음의 강화로 이어진다고 본다(Skogan, 1990). 지역사회의 무질서와 범죄문제는 지역사회의 활력을 심각하게 위협하는 대표적인 문제이다(Bursick & Grasmick, 1993). 특히 지역사회의 무질서 등 사회문제는 지역주민들이 지역사회를 바라다보는 인식에 영향을 미친다(Perkins et al., 1993). Skogan(1990)은 지역사회의 사회적 무질서와 물리적 무질서는 지역사회의 애착을 감소시키고 지역만족도 역시 약화시키는 것으로 파악하고 있다. Fried(1982) 역시 지역사회의 삶의 조건과 질이 지역애착에 영향을 미친다고 한다. 무질서 환경이 지역애착에 부정적 영향을 미칠 것이라는 일반적 기대에도 불구하고 무질서가 지역애착을 약화시키기 보다는 오히려 강화 시킬수도 있다는 논의가 존재한다. Taylor(1996)는 Hackler와 그의 동료들의 논의를 인용하며 지역사회가 낙후되고 무질서가 존재하는 지역에서 지역주민들이 무질서에 대응하기 위해 노력을 기울이는 경우 지역주민들 간의 신뢰와 애착이 보다 더 형성될 수 있다고 본다. 즉, 지역사회 문제에 대응하려는 노력으로 인해 지역사회의 안전이 예측가능하게 되어 무질서의 영향이 상쇄되고 오히려 지역사회의 애착이 강화될 수 있다는 것이다(p.52). 다만 무질서는 지역사회의 해체 징후 중 하나로 인식됨으로 지역주민들의 정서적 평가인 애착은 무질서 환경을 경험할수록 보다 더 약화될 가능성이 더 높을 것으로 보인다. 이에 이 연구에서는 무질서가 지역애착을 약화시킬 것으로 가정한다.

4) 공식적 사회통제

지역사회의 공식적 사회통제는 지역경찰의 범죄예방, 범죄대응, 그리고 서비스 제공이 잘 이루어지고 있다는 정서적 평가를 의미한다(Velez, 2001; 윤우석 · 최응렬, 2008; 윤우석, 2010). 지역사회의 공식적 사회통제는 지역주민들의 범죄두려움, 사회유대, 비공식적 사회통제, 범죄피해, 개인의 범죄예방활동 등에 긍정적인 영향을 미치는 것으로 이해된다. 즉, 경찰활동을 통해 지역사회의 건전화와 안전감 확보에 기여할 수 있는 것이다(윤우석, 2010; 2012; 윤우석 · 최응렬, 2008; 이재영, 2011; 홍태경 · 윤우석, 2017). 따라서 지역사회의 공식적 사회통제능력이 강한 지역에 거주하는 사람들은 지역사회의 무질서와 범죄문제를 덜 직면할 것으로 기대되며 지역주민들 간의 신뢰와 결속력이 강해 지역애착을 형성할 가능성이 보다 높을 것으로 기대된다. 기존 논의들에서 경찰의 공식적 사회통제능력과 지역애착을 직접적으로 검증한 연구는 거의 없었다. 다만 경찰만족도가 지역사회의 비공식적 사회통제를 강화시키고(Silver & Miller, 2004), 지역사회 조직에의 참여를 강화시키며(Skogan, 1989), 지역사회의 결집력을 증대시킨다는 연구(Lynch et al., 2002)결과들로 볼 때 지역애착에도 긍정적인 영향을 미칠 것으로 가정될 수 있을 것이다.

5) 범죄두려움 및 범죄피해경험

범죄두려움과 범죄피해경험은 직간접적으로 지역사회의 위험상황에 대한 경험이다. 범죄두려움을 많이 느끼는 사람들은 자신이 거주하는 지역에서 더 이상 머무르는 것에 대해 부정적으로 인식할 가능성이 높을 것이다. 또한 범죄피해경험이 많을수록 그 지역은 안전하지 않으며 추가적인 범죄피해 가능성에 대한 두려움 등으로 지역애착이 약화될 것이다. Brown과 그의 동료들(2001)은 범죄두려움 수준이 높은 지역에서 지역애착이 낮다는 결과를 보여주었다. 또한 Sampson(1988)은 지역사회의 범죄피해율이 높을수록 지역에 대한 애착이 낮아진다는 결과를 보여주었다. 기존 연구들은 지역애착에 영향을 미치는 요인으로 지역수준의 범죄두려움과 범죄피해율과 개인수준의 범죄두려움 인식과 범죄피해경험을 다양하게 사용하고 있다. 이에 이 연구에서는 지역애착의 영향요인으로 개인수준의 범죄두려움과 범죄피해경험을 고려하고자 한다.

6) 개인의 인구사회학적 특성

개인의 인구사회학적 특성 중 지역애착과 밀접한 관련성을 가지는 요인으로 지역에서의 거주기간과 가구소유여부가 대표적이다. 지역의 주거안정성과 마찬가지로 개인의 주거기간이 길어질수록 지역사회에 대한 이해도가 증가하고 지역주민들과 인적네트워크 형성과 교류가능성을 높일 것이다(Sampson, 1988; 1991). 이는 지역주민들이 자신의 거주 지역을 평가함에 있어 지인이 많고 교류가 많은 것에 대해 긍정적으로 평가할 가능성이 높으므로 거주기간이 길수록 지역애착 수준이 높을 것으로 가정할 수 있을 것이다. 한편 가구주는 세입자에 비해 상대적으로 자신의 집에 대한 애착 뿐만 아니라 자신의 집이 위치하고 있는 동네에 대한 애착과 관심을 더 많이 표명하는 것으로 나타났다(Fried, 1982). 이는 가구주의 경우 세입자에 비해 사회경제적 지위가 더 높을 것이므로 거주지의 질 자체가 높아 지역에 대한 만족도가 높을 것이기 때문이다. 이에 가구주는 지역애착수준이 더 높을 것으로 가정된다. 다만 개인의 거주기간은 일관되게 지역사회의 애착을 증가시키는 것으로 나타난(Brown et al., 2003; Sampson, 1988; 1991) 반면 가구주여부는 자신의 집에 대한 애착은 증가시키지만 지역애착에는 유의미한 영향이 없다는 결과 역시 존재한다(Brown et al., 2003).

한편 연령과 성별은 구체적으로 지역애착을 예측하는 영향요인으로 많이 다루어지지 않았으나 기존 생태학적 범죄학의 이론에 기초할 때, 연령이 높을수록 그 지역에 거주기간이 길어질 가능성이 높고 지역주민들과 인적네트워크를 젊은 사람들에 비해 더 많이 맺고 있을 것을 것이므로 지역애착 역시 상대적으로 높을 것이라 가정된다. Geis와 Ross(1998)는 연령이 높을수록 인적네트워크를 더 많이 형성하고 있으며 지역에 대한 신뢰도가 더 높다는 결과를 보여주었다. Sampson(1991) 역시 연령이 높을수록 거주 지역에서 지인의 숫자가 더 많고 지역에 대한 만족도가 높은 것으로 파악하였다. Hidalgo와 Hernandez(2001)의 연구에서도 연령이 높은 집단일수록 물리적 애착에 대한 평가가 선형적으로 높게 나타났으며 사회적 애착 역시 가장 젊은 그룹에 비해 나이든 그룹이 높다는 결과를 보여주었다. 한편 성별과 지역애착의 관계에 대한 실증연구 결과는 거의 없다. 여성들은 남성에 비해 지역사회의 환경에 대한 평가와 정보교류가 보다 빈번하며 지역주민들과의 교류와 인적네트워크 형성이 뛰어난 것으로 가정되지만 실제 연구결과 성별차이는 거의 나타나지 않았다(Geis & Ross, 1998). 다만 여성들이 남성들에 비해 지역에 거주하는 시간이 더 많고 여성들은 남성들에 비해 정서적 교류를 보다 많이 한다는 점에서 여성이 남성에 비해 지역애착의 수준이 더 높을 것이라 가정한다.

다음으로 개인의 인구사회학적 특성 중 교육수준과 소득수준 역시 지역애착에 영향을 미칠 수 있을 것이다. 물론 기존 논의들에서 일관된 결과를 보여주고 있지는 않으나 교육수준과 소득수준은 개인의 사회경제적 지위를 반영하는 것이므로 사회경제적 지위가 높을수록 더 나은 환경에서 거주할 가능성이 높아 지역애착의 수준이 높을 것으로 가정된다. 기존 연구결과 소득수준이 더 높을수록 지역만족도가 높았으며(Sampson, 1991) 지역사회 조직에 더 적극적으로 참여하는 모습을 보여주었다(Swaroop & Morenoff, 2006). 교육수준 역시 지역주민들과의 교류와 지역사회 조직에의 참여 그리고 지역결속력을 긍정적으로 인식하는 경향이 나타났다(Lynch et al., 2002).

개인의 인구사회학적 특성 중 아파트 거주 여부 역시 고려대상이 될 수 있을 것이다. 미국 등 외국의 연구에서는 주거형태에 대한 논의가 없지만 한국의 경우 아파트 거주자가 많고 아파트의 경우 일반 주택에 비해 상대적으로 주거환경이 양호하기 때문이다. 실제 아파트/오피스텔 거주자들이 다른 형태의 주거에 거주하는 사람들에 비해 범죄피해를 덜 당하고 있으며 이는 아파트/오피스텔이 CCTV나 출입카드 등 보다 더 범죄피해를 막아주는 조건을 잘 갖추고 있기 때문이다(박성훈, 2011). 또한 아파트는 주거환경을 관리사무소를 통해 더 잘 가꾸고 조경 등이 갖추어져 있어 아파트 거주자들은 자신의 주거단지나 동네에 대해 보다 우호적인 태도를 견지할 가능성이 높기 때문이다.

마지막으로 개인적 특성 중 인적네트워크이다(Social Ties). 기존 논의들은 주로 지역수준의 인적네트워크를 중심으로 논의가 되었는데 지역사회에서 지인들과 친척들이 많이 살고 있는 곳일수록 인적자본이 많아 어려움을 닥치거나 일상적인 삶을 살아감에 있어 교류할 수 있고 도움을 받을 수 있는 가능성이 높아 지역에 대한 평가에서도 긍정적인 영향을 미칠 것으로 파악되었다.

출처: 윤우석(2017). 지역애착 영향요인의 다수준 검증. 한국경찰학회보, 19(3):110-120 인용.

제4절 지역사회의 구조적 특성이 사회통제에 미치는 영향

1. 비공식적 사회통제의 개념

범죄예방에서 사회통제모형은 사회해체이론을 기초로 하며 사회통제라는 개념을 범죄예방에 활용하고자 한다. 1985년 헌터(Hunter)는 사회통제를 사적 사회통제, 교구적 사회통제, 그리고 공식적 사회통제로 나누어서 설명하였다(Hunter, 1985). 사회통제의 다수준 접근법이라 불리는 이 개념은 사회통제를 비공식적 통제와 공식적 통제로 구분하며 비공식적 사회통제는 다시금 개인수준의 통제와 지역수준의 통제로 구분된다(Bursik & Grasmick, 1993). 특히 수정된 사회해체이론에서 강조하고 있는 사회통제는 지역사회의 비공식적 사회통제이다. 실버(Silver)와 밀러(Miller)는 비공식적 사회통제를 "지역사회의 범죄행위나 무질서를 예방하기 위한 행위에 지역주민들이 기꺼이 참여하려는 경향"이라 정의하였다(Silver & Miller, 2004: 553). 비공식적 사회통제는 비공식적 감독(Informal Surveillance), 활동규율법칙(Movement Governing Rules), 그리고 직접적 개입(Direct Intervention)으로 구성된다(Bursik & Grasmick, 1993; Bellair, 2000). 비공식적 감독은 지역사회에서 발생하는 사건이나 활동들을 단속적(Casual)으로 관찰하는 것과 적극적으로 자신 혹은 이웃의 재산을 보호하는 것이다(Bellair, 2000: 140). 비공식적 감독은 자신 혹은 이웃의 재산을 돌보고 자신의 가족이나 이웃들을 보호·감독하며 지역사회에서 발생하는 일련의 사건들이나 외부인의 침입을 일상적으로 살피는 행위를 말하며, 물리적·행위적 속성을 동시에 가진다. 다음으로 활동규율법칙은 개인이 일상생활에서 위험한 장소 등을 피하여 다니겠다는 규칙이나 습관을 통해 범죄피해를 최소화시키기 위한 의식적 행위들을 의미한다. 마지막으로 직접적인 개입은 지역사회에 외부인이 침입하거나 지역주민들이 지역사회의 규범을 어기는 행위를 할 때 이를 직접적으로 제지하는 행위를 의미한다. 특히 지역사회의 10대 청소년들의 불량행동이나 비행행동을 훈계하고 제지하며 아이들의 부모에게 알리는 등의 행위를 포함한다(Bursik & Grasmick, 1993: 35; 윤우석, 2008: 407 재인용).

2. 비공식적 사회통제의 영향요인

범죄예방의 사회통제모형에서 핵심 개념으로 고려되는 비공식적 사회통제와 관련 된 연구는 오래도록 생태학적 범죄학의 중요한 연구주제가 되었다. 다만 비공식적 사회통제는 주로 범죄, 범죄피해, 무질서, 범죄두려움에 선행하는 원인변인으로 주로 고려되었기에 비공식적 사회통제를 결과로 놓고 연구가 진행된 경우는 많지 않았다. 2004년 실버(Silver)와 밀러(Miller)의 연구가 비공식적 사회통제의 영향요인을 직접적으로 고려한 거의 유일한 연구였다. 다만 이전 연구들에서도 분석과정에서 비공식적 사회통제에 영향을 미치는 요인에 대한 검토가 동시에 이루어졌기에 이를 추출하여 비공식적 사회통제의 영향요인을 파악할 수 있다. 1997년 샘슨과 그의 동료들은 지역사회의 사회질서 유지 능력을 집합적 효능감이라는 개념으로 제시함으로써 비공식적 사회통제의 개념을 확장하려 시도하였다. 사실상 지역사회의 응집력과 비공식적 사회통제를 통합한 개념인 집합적 효능감은 국내외 연구에서도 개념적 유사성이 인정받고 있다(윤우석, 2012). 여기에서는 지역사회의 비공식적 사회통제와 집합적 효능감을 동일 선상에 놓고 영향요인을 논의하고자 한다.

1) 지역사회의 구조적 특성

기존 수정된 사회해체이론의 논의를 살펴보자면, 지역사회의 구조적 특성은 지역사회의 사회질서유지 능력을 감소시킨다고 한다(Belliar, 2000; Hagan et al., 1978; Markowitz et al., 2001; Morenoff et al., 2001; Sampson et al., 1997).

첫 번째로 지역사회의 빈곤, 사회경제적 지위, 그리고 집중된 불이익(Concentrated Disadvantage)이 비공식적 사회통제에 미치는 영향이다. 고전적인 사회해체이론을 최초로 검증하였던 샘슨과 그로브스(Sampson & Groves, 1989)는 지역사회의 감독받지 않고 있는 10대 청소년 그룹의 존재는 지역사회의 사회통제능력의 약화를 의미하는 것이라 이해하였다. 즉, 비공식적사회통제가 약화되어 감독받지 않고 거리를 배회하는 10대 청소년들이 많이 목격되는 것이라 설명하였다. 지역사회의 구조적 특성들 중 특히 사회경제적 지위는 감독받지 않은 10대 청소년 그룹을 가장 잘 설명하는 구조적 특성으로 나타났다. 지역사회의 사회경제적 지위가 낮을수록 감독받지 않은 10대 청소년 그룹이 많이 목격되었다. 즉, 지역사회가 사회경제적으로 부유할수록 10대 청소년들에 대한 사회통제가 효과적으로 이루어질 수 있을 것이다. 다음으로 모렌오프와 그의 동료들

(Morenoff et al., 2001)은 지역사회의 집중된 불이익이 집합적 효능감을 감소시키며 지역의 사회경제적 상황이 좋을수록 집합적 효능감은 증가한다는 사실을 파악하였다. 인종, 성별, 실업 등 사회경제적인 고립과 배제는 지역사회의 불이익을 집중시킨다. 이 같은 지역은 빈곤 등 사회적 어려움을 겪기 때문에 지역사회의 집합적인 통제능력이 약화한다. 실버와 밀러의 연구(Silver & Miller, 2004)에서도 지역사회의 집중된 불이익은 비공식적 사회통제를 약화시키는 중요한 변인으로 파악되었다. 집중된 불이익 심화된 지역일수록 비공식적 사회 통제력이 감소하였다. 다만 지역주민들의 교류와 친분관계 그리고 경찰만족도 등의 주요 변인들을 고려할 경우 그 영향력은 사라지는 것으로 나타나 구조적 변인은 기능적 변인에 매개되는 결과로 보여 진다. 워너(Warner, 2003)의 연구에서도 지역사회의 집중된 불이익은 비공식적 사회통제를 약화시키는 중요한 변인으로 파악되었다. 집합적 효능감 이론을 주장한 샘슨과 그의 동료들의 연구(1997)에서도 집중된 불이익은 지역사회의 집합적 효능감을 감소시키는 중요한 변인으로 파악되었다. 즉, 지역사회가 사회경제적 그리고 인종적으로 사회적인 불이익을 많이 겪을수록 그 지역사회는 사회질서를 유지할 수 있는 집합적인 능력이 약화되는 것이다.

둘째, 지역의 인구이동, 거주의 불안정성 혹은 거주의 안정성이 비공식적 사회통제에 미치는 영향이다. 기존 많은 연구들은 지역사회의 인구이동이 비공식적 사회통제에 결정적인 영향을 미칠 것이라 주장한다. 아마도 지역주민들이 자주 이사를 가거나 올 때 지역주민들 끼리 잘 알지 못하고 주민들 간의 교류는 약화될 것이며 지역사회의 공통 관심과 가치의 공유가 어려워 질 것이다. 이는 결과적으로 지역 문제에 지역주민들이 함께 대응할 수 있는 능력이 약화될 것이다. 실제 기존 연구들에서 가장 일관된 결과 중 하나가 지역사회의 인구이동이 비공식적 혹은 집합적 효능감과 부적 관계를 보인다는 것이다. 샘슨과 그의 동료들(1997)의 연구에서부터 다른 많은 연구자들의 연구에서 거주불안정 혹은 안정성은 비공식적 사회통제와 집합적 효능감을 유의미하게 예측하는 사회구조적 특성으로 파악되었다(Belliar, 2000, Markiwitz et al., 2001; Warner, 2003; Sampson et al, 1997; 1999; Silver & Miller, 2004). 다시 말해서 지역에 거주하는 사람들이 잦은 이사를 하거나 들어오게 되면 지역주민들 간의 응집력이 생성되기 어렵고 지역사회 문제에 크게 관심을 가질 가능성이 낮아진다. 이는 결과적으로 지역사회의 범죄, 무질서 등 사회문제에 지역주민들이 집단적으로 개입할 가능성이 낮아지고 이 같은 집단적 행동 능력도 떨어질 것이다.

셋째, 지역의 인구구성 혹은 인종적 이질성이 비공식적 사회통제에 미치는 영향이다.

사회해체이론은 지역사회의 구성원들이 다양한 인종으로 구성되며 지역 사회를 관통하는 공통된 가치나 규범을 사회화시키기 어려울 것이라 가정한다. 이는 결과적으로 지역사회의 통합이 약화되고 응집력을 형성하는 것 역시 어려워진다. 또한 다양한 인종구성으로 인해 사회적 규범이나 가치가 개별 인종집단별로 차이가 발생하게 되어 사회문제를 바라다보는 시각 역시 달라질 수 있다. 다른 인종과 민족의 문제는 자신의 일이 아닌 것이 된다. 결국 지역사회의 사회문제에 모든 지역 구성원들이 개입할 여지가 약해진다. 이는 곧 지역의 사회통제능력의 약화를 의미한다. 샘슨과 그의 동료들(Sampson et al., 1997; 1999), 모노로프와 그의 동료들(Morenoff et al., 2001), 실버와 밀러의 연구(Silver & Miller, 2004) 등 대부분의 사회해체이론의 논의에서 지역사회의 인종적 이질성 혹은 이민의 집중은 지역사회의 비공식적 사회통제 능력을 직접적으로 약화시키는 중요한 영향요인으로 파악되었다. 과거 미국 연구들은 주로 인종적 이질성을 흑인 인구비율로 측정하는 경향이 있었으나 1990년대 접어들면서 라틴계 이민자 비율이 인종적 이질성을 측정하는 주요 척도로 많이 사용되고 있다(Sampson et al., 1997; 1999; Morenoff et al., 2001; Silver & Miller, 2004).

그 외 사회구조적 특성으로 논의되는 것으로 도시화 혹은 도심화, 인구밀도, 청소년 인구 비율, 가족붕괴(이혼율) 등이 비공식적 사회통제의 영향요인으로 고려되고 있다. 샘슨과 그의 동료들(1999)의 연구에서 지역의 인구밀도가 높을수록 아동에 대한 사회통제가 약화되는 것으로 나타났다. 이 결과는 모노로프와 그의 동료들의 연구에서도 동일하게 나타났다(Morenoff et al., 2001). 벨레어(Bellair, 2000)의 연구에서는 지역의 위치가 도심(Downtown)에 위치하고 있을수록 비공식적 감독이 약회되는 것으로 파악되었다.

2) 지역사회의 기능적 특성의 영향

비공식적 사회통제에 지역사회의 기능적 특성(친구관계 네트워트, 이웃관계 및 교류, 지역사회의 조직 참여)이 미치는 영향은 오랜 기간 수정 된 사회해체이론에서 흥미로운 연구영역으로 자리 잡았다. 우선 버식(Bursik, 1999)은 지역사회의 사적 그리고 교구적 인관관계 네트워크가 강할수록 지역사회의 비공식적 사회통제에 긍정적 영향을 미친다는 사실을 파악하였다. 특히 버식의 연구에서 흥미로운 것은 일반적인 개인의 친구관계 네트워크와 가족관계 네트워크는 사회통제에 유의미한 영향이 없다는 것이다. 개인이 일반적으로 친하게 생각하는 친구관계 맺고 있는 것보다는 오히려 지역사회에서 직접적으로 도움을 받거나 받을 수 있는 사적 인간관계 네트워크가 더 중요하다는 것이다. 가족관계 역시 일상적인 가족과의 친밀한 관계는 사회통제를 직접적으로 높이지는 못하는 것으로 나타났다. 오히려 지역사회에서 자주 생활문제(쇼핑, 레스토랑, 은행, 병원, 수리)를 해결할 수 있는 장소가 많을수록 지역사회의 통제에 긍정적인 영향을 미친다는 점이다. 지역사회의 친구관계 네트워크의 중요성은 다른 연구에서도 많이 파악되었다. 샘슨(1999)은 지역사회에 아는 사람이 많고 친구관계가 강할수록 지역사회의 응집력을 높이고 이는 다시금 지역사회의 집합적 효능감을 높이는 것으로 파악되었다. 모렌오프와 그의 동료들(2002) 역시 친구/친족 네트워크가 지역사회의 집합적 효능감을 증가시킨다는 결과를 보여주었다. 즉, 지역사회에서 친하게 교류하는 친구나 친족이 많은 경우 집합적 효능감을 증가시킬 수 있다는 것이다. 다만 여기서 주의해야 할 점이 있다. 지역사회의 친구관계 네트워크가 강하다고 하여 반드시 지역사회의 범죄문제가 거의 없거나 아니면 지역사회의 사회통제력이 강화된다는 선형적인 관계는 아닐 수 있다는 점이다. 도시화 사회에서 친구관계를 빈번하게 가지기는 어렵다. 벨레어(2000)는 친구와의 교류가 빈번하지 않을지라도 지역사회의 비공식적 사회통제에 긍정적 영향이 있을 수 있음을 보여주었다. 또한 친구관계가 강할수록 범죄와 같은 사회문제를 경찰에 신고하거나 협조하기 보다는 오히려 범죄자를 숨겨주거나 경찰에 비협조적인 행동을 하는 경우도 발생한다고 한다(Morenoff et al., 2001). 따라서 친구의 숫자나 친구와의 교류 빈도로 지역사회의 응집력과 비공식적 사회통제가 직접적으로 증가할 것이라는 기존 가설의 수정이 필요하다는 지적이다.

지역사회의 기능적 특성 중 지역사회 조직에 참여는 비공식적 사회통제에 긍정적인 영향을 미칠 것으로 기대된다. 지역사회의 조직/단체 참여는 전형적으로 사회자본의 일환으로 이해된다. 따라서 사회자본이 많은 지역에서는 지역사회의 문제에도 지역주민들이 적극적으로 개입할 가능성이 높으므로 지역사회의 비공식적 사회통제나 집합적 효능감을 증대 시킬 것으로 기대된다. 실제 기존 연구들의 결과 지역사회의 조직이나 단체에 참여, 특히 자율방범활동 등의 활동이 비공식적 사회통제에 긍정적 영향을 미치는 것으로 파악되었다. 베넷(Bennett, 1989)은 이웃감시 활동에 참여는 지역사회의 비공식적 사회통제를 증가시키는 것으로 나타났다. 모렌오프와 그의 동료들(2001)는 지역의 조직에 참여가 많을수록 집합적 효능감을 강화한다는 결과를 보여주었다.

3) 범죄, 무질서, 범죄두려움의 영향

비공식적 사회통제는 사회해체모델에 따를 때, 범죄, 무질서, 범죄두려움 등에 선행하는 변인으로 이해된다. 하지만 기존 논의들에서 범죄와 같은 사회문제가 결과적으로 지역사회를 보다 더 해체시켜 지역사회의 응집력과 집합적 사회통제능력을 약화시킬 수 있다는 논의가 많아지고 있다(Markowitz et al., 2001). 범죄와 지역사회의 통제력을 관계에 대한 대표적인 논의는 범죄가 감소하면 지역주민들은 범죄두려움을 덜 느끼고 지역사회 활동이 증가되어 이웃 간 교류와 지역사회의 결집력 증가를 기대할 수 있다고 한다. 이는 결과적으로 범죄에 대한 대응능력을 향상시켜 다시금 지역사회의 범죄를 감소시키는 선순환이 이루어질 수 있다는 기대이다(Lynch et al., 2002). 모렌오프와 그의 동료들(2001) 역시 지역사회의 살인율이 집합적 효능감을 감소시킨다는 결과를 파악하였다. 실버와 밀러(Silver & Miller, 2004)의 연구에서도 살인율은 비공식적 사회통제를 유의미하게 감소시키는 것으로 나타났다. 한편, 범죄의 유형에 따라 비공식적 사회통제에 미치는 영향에 차이가 나타날 수도 있다. 예를들어 절도범죄가 증가하면 지역주민들은 개인의 범죄예방활동을 증가 시킬 수도 있을 것이다. 벨레어(Belliar, 2000)는 지역사회의 절도가 증가하면 지역주민들의 비공식적 사회통제하는 결과를 보여주었다. 라운트리(Rountree)와 랜드(Land)는 주거침입절도 피해를 당한 가구에서 범죄예방을 위한 자물쇠 설치, 잠금장치 강화, 경보시스템 설치 등의 활동이 증가함을 보여주었다(Rountree & Land, 1996). 즉, 직접적인 범죄피해나 범죄피해 가능성에 대한 우려는 개인의 사적 비공식적 사회통제에 상당히 유의미한 증가를 보여주었다(Belliar, 2000).

범죄와 마찬가지로 무질서 역시 비슷한 논리적 맥락에서 지역사회의 사회통제능력을 약화시킬 수 있다. 무질서가 심화되어 있는 지역에서는 지역주민들의 두려움이 증가하고 이는 결과적으로 지역사회의 집합적 범죄대응능력을 약화 시킬 것이라는 것이다. 깁슨(Gibson)과 그의 동료들(2002)은 지역사회의 무질서가 집합효율성을 감소시킨다는 결과를 보여주었다. 말코위치와 그의 동료들(2001)은 무질서가 지역사회의 응집력에 부적 영향을 파악하였다.

4) 경찰의 영향

사회통제는 공식적 사회통제와 비공식적 사회통제로 나뉜다. 비공식적 사회통제는 사적 통제와 교구적 통제로 구분된다. 한편 경찰의 사회통제는 공적 사회통제로 이해된다. 기존 논의에서 경찰의 활동은 비공식적 사회통제에 영향을 미칠 것으로 이해된다. 경찰연구의 새로운 패러다임으로 경찰의 다양한 활동이나 프로그램이 지역사회에 미치는 영향을 파악하려는 연구가 2000년대에 급속도로 증가하였다. 특히 수정된 사회해체이론과 결합하여 경찰의 활동 혹은 지역주민의 경찰활동 인식이 지역사회의 사회통제능력에 미치는 영향을 파악하려는 연구들이 상당히 시도되었다(Clear et al., 2003; Goudriaan et al, 2004; Kerley & Benson, 2000; Krahn & Kennedy, 1985; Lynch & Sabol, 2004; Lynch et al, 2002; Rose & Clear, 1998; Scheider et al, 2003; Scott, 2002; Silver & Miller, 2004; Warner, 2003). 기존 논의들은 크게 2가지 연구 분야로 나뉜다.

첫째, 경찰의 활동, 즉 공식적 사회통제가 지역사회의 비공식적 사회통제에 미치는 영향을 파악하려는 연구들이다. 이들 연구들은 경찰의 다양한 활동 및 인식이 지역주민들의 법질서 유지 활동에 대한 협력과 직접적인 신고활동 등에 미치는 영향을 파악하고자 하였다. 데이브스(Davis)와 헨더슨(Henderson)은 경찰에 자발적으로 자주 접촉하는 사람들은 경찰에게 범죄문제에 대한 신고를 더 적극적으로 한다는 결과를 보여주었다. 고드리안(Goudriaan)과 그의 동료들은 지역 경찰의 능력에 대한 신뢰는 범죄보고를 더 증가시킨다는 결과를 얻었다(Goudriaan, Lynch, & Nieuwbeerta, 2004). 렌(Ren)과 그의 동료들(Ren, Zhao, & Graffney, 2006) 역시 경찰에 대한 지역주민들의 인식이 범죄예방 관련 활동 참여에 영향을 미칠 수 있다는 결과를 보여주었다. 지역주민들의 경찰에 대한 신뢰가 높을수록 지역주민들은 지역사회의 범죄예방 활동에 적극적으로 참여하는 것으로 파악되었다. 실버와 밀러의 연구(Silver & Miller, 2004)에서도 경찰에 대한 지역주민들의 만족도가 높을수록 비공식적 사회통제가 높다는 연구결과가 도출되었다. 경찰활동에 대한 지역주민들의 이해도 역시 중요한 참여요인으로 파악된다. 슈나이더(Scheider)와 그의 동료들의 연구(Scheider, Rowell, & Bezdikian, 2003). 에서 지역사회의 경찰의 새로운 프로그램 중 지역사회경찰활동 역시 지역주민들의 범죄예방 조직에의 참여를 증가시키는 것으로 나타났다. 경찰과의 친밀감 역시 중요한 영향요인으로 파악된다. 스코트(Scott, 2002)는 지역주민들이 평소에 경찰과 가까이 접하고 있는 경우 지역사회의 집합적 효능감 역시 높게 나타났다. 마지막으로 린치(Lynch)와 그의 동료들(Lynch et al., 2000)은 경찰의 범죄자 검거활동이 지역사회에 미치는 영향을 분석하였다. 연구결과 지역사회에서 경찰이 범죄자에 대한 체포를 증가는 직접적으로 범죄감소의 증거가 도출되지 않았으며 지역주민들의 조직 참여를 감소시켜 지역사회의 결집력을 약화시키는 것으로 나타났다. 기존 샘슨과 코헨(Sampson & Cohen, 1988)의 연구에서 경찰의 공격적인 검거활동은 체포의 확실성(Arrest Certainty)을 인식시켜 강도와 주거침입절도 범죄를 감소시키는 것으로 파악하였다. 하지만 린치와 그의 동료들(2000)의 연구에서는 이 같은 결과가 도출되지 못했다. 다만 린치와 그의 동료들(2000)은 지역사회에서 경찰의 무분별한 체포와 감금은 오히려 지역사회를 약화시킬 수 있으므로 지역사회에 긍정적인 영향을 미칠 수 있는 경찰활동의 탐구가 필요하다는 의견을 제시한다. 특히 린치와 세이볼(Lynch & Sabol, 2004)은 경찰의 검거나 감금은 지역사회를 해칠 수 있는 영향이 더 크기 때문에 공식적인 경찰활동 특히 억제중심의 활동 보다는 다른 형태로 지역사회를 활성화 시킬 수 있는 방안을 마련할 필요성이 있다고 역설하였다.

경찰활동이 지역사회의 비공식적 사회통제를 약화 시킬 수 있다는 연구 결과들이 상당히 많이 제안되었다. 가장 대표적으로 로즈와 클리어(Rose & Clear, 1998)는 구금율의 증가는 지역사회의 사회자본을 약화시키고 이는 결국 추가적인 범죄문제를 양산한다는 논의를 제시하였다. 클리어와 그의 동료들은 (Clear, Rose, Waring, & Scully, 2003)은 로즈와 클리어의 논의를 경험적으로 검증하기 위해 미국 탈라하시(Tallahassee) 경찰의 1996년과 1997년 공식통계자료를 활용하여 분석한 결과 검거율이 특정 수준(Tipping Point) 이상 높아질수록 향후 범죄율 역시 증가하는 결과를 도출하였다. 경찰접촉에서 부정적 경험이 많을수록 지역주민들은 경찰활동에 협력을 덜 하는 것으로 나타났다. 데이브스와 헨델슨(Davis & Henderson, 2003)은 경찰과 시민의 접촉에서 비자발적인 접촉이 증가하면 즉, 경찰에게 법집행을 당하면 지역주민들은 이후 범죄피해를 경찰에게 덜 보고한다는 결과를 보여주었다. 또한 경찰력의 규모 혹은 경찰의 활동이 잘 이루어진다고 평가하는 경우 지역의 범죄 문제에 대해 지역주민들은 덜 개입할 가능성이 존재하는 것으로 나타났다. 범죄문제는 경찰의 일이라는 인식이 생기고 경찰이 범죄를 잘 다룬다고 생각된다면 시민들은 자신들의 본업에 충실할 가능성이 높기 때문이다(Krahn & Kennedy, 1985; Silver & Miller, 2004).

기존 경찰활동과 비공식적 사회통제의 관계에 관한 논의는 주로 미국 학자들에 의해 진행되었다. 이에 국내에서도 몇몇 연구가 경찰의 공식적 사회통제와 비공식적 사회통제의 관련성을 검토하려는 노력이 이루어졌다. 2010년 윤우석(윤우석, 2010)은 경찰의 공식적 사회통제를 지역주민들의 경찰활동에 대한 주관적 인식에 기초하여 측정하였다. 경찰의 서비스제공, 경찰의 즉각적 출동, 그리고 경찰의 범인체포능력, 경찰의 지역사회문제에 적극적 대응, 그리고 범죄예방능력의 정도를 통해 경찰의 공식적 사회통제능력을 측정하였다. 서울과 경기지역 33개 행정동 거주민을 대상으로 획득된 설문조사 자료를 활용하여 분석한 결과 경찰의 공식적 사회통제는 지역사회의 비공식적 사회통제를 유의미하게 예측하는 변인으로 나타났다. 지역사회의 공식적 사회통제가 잘 되고 있다고 응답한 사람들일수록 지역사회의 비공식적 사회통제에 대해서도 긍정적인 응답이 많았다. 이 연구결과는 기존 실버와 밀러의 논의와 매우 유사한 결과이다. 즉, 경찰활동에 대한 지역주민들의 긍정적 인식은 지역사회의 사회문제에도 지역주민들이 적극적으로 참여하려는 의지를 표명하는데 정적인 영향을 미치는 것이다. 이재영과 최응렬(2010)은 경찰과 지역주민들의 치안서비스 공동생산의 관계를 파악하였다. 이 연구에서는 지역주민들이 경찰과 협력하고 정보를 제공하는 등의 행동을 지안서비스 공동생산성이라 정의하고 이에 경찰활동이 미치는 영향을 분석하였다. 연구결과, 경찰에 대한 만족도가 높을수록 지역주민들은 경찰과 함께 공동으로 치안서비스를 생산하는 활동에 적극적으로 개입하는 것으로 나타났다. 이재경 외 3인(2016)은 형사정책연구원의 '지역사회 범죄위험에 관한 조사'에서 획득한 설문조사 자료를 활용하여 지역주민들이 인식하고 있는 경찰활동의 가시성이 비공식적 사회통제에 미치는 영향을 분석하였다. 분석결과, 지역주민들이 경찰활동을 자주 목격할수록 지역주민들의 비공식적 사회통제가 높은 것으로 나타났다. 다른 사회적 요인 중 사회적 무질서는 비공식적 사회통제를 약화시키는 것으로 파악되었다.

제5절 비공식적 사회통제가 지역의 범죄, 무질서, 범죄피해에 미치는 영향

1. 비공식적 사회통제와 사회문제

비공식적 사회통제는 기존 수정된 사회해체이론가들이 범죄, 무질서, 범죄피해를 예측하는데 있어 가장 많이 인용하고 있는 개념이다. 많은 연구들이 비공식적 사회통제가 범죄, 비행, 무질서, 그리고 범죄피해를 감소시키는데 상당한 기여를 하고 있다는 결과를 보여주고 있다. 비공식적 사회통제와 범죄의 관계를 가장 초기에 분석한 연구로 샘슨과 그로브스의 연구(Sampson & Groves, 1989)가 있다. 이 연구에서는 직접적으로 비공식적 사회통제를 측정한 것은 아니지만 지역사회의 감독받지 않고 있는 10대 청소년 그룹의 정도를 파악함으로써 간접적으로 비공식적 사회통제를 파악하였다. 연구결과 지역사회에서 감독받지 않고 있는 10대 청소년 그룹이 많을수록 지역의 폭력 및 재산범죄 그리고 반달리즘(Vandalism)이 증가하는 것으로 나타났다. 이 연구에 기초하여 샘슨은 이후 그의 동료들(Sampson et al., 1997)과 함께 집합적 효능감 이론을 제시하였다.

1997년 샘슨은 시카고 프로젝트 자료를 활용하여 지역사회의 폭력범죄 피해(Violent Victimization), 살인사건(Homicide Events), 그리고 지역의 폭력에 대한 인식(Perceived Neighborhood Violence)에 집합적 효능감이 감소효과를 보여줌을 증명함으로써 집합적 효능감 이론의 경험적 타당성을 획득하였다. 라우덴부시와 샘슨(Raudenbush & Sampson, 1999a) 역시 비공식적 사회통제가 폭력범죄 인식에 미치는 영향을 파악한 결과 시카고 지역 거주민들은 비공식적 사회통제를 높게 응답할수록 폭력범죄 발생에 대한 인식이 낮은 것으로 나타났다. 벨레어(2000)는 지역사회의 비공식적 감독이 강도(Robbery)사건을 현격하게 감소시킨다는 결과를 보여주었다. 블로링(Browning)과 그의 동료들(Browning et al., 2003)은 시카고 프로젝트 데이터 중 1994년과 1995년 자료를 활용하여 지역사회의 집합적 효능감이 살인율과 폭력범죄피해율에 미치는 영향을 파악하였다. 연구결과 지역사회의 집합적 효능감은 다른 많은 지역특성 변수를 고려한 상태에서 지역의 폭력범죄피해와 살인을 감소시키는 것으로 나타났다. 모렌오프와 그의 동료들(2001) 역시 지역의 집합적 효능감이 1990년에서 1998년까지 발생한 시카고 지역 살인사건을 현저하게 감소시킨다는 결과를 보여주었다. 데케세르디(Dekeseredy)와 그의 동료들(Dekeseredy, Schwartz, Alvi, & Tomaszewski, 2003)은 캐나다 온타리오에서 시민들을 대상으로 설문조사를 하여 집합적 효능감이 범죄피해에 미치는 영향을 파악하였다. 특히 이 연구에서는 집합적 효능감의 효과가 남녀의 범죄피해에 차이가 존재하는지를 파악하였다는 점에서 의의를 가진다. 연구결과 집합적 효능감은 여성 응답자들의 배우자 폭력피해(Intimate Partner Violence Victimization), 일반 폭력피해, 그리고 공공장소에서 성적 괴롭힘(Public Harassment)에 유의미한 설명력을 보여주었다. 다만 재산 범죄피해에 있어서는 집합적 효능감의 영향이 유의미하지 않았다. 남성 응답자의 경우 공공장소에서 성적 괴롭힘을 일부 집합적 효능감이 설명하는 것으로 나타났다. 즉, 집합적 효능감은 성별에 있어 여성의 범죄피해를 보다 잘 설명하는 것으로 나타났다(Dekeseredy et al., 2003). 라우덴부시와 샘슨(Raudenbush & Sampson, 1999b)은 기존 수정 된 사회해체이론의 논의에서 무질서에 대한 새로운 측정방법을 제안하였다. 그들은 시카고 지역의 무질서를 측정하는 방법으로 개인에게 설문조사를 통해 자료를 얻는 방법이 아니라 자동차를 타고 직접 거리를 비디오 촬영을 하고 이 자료를 바탕으로 무질서 정도를 연구원들이 측정하도록 하는 새로운 측정방법을 제시하였다. 획득된 무질서 자료와 비공식적 사회통제의 관계를 파악한 결과 비공식적 사회통제는 비디오 촬영된 물리적 무질서와 사회적 무질서에 상당히 높은 상관관계를 보여주었다. 즉, 사회적 무질서와 물리적 무질서는 비공식적 사회통제가 강한 지역에서 덜 목격되는 것을 알 수 있는 결과이다.

비공식적 사회통제가 범죄, 범죄피해, 그리고 무질서에 미치는 영향을 연구한 국내 연구는 아직까지 많지 않다. 박정선(2003)은 서울소재 중학교와 고등학교 재학생들을 대상으로 설문조사를 진행하고 그 자료를 분석한 결과 학교의 집합적 효능감이 청소년 비행에 부적 영향을 미친다는 결과를 보여주었다. 윤우석(2012)은 대구지역 40개 동에 거주하는 지역주민들을 대상으로 조사한 설문자료에 기초하여 집합적 효능감과 범죄피해의 관계를 검증하였다. 분석결과 다른 지역사회 특성변수(집중된 불이익, 주거안정성, 친구/친족관계, 지역사회 조직참여, 지역애착, 이웃관계)는 집합적 효능감을 고려할 경우 유의미한 영향이 없는 것으로 나타났다. 유일하게 유의미한 범죄피해 감소효과가 집합적 효능감에 있는 것으로 나타났다. 통계적 분석결과, 지역사회의 집합적 효능감이 높을수록 범죄피해를 당할 확률이 31.5%가량 감소하는 것으로 나타나 집합적 효능감이 지역사회의 범죄피해를 결정짓는 중요한 요인임을 알려주는 결과이다.

다만 다른 국내 연구들은 집합적 효능감과 비공식적 사회통제의 범죄피해 감소효과를 지지하는 결과를 보여주지 못하였다. 특히 한국형사정책연구원의 범죄피해조사 자료를 분석한 연구들은 거의 대부분 집합적 효능감이 범죄피해에 미치는 영향이 없다는 결과를 보여주었다. 전국범죄피해조사 2008 자료를 분석한 김준호와 그의 동료들의 연구(2010)는 한국사회의 범죄피해를 결정짓는 요인을 확인하는 연구였다. 통계적 분석결과, 비공식적 사회통제 보다는 공식적 사회통제가 범죄피해를 더 잘 설명하는 것으로 나타났다. 동일한 범죄피해조사 자료를 활용한 박성훈(2011)의 연구에서도 지역사회의 비공식적 사회통제는 범죄피해를 제대로 설명하지 못했다. 범죄피해조사 2016 자료를 활용한 이완희와 이미정의 연구(2019) 역시 집합적 효능감 보다는 지역사회의 무질서가 범죄피해를 보다 잘 예측하는 것으로 파악되었다.

또한 한국청소년 패널 데이터를 활용한 연구에서도 지역사회의 비공식적 사회통제는 청소년 비행을 예측하지 못하는 것으로 나타났다. 김창익과 윤우석은 청소년 패널데이터를 활용하여 지역사회의 생태학적 특성이 청소년의 지위비행 및 비행친구에 미치는 영향을 검토하였다. 연구결과, 지역사회의 특성은 일부 비행친구관계에 영향을 미쳤으나 비공식적 사회통제는 청소년 지위비행에 효과가 없었다. 다만 지역사회의 응집력은 청소년 지위비행을 일부 감소시키는 것으로 나타났다. 김혜영과 윤우석(2015) 역시 청소년 패널데이터를 활용하여 청소년 지위비행을 예측하는 연구모델을 검증하였다. 집합적 효율성은 청소년의 무단결석에 일부 유의미한 영향을 미쳤으나 흡연과 음주에 영향을 미치지 못하였다. 다만 집합적 효능감은 청소년의 부정적 감정에 영향을 미치며 이는 청소년 비행 전반에 유의미한 영향을 미치는 것으로 나타나 매개효과가 존재함을 보여주었다.

지역사회의 집합적 효능감은 범죄두려움에도 영향을 미치는 것으로 파악된다. 황의갑은 경기도 지역 거주민을 대상으로 획득한 설문자료를 분석한 결과 집합적 효능감은 범죄두려움을 감소시키는 효과가 있는 것으로 나타났다(황의갑, 2015). 이성식의 최근 연구(2019)에서는 집합적 효능감의 청소년의 온라인 범죄두려움에 미치는 영향이 존재하는 것으로 파악되었다. 특히 범죄피해경험이 있는 경우 집합적 효능감과 상호작용효과가 나타났다. 한국청소년패널조사 자료를 활용하여 집합적 효능감이 범죄두려움에 미치는 영향을 분석한 결과, 무질서를 고려한 경우 집합적 효능감은 범죄두려움을 예측하지 못하는 것으로 나타났다(이성식 · 박정선 · 이정환, 2012). 동일하게도 민휘경(2013)은 한국범죄피해조사 2008 자료를 활용하여 공식적 사회통제와 지역사회통제가 범죄두려움에 미치는 영향을 분석하였다. 분석결과 지역사회의 사회통제 특히 비공식적 사회통제는 범죄두려움을 예측하지 못했다. 오히려 지역사회의 응집력이 범죄두려움 감소시키는 것으로 나타났다.

제6절 사회해체이론, 아노미 긴장이론, 그리고 하위문화이론

1. 사회해체이론과 아노미 긴장이론의 유사성

쇼와 맥케이의 고전적 사회해체이론은 지역사회의 구조적 특성에 의한 사회해체가 지역사회의 범죄문제를 양산한다는 이론적 설명을 하였다. 고전적 사회해체이론 이후 수정된 사회해체이론은 사회해체를 사회통제론적 시각에서 접근하여 사회해체를 지역사회의 응집력과 비공식적 사회통제의 약화로 보았다. 즉, 지역사회의 결집력 약화와 사회적 통제능력 약화가 사회해체의 징후라는 것이다. 쇼와 맥케이가 사회해체의 핵심적인 원인요인으로 파악한 구조적 특성은 빈곤, 인구이동, 그리고 인종적 이질성이다. 지역의 구조적 특성은 궁극적으로 산업화에 따른 도시화로 인한 결과이다. 즉, 도시화가 되면서 이민자/농촌 이주자가 많아지면서 인종적 이질성이 심화되고 도시의 인구이동이 많아진다. 또한 새로 유입된 인구는 빈곤층일 가능성이 높다. 우연의 일치인지 이들 요인이 도시의 특정지역에 집중되면 그 지역은 사회가 해체되는 현상을 겪게 된다.

사회해체이론의 논의는 생태학적 범죄학의 시초가 된 시카고 학파의 논의로부터 발전하였다. 하지만 좀 더 심도 깊게 이론의 시작점을 찾자면 뒤르케임(Emile Durkheim)의 아노미 이론을 들 수 있다. 뒤르케임은 사회분업론과 자살론이라는 그의 저서에서 산업화와 도시화와 같은 사회의 큰 변화는 기존 사회를 유지하던 규범의 혼동 혹은 무규범 상태를 초래한다고 설명한다. 사회해체이론 역시 도시화와 산업화가 원인으로 설명한다는 측면에서 규범이 없는 상태로 정의되는 아노미는 사회해체이론의 사회해체라는 개념과 동일한 이론적 논의의 대상이 된다. 뒤르케임은 아노미가 산업화와 도시화로 인해 사회가 분업화 되고 기존에 사회전체를 관통하던 전통적 가치나 규범이 무용하게 되어 아노미가 초래된다고 설명한다. 한편 사회해체이론은 도시사회의 인구이동과 인종적 이질성으로 인해 지역사회의 전통적 가치의 사회화가 어려워지고 인간관계 등 사회적 결집성을 강화할 수 있는 지역사회의 인적 교류가 약화되는 것이 사회해체의 원인으로 설명한다는 측면에서 매우 유사한 설명구조를 가지고 있다.

뒤르케임은 아노미 이론에서 전통적 가치와 규범을 유지하는 핵심적인 원동력으로 사회통합(Social Integration)과 사회규제(Social Regulation)를 들고 있다. 사회통합은 '사회의 집합체 내부에서 맴돌고 있는 집합적 삶의 수준으로 정의'된다(Maimon & Kuhl, 2008:923; 윤우석, 2012:150 재인용). 또한 사회규제는 '인간의 악한 본성을 억제하려는 사회적 메커니즘'(Maimon & Kuhl, 2008:923; 윤우석, 2012:150 재인용)이라 정의된다. 뒤르케임은 사회통합과 사회규제의 수준에 따라 다양한 종류의 자살(이기적 자살, 이타적 자살, 운명적 자살, 그리고 아노미적 자살)을 초래한다고 설명한다. 특히 아노미 사회에서는 사회통합과 규제가 약화된 사회로 아노미적 자살을 유발한다. 따라서 사회통합과 사회규제가 약화된 사회 혹은 지역에서 자살과 같은 일탈적 행위가 증가한다는 것이다.

놀랍게도 뒤르케임의 아노미이론의 논의는 수정된 사회해체이론의 논의와 매우 흡사하다. 수정된 사회해체이론은 도시의 특정지역에서 사회적 응집력과 사회통제능력이 약화하게 되면 지역주민들을 효과적으로 규율할 수 있는 집합적 통제력이 약화되어 범죄문제가 발생한다고 설명하기 때문이다. 또한 사회적 응집력은 사회의 공통된 가치의 공유가 핵심적인 개념의 내용이라는 측면에서 뒤르케임의 사회적 통합과 매우 유사하다. 또한 비공식적 사회통제는 지역에 거주하는 거주민들이 사회적 안녕을 유지하기 위해 구성원들의 행동을 통제한다는 측면에서 사회적 규제의 의미와 매우 유사하다. 즉, 실질적으로 뒤르케임의 아노미 이론과 사회해체이론의 논의가 거의 쌍둥이처럼 같다.

오히려 뒤르케임의 아노미이론을 이어받은 머튼(Merton, 1938)의 긴장이론(Strain Theory)은 긴장이라는 핵심 개념을 뒤르케임으로부터 차용했지만 근원적으로 이론의 핵심가정이 다르다. 우선, 머튼의 긴장이론은 인간의 본성을 선하게 보는 반면 뒤르케임의 아노미 이론은 인간을 악하게 본다. 여기서 말하는 선과 악은 도덕적인 기준이라기 보다는 범죄가담 가능성으로 이해하는 것이 나을 것이다. 뒤르케임은 인간사회에는 일정수준 범죄가 발생한다는 범죄정상설을 기초로 한다. 즉, 인간은 누구나 범죄를 저지를 가능성이 있는 것이다. 하지만 머튼의 긴장이론은 인간이 긴장이나 좌절을 겪지 않는다면 자동적으로 범죄행위에 가담하지 않을 것이라 본다는 측면에서 인간의 본성을 선한 것으로 가정한다는 측면에서 아노미 이론과 다르다.

또한, 뒤르케임은 아노미사회에서 가장 아노미의 영향을 많이 받는 사람은 중/상류층이라 설명한다. 이는 도시화와 산업화 사회에서 상대적 비교가 가능한 계층 간에 아노미로 인한 긴장이 심화되는데 예전부터 하층에 놓인 사람들은 긴장을 할 필요가 없는 반면 자신의 계층을 유지해야하고 동일계층의 성공을 자주목격하게 되는 중/상류층이 보다 아노미로 인한 긴장을 많이 느끼게 된다는 측면에서 뒤르케임의 아노미 이론은 중/상류층의 일탈적 행위 혹은 아노미적 행위를 예측할 수 있다. 한편, 머튼의 긴장이론은 사회 전체적으로 경제적 부의 성취라는 문화적 목표를 달성하고자 하기 때문에 문화적 목표를 달성이 어려운 하층의 사람들이 보다 긴장과 좌절을 많이 겪을 것이라 가정한다는 측면에서 아노미 이론과 다르다. 결과적으로 머튼의 긴장이론에 기초할 때, 범죄예방을 위한 대책은 사회적으로 경제적 부의 성취라는 문화적 목표의 전환이 요구되며 하층민을 위한 경제적 지원이 정책적 방안이 될 것이다. 한편, 뒤르케임의 아노미 이론의 정책적 방안은 무너진 사회규범과 가치를 정비하는 노력이 요구된다. 특히 사회적 통합과 사회적 규제를 통한 아노미 사회를 해소하는 것이 핵심적인 범죄예방 대책이 된다는 측면에서 차이점을 가진다.

이해를 돕기 위해 간략하게 머튼의 아노미이론을 정리하자면, 머튼의 아노미 이론은 미국사회가 다른 나라들에 비해 왜 범죄가 더 많이 발생하는지에 의문을 가지고 뒤르케임의 아노미 이론의 핵심내용을 차용하여 미국의 높은 범죄율을 설명하고자 한다. 머튼은 미국의 문화적 특성으로 모든 사람들의 부자가 되고 싶다는 문화를 목표를 가지는 것이라고 설명한다. 문화적 목표가 설정되면 모든 사회구성원들은 문화적 목표의 성취를 위해 노력하게 된다. 하지만 사회의 일부 사람들은 문화적 목표를 달성하기에 한계점이 있다. 경제적 부의 성취라는 문화적 목표 달성을 위해서는 합법적인 도구가 필요하다. 여기서 합법적인 도구란 직장, 교육, 상속 등과 같은 제도적인 방법을 의미한다. 직장생활에서 번 돈을 모아서 경제적 부를 성취하거나 교육을 통해 더 좋은 직장을 얻어서 소득을 높이는 방법이 있다. 하지만 사회적으로 하층에 속하는 사람들은 교육은 많이 받지 못하고 좋은 직장을 얻을 가능성이 낮다. 또한 부모로부터 합법적으로 상속을 통해 부의 전달이 이루어지기 어렵다. 즉, 사회적으로 용인되는 방법으로는 경제적 부의 성취라는 문화적 목표를 달성하기 어렵게 된다. 즉, 제도화 된 수단에 접근이 어렵다. 문화적 목표를 강조하는 사회에서 제도화 된 수단을 사용할 수 없게 된 사람들은 사회적 불평등에 좌절감을 느끼게 되고 이는 범죄와 같은 불법적 수단을 통해서라도 문화적 목표를 달성하려는 사람들이 등장하게 된다. 즉, 범죄를 통해 경제적 이익을 취하려는 사람들이 등장하게 된다.

머튼은 이 같은 현상은 문화적 적응의 형태로 설명한다. 그는 문화적 적응의 형태로 동조형(Conformity), 혁신형(Innovation), 의례형(Ritualism), 도피(Retreatism), 반역형(Rebellion)으로 구분하였다(Merton, 1938:676). 우선 동조형(Conformity)은 가장 일반적인 적응형태로 관습적 사회의 목표(+)를 받아들이고 이 목표를 성취하기 위한 사회적으로 용인된 수단(+)을 가지고 있을 때 나타난다. 동조자는 부와 성공을 바라며 교육과 직업을 통해 이것을 획득할 수 있다. 다음으로 혁신형(Innovation)은 개인이 사회적 목표를 받아들이지만 (+) 합법적인 수단을 통해 그 목표를 성취할 수 없는(-) 경우에 발생한다. 혁신형인 사람은 사회적 목표에 대한 강박감에서 불법적인 수단을 통해 이를 획득하고자 하며 이로 인해 범죄를 저지르게 된다. 만약 혁신형인 사람들의 불법적인 목표의 성취가 만연하게 되면 아노미는 급격하게 퍼져서 다른 이들도 이에 가담하게 만든다. 한편 의례형(Ritualism)은 사회적인 목표인 부나 성공에 대하여 크게 관심 가지지 않는다(-). 하지만 사회적 목표성취를 위한 수단(+)은 가지고 있기에 전통적인 의식을 수행하는 것에서 즐거움을 얻는다. 엄격한 예의범절은 의례주의자를 고무시키며 즐겁게 한다. 범죄와는 크게 동떨어진 개인의 형태이다. 다음으로 도피형(Retreatism)은 사회적인 목표(-)와 합법적인 수단(-) 모두를 가지지 못한 사람들로써 사회 안에 존재하나 사회적인 사람이 아니다. 여기에 포함되는 사람들로는 “정신병환자, 노숙자, 부랑자, 걸인, 술주정뱅이, 버림받은 사람, 약물중독자” 등이 포함된다. 마지막으로 반역형(Rebellion)은 관습적인 목표(+, -)와 수단 (+,-)을 대안적인 목표와 수단으로 대체하고자 하는 이들을 말한다. 기존의 사회구조에 비해 대안적인 생활양식, 목적, 신념을 가지고 현실사회를 부정하거나 반정부적인 행위를 하기도 하며 성공시에는 사회적 개혁가가 될 수도 있다는 설명이다.

2. 사회해체이론과 하위문화이론

쇼와 맥케이의 고전적 사회해체이론은 지역사회의 구조적 특성으로 인한 사회해체는 지역 청소년들에 대한 감독 부재와 같은 통제력의 약화 뿐만 아니라 지역사회에서 비행하위문화를 양산하여 범죄문제가 심화된다는 이중적 설명을 하였다. 수정된 사회해체이론가들은 이 같은 고전적 사회해체이론의 불명확한 사회해체의 정의를 거부하고 통제론적 시각에서 사회해체를 설명하고 있다. 아마도 1940년대 쇼와 맥케이의 입장에서 볼 때, 그들이 시카고 지역의 청소년 비행과 범죄문제를 연구하면서 그 지역에 퍼져있는 비행적인 문화 역시 관찰하였기에 이론에 반영을 하였을 것이다.

사실상 하위문화이론은 범죄학의 사회구조론적 접근의 가장 중요한 이론 중 하나이다. 하위문화이론은 기본적으로 아노미 이론의 논의를 기초로 한다. 이는 하층에 속한 사람들이 일상생활 속에서 겪는 고립과 배제의 경험이 좌절감을 야기하고 이는 자신들만의 문화를 형성하게 하는 원동력으로 작용 될 가능성이 높기 때문이다. 하위문화이론은 도시 내의 낙후된 지역에 사는 사람들이 어떻게 사회적인 고립과 경제적 박탈에 반응하는가는 연구하는 이론이다. 이 이론은 사회적 소외계층이 사회적 고립으로부터 어떻게 반응하고 그들만의 하위문화를 형성하는지를 설명하고자 한다. 하위문화이론의 가정을 간략하게 설명하자면 다음과 같다. 우선, 하위문화이론은 비행행위나 범죄는 집단적 혹은 집단의 영향으로 발생한다고 보며 인간의 선악구별을 분명하게 명시하지는 않는다. 둘째, 하위문화이론은 하류층의 구성원들은 그들 자신만의 규칙과 가치를 가진 독립적인 하위문화를 만들어낸다고 주장한다. 세 번째, 하위문화이론은 중산층 문화가 열심히 일하고, 공식적 교육을 받고 항상 조심스럽게 행동하기를 강조하는데 도시빈민은 이러한 중산층 사회의 행동적 요구를 만족시키기가 어려운 경우가 많다고 가정한다. 마지막으로 하위문화이론에서는 범죄적 하위문화는 지위, 부 그리고 자긍심 등을 습득하는 수단으로서 폭력성과 범죄성을 강조하는 경향이 있다고 가정한다(황의갑 외, 2014).

하위문화가 형성되는 과정을 살펴보자면, 하위문화이론은 도시의 빈민가에 생활하는 하층민들은 경제적 기회에의 박탈과 사회적 고립으로부터 긴장을 느끼게 되고 이에 대한 반응으로 그들 자신들이 만들어낸 하류층의 독특한 문화를 만들어내게 된다. 하류층은 자신들의 행위규범 내에서 매일 일상적인 생활을 통제하고 향유한다. 특히 사회적 규범인 법의 내용은 주로 관습적 중산층의 규칙의 산물이며 사회의 주류로부터 소외 된 소수인종이나 민족과 충돌하기도 하며 일반인은 다양한 문화집단 -인종, 민족, 가정, 또래집단, 직장, 종교집단-에 동시에 속해있으며 이로 인해 문화적 갈등을 드러내게 된다고 주장한다. 대표적인 하위문화이론으로 코헨의 비행하위문화이론, 클라워드와 오린의 차별적 기회이론, 그리고 밀러의 하류계층문화이론이 있다.

1) 코헨의 비행하위문화이론(Delinquent Subculture Theory)

코헨(Cohen, 1955)의 비행하위문화이론은 전형적인 긴장이론에 기초한 하위문화이론으로써 '비행소년:Delinquency Boys-The Culture of Gangs'라는 그의 저서에서 하류계층의 슬럼지역에 공식적으로 인지된 비행이 지나치게 많다는 사실에 착안하여 하류계층의 비행이 실제로 중류계층의 가치와 규범에 대한 저항이라고 보았다. 그는 사회적인 조건이 하류계층의 청소년들에게 중류사회의 성공목표를 합법적으로 성취할 수 없기 때문에 하류계층의 청소년들은 신분좌절(Status Frustration)을 느끼게 되고 이러한 지위좌절을 경험하는 하류계층의 청소년들 중 다수는 비행집단으로 함께 어울려서 비공식적이고 악의적이며 부정적인 행위에 가담하게 될 가능성이 높다고 이해했다. 그는 하류계층의 청소년들이 비행하위문화를 형성하여 범죄에 가담하게 된다고 보았는데 하류계층에 소속된 청소년들은 학교생활에서 실패하는 경향이 많다고 보았다. 또한 하류계층의 청소년들은 저조한 학업성취도를 보이게 되며 이는 비행과 관계가 깊은 것으로 나타났다. 저조한 학업성취도의 원인은 대부분 하류계층 청소년들의 가치와 중산층의 규범에 기초한 학교체제와의 갈등이 주요한 영향을 미친 것으로 보인다. 이와 더불어 하류 계층 청소년들이 중산층의 문화를 제대로 습득하지 못하는 이유로 하류계층 부모들이 중산층 문화에 진입하는데 필요한 기술을 제대로 가르치지 않았기 때문이라 이해한다. 사실상 하류계층 부모들 역시 태생적으로 중산층의 문화를 습득할 기회를 가지지 못한 경우가 많기 때문에 중산층의 기준을 맞추는 삶을 자녀들에게 학습시킬 수 없는 것이다. 우리나라 기준으로 볼 때 가난의 대물림과도 맥을 같이하는 설명이다. 결과적으로 중산층의 가치나 문화를 습득하지 못한 하류계층 청소년들은 중산층의 잣대에 충족하지 못하게 되며 이는 결과적으로 자신들의 가치를 인정받지 못하게 된다. 이에 하류계층 아이들은 비행을 통해 자신들의 자기관념을 긍정적으로 만들기 위한 방법으로 사용하게 된다고 한다.

비행하위문화의 형성은 신분상의 열등성에 기인한 것이 아니라 사회적, 경제적 한계의 결과로써 하류계층아이들은 학교나 직장에서 선생님이나 고용주와 같은 권위적인 인물에게 긍정적인 인상을 남기는 능력이 부족하다. 이는 '중산층의 잣대 : Middle-Class Measuring Rod' 즉, 중상류층의 사람들에 의해 만들어진 그들의 기준에 의해 하류층이 평가 받기 때문이며 그 기준을 충족시키지 못하는 경우 겪게 되는 갈등이 비행하위문화 형성의 일차적인 원인이다. 지속적으로 중산층의 잣대에 의해 부정적인 평가를 받게 되는 하류계층의 청소년들은 거부감과 좌절감을 느끼게 되고 동료집단을 형성하여 자신들의 감정을 표현하게 되는 반응형성(Reaction Formation)을 나타내게 되고 이러한 결과가 비행하위문화이다.

코헨은 하류계층 청소년들이 비행하위문화를 형성하는데 주로 3가지 형태의 비행하위문화에 적응한다고 이해했다. 우선 코너보이(Corner Boys)이다. 코너보이는 중류계층의 거부에 대한 가장 일반적인 반응으로 상습적인 일탈자는 아니지만 조숙한 성관계나 오락적 목적의 약물남용 등 가벼운 일탈이나 비행에 가담하기 위해 무단결석하는 학생들을 의미한다. 주요한 동류집단은 자신들에 대하여 지지하거나 관심을 끌기 위해 의지하고 있는 또래집단이다. 또래집단 속에서 결혼 및 직업을 구하여 안주하려는 경향을 보인다고 한다. 다음으로 칼리지 보이(College Boys)이다. 칼리지 보이는 중산층의 문화적 사회적 가치를 기꺼이 받아들이는 집단으로써 중산층 측량의 잣대를 경멸하기보다는 오히려 그 기준에 순응하려 하고 성공하기 위해 능동적으로 행위 한다. 하지만 이들의 순응노력은 성공하기 힘들다. 마지막으로 실제 비행청소년이나 범죄자로 나아갈 가능성이 가장 높은 유형의 비행하위문화에 적응하는 일탈소년이다. 일탈소년(Delinquent Boys)은 중산층의 가치와는 직접적으로 반대되는 일련의 규범과 원칙을 선택하게 되는데 이는 중산층의 잣대에 대한 좌절감을 해소하기 위한 방편으로써 다른 하류계층의 청소년들과 함께 동료집단을 형성하게 되어 그들이 나타내는 하위문화가 중류계층의 거부에 대한 해결책이 될 수 있고 구성원들에게 사회적 지지와 재강화를 제공할 수도 있게 된다. 이 하위문화는 단기적이며 비공리적이며 쾌락을 추구하며 악의적인 특성을 주로 나타낸다. 특히 이들 집단에 소속된 청소년은 자신들을 통제하려는 학교나 권위적인 존재에 대하여 저항하려 하고 갱을 구성하는 경우도 있다고 한다.

2) 클라워드와 올린의 차별적 기회이론(Differential Opportunity Theory)

클라워드(Cloward)와 올린(Ohlin)은 그들의 저서 '비행과 기회:Delinquency and Opportunity'에서 차별적 기회이론을 제시한다(Cloward & Ohlin, 1960). 차별적 기회이론은 사회의 모든 계층에 속한 사람들은 같은 성공 목표를 공유하지만 하류층 사람은 그 목표를 성취할 수 있는 수단이 제한되어 있다는 긴장이론의 기본 전제를 받아들인다. 또한 차별적 기회이론은 코헨의 주장대로 사회 내에는 독립적 일탈 하위문화가 존재함을 인정한다.

클라워드와 올린의 차별적 기회이론은 머튼의 긴장이론과 유사하면서도 차이점을 보인다. 우선 머튼의 긴장이론에서 긴장이론이 목표 성취를 위한 합법적 수단의 존재여부에 관심을 가진다면 클라워드와 올린의 차별적 기회이론은 불법적인 수단의 존재에도 관심을 가진다. 다시 말해서 긴장이론은 합법적인 수단을 가지지 못한 사람이 어떻게 불법적 수단을 통해 범죄를 저지르는지를 설명하지 못한다면 클라워드와 올린은 이러한 불법적 수단의 기회여부에 따라서 범죄참여가 결정된다고 본다. 즉, 합법적 수단에 대한 접근의 차단이나 제한이 자동적으로 형성된 비합법적인 수단에의 접근가능성을 의미하지 않는다는 것이다. 합법적 기회의 차단이 비행으로 이루어지기 위해서는 비행소년이 되는 방법을 학습 할 기회를 필요하다. 따라서 긴장이론이 범죄에 이르는 동기나 압력은 설명할 수 있을지 모르지만 범죄의 형태(재산범죄 이외)를 설명할 수는 없다는 것이다. 합법적 기회가 주어진다면 굳이 비합법적인 수단을 통하여 목표를 성취하려고 하지 않을 것이다. 다만 합법적 수단에 의한 목표의 달성이 어려울 때 사람들은 비합법적 수단에 호소하게 되나 이 경우에도 다양한 비합법적 수단 여부에 따라 결과가 달라지게 된다. 즉, 비합법적 수단에의 접근가능성 그리고 그 유형에 따라 범죄적 반응이 다양해진다는 것이다. 다시 말해서 하류계층의 비행은 관습적 제도로서 차단된 합법적/경제적 기회로부터 야기되지만 비행의 특성은 불법행위에 대한 기회에 영향을 미치는 지역사회의 범죄행동 학습기회에 따라 달라지는 것이다.

차별적 기회는 합법적인 수단이나 불법적인 수단을 획득할 수 있는 기회가 모두 제한적일수 있다는 의미이다. 일반적으로 하류계층의 아이들은 합법적인 기회가 제한될 때 목표성취를 위한 방안으로 취할 수 있는 불법적인 수단 역시 자신이 거주하는 지역이나 관계에 따라서 달라질 수 있다. 즉, 불법적인 수단이 자동적으로 주어지는 것이 아니라 그 지역사회의 특성에 따라 달라진다는 것이다. 예를 들면, 안정적인 지역사회에서는 범죄조직 역시 기존에 존재한다. 따라서 안정적인 지역에서는 조직화된 범죄자들이나 범죄 집단이 존재하지만 불안정한 지역에서는 범죄집단 역시 제대로 갖추어지지 않았을 가능성이 높다. 이에 불안정한 지역에 거주하는 하류계층의 청소년들은 범죄행위를 학습할 수 있는 성인역할모형이 주어지지 않을 것이다.

범죄의 차별적 기회는 크게 3가지 형태로 나타나게 되는데 첫 번째는 범죄적 유형(Criminal Pattern)이다. 범죄적 유형은 비행청소년에게 성공적인 역할모형이 될 수 있는 조직화된 성인 범죄자들의 활동이 존재하는 지역에서 나타난다. 경제적 부의 성취라는 문화적 목표를 달성할 수 있는 대안적인 접근수단을 제공되는 공간이 된다. 성인 범죄자들은 비행 청소년에게 성공을 성취하는 수단으로서의 범죄행위의 중요성을 가르치고 재물을 불법적으로 취득하는 데 필요한 기술을 전수한다. 다음으로 갈등형태(Conflict Patter)에 적응하는 유형이다. 갈등형태는 안정적이고 조직화된 형태의 성인 범죄자 활동이 발전되지 못하고 관습적 또는 범죄적인 청소년들을 위한 성인역할모형이 발전되지 못한 지역적 특성을 보인다. 불안정한 지역의 범죄특성은 주로 개인적이고 비조직화되어 있고 경범죄 위주의 대가가 크지 않은 범죄가 많이 발생한다. 비행청소년들은 이 지역에서 성인역할모형을 보여줄 대상이 부재함을 알게 되고 더 큰 좌절을 느끼게 된다. 이에 비행청소년들은 폭력을 통해 자신들의 지위를 획득 할 필요성이 있음을 인지하게 된다. 불안정한 지역에서는 비행청소년들이 자신들의 지위획득을 위해 총기 등을 동반한 격렬한 폭력을 많이 행사하게 된다. 마지막으로 도피주의적 하위문화(Retreatist Subculture)적 특성을 가지는 지역은 합법적 불법적 수단을 모두 얻을 수 없는 자들로써 이중실패자를 양산한다. 주로 이 지역의 비행청소년들은 음주, 대마초, 헤로인, 예외적인 성경험 등을 추구하게 된다.

3) 밀러의 하류계층문화이론(Lower Class Culture Theory)

코헨의 비행하위문화이론과 클라우드와 오린의 차별적 기회이론이 하류계층의 비행을 구조적 긴장을 전제로 설명하고 있으나 밀러(Miller, 1958)는 하류계층의 비행은 구조적 긴장이 반드시 전제될 필요는 없다고 주장한다. 오히려 일반적인 하류계층의 문화는 남성지향적이며 거리지향적(Street-Oriented)이라 한다. 따라서 하류계층의 비행은 중류계층의 가치관에 대한 반응의 결과라기보다는 오랜 기간 정착되어 온 하류계층 생활전통의 산물이라 설명한다. 하류계층에 소속된 사람들은 사회적 성공보다는 자신들의 지역사회에서 개인적인 만족감을 성취하도록 복잡한 형태의 관심의 초점(Focal Concerns: 말썽, 거친 행동, 영악함, 자극, 운명주의, 자율성)에 의해 집중되어 있다고 한다. 하류계층이 가지는 특징적인 관심에 초점을 두는 이유는 하류계층의 가정은 여성 가장 가구가 많기 때문에 소년은 성역할 정체감에 대한 불안으로 가정을 떠나 동성 동료 단위인 노상비행 집단에서 남성 정체성을 찾게 되는 경향이 있다. 이 남성 청소년 동료집단이 남성다움, 지위 그리고 소속감을 추구하는 하류계층의 남성에게 환경과 동기를 제공하며 도시 범죄의 원인은 하류층 사회에서 일반화된 이러한 문화적 초점에 대한 지지에서 발생하게 된다.

즉 거친 행동을 자랑스럽게 여기고 화나게 하는 일에 마주해서 그들이 용감하다는 것을 보여주고자 하며 거친 행동에 대한 명성은 그들이 범죄의 희생물이 되는 것을 막아주는 동시에 사회적 힘을 얻는데 도움을 준다. 하류계층이 중요하게 관심을 가지는 가치를 설명하자면, 우선 말썽(Trouble)이란 말썽을 부리는 것은 자신의 명성을 높이는 것이라 여겨지며 말썽을 일으키지 못하는 것은 무능하게 보일 수도 있기 때문이라 한다. 다음으로 거친 행동(Toughness)은 감상적이거나 부드러움을 거부하고 신체적 강건함, 싸움능력 또는 운동기술에 큰 가치를 가진다고 한다. 영악함(Smartness)은 속고 속이는 사회에서 남이 나를 속이기 전에 내가 먼저 남을 속일 수 있다는 능력을 보이고자 한다. 다음으로 자극(Excitement)은 단조로운 일상에 재미와 자극을 추구하고자 하는 것이다. 한편 운명(Fate)은 하류층 시민들은 삶이 그들의 운명을 인도하는 강한 영적 힘에 달려있다고 믿는 경향이 있다. 따라서 행운을 얻고자 노력하기 때문에 복권 등과 같은 우연한 행운이나 기회를 얻고자 한다. 마지막으로 자율성(Autonomy)은 외부로부터의 통제나 간섭을 받기 싫어하는 속성이 하류계층의 문화라 주장한다.

범죄예방의 상황적 접근: 합리적 선택과 일상행위

제1절 고전주의 범죄학의 이해

1) 고전주의 범죄학의 등장배경

범죄학의 주요한 논쟁 중 하나는 범죄자가 과연 범죄행위를 '선택'하였냐는 것이다. 범죄자는 범죄행위를 합리적으로 선택하였다고 가정하는 대표적인 범죄학 이론이 고전주의 범죄학(Classical Criminology)이다. 고전주의 범죄학은 억제이론(Deterrence Theory)과 합리적 선택이론(Rational Choice Theory)으로 발전하여 왔다. 고전주의 범죄학은 범죄를 초자연적인 힘보다는 자연적인 힘의 결과물로 설명하려는 최초의 시도였다. 즉, 인간은 범행을 결정하기 전에 처벌 가능성을 사전에 고려하고 치밀하게 계산한다는 것이다. 고전주의 범죄학의 기초는 공리주의(Utilitarianism)에 있다. 공리주의는 공공의 정책결정은 쾌락을 극대화하고 고통을 최소화해야 한다는 사상이다. 따라서 범죄자는 범죄를 통한 이익을 극대화하고 손실을 최소화 하기 때문에 범죄자를 막는 효과적인 방법은 손실을 강화하는 것이라 설명된다.

고전주의 범죄학은 중세시대를 지배했던 종교적 범죄학(Religious Criminology)의 부작용을 극복하려는 시도에서 제안되었다. 과거 종교적 범죄학이 지배하던 시절에는 범죄자에게 가혹한 고문과 형벌(불에 달군 쇠로 지지기, 불에 태워 화형, 가죽채찍으로 때리기, 사지절단, 물에 넣어 죽이기, 국외추방, 참수형)을 통해 비인권적인 형사처벌이 만연해 있었다. 중세 봉건영주시대에 범죄는 신의 뜻을 저버리고 악령에 지배받는 자들에 의해 저질러지는 반종교적 행위로 이해되었다. 고대시대부터 개인의 응보와 복수를 통한 범죄 통제가 국가와 교회에 의한 신성 통치에 의해 지배됨에 따라 범죄자는 미신을 믿고 악령의 영향을 받은 사회적으로 배척되어야 할 대상으로 인식되었다. 즉, 처벌은 피해자를 위한 복수와 정의를 세우는 것이 아니라 신을 위로하기 위한 수단이었으며 범죄자는 악하고 종교적으로 죄를 지은자로 이해되었다. 이에 12~18세기까지 종교재판이 유럽사회에서 만연하였고 비인권적인 고문과 형벌이 부과되었다. 마녀와 마법사에 대한 화형이 일상적으로 이루어졌으며 육체적으로 고통 받는 고문은 신의 권위를 정당화 시키는 수단으로 활용되었다.

하지만 르네상스시대에 접어들면서 종교적 범죄학에 대한 비판이 제기되었고 인권을 보장하는 형사처벌의 필요성이 제기되었다. 종교적 범죄학에 대한 비판과 고전주의 범죄학의 등장배경으로 첫째, 범죄원인에 대한 과학적 접근 없이 범죄자에 대한 응보와 복수만을 강조하던 종교적 범죄학은 법률에 의한 형벌의 부가가 일정한 표준 없이 잔인하게 적용되는 것에 대한 반발을 불러왔다. 둘째, 중세봉건 왕족과 귀족의 권한이 축소되었고 산업혁명으로 상인계층의 부상으로 전통적인 계급체계가 흔들리던 시기였다. 셋째, 산업화는 농촌인구를 도시로 불러 모으게 되었고 도시화로 사회질서를 유지하기 위한 새로운 제도가 필요하게 되었다. 넷째, 18세기 계몽주의 사상의 발전으로 종교로부터 인간의 삶이 벗어나게 된다. 즉, 인간의 존엄성을 강조하는 천부인권설의 등장으로 형사 처벌에서 인권을 고려하게 되었다. 마지막으로 토머스 홉스(Thomas Hobbes, 1588-1678)의 사회계약설이 제안되면서 국가는 사회질서를 위반하는 사람들에게 국가권력을 통해 처벌할 수 있게 되었으며 국가 권력 역시 공익을 해치는 경우가 아니면 시민의 자유와 권리를 침해하지 못하도록 하였다. 사회계약설은 영국의 철학자 로크(John Loke, 1632-1704)와 프랑스 철학자 루소(Jean Jacques Rousseau, 1712-1778) 등의 철학자들에게 계승되어 현대 국가의 기초적인 틀을 닦는데 중요한 이론적 근거가 되었다.

2) 고전주의 범죄학자: 체사레 베카리아와 제레미 벤담

현대 범죄학의 아버지라 불리는 베카리아(Cesare Beccaria, 1738-1794)는 26세에 범죄와 형벌(On Crimes and Punishment)라는 저서를 발표하였다. 당시 시대상을 반영하듯 그는 익명으로 저서 발표하였고 이후 교회와 국가제도를 비판하였다는 이유로 금서로 지정되기도 하였다. 베카리아는 책 서두에 자신은 무신론자나 혁명가가 아니라고 명시함으로써 그 당시의 사회상을 간접적으로 파악할 수 있다. 베카리아는 이탈리아 밀라노에서 부유한 귀족 집안의 4형제 가운데 맏이로 태어났다. 어린 시절에는 예수교 학교에서 교육을 받았다. 뛰어난 수학적 재능을 보였으며 20세에 피비아 대학에서 법학박사를 취득하였다. 그의 동료 피에트로 베리(Pietro Verri, 1728-1797)의 권유로 '범죄와 형벌'을 저술하였다. 범죄와 형벌은 고전주의 범죄학의 중심이 되었다. 베카리아는 범죄와 형벌에서 현대 국가의 형사사법 시스템의 뼈대가 되는 고전주의 범죄학을 제안하였다. 그의 주요 주장을 정리하자면 다음과 같다(Beccaria, 1764; 한인섭,

2010).

첫째, 베카리아는 법은 사회계약을 유지하기 위해서 사용되어야 한다고 주장한다. 따라서 법은 사회를 형성하기 위한 조건이고 이를 위반하면 처벌받아야 한다. 베카리아는 종교론에 기초한 범죄학은 형벌이 법에 기초하기 보다는 종교적 교리의 위반까지도 포함하는 다소 불명확한 현실을 비판적으로 이해하고 범죄는 법률에 기초해야 함을 명확히 하였다. 둘째, 베카리아는 국회의의만이 법을 만들 수 있다고 주장하였다. 법은 법을 제정하는 국회의원에 의해서 만들어져야지 다른 정치인이나 판사의 해석에 의해 만들어지는 것이 아님을 명시하였다. 셋째, 베카리아는 판사의 권한을 최소화 시켜야 함을 강조하였다. 그는 주장하기를 판사는 법률에 따라 형벌을 부과하여야 하고 입법가들은 판사들의 자의적인 권한을 줄여 법의 범위 안에서 범죄자들에게 형벌을 부과하여야 한다고 말했다. 넷째, 베카리아는 판사는 법을 해석해서는 안 된다고 주장했다. 그는 형사사건에서 판사는 입법자가 아니므로 법을 해석할 권한이 없다고 주장하였다. 다섯째, 베카리아는 처벌이 쾌락과 고통의 원리에 근거해야 한다고 주장하였다. 즉, 형벌의 목적 달성을 위해 형벌로 인한 고통이 범죄로부터 얻어지는 이익보다 약간 넘어서는 정도가 되어야 한다는 것이다. 사실상 베카리아는 형벌의 고통이 범죄의 쾌락보다 강해야 한다고 주장하지만 그 강도는 과거 종교적 범죄학 시절 고문과 같은 인권을 침해하는 가혹한 수준은 아니라 할 것이다. 쾌락이 100이라면 형벌의 고통은 100을 조금 상회하는 정도여야 할 것이다. 여섯째, 베카리아는 형벌의 부과는 범죄 행위자에게 근거하는 것이 아니라 행위 자체에 근거해야 한다고 주장하였다. 범죄의 속성은 범죄 행위가 사회에 미친 해약에 따라 판단되어야 할 문제이지 범죄자의 동기나 의도에 의해 결정되어서는 안 된다는 것이다. 고전주의 범죄학의 핵심이라 할 수 있는 범죄의 행위근거법칙이다. 범죄를 처벌함에 있어 범죄자의 속성을 바라다보게 되면 범죄로 인한 법익침해와 상관없이 가중한 처벌이 이루어질 수 있다. 실제 종교적 범죄학 시절에 범죄자가 미신을 믿는다거나 악령이 씌었다는 등의 이유로 화형 등 과도한 처벌이 이루어졌기 때문이다. 처벌은 그 범죄가 사회에 끼친 해악의 정도에 따라 비례하여 처벌이 이루어져야 하는 것이다. 즉, 형벌은 범죄에 따라 결정되어야 한다. 범죄와 형벌 간에는 적절한 비례관계가 성립하여야 한다. 일곱째, 베카리아는 형벌의 효과성을 극대화 시키기 위해서는 처벌은 신속하고 효과적으로 이루어져야 한다고 주장하였다. 범죄와 처벌 간의 시차가 적으면 적을수록 범죄와 처벌이라는 두 개념의 관계가 보다 강하고 오래 지속 될 수 있다는 논리이다. 실제 베카리아의 이 같은 주장은 이후 억제이론에서 형벌부과의 원칙으로 신속성, 확실성, 엄격성이 제안됨으로써 실제화 되었다. 아홉째, 베카리아는 형벌부과의 형평성을 강조하였다. 그는 모든 사람은 평등하게 대접받아야 하므로 귀족이나 노예 등 신분에 따라 달리 취급해서는 안 된다고 주장하였다. 열 번째, 베카리아는 사형제도를 반대하였다. 그는 사형은 폐지되어야 한다고 주장하였으며 어떠한 권리로도 사형을 집행할 수 없고, 이 세상에는 사형을 시킬 수 있는 권리도 존재하지 않는다고 서술하였다. 열한 번째, 베카리아는 가혹한 처벌을 금기하였다. 이에 자백을 얻기 위한 고문은 금지되어야 한다고 주장하였다. 열두번째, 베카리아는 범죄자 처벌 보다는 범죄예방의 중요성을 더 강조하였다. 그는 범죄를 처벌하는 것보다 범죄를 예방하는 것이 더욱 좋은 방안이라고 주장하였다. 그는 법은 명료하고 간단해야 하며, 국가의 권력은 사회 방위를 위해 쓰여야 하고, 모든 사람들에게 골고루 혜택이 돌아가야 한다고 주장하였다. 또한 범죄예방의 최선의 방법은 교육시스템을 완벽하게 하는 것이라 주장하였다.

제러미 벤담(Jeremy Bentham: 1748-1832)은 영국의 철학/법학자로 공리주의 학자였다. 12살에 옥스포드 대학에 입학하였고 15세에 학사학위를 받았으며 18세에 정치론 단편이라는 저술을 발표하고 21살에 변호사 자격을 취득한 천재였다. 벤담은 기존 법률의 구태함과 비합리성을 비판하며 법제정과 폐지의 과학적 접근을 시도하였다. 최대다수의 최대행복(최대행복원칙: Greatest Happiness Principle)이라는 공리주의(Utilitarianism)를 주창하였다. 공리주의에서는 모든 인간의 행동은 그 행동이 가져올 기쁨과 고통을 계산의 결과라고 하며 범죄를 저지른 사람은 범죄로부터의 기쁨이나 이득이 범죄로 인한 처벌의 고통을 능가할 때 행동하게 된다고 이해한다. 베카리아와 마찬가지로 벤담은 범죄로부터 오는 이득, 고통, 완화 상황 등을 다각도로 계산하여 형벌이 부과되어야 한다고 주장하며 범죄를 저질러 얻을 수 있는 기쁨이나 이익들의 합을 약간 초과할 정도의 형벌을 부과하여야 한다고 주장하였다. 공리주의에 기초하여 벤담은 교도소 개혁의 일환으로 파놉티콘(Panopticon, 원형감옥)을 설계하기도 하였다. 파놉티콘은 본다는 의미로 중앙 감시탑에서 감시성을 극대화 시켜 재소자들을 효과적으로 통제할 수 있도록 설계한 감옥구조이다.

제레미 벤담이 제안한 파놉티콘(원형감옥)

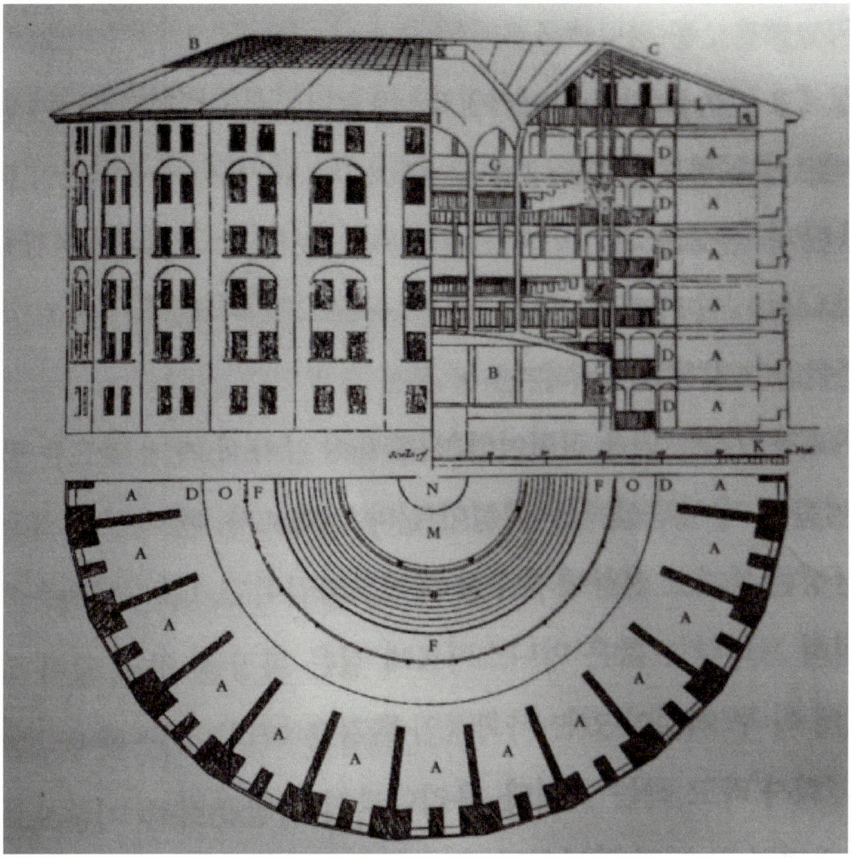

출처: https://en.wikipedia.org/wiki/Panopticon 검색 2021년.02월04일.

3) 고전주의 범죄학의 기본가정

고전주의 범죄학의 핵심은 인간은 자유의지(Free Will)에 기초하여 행동을 결정한다는 점이다. 사실상 고전주의 범죄학 이전 종교적 범죄학에서는 인간의 자유의지를 인정하지 않았다. 인간은 자유의지로 결정하고 행동하였다면 그 책임은 온전히 그 자신에게 돌릴 수 있다. 만약 자유의지가 없다는 그의 행동에 대한 책임을 부과할 수 없다. 어떤 사람의 행동이 자신의 자유의지와 상관없이 행해진 일이라면 그의 행위에 대한 책임을 묻기 어렵다. 즉, 정신장애로 인한 범죄행동과 같이 책임을 회피할 수 있게 된다. 사실상 고전주의 범죄학이 자유의지를 인정하였던 이유는 이전 종교적 범죄학이 인간의 범죄행동이 미신이나 악령에 의한 행위라는 다소 비자발성에 기초한 논의였던 것을 반박하기 위한 설명이었다. 자유의지에 대한 가정은 현재에 와서는 실증주의 범죄학에서 강조하고 있는 결정론(Determinism)과 상반되는 개념이다. 실증주의 범죄학은 개인의 행동은 결과적으로 그 사람 내면이나 혹은 외부의 어떤 특성에 의해 결정된다고 주장한다. 따라서 그의 행위의 원인은 결정적으로 영향을 미치는 어떤 특성(Criminality) 때문이지 개인의 자유의지의 여부와는 관련이 없다고 본다. 둘째, 인간은 고통스러운 것을 피하고 최대의 즐거움을 가져다주는 일을 선택하는 쾌락추구의 창조물이라 본다. 인간은 쾌락을 추구하는 존재이므로 힘들고 어려운 일보다는 쉽고 편한 일을 추구하게 된다. 사실상 범죄는 정상적인 노동보다 쉽다. 따라서 범죄자는 쾌락을 추구하기에 고통이 없다면 쾌락을 제공하는 범죄를 할 가능성이 높다. 다시 말해서 인간은 누구나 고통과 쾌락의 정도를 합리적으로 계산할 수 있는 존재이며 기회가 된다면 누구나 범죄를 저지를 수 있는 존재인 것이다. 셋째, 범죄를 해결할 수 있는 방법은 범죄자에게 형벌이라는 부과함으로써 가능하게 된다. 처벌 받을지도 모른다는 두려움은 범죄자 혹은 일반인의 행동을 억제하게 만든다. 넷째, 형벌이라는 사회적 두려움은 형벌을 보다 신속하고, 확실하며, 엄격하게 부과할수록 극대화 될 수 있다.

고전주의 범죄학의 주요 가정

01	범죄자는 자유의지를 가진다.
02	범죄자는 합리성을 가지고 범죄를 통한 이익과 손실을 계산한다.
03	인간은 누구나 쾌락의 원칙에 의해 행동하기 때문에 범죄자가 될 수 있다.
04	범죄예방을 위해서는 국가의 공식적 처벌이 엄격하고 신속하고 확실하게 이루어져야 한다.
05	범죄자의 행위를 억제하기 위해서는 일반 억제와 특수 억제가 필요하다.

4) 고전주의 범죄학의 형벌부과 원칙과 효과성

베카리아는 인간은 합리적이고 쾌락을 추구하며 자유의지에 의해 행동한다는 전제에서 범죄억제를 위해 형벌부과가 효과적으로 이루어져야 한다고 주장하였다. 이에 형벌의 효과성은 처벌의 확실성(Certainty of Punishment), 엄격성(Severity of Punishment), 신속성(Swiftness of Punishment) 극대화 될 수 있고 결과적으로는 범죄를 예방할 수 있다고 주장했다. 고전주의 범죄학은 억제이론(Deterrence Theory)으로 발전하게 된다. 억제이론은 형벌의 범죄억제효과를 강조한다. 억제이론은 고전주의 범죄학에서 강조하는 형벌부과의 3가지 원칙을 지지한다. 다만 실증연구의 결과는 다소 실망스럽거나 혹은 결론에 도달하기 어려운 현실이다(Kleck et al., 1992; Paternoster, 1987; 2010).

첫째, 형벌의 엄격성은 형벌의 크기는 범죄행위로 인한 법익침해 보다 조금 더 강하게 처벌해야 한다는 원리이다. 다만 형벌부과의 엄격성은 어느 정도 수준까지 고려되어야 하는지에 관해 논쟁의 여지가 많다. 대표적으로 살인범에게 사형은 형벌의 엄격성 측면에서 올바른 처벌인가? 혹은 과중한 처벌인가? 기존 억제이론의 논의에 기초할 때, 모든 조건이 일정할 경우 처벌의 엄격성이 증가하면 범죄는 감소할 것이라 가정될 수 있다. 형벌의 엄격성에 관한 논의의 핵심적인 연구로 보스톤 지역 갱 프로젝트를 담당한 케네디 교수의 연구가 있다(Kennedy, 1997). 케네디는 지렛대 당김 이론(Pulling Levers Theory)을 활용하여 보스톤의 모든 형사사법기관이 갱단 간의 살인사건을 강력하게 제지하겠다는 의지를 표명하였더니 갱 집단 간의 살인사건이 현격하게 감소하였다는 결과를 보여주었다(Kennedy, 1997). 지렛대 당김 이론은 대표적인 억제이론의 한 분류로 경찰현장에서 적용되고 있다. 브라가(Braga)와 웨이스버드(Weisburd)는 범죄감소를 위한 지렛대 당김 이론을 적용한 26개 실험연구들 중 적절하게 영향효과를 분석한 10개 연구 중 9개 연구에서 형벌의 엄격성이 범죄감소에 상당한 효과가 있음을 확인하였다(Braga & Weisburd, 2012). 다만 형벌의 엄격성과 가장 관련이 깊은 사형제도의 효과성은 오랫동안 논쟁의 대상이 되었다. 몇몇 연구들은 사형제도가 효과가 있다고 주장한다(Segel, 2018; 이민식 외, 2020 역:142-143). 하지만 많은 연구들은 사형제도의 효과성이 높지 않으며 오히려 잘못된 사형의 위험성이 존재하기 때문에 사형제도는 폐지되어야 한다고 주장한다(Segel, 2018; 이민식 외, 2020 역:142-143; Radelet & Akers, 1996). 전반적으로 처벌의 엄격성에 관한 기존 논의들은 단순히 처벌만으로는 범죄감소 효과가 한계가 있음을 인정한다(Tomlinson, 2016; Kleck et al., 2005).

다음으로 형벌의 확실성은 형벌이 얼마나 확실하게 적용될 것인가와 관련되어 있다. 형벌이 반드시 부과된다면 범죄자는 범죄로 인한 처벌 가능성이 높아질 것이므로 범죄감소효과를 보여줄 것이다. 하지만 기존 논의들의 결과 아직까지 처벌의 확실성의 효과를 검증하기에는 한계점이 있다. 왜냐하면 거의 대부분의 범죄자들은 범죄로 인해 처벌을 받기는 하지만 거의 대부분 구금되지 않고 집행유예나 벌금형 혹은 그 외의 낮은 형벌을 부과 받기 때문이다. 그럼에도 불구하고 범죄자들이 자신들이 확실하게 처벌받을 것이라는 인식(Perceived the Certainty of Formal Sanction)을 가지고 있다면 범죄가담 가능성이 감소한다는 결과들이 상당히 존재한다(Nagin, 1998; Paternoster, 1987). 패터노스터(Paternoster, 1987)는 1970년대와 1980년대 억제이론 연구들을 분석한 결과 처벌의 확실성은 범죄가담에 일정수준 감소효과가 있다는 결과를 보여주었다. 국내 연구로는 박미랑과 박경래의 연구(2012)에서 절도범죄자 115명을 대상으로 조사한 결과 처벌의 엄격성과 확실성이 유의미한 억제변인으로 파악되었으며 특히 처벌의 확실성이 가장 큰 효과를 보여주었다. 다만 개인적 특성 등을 모두 고려한 분석모델에서는 유의미한 결과가 도출되지 않았다.

마지막으로 형벌의 신속성이다. 범죄자들에 대한 신속한 처벌가능성은 범죄예방에 도움이 될 것이라는 가정이다. 경찰이 범죄신 고를 받고 최대한 빨리 출동한다면 범죄는 감소하지 않을까? 하지만 거의 대부분의 범죄피해 신고는 범죄가 발생한 이후에 신고 된다. 따라서 범죄자는 이미 도주했을 가능성이 높고 범죄는 이미 발생되었다. 즉, 범죄예방 효과를 기대하기 어렵다. 물론 향후 경찰이 신속하게 출동한다는 사실을 범죄자가 인지하고 있다면 범죄감소효과를 기대할 수 있을 것이다. 하지만 기존 논의에서 이를 뒷받침할 만한 증거는 거의 없다(Paternoster, 2010; Nagin & Pogarsky, 2001).

억제이론의 최근 논의는 공식적인 처벌(Formal Sanction)에 국한하지 않고 비공식적 처벌 가능성(Possibility of Informal Sanction)이라는 새로운 개념으로 확장되고 있다. 윌리엄(Williams)과 호킨스(Hawkins)는 비공식적 처벌의 억제효과를 억제이론에 도입해야 한다고 주장한다(Williams & Hawkins, 1986). 비공식적 처벌은 개인의 사회적 비용을 의미하는데 관여손실(Commitment Costs), 애착손실(Attachment Costs), 그리고 사회적 낙인(Stigma of Arrest)로 나뉜다. 관여손실은 범죄행위로 인해 체포되게 되면 직장, 교육, 결혼 등 사회적 활동에 제약을 받게 될지도 모른다는 걱정과 두려움을 의미한다. 다음으로 애착손실은 범죄로 처벌받게 되면 가족, 친구, 연인과의 관계가 훼손될 것이라는 관계손실의 두려움이다. 마지막으로 체포의 낙인은 범죄로 인해 처벌받는 것이 자신의 명성과 평판을 훼손시킬 것이라는 두려움이다.

5) 고전주의 범죄학의 평가

고전주의 범죄학의 의의는 기존 종교적 범죄학을 벗어나 현대 국가의 형벌체계와 절차를 구축할 수 있는 뼈대를 만들었다는 점이다. 특히 고전주의 범죄학은 인간은 합리성을 가지고 자유의지에 의해 행동을 선택하므로 그 책임은 온전히 개인에게 있다는 점을 확고히 했다는 점이다. 따라서 범죄에 대한 책임은 연령, 성별, 사회적 지위와 상관없이 법에 기초하여 처벌하면 된다. 처벌 받은 범죄자는 이후에 처벌의 두려움으로 인해 범죄를 할 가능성이 낮아 질것이라 기대되나 만약 범죄를 또 저지르게 되더라도 다시금 처벌하면 될 뿐이다. 즉, 고전주의 범죄학은 행정적 효율성을 극대화 시키며 형사처벌의 운용이 용이하다는 장점을 가진다. 다만 고전주의 범죄학은 개인의 특성과 상관없이 일률적인 형벌의 부과가 옳은지에 대한 비판을 받고 형벌의 부과에 따른 낙인의 가능성에 대한 문제점을 가진다. 실제 실증주의 범죄학이 주류 범죄학으로 대두되면서 고전주의 범죄학에 대한 관심이 희미해졌다. 또한 낙인이론의 주장에서 보듯이 공식적인 형사 처벌은 오히려 범죄자를 양산할 수 있다는 비판에 직면하게 된다.

제2절 신고전주의 범죄학

1. 신고전주의 범죄학의 등장

베카리아의 고전주의 범죄학은 인간의 자유의지를 인정하고 범죄행위로 인한 이익과 손실을 계산하여 합리적으로 범죄개입여부를 선택하게 된다고 보았다. 따라서 공식적인 처벌을 통하여 범죄행위에 기인한 이익보다 손실이 많음을 보여주어야 한다고 주장하였다. 따라서 고전주의 범죄학 이론은 범죄자들의 형사적 책임이 누구에게나 존재하므로 과거 범죄행위에 대한 공식적인 처벌이 평등하게 이루어져야 한다는 입장이었다. 이는 과거 종교론적 범죄학에서 무분별하고 잔혹하게 행하여지던 형벌을 누구에게나 동등하게 적용하고자 하는 사상에서 기초한 주장이었다. 하지만 일률적인 형사처벌을 강조하는 고전주의 범죄학은 실증주의 범죄학자들에게 거센 반발을 불러왔고 범죄자에 대한 차별적인 처우의 중요성이 수 십 년 간 계속되었다. 다시 말해서 실증주의 범죄학자들은 범죄자들의 범행이 그들이 통제할 수 없는 범죄적 성향이나 특성에 의해 결정되어진 것이므로 이를 교정하고 치료할 수 있는 개별적 처우가 중요시 되는 것이었다.

그러나 1970년대에 접어들면서 실증주의 범죄학에서 주창한 많은 형사사법 정책들의 실효성에 대한 의문이 제기 되었다. 예를 들면, 로버트 마틴슨(Robert Martinson, 1974)은 "무엇이 작동한가?(What Works?)"라는 유명한 말을 남기며 기존의 교도소의 교정교화 프로그램이 범죄자의 차후 범죄를 막을 수 없다고 주장하였다. 이에 미래의 범죄행위를 막을 수 있도록 처벌이 강조되어야 한다는 주장에 힘을 실어주었다.

기존 실증주의이론에 기초한 범죄에 대한 인식은 인간이 극복할 수 없는 외부적인 요인들(예를 들면, 신체적 결함, 정신적 결함, 아노미, 사회해체, 빈곤, 하위문화 등)에 의하여 범죄가 발생한다고 보고 인간이 억제할 수 없는 무엇인가에 의한 결과로 보았다. 이에 범죄자체의 문제보다는 범죄자 혹은 범죄자 주변의 환경에 관심을 가지고 처우하려 하였다. 하지만, 여러 연구자들은 1970년대 이후 범죄자는 범죄를 계획하고, 처벌을 두려워하고, 그들의 잘못된 행위로 처벌 받아 마땅하다고 생각하는 합리적 행위자라는 주장이 강하게 제기되었다. 예를 들면, 제임스 윌슨(James Q. Wilson)은 1975년 범죄에 대한 숙고(Thinking About Crime)라는 저서에서 실증주의 범죄학 이론을 비판하면서 범죄를 저지를 수 있는 사람을 억제하고, 범죄자를 감금시킴으로써 범죄기회를 줄여야 한다고 강조했다. "사악한 사람은 존재하며, 그들을 순진한 사람으로부터 떼어놓고 다뤄야 한다. 그러나 사악하지도 순진하지도 않은 많은 사람은 조심스럽고, 뭔가를 숨기고, 기회를 계산하면서 자신들이 얻게 될 이익을 염두에 둔 채 우리의 반응을 생각한다." 또한 미국 공화당의 레이건(Ronald Reagan:1911-2004, 미국 40대 대통령(1981-1989)) 정부가 1980년 대 초에 시작되면서 미국의 정치적 성향은 보수성이 강화된다. 이로 인하여 형사정책의 기조가 처벌을 극대화 할 수 있는 방향으로 바뀌게 된다. 단순 약물사범에 대하여도 강제적인 구금이 이루어지고 형벌의 부과도 엄격하게 이루어졌다. 이로 인하여 교도소의 인구가 폭발적으로 늘어났다. 사형제도가 국민들로부터 적극적 지지를 받았으며 범죄율을 점차 줄어드는 경향을 보여 형사정책의 보수성을 보다 짓게 만들었다.

2. 신고전주의 범죄학의 주요 가정

고전주의 범죄학은 억제이론(Deterrence Theory)과 신고전주의 이론 혹은 범죄기회이론(Opportunity Theory of Crime) 혹은 신고전주의 범죄학 이론으로 발전한다. 특히 신고전주의 범죄학이론은 범죄자에 대한 처벌 보다는 범죄발생의 상황통제를 통해 범죄기회를 차단하는 방안이 더욱 중요하며 범죄예방을 위해 범죄기회 및 상황을 중심에 놓아야 한다고 주장한다(Clarke, 1997). 대표적인 범죄기회이론으로는 합리적 선택이론(Rational Choice Theory), 일상행위이론(Routine Activity Theory), 생활양식이론(Life-style Theory), 환경설계를 통한 범죄예방론(Crime Prevention Through Environmental Design), 상황적 범죄예방론(Situational Crime Prevention) 등이 있다.

신고전주의 범죄학과 고전주의 범죄학의 차이점은 다음과 같다. 첫째, 신고전주의 범죄학은 고전주의 이론과는 달리 상황적 요인에 대한 고려의 중요성을 보다 더 강조한다. 둘째, 신고전주의 범죄학은 고전주의 범죄학에서 강조하는 인간의 합리성이 완전한 합리성이 아니라 불완전한 할 수 있다는 점을 인정한다. 셋째, 신고전주의 범죄학은 범죄자는 학습이 가능한 존재이며 범죄억제를 위해 사회학습 요소를 포함시킬 필요성이 있음을 강조한다. 왜냐하면 범죄자는 적극적으로 처벌을 회피하기 위한 방안을 구상하므로 그들이 처벌 받을 수 있음을 강조할 필요성이 있기 때문이다. 넷째, 신고전주의 범죄학은 범죄자가 범죄를 언제, 어디서, 누구를 대상으로 할 것인지 합리적으로 선택할 수 있다고 가정한다. 따라서 범죄의 결정은 범죄의 유형, 범죄의 시간과 장소, 범행대상의 분석에 의해 구조화 된다(Claker & Cornish, 1985).

신고전주의 범죄학의 주요 가정

01	범죄자의 자유의지와 합리성 인정
02	인간의 합리성은 완전한 합리성이 아닌 불완전한 합리성으로 변화
03	범죄자에 대한 억제 정책은 사회 학습적 요소가 포함된다.
04	범죄자는 적극적으로 처벌을 회피하기 위한 방안을 강구한다.
05	범죄자는 언제, 어디서, 누구를 대상으로 범죄를 저지를지 합리적으로 선택한다. 따라서 범죄의 결정은 범죄의 유형, 범죄의 시간과 장소, 범행 대상의 분석에 의해 구조화 된다.

제3절 합리적 선택이론

1. 합리적 선택이론의 주요 내용

합리적 선택이론의 시초는 게리 베커(Gary Becker)가 1968년에 발표한 '범죄와 처벌: 경제적 분석; Crime and Punishment: An Economic Analysis'이라는 논문이다. 베커는 범죄자가 범죄행위로부터 기대되는 유용성이 클 때 범죄라는 위험을 선택하게 된다고 주장하였다(Becker, 1968). 그의 논의는 억제이론과 합리적 선택이론에서 동시에 차용되었다. 베커의 경제학적 접근 모델은 억제이론에서는 처벌과 위험의 인지라는 측면에서 합리적 선택이론에서는 상황적 선택이라는 보다 폭넓은 설명으로 적용되었다(Loughran et al., 2016). 이후 범죄학에서 실제 현재의 합리적 선택이론은 코니쉬(Cornish)와 클라크(Clarke)에 의해 체계적으로 제안되었다(Clarke & Cornish, 1985; Cornish & Clarke, 1986). 기본적으로 합리적 선택이론은 공리주의(Utilitarian)와 경제학적 선택이론(Choice Theory in Economy)에 기초하고 있다. 합리적 선택이론은 단순히 공식적인 처벌의 두려움을 강조하던 억제이론에서 벗어나 범죄자가 개인적 욕구(금전, 지위, 성욕, 유흥)와 범죄 상황적 요인(발각가능성 및 범행대상의 보호수준 등)을 모두 고려하여 범죄로 나아갈지 말지를 결정한다고 설명한다(Cornish & Clarke, 1986). 또한 합리적 선택이론은 경제학적 선택이론과는 달리 범죄 상황에서 범죄자의 완전한 합리성을 배제하고 제한적 합리성에 기초한 범죄선택의 과정을 설명한다(Clarke & Cornish, 1985; Cornish & Clarke, 1986).

합리적 선택이론은 범죄행위의 가담과 범죄사건에의 참여결정 과정에서 범죄기회를 구조화하고 범죄자는 범행 장소와 시간, 범행대상, 범죄유형, 범죄방식을 이성적으로 판단하여 결정한다고 주장한다(Siegel, 2004; 이민식 역, 2018). 합리적 선택이론은 범죄자의 행위는 학습과 경험에 따라 변하기 때문에 범죄자에 따라 사용하는 범죄기회 상황의 정보가 다를 수 있다고 가정한다(Clarke, 1997). 코니쉬와 클라크(Cornish & Clarke, 1986)는 대부분의 범죄자들은 상당히 정상적이며 체포될 가능성이 낮고 얻을 수 있는 이익에 대한 가능성이 높다고 판단하여 합리적으로 선택할 수 있는 능력이 있다고 주장한다. 따라서 범죄행위는 매 사건마다 다른 환경과 범죄기회가 주어지므로 범죄행위를 일반적으로 설명할 수 있는 방법은 범죄자의 합리적 선택 때문이다. 특정 시간과 장소, 특정 범죄를 저지르려는 범죄자의 의사결정이 복잡하게 나열되어 있으며 이는 개개 범죄에 따라 선택을 구조화시키는 요인이 존재하는 것이다. 범죄자들은 범행 대상물의 숫자와 그것들에 대한 접근가능성을 고려하고 선택된 범행 방법에 대한 친숙도의 정도를 파악하며 각 범죄 당 얻을 수 있는 금전적 혹은 심리적 보상을 계산한다(Clarke & Cornish, 1985). 또한 범죄자들은 범죄를 저지르는 데 요구되는 숙련도의 정도와 범행을 감행하는 데 필요한 시간을 계산하며 체포될 위험성과 잠재적으로 존재하는 물리적 위험을 고려하여 범죄행위를 선택하게 된다는 것이다(Clarke & Cornish, 1985).

기존 고전주의 범죄학이 인간의 합리성의 완전함을 가정하였다면 신고전주의 범죄학자들은 인간의 합리성이 불완전함을 인식한다. 다시 말해서 범죄자들이 범죄행위를 통한 이익과 손실을 계산함에 있어서 범죄 상황 전체에 대한 완전한 이해에 기초하기 보다는 불완전하나 자신이 합리적이라고 인식할 때 범죄를 저지르게 된다고 이해된다(Bounded Rational Reason). 즉 범죄자 입장에서 범죄자는 합리적으로 범죄행위를 선택한 것이며 이는 실증주의 범죄학자들의 주장과 달리 불완전함에도 불구하고 인간은 자신의 행위를 선택할 수 있다. 왜냐하면 범죄로부터 얻게 되는 이익과 범죄에 따른 처벌에 대한 인식이 범죄자들마다 주관적으로 판단되기 때문이다(Thomas et al., 2020). 또한 고전주의 범죄학과 달리 합리적 선택이론가들은 범죄가 발생할 수 있는 범죄 상황의 중요성을 강조하기 때문에 범죄자는 주위 여건이 제대로 갖추어 졌을 때 범죄행위로 나아간다고 설명한다. 주거침입절도범 감시가 소홀하거나 방범장치가 제대로 갖추어지지 않은 집에 침입 할 가능성이 높다. 성범죄자는 저항능력이 떨어지는 노인과 아동을 상대로 성적욕구를 충족시키는 경우가 많다. 이 같은 대상의 선택은 범죄자가 범행 성공을 위해 다양한 주변 상황을 고려한 결과라 할 것이다.

코니쉬와 클라크는 범죄의 합리적 선택모형(Reasoning Criminal)을 제시하였다(Clarke & Cornish, 1985; Cornish & Clarke, 1986). 합리적 선택모형은 범죄자가 범죄를 선택하게 되는 과정을 상세하게 설명하고 있다. 범죄자는 개인적인 배경요인을 가지고 있다. 사람들은 심리적으로 기질, 지능, 인지의 타입이 다르다. 또한 자라온 양육환경이 다르다. 결손가정에서 양육 받았을 수 있고 부모가 범죄자 일수도 있다. 인구사회학적 특성도 다를 수 있는 성별, 계층, 교육, 거주 지역이 다를 수 있다. 즉, 사람들은 다른 배경요인을 가지며 이는 그 사람들의 과거 경험이나 필요한 재화나 욕구에 차이가 존재할 수 있다. 사람들은 이전 범죄경험과 학습에 기초하여 자신에게 필요한 재화 등에 대해 해결책을 평가하여 선택의 과정을 겪게 된다. 돈이 필요한데 합법적인 방법으로는 돈을 벌 수 없는 사람들은 불법적인 방법을 선택할 가능성이 높고 그 해결책에 대한 평가를 통해 범죄로 나아가는 것이 유리하다면 범행 준비에 돌입할 것이다. 범행 준비과정에서 주어진 상황에 맞춰서 범죄행위를 결정하게 된다. 특히 최근 연구에 따르면 범죄자가 범죄가담을 선택함에 있어 처벌가능성(Risk of Punishment)과 범죄행위로부터 얻어지는 보상(스릴, 즐거움)이 범죄가담 여부에 매우 중요한 고려사항으로 파악되었다(Thomas et al., 2020). 사실상 범죄행위로 인한 처벌가능성과 보상에 대한 평가는 범죄행위의 전문성 형성에도 영향을 미치는 것으로 파악되었다. 즉, 범죄자가 특정 범죄행위에 대해 주관적으로 처벌이 약하다고 인식하고 보상이 크다고 인식한다면 그 범죄행위를 상습적이고 전문적으로 행할 가능성이 높아지는 것이다(Thomas et al., 2020). 또한 범죄행위로 나아가기로 하는 결정에 핵심적인 고려사항은 범죄 장소, 범죄 유형, 범죄 대상 선택에서 우연한 기회적 요소들의 복잡한 상황이다(Clarke & Cornish, 1985; Cornish & Clarke, 1986).

코니쉬와 클라크 교수의 범죄의 합리적 선택 모형(Reasoning Criminal)

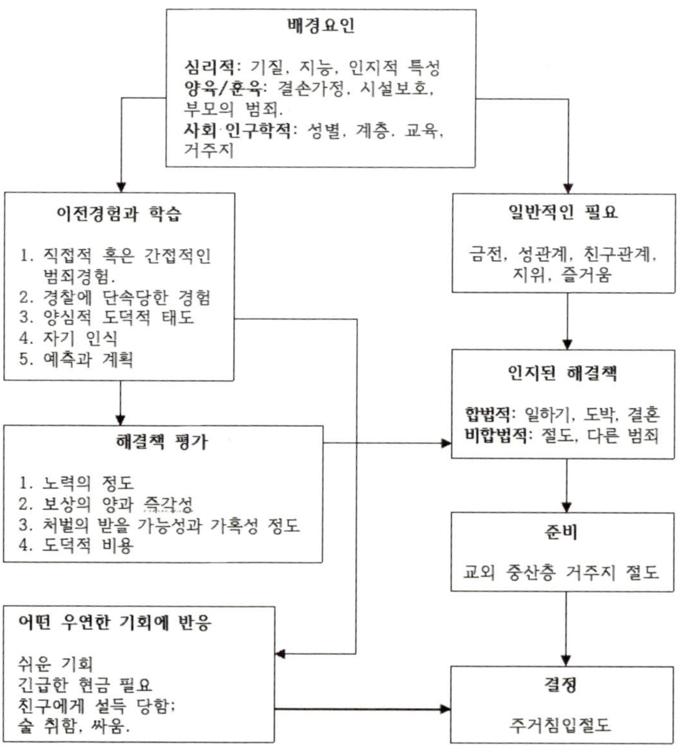

출처: Clarke & Cornish. (1985). Modeling offenders' decision: a framework for research and policy. Crime and Justice, 6. p. 3.

2. 합리적 선택의 과정

합리적 선택이론에 기초할 때, 합리적 선택의 과정은 다음과 같다. 첫째, 인간은 어떠한 행동을 하는데 있어서 가능한 모든 행동대안의 범위를 설정하고 그 대안에 관한 정보를 모두 수집하고자 한다. 둘째, 인간은 그러한 행동 대안들에 대한 순위를 매기고 각각에 가치를 부여한다고 한다. 셋째, 인간은 특정 행동을 함으로써 발생 할 긍정적인 결과인 이득과 부정적인 결과인 손실, 위험에 대한 판단을 내리고 이때 그 행동 뿐만 아니라 여러 다른 대안들을 선택 했을 때에 발생할 결과(이득 혹은 손실)도 함께 고려한다고 한다. 마지막으로 합리적인 계산과정을 통하여 자신의 이해에 맞고 효용을 극대화 할 수 있는 특정행위를 선택하게 된다고 한다. 합리적 선택의 과정을 통해 범죄자는 범죄유형의 선택, 범행 장소와 시간의 선택, 범행 대상의 선택하게 된다. 또한 감시성, 체포위험성 등 다양한 요소를 고려하여 전이(Displacement)를 선택하기도 한다.

1) 범죄 유형의 선택

범죄자가 살인, 강도, 강간, 절도, 폭행, 방화, 사기, 횡령 등의 범죄유형 중 어떠한 것을 선택할 것인가를 결정하는데 가장 큰 영향을 미치는 것은 범죄자의 필요이다. 다시 말해서, 다급하게 금전이 필요한 범죄자라면 주거침입절도를 통하여 훔친 장물을 금전으로 환전하는 것 보다는 강도행위를 통하여 신속하게 현금을 확보하는 것이 나을 것이라 인식할 것이다. 바우머(Baumer)와 그의 동료들(Baumer et al., 1998)의 연구에 의하면 미국 142개 도시에 대한 조사에서 코카인의 소비량이 많은 도시가 강도 범죄의 발생이 증가한 반면 주거침입절도가 감소하는 것으로 나타났다. 이 같은 현상에 대해 바우머와 그의 동료들(1998)은 코카인 사용자는 현금이 필요하기 때문에 주거침입절도 보다는 강도 행위를 통한 현금 확보를 더 선호하는 것으로 설명하였다. 일반적으로 주거침입절도범은 집안의 귀중품이나 물건을 절취하여 현금화 시키는 과정이 필요한 반면 강도는 현금 갈취를 목적으로 하는 경우가 많기 때문에 마약구매를 위해서는 강도를 더 선호할 것이다. 다시 말해서 범죄자는 하나의 범죄를 전문적으로 저지르기도 하지만 복수의 범죄유형을 자신의 상황에 맞게 변형하며 범죄행위를 저지르게 된다는 것이다. 범죄행위를 저지를 수 있는 상황이 도래한다고 할지라도 범죄자의 필요가 충족되지 않는다면 범죄는 발생하지 않을 것이라는 가정이다.

2) 범행시간과 장소의 선택

범죄자의 범행 시간과 범행 장소의 선택은 범죄자의 합리성을 가장 잘 드러내는 부분이다. 흔히 주거침입절도가 야간에 발생할 가능성을 걱정하지만 실제적으로 많은 주거침입절도범들은 오전 시간대에 범행을 저지른다. 가족이 모두 출근하는 시점 혹은 주부들이 시장을 보거나 이웃에 담소를 나누러 가는 시점인 것이다. 한편, 주말 시간대는 가족이 모두 집안에 있을 가능성이 높으므로 피하려 하나 종교 활동이 활발한 일요일 오전 시간대에는 좋은 범행시간이 된다. 범죄자들의 범행 장소 물색 역시 범죄자의 합리성을 드러낸다. 1) 도주가 손쉬우며 2) 막다른 골목의 끝에 위치하거나 외딴 곳에 떨어져 있는 가정 3) 자신의 주거와 아주 멀지 않은 곳, 4) 현금을 많이 취급하는 술집, 슈퍼마켓, 레스토랑 등의 장소 5) 대중교통을 이용하여 신속하게 시내 중심으로 도주 가능한 곳 6) 자신이 익숙한 지역 혹은 직장, 주거지, 자주 다니는 곳, 7) 경찰활동이 빈번하지 않은 곳을 범행의 장소를 선택하는 경향이 많다.

3) 범행 대상의 선택

범죄자의 범행대상 선택은 전적으로 범행의 용이성과 범행대상의 매력(Target Attractiveness)에 의해 결정된다. 범행대상으로 지목된 가정집의 방범시설이 견고한 경우 범죄자는 범행의 신속한 완결이 어려울 것이라 생각하게 된다. 한편 범행대상이 통제하기 쉽고 접근하기 쉬운 경우나 범행대상으로부터 얻을 수 있는 이익이 많은 경우 범행대상으로 지목하기 쉽다. 다만 범죄의 다양한 유형이 존재하므로 특정 범행에서의 매력적인 범행대상이 다른 범죄에서는 매력적이지 않을 수 있다. 좀더 구체적으로 논의하자면, 범죄자가 피해자를 선택함에 있어 고려하는 요인으로 근접성, 매력성, 접근성, 관리가능성, 위험부담이 고려되는 것으로 파악된다.

첫째, 근접성이다. 근접성(Proximity)은 장소에 대한 인식으로 숙지성, 친숙성, 안전감으로 구분된다. 우선 숙지성(Awareness)은 범죄자는 표적을 선택함에 있어서 표적에 대한 정보를 파악하고자 하고자 하기 때문에 중요하다. 절도범은 절도기회를 제공하는 장소에 대해서 알지 못한다면 범행을 시도하지 않을 것이다. 즉 범죄자는 자신의 숙지공간(Awareness Space)에서 범행을 저지르는 경향이 있다. 이러한 숙지공간은 범죄자가 일부 지식을 가지고 있는 모든 장소의 집합이며, 전체 지역 환경의 한 부분이다. 그러나 범죄자는 자신이 알고 있는 모든 장소를 고려하는 것은 아니며 성공의 가능성이 고려되고 손익분기점 이상의 수익성이 기대되는 장소만 고려한다. 따라서 숙지된 공간에서 범죄대상을 탐색하는 공간(Search Space)으로 좁아지며 다시금 범죄가 실제 일어나는 공간인 범죄활동공간(Criminal activity space)에서 범죄를 저지르게 되는 것이다. 공간의 친숙성(Familiarity)은 범죄자가 범행대상을 선택함에 있어서 친숙성은 근접성의 중요한 요소로 작용한다. 범죄자는 자신이 범죄를 저지르고자 하는 지역에 대하여 선호도를 나타내는데 보다 친숙하고 범죄행위를 성공적으로 완수할 수 있고 탈출 가능 할 것 같은 장소에서 친숙함을 느끼고 범행을 저지르게 된다. 마지막으로 지역에 대한 친숙성은 안전감(Feelings of safety and security) 과 직결되는데 사람들은 자신이 잘 모르는 곳 보다는 자신이 잘 알고 있는 지역에서 더 안전함을 느끼기 때문이다. 따라서 범죄자는 자신이 익숙하지 않은 표적보다 익숙한 표적을 공격하는 것에 더 자신감을 가지기 마련이다.

둘째, 매력성(Attractiveness)이다. 범죄자에게 있어 피해자 혹은 표적의 매력성은 매우 상대적이고 주관적인 선택범주이다. 피해자의 매력은 범행의 형태에 따라 매우 다양해질 수 있다는 점에서 상대적일 수 있고, 특정 범법자에게 매우 매력적인 피해자도 다른 범죄자에게는 전혀 매력적이지 않을 수 있다. 그럼에도 불구하고 일반적으로 어느 특정 범죄자에게나 피해자의 매력은 특정 피해자의 긍정적 특징과 부정적 특징, 그리고 위험성의 인식과 잠재적 보상을 계산하여 결정되게 된다. 수익성이 금전적 이득을 위한 범죄자의 일차적 고려사항이다. 반면 성범죄자의 경우 신체적 매력과 기타 개인적 특성이 그 사람의 매력을 결정하게 된다.

셋째, 접근성(Accessibility)이다. 근접성과 매력성이 충분한 피해자일지라도 접근가능성이 존재하지 않는다면 범죄피해를 당할 위험성이 감소하게 된다. 즉 접근성은 범죄자가 범죄피해자에 얼마나 쉽게 접근할 수 있는지가 중요한 범죄피해자 선택의 열쇠가 된다. 범죄자들은 쉽게 접근할 수 있는 지역을 선호하며 시간적으로 항상 접근 가능한 24시 편의점 등을 선호한다. 접근성은 시간적 접근성, 물리적 접근성, 위치적 접근성, 공간 배치의 접근성으로 구분되며 범죄피해자 선택에 영향을 미친다. 시간적 접근성에서 볼 때, 영업시간이 제한적인 상점보다는 언제나 영업을 지속하는 곳을 범행의 대상으로 선택하기 쉽다. 사람들이 상주하거나 거주하는 장소보다는 빈 공간(영업시간의 종료, 휴가 중 등)의 경우 물리적 접근이 쉽게 된다. 또한, 건물의 위치나 공간 배치가 접근이 용이하도록 설계되어지거나 만들어진 장소에서 보다 범행 가능성이 증가한다.

넷째, 관리가능성(Manageableness)이다. 범죄자는 범죄피해자가 관리가능하다고 판단될 때 범행을 시도할 것이다. 강간과 같은 일부 범죄는 피해자와의 직접적인 대면을 요하고, 범행에 성공하기 위해서는 공격자가 피해자를 강제하고 통제할 수 있으며 어떠한 피해자의 저항도 중화시킬 수 있어야 한다. 따라서 잠재적 범죄자는 피해자가 얼마나 쉽게 위협받을 것이고 저항할 확률은 얼마나 되며 순종할 수 있는가에 관심을 가진다. 즉 피해자가 자신의 관리 아래에 둘 수 있는 존재인가 아닌가가 범행대상으로 선택됨에 있어서 중요한 요인으로 작용한다.

다섯째, 위험부담(Riskiness)이다. 범죄자는 범행에 따른 위험부담을 계산한다. 잠재적 범죄자의 인지공간이나 탐색 공간에 존재하는 피해자는 모두가 적절한 피해대상이 아니다. 범죄 표적을 좋은 또는 나쁜 표적으로 만드는 표적의 특성은 다양할 수 있지만, 특정 표적의 선택과 동시에 실제 범행에 성공하는 어려움과 관련된 위험부담의 평가가 반드시 포함되어야 한다. 물론 일부 비이성적, 비합리적 범죄자도 있지만 대부분의 범죄자는 심리학적으로 지극히 정상이라 할 수 있기에 얼마나 위험부담을 최소화시킬 수 있는 범행대상인가가 중요한 선택의 요인으로 작동한다. 따라서 범죄자는 범행의 준비와 실행에 있어서 범행의 위험성과 성공가능성에 관심을 가지게 되며 범죄피해자가 취약하고, 보호받지 못하는 경우를 노리게 되는 것이다.

위험부담이 되는 표적의 특성으로 보안, 감시성, 위험성, 그리고 제재가능성이 있다. 우선 보안은 경보기, 자물쇠, 감시카메라, 보안견, 기타 보안 장치와 같은 것을 의미한다. 보안은 범죄자가 범죄 목표를 성공적으로 달성하는 것을 더 어렵게 만들고 검거의 가능성을 높임으로써 잠재적 강도나 절도범에게 표적이 매력적이지 못하게 한다. 이러한 표적의 견고화(Target Hardening)는 범죄자를 제지하거나 억제 시키는데 영향을 미칠 수는 있지만 전문적인 범죄자에게는 크게 효과적이지 않을 수 있다. 다음으로 감시성이다. 물리적 보안장치 및 안전조치는 전문범죄자에게는 무용지물일 가능성이 존재하지만 한편으로 이들 역시 범죄 행위시에 다른 이들에게 노출될 가능성에 대하여는 우려한다고 한다. 즉 다른 이들에게 눈에 띄지 않을 수 있는 사물이나 건물이 존재하는 곳에서 범행을 시도하려 한다는 것이다. 이에 감시성이 확보 된 공간은 범죄자에게 위험부담이 된다. 다음으로 위험성이다. 위험성은 주거침입 절도범이 빈집임을 확인하려는 것은 위험을 최소화하기 위해서 취하는 하나의 사전주의 조치라고 한다. 피해자나 제 3자와의 대치는 절도범에게 범행이 저지될 위험성, 부상을 당할 위험성, 그리고 검거될 위험성을 제공하게 되기 때문이다. 따라서 사람이 없는 빈집이나 감시자나 보호자가 부재한 장소나 대상자를 범행의 목표로 선정하게 될 가능성이 높다. 마지막으로 제재는 범죄자는 자신이 저지르게 될 범행에 따른 형사처벌의 위험성을 고려한다. 최근 성폭력에 대한 형사처벌이 강화되고 있는 실정에서 범죄자는 성폭력을 통한 이익 보다는 형사 제재의 위험부담이 더 크다고 느낀다면 성폭력 범죄를 덜 저지르게 될 것이다.

3. 합리적 선택이론의 평가

합리적 선택이론은 경제학, 사회학, 심리학, 그리고 정책학의 영역에서 각광받는 이론이 되었다. 범죄학에서도 합리적 선택이론은 고전주의 범죄학의 맥을 잇는 중요한 이론으로 평가받고 있다. 또한 합리적 선택이론은 고전주의 범죄학의 일부 수정 이론에 머무르는 것이 아니라 일상행위이론, 상황적 범죄예방론, 환경설계를 통한 범죄예방론 등의 기반 이론으로 자리 잡고 있다(Clarke, 997). 하지만 합리적 선택이론에 대한 기존 주류 범죄학의 평가는 긍정적이지 못했다. 우선 합리적 선택이론의 핵심인 범죄를 통한 이익과 손실을 계산한다는 것이 경제학적으로 통용될 수 있으나 범죄라는 행동에는 적합하지 않다는 평가가 있다. 또한 합리적 선택이론은 결국 재산 범죄에 적합한 이론이지 폭력범죄와 같이 감정과 관련된 범죄는 설명하기 어렵다는 평가가 있어 왔다. 이와 더불어 많은 비판을 받는 것이 합리적 선택이론에서 사용하고 있는 손실이라는 개념이 결국 공식적 처벌이나 비공식적 처벌에 국한되어 있어 오히려 새로운 이론이라기보다는 억제이론에 가깝다는 것이다(Loughran et al., 2016:86-87).

1990년대 많은 범죄학 이론들(사회학습이론, 일반긴장이론, 그리고 자기통제이론)이 범죄의 일반이론[7])의 지위를 얻었다. 합리적 선택이론 역시 범죄의 일반이론으로 평가받기 위한 다양한 노력들이 있어 왔다. 대표적으로 로그란(Loughran)과 그의 동료들(Loughran et al., 2016)은 합리적 선택이론이 절도, 폭력, 약물범죄에 모두 적용 가능한 일반이론임을 증명하기 위해 아리조나주 피닉스와 필라델피아 주 필라델피아 카운티에서 1,354명의 청소년을 대상으로 조사된 종단조사자료(Longitudinal Data)를 활용하여 분석하였다. 이 연구에서 합리적 선택에서 비용(Costs)은 처벌 가능성(공식적 처

7) 범죄의 일반이론(General Theory of Crime)이란 특정 범죄학 이론이 모든 범죄의 원인을 설명할 수 있다고 주장하는 이론을 말한다. 가프레드선(Gottfredson)과 허쉬(Hirschi)는 범죄의 일반이론으로 자기통제이론(Self-Control Theory)을 제안하였다(Gottfredson & Hirschi, 1990). 이후 사회학습이론(Social Learning Theory)과 일반긴장 이론(General Strain Theory) 역시 일반이론의 지위를 획득하고자 하였다(Agnew, 1992; Akers, Krohn, Lanza-Kaduce, & Radosevich, 1979; Akers & Jensen, 2007).

벌)과 사회적 비용(비공식적 처벌)으로 측정하였고 이익(Benefits)은 사회적 보상(지위)과 개인적 보상(즐거움)으로 측정하였다. 자료를 분석한 결과, 절도, 강도, 약물범죄, 그리고 폭력범죄에 모두 합리적 선택의 유의미한 영향을 확인할 수 있었다. 특히 공식적 처벌 가능성, 사회적 보상, 그리고 개인적 보상이 모든 유형의 범죄에 유의미한 영향을 미치는 것으로 나타났다. 즉, 합리적 선택이론이 재산범죄에서부터 폭력범죄 그리고 약물범죄까지 설명 가능함을 보여주었다.

강도는 합리적인가?

다음의 질문에 가장 적합한 답은 무엇일까?

"여러분들이 어두운 골목길을 밤에 걷고 있는데 갑자기 누군가 튀어나와 돈을 내놓으라고 협박하는 상황이라면 어떤 상황을 가장 두려워해야 하는가?

1) 총기로 위협할 때,

2) 칼로 위협할 때,

3) 아무 흉기도 없이 위협할 때"

아마도 이 질문에 대해 우리는 우리 생명에 위해를 가할 수 있는 위험성의 정도에 따라 가장 두려운 경우를 선택할 가능성이 높을 것이다. 위험성을 평가함에 있어서 현재 직면한 상황이 나 자신이나 주변사람들의 생명이나 신체에 위해를 가할 수 있는 가능성이 높은 경우에 우리는 위험이 존재한다고 생각한다. 그렇다면 앞의 예시에서 총기를 가진 강도를 가장 위험성이 높은 상황으로 인식하는 사람들이 있을 것이다. 아마도 이 결과는 총기가 생명이나 신체에 가장 심각한 위해를 초래할 수 있을 것이기 때문이다

하지만 한편으로 생각해 볼 때, 총기를 든 강도는 총기라는 강력한 무기를 소지하고 있기 때문에 피해자가 강력하게 저항하지 않을 것이라는 생각을 할 것이다. 또한 강도 입장에서 총기로 위협하는 경우 안전거리 확보가 가능하기 때문에 피해자의 저항을 막을 수 있는 시간을 벌 수 있다. 또한 실제 총기로 위협하는 경우 우리는 아마도 가장 손쉽게 돈이나 소지품을 내어 놓을 것이다. 그렇다면 이 경우가 오히려 가장 덜 위험한 상황일지도 모른다. 한편, 맨손으로 우리를 위협하는 강도를 생각해 보자. 피해자의 어떠한 저항에도 맞서 싸울 준비가 되었다는 강도의 자신감이 아닐까? 만약 저항한다면 우리는 심각한 피해를 더 받을 지도 모른다. 결과적으

로 강도는 맨손으로 피해자를 위협하기 보다는 총기와 같은 강력한 무기를 소지하는 것이 가장 강도행위의 성공률을 높일 수 있다고 생각하는 합리적인 존재일지도 모른다. 강도의 합리성은 범행대상을 선택하는 과정에서도 드러난다. 강도는 기본적으로 금품을 빼앗고자 하는 동기에서 강도행위를 저지르기 때문에 금품이 많아 보이는 사람을 목표로 정하는 경향이 있다. 어린아이는 유괴의 대상이 될지언정 강도의 대상은 되지 않는다. 돈 없어 보이는 사람은 그냥 스쳐지나 갈 것이다.

강도의 범행대상 선택과정에서 또 다른 중요한 요소는 범행대상의 취약성 정도이다. 강도는 자신이 쉽게 제압할 수 있는 대상을 선택한다. 즉, 돈이 있어 보이면서도 피해자가 자신을 보호하는데 취약하다고 판단되면 강도의 대상이 된다. 라이트와 로시(Wright & Rossi, 1983)의 연구에 따르면 강도는 무장한 피해자를 더 두려워 한다고 한다. 총기 소지율이 높은 도시가 그렇지 않은 도시보다 노상 강도가 덜 발생하는 것 역시 강도의 피해자 선택과정에서 합리성의 작동일지도 모른다(Segel, 2018; 이민식 외, 2020 역).

다음으로 강도의 범행대상 선정에서 중요한 요소는 강도를 저지르는 지역이나 장소의 환경이다. 주변에 사람들이 있거나 CCTV가 설치되어 있다면 강도행위를 저지르기에 합당하지 않은 장소이다. 따라서 강도는 으슥하고 어두우며 인적이 뜸한 곳을 주로 범행 장소로 선택한다. 아마도 그래서 강도는 골목길에서 많이 발생하는지도 모른다(한국은행은 아무도 털지 않았다).

강도행위는 손쉽게 돈을 벌어들일 수 있는 방법처럼 보이지만 실제 강도행위로 인해 체포당해 교도소에 가게 되면 강도행위를 통한 수익에 비해 잡혀있는 기간이 더 길지도 모른다. 그냥 아르바이트나 공장에 취직을 하였다면 강도행위 보다 더 많은 돈을 벌 것이다. 그렇다면 강도가 비합리적인 행위일까?

여기서 우리가 고려해야 할 요소가 하나 더 있다. 즉, 강도행위를 저지르는 사람들은 강도행위로 인해 체포 될 가능성이 100%가 아니라면 강도행위를 계속할 가능성이 높다는 점이다. 그들은 정상적인 생활이 거의 불가능한 사람들이 대부분이며 강도행위로 잡힐 가능성이 100%가 아니라면 결코 잃을 것이 없다고 생각하는 경향이 있다. 또한 강도행위로 인해 처벌을 받게 되더라도 견딜만하다고 생각할 가능성이 높다. 우리에게 1년의 가치가 얼마나 중요한가라고 묻는다면 아마도 수천만 원 이상의 값어치를 할 것이다. 하지만 강도들은 자신의 미래시간을 할인하는 경향이 있다고 한다. 예를 들면, 어떤 사람은 1년 뒤에 어음을 바꾸면 20%의 이익이 준다 할지라도 내일 당장 어음을 할인하여 현금화시키고자 한다. 이와 마찬가지로 강도들 역시 자신이 처벌받는 시간의 가치를 크게 생각하지 않는 경향을 보인다고 한다. 강도가 범죄형량을 두려워하지 않는다는 연구결과를 강도행위를 막기 위한 다른 방안을 고심하게 만든다. 현재까지 강도행위에 가장 효과적인 방안 중 하나는 강도행위로 인해 체포될지도 모른다는 두려움이라고 한다. 아이러니 하게도 강도는 체포되어 교도소에 가는 기간 보다 오히려 경찰에게 체포되는 것을 더 큰 손실로 이해하는 것이다. 또한 강도에 대한 체포는 가능한 신속하게 이루어져야 한다. 강도행위 이후 1년 뒤에 잡히는 경우와 하루 만에 잡히는 경우는 이후 강도행위 가능성에 영향을 미칠 것이기 때문이다.

절도 범죄자의 합리성

범죄자의 합리성을 가장 잘 엿볼 수 있는 범죄로 절도가 있다. 절도는 남의 소유물을 훔치는 행위로 노상절도, 상점절도, 침입절도 등 다양한 유형이 있다. 클락(Clark) 교수는 절도범은 절취할 대상을 선정함에 있어 그 물품이 가진 고유한 특성에 따라 절도피해 가능성이 달라진다고 보았다. 이를 크레이브(CRAVED)모델이라 한다. 아래 표는 크레이브 모델을 도표화 시킨 것이다. 절도범은 합리적 선택을 통해 절취할 물건의 특성을 절도범의 주관적 관점에서 평가하고 대상으로 선택할지 말지를 결정한다.

테일러와 리(Taylor & Nee, 1988)는 절도범은 도주가 쉽고 은폐되어 있으며 감시가 덜 하고 보안장치가 설치되지 않은 집이 주거침입절도의 대상이 된다고 한다. 침입절도범은 가구 구성원이 집을 비우는 오전이나 오후 시간을 선호하는 것으로 드러났다(Rengert & Wasilchick, 1985). 또한 절도범은 절도결정을 매우 빨리 내리는 것처럼 보이지만 나름 자신의 사전 경험과 지식을 동원하여 합리적 선택을 한다(Bennett, 1986). 물론 절도범은 일부 즉흥적으로 범죄를 저지르기도 하지만 이와 중에도 일부 계획을 한다고 한다(Wright & Decker, 1994). 즉, 절도범은 완전하지는 않더라도 제한적인 합리성을 동원하여 절도범죄를 저지르는 것이다.

절도의 대상이 되기 쉬운 조건(CRAVED모델)	
Concealable: 숨길 수 있는가?	크기가 큰 물건은 범죄자가 숨기기 어렵다. 작고 소형의 물건이면 숨기기 좋다(반지, 목걸이 등).
Removable: 운반가능한가?	절도 대상 물건이 고정되어 가져가기 어렵다면 절도 대상이 되기 어렵다.
Available: 절도가 가능한 대상인가?	절도 대상 물건이 실제 존재하여 훔칠 수 있는 물건이어야 한다. 금은방에 모조품이 진열되어 있다면 절도의 의미가 없어진다.
Valuable: 금전적 가치가 있는 물건인가?	절도 대상 물건이 값어치가 나가야 한다. 금전적 가치가 없는 물건이라면 절도범에게는 매력적이지 않다.

Enjoyable: 즐거움을 제공하는 물건인가?	범죄자 입장에서 그 물건을 훔치는 것이 즐거워야 한다. 범죄자가 원한 물건이라면 그 물건을 훔칠 대 즐거움을 줄 것이다.
Disposable: 절취한 물건을 처분할 수 있는가?	훔친 물건을 결과적으로 판매할 수 있는 과정이 필요하다. 전당포를 통하거나 암시장을 통해 절취한 물건을 금전 등으로 교환가능해야 한다.

출처: Clark(1999). Hot products: understanding, anticipating, andreducing demand for stolen goods. London: Home Officer Policing and Reducing Crime Unit; 이순래 외 (2016):161 재인용. 저자 재해석.

제4절 생활양식이론과 일상행위이론의 이해

1. 개관

범죄학 이론은 주로 범죄자가 왜 범죄를 저질렀는가?라는 질문에 대해 답하고자 한다. 범죄원인이론이라 불리는 이들 이론들은 범죄자의 생물학적, 심리학적, 그리고 사회학적 특성이 범죄의 원인으로 작동한다고 설명한다. 대표적으로 롬브로조(Lombroso: 1836-1909)는 실증주의 범죄학의 초기 연구자로 범죄자의 생물학적 특성이 범죄를 유발한다는 격세유전설과 생래적 범죄자설을 주장하였다. 심리학에서도 정신분석학, 인성이론, 인지이론, 학습이론 등의 논의들이 범죄자의 심리를 설명하고 있다. 사회학에서는 아노미이론, 긴장이론, 사회학습이론, 낙인이론 등이 범죄의 원인을 설명한다. 이들 범죄원인이론들은 주로 범죄자의 범인성을 파악하고자 한다. 하지만 1980년대 범죄학은 고전주의 범죄학에서 발전한 신고전주의 범죄학의 등장으로 새로운 전개가 펼쳐진다. 특히 신고전주의 범죄학 중 생활양식이론과 일상행위이론은 범죄원인 보다는 범죄피해의 원인을 설명한다는 측면에서 새로운 접근법으로 이해된다. 기존 범죄학이 범죄자를 중심으로 논의하였다면 범죄피해이론은 범죄피해자의 특성 및 범죄피해가 발생한 원인을 설명하려 한다. 이로 인해 범죄피해자가 왜 범죄피해를 당했는가?라는 질문에 답하고자 한다. 여기서 중요한 것은 범죄피해자가 내적 특성에 의해 범죄피해를 당했다고 보기 보다는 범죄피해자가 어떻게 범죄자와 접촉하고 범죄자에게 노출되었는가에 보다 관심을 가진다. 초기 범죄피해이론은 범죄피해자가 범죄자를 자극하고 범죄피해를 촉발하였다는 시각에서 접근이 이루어졌다면 최근 논의들은 범죄피해자의 일상적인 행동이나 생활방식 그리고 그들이 활동하는 공간이 범죄피해에 미치는 영향을 관심을 가진다. 따라서 범죄피해이론은 범죄의 원인이론이라기 보다는 범죄자와 피해자가 동시에 고려되는 상황적 범죄이론이 되는 것이다. 우선 대표적인 범죄피해이론으로 고려되는 생활양식이론과 일상행위이론을 살펴보자.

2. 생활양식이론(Lifestyle Theory)

1) 생활양식이론의 이해

힌델랑(Hindelang)과 그의 동료들(Hindelang, Gottfredson, & Garofalo, 1978)은 범죄피해에 대한 최초의 체계적 이론을 제시하였는데 이를 생활양식이론(Lifestyle Theory)라 한다. 생활양식이론은 생활양식을 직장과 학교 등 직업적 활동과 여가활동 모두를 포함한 일상적인 활동(Lifestyle as the routine daily activities, both vocations (work, school, keeping house) and leisure activities)으로 정의한다(Hindelang et al., 1978:241). 생활양식은 범죄가 발생할 기회에 영향을 미치는 것으로 이해된다. 왜냐하면 개인의 생활양식은 범죄자와의 시간적 그리고 공간적 근접성에 영향을 미칠 것이기 때문이다. 또한 개인의 생활양식은 범죄자가 주로 활동하는 시간과 겹쳐질 수 있기 때문에 범죄자에게 노출 될 가능성이 높으면 범죄피해를 당할 가능성 역시 높아진다. 범죄자는 범죄대상물의 매력성에 관심을 가진다. 개인의 생활양식이 범죄자의 필요와 맞아떨어져서 근접하고 노출되어 있다면 매력적인 범죄대상물로 선택될 수 있다. 개인의 생활양식이 범죄자로부터 보호 받을 수 있는 상황에서 벗어난다면 범죄피해를 당할 가능성이 높아질 것이다. 결국 개인의 생활양식은 다음과 같은 4가지 범죄피해요소에 영향을 미칠 것이다. 범죄피해요소는 범죄자와의 근접성(Proximity), 범죄위험지역의 노출(Exposure), 목표물의 매력(Target Attractiveness), 보호의 부재(The Absence of Guardianship)가 있으며 이 4가지 범죄피해 요소는 범죄피해 가능성을 증가시킨다(Garofalo, 1987).

2) 생활양식-노출모형의 이해

사회구성원으로 잘 적응하기 위해 개인은 자신에게 주어진 역할기대(Role Expectation)와 사회구조(Social Structures)에 잘 적응해야 한다. 이들 사회적 기대와 구조적 제약(Structural Constraints)은 개개인의 인구학적 특성에 의해 차이가 생긴다. 예를 들면, 결혼한 사람은 미혼인 사람에 비해 주말에 친구들과 술자리는 늦게까지 가지는 등 외부

활동을 덜 할 것이라는 사회적 역할 기대와 제약을 받는다. 한편, 20대 젊은 청년들은 늦은 시간에 도심에서 영화관람, 술자리, 파티 등의 활동에 더 많은 시간을 쏟을 가능성이 높다. 왜냐하면 이들 젊은층에게 주어진 역할기대는 크지 않으며 사회적으로 제약 역시 거의 없기 때문이다. 다만 사회적 역할기대와 구조적 제약은 개개인의 인생여정 중에 변화할 수 있다. 10대, 20대, 30대, 40대, 50대, 60대 등 동일한 세대에 소속된 사람들은 그들 세대의 행동양식을 배우고 그에 따라 행동할 가능성이 높다. 직업에 따라서도 사회적 기대와 구조적 제약이 존재한다. 선생님, 경찰관, 공무원, 군인 등 특정 직업군에 대한 사회적 기대와 제약이 있는 것은 너무나도 당연하다.

사람들은 아래 생활양식과 노출모형(Lifestyle-Exposure Model)에서처럼 개인의 연령, 성별, 인종, 소득, 혼인상태, 교육, 직업 등의 인구통계학적 특성은 개인의 행위 선택을 제약하거나 가능케 하는 구조적 제약과 적절한 행위에 대한 공유된 기대치를 수반한다. 이에 자신들의 직업 활동과 여가생활에서 교우 관계와 일상 활동의 양식을 결정짓게 된다. 이렇게 형성된 생활양식과 교류접촉이 위험하거나 취약한 노출에 드러나게 하여 피해자가 될 가능성을 높이고 범죄 피해로 이어질 수 있다. 다시 말해서 개인의 경제적 수준, 성별, 결혼여부 등의 모든 특성은 생활양식의 차이를 가져오게 되며 특징적인 특성을 가진 사람들이 범죄 피해의 가능성이 높은 것이다.

3) 인구학적 특성에 따른 생활양식과 위험성의 차이

인구학적 특성(연령, 성별, 결혼여부, 소득, 인종)은 개인의 생활양식과 관계될 뿐만 아니라 범죄피해 가능성의 차이와도 관련된다. 왜냐하면 개인들은 자신이 속한 인구특성과 사회적 제약의 조건에 속해 있기 때문이다. 범죄자 입장에서는 범죄 대상물의 적합성(Suitability)과 선호도(Desirability)를 결정짓는데 개인의 인구학적 특성과 생활양식이 영향을 미친다(Hindelang et al., 1978:42). 인구학적 특성 중 연령은 그 사람의 생활양식에 영향을 미친다. 아동은 대부분의 시간을 가족과 학교에서 보내므로 가족의 통제와 학교의 통제를 받는다. 하지만 늦은 시간에 바깥 활동이 많다면 보호 받을 가능성이 떨어지고 낯선 사람에 의한 범죄피해 가능성이 높아진다. 특히 10대 청소년 혹은 20대 청년들은 다른 연령대에 비해 외부 활동이 많으므로 범죄피해 가능성이 높아진다. 직장생활 등 안정적인 성인기에 접어들면 직장이나 가족의 통제를 또다시 받게 되며 노인이 된 경우는 외부 활동 능력이 약화되어 사람들 간 교류가 줄어든다. 즉, 노인층 보다는 젊은층의 범죄피해 가능성이 더 높은 것이다. 힌델랑 역시 노인들은 그들의 생활양식으로 인해 잠재적 범죄피해자가 될 가능성이 더 낮다고 예측하였다(Hindelang et al., 1978:248).

성별 역시 개인의 일상적인 활동과 생활양식에 중요한 역할을 담당한다. 전통적으로 남자와 여자는 다른 형태의 사회화가 이루어졌다. 남자와 여자는 성적 정체감이나 성 역할에 대한 차별적인 기대가 있어왔다. 남자아이들은 좀 더 공격적이고 활동적이며 거칠게 사회화 되었다면 여자아이들은 순종적이고 수동적이라는 인식이다. 결과적으로 이 같은 사회화는 여자아이들은 남자아이들 보다 더 많은 시간을 집안에서 보내게 된다고 한다. 즉, 여자아이들은 가족의 감독을 더 많이 받게 되고 상대적으로 더 안전해진다는 것이다(Hingelang et al., 1978). 결국 남자 아이들은 바깥 활동이 더 많고 다른 또래집단과 더 많이 어울리게 된다. 이 같은 생활양식은 남자아이들이 여자아이들에 비해 상대적으로 더 피해자가 될 가능성을 높이게 된다. 결혼은 중요한 사회적 통제이다. 결혼한 사람들은 미혼보다 가족에 대한 책임과 의무가 더 많아 가족과 보내는 시간이 많아진다. 외부 활동 역시 가족과 함께 할 수 있는 활동(운동, 여행 등)을 더 많이 하게 된다. 다른 가족과의 교류 역시 많아지기 때문에 기혼자는 미혼자에 비해 공공장소에서 다른 사람들과 함께 있을 가능성이 더 높다. 결국 이 같은 차이는 미혼에 비해 기혼자가 범죄피해자가 될 가능성을 낮추게 된다. 가구소득 혹은 개인의 소득은 개개인의 생활양식을 결정하는 중요한 요소이다(Hindelang et al., 1978:249). 개인이 어디에 살지, 무엇을 탈지, 어떤 레저 활동을 할지 등 개개인의 생활양식에 경제적 여유는 중요한 역할을 담당한다. 만약 가난한 사람이라면 대중교통을 이용할 가능성이 더 높고 거주지 역시 쾌적하고 값비싼 곳 보다는 저렴하고 낙후된 곳일 가능성이 더 높다. 이는 결과적으로 범죄자에게 더 노출될 가능성을 높여 범죄피해를 당할 위험성이 높아진다. 인종 역시 생활양식에 중요한 영향을 미치는 것으로 나타났다. 백인은 흑인보다 사립학교를 더 많이 다니고 경제적으로 여유로운 지역에 거주하는 경우가 더 많았다. 즉 인종에 따라 거주지와 교육환경 그리고 레크레이션 기회에 차이가 존재하는 것이다. 종합할 때, 개인의 인구학적 특성은 개인의 범죄피해 위험성에 영향을 미치는 범죄자와의 노출을 결절 짓는 생활양식의 차이를 가져온다.

4) 범죄피해의 결정조건

힌델랑과 그의 동료들은 범죄피해가 발생하기 위해서는 여러 가지 조건들이 필요하며 이 조건들은 특정 장소, 특정 시간, 그리고 피해자와 범죄자의 만남이 요구된다고 한다(Hindelang et al., 1978:250). 다음은 힌델랑과 그의 동료들이 제안하고 있는 범죄피해의 8가지 조건이다. 첫째, 공공장소에서 더 많은 시간(특히 야간이나 주말)을 보낼수록 범죄피해를 당할 가능성이 높다. 하이트(Hayt)와 그의 동료들(Hayt, Ryan, & Cauce, 1999)은 주말 야간 시간에 공공장소에서 자주 시간을 보내는 사람들이 범죄피해 위험성이 높았다고 한다. 둘째, 특정 생활양식을 따른 사람들이 더 자주 공공장소에 간다. 사람들은 학교에 가거나 직장에 가는데 이 같은 외부 활동은 개인에 따라 공공장소 방문기회를 더 빈번하게 만든다. 한편 가정주부나 노인들은 집안에 머무르는 경우가 더 많으므로 범죄피해를 당할 가능성이 낮아진다(Hindelang et al., 1978). 셋째, 다른 사람들과 상호관계를 유지하는 사람들은 다른 사람들의 생활양식을 공유하는 경향이 있다. 동료들과 학교나 직장에서 시간을 많이 보내는 사람들은 그들의 생활양식과 유사한 삶을 살아가게 된다. 넷째, 피해자와 가해자가 동일한 인구집단에 소속되어 있을수록 범죄피해자가 될 가능성이 증가한다. 힌델랑과 그의 동료들은 미혼의 젊은이들이 집 밖에서 레저시간을 스포츠 경기나 파티로 보내는 경우가 많고 이때 동일한 인구집단과 상호작용할 가능성이 더 높아 범죄피해 가능성도 높아진다고 보았다. 다섯째, 개개인의 생활양식은 가족 구성원이 아닌 타인이 많은 공공장소에서 시간을 보낸 정도를 결정짓는다. 미혼의 젊은이들은 집이 아닌 공공장소에서 다른 동류배들과 시간을 많이 보내게 되며 이는 범죄피해가능성을 높인다(Gottfredson, 1984). 여섯째, 개인이 범죄피해를 당할 가능성은 가족구성원이 아닌 타인과 함께 보내는 시간에 비례하여 증가한다. 타인과 많이 어울리는 공공장소에 동기화된 범죄자 역시 많이 몰려있을 수 있으므로 더 많은 시간을 보낼수록 범죄피해 가능성이 높아진다. 일곱째, 생활양식의 차이는 범죄자 특성과 개인을 구별하는 능력과 관련된다. 개인의 생활양식은 잠재적 범죄자와의 접촉기회를 최소화 혹은 최대화 할 수 있는 방향으로 구조화 된다. 직장이나 학교에 가기 위해 자주 외출할수록 범죄자에게 노출될 가능성이 높아진다. 마지막으로 생활양식의 다양성은 범죄피해의 편리함, 선호도, 쉬움에 영향을 미친다. 힌델랑과 그의 동료들(Hindelang et al., 1978)은 범죄가 발생하기 위해서는 여러 가지 조건이 필요하다고 설명한다. 특히 특정 장소에 피해자와 가해자가 함께 있어야 한다. 이는 피해자나 가해자의 생활양식이 유사하다는 의미이며 가해자는 체포 될 가능성이 낮은 장소에서 범죄피해자를 선택한다. 또한 범죄자는 적합한 피해자를 선택하는데 대표적으로 성범죄 피해 대상이 여성이 많은 것은 여성을 보다 적합한 대상으로 인식하기 때문이다. 홀로 야간에 집으로 걸어가는 여성은 성범죄자 입장에서 접근이 용이하고 쉬운 대상자가 될 것이다.

생활양식-노출모형(Lifestyle-Exposure Model)

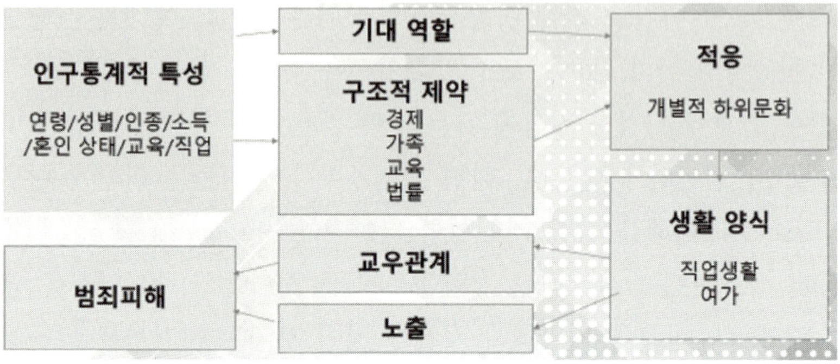

출처: Hindelange, M. J., Gottfredson, M. R., & Garofalo, J. (1978). Victims of personal crime: an empirical formulation for a theory of personal victimization. Cambridge, Mass: Ballinger. 저자 재구성.

범죄피해의 8가지 발생조건

1. 개인이 공공장소에서 더 많은 시간(특히 야간이나 주말)을 보낼수록 범죄피해를 당할 가능성이 높다.
2. 특정 생활양식을 따른 사람들이 더 자주 공공장소에 간다.
3. 다른 사람들과 상호관계를 유지하는 사람들은 다른 사람들의 생활양식을 공유하는 경향이 있다.
4. 피해자와 가해자가 동일한 인구집단에 소속되어 있을수록 범죄피해자가 될 가능성이 증가한다.
5. 개개인의 생활양식은 가족 구성원이 아닌 타인이 많은 공공장소에서 시간을 보낸 정도를 결정짓는다.
6. 개인이 범죄피해를 당할 가능성은 가족구성원이 아닌 타인과 함께 보내는 시간에 비례하여 증가한다.
7. 생활양식의 차이는 범죄자 특성과 개인을 구별하는 능력과 관련된다.
8. 생활양식의 다양성은 범죄피해의 편리함, 선호도, 쉬움에 영향을 미친다.

출처: Hindelange, M. J., Gottfredson, M. R., & Garofalo, J. (1978). Victims of personal crime: an empirical formulation for a theory of personal victimization. Cambridge, Mass: Ballinger. 저자 재구성.

5) 생활양식이론의 평가 및 수정논의

생활양식이론은 범죄피해 가능성에 일상적인 생활양식의 영향을 체계적으로 설명하였다는 측면에서 범죄피해에 대한 이해도를 높이고 범죄피해가 왜 특정 인구집단에 집중되는지를 이해하는데 도움이 된다. 하지만 몇몇 학자들은 생활양식이론의 한계점을 지적한다. 우선 생활양식이론은 개인이 속해 있는 인구집단의 사회적 기대와 구조적 제약에 적응이 범죄피해 가능성을 결정짓는다고 주장한다. 하지만 사람들은 어쩔 수 없이 이 같은 기대와 제약에 적응할 수밖에 없다. 근로자는 출근을 해야 하고 통근을 해야 한다. 학생은 정해진 시간표대로 학교에 나가야한다. 즉, 현실적으로 범죄피해를 피하기 위한 대응책을 제시하는데 한계점이 있다(Garofalo, 1987). 생활양식이론은 범죄자에의 노출에 집중되어 있어 범죄자에게 노출되지 않은 사람들은 피해를 입지 않는다는 논리전개가 이루어진다. 하지만 범죄자에 노출 이외에도 다른 범죄유발 요인이 존재할 수 있다. 예를 들면, 범죄피해자의 적합성이나 매력성 등이 피해자 모델에 추가적으로 포함되어야 한다(Garofalo, 1987). 유사하게도 젠슨(Jensen)과 브라운필드(Brownfield)는 생활양식이론이 보호자의 부재라는 중요한 요인을 간과하고 있다고 지적한다(Jensen & Brownfield, 1986). 미혼의 젊은이들은 파티 등에 재미를 위해 참여하는데 이들이 범죄피해를 당하는 이유는 범죄자에게 노출되었기 때문임과 동시에 보호자(Guardianship)가 없었기 때문이기도 하다. 또한 생활양식이론은 주로 야외에서 발생하는 범죄에 집중된 경향이 있다는 점이다. 예를 들어 성범죄의 경우 거의 대부분 실내에서 많이 발생한다(Dekeseredy & Schwartz, 1997). 다음으로 중요한 지적은 생활양식이론은 범죄피해자를 중심으로 논의하기 때문에 범죄가해자가 피해를 입을 수 있다는 가능성을 간과하고 있다는 것이다(Sampson & Lauristein, 1990). 마지막으로 생활양식이론은 개인의 인구학적 특성이 생활양식과 범죄피해 위험성을 결정짓는다고 설명하지만 실제 범죄피해에서 인구학적 특성과 상관없는 외부적 영향요인 역시 많다는 점이다(Sampson, 1987). 샘슨은 영국범죄조사 자료를 분석하여 개인의 인구사회학적 특성과 지역사회의 특성을 동시에 고려하여 강도와 절도 피해가능성을 파악한 결과 지역사회의 특성(인구이동, 가족붕괴, 실업, 인종적 이질성)의 영향이 더 큰 것으로 나타났다. 이 결과는 전형적으로 사회해체이론의 시각을 지지하는 결과임과 동시에 범죄피해에서 지역사회의 특성의 고려해야 함을 보여준다. 특히 범죄가 많이 발생하는 낙후된 지역사회는 범죄자의 행동을 규율할 수 있는 지역사회의 사회통제능력이 약화되어 있고 다른 범죄예방 수단(보안, 감시 등)이 부족하기 때문에 범죄가 더 많이 발생할 수도 있기 때문이다(Kennedy & Ford, 1990; Sampson & Wooldredge, 1987).

생활양식이론에 대한 비판적 검토를 통해 가로팔로(Garofalo, 1987)는 범죄피해의 4가지 요소를 재정립한다. 우선 범죄자에의 노출(Exposure to Potential Offenders)이다. 기존 생활양식이론의 논의와 마찬가지로 범죄자에게 더 자주 노출될수록 범죄피해를 당할 가능성이 높아진다. 다만 차이점이라면 가로팔로는 범죄자외의 인접성(Proximity)을 강조했다는 점이다. 범죄패턴이론(Crime Pattern Theory)에서 브랭팅함과 브랭팅함(Brantingham & Brantingham, 1984)은 범죄자는 자신의 주거지 근처에서 피해자를 더 많이 물색하고 범죄를 저지른다고 한다. 이는 범죄자의 이동거리와 관련된 논의로 범죄자는 자신이 잘 모르는 지역을 피하고 시간이나 비용이 많이 드는 장거리 여행을 덜 한다고 한다(Brantingham & Brantingham, 1984). 다음으로 피해자의 매력(Attractiveness of Victims)이다. 범죄자는 범죄 동기나 목적을 가지고 있다. 현금이 필요한 강도는 현금을 많이 들고 있거나 현금이 될 만한 귀중품을 소지하고 있는 사람을 목적으로 할 것이다. 성범죄자 역시 성적으로 보다 매력적인 대상을 찾을 것이다. 세 번째 요소는 피해자와의 접근성(Accessibility of Victims)이다. 접근성은 기술적 접근성(Technical Accessibility)과 사회적 접근성(Social Accessibility)이 있다(Steinmetz, 1989). 기술적 접근성은 경찰, 경비, 가로불빛, CCTV 등 범죄예방적인 수단의 여부에 따른 접근성이다. 한편 사회적 접근성은 문을 열어두고 외출하거나, 밤늦게 혼자 돌아다니거나, 밤늦게 술에 취해 혼자 있거나, 어두운 공공장소를 혼자 배회하는 등의 활동으로 인해 범죄자에게 쉽게 접근하도록 만드는 것이다. 마지막으로 가로팔로(Garofalo, 1987)는 보호자를 통해 범죄피해를 감소시킬 수 있다고 주장한다. 사실상 가로팔로의 논의는 코헨(Cohen)과 그의 동료들(Cohen, Klugel, Land, 1981)이 생활양식이론과 일상행위이론을 결합하여 범죄피해 기회이론(Opportunity Theory of Victimization)을 주장하면 범죄피해 위험의 4개 요인에서도 동일하게 다루어졌다. 범죄피해 기회이론은 이후에 논의하도록 한다.

3. 일상행위이론(Routine Activity Theory)

1) 일상행위이론의 이해

일상행위이론은 1979년 '사회변화와 범죄율 추세: 일상 행위 접근(Social Change and Crime Rates Trends: A Routine Activity Approach)'이라는 논문에서 코헨(Cohen)과 펠슨(Felson)이 주창한 이론이다. 코헨과 펠슨은 1947년에서 1974년까지 미국의 범죄율 추세의 변화를 파악하고 1960년대에 범죄율이 급격하게 증가하는 이유를 설명하고자 하였다. 기존 학자들은 1960년대 미국 범죄율의 증가원인으로 동기화된 범죄자가 많아졌기 때문이라는 설명이 대세였으나 코헨과 펠슨은 범죄기회의 변화(Changes in the Availability of Criminal Opportunity)라는 새로운 접근법을 소개하였다(Cohen & Felson, 1979). 그들은 미국의 실업률이 감소하고 소득이 증가하였음에도 불구하고 주거침입절도 범죄율이 지속적으로 증가한 이유는 범인성에 기초한 전통적인 범죄학적 설명보다는 미국인들의 일상적인 행위의 변화에 기인한다고 주장한다. 일상행위이론은 생활양식이론과 함께 범죄피해이론으로 각광받고 있다. 두 이론은 일상활동이나 생활양식이 어떻게 범죄의 기회 구조를 제공하는지에 관심이 있으며 이는 범죄의 발생과 범죄피해자의 양산을 설명하는 이론이다. 두 이론이 기초하고 있는 범죄자에 대한 이해는 합리적 선택이론에 있기 때문에 범죄자의 범죄동기는 이미 주어진 것으로 이해하고 범죄피해나 범죄 발생의 기회 구조가 무엇인지에 관심을 가진다. 생활양식이론이 사회집단에 따른 범죄피해위험성의 차이를 설명한다면 일상활동이론은 일상활동유형의 구조적 변화가 동기가 부여된 범죄자, 적절한 표적, 보호 능력의 부재라는 범죄발생요소의 시간적, 공간적 집중에 영향을 미쳐 범죄율에 영향을 미친다고 주장한다. 다시 말해서 범죄 발생의 세 가지 요소가 어느 시간과 공간에 동시에 존재할 때 범죄의 발생이 가능한 범죄 기회가 제공되고 범죄가 발생 가능하다고 이해한다. 따라서 범죄 발생의 세 가지 요소 중 어느 하나를 제거한다면 범죄가 발생할 기회가 사라지므로 범죄 발생을 기대할 수 없게 된다. 일상행위이론은 초기에 거시이론으로 받아들여졌으나 현재에는 개인 범죄행위와 피해를 설명하는 미시이론으로도 받아들여지고 있다.

2) 일상행위의 변화와 범죄율의 추세

코헨과 펠슨은 미국 범죄율 추세의 변화는 범인성을 가진 범죄자의 숫자에 달려 있는 것이 아니라 이와 함께 매력적인 범죄대상 혹은 범죄피해자와 범죄피해자를 보호할 수 있는 보호자가 부재할 때 범죄기회는 증가한다고 설명한다(Cohen & Felson, 1979). 코헨과 펠슨은 범죄기회의 변화를 설명하는 두 가지 요소로 강조하였다. 첫 번째는 매력적인 범죄대상(Attractive Targets)이며 두 번째는 보호자의 부족(Lack of Guardianship)이다(Cohen & Felson, 2010). 특히 코헨과 펠슨는 1960년에서 1970년 사이에 미국인들은 보다 매력적인 범죄대상이 되었고 감독이 부재하였다고 설명한다. 좀 더 구체적으로 알아보자면, 일상행위이론은 2차 세계 대전 이후 미국 시민들의 일상생활의 변화가 범죄율의 증대에 영향을 미쳤다는 주장이다. 2차 세계대전에 미군이 참전하면서 미국 내 많은 공장에는 노동력이 필요하게 되었다. 전통적으로 가내 노동을 하였던 미국 여성들은 노동시장에 참여하게 된다. 2차 세계대전 승전 후 미국은 베이비붐과 함께 맞벌이 가구가 일반적인 가구형태로 자리 잡게 된다. 2차 세계대전 당시 경제활동에 참여한 여성들이 지속적으로 노동시장에 남게 되면서 일어난 현상이다. 맞벌이 가구의 가처분 소득 증가로 미국 가정에서 소비와 레저 활동이 활발해지게 되었다. 또한 전쟁 기간 동안 과학기술의 발전이 가전제품의 상품화를 통해 가구 내에 값비싼 가전제품(TV, 냉장고, 가스레인지 등)이 많아지게 된다. 맞벌이로 인한 감독의 부재 현상과 가구 내 값비싼 물건의 구입으로 인해 범죄자에게 매력적인 대상물이 많아지는 결과를 초래한다. 1960년에 미국 가정은 아침 8시부터 오후 3시까지 거의 30%가 비어있던 것이 1971년에는 거의 40%가 비어있었다고 한다(Cohen & Felson, 1979). 즉 범죄자 입장에서 주거침입절도에 적합한 범죄기회가 넘쳐났던 것이다. 또한 여성들이 일을 하기 위해 통근을 하면서 길거리에서 강도 범죄 기회 역시 증가하게 된다. 즉, 미국인들의 일상행위의 변화로 인해 주거침입절도와 강도가 동시에 증가하게 되었던 것이다. 코헨과 펠슨(Cohen & Felson, 1979)은 미국에서 남편이 있는 기혼가구에서 아내의 경제활동 참가율(The Ratio of Married, Husband-present, with a Female Labor-force Participant)과 범죄율의 관계를 검증한 결과 정적 관련성이 나타났다. 즉, 여성의 경제활동이 증가하면서(맞벌이) 보호능력의 약화하고 범죄피해 대상물의 매력성 증가하였으며 동기화된 범죄자에의 노출 증가하게 됨으로써 범죄율이 높아졌던 것이다(Cohen & Felson, 1979).

3) 범죄발생의 3가지 조건

일상행위이론은 범죄발생의 조건으로 동기화된 범죄자(Motivated Offenders), 매력적인 범죄대상(Suitable Targets), 그리고 능력 있는 있는 감독자의 부재(Absence of Capable Guardians)를 들고 있다. 이들 세 가지 범죄발생요소가 특정 시간과 공간에서 수렴(Convergence)하는 곳에서 범죄는 증가하게 된다고 한다(Cohen & Felson, 1979: 604). 사람들은 거주, 일, 학교 등 일상적인 활동 공간(Activity Space)에서 특정 구간(Pathway; Nodes)을 왕래(집에서 학교; 학교에서 집)한다. 일상적인 활동공간과 왕래가 이루어지는 특정 구간은 범죄 피해자나 가해자 모두 이들 구간을 공유한다. 만약 어떤 사람이 범죄적 기회요소가 결합될 가능성이 높은 구간을 자주 이용한다면 범죄피해의 대상이 될 가능성이 높을 것이다. 따라서 범죄발생 3가지 요소가 만나는 지점에서 피해자는 범죄자에게 더 많이 노출될수록 범죄피해를 당할 가능성이 높아지는 것이다. 잠재적 피해자는 더 잘 보이고(가시성-Visibility) 접근(접근성-Accessibility)이 가능하고 매력(매력성-Attractiveness)적일수록 표적으로서의 적합성(표적 적합성-Target Suitability)이 증가할 것이다. 이 같은 상황에서 보호능력(Guardianship)이 부재하다면 범죄피해 위험성은 현격하게 증가하게 된다.

일상행위이론에서 강조하고 있는 범죄발생의 3 요소에 대하여 간략하게 살펴보자면 다음과 같다. 첫째, 동기화된 범죄자(Motivated Offenders)란 언제 어디서나 범죄기회가 존재한다면 범죄행위로 나아갈 가능성이 있는 사람들이다. 물론 동기화된 범죄자는 자연발생적으로 존재하는가에 대한 의문이 있다. 하지만 고전주의 범죄학은 인간의 쾌락을 추구하고 자유의지를 가지고 범죄로부터의 이익과 손실을 계산하는 존재이므로 언제 어디서든 동기화된 범죄자는 존재할 수 있을 것이다.

둘째, 매력적인 범행대상은 범죄발생요건 중 두 번째 요소이다. 매력적인 범죄대상은 범죄자와의 직접적인 접촉을 야기하는데 영향을 미친다. 매력적인 범죄대상의 조건으로는 범행대상의 가치(Value), 가시성(Visibility), 접근성(Accessibility), 그리고 불가지성(Inertia)에 영향을 받는다고 한다(Cohen & Felson, 1979: 595). 범행대상 물건은 가치가 있어야 한다. 또한 그 물건에 접근이 가능해야 하며 눈에 띄어야 한다. 그리고 그 물건은 옮길 수 있어야 한다. 즉, 값비싸고 손쉽게 가져갈 수 있는 전자제품이나 차량 등은 범죄피해의 대상이 될 위험성이 더 높다 할 것이다. 실제 코헨과 펠슨의 연구에 의하면 가정 내 물건들 중 옷, 음식, 약물, 음료, 그리고 담배 등에 비해 오락전자기기는 4배 이상 절도피해를 당할 가능성이 높고 사무용품이나 장비에 비해 8배 이상 절도피해를 당할 가능성이 높다고 한다(Cohen & Felson, 1979).

셋째, 능력 있는 보호자의 부재는 세 번째 범죄발생 요인이다. 재산이나 사람을 보호할 수 있는 가족 또는 지역주민, 경찰, 그리고 물리적 감독 장치의 부재는 범죄피해의 가능성을 높인다고 한다. 코헨과 펠슨은 레저 활동이 많은 사람들은 그렇지 않은 사람들에 비하여 범죄피해를 당할 가능성이 높다고 하며 미혼자가 기혼자에 비해 범죄피해를 보다 더 많이 당한다고 한다. 가정 내의 생활이 많은 노인층과 은퇴자들에 비해 일을 위해 집 밖에서 생활하는 시간이 많은 사람일수록 절도 피해를 당할 가능성이 높다고 한다(Cohen & Felson, 1979). 즉, 사람이 집에 있거나, 이웃이 집을 지켜보거나, 문이 잠겨 있거나, 감시카메라가 작동 중이거나, 경비견이 있는 경우 가구침입범죄를 당할 가능성이 현저하게 떨어진다고 본다. 한편 실업자의 경우 일상행위이론에 기초하면 집에 머무르는 시간이 많을 것이므로 범죄피해를 당할 가능성이 낮을 것으로 기대되지만 실제 범죄피해가능성이 높은 것으로 나타났다. 이에 대해 코헨과 펠슨은 실업자들은 범죄자와의 거리가 가까운 지역에 거주하고 있을 가능성이 높고 인종과 나이의 영향을 받았을 것이라 설명함으로써 범죄피해에 지역사회의 영향이 있음을 인식하였다(Cohen & Felson, 1979).

4) 범죄발생 조건의 수정 논의

코헨은 다른 동료들(Cohen, Klugel, & Land, 1981)과 함께 생활양식이론과 일상행위이론을 통합하여 범죄피해기회이론(Crime Opportunity Theory of Victimization)을 제안하였다. 여기서 코헨과 그의 동료들은 개인의 생활양식과 일상행위에 의해 범죄자에의 노출, 범죄자와의 근접성, 잠재적 피해자의 매력성, 그리고 보호능력의 부재라는 범죄기회가 만들어진다고 보았다(Cohen et al., 1981). 근접성과 노출은 기존 생활양식이론의 논의를 차용한 것이며 매력성과 보호능력은 일상행위이론의 논의를 추가한 것이다. 코헨과 그의 동료들은 4가지 범죄기회에 의해 범죄피해 위험성이 결정된다고 보았다. 늦은 밤에 공공장소에서 시간을 자주 보내는 등 잠재적 범죄자에게 자주 눈에 띄거나 접근이 가능한 상태가 노출이다. 노출은 개인의 생활양식이나 일생행위에 의해 결정되며 노출이 많이 할수록 범죄피해 가능성이 높아진다고 한다. 근접성은 범죄피해자가 잠재적 범죄자와 얼마나 가까이 존재하는가를 의미한다. 잠재적 범죄자가 많이 활동하는 공간이나 지역에 있을수록 잠재적 범죄자와의 접촉가능성이 높아진다. 또한 미드(Miethe)와 마이어(Meier)는 코헨의 범죄피해 기회이론에 추가적으로 구조적 조건과 선택이라는 개념을 추가하여 구조선택이론(Structure Choice Theory)을 제안하였다(Miethe & Meier, 1990; 1994). 구조선택이론의 핵심은 구조적 조건과 선택적 조건의 구분이다. 이 이론에 기초하면, 근접성과 노출은 물리적 거리 등의 특성을 가지므로 구조적인 기회가 된다(Miethe & Meier, 1994). 잠재적 범죄자가 범죄대상을 접촉할 수 있는 기회가 없다면 범죄는 발생할 수 없기 때문이다. 한편, 대상의 매력성과 보호능력은 범죄자 입장에서 선택의 대상이 된다(Miethe & Meier, 1994). 범죄자는 범행대상의 매력과 보호나 감시의 수준에 대한 평가를 주관적으로 한다.

범죄발생의 3가지 기회요소

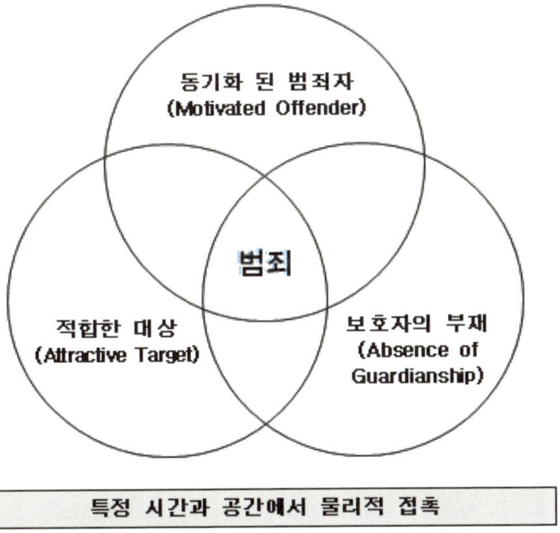

출처: Cohen, L.E., & Felson, M.K. (1979). Social change in crime rate of larceny: a routine activity approach, American Sociological Review, 44:604. 저자 재구성.

범죄기회이론의 10가지 가정(Felson and Clarke, 1998)

1. 기회는 모든 범죄를 유발하는 역할을 한다.	일반적으로 범죄기회이론은 절도 범죄에 적합하다고 생각하지만 실제 모든 범죄가 범죄기회에 의해 영향을 받는다. 음주로 인한 폭행사건이 많이 발생하는 술집의 디자인과 관리를 어떻게 하는가에 따라 폭행을 최소화 시킬 수 있다. 성범죄나 마약류 범죄 역시 범죄기회 감소를 통해 관리할 수 있다.
2. 범죄기회는 범죄에 따라 매우 특화되어 있다.	강도범죄자가 범행대상을 선택할 때 대상에 따라 매우 다른 범죄기회를 고려하게 된다. 은행강도와 길거리 강도는 엄연히 다른 종류의 강도라 할 수 있으며 대상 선정 및 강도 유형 역시 매우 다르다. 즉, 개별 범죄유형에 따라 매우 다른 범죄기회가 존재하는 것이다.
3. 범죄기회는 시간과 장소에 집중된다.	거의 동일한 지역일지라도 범죄발생은 매우 다르게 나타난다. 한 골목 차이인데 길 건너편에는 범죄가 매우 많이 발생하기도 한다. 시간에 따른 범죄발생도 달라진다. 범죄의 종류에 따라 범죄가 집중되는 시간이 달라질 수 있다. 일상행위이론과 범죄패턴이론이 대표적으로 범죄발생의 시간 및 장소의 차이를 이해하는데 큰 도움을 준다.
4. 범죄기회는 사람들의 매일 같은 행위의 움직임에 의해 결정된다.	범죄자와 범죄 피해자는 매일 매일의 직장, 학교, 그리고 레저를 위한 움직임에 따라 변한다. 소매치기는 사람들이 붐비는 도심지역을 찾고 주거침입절도범은 사람들이 출근 한 낮 시간대에 대상지를 물색한다.
5. 하나의 범죄는 다른 범죄의 기회를 제공한다.	어떤 범죄는 연쇄적인 다른 범죄를 양산할 수 있다. 주거침입절도범이 도난품을 장물애비에게 넘기면 장물거래라는 새로운 범죄가 발생한다. 길거리 마약판매상은 현금을 많이 가지고 있기 때문에 강도 범죄의 대상이 된다.
6. 어떤 새로운 상품은 범죄기회를 유발시키기도 한다.	개인용 PC, 휴대폰 등 고가의 전자기기가 보급되면서 이와 관련된 절도범죄가 증가하였다. 새로운 가치 있는 상품의 출시에 따라 절도범죄자가 선호하는 목표물이 이에 맞추어 변화한다. 작고 값어치 나가는 전자제품이 대표적인 절도범죄 대상의 변화를 이끌고 있다.
7. 사회와 기술의 변화는 새로운 범죄기회를 만들어 낸다.	새로운 상품은 혁신, 성장, 대중화, 포화상태로 변화한다. 절도 범죄자는 새로운 상품이 일반 대중에게 퍼지는 성장과 대중화 단계에서 새로운 상품의 가치를 높게 평가한다. 하지만 포화 상태가 되면 더 이상 그 상품의 가치는 매력적이지 않게 된다. 전자계산기를 절도의 대상으로 삼지 않는 것을 보면 이해가 쉬울 것이다.
8. 범죄는 범죄기회 감소를 통해 예방할 수 있다.	범죄기회가 범죄를 유발하므로 범죄기회를 차단하면 범죄는 예방 될 수 있다. 상황적 범죄예방론은 범죄기회 감소기법을 제공한다. 범죄에 특화된 범죄기회 감소 기법을 활용하면 범죄는 예방될 수 있다.
9. 범죄기회 감소가 범죄의 전이를 유발하는 것은 아니다.	특정 장소에서 범죄기회를 차단하면 범죄자가 다른 장소에서 범죄를 저지를 것이라 우려할 수 있다. 이를 범죄전이라 하는데 실제 많은 연구에서 범죄전이는 매우 제한적으로 일어났다.
10. 집중적인 범죄기회 감소 전략은 전반적인 범죄 감소를 일으킨다.	특정 장소에서 범죄기회 감소를 위한 조치를 취하면 그 장소 뿐만 아니라 주변 지역에까지 범죄감소 효과가 발생되는 이익확산효과(Diffusion of Benefits)가 확인되었다.

출처: Felson & Cohen (1998). Opportunity Makes the Thief: practical theory for crime prevention. Police Research Series Paper 98. Research Development statistics, Policing and Reducing Crime Unity in Home Office. 저자 해설.

범죄예방의 상황적 접근: 상황적 범죄예방론

제1절 상황적 범죄예방론

1. 상황적 범죄예방론의 등장

1980년 로날드 클락 교수(Clarke, 1980)가 고안한 상황적 범죄예방이론(Situational Crime Prevention)은 범죄기회이론들 중 가장 포괄적이고 다방면적인 범죄예방기법을 제시하고 있는 이론이다. 상황적 범죄예방론은 범죄의 위험과 어려움을 증가시키고 보상을 감소시키는 방법을 통해 특정 범죄의 발생기회를 감소시키고자 한다(Clarke, 1995). 상황적 범죄예방론은 상황에 대한 분석을 통해 별도의 관리방법 변경과 환경 변화를 통해 범죄발생 기회를 감시키는 것이다(Clarke, 1997). 따라서 상황적 범죄예방론은 범죄를 저지르는 사람(Offender) 보다는 범죄발생의 환경(Settings for Crime)에 관심을 가진다(Clarke, 1997). 이에 범죄자를 어떻게 처벌하고 억제 할 것인가 보다는 범죄발생을 미연에 막는 방법에 더 관심이 있다(Clarke, 1997).

상황적 범죄예방론이 초기에 등장하자 많은 범죄학자들이 상황적 범죄예방론은 범죄학 이론이라기 보다는 예전부터 존재하던 범죄회피를 위한 사전적 방어행동(Precautious Protective Behaviors)이라며 상황적 범죄예방론의 가치를 인정하지 않았다. 이에 대해 클락 교수는 매우 단호하게 기존 범죄학이 상황적 범죄예방론을 잘못 이해하고 있다고 반박한다. 그에게 있어 범죄자가 왜 범죄를 저질렀는가?라는 질문은 전형적인 범죄학 이론의 주요 관심분야이다. 오히려 그는 범죄가 왜 발생하였는가?라는 질문에 답하고 싶어 한다. 범죄자가 왜 범죄를 저질렀는가를 이해하기 위해서는 범죄자의 범인성을 파악해야 하지만 범죄가 왜 발생했는가를 설명하기 위해서는 잠재적 범죄자와 함께 매력적인 범죄대상 그리고 보호능력의 부재를 고려해야 한다(Cohen & Felson, 1979). 또한 클락 교수가 범죄자의 행위를 막기 위해 우리 사회가 주로 사용하고 있는 공식적 통제와 비공식적 통제는 전형적으로 범죄자 중심의 정책이라 반박한다(Clarke, 1997).

다만 여기서 범죄예방의 사회통제적 접근과 상황적 접근의 유사성을 잠시 살펴보고자 한다. 우선 사회통제가 범죄자 중심의 통제라는클락 교수의 의견이 일부 옳기는 하지만 한편으로 보자면 상황적 범죄예방론에서 논의하고 있는 범죄예방 기법으로 비공식적 사회통제가 활용될 수 있다는 가능성을 배제하기 어려울 것이다. 기존 많은 사회통제이론가들의 논의에서 볼 때, 지역사회의 비공식적 사회통제는 클락 교수의 논의처럼 범죄자를 사회화 시킬 수도 있지만 또한 잠재적 범죄자를 감독하고 감시하며 사회적 위하력을 통해 그들의 행위를 억제 및 통제시킨다는 측면에서 상황적 범죄예방론에서 제시하는 범죄예방 기법 중 위험의 증가, 노력의 증가 등과도 맥을 같이 하기 때문이다. 특히 상황적 범죄예방론은 개인이나 조직의 일상적인 사전적 예방책(Routine Precautions)에 관심을 가지는데 전형적으로 개인, 조직, 그리고 지역의 범죄예방을 위한 비공식적 사회통제 활동과 유사하기 때문이다. 우리가 일상적으로 문을 닫고, 자물쇠를 채우고, 귀중품을 숨겨두고, 밤늦게 돌아다니지 않는 등의 활동은 개인이 범죄피해를 당하지 않기 위한 대표적인 사적 사회통제(Private Social Control)이기 때문이다.

상황적 범죄예방론은 범죄학자나 정책입안자의 무관심에도 불구하고 사실상 많은 성공적인 스토리를 보여주었다. 즉, 상황적 범죄예방론을 적용한 프로그램의 범죄예방효과가 상당히 많이 확인되었다. 지하철과 주차장의 CCTV설치, 임대아파트에 대한 방어공간 설계, 목표물 강화(Target Hardening), 스포츠 경기나 축제에서의 음주통제 등 다양한 성공적인 상황적 범죄예방 기법의 적용 사례가 소개되고 있다(Clarke, 1997). 이에 최근에는 공공장소에 방범용 CCTV설치, 개인 가정집 및 상가 CCTV설치, 사무실 CCTV설치 등 무차별적으로 영상자료가 수집되고 있어 우려의 목소리가 높다. 사생활 침해에서부터 국가기관의 무분별한 사회통제가 아니냐는 의심이 커지고 있는 것이다. 사회안전망 구축을 위해 개인의 자유를 일부 제한하는 것이 옳은가에 대한 논쟁이 끊임없이 존재하겠지만 여기에서는 이에 대한 논쟁을 잠시 접도록 한다. 이미 많은 비판범죄학자들의 논의에서 우리사회가 범죄발생의 근원적인 원인을 근절하지 못하면서 다른 엉뚱한 통제를 강화한다는 비판이 지속적으로 제기되었다. 또한 이 저서의 논의와는 사뭇 동떨어진 주제이기 때문이다.

2. 상황적 예방의 정의

1983년 클락 교수는 상황적 예방의 정의를 다소 길게 서술하였다(Clarke, 1983:225). 그는 상황적 예방을

"Comprising measures directed at highly specific forms of crime that involve the management, design, or manipulation of the immediate environment in as systematic and permanent a way as possible so as to reduce the opportunities for crime and increase its risks as perceived by a wide range of offenders"(Clarke, 1983:225)

라고 정의하였다(Clarke, 1983:225). 이후 1997년에 클락 교수는 어려움 증가, 위험 증가, 보상 감소, 변명 감소를 추가하였다.

"Comprises opportunity-reducing measures that are directed at highly specific forms fo crime, involve the management, design or manipulation of the immediate environment in as systematic and permanent way as possible, make crime more difficult and risky, or less rewarding and excusable as judged by a wide range of offenders."(Clarke, 1997:4).

종합할 때, 클락 교수는 상황적 예방은 1) 특정 유형의 범죄를 대상으로 2) 체계적이고 영구적인 방법으로 3) 범죄를 더 어렵고 위험하며 보상이 적고 변명하지 못하게 만드는 기회감소 방법이라 정의한다.

상황적 범죄예방론은 상황적 예방의 정의를 통해 다양한 범죄예방 기법의 원칙을 제안하고 있다. 첫째, 상황적 예방은 특정한 범죄에 국한해야 한다고 주장한다. 여기서 특정 유형의 범죄란 절도라는 범주에 속해 있는 주거침입절도, 절도, 상점절도 등 다양한 하위유형에 따라 그에 맞는 범죄대응책이 준비되어야 한다는 말이다. 가구침입절도에서도 현금이나 보석을 목적으로 하는 경우와 가구 내 값비싼 전자기기를 목표로 하는 경우 그 대응방식을 달라져야 한다는 것이다. 둘째, 특정 유형의 범죄에서 범죄자가 전문절도범이건 아니면 아마추어 절도범이건 상관없이 모든 사람들이 잠재적 범죄자가 될 수 있다는 가정을 하고 대응방안을 모색해야 한다고 주장한다. 셋째, 상황적 범죄예방에서 환경의 변화는 잠재적 범죄자의 합리적 선택에 영향을 미칠 수 있을 정도의 변화여야 한다. 넷째, 범죄자는 도덕적 비용(Moral Cost) 역시 고려하므로 범죄자가 변명할 여지를 주지 않도록 방안을 모색해야 한다. 잘 몰라서 과속을 했다거나 깜빡해서 세금 납부를 잊었다거나 등과 같은 변명을 하지 못하도록 과속경고판 등 자신의 잘못을 합리화 할 수 있는 기회를 차단해야 한다. 다섯째, 상황적 예방은 재산 범죄에 국한하는 것이 아닌 모든 범죄에 적용가능하다(Clarke, 1997:5). 한국에서 살인사건에 사용되는 주요 무기는 칼이다. 한편 미국에서는 총이 많이 사용된다. 칼보다는 총을 사용하는 경우 살인이 성공할 가능성이 높고 또 폭력사건에 그칠 수 있었던 사건이 살인사건이 되기도 할 것이다. 즉, 살인도구의 접근성에 차이가 살인사건의 발생기회에서부터 결과까지 영향을 미치는 것이다. 실제 비행기 하이재킹 방지를 위해 모든 승객들의 수화물을 X-레이 검사하거나 공공장소 테러 방지를 위해 쓰레기통에 투명 비닐을 씌우는 등의 예방책이 실제 적용되고 있다. 은밀하게 실내에서 주로 이루어지는 성범죄나 가정폭력에서도 상황적 범죄예방 기법을 사용할 수 있다고 한다. 예를 들면 영국에서는 가정폭력 사건이 발생하려 할 때 알람을 우리는 방법으로 가정폭력 사건을 현저하게 감소시킬 수 있을 것이라 한다(Farrell & Pease, 1993; Clarke, 1997:5 재인용). 상황적 범죄예방의 핵심은 범죄자의 범행 동기를 파악하기 보다는 특정 범죄의 발생상황이나 환경에 대한 분석을 통해 적절한 범죄발생 기회를 차단하는 것이다.

3. 상황적 범죄예방론의 이론적 근거

상황적 범죄예방이론은 고전주의 범죄학에 기초하여 합리적 선택이론, 일상행위이론, 생활양식이론, 환경범죄학, CPTED, 방어공간(Defensible Space), 문제지향적 경찰활동(Problem Oriented Policing) 등 다양한 이론적 근거를 두고 있다(Clarke, 1997).

상황적 범죄예방이론은 영국 내무성 연구분과(British Home Office Research Unit)에서 1960년대와 1970년대 시행되었던 교정프로그램의 효과가 없다는 결과에 새로운 접근법의 필요성이 제기되면서 등장하게 된다(Clarke & Cornish, 1983). 특히 내무성 연구분과의 보고서는 기존 무력화 전략, 억제적 양형, 예방적 경찰활동, 사회적 예방정책의 일부 수정으로는 범죄감소효과를 거두기 어렵다고 결론 내렸다. 이에 범죄자의 성격이나 배경 보다는 범죄기회를 감소시킬 수 있는 정책의 필요성이 대두되었던 것이다(Clarke, 1997). 즉각적인 상황적 접근이 범죄성향 중심의 정책 보다 더 효과적일 것이라는 기대가 생겨난 것이다.

상황적 범죄예방론과 거의 동시대에 미국에서는 뉴먼(Newman, 1972)의 방어공간(Defensible Space)과 제프리(Jeffer, 1971)의 환경설계를 통한 범죄예방(CPTED:

Crime Prevention Through Environmental Design)이 등장한다. 상황적 범죄예방론에 앞서 물리적 환경 변화를 통해 범죄예방을 이루고자 하는 새로운 접근법이 등장하였던 것이다. 다음 장에서 보다 자세하게 설명하겠지만 오스카 뉴먼의 방어공간과 제프리의 CPTED는 기존 범죄학자들의 주장이 아닌 건축 및 도시설계 분야의 새로운 접근법이었다. 우선 이들 논의를 설명하기에 앞서 미국 도시의 주거형태를 간략하게 살펴볼 필요성이 있다. 미국 대부분의 도시는 사회해체이론의 논의에서와 같이 도심지역의 마천루를 중심으로 점차 건축물의 높이가 낮아지는 스카이라인(Sky-line)을 보여준다. 특히 도심 중심 고층 건물을 제외하면 실제 거의 대부분의 상업건물이나 주거건물은 단층이거나 혹은 2~3층 높이에 불과하다. 외곽지역은 더욱 단독주택 중심 주거지가 형성되어 있다. 미국의 대표적인 도시인 뉴욕시는 5개 자치구(맨해튼(Manhattan), 브롱크스(Bronx), 퀸스(Queens), 브루클린(Brooklyn), 스태이튼 섬(Staten Island))로 구성되어 있는데 뉴욕시의 핵심 도심인 맨해튼을 제외하면 고층 건물이 많지 않다. 유일하게 건축물의 높이가 높은 건물은 아파트와 같은 공동주택이 대부분이다.

대도시의 경우 고급 아파트도 최근에 많이 지어지고 있지만 대도시에 건설된 많은 아파트는 임대 목적의 공공아파트(Public Housing)가 대부분이다. 개인 사생활을 중요시하는 미국사회에서 아파트는 가난한 사람들이 많이 거주하는 공간으로 인식된다. 아래 뉴욕시 맨해튼 로우이스트(Lower East)에 지어진 블라덱 공공아파트는 1940년에 완공된 아파트로 전형적으로 하층민에게 시장 가격보다 낮은 가격의 임대료를 받고 임대해주는 아파트다. 미국은 1929년 대 공항(Great Depression) 이후 루즈벨트 대통령이 추진한 뉴딜정책에 맞춰 각종 사회기반시설(SOC)의 한 분야로 공공임대아파트 건설도 포함되었다. 이후 여러 차례 주거법(Housing Act) 개정을 통해 다양한 공공임대아파트가 도시의 하층민에게 공급되었다. 빠른 시간에 많은 사람들에게 주거를 제공하기 위해 공공임대아파트는 주로 대단지로 건설되었다. 하지만 대단지 공공임대아파트는 가난한 도시 근로자 특히 흑인들이 많이 모여 사는 공간이 되었고 여러 가지 사회문제의 온상이 되었다. 공공임대아파트는 범죄양산의 공간이 되어버렸던 것이다.

이 같은 현실에서 오스카 뉴먼은 1972년 방어공간(Defensible Space: Crime Prevention Through Urban Design)이라는 저서를 통해 건축설계의 변화를 통해 물리적 환경을 변화시켜 지역의 범죄문제를 해소할 수 있다고 주장하였다. 그는 미국의 공공임대 아파트 건설 사업이 공공임대아파트 거주민들이 자신들의 주거지에 대한 책임감을 가지기 어렵고 자신들의 영역이라는 생각을 가지기 힘들어 결국 범죄에 제대로 대응할 수 없다고 지적하였다. 특히 그는 공공임대아파트가 대단지로 설계되어 아파트 거주민들이 외부인을 인식하기 어렵고 출입구가 너무 많아 범죄자가 출입 및 탈출 경로가 많고 범죄가 많은 지역에 지어져 범죄지역이라는 낙인이 붙는다는 문제점이 있다고 지적하였다. 그러면서 이 같은 문제 해결을 위해 공공임대아파트를 설계단계에서 작은 단지로 설계하고 내 출입구를 하나로 통일하며 자연적 감시와 익명성을 감소시킬 수 있도록 해야 범죄로부터 안전한 공간이 될 수 있다고 주장하였다(Newman, 1972). 특히 방어공간의 핵심은 지역사회에 대한 영역성 강화를 통해 그 지역에 거주하는 사람들이 지역문제에 함께 동참할 수 있는 동력으로 작용할 수 있다는 측면에서 사회통제론적 논의를 건축과 환경으로 확장할 수 있는 기회를 제공하고 있다. 사회통제론적 범죄예방이론의 핵심은 지역사회의 집합적 사회통제능력이므로 이를 증대시킬 수 있는 정책적 방안이 중요시 된다. 방어공간의 개념을 통해 도출 될 수 있는 학문적 그리고 정책적 의의는 지역사회의 통제가 구조적인 특성 뿐만 아니라 지역의 주거 공간 변화를 통해서도 획득 가능하다는 이론적 근거가 될 수 있기 때문이다. 따라서 방어공간에 근거하고 있는 상황적 범죄예방론 역시 사회통제이론의 논의와 통합 할 수 있는 이점이 있다.

맨하탄에 위치한 뉴욕시 블라덱(Vladeck) 임대아파트

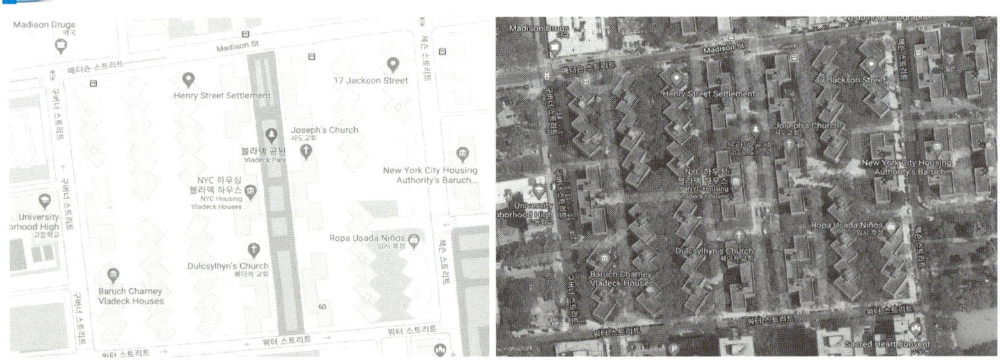

출처: https://www.google.com/maps/@40.7124297,-73.9810972,424m/data=!3m1!1e3 2021년 2월 8일

다음으로 환경설계를 통한 범죄예방(CPTED)은 1971년 레이 제프리(C. Ray Jeffery)에 의해 제안되었다. 제프리의 이론은 크게 관심을 받지 못했으나 이후 공공임대 아파트에 대한 건축설계에서 이를 보다 확장한 개념으로 이해된다. CPTED교육자인 크로워(Crowe, 2000)는 방어공간이 임대아파트의 건축디자인이라면 CPTED는 다른 건축물

에도도 적용이 가능하다는 측면에서 보다 넓은 개념이라 주장한다. 초기 CPTED는 감시성, 접근성, 유지관리 등 물리적 환경 변화 중심의 건축설계가 강조되었으나 2000년대에 접어들면서 2세대 CPTED가 제안되어 지역사회의 응집력, 연계성, 문화성 등 그 범위가 확장되고 있다(Saville & Cleveland, 1997).

문제지향적 경찰활동 역시 상황적 범죄예방론에 영향을 미친 것으로 이해된다. 1970년대 이후 미국 경찰은 전통적인 경찰활동의 한계점을 인식하고 새로운 접근법들이 시도된다. 기존 전통적 경찰활동은 범죄를 직접적으로 감소시키는 치중되어 있었다. 하지만 경찰이 범죄에 집중하는 동안 실제 경찰과 시민 간의 관계는 악화되었고 경찰의 무분별한 폭력사용과 인종차별은 사회문제로 대두되기도 하였다. 또한 경찰의 범죄통제 실패로 인해 지역사회에 만연해 있는 두려움과 무질서를 해결하는 것이 경찰에게 중요한 화두가 되었다. 이 와중에 등장하게 된 혁신적인 경찰활동으로 지역사회경찰활동(Community Oriented Policing), 삶의 질 경찰활동(Quality of Life Policing), 질서유지 경찰활동(Order Maintenance Policing), 무관용 경찰활동(Zero-Tolerance Police), 문제지향적 경찰활동(Problem Oriented Policing)이 제안되었다. 그 중에서도 문제지향적 경찰활동은 상황적 범죄예방론과 마찬가지로 지역사회 환경에 대한 분석 혹은 문제확인 및 해결이라는 측면에서 유사성을 가진다. 클락(Clarke) 교수는 문제지향적 경찰활동에서 제시하고 있는 SARA모델(S(Scanning) · A(Analysis) · R(Response) · A(Assessment))은 상황적 범죄예방론에서 범죄예방 기법을 적용하기에 앞서 특정 범죄문제의 해결책을 찾고 해결책을 적용한 후 평가하는 과정과 매우 유사하다고 평가한다(Clarke, 1997). 1979년 경찰학자 골드스테인(Goldstein)은 문제지향적 경찰활동을 제안하면서 경찰활동의 효과성을 높이기 위해서는 경찰조직과 관리의 개선보다는 경찰현장에서 직면하는 문제를 분석하고 이에 적합한 해결책을 찾는 것이라 하였다(Goldstein, 1979). 특히 골드스테인은 경찰에 대한 시민의 요구는 단지 범죄에 국한하지 않고 지역사회의 다양한 문제들(무질서, 두려움, 그 외 생활불편 등)에 대한 정보를 정확히 파악하여 이에 직접적으로 효과적인 개입을 통해 문제를 해결하는 과정의 반복이 중요하다고 주장한다(Goldstein, 1979:250-253). 문제지향적 경찰활동이 특정 범죄에 국한하지 않고 경찰조직을 보다 효과적으로 운영함으로써 문제를 해결한다면 상황적 범죄예방론은 특정 범죄에 관련되는 환경에 대한 대응책을 강구하고 경찰 뿐만아니라 다른 사회주체(사업장, 지역사회, 학교, 가정 등)가 참여한다는 측면에서 보다 포괄적인 문제대응 방안이다(Clarke, 1979).

상황적 범죄예방론은 문제지향적 경찰과 마찬가지로 범죄예방 대책을 강구하는 연구 방법을 제안한다.

상황적 범죄예방론의 가장 근본적인 이론적 기초는 합리적 선택이론(Clarke & Cornish, 1985; Cornish & Clarke, 1986)이다. 합리적 선택이론은 인간의 잠재적 범인성을 인정하고 주관적이기는 하지만 합리적 선택에 의해 범죄기회에 대한 범죄자의 선택이 이루어진다고 보았다. 이를 조금 더 확장하자면 범죄자의 행위와 장소의 패턴을 연구하는 환경범죄학(Brantingham & Brantingham, 1991)과 생활양식 및 일상행위이론 역시 상황적 범죄예방론에 중요한 이론적 근거를 제시하고 있다. 합리적 선택이론은 범죄자가 범죄상황 혹은 기회(시간, 장소, 대상, 범죄유형, 범행방법 등)를 어떻게 해석하고 선택하는가를 설명한다. 한편 환경범죄학과 생활양식 및 일상행위이론은 범죄자와 피해자가 공간과 시간 속에서 어떻게 노출되고 근접하게 되는지를 설명하고 있다.

범죄패턴이론에 근거한 범죄발생 환경

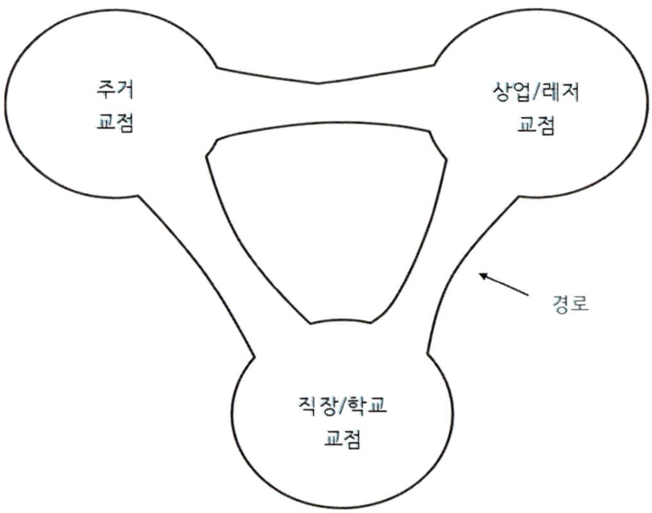

출처: Brantingham, P.J. & Brantigham, P.L. (1984). Patterns in crime. New York: McMillan. 저자 재구성.

4. 범죄기회구조

상황적 범죄예방론은 범죄성향 요인들과 범죄상황 요인들이 범죄기회구조를 결정하는 피해자(Victim), 범행대상(Target), 범죄촉진요인(Facilitators)에 영향을 미쳐 결과적으로 잠재적 범죄자의 범죄기회를 유발시킨다고 본다. 범죄기회구조는 범죄피해자의 일상행위와 삶의 방식은 보호자의 부재(Lack of Guardianship)를 불러올 수 있고 물리적 환경(도시생활, 주거형태, 방범시설, 차량 등)과 일상행위 및 삶의 방식(레저활동, 통근, 쇼핑, 주거 등의 활동)은 감독의 부재(Lack of Supervision)를 초래한다고 설명한다. 또한 지역사회의 사회경제적 구조(Socio-economic Structure)는 지역사회의 하위문화(Subculture)와 사회통제(Social Control)에 영향을 미치며 이로 인해 잠재적 범죄자에 영향을 미치게 된다는 것이다.

범죄의 기회구조(Opportunity Structure for Crime)

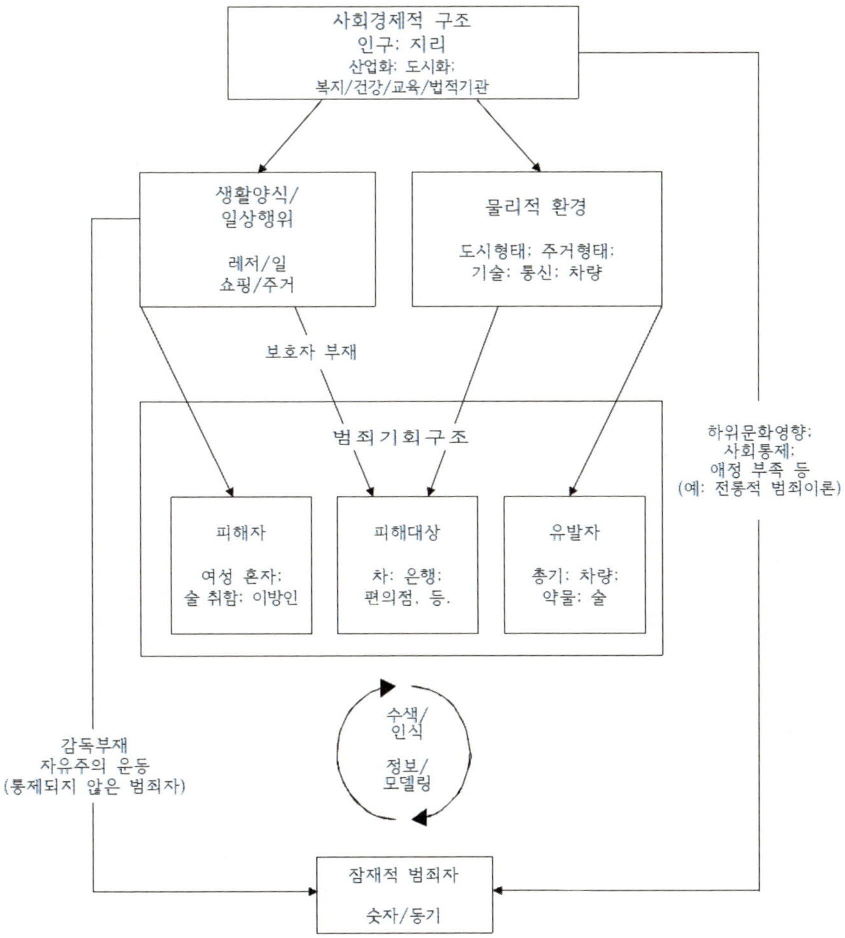

출처:Clarke, (1995). Situational Crime Prevention, p.103.

상황적 범죄예방 기법과 효과

제1절 상황적 범죄예방 기법의 이해

상황적 범죄예방론은 1997년 클락과 호멜(Clarke & Homel, 1997)에 의해 16가지 범죄기회감소 기술을 제시하였으나(Clarke, 1997) 이후 추가적인 기법이 포함되어 총 24가지 범죄기회 감소 기법이 제안되었다. 범죄기회 감소기법은 범죄가 발생하는 상황을 적절하게 통제함으로써 범죄기회를 차단하기 위한 기법을 의미한다(Clarke, 1997). 주요 범죄기회 감소기법으로 1)노력증대(Increase the Effort), 2) 위험성 증대(Increase the Risks), 3) 보상 축소(Reduce the Rewards), 4) 자극 축소(Reduce Provocation), 5) 변명제거(Remove the Excuses)이다(Cornish & Clarke, 2003). 또한 범죄기회 감소기법은 지역과 범죄의 특성에 따라 다양한 기법을 병행하여 사용할 수 있다는 장점이 있을 뿐만 아니라 지역사회의 경찰, 지역주민, 그리고 지역자치단체이 활동할 수 있는 다양한 기법을 제시하고 있다. 상황적 범죄예방이론은 과학기술의 발달과 사회변화에 새로운 범죄기회 감소기법을 지속적으로 늘리고 있다. 특히 새로운 과학기술의 발전은 신종 범죄의 생성과 확산을 가중할 수 있음과 동시에 범죄기회를 차단 할 수 있는 방법으로 활용될 수도 있다. 예를 들면, 드론기술의 발전으로 원유생산 공장에 대한 테러에 드론이 활동되는 추세이다. 즉, 새로운 과학적 발전이 범죄의 양상과 수법의 변화에 영향을 미치는 것이다. 하지만 이와 반대에는 범죄기회 감소기법으로 과학기술이 적용되기도 한다. 최근 고속도로에 드론을 이용한 교통단속이 이루어지고 있다. 기존 고속도로에는 이동형 CCTV와 고정형 CCTV로 단속이 이루어져 과속이나 버스전용차로 이용의 문제를 효과적으로 대응하기 어려웠다. 하지만 드론을 활용한 교통단속은 효과적인 범죄기회 감소기법으로 이해된다. 다음은 범죄예방 25가지 범죄예방 기법에 대한 간략한 설명이다.

첫째, 노력의 증가이다. 노력의 증가는 범죄자가 범죄행위를 저지름에 있어 범행에 성공하기 위해 많은 노력을 기울이게 만드는 것이다. 예를 들면, 주거침입절도범이 현관문을 뚫고 들어오기 어렵게 철제 현관문 및 버튼식 자물쇠를 설치하는 것이다. 주거침입절도범 입장에서 최대한 빠른 시간 내에 가구에 침입하여 절취해야 함으로 출입하는데 엄청난 노력과 시간이 걸린다면 범행을 포기할 가능성이 높아질 것이기 때문이다. 노력의 증가는 목표물 견고화, 시설물 접근통제, 출구 감시, 범죄자 관심회피, 도구 및 무기 통제가 있다. **목표물 견고화(Target Hardening)**는 가장 일반적으로 많이 사용되는 범죄기회 감소 기법이다. 범죄자가 범행대상으로 삼는 물건이나 피해자를 보호하기 위한 장치 등을 활용하는 방식이다. 뉴욕시는 노란 택시로 유명하다. 옐로 캡이라 불리는 노란 택시를 타면 운전석이 투명 플라스틱 스크린으로 둘러싸여있는 것을 보게 된다. 택시비를 낼 때도 손과 손으로 현금을 주고받는 것이 아니라 스크린에 난 좁은 구멍으로 현금이나 카드를 넣고 계산이 이루어진다. 운전석 보호용 투명 스크린 설치는 운전자를 강도로부터 보호함과 동시에 승객에 의한 폭행 역시 막아주는 역할을 한다. 기존 많은 연구들이 목표물 견고화 기법이 범죄예방에 상당히 효과가 있다는 결과를 보여주고 있다(Clarke, 1997). 다음은 **건물 등 시설물에 대한 출입통제(Control Access)**이다. 원룸이나 빌라에서 절도나 성범죄가 많이 발생한다는 뉴스를 쉽게 접했을 것이다. 아파트 보다 왜 원룸이나 빌라에서 범죄가 많이 발생할까? 대부분의 독자들은 원룸이나 빌라가 범죄자에게 쉽게 접근할 수 있는 공간이라는 점을 동의할 것이다. 아파트는 단지 전체를 에워싸고 있는 담장(혹은 조경)과 출입구 경비로 쉽게 접근하기 어렵다. 또한 아파트 현관이 개방형(오래된 아파트)이 아닌 경우 거의 스크린 도어식 개폐장치가 설치되어 있다. 거주민은 전자카드나 비밀번호를 눌러서 아파트로 들어간다. 최근 신축 원룸이나 빌라 역시 전자식 개폐장치는 건물입구에 설치하는 추세이다. **출구감시(Screen Exits)**는 건물 등 시설에 출입할 때 정당하게 출입할 수 있음을 증명하는 티켓이나 신분증을 제시하도록 하는 것이다. 가장 흔한 예는 이마트나 홈플러스 등 대형마트에서 옷을 구입하면 플라스틱이로 만들어진 단단한 상품태그가 붙어있을 것이다. 강제로 분리하려 해도 단단해서 떨어지지 않는다. 계산 후 계산원이 특수하게 생긴 장치를 이용해야 제가가 가능하다. 강제로 분리하려 하면 옷감이 상할 것이므로 효용성이 감소하고 몰래 숨겨서 가져나올 경우 출입구에 설치되어 있는 경보기가 울릴 것이다. **범죄자 분리(Deflect Offenders)**는 잠재적 범죄자들을 서로 분리시키거나 범죄자와 피해자를 분리시키는 방법이다. 몇 년 전 강남역 살인사건으로 상가 여성전용화장실의 필요성과 안전보장이 요구되었다. 이에 정부기관에서는 여성전용화장실 확대 및 여성안전화장실 설치에 많은 예산을 투입하였다. 대표적으로 여성 화장실에 비상벨을 설치하거나 입구에 CCTV를 설치하는 방식으로 안전을 확보하고자 하였다. 범죄자 분리의 대표적인 방법 중 하나는 술집 등 범죄위험 업소의 허가를 근거리가 아닌 일정 간격을 두도록 하는 것이다. 같은 골목에 밀집해 있는 술집거리를 조성하는 것이 아니라 한 구역에 한곳의 술집만을 허가해주는 등의 방법이다. **도구와 무기 통제(Control Tools and Weapons)**는 범죄에 사용될 수 있는 도구나 무기에 대한 통제를 의미한다. 청소년들이 스프레이 페인트로 낙서하는 것을 방지하기 위해 청소년 판매금지(술, 담배 판매금지 등), 스마트폰이나 신용카드가 도난 신고가 들어오면 사용 불능화 시키기, 혹은 사용자를 식별가능하게 하는 총기를 판매하는 등의 방식이다. 범죄자는 범행을 위해 도구나 무기가 필요하므로 이를 구입하지 못하면 범행으로 이어지기 어려울 수 있다는 기대에서 고안된 방안이다.

둘째, 위험성 증가이다. 위험성 증가는 범죄자가 발각되어 체포되거나 처벌 받을 가능성을 높이기 위한 방법이다. 위험성 증가 기법으로 보호능력 확대, 자연적 감시 지원, 익명성 감소, 장소 관리자 이용, 그리고 공식적 감독 강화가 있다. **보호능력 확대(Extend Guardianship)**는 일상적인 사전 주의행동으로 범죄피해를 당하지 않기 위해 여러 사람이 함께 야간에 움직이거나 이웃 간에 범죄피해 예방을 위해 서로 돌봐주는 등의 활동을 의미한다. 즉, 잠재적 범죄피해자와 범죄피해대상물에 대한 감시 및 보호기능을 강화하는 방법이다. **자연적 감시 지원(Assist Natural Surveillance)**은 보호 및 감독기능의 강화와 마찬가지로 길거리에서 야간에 사람이 잘 보이도록 가로등 조도를 높이거나 백열등 대신 LED조명을 활용하는 등의 방법이다. 또한 건물을 설계할 때 건물의 방향이 서로 마주보게 하는 등의 방법으로 자연스럽게 일상적으로 감시가 가능하도록 하는 방법이다. **익명성 감소(Reduce Anonymity)**는 잠재적 범죄자가 범행을 저지를 경우 범죄자가 누구인지 쉽게 파악할 수 있도록 돕는다. 학교별로 다른 교복을 입게 하면 비행청소년들이 교복을 입고 범죄를 저지를 경우 어느 학교 학생인지 조사대상이 좁혀진다. 물론 범죄자가 고의로 자신의 가짜 신분을 드러낼 수도 있을 것이지만 일반적으로 사람들이 교복이나 제복을 입고 범죄에 덜 가담하는 것으로 볼 때 발각될 가능성을 높이는 방안은 범죄자의 행동을 억제할 수 있을 것으로 기대된다. 직접적이지는 않지만 간접적으로 익명성을 감소시키는 방법으로 사회통제이론의 논의 역시 적용가능하다. 거주민들 간의 교류가 많고 응집력이 강한 지역에서는 거주민들 간에 서로 잘 알고 있으므로 익명성에 기대어 범죄를 저지르기는 한계가 있을 것이다. **장소 관리가 이용(Utilize Place Managers)**은 당해 장소의 관리를 담당하는 사람들을 활용하여 범죄자가 범죄를 시도하거나 범행 중 범죄자를 체포 혹은 신고할 수 있는 방법이다. 순찰 경찰관이 1인 1조 보다는 2인 1조가 감시기능 및 범죄자를 제압하는 등에 유리하다. 한국에서 은행 강도는 주로 새마을 금고 등 근무자가 많지 않은 곳에서 발생한다. 근무자가 많고 청원경찰까지 있는 은행에 강도가 드는 경우는 잘 없다. 즉, 그 장소를 관리하는 사람들을 활용하면 범죄기회를 감소시킬 수 있는 것이다. 사람이 직접 관리가 어려우면 CCTV등을 통해 간접적으로 감시가 가능하다. 관광도시에서 많이 보게 되는 2층 버스의 경우 1층 운전자가 홀로 2층 승객을 감시하기 어렵기 때문에 2층에 CCTV를 설치하면 범죄자의 행동을 감시할 수 있고 일반 승객 역시 보호할 수 있다. 범죄자 발생하면 증거자료로 활용할 수 있어 범죄자 체포 및 처벌에 도움이 된다. **공식적 감독의 강화(Strengthen Formal Surveillance)**이다. 경찰, 경비원, 청원경찰 등 감시기능을 공식적인 감시자를 통해 감독을 강화하는 방법이다. 경찰의 방범용 CCTV역시 공식적 감독의 기능을 할 수 있다. 사실상 감독 혹은 감시 기능은 대응도 필요하기 때문에 사람에 의한 감시가 가장 효과적일 것이다. CCTV는 범죄자의 행동을 녹화할 수 있지만 적극적인 대응은 거의 불가능하기 때문이다. 물론 최근 국내 대부분의 지자체에서 CCTV관제센터를 두고 24시간 관제를 하고 있어 인지된 범죄행동에 빠르게 대처 할 수 있지만 즉각적인 대처라는 측면에서 인적 감독이 보다 효과적일 것이다. 하지만 최저시급 상승 등 경제적 이유로 경비원을 채용하기 어려워 많은 아파트단지와 상점에서 CCTV로 감시기능을 의존하고 있는 현실이다. 과학기술이 더 발전하면 인적 감시와 대응에 버금가는 스마트 CCTV 혹은 로봇을 통해 이 같은 한계점을 극복하는 시점이 올 것이다.

셋째, 보상의 축소(Reduce the Rewards)이다. 보상의 축소는 목표물 은폐, 목표물 제거, 자산 확인, (암)시장 방해, 그리고 혜택부정의 방법이 있다. **목표물 은폐(Conceal Targets)**는 범행 대상물이나 피해자를 보호하기 위해 범죄자에게 노출이 되지 않도록 하는 방법이다. 차량절도를 막기 위해 주차장을 도로와 인접하지 않게 그리고 주차장 내부 차량이 보이지 않게 가림막을 설치하는 등의 방법으로 차량이 절도범에게 노출되는 것을 막고 접근 역시 막을 수 있다. 지금은 거의 사라졌지만 과거에는 집집마다 전화번호부가 있었다. 전화번호부에 이름이 나열되어 있었기 때문에 이름을 보면 성별을 예상하기 쉬웠다. 여성 홀로 사는 집에 전화를 걸어 여성이 살고 있다는 것을 확인하고 성범죄 등에 이용되기도 했다. 이에 전화번호부에 이름을 성 중립적(예: '성'만 표기)으로 표기하는 방법 등이 제안되었다. **목표물 제거(Remove Targets)**는 범행의 대상이 되는 물건이나 사람을 범행이 발생할 수 있는 장소로부터 벗어나게 하는 것이다. 결혼식장이나 장례식장에 가면 축하금이나 조의금을 내는 상자가 놓여있다. 대부분의 사람들은 현금으로 경조사비를 내기 때문에 현금을 목적으로 하는 범죄자에게는 매력적인 범행대상이 된다. 만약 경조사 부조금을 현금이 아닌 수표 등으로 내거나 계좌이체를 시키도록 한다면 절도 피해를 당할 가능성이 현저하게 낮아질 것이다. 최근 대부분의 성당이나 교회에서 공헌금을 현금이 아닌 미리 현금을 내고 받은 공헌금 증표를 낸다. 소득공제도 편리하고 절도 피해 위험도 없는 효과적인 범죄기회 감소 기법이다. **자산 확인(Identify Property)**은 물품이 자신의 소유임을 표시하여 물품의 가치를 떨어뜨려 절도 등의 위험을 낮추는 방법이다. 아마도 이 책을 구입한 대학생이라면 자신의 이름이나 학번을 책의 첫 페이지에 기입하는 사람이 있을 것이다. 대표적인 자산 마킹(Marking Property)이다. 과거 미국 대평원 농장지대에서는 말이나 소를 방목하여 키웠다. 여러 농장에서 키우는 가축들이 뒤섞이는 일이 많았기 때문에 농장 인부들은 새로 태워난 소나 말에게 농장의 고유 낙인(Stigma)을 찍는 것이 의례적인 농장 일과였다. **(암)시장 방해(Disrupt Markets)**는 불법적으로 절취 혹은 빼돌려진 물품이 현금화되는 시장이 제대로 작동되지 않도록 방해하거나 중지시키는 것을 말한다. 주거침입절도범들은 가구에서 훔친 귀중품이나 보석을 장물애비라고 불리는 업자를 통해 현금화시킨다. 과거에는 주로 전당포에서 이 같은 암거래가 많이 이루어졌다. 이에 전당포가 장물 현금화 및 유통의 통로가 되지 못하도록 지속적으로 감시하고 점검하는 방법이다. 과거 서울 남대문시장에 가면 명품 가방이나 옷이 원래가격 보다 훨씬 저렴하게 판매되었다고 한다. 즉, 가짜 명품의 판매가 이루어졌던 것이다. 전형적으로 저작권 침해행위이므로 집중적으로 단속이 이루어졌고 현재는 거의 가짜 명품을 판매하는 상인이 많이 없다. 대구광역시 서문시장은 대표적인 전통시장이다. 저녁 7시부터 밤 10시까지 야시장이 열리는데 야시장에 참여하는 상인들은 서문시장에서 야시장 운영허가를 받은 사람들이다. 과거 무분별하게 노점상이 운영될 때에 비해 쾌적한 환경에서 대구 시민들이 먹거리를 즐길 수 있는 명소가 되었다. **혜택부정(Deny Benefits)**은 범행으로부터 얻어지는 이익을 없애는 방법이다. 옷가게에서 옷을 훔쳐나가기 위해 도난방지 태그를 강제로 제거하면 잉크가 번지도록 하는 방법이다. 과속을 즐기는 운전자라면 과속방지턱을 설치하거나 직선 보다는 곡선도로를 만들어 속도를 내지 못하게 하는 등의 방법으로 혜택을 부정할 수 있다.

넷째 자극 축소(Reduce Provocation)는 사람들이 불만이나 스트레스를 받아 범죄로 나아가지 않도록 하거나 충돌을 회피시키거나 감정적으로 자극을 하지 않거나 동료압박을 상쇄시키거나 범죄를 모방하지 않도록 만드는 방법이다. **불만이나 스트레스 감소**

(Reduced Frustrations and Stress)는 장소 이용자들이 심리적으로 불만을 제기하거나 스트레스를 덜 받도록 물리적 환경을 설계 혹은 운영하는 방법이다. 최근에는 거의 경험하기 어렵지만 블록버스터 영화가 개봉하는 주말 영화관은 사람들로 붐비고 표를 예매하지 않은 사람들은 창구에서 줄을 서야 한다. 줄서기를 지키지 않는 관객이 있다면 분명 싸움이 일어날 수도 있다. 따라서 효과적인 줄서기와 예의바른 고객 응대를 통해 범죄발생 가능성을 낮출 수 있다. **충돌회피**(Avoid Disputes)는 효과적인 줄서기와 마찬가지로 갈등이 유발 될 수 있는 기회를 차단하는 방법이다. 유럽에서는 자주 경쟁 축구팬들 간의 폭력사태가 발생한다. 이를 방지하기 위해 축구장 양쪽을 분리하여 경쟁 축구팬들 간의 접촉을 최소화 시키는 방법이 대표적인 충돌회피 기법이다. **감정 자극을 축소**(Reduce Emotional Arousal)는 불필요한 감정적 자극을 회피하기 위해 자극적인 언사나 영상물 혹은 행동을 하지 말도록 권고하거나 제거하는 방식이다. 성인 영상물에 성기노출은 한국사회에서는 아직까지 허용되지 않는다. 성적 자극을 일부나마 감소시키는 방법으로 이해된다. 스포츠 경기에서 관객들에게 매너 있는 응원을 요청하는 등의 방법 역시 감정적 자극을 감소시키는 방법이다. **동료압력 상쇄**(Neutralize Peer Pressure)는 다른 동료들 때문에 범죄행위에 가담하는 경우를 방지하기 위해 인식 개선 교육이나 장소분리를 하는 방법이다. '안전벨트는 생명벨트'라는 문구를 많이 접했을 것이다. 교통사고가 나면 안전벨트를 매지 않은 경우 심각한 부상 혹은 생명을 잃을 수도 있다. 하지만 많은 사람들이 승용차 뒷좌석에 타면 안전벨트를 매지 않는 경우가 많다. 안전벨트를 매려 하면 다른 동승한 사람들이 뒷좌석 안전벨트는 맬 필요 없다는 식의 말을 하기도 한다. '안전벨트는 생명벨트'이다. 동료의 압력을 상쇄시켜야만 위험에 노출되지 않는다. 범죄 역시 동료의 압력을 거부 할 수 있어야 '친구 따라 감옥' 가지 않는다. **모방범죄방지**(Discourage Imitation)는 미성년 자녀의 폭력 및 성인물 시청에 따른 모방행동 방지를 위해 TV에 아동 시청제한을 걸어두거나 경찰의 범죄사건 브리핑에서 범행수법을 자세하게 설명하지 못하도록 하는 등의 방법으로 모방범죄 발생을 방지하는 방법이다.

다섯째, 변명의 제거(Remove the Excuse)이다. 변명제거는 규칙을 세우거나, 안내문을 게시하거나, 양심에 호소하거나, 법규준수를 지원하거나, 범죄유발요소를 통제하는 방법이다. **규칙제정**(Set Rules)은 불필요한 민사 혹은 형사상 책임이 발생하지 않도록 계약서를 작성하거나 규정을 성문화함으로써 이견이 없도록 하는 방법이다. 호텔 등을 예약하면 환불정책이 자세하게 안내된다. 규정이 있으므로 이에 따른 갈등 발생이 최소화 될 수 있다. **안내문게시**(Post Instructions)는 주차금지 구역 표시, 사유지 통행금지 표시, 취사 금지 표시 등을 통해 당해 장소에서 허용되지 않는 행동을 하지 못하도록 하는 것이다. 고속도로마다 최고·최저 시속이 정해져 있다. 운전 중 과속 방지 안내판, 단속 안내판 등 안내문이 구간별로 게시되어 있다. 단속을 당하는 경우 잘 몰랐다는 식의 변명을 미연에 막을 수 있다. 즉, 안내가 되었으므로 잘 몰랐다는 식의 변명을 하지 못하게 하는 방법이다. **양심호소**(Alert Conscience)는 법을 준수하도록 양심에 호소하는 방법이다. 공항 등에서 면세품에 대한 신고를 의무화 하거나 불법 행위가 범죄임을 알리는 등의 방법이다. 고속도로 등에서 단속 카메라는 아니지만 전광판에 현재 속도가 표시되도록 하면 자신이 과속 중인지 아닌지를 확인할 수 있다. **법규준수지원**(Assist Compliance)은 법을 준수할 수 있는 물리적 환경을 제공하는 것이다. 쓰레기통이 없어서 쓰레기를 길에 버린다던지 공중화장실이 없어서 노상방뇨를 한다든지 이 같은 변명을 제거하기 위해 공중화장실 설치 및 쓰레기통 비치를 통해 법을 준수하도록 만드는 방법이다. **마약 및 알코올 통제**(Control Drugs and Alcohol)는 범죄의 유발요소로 작용할 수 있는 마약이나 술을 금지 혹은 통제하는 방법이다. 술집에 음주측정기를 비치하여 자신의 음주 상태를 확인하도록 하거나 술 없는 파티를 개최하도록 하거나 하는 방식이다. 최근 대학 축제는 술 없는 축제가 되어가고 있다. 술에 취해 폭력, 성범죄 등 범죄행위가 발생하여 축제 분위기를 망치거나 처벌 받게 되어 인생이 망쳐지는 것을 방지하는 방법이다. 현재 국내에서는 마약은 원칙적으로 금지되어 있으므로 마약은 통제가 아닌 금지항목이다.

총기 규제, 살인, 자살

미국에서는 많은 사람들이 총기사고로 생명을 잃고 범죄자들 역시 총기를 사용하여 범죄를 저지르는 경우가 많다. 사뭇 한국과는 다른 현실이다. 만약 총기 사용을 금지시킨다면 총기로 인한 범죄는 감소할 것인가? 오랜 기간 미국사회에서 끊임없는 논쟁이 되는 주제이다. 이 같은 논쟁에 일부나마 총기규제의 필요성을 지지하는 연구결과가 슬론(Sloan)과 그의 동료들(1988)에 의해 보고되었다. 슬론과 그의 동료들은 범행수단으로 많이 사용되는 총기를 규제하는 정책이 범죄에 미치는 영향을 파악하고자 하였다. 그들은 미국 워싱턴 주 시애틀(Seattle, Washington)과 캐나다 밴쿠버(Vancouver, British Columbia)에서 발생한 살인사건과 폭력에 총기사용이 미치는 영향을 비교하였다. 시애틀과 밴쿠버는 지도상으로 볼 때 두 나라 국경을 맞대고 있는 서부 연안의 대표적인 인접도시이다. 이들 도시는 절도, 강도 등 범죄사건이 거의 유사(사실상 시애틀이 조금 높음)한 도시이나 차이점이라면 밴쿠버는 강력한 총기규제 정책을 펼치는 도시인 반면 시애틀은 총기소지를 허용하는 도시 중 하나이다. 1980년에서 1986년 사이에 발생한 총기관련 폭력사건을 조사한 결과 시애틀이 밴쿠버에 비해 총기관련 폭력사건이 7배가 높았고 총기로 인한 살인사건은 시애틀이 밴쿠버에 비해 4.8배 높은 것으로 나타났다. 즉, 총기라는 범행도구의 허용여부에 따라 범죄에 이용되는 도구에 차이가 존재하며 범행의 결과(살인) 역시 엄청난 차이를 유발하였던 것이다.

흥미롭게도 슬론과 그의 동료들(1990)은 추가적으로 총기규제가 자살에 미치는 영향 역시 조사하였다. 그들은 미국 워싱턴 주 킹 카운티(King County)와 캐나다 브리티시 콜롬비아 주 밴쿠버에서 1985년과 1987년에 발생한 자살 사건의 차이를 비교하였다. 두 도시의 자살율 자체는 차이가 나지 않았으나 총기규제가 강한 밴쿠버에 비해 킹 카운티의 자살에서 총기로 인한 사망률이 밴쿠버에 비해 5.7배 많았다. 특히 10대와 20대(15세에서 24세)의 자살에 총기가 많이 사용된 것으로 나타났다. 위의 살인사건 사례와 마찬가지로 총기에 접근이 쉬우면 자살시도에 총기를 사용할 가능성이 높아지고 결과적으로 자살이라는 결과 역시 쉬워질 수 있는 것이다.

출처: Sloan, J.H., Kellermann, A.L., Eeay, D.T., Ferris, J.A., Rivara, F.P., Rice, C., Gray, L., & LoGerfo, J. (1988). Handgu regulations, crime, assaults, and homicide: a tale of two cities. New England Journal of Medicine, 319(19):1256-1262; Sloan, J.H., Rivara, F.P., Reay, D.T., Ferris, J.A., & Kellermann, A.L. (1990). Firearm regulations and rates of suicide: a comparison of two metropolitan areas. England Journal of Medicine,322(6):369-373.

〈표〉 상황적 범죄예방 기법

노력 증가 (Increase the effort)	위험성 증가 (Increase the risks)	보상 축소 (Reduce the rewards)	자극 축소 (Reduce Provocation)	변명제거 (Remove the excuses)
1. 목표물 견고화 운전대 잠금장치 강도예방 방어스크린 이물질투입방지포장	6. 보호능력 확대 일상적 사전경고 이웃감시	11. 목표물 은폐 도로 밖 주차장 성 중립적 전화번호부 현금수송차량 불명시	16. 불만/스트레스 감소 효과적인 줄서기 및 경찰서비스 확장형좌석 부드러운 음악/눈부시지 않은 조명	21. 규칙제정 임대차계약 성희롱방지규정 호텔등록
2. 시설물 접근통제 현관입구 전화 전자카드식 출입 수하물검색	7. 자연적 감시지원 가로등개선 방어공간디자인 내부고발자 지원	12. 목표물 제거 탈착 가능한 차량라디오 여성 피난처 선불전화카드	17. 충돌회피 경쟁 축구팬 분리울타리 설치 술집과밀감소 고정택시요금	22. 안내문게시 주차금지표지판 개인 사유재산 표지판 캠프파이어금지
3. 출구 감시 퇴장 시 티켓 확인 출하물 서류 전자식상품태그	8. 익명성 축소 택시운전자 ID '저의 운전은 어떤가요'라는 표식 학교교복	13. 자산 확인 자산 표식 차량면허 및 부품표식 가축 낙인표식	18. 감정자극 축소 폭력적 음란물 통제 축구장 내 품위유지 독려 인종차별적 언어사용금지	23. 양심호소 노변속도 표지판 세관신고서사인 상품 훔치기는 절도
4. 범죄자 분리 도로폐쇄 여성전용화장실 술집 분산 허가	9. 장소관리자 이용 2층 버스에 CCTV설치하기 편의점에 점원 2명 배치 보상경계	14. (암)시장 혼란 전당포 감시 불법광고통제 노점상면허제도	19. 동료압박 상쇄 바보들 음주운전 NO라고 말해도 된다. 학교 내 문제아 분리	24. 법규준수지원 손쉬운 도서관 체크아웃 공중화장실설치 쓰레기통비치
5. 도구 및 무기 통제 스마트총기 도난 된 휴대폰 불능화 청소년에게 스프레이페인트 판매금지	10. 공적 감시 강화 적외선 카메라 침입절도 경보기 경비원	15. 혜택 부정 상품 도난방지(잉크)태 그 낙서지우기 과속방지턱	20. 모방범죄방지 기물파손 즉시 수리 TV에 보안칩 설치 범행수법 내용 검열	25. 마약 및 알콜 통제 술집 내 음주측정기 비치 서버개입 무알콜 행사 주최

출처: Cornish & Clark (2003). Opportunities, precipitators and criminal decisions: A reply to Wortley's critique of situational crime prevention in Smith, M. and Cornish, D.B. (eds) Theory for Situational Crime Prevention, Crime Prevention Studies, Vol. 16, Criminal Justice Press, Monsey, New York. http://www.popcenter.org/25techniques/ 저자 역.

제2절 범죄기회 감소기법에 따른 범죄전이와 이익의 확산

1. 범죄전이 현상(Displacement of Crime)

상황적 범죄예방의 아킬레스건(Achilles' Heel)[8]라 할 수 있는 범죄전이란 범죄예방 조치로 인해 범죄자가 다른 장소, 대상, 범죄유형을 선택하여 이동하는 현상을 말한다. 풍선의 한쪽을 누르면 다른 쪽이 부풀어 오르는 것과 같은 원리이다. 범죄전이는 상황적 범죄예방론 등 신고전주의 범죄기회이론의 확장을 방해하는 기대치 않은 부작용(Side-effect)이다. 범죄기회 감소기법 적용이 한편으로 범죄전이라는 부작용을 유발할 수 있다는 많은 학자들의 지적이 있어왔다(Brantingham & Brantingham, 2000; Barr & Pease, 1990; Bowers & Johnson, 2003; Repetto, 1974; 1976). 상황적 범죄예방론을 지지하는 학자들조차도 범죄전이의 가능성을 우려했다(Barnes, 1995). 여러 학자들의 연구에서 범죄예방을 위한 조치들이 오히려 주변에 범죄를 증가시킨다는 결과를 보여주고 있다. 버스 강도 예방을 위한 경찰의 적극적 활동이 오히려 인근 지하철 강도를 증가시키는 등 범죄전이가 나타나는 것으로 파악되었다(Clarke, 1997:28). 한편 영국에서 1960년대와 1970년대 가정용 가스(일산화탄소 함유)를 이용한 자살이 빈발하자 천연가스로 변경하였더니 자살이 현격하게 감소하였고 자살의 전이가 발생하지 않았다는 결과도 보고되었다(Clarke & Mayhew, 1988). 다만 기존 범죄전이 현상에 관한 연구들은 범죄전이의 측정방법의 문제점 및 전이 지역에 대한 정의와 비교에서 연구방법론적인 개선이 요구된다는 평가이다(Bowers & Johnson, 2003). 범죄의 영역적 전이를 단순히 바로 인접한 지역으로 한정하는 것이 아니라 완충지대(Buffer Zone)를 벗어난 지역에 대해 조사할 필요성이 있다는 것이다(Bowers & Johnson, 2003).

레페토(Reppetto, 1974)는 범죄전이의 유형을 크게 장소 전이(Spatial Displacement), 시간 전이(Temporal Displacement), 전술 전이(Tactical Displacement), 목표 전이(Target Displacement), 그리고 기능적 전이 혹은 범죄유형 전이(Functional Displacement or Type of Crime)로 구분하였다. 영역적 전이는 범죄예방 조치로 인해 한 지역에서 다른 인접한 지역으로 범죄자가 이동해서 범죄를 저지르게 되는 경우를 말한다. 시간적 전이는 범죄발생 시간이 범죄예방 조치로 인해 낮 시간에서 밤 시간으로 혹은 밤 시간에

8) 클락 교수는 자신의 저서 상황적 범죄예방론에서 범죄전이는 상황적 범죄예방론의 범죄기회 감소기법에 따른 피할 수 없는 결과일지도 모른다는 평가를 한다. 다만 실제 평가 연구들에 따르면 범죄전이를 너무 우려하지 않아도 된다고 한다(Clarke, 1997:28-31).

서 낮 시간으로 바뀌는 것을 의미한다. 전술적 전이란 범죄수법의 전이를 의미한다. 현관문을 열쇠가 아닌 터치식 도어락(Door Lock)으로 바꾸게 되면 만능열쇠로 주거침입 절도를 저지르는 범죄자가 다른 방법(베란다 이용, 창문 깨기 등)으로 침입하는 경우 전술적 전이라 할 것이다. 목표의 전이는 범죄예방 조치로 범죄피해 대상물이나 대상자가 보호받게 되면 범죄자가 범죄대상을 바꾸게 되는 것을 의미한다. 기능적 전이는 다른 말로 범죄유형 전이이다. 기능적 전이는 절도 범죄자가 강도가 되거나 성범죄자가 살인범이 되는 등 범죄기회 및 상황의 변화로 인해 원래 유형의 범죄가 아닌 다른 유형의 범죄를 저지르게 되는 것으로 의미한다. 범죄전이의 여섯 번째로 논의되는 범죄자 전의(Perpetrator Displacement)가 새롭게 제안되었다(Barr & Pease, 1990). 위반자 전이는 범죄예방 조치로 인해 원래 범죄자가 범죄를 포기하고 떠났지만 다른 범죄자가 그곳에서 범죄를 저지르게 되는 범죄자 대체 현상을 의미한다.

범죄 전이의 유형

시간 전이	범죄예방 활동에 따른 시간의 변화
목표 전이	범죄예방 활동에 따른 범죄대상물 혹은 목표물 변경
장소전이	범죄예방 활동에 따른 범행 장소 변경
전술전이	범죄예방 활동에 따른 범죄 수법 변경
범죄자 전이	범죄예방 활동에 따른 범죄가 대체
범죄유형전이	범죄예방 활동에 따른 범죄유형 변경

출처: Reppetto, 1974; Barr & Pease, 1990; Barnes, 1995. 저자 재구성.

범죄전이 현상은 범죄는 비탄력적이고 범죄자는 이동성을 가지며, 범죄자는 합리적 선택이 가능하고, 범죄대상은 변경가능하기 때문에 전이현상이 발생한다고 한다(Reppetto, 1976). 첫째, 범죄의 비탄력성(Inelasticity)이다. 범죄자는 범죄를 저지르기로 결정하고 범죄행위에 가담하게 되는데 이때 조건이 맞지 않는다하여 금방 범죄행위를 포기하기는 어려울 것이라는 점에서 범죄의 비탄력성 때문에 범죄전이가 발생한다는 것이다. 둘째, 범죄의 이동성(Locomotivity)이다. 범죄자는 범죄 장소를 이동한다. 특정 장소에서 범죄예방 조치가 이루어지게 되면 범죄자는 범행 장소를 이동할 수 있다. 물론 장소의 물리적 환경으로 하천, 다리, 도로 등 이동에 제한이 될 수 도 있다. 범죄자가 이동이 가능하다면 범죄 역시 장소의 전이가 가능하다. 셋째, 범죄자는 합리적 계산(Rational Choice)이 가능하므로 범죄기회의 변화에 적응하여 다른 대상을 선택할 수 있을 것이다. 이익보다 손실이 크다면 범행을 포기하고 다른 유형이나 수법을 이용하여 다른 대상을 선택할 수 있을 것이다. 마지막으로 목표물 선택의 가용성(Fusibility)이다. 범죄자는 범행 대상은 고정하지 않는다. 범죄기회의 변화에 따라 대상이 변경가능하다. 경찰이 범죄예방 조치를 통해 특정 지역을 보호하고 있을지라도 경찰의 보호를 받지 않는 누군가는 분명히 존재할 수 있다. 범죄자 입장에서 이들은 범죄의 대상이 된다.

범죄전이는 적극적인 범죄예방 방안 도입을 머뭇거리게 만든다. 이에 기존 많은 연구들이 범죄전이 현상의 존재 여부를 파악하기 위해 노력하였다. 상당히 많은 연구가 범죄전이 분야별로 존재함을 보여주었다(이순래 외, 2016:168-176). 물론 범죄전이는 제한적이라는 연구도 많다. 국내에서는 범죄전이에 대한 연구가 많지 않다. 기존 연구의 결론 역시 상반된 주장이다(김연수, 2008; 박현호 외 2인, 2011). 박현호와 그의 동료들(2011)의 연구에서는 범죄전이 현상이 거의 발생하지 않는다고 결론내렸다. 한편 김연수(2008)의 경우 범죄전이는 인접지역에서 일부 발생한다는 보고하였다. 보수적으로 결론내리자면 범죄전이는 일부 발생하는 것이 사실이다. 기존 범죄전이 연구를 분석한 에크(Eck, 1993), 헤슬링(Hesseling,1994), 구어렛과 바우어스(Guerette & Bowers, 2009)의 연구를 종합할 때, 범죄전이는 전반적으로 일어나고 있다. 클락(Clarke, 1997; 2005)교수는 범죄전이가 분명하게 발생하는 것은 아니라고 반박하고 있지만 범죄전이는 존재하는 것이 사실이다. 이에 상황적 범죄예방론에서 제안하는 범죄기회 기법이 범죄전이까지 고려하여 범죄가 덜 전이되는 방향으로 정책이 고안될 필요성이 있다. 예를 들면 범죄예방론의 주장처럼 좁은 목표지역이 아닌 보다 넓은 지역에서 범죄예방 조치를 펼친다면 인접 지역에 대한 범죄전이를 일부나마 감소시킬 수 도 있을 것이다.

2. 이익의 확산효과(Diffusion of Benefits)

범죄의 전이가 범죄예방 정책의 예기치 못한 부작용이라면 이익의 확산효과는 범죄예방 조치의 목표 대상이 되는 장소, 시간, 범죄, 대상을 넘어서는 긍정적 효과의 확산을 의미한다(Clarke & Weisburd, 1994). 증폭효과, 후광효과, 이익의 범람효과, 보너스 효과, 무임승차 효과 등 다양한 용어로 이익의 확산효과가 불리고 있다. 이익의 확산효과는 범죄예방 활동에 따른 억제효과(Deterrence Effect)와 단념효과(Discouragement

Effect) 때문에 발생하는 것으로 보인다. 억제효과란 범죄예방활동이 이뤄지고 있는 지역의 범죄자가 그 인근 지역에도 동일한 활동이 이루어지고 있을 것이라는 잘못된 인지로 인해 범죄행동이 억제되는 결과를 가져온다. 단념효과는 범죄자가 기존에 범죄가 용이했던 어떤 대상이 범죄예방 기법의 사용으로 목표물이 강화되거나 위험이 증가하게 되면 그 행위를 포기하게 된다는 것이다. 예를들어 클락과 웨이즈버드(Clarke & Weisburd, 1994)는 영국 가정 내에 가스계량기가 동전 투입방식에서 카드방식으로 변경되면서 주거침입절도범들에게 더 이상 매력적이지 않은 대상이 되어 주거침입절도가 감소한 결과에서 볼 수 있다. 비록 모든 가구가 카드 방식으로 변경된 것이 아님에도 불구하고 주거침입절도범들은 가스계량기 동전 절취행위가 현격하게 감소하였던 것이다. 기존 범죄예방활동의 전이와 확산효과를 분석한 구어렛과 바우어스(Guerette & Bowers, 2009)는 전체 프로그램 중 27%가 이익의 확산효과를 보고하였다고 한다. 국내 연구들에서도 이익의 확산효과가 보고되고 있다. 박현호와 그의 동료들(박현호 외, 2011)은 CCTV의 설치가 주변 지역의 범죄역시 감소시키는 효과를 가진다고 보고하였다. 김연수의 연구(김연수, 2008)에서도 이익의 확산 효과가 보고되었다.

베리(Barry)의 대학 주차장 CCTV설치의 이익확산효과

포너 베리(Poyner Barry)는 영국 슈레이 대학(University of Surrery)의 주차장에서 절도가 많이 발생하는 것을 막기위해 주차장에 CCTV를 설치하여 감시성을 강화시켰다. 경제적 한계로 총 4개 주차장 중 3개 주차장(2, 3, 4 주차장)은 직접적으로 감시가 가능했으나 나머지 1개 주차장(1번 주차장)은 대학 강의실 건물 뒤편에 있어 감시가 어려운 위치에 놓여 있었다. 감시성이 범죄예방효과가 있다면 직접 감시가 되는 3개 주차장의 절도는 감소 할것이라 기대되는 반면 건물에 가려진 1번 주차장은 절도발생의 변화가 기대되기 어려웠다. 또한 범죄전이의 가능성이 있으므로 CCTV로 감시가 되지 않는 건물 뒤편 주차장에 오히려 절도가 증가할 수 도 있다는 우려도 있었다. CCTV설치 이후 1년 간 캠퍼스 주차장 절도사건은 138건에서 65건으로 2배 이상 감소하였다. 더 놀라운 사실은 건물에 가려져 CCTV로 감시가 어려운 주차장에서도 다른 주차장과 마찬가지로 절도가 거의 동일한 비율로 감소하였다는 점이다. 즉 감시성 강화가 인근으로 범죄전이를 시키기 보다는 오히려 범죄예방 이익이 확산하는 결과를 보여주었던 것이다. CCTV가 설치되면서 주차장 절도범들은 더 이상 대학 주차장이 절도에 적합하지 않은 장소가 되었다고 인식했을 것으로 생각되며 이는 결과적으로 CCTV가 설치되지 않은 주차장 역시 범행대상에서 제외되었던 것이다.

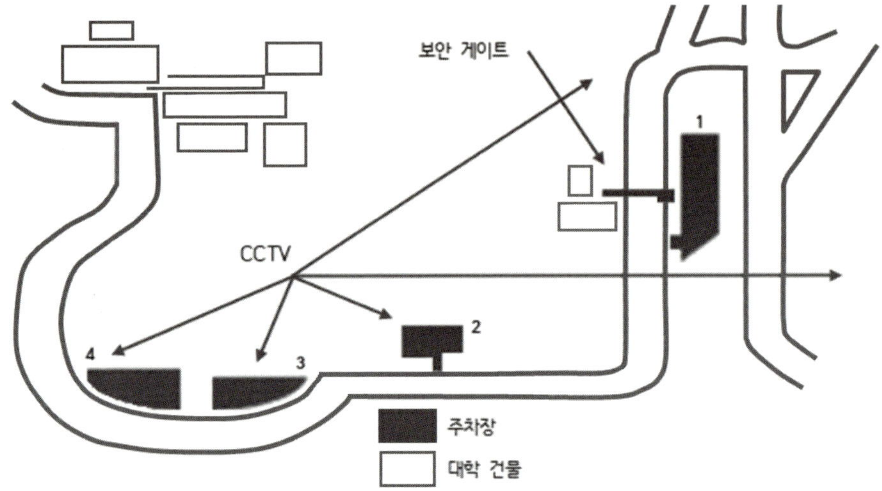

출처: Barry, P. (1997). Situational Prevention in Two Parking Facilities. Situational Crime Prevention: Successful Case Studies, Clarke, R.V. (ed). Monsey, NY: Criminal Justice Press.

제3절 상황적 범죄예방에 대한 평가

1. 범죄기회 감소기법 적용의 우려점

상황적 범죄예방론은 범죄기회구조를 설명하면 범죄발생의 기회를 제공하는 상황적 특성을 개선 혹은 변화시켜 범죄기회를 감소시킬 수 있는 다양한 기법의 적용을 가능하게 한다. 기존 범죄자의 범인성 중심의 범죄이해에서 벗어나 보다 실용적이고 효과적인 범죄예방 기법을 제공한다는 측면에서 상황적 범죄예방론은 범죄예방 정책에 기여하는 바가 크다. 하지만 상황적 범죄예방론은 피할 수 없는 철학적 윤리적 문제를 안고 있다. 우선 범죄예방이라는 명목으로 감시용 CCTV설치, 보안장치 설치, 민간경비, 적극적 경찰개인 등 다양한 유형의 범죄기회 감소 기법이 도입되면서 전체주의적인 국가통제의 강화(Big Brother)가 아니냐는 우려가 지속적으로 제기된다. 또한 범죄기회 감소 기법의 도입을 위해서는 결과적으로 재정투입이 요구되는데 이로 인해 가난한 동네 보다는 부유한 동네가 더 안전해지는 요새화 사회(Fortress Society)에 대한 우려 역시 제기된다. 상황적 범죄예방론에 기초한 다양한 범죄예방 기법 도입으로 시민은 자신의 거주지에서 범죄피해를 당할지도 모른다는 두려움에서 일부나마 벗어나는 계기가 되었음에도 불구하고 자칫 자신의 자유를 침해하는 것은 아닌지 의구심을 가지기 때문이다. 사실상 상황적 범죄예방론의 도입은 일부 이 같은 우려를 피할 수 없고 또한 어쩔 수 없이 지역별 범죄예방 수준의 차이를 가져오게 한다. 전형적으로 상황적 범죄예방론의 접근법은 작은 규모의 공간(Small Size of Space)에 집중적으로 범죄기회 감소기법을 적용하는 것이다. 이는 필연적으로 범죄예방 기법이 도입된 장소와 그렇지 않은 장소의 범죄예방 수준 차이를 가져온다. 즉, 특정 지역의 요새화가 진행되는 것이다. 요새화 지역은 상대적으로 그렇지 않은 지역에 비해 안전할 수 있지만 개인의 자유(사생활 등)가 침해될 수 있다는 우려가 필연적으로 따라오게 된다는 아이러니한 상황에 놓일 수 있다. 사실상 주거단지의 요새화는 사회통합과 지역주민들 간의 자치와 결합되지 않으면 범죄두려움 감소효과는 현저히 떨어지는 반면 오히려 지역사회의 통합을 약화시킬 수 있다(김성언, 2011). 즉, 물리적 환경에 치중 된 범죄기회 감소기법의 적용만을 고려하는 것이 아닌 지역사회의 응집력과 지역주민들의 교류를 동시에 고려할 수 있는 방어공간 구축이 요구되는 것이다. 오스카 뉴먼의 방어공간 논의에서 보듯이 안전한 주거환경의 구축은 궁극적으로 지역주민들의 자생적인 사회문제 대응능력의 향상으로 이어져야 한다.

2. 기존 비판에 대한 반박

아래의 표는 상황적 범죄 예방에 대해 주류 범죄학자들의 비판을 클락 교수가 반박한 내용을 정리한 것이다. 첫째, 기존 범인성에 기초한 범죄학자들은 상황적 범죄예방론이 단순하고 이론이 아니라고 주장한다. 이에 대해 클락교수는 상황적 범죄예방론은 3가지 범죄기회이론(일상행위이론, 범죄패턴이론, 합리적 선택이론)에 기초하고 있다고 반박한다. 또한 상황적 범죄예방론은 사회심리학으로부터 도출된 이론이기도 하다고 반박한다. 사실상 많은 주류 범죄학자들은 상황적 범죄예방에서 강조하는 상황 혹은 기회라는 것은 누구나 일상적으로 경험해서 알고 있는 상식으로 이해한다. 늦은 밤에 혼자 인적이 드문 낙후된 골목길을 걷는 것은 두렵고 위험이 따르는 일이다. 이 같은 상식은 이론의 장황한 설명 없이도 인류가 오랜 경험상으로 익히고 있는 것이므로 이론이라 보기 어렵다는 논리였던 것이다. 하지만 클락 교수는 그 같은 상황과 기회를 합리적 선택이론과 일상행위/생활양식 이론 등의 범죄기회이론으로 이론화 시켰다. 물론 범죄학자 에이커스가 강조하고 있는 좋은 이론의 평가기준에서 볼 때, 상황적 범죄예방론은 다양한 이론적 근거를 가지고 설명한다는 측면에서 독립된 이론으로서의 가치를 부여하는데 한계점이 있어 보일 수도 있다. 하지만 좋은 이론이 논리적으로 일관되고 간결해야 하며 많은 이론을 설명하고 검증 가능해야 한다는 에이커스의 기준에 따를 때, 상황적 범죄예방론은 범죄의 원인이 범죄기회에 있다고 보며 이를 제거하면 모든 범죄가 발생하지 않는다는 논리구조는 일관되고 간결하며 많은 범죄를 설명할 수 있다는 측면에서 클락 교수의 주장이 보다 설득력이 있는 것으로 보인다.

둘째, 상황적 범죄예방론에 대한 두 번째 비판은 범죄기회 감소 기법이 제대로 작동하지 않으며 범죄를 전이시키거나 더 상황을 어렵게 만든다는 것이다. 이에 대해 클락 교수는 많은 연구들이 범죄감소효과를 보여주었고 범죄전이는 거의 발생하지 않았다고 주장하면서 영국의 가정 내 가스 자살의 감소 등의 예를 들고 있다. 앞에서도 살펴보았듯이 범죄기회 감소기법은 일부 범죄전이가 발생하는 것으로 보인다. 다만 이와 더불어 범죄감소 이익 확산효과도 있기 때문에 범죄기회 감소기법이 무용하다는 주장은 옳지 않다.

셋째, 상황적 범죄예방론의 비평가들은 범죄의 근원적 원인이 더 중요함에도 불구하고 상황적 범죄예방론은 이를 간과한다고 비판한다. 이에 대해 클락 교수는 상황적 범죄예방론이 이렇건 저렇건 즉각적으로 범죄를 감소시킨다는 측면에서 우리 사회에 이익이라고 반박한다. 저자의 입장에서 볼 때, 범죄의 근원적 원인으로 인식되는 많은 특성들(생물, 심리, 사회 등)이 중요한 것은 사실이나 전형적으로 실증주의 범죄학에 근거한 논리라 생각한다. 고전주의 범죄학 그리고 일부 실증주의 범죄학은 인간의 본성을 근본적으로 악하게 묘사한다. 여기서 악하다는 의미는 나쁘다는 의미가 아닌 누구나 범죄를 저지를 수 있다는 것이다. 사회학자 뒤르케임에서부터 허쉬에 이르기까지 많은 사회학적 실증론자들 역시 인간은 누구나 범죄를 저지를 수 있다고 본다. 다만 그것을 막는 것이 공식적 처벌이냐 아니면 사회적 요소냐가 중요하다. 상황적 범죄예방론은 인간은 누구나 범죄를 저지를 수 있으며 범죄발생을 결정짓는 것은 범죄기회와 상황이라고 설명하기에 이 같은 기회를 감소시키면 범죄는 발생하지 않으므로 범인성을 간과한다고 하여 범죄예방에 있어 큰 손실이 존재하는 것은 아니라 할 것이다.

넷째, 상황적 범죄예방론에 대해 비평가들은 상황적 범죄예방론이 이기적이고 배타적인 사회를 만든다고 주장한다. 영화 '더 퍼지(The Purge)'라는 영화를 본 독자라면 이 같은 비판의 이유를 좀더 잘 이해할 것이다. 상황적 범죄예방론은 범죄기회를 제거하고 감소시켜야 하기 때문에 범죄예방에 많은 비용이 소요될 수 있다. 다음 장에서 다룰 환경설계를 통한 범죄예방은 소규모 지역에 집중적으로 많은 예산을 투입하여 환경개선 및 디자인이 요구되므로 사업 수행지역과 그렇지 않은 지역에서 예산배분의 불평등이라는 이의가 제기될 수 있기 때문이다. 이 같은 비판에 대해 클락 교수는 상황적 범죄예방은 가난한 사람들도 부자 만큼 범죄로부터 보호를 제공할 수 있다고 반박한다. 즉 상황적 범죄예방은 누구에게나 범죄감소의 혜택을 준다는 설명이다. 클락 교수의 의견에 대해 일부 동의를 한다. 예를들어 잠금장치를 하면 주거침입절도를 줄일 수 있다는 상황적 범죄예방론의 접근법은 부자나 가난한 사람을 모두 보호 할 수 있다. 하지만 여기서 간과하고 있는 사실은 잠금장치도 수없이 많은 종류와 가격차이가 존재한다는 점이다. 당연히 부자는 더 튼튼하고 복잡하며 보안이 잘되는 잠금장치를 설치하는 반면 가난한 사람은 이를 감당하기 어려울 것이므로 보안이 조금 취약한 잠금장치를 설치 할 것이다. 따라서 상황적 범죄예방론이 특정 지역 혹은 특정 가구의 요새화라는 비판으로부터 자유롭기 위해서는 사회복지 차원에서 범죄예방을 위한 비용에 대해 사회적 부조제도가 필요해 보인다. 이 저서의 논의 범위를 벗어나는 부분이기에 보다 세부적인 내용을 다루기는 어렵지만 비평가들의 논의는 무시하기 어려워 보인다.

다섯째, 상황적 범죄예방론이 범죄에 보수적이고 관리적 접근이라는 비판이 있다. 이 같은 의견에 대해 클락 교수는 상황적 범죄예방론에서 제시되는 범죄기회 감소 기법은 그 기법이 디자인 된 수준에서만 범죄감소를 약속할 수 있을 뿐이며 경제적이고 사회적으로 수락 가능한 해결책이다고 반박한다. 범죄에 대해 적극적으로 개입하고 그 문제를 해결할 수 있는 방안이 아니라는 비평이며 이에 대해 클락 교수는 사회적으로 수용 가능한 수준에서 경제적인 방법만 제시 할 수 있을 뿐이라는 너무나도 현실적인 반박을 하였던 것이다. 1장에서 살펴보았듯이 범죄학 이론은 정치적 성향을 가진다. 상황적 범죄예방론은 고전주의에 기초하고 있으므로 보수적 성향을 가질 수 밖에 없다. 물론 보다 적극적인 개입(여기서 말하는 개입이란 범죄의 원인을 해결할 수 있는)이 가능하면 좋겠지만 범죄발생 상황에 초점을 두는 상황적 범죄예방론의 한계점 역시 직시할 필요성이 있다. 오히려 클락 교수가 말한대로 경제적이고 사회적으로 수락 가능한 해결책이라는 주장은 상황적 범죄예방론의 세금 분배의 불평등이나 인권침해적이라는 비평과 연결해서 살펴볼 때 현명한 반박이라 할 것이다.

여섯째, 비평가들은 상황적 범죄예방론이 개인의 자유를 제한하고 '빅 브라더'를 부추긴다고 비판한다. 클락 교수는 민주주의 사회가 이 같은 우려를 보호하며 사람들은 기꺼이 일부나마 안전을 위해 불편이나 자유의 일부 침해를 감내할 것이라고 반박한다. 상황적 범죄예방론의 논의에서 가장 첨예하게 대립이 되는 논의가 바로 범죄기회 감소 기법이 인권을 침해하는가?라는 논쟁일 것이다. 예를 들면 범죄예방을 위해 국가가 수없이 많은 CCTV를 설치하고 이를 통해 감시감독을 하는 현실에서 개인들은 원치 않게 자신의 일상이 노출된다는 불안감과 사생활 침해에 대한 불만이 존재한다. 이 문제는 사회적 합의의 문제임과 동시에 국가기관의 불필요한 혹은 비인권적 이용이 되지 않도록 시민사회의 감독이 필요한 이슈이다. 국내 거의 대부분의 지방자치단체에서 방범용 CCTV, 교통관제용 CCTV, 그외 다양한 목적으로 설치된 CCTV를 관계하는 관제센터가 24시간 운영 중이다. 국가기관이 CCTV를 통해 얻어진 정보를 국민의 안전을 보호하는 목적 이외에 사용하지 못하도록 엄밀한 감독이 요구되는 것은 너무나도 당연한 일이다. 오히려 시민사회의 통제가 미치지 않는 영역은 개인이 설치한 CCTV나 차량용 블랙박스에 의한 타인의 사생활 침해 문제가 더 논의될 필요성이 있다. 안타깝게도 아직까지 우리 사회에서는 이에 대한 명확한 기준이 명시화 된 것은 없다. 불법적으로 촬영된 영상(몰카) 등에 대한 법적 제재가 있기는 하지만 일상적으로 무수히 찍히게 되는 우리의 일상을 보호할 수 있는 방법도 시스템도 없는 것이 사실이다.

일곱째, 상황적 범죄예방론이 피해자를 비난한다는 비평이다. 클락 교수는 상황적 범죄예방론은 범죄피해를 예방하고 막는 방법과 정보를 제공하는 것이지 피해자를 비난하는 것은 아니라고 반박한다. 사실상 이 논쟁은 상황적 범죄예방론에 앞서 범죄피해자 이론이라 불리는 생활양식이론, 일상행위이론 등 많은 범죄피해자 이론에서 논란이 되었던 논쟁이다. 피해자 비난론은 피해자가 범죄를 유발 혹은 촉발하였다는 논의에서 등장한 논쟁이며 페미니즘 이론가 등 범죄피해자 보호의 관점에서 더욱 격화되었다. 범죄에 있어 범죄피해자가 아니라 당연히 범죄자가 잘못이다. 범죄자는 비난받아야 한다. 이 같은 논리는 범죄피해자가 순수한 범죄자일 때 100% 가능한 논리이다. 한편 몇몇 학자들은 주장하기를 범죄피해자가 가끔 범죄를 촉발하기도 한다고 설명한다. 예를 들면, 가정폭력을 저지르는 남편이 어느 날 또 다시 아내를 폭행하던 중에 아내가 남편을 밀어서 남편이 사망하였다고 가정해 보자. 사건의 결말로 봤을 때 남편은 살인

피해자이고 아내는 살인자이다. 100% 살인자인 아내의 잘못인가? 아마도 아니라고 답하는 경우가 많을 것이다. 상황적 범죄예방론은 범죄피해를 당하지 않기 위해 우범지역을 피해다니고 귀중품을 소지하지 말고 자물쇠를 잠그고 CCTV를 설치하고 등등 생활상에서 범죄가 발생할 수 있는 기회 혹은 범죄피해를 당할 수 있는 기회를 최소화 함으로써 범죄예방을 도모한다. 상황적 범죄예방론에서 제안한 범죄기회 감소기법을 적용하지 않아서 범죄피해를 당하는 것은 안타까운 일이지 비난받을 일은 아닐 것이다. 다만 예방 할 수 있는 기회가 있으니 그 방법을 사용하자는 것이다.

상황적 범죄예방론에 대한 비판과 클락 교수의 반박

비판	클락 교수의 반박
1. 상황적 범죄예방론은 단순하고 범죄이론이 아니다.	1. 상황적 범죄예방론은 일상행위이론, 범죄패턴이론, 합리적 선택이론에 기초하고 있다. 또한 상황적 범죄예방론은 사회심리학에도 영향을 받았다.
2. 상황적 범죄예방론은 제대로 작동하지 않으며 범죄를 전이시키거나 더 상황을 어렵게 만든다.	2. 많은 연구들이 상황적 범죄예방의 범죄감소효과를 보여주었고 범죄전이는 거의 발생하지 않았다.
3. 상황적 범죄예방론은 범죄의 근원적 원인을 간과한다.	3. 상황적 범죄예방론은 즉각적으로 범죄를 감소시킨다는 측면에서 우리 사회에 이익이다.
4. 상황적 범죄예방론이 이기적이고 배타적인 사회를 만든다고 주장한다.	4. 상황적 범죄예방은 가난한 사람이나 부자나 모두 범죄로부터 보호받게 한다.
5. 상황적 범죄예방론이 범죄에 보수적이고 관리적 접근이라는 비판한다.	5. 상황적 범죄예방론에서 제시되는 범죄기회 감소 기법은 그 기법이 디자인 된 수준에서만 범죄감소를 약속할 수 있을 뿐이며 경제적이고 사회적으로 수락 가능한 해결책이다
6. 상황적 범죄예방론이 개인의 자유를 제한하고 '빅 브라더'를 부추긴다고 비판한다.	6. 민주주의 사회가 이 같은 위험을 보호하며 상황적 범죄예방이 범죄로부터 시민들을 보호하면 시민들은 기꺼이 불편이나 자유의 침해를 감내할 것이다.
7. 상황적 범죄예방론은 피해자를 비난한다.	7. 상황적 범죄예방론은 피해자들에게 범죄위험과 범죄회피방법에 대한 정보를 제공해 줌으로써 피해자들에게 힘이 되어 준다.

출처: Clarke, R.V. (2005). Seven misconceptions of situational crime prevention. In Tilley, N. (ed). Handbook of Crime Prevention and Community Safety . pp.39-70. Portland: Willan.; Lab(2014). p. 226. 재인용. 저자가 일부 내용을 의역하였음.

범죄예방의 상황적 접근: 환경설계를 통한 범죄예방론

제1절 환경설계를 통한 범죄예방론의 이해

1. 환경설계를 통한 범죄예방론의 등장

1) 제인 제이콥스(Jane Jacobs)의 '위대한 미국 도시들의 삶과 죽음'

환경설계를 통한 범죄예방론의 초기 논의들 중 인간의 거주 공간의 조건에 따라 행동의 변화가 야기될 수 있다는 가능성을 논의한 학자가 제인 제이콥(Jane Jacobs: 1916-2006)이다. 제이콥은 사회문제를 도시계획과 연관지어 설명함으로써 인간의 거주공간에 대한 설계의 중요성을 강조하였다. 1961년 그녀의 저서 '위대한 미국 도시들의 삶과 죽음(The Death and Life of Great American Cities)'는 환경설계를 통한 범죄예방의 시초가 되었다고 평가받는다(Crowe, 2000). 제이콥(Jacobs)은 기존 1950년대 미국 도시의 재생사업(Urban Planning Policy)이 도시 거주민들의 공동체를 파괴하는 방식으로 계획되었다고 비판하며 물리적 디자인을 통해 도시민들의 행동을 변화시킬 수 있다고 주장하였다. 그녀는 도시디자인이 지역주민들이 길거리의 눈(Eyes on the Street)이 되고 지역사회의 사회자본(Social Capital)이 될 수 있도록 다양한 용도로 토지이용(Mixed Primary Uses)이 되어야 한다고 주장하였다. 따라서 그녀 입장에서 도시디자인과 계획의 실패는 결국 지역사회를 파괴하여 범죄와 같은 사회문제를 야기한다고 보았던 것이다. 제이콥의 논의는 범죄예방에서 지역에 대한 인식(Territorial Identity)과 자연적 감시(Natural Surveillance)의 중요성을 강조하였다는 의의를 가진다(Crowe, 2000).

제인 제이콥스의 '위대한 미국 도시들의 삶과 죽음'

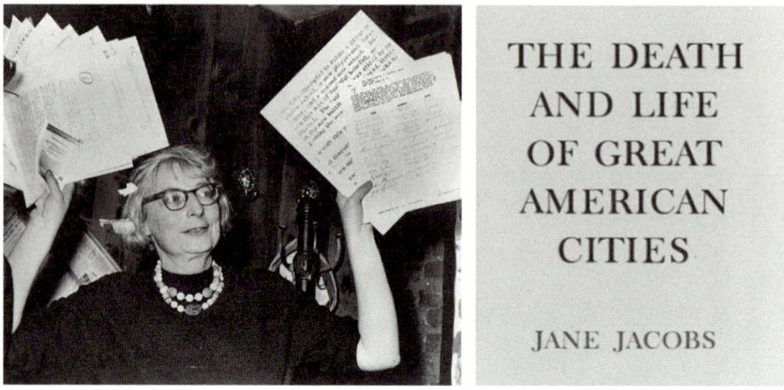

출처: https://en.wikipedia.org/wiki/Jane_Jacobs#Rockefeller_Foundation_and_Death_and_Life_of_Great_American_Cities 2021년 2월 10일 검색.

2) 오스카 뉴먼(Oscar Newman)의 '방어공간'

1971년 오스카 뉴먼(Oscar Newman:1935-2004)은 '방어공간(Defensible Space: Crime Prevention Through Urban Design)이라는 저서에서 공공임대주택의 주택설계와 범죄와의 관계를 설명하였다. 그는 규모가 큰 공공임대주택이 거주민들의 구역성에 대한 인식을 약화시키고 공공지역에 대한 책임감을 떨어뜨리게 되어 거주민들이 낯선 사람을 구별할 수 없고 접근이 용이하여 범죄자들이 도주가 용이하게 된다고 주장한다(Newman, 1972; Clarke, 1987 재인용). 오스카 뉴먼의 방어공간은 자연적 감시, 접근통제, 영역성 인식이 가능한 디자인을 통해 범죄예방을 도모하는 방법을 제안하였다.

오스카 뉴먼의 방어공간

출처: https://images-na.ssl-images-amazon.com/images/I/51D2mJ13NaL._SX332_BO1,204,203,200_.jpg 검색일자: 2021년 2월 10일

뉴먼은 물리적 환경이 적대감과 익명성이 아닌 소속감과 책임감을 심어줄 수 있다고 보았는데 물리적 환경 변화를 통해 지역주민들이 지역의 문제를 통제할 수 있다고 주장하였다. 즉, 지역사회의 물리적 환경은 지역주민들이 서로 접촉하고 지역 시설물을 더 많이 이용하며 지역문제를 보다 더 잘 인지하여 지역의 범죄문제 해결에 참여할 수 있게 한다고 보았다.

뉴먼은 방어공간은 네 가지 요소로 구성된다고 보았는데 영역성, 자연적 감시, 이미지, 그리고 환경이다. 우선 영역성(Territoriality)는 자신이 거주하는 지역에 대한 권리이며 주인의식이라 할 수 있다. 예를 들면, 집주인은 자신의 집 울타리 내부의 공간을 자신 스스로 통제할 수 있으며 자신의 소유라 인식하기 때문에 외부인이 울타리 내부에 침입하거나 자신의 집을 훼손하는 것을 용납하지 않는데 이는 자신의 영역이라는 표시이다. 동물들이 자신의 영역을 표시하고 다른 동물들의 침입을 경계하고 침입시 공격하는 것과 같은 이치이다. 이를 좀 더 확장하자면 지역사회 혹은 자신의 주거지역에서 지역주민들은 낯선 사람과 합법적 거주민들 구분할 수 있으며 지역공동체 의식을 형성하게 된다. 즉, 영역성은 다른 말로 주인의식이라 할 수 있을 것이다.

한편 자연적 감시(Natural Surveillance)는 거주지의 물리적 환경과 설계를 통해 이웃과 이방인을 구분할 수 있도록 하는 것이다. 특정한 장치의 도움 없이도 건축물 등의 설계를 통해 내부와 외부를 잘 관찰 할 수 있도록 함으로써 외부인의 침입을 손쉽게 인지하도록 하는 것이다. 예를들어 전통적인 한국의 주거지를 살펴보자면 주로 배산임수의 지역을 선호하는 것으로 보인다. 배산임수 지역은 마을의 뒤쪽에 산이 있고 마을 앞에 강이나 냇물이 흐른다. 강가 주변에는 논농사를 주로 짓고 마을 뒷산에서는 주로 밭농사를 짓는다. 또한 강이나 냇물을 따라 마을로 진입하는 다리나 길이 하나이며 마을 입구에 거주민들이 주로 모이는 휴식터(정자 등)가 있어 항시 마을 사람들이 모여 있다. 따라서 외부인이 마을에 진입하는 모습이 농사를 짓는 마을 주민들이나 휴식 중인 마을 사람들에게 자연스럽게 감지되어 외부인의 범행이 손쉽게 파악되고 마을 주민들의 즉각적인 대응이 가능하도록 설계되어 있다.

한편 이미지(Image)는 거주지역과 건축물이 잠재적 범죄자 입장에서 손쉽게 범행이 가능하다고 인식하지 않도록 하는 것이다. 깨어진 창문이론에서 캘링(Kelling)과 윌슨(Wilson)은 거주지역의 무질서가 방치되면 외부인들이 당해 지역이 보호받지 않고 유지관리가 되지 않는다고 보아 일탈적 행위를 서슴지 않고 하게 된다고 설명한다. 즉, 거주지의 물리적 환경이 견고하고 공격에 잘 견디며 외부인의 침입을 용납하지 않는다는 상징적 이미지를 제공할 수 있어야 한다는 것이다.

마지막으로 환경(Milieu)는 아파트나 주택을 건설함에 있어 해당지역의 환경이 범죄율이 낮고 감시가 용이한 지역에 건설되어야 한다는 것이다.

오스카 뉴먼의 방어공간 4가지 구성요소

영역성 (Territoriality)	테일러(Taylor, 1988)의 지역에 대한 영역인식(Territorial Functioning)과 유사한 의미로 자신 거주지에 대한 주인의식을 의미한다.
자연적 감시 (Natural Surveillance)	자연적인 물리적 환경에서 사람들의 움직임을 관찰 가능한 상태를 의미한다.
이미지 (Image)	지역의 이미지는 영역성의 확장 개념으로 거주지의 물리적 이미지와 지역주민들이 지역을 잘 돌보려 한다는 의지를 표명하는 개념이다.
환경 (Milieu)	지역 이미지를 한 단계 더 확장시킨 개념으로 새로운 주거지는 기존 범죄발생이 적은 안전한 주거지 주변에 건설해야 한다는 의미이다. 즉, 주거지의 환경이 범죄로부터 안전한 곳이어야 한다.

3) 레이 제프리(C. Ray Jeffery)의 환경설계를 통한 범죄예방

Newmans에 앞서 1971년 레이 제프리(C. Ray Jeffery:1921-2007)는 '환경설계를 통한 범죄예방(Crime Prevention Through Environmental Design'이라는 저서에서 CPTED의 구체적인 이론적 틀을 제공한다. 제프리는 기존 도시건축분야 연구자들의 성과들에 기초하여 환경설계를 통한 범죄예방론을 제안하였다. 그는 적절하고 효과적인 건축디자인을 통해 환경을 구축함으로써 범죄를 감소시킬 수 있으며 삶의 질을 개선할 수 있다고 주장하였다. 제프리의 환경설계를 통한 범죄예방은 현재에 와서 물리적 환경을 변화시켜 범죄예방을 시도하는 모든 활동을 대별하는 용어로 사용되고 있다. 하지만 아이러니 하게도 초기 제프리의 연구는 범죄학자들에게 크게 관심을 받지 못한다. 미국에서는 방어공간이 더 많은 관심을 받았고 영국에서는 클락 교수의 상황적 범죄예방론과 포너(Poyner, 1983) 교수의 범죄 근절 디자인(DOC: Designing Out Crime)이 각광받았다. 다만 1980년대 이후 CPTED는 미국 지방정부에서 범죄예방 디자인 법규가 제정되고 교육프로그램이 대학 등에서 개설되면서 큰 발전을 이루었다. 루이스빌 대학에서 범죄예방센터(National Crime Prevention Institute at the University of Louisville)에 CPTED 교육과정이 1985년에 신설되어 교육생들이 전국적으로 CPTED를 퍼트렸다. 크로워(Crowe) 교수의 CPTED 교육자료인 '환경설계를 통한 범죄예방: 건축디자인의 적용과 공간관리 개념'이 표준 CPTED 교육 자료로 활용되었다. 이후

1993년 미국 건축가 협회에서 첫 번째 CPTED 컨퍼런스를 개최하였다. 1995년에는 미국 자치단체장 컨퍼런스(U.S Conference of Mayors)에서 미국 지방정부의 CPTED 적용사례가 소개되었다(Crowe, 2000:7). 상황적 범죄예방론을 고안한 클락 교수 역시 CPTED를 상황적 범죄예방론의 근거 이론으로 소개하면서 CPTED는 보다 각광받게 된다.

CPTED는 전 세계적으로 퍼져나가 영국에서는 설계를 통한 안전(SBD: Secure by Design)으로 자리 잡게 된다. SBD는 영국 경찰지휘관협의회(ACPO: Association of Chief Police Officers)가 1989년 안전 확보를 위해 건축 설계에서 자문을 제공하고 다양한 건축설계의 지침을 제공해주고 있다. 한국의 범죄예방경찰관(CPO: Crime Prevention Officer)제도의 이상적 모델이 영국의 SBD이다. SBD는 건축물에 대한 CPTED 인증을 제공해주는데 CPTED 인증은 ACPO에서 출자한 범죄예방제도화회사(CPI: Crime Prevention Initiatives Limited)가 담당하며 CPTED 전문 경찰관이 현장에 나가 범죄예방환경설계가 제대로 된 건축물인지 평가하여 인증이 발급된다. SBD의 CPTED인증은 국가에서 공인받은 안전 제품 혹은 건물이라는 인식이 생기기 때문에 값비싸게 팔리는 등 경제적 이익을 제공함으로써 SBD를 보다 활성화 시켜 환경설계를 통한 범죄예방의 모범사례로 인식되고 있다. 또한 영국에서는 1998년 범죄와 무질서 법(Crime and Disorder Act) 제정을 통해 지방정부에 지역사회의 안전을 기초로 하는 정책을 펼치도록 의무화하였으며 각종 건축물에 대한 CPTED가 반영되도록 의무화 하였다.

한국 역시 CPTED가 2000년대 초반에 도입되었다. 2005년 경찰청은 경기도 부천시에 최초로 CPTED를 도입하였다. 2012년 서울시 마포구 염리동에 소금길이라 하여 시범사업이 진행되기도 하였다. 하지만 실제적으로 CPTED가 전국적으로 도입된 것은 2013년 이후이다. 국토교통부는 2013년 건축물의 범죄예방설계 가이드라인을 제시하였다. 또한 2013년 이후 전국 모든 지방자치단체들이 CPTED를 반영한 안심사업이 진행되었다. 특히 2014년 세월호 사건 이후 안전에 대한 관심이 확대되자 더욱 CPTED가 활성화 되었다. 2015년 건축법 개정을 통해 범죄예방 건축기준이 제시되어 500세대 이상 공공주택에 대해서는 범죄예방환경설계가 의무화 되었다. 또한 그 외 건축물에 대해서도 범죄예방 환경설계를 권고하고 있다. 2016년 경찰에서는 범죄예방 전문경찰관(CPO)제도를 신설하였고 전국 모든 경찰서에 1~2명의 CPO가 활동 중이며 2020년에 생활안전과에 CPO팀을 신설하여 경감급 팀장을 두도록 하고 있다. 또한 2021년 현재 전국 대부분의 자치단체에서 CPTED 조례를 신설하여 운영 중이다. 경찰청에서는 범죄예방기본법 제정을 위해 입법을 추진하고 있다.

레이 제프리(Ray Jeffery)의 환경설계를 통한 범죄예방

출처: https://images-na.ssl-images-amazon.com/images/I/51iSi90mC9L._SX310_BO1,204,203,200_.jpg ; https://asc41.com/wp-content/uploads/Jeffery_C_Ray_2007.gif 검색 2021년 2월 10일.

2. CPTED의 개념과 기본원리

1) CPTED의 개념

미국 범죄예방 연구소(National Crime Prevention Institute)는 CPTED를 '건축 환경(Built Environment)의 적절한 설계와 효과적인 사용이 범죄두려움과 범죄를 감소시킬 수 있고 삶의 질을 개선시키는 것'(Crowe, 2000:46)이라 정의하고 있다. CPTED는 도시건축 및 건물설계에서 범죄유발요소를 최소화하고 방어공간을 형성함으로써 범죄피해와 범죄두려움을 감소시킬 수 있는 대안으로 인식되고 있다. 크로워(Crowe, 2000)교수는 CPTED가 성공적으로 적용되기 위해서는 주변의 물리적 환경과 사회적 환경에 적절하게 부합하는 건축 디자인이 적용되어야 한다고 주장한다.

2) 주요 개념

(1) 기본원리의 적용

CPTED의 기본원리인 자연적 접근통제(Natural Access Control), 자연적 감시(Natural Surveillance), 영역성 강화(Territorial Reinforcement)라는 핵심 원리가 자연적, 기계적, 그리고 조직적으로 적용되어야 한다고 한다(Crowe, 2000:36-38). 기존 전통적인 CPTED의 기초 원리는 접근통제와 감시였으며 주로 기계적이고 조직적인 접근통제와 감시가 강조되었다. 하지만 공식적 활동이라 할 수 있는 기계적이고 조직적인 접근통제와 감시는 효과성에 한계가 있으며 CPTED가 적용되는 지역에 거주하는 거주민들이 일상생활 중에 비공식적으로 감시가 가능하고 눈에 보이지는 않지만 영역성에 대한 인지로 낯선 사람들의 접근을 통제한다는 측면에서 자연적 감시와 접근통제의 필요성이 제기되었다. 또한 지역주민들은 자신들의 거주지역에 대한 영역성을 인식하게 되면 자연스럽게 자연적 감시와 자연적 접근통제를 비공식적으로 진행하기 때문에 감시와 접근통제를 통한 지역사회의 영역성 강화가 CPTED의 기본원리에 포함되는 것이다(Crowe, 2000:36-38).

(2) CPTED의 5가지 원리

CPTED의 5가지 원리는 일반인들의 감독성을 증가시키기 위해 건물배치와 시설물배치를 고려하는 자연적 감시(Natural Surveillance), 범죄목표물에 대한 접근을 통제하는 접근통제(Access Control), 지역주민들이 자유롭게 사용하거나 점유함으로써 그들의 권리를 주장할 수 있는 영역성 강화(Enhancement of Territoriality), 공공장소에 대한 활용을 증대시킴으로써 거주민들의 활동성 증대(Activity Support), 마지막으로 적용된 환경설계를 유지 관리하는 환경정비와 유지관리(Maintenance and Management)가 있다(박현호, 2006:117).

① 자연적 감시

자연적 감시(Natural Surveillance)는 건축물이나 시설물의 가시성을 극대화함으로써 범죄자의 행위를 쉽게 인지하는 것을 주요 목표로 한다. 감시가 잘되는 장소에서는 잠재적 범죄자 역시 자신의 행동이 쉽게 파악될 수 있어 범의를 표출하지 못하게 된다. 서울시 CPTED 가이드북에 따르면 자연적 감시는 공간과 시설물 계획시 주변에 대한 가시 범위를 최대화하여 일상생활 속에서 자연스럽게 주변을 살 필수 있고 외부인의 침입을 관찰할 수 있어 범죄와 범죄두려움을 감소시킬 수 있어야 한다고 서술하고 있다. 또한 건축물의 출입구나 내부 계단, 외부 창문을 개방형 구조로 디자인하고 건물 간 이격 공간을 두어 사각지대 발생을 최소화 함으로써 자연적 감시를 극대화 하도록 권고하고 있다. 특히 야간에는 가시성을 극대화 시킬 수 있도록 조명을 적절한 조도와 간격을 두고 설치하고 주차장, 공원, 놀이터 등 공공장소에서 야간 조명을 통해 적절한 자연적 감시가 이루어지도록 한다.

② 접근통제

접근통제(access control)는 건축물이나 시설물 이용자들의 통행에 불편이 없으면서도 도로, 보행로, 조경, 문 등을 통해 허가받지 않은 사람의 진출입을 차단하여 범죄대상물에 접근을 어렵게 하고 범죄행위의 노출 위험을 증대시키는 것이다. 기존 연구들의 결과 주거단지에 출입구가 많고 도로망이 많은 지역 인근에서 범죄피해 가능성이 높다고 한다(Xiaowen, 2006). 절도범죄에서 절도 발생을 용이하게 하는 요소로 침투성(Permeability), 연결성(Connectivity), 접근성(Accessibility)이 있으며 이들 요소들은 절도범죄 피해를 증가시키는 것으로 파악된다(Schneider & Kitchen, 2008). 따라서 접근통제의 원리를 통해 범죄피해 가능성을 낮추려는 것이다.

③ 영역성

영역성(Territoriality)은 지역주민들이 점유하거나 사용하고 있는 물리적 공간이나 상징적 공간에 대한 인식으로 공적공간(public space), 반공적 공간(semi-public space), 사적공간(private space)로 구분되는 공간의 영역에 대해 거주자나 소유자가 보호받아야 된다고 믿는 그리고 외부인의 이용을 제어해야 된다고 생각되는 공간에 대한 권리의식을 의미한다. 영역성이 갖추어진 공간에서는 잠재적 범죄자가 감시 받거나 제지할 수 있음을 인식하기 때문에 범죄 욕구가 억제될 것이라 기대된다. 영역성을 강화시키는 방법으로 울타리, 각종 표시판, 조경식재, 도로정비 등을 통해 소유권을 표시할 수 있다. 예를 들면, 노상카페에서 화분 등을 놓아둠으로써 가게의 영역을 표시하고 자신의 마당에 수목 울타리를 설치하는 등과 같은 행위가 영역성의 표시이다. 영역성이 분명하게 표시되는 공간에서는 외부인과 합법적 사용자의 구분이 명확해지고 손쉽게 감시가 가능하고 불법 이용에 대한 변명이 허용되지 않아 침입을 심리적으로 차단하는데 도움이 된다.

④ **활동지원**

활동지원(activity support)은 시민들이 공공장소의 사용을 유도하여 활발하게 주민들 간의 교류를 강화함으로써 자연스럽게 자연적 감시가 이루어지고 지역주민들의 활동성 증대로 주간 및 야간에도 범죄두려움을 감소시키는 효과를 기대할 수 있도록 하는 원리이다. 공간 활동성 증대를 통해 지역주민들 간의 익명성을 낮추고 교류를 통해 지역주민들 간 유대를 강화 할 수 있는 공간 및 시설에 대한 디자인을 통해 활동 지원을 증대시킬 수 있다. 주민 휴식공간으로 공원 시설물 및 인프라를 구축하여 지역주민들이 휴식, 레저, 스포츠, 모임, 등이 쉽게 이루어질 수 있도록 하여 자연적 감시가 가능하게 하는 것이다.

⑤ **유지관리**

유지관리(maintenance and management)는 공공장소의 시설물이나 건축물이 처음 설계된 대로 지속적으로 이용될 수 있도록 함으로써 물리적 설계와 디자인의 효과를 지속시키려는 원리이다. 거리 가로등의 유지보수, 담벼락 등에 있는 낙서 지우기, 청결한 가로의 유지, 공공시설물 파손 방지를 위한 내구성 있는 재료의 사용 등 다양한 방식으로 유지관리가 이루어질 수 있다. 유지관리는 거주 공간의 안전과 준법 질서 준수 수준을 나타내는 지표이기도 하다. 공공시설물과 개인 건축물의 관리가 제대로 되지 않는다면 낙후되고 청결하지 않아 그 지역이 제대로 보호받지 않는다는 이미지를 심어줄 수 있다. 이는 결국 잠재적 범죄자에게 범죄 기회를 더 많이 제공하고 범행 욕구를 자제할 수 없게 만든다. 무질서한 지역에서 범죄가 더 많이 발생하게 되는 것은 그 지역에서 함부로 행동하고 타인의 재산을 침해해도 보호되지 않는다는 인식이 들기 때문에 유지관리가 제대로 이루어지지 않는 공간은 범죄자의 표적이 되기 쉽다.

(3) CPTED의 3D 접근법

크로우 교수는 CPTED의 원리를 성공적으로 적용시키기 위해서는 CPTED 적용 지역의 특성을 최대한 반영할 수 있어야 한다고 조언한다. 그는 공간이 가지는 기능을 3가지로 설명한다. 첫째, 모든 인간이 사용하는 공간은 목적을 가진다. 둘째, 모든 인간이 사용하는 공간은 선호되고 수락 가능한 행동을 규정하는 사회적, 문화적, 법적, 혹은 물리적 정의(사용용도)를 가진다. 셋째, 모든 인간이 사용하는 공간은 선호되는 행동(the Desired Behaviors)을 지지하고 통제하도록 설계된다(Crowe, 2000:39). 따라서 CPTED는 공간에 대한 3D(Designation, Definition, Design) 접근법에 기초하여 적합한 질문을 통해 해답을 도출해야 한다. 우선 지정(Designation)과 관련된 질문은 다음과 같다. 첫째, 이 공간의 지정된 목적은 무엇인가? 둘째, 이 공간의 본래 사용 의도는 무엇인가? 셋째, 이 공간이 의도대로 잘 사용되고 있는가? 넷째, 갈등이 존재하는가? 다음으로 정의(Definition)는 다음과 같은 질문을 통해 확인한다. 첫째, 이 공간은 어떻게 정의되는가? 둘째, 이 공간의 소유자가 명확한가? 셋째, 이 공간의 경계는 어디인가? 넷째, 그 공간이 어떻게 사용되어야 하는가에 영향을 미치는 사회적 혹은 문화적 정의가 있는가? 다섯째, 그 공간에 대한 법적 혹은 행정적 규칙이 명확하게 규정되어 있는가? 여섯째, 공간에 표지판이 있는가? 일곱째, 그 공간의 지정목적과 실제 사용 간에 갈등이나 혼란이 있는가? 마지막으로 설계(Design)는 다음과 같은 질문을 통해 확인한다. 첫째, 물리적 디자인이 원래 의도된 기능을 잘 지지하는가? 둘째, 물리적 디자인인 사용용도를 잘 지지하는가? 셋째, 물리적 디자인이 그 공간을 사용하는 사람들의 생산적인 사용이나 적절한 기능을 저해하는가? 넷째, 물리적 디자인이 의도된 대로 적용됨에 있어 갈등이나 혼란이 있는가? 이상의 질문을 통해 공간에 대한 물리적 환경 설계가 얼마나 적한하게 잘 이루어지는 지를 파악하고 적절하게 CPTED원리가 적용될 수 있도록 돕는 것이 CPTED의 3D 접근법이다(Crowe, 2000:40).

3. CPTED의 발전단계

1) 1세대 CPTED에서 2세대 CPTED

아래 그림에서 보듯이 1세대 CPTED는 접근통제, 감시성, 영역성, 활동지원, 유지관리 등 물리적 환경을 개선시키는데 집중되어 있었다. 물론 지역주민들의 영역성 인식, 활동지원, 그리고 유지관리는 물리적 요소만을 포함하는 것은 아니지만 기본적으로는 물리적 환경설계를 통해 이를 확보하는 것이 1차적 목표였다. 하지만 물리적 환경에 치중한 변화는 실제 지역사회 문제를 해결하는 지역주민들의 집합적 활동력을 이끌어 내는데 한계점이 있다. 이에 사빌과 클리브랜드(Saville & Cleveland, 2003)는 2세대 CPTED를 제안한다. 2세대 CPTED는 지역사회의 응집력(Social Cohesion), 연계성

(Connectivity), 지역사회 문화(Community Culture), 그리고 한계 수용량(Threshold Capacity)이라는 새로운 개념을 CPTED에 적용하고자 한다(Saville & Cleveland, 203; 2008). 2세대 CPTED는 물리적 환경 설계를 뛰어넘어 사회적 요소가 포함된 확장 된 CPTED를 지향하는 것이다(Cozens et al., 2005).

1세대 CPTED의 주요 개념

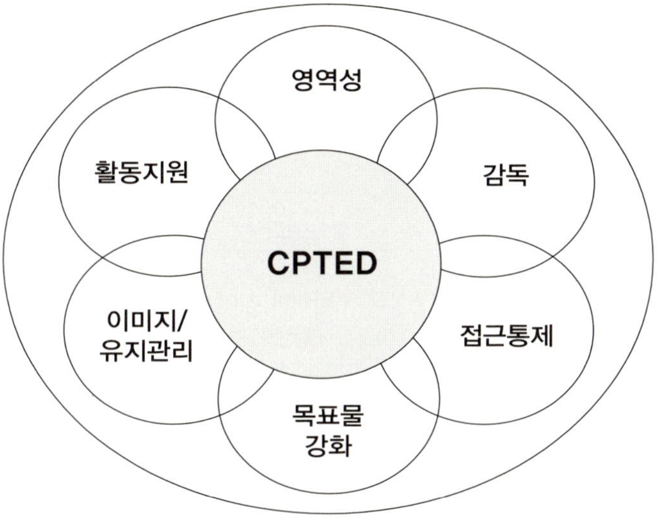

출처: Cozens et al. (2005). Crime Prevention Trough Enviornmental Design(CPTED): A Review and Modern Bibliography. Journal of Property Management. 23(5). p.330.

2세대 CPTED의 5가지 핵심 개념 중 지역사회의 응집력은 범죄예방의 사회통제론적 접근법의 핵심 개념인 비공식적 사회통제의 선행 요인인 지역사회의 응집력과 유사하다. 다만 2세대 CPTED는 지역사회의 응집력은 사회적 결속력(Social Glue)과 긍정적 존중감(Positive Esteem)으로 구분한다는 점에서 차이가 존재한다. 우선 사회적 결속력은 지역주민들이 지역사회의 문제에 책임감을 가지고 지역문제 해결을 위한 행사 개최와 문제해결을 위한 노력이 포함된다. 한편 긍정적 존중감은 지역주민들이 갈등해소를 위한 기초적인 역량으로 문제해결 능력 향상 및 고립감과 소외감을 감소시킨다고 한다. 둘째, 지역사회의 연계성은 지역의 다양한 기관이나 조직들 간의 교류를 의미한다. 지방정부, 경찰, 법원, 기업 등 지역사회의 구성하는 다양한 사회 기관들 간의 연계를 통해 지역사회의 문제에 대한 정보공유, 인적/물적 지원이 가능토록 한다. 셋째, 지역사회 문화는 지역사회에 존재하는 다양한 문화에 대한 이해 혹은 기존 계승된 지역사회의 문화를 인지하고 이를 이용해 지역사회의 문제를 해소하려는 것이다. 마지막으로 한계수용량은 사회통제론적 접근법과 유사한 개념이다. 기존 사회해체이론의 논의에서 보자면 지역사회의 범죄는 지역사회 고유의 지역적 특성으로 인해 유발된 사회해체가 원인이라 한다. 이 같은 사회적 해체를 가져오는 요소는 지역사회의 빈곤, 인구이동, 인종적 이질성이며 이와 더불어 지역사회의 무질서 환경을 유발하는 토지이용(상업시설, 유흥시설 등) 역시 문제로 인식한다. 2세대 CPTED는 한계수용량이라는 개념을 통해 토지이용이 특정 목적으로 집중 사용될 때 그 한계를 넘어서게 되면 범죄문제가 발생할 수 있다고 본다. 예를 들면 대학가에 집중되어 있는 술집 등은 그 장소의 질서유지를 어렵게 만들고 쓰레기 등 무질서 환경을 초래한다.

2세대 CPTED의 기본전략

사회적 응집력	지역사회 내의 지역행사와 조직에 참여 지역사회 내의 문제해결활동에 자발적인 참여 지역사회 내의 갈등을 긍정적으로 해소하고자 하는 노력의 확대 지역사회 내의 폭력대응교육프로그램의 존재 지역사회 내의 광범위한 친분 네트워크의 확대 등
연계성	외부 지역사회 및 기관과의 네트워크 형성 지역 사회 내의 의사결정권자와의 연결창구 확대 지역 사회 외부 조직과의 공식적 연계활동 실시 지역 사회 외부와 연결해주는 교통도로 및 시설의 공유
지역사회 문화	양성평등 및 성소수자 평등 전략의 존재와 효과성 증대 젠드 문제 해결프로그램의 실시 지역사회 및 이웃 간의 사회적/문화적 다양성 인정 지역사회 내의 특별한 장소, 축제, 행사의 실시 지역사회 내의 전통과 문화적 활동 지역사회 내의 입주자 또는 거주민의 인구사회학적 특성에 바탕을 둔 자부심 고취
한계 수용량	인구밀도, 토지이용밀도, 다양성을 인정하는 한계수준 사회적 안전장치의 균형성(공원, 길거리 행사, 길거리 음식점) 혼잡/밀집 최소화 및 사용의 최대화 한계치 이하의 범죄유발 요인(빈집, 유흥시설의 숫자)의 유지 등

출처: Saville, G. & Cleveland, G. (2013). Second-Generation CPTED: Rise and Fall of Opportunity Theory, in Randall, I. Atalas(ed.). 21st Century Security and CPTED: Design for Critical Infrastructure Protection and Crime Prevention. New York: CRC Press. pp. 94-99. 최선우(2020). 환경설계와 범죄예방: 지속가능한 도시발전과 CPTED. 박영사. p. 81. 재인용

2) 3세대 CPTED

사실상 3세대 CPTED는 아직까지 학계에서 일반적으로 받아들여지지 않고 있는 이상적

인 CPTED 모델로 이해된다. 3세대 CPTED는 2011년 유엔지역형사사법연구원(UNICRI: United Nations Interregional Crime and Justice)에서 발표한 '녹색 환경설계에 의한 도시안전 개선(Improving Urban Security through Green Environmental Design)'이라는 보고서에서 제안되었다. 3세대 CPTED 지속성 있는 녹색(자연친화적) 설계를 통해 지역사회의 안전감을 도모하고자 하는 것이다. 거주 공간에 물리적 혹은 사이버 기술을 적용하여 안전한 도시라는 인식을 심어주는데 목적을 두고 있다. 3세대 CPTED는 장소(Space), 사람(People), 기술(Technology), 그리고 네트워크(Network)라는 4가지 핵심개념에 첨단기술을 활용하여 소속감, 소유의식, 감시성을 증진시켜 지속가능한 안전한 공동체를 구축하고자 한다(이순래 외, 2016:110).

3세대 CPTED의 핵심개념

장소	안전한 가정, 고용보장, 활동센터, 녹색공간, 새로운 개발, 건강한 환경, 자연적 감시, 대중교통, 대중교육
사람	주민들의 민원제기능력, 의사소통, 소속감, 지역화합
기술	에너지효율성, 투명성, 녹색에너지, 감시네트워크, 정보, 실시간 정보, 상호작용, 인공지능
네트워크	지역사회의 물리적 네트워크, 에너지, 의사소통, 기타, 정보전달의 무선네트워크, 사회네트워크

출처: UNICRI. (2011). Improving Urban Security Through Green Environmental Design. 이순래 외 (2016). 재인용.

제2절 CPTED와 범죄예방

1. CPTED와 범죄감소 효과

CPTED는 Jeffery의 '환경설계를 통한 범죄예방'이라는 저서 및 Newman의 '방어공간(Defensible Space)'의 논의에 기초하여 2000년대 후반 이후 국내에서 매우 각광받고 있는 범죄 대응 전략 혹은 이론이라 할 것이다. 사실상 CPTED는 합리적 선택이론에 기초하고 있는 신고전주의 범죄학, 넓게는 범죄기회이론의 한 부류이다. 범죄기회이론은 범죄발생의 상황과 기회에 관심을 가지고 범죄피해 예방을 위해서는 범죄발생 조건 상황과 기회를 최소화해야 한다는 논의이다. 합리적 선택이론, 일상행위이론, 생활양식이론, 환경범죄학, 상황적 범죄예방론, CPTED 등 범죄기회이론을 구성하는 이론들은 최근 경찰활동의 패러다임을 범죄기회 감소를 위한 활동으로 영역을 넓히도록 하고 있다. 특히 CPTED는 감시성 강화, 영역성 강화, 활동성증대, 유지관리, 접근통제라는 5가지 원리에 근거하고 있는 물리적 환경변화에 중점을 둔 범죄기회 감소를 위한 전략이다.

최근 CPTED가 물리적 환경개선에 너무 집중되어 있다는 비판과 함께 등장한 2단계 CPTED는 지역사회의 응집력 강화, 연계성의 강화, 지역사회의 문화, 지역사회의 역량 강화가 CPTED에 포함되어야 한다는 주장이다(Saville & Cleveland, 2003). 즉, 1단계 CPTED가 단순히 물리적 공간의 변화를 통한 범죄기회 차단이 목표였다면 2단계 CPTED에서는 물리적 공간 변화를 통해 지역사회의 통합을 증대시키고 궁극적으로 범죄대응능력을 강화하여 범죄, 무질서, 범죄두려움의 감소를 성취하려는 것으로 보인다(박영주·윤우석, 2014). 사실상 CPTED는 자연적 감시와 접근통제를 통해 범죄자의 행동과 침입을 사전에 차단함과 동시에 지역주민들이 지역사회라는 영역성을 인지하고 지역주민들 간의 교류확대 및 유지관리를 통해 지역사회의 범죄대응능력을 강화하는 것이 가장 이상적인 결론일 것이다. 이에 2세대 CPTED에서 강조하고 있는 지역사회의 응집력 및 연계성 강화는 기존 사회해체이론 및 깨어진 창문이론에서 주장과 일맥상통하게 되는 결과로 귀결되는 것이다.

최근 한국사회는 안전에 대한 관심이 그 어느 때 보다 높다. 실제 많은 지방자치단체들은 안전한 환경에서 범죄걱정 없이 지역주민들이 삶을 영위할 수 있도록 다양한 방법으로 범죄예방 환경조성사업을 진행하고 있다. 중앙정부에서도 범죄예방 환경조성의 중요성을 인식하고 공동주택 등에 대한 범죄예방 설계를 의무화하는 등의 노력을 기울이고 있다. 특히 CPTED는 환경설계를 통한 범죄예방(Crime Prevention Through Environmental Design)의 줄임말인줄도 모르고 일반인들조차 익숙하게 사용하는 용어가 된듯하다. 다만 아쉬운 점은 범죄예방을 위한 환경조성이 반드시 CPTED에만 국한하는 것이 아님에도 불구하고 국내 언론이나 정부당국에서는 CPTED가 정답이고 만병통치약인 듯 인식하는 것 같다. 또한 우려스러운 점은 범죄예방을 위한 환경설계에는 상당한 예산이 투입되어야 한다는 점이다. 서로 경쟁적으로 벽화거리를 조성하고 CCTV증설 및 관제센터를 개소하고 가로등 조명을 밝히는 활동들에 막대한 지방예산이 투입되고 있는 실정이다.

하지만 이 같은 노력이 과연 범죄예방에 실제적인 도움이 되는가에 대한 효과성 검증이 제대로 이루어져야 함에도 불구하고 신뢰할만한 평가연구들이 의외로 많지 않아 보인다. 대부분의 CPTED관련 연구들은 설문조사(강석진 · 박지은 · 이경훈, 2009; 강은경·박미랑·박현호·강석진, 2010; 박경옥 · 나유향 · 박지현 · 한송이, 2011; 박영주, 2010; 이상헌 · 이창한, 2014; 정승민, 2009; 정진성 · 장윤식, 2014)에 의존하여 실제 범죄억제효과를 검증하기 어렵다는 한계점을 가진다. 또한 많은 연구들이 CCTV에 국한하여 연구(박은형 · 정지수, 2014; 박철현, · 최수형, 2009; 2011; 임민혁 · 홍준현, 2008; 임형진 · 전용태, 2014; 임형진 · 이주락, 2014; 조일형 · 이종구, 2012; 최수형 · 이순래 · 박철현, 2013)를 진행하여 종합적이고 다양한 환경변화를 모색하는 범죄예방 환경조성 사업의 영향을 파악하기 어렵다는 한계점이 있다. 이와 더불어 몇몇 실증연구들이 특정 지역(서울 강남)에 국한되어 여려 차례 연구(김연수, 2008; 박철현 · 최수형, 2009; 2011; 최응렬 · 김연수, 2007; 박현호, 2004)가 진행되어 다양한 지역에 대한 실증연구가 부족한 실정이다. 또한 기존 연구들 중에서 시계열분석을 이용한 연구가 없어 시간의 흐름에 따른 범죄현상의 변화를 파악하는데 어려움이 있었다.

국외 CPTED에 대한 평가연구들은 주로 CCTV의 효과성에 대한 연구들이 많았다. 브라운(Brown, 1995)은 영국의 Newcastle과 Kings Lynn지역에 CCTV를 설치하고 그 효과를 분석하였다. 그는 Newcastle지역에서 시 중심부에 위치한 상업시설에 총 16대의 CCTV를 설치하고 경찰이 15개월 간 모니터링을 실시하도록 하였다. 연구자료 분석결과 CCTV설치는 지역주민들의 범죄두려움이 감소하였고 침입절도 역시 감소하였다고 한다. 숏과 디톤(Short & Ditton, 1996)은 스코틀랜드(Scotland)의 아이들레(Aidrie)에서 CCTV설치에 따른 범죄감소 효과를 분석한 결과 전체 범죄의 21%가 감소하였으며 절도 48%, 방화 19%의 감소효과를 파악하였고 시간이 지난 후에도 효과성을 지속한다고 보고하였다. 베크(Beck)와 윌리스(Willis, 1999)는 의류점에 CCTV를 설치한 곳과 그렇지 않은 곳을 비교한 결과 CCTV설치 상점에서 상점절도 사건이 현격하게 감소하였다는 결과를 보여주었다. 레클리프와 그의 동료들(Ratcliffe et al., 2009)은 미국 필라델피아 지역에 CCTV를 도입한 결과 전체 범죄율이 13% 감소하였고 경범죄 역시 16%가 감소하였다는 결과를 보여주었다. 맥린(McLean)과 그의 동료들(McLean et al., 2013)은 CCTV도입으로 필라델피아 지역의 전반적인 범죄율이 13%가량 감소하였고 풍기문란 등 경범죄 역시 16%정도 감소하였다고 보고하였다. 캐플린(Caplan)과 그의 동료들(Caplan et al, 2011)은 뉴저지 주 뉴왁(New Jersey, Newark)에서 CCTV의 효과성을 분석한 결과 총기사고와 자동차 절도는 감소하는 것으로 나타났다.

한편 CCTV의 효과성에 의문을 제시하는 학자들도 있다. 스킨스(Skinns, 1998)는 영국 돈케스터 지역에서 CCTV의 범죄예방효과를 분석한 결과 거의 효과가 없다고 보고하였다. 스퀘러스(Squires, 1998)도 CCTV의 효과성은 강도와 절도에 일부 존재하지만 침입절도와 대인범죄에는 효과가 없다는 결과를 보여주었다. 웰스와 패링턴(Welsh & Farrington, 2002)은 기존 CCTV관련 연구들을 메타 분석한 결과 CCTV가 범죄감소 효과가 제한적이지만 존재함을 보여주었다. 한편 길(Gill)과 스프링스(Springs)는 CCTV의 효과성에 의문을 제기하며 CCTV가 범죄를 감소시키는데 한계가 있다고 지적하였다(Gill & Springs, 2005).

국내에서 CPTED를 실제적으로 분석한 연구는 많지 않다. 거의 대부분 CCTV설치 전후를 비교하거나 혹은 시민들에게 막연하게 CCTV나 CPTED관련 문항을 질문하고 이의 인식에 기초한 비실제적인 응답에 치중하는 경우가 많았다. 많은 연구들이 설문조사에 기초하여 CPTED의 효과성을 분석하려 하였다(강석진 외 2인, 2009; 강은영 외 3인, 2010; 박경옥 외 3인, 2011; 박영주, 2010; 정승민, 2009; 이상헌 · 이창한, 2014; 정진성 · 장윤식, 2014). 이들 연구들은 실제 환경설계를 통한 범죄예방 사업이 진행되지 않았음에도 불구하고 이와 유사한 CPTED인식을 묻고 범죄두려움과의 관계를 파악하고자 하였다는 한계점이 있었다. 최근에는 실제 CCTV등 사업을 진행한 이후에 범죄통계 자료를 활용하여 범죄감소 효과를 분석한 연구들이 보고되고 있다(김연수, 2008; 박은형 · 정지수, 2014; 박철현 · 최수형, 2009; 2011; 윤우석, 2015; 임민혁 · 홍준현, 2008; 임형진 · 전용태, 2014; 임형진 · 이주락, 2014; 조일형 · 이종구, 2012; 최수형 외 2인, 2013)이다. 많은 국내 연구들의 공통된 의견은 CCTV설치가 일부 범죄에 감소효과가 존재한다는 것이다. 초기 CCTV연구는 서울시 강남구 CCTV설치사업을 평가한 연구가 많았따. 최응렬과 김연수(2007)는 CCTV설치가 강도와 절도를 감소시키지만 살인과 성범죄에는 효과가 없다는 결과를 보여주었다. 박철현과 최수형(2009)은 CCTV설치 전후 범죄통계를 분석한 결과 CCTV는 범죄예방 효과도 없고 오히려 범죄전이(강도)가 발생하였다고 한다. 이에 반해 경기도 광명시에 설치된 CCTV의 효과성을 분석한 박현호와 그의 동료들(2011)의 연구에서는 범죄예방효과가 확인되었고 범죄전이 현상은 나타나지 않았다. 그들은 준실험설계(Quasi-experimental Design)를 통해 CCTV의 범죄예방효과를 파악한 결과 2008년 대비 2009년 강도 및 절도 범죄가 47% 감소하였고 이들 범죄의 전이 현상은 목격되지 않았다고 보고하였다. 천안시 CCTV 설치효과성을 분석한 정진성와 황의갑(2012)은 강도와 절도범죄의 감소효과가 존재한다고 보고하였다. 다음으로 임민혁과 홍준현(2008)은 방범용 CCTV 설치 및 미설치 지역에 대한 범죄통계를 비교한 결과 CCTV설치여부와 5대 범죄는 관련성이 없는 것으로 나타났다. 이동식 CCTV의 효과성을 분석한 이봉한과 그의 동료들(2013)은 CCTV가 성폭력, 절도, 폭력을 감소시킨다는 결과를 보고하였다. 또한 박은형과 정지수(2014)는 대도시에서 CCTV가 살인과 절도에 유의미한 범죄억제효과를 보인 반면 그 외 지역에서는 범죄예방이 되지 않는다고 보고하였다. 마지막으로 윤우석(2015b)은 시계열 분석을 통해 구미시 구평동 지역의 범죄예방환경조성사업 전후 절도범죄발생 건수를 시계열분석으로 검증한 결과 범죄예방환경조성사업이 절도범죄에 유의미한 감소효과 증명하였다.

기존 국내 CCTV의 범죄예방 효과연구들의 내용을 종합하자면 다음의 표와 같다. 많은 연구들이 CCTV설치 등 CPTED사업 이후에 일부나마 범죄감소효과가 존재한다는 결과를 보여주고 있다. 설문조사에 기초한 연구들은 거의 대부분 범죄두려움 감소효과를 보고하고 있다. 몇몇 연구들은 실험연구를 통해 실제 CPTED사업 후 체감안전도나 범죄두려움의 감소효과를 보고하고 있다.

CPTED의 범죄예방효과를 분석한 국내 연구

연구자	연구방법	연구결과
강석진, 박지은, 이경훈(2009)	CCTV설치 후 설문조사(서울 강남구 및 부천시)	CCTV설치가 범죄(불안감)와 범죄두려움 감소에 도움이 된다는 인식 획득; CCTV설치에 따른 긍정적 효과가 개인 사생활 침해 등 부정적 효과에 비해 더 큰 것으로 보고함.
강은영 외(2010)	설문조사(서울, 경기지역)	교장, 교사, 및 학생들을 대상으로 설문조사 실시하여 CPTED요소별 기대효과 분석 및 CCTV효과를 서울 경기지역 10대 동 31개 학교를 대상으로 사례 분석(효과 많지 않음) 정확한 효과분석이 이루어지지 않은 것으로 보고함.
김연수(2008)	강남구 CCTV설치 이후 범죄률 변화를 통해 범죄전이효과 검증(WDQ) Bowers와 Johnson(2003)의 WDQ방법에 기초하여 분석함. 2002년과 2004년 5대 범죄 통계(특히 절도범죄)	범죄전이률 보다는 범죄이익확산이 조금 더 강한 것으로 보임. CCTV설치는 절도범죄 감소에 효과 있는 것으로 보고함.
박경옥외 (2011)	청주시 소재 아파트의 CPTED 적용도와 범죄불안감 설문조사	설문조사 결과 CPTED적용도의 차이와 범죄불안감의 차이는 없는 것으로 나타남.

연구자	연구방법	연구결과
박은형, 정지수(2014)	공식통계자료 사용	CCTV설치대수와 절도 및 살인범죄 효과성 인정됨(다만 서울 및 광역시 단위에서만 유의미함). 다른 지역에서는 CCTV효과성이 없는 것으로 보고함.
임민혁, 홍준현(2008)	27 지구대에서 CCTV가 설치되지 않았거나 2006년 12월 이후에 CCTV가 설치된 곳 다중회귀분석	관할 면적당 CCTV설치대수로 파악; CCTV효과성 유의미하지 않음. 오히려 강간과 절도 증가 한 것으로 보고함.
정진성, 황의갑(2012)	설문조사	CCTV는 재산범죄감소에 유의미하나 폭력범죄에는 유의미하지 않은 것으로 보고함.
박정은 외(2010)	설문조사	CPTED의 구성요소에 대한 인식과 범죄불안감의 관계 검증; 7개 단지 설문조사 값 비교 하였음.
박철현, 최수형(2009)	강남구 (신문보도 시점 기준) 강남구, 인접구, 그리고 서울 전체를 통제집단으로 해서 분석	강남구 CCTV설치보도 이후 강도와 절도범죄가 감소하고 인근지역에도 이익의 확산이 확인 된 것으로 보고함.
박철현, 최수형(2011)	강남구(신문보도 이후 비교) 유사실험설계 논현1동, 그 외 강남구, 그리고 서울시 한 개 지역(CCTV효과, 전이효과 확인위한 연구)	상대적 효과크기(RES = Odds Ratio)를 이용하여 CCTV의 효과를 분석함. 강도, 절도, 폭행 모두 감소시킴 이익의 확산효과 역시 존재하는 것으로 보고함.
최수형 외 (2013)	안산시 공식통계자료	CCTV설치와 CCTV통합관제센터 전후 비교 시흥시를 통제지역으로 3, 6, 1, 2년간 범죄건수 변화 파악 절도범죄의 증가로 시간적 전이가 되었음을 보여줌. 1, 2년간에서는 안산시 절도 증가; 1년에서 강도 일부 감소; 3개월에서 절도 감소하는 것으로 보고함.
이주락(2009)	18명의 유치장 범죄자 면담조사	CCTV 범죄예방효과 있지만 다소 범죄전이 발생
박철현 외2인(2014)	지하철 객실 내 CCTV	지하철 2호선과 7호선에 설치된 CCTV의 성폭력 및 절도범죄 효과 분석; RES이용 2호선은 효과적이나 7호선은 거의 효과 없는 것으로 보고함. 단 7호선 관련 자료나 7호선 이용자의 특성이 고려될 필요성이 있다는 주장함.
박현호외2인(2011)	광명시 범죄전이 연구(WDQ)	광명시의 경우 강, 절도의 범죄전이효과 거의 없었는 것으로 보고함..
백혜미 외 2인(2013)	학교 설문조사	CPTED요소(접근통제, 자연감시, 명료성, 유지관리)가 범죄불안감 감소에 미치는 영향 검증함.
이상헌, 이창한(2014)	서울, 경기, 인천지역 500세대 이상 아파트 37곳 대상으로 473부 설문지 조사 범죄두려움/ CPTED구성요소 관계	차별적 효과 검증함. 예 성희롱모형에서는 감시요소, 강간모형에서는 자연적 감시와 접근통제, 절도에서는 활용성증대와 영역성 요소가 효과적이라고 보고함.

연구자	연구방법	연구결과
임준태 외 1인(2011)	판교 설문조사	범죄두려움에 일정수준 긍정적인 감소효과가 있다고 보고함.
임형진 외 1인(2014a)	강원도 춘천지역에 설치된 CCTV의 절도 및 폭행에 대한 평가	절도는 효과 없었으나 폭행은 효과 있는 것으로 보고함.
임형진 외 1인(2014b)이주락	CCTV의 계절별 범죄예방효과 춘천시 6개 장소 범죄발생상황 비교	학교 주변 CCTV는 봄과 가을에 범죄예방효과 큼. 단 여름과 겨울에는 거의 효과가 없는 것으로 보고함.
정진성 외1인(2014)	설문조사: 부산 및 대전 거주 여성에게 CCTV가 범죄두려움에 미치는 영향	일반적 두려움과 성범죄 두려움 모두 감소한 것으로 보고함.
윤우석(2015)	시계열 분석 자료를 통한 범죄예방환경조성사업의 절도 및 폭력범죄 감소효과 분석	절도 범죄에 상당히 감소효과 있는 것으로 보고함.
윤우석 외 2인(2016)	CCTV설치에 따른 절도와 폭력범죄 감소효과 및 비용편익분석	CCTV 1대 설치를 통해 절도와 폭력 범죄 감소효과 있는 것으로 보고함.
윤우석 외 (2020)	전국 지자체 CCTV설치 통계자료와 체감안전도 자료 분석	CCTV설치가 시민들의 체감안전도에 긍정적인 영향을 미치는 것으로 보고함.

2. CPTED과 범죄두려움

CPTED와 범죄두려움의 관계에 대한 기존 연구결과들은 주로 CPTED의 5가지 원리에 대한 지역주민들의 인식을 묻고 범죄두려움과의 관계를 파악하려는 연구들이 대부분이었다. 기존 인식연구들은 CPTED가 범죄두려움 감소에 상당히 긍정적인 영향을 미친다는 연구결과를 보여주었다(강석진 외, 2009; 김영제, 2007; 박영주, 2009; 박정은 외, 2010; 백혜미 외, 2013; 임준태 · 이도선, 2011; 이상헌 · 이창한, 2014; 박영주 · 윤우석, 2014; 정진성 · 장윤식, 2014). 다만 기존 연구들에서 한계점은 앞에서도 논의하였듯이 실제 CPTED사업이 이루어지지 않은 장소나 지역에서 지역주민들을 대상으로 설문조사를 진행하였다는 점이다. 즉, CPTED의 범죄두려움 감소효과를 검증하였다기보다는 CPTED의 이론적 요소와 범죄두려움의 관계를 파악한 것에 불과하다는 점이다(윤우석, 2016). 최근 전국적으로 많은 지역에서 CPTED사업이 수행되거나 수행되었으므로 CPTED와 범죄두려움의 관계를 직접적으로 분석할 수 있는 기회의 장이 마련되었다. 다만 아쉬운 점은 실제 사업이 진행되기 이전과 이후를 동시에 고려해야만 CPTED

사업의 효과성을 제대로 평가할 수 있으나 사업의 주체인 지방자치단체와 경찰에서 이러한 정책평가를 세심하게 고려하는 경우가 많지 않다는 한계점이 있다.

최근 지역사회의 범죄두려움의 일차적 대응기관은 경찰이다. 경찰은 범죄와 함께 범죄두려움을 최우선적으로 감소시키려고 노력한다. 기존 경찰과 범죄두려움에 관한 연구들은 경찰활동이 어떻게 범죄두려움을 감소시킬 수 있는지에 대한 많은 논의가 발전되었다(윤우석, 2015a:193 참조). 특히 많은 경찰연구에서 CPTED가 경찰의 범죄두려움 감소를 위한 대표적인 방안으로 제안되고 있다. CPTED는 지역주민들에게 안전감을 제공하고 실질적인 범죄예방효과가 존재할 것이라는 기대감이 높다. 한국 경찰에서 CPTED는 방범용 CCTV설치를 중심으로 이루어지다가 최근에는 지역단위의 환경개선 사업 및 아파트 등 건축물에 대한 방범진단 및 건축설계반영에까지 다양한 방식으로 이루어지고 있다. 물론 여성아동 안심귀갓길 조성사업 등 상당히 많은 예산이 투입되어야만 성공할 수 있는 지역단위 CPTED사업은 경찰의 제한된 예산으로는 수행하기 어렵기에 최근에는 지방자치단체와 협업을 통해 CPTED사업이 전국적으로 이루어지고 있다. 다행스러운 것은 많은 지방자치단체장과 지방의회 의원들이 지역주민들의 안전을 확보하려는 노력으로 CPTED사업을 지지하고 있다는 점이다. 막대한 지방정부의 예산이 투입되는 CPTED사업은 지역경찰, 지방자치단체, 그리고 지역주민이 협업하는 체제로 발전하고 있다. 따라서 국내 CPTED사업은 지역의 범죄문제 해결을 위해 경찰기관 및 지방자치단체가 협업하는 지역사회경찰활동의 한 분류로 파악될 수 있을 것이다(윤우석, 2015b:159-161참조).

3. CPTED의 비용편익분석

CPTED의 영향을 파악하는 연구들 중 CPTED사업이 실제 범죄감소 효과가 있는지 그리고 범죄가 감소된다면 그 사회적 비용편익은 얼마나 되는지를 파악할 필요성이 있다. 막대한 자금이 투입되는 CPTED사업에 따른 사회적 편익비용을 분석하는 것은 예산의 효율적 집행과 정책평가의 의미에서 필요하다. 이에 여기서는 기존 논의들 중 CPTED 사업에 따른 비용편익분석 연구의 내용을 살펴보고 최근 연구결과를 파악해보고자 한다. 특히 CPTED사업 중 가장 많은 자금이 투입되고 있는 CCTV의 비용편익 분석 사례를 중심으로 파악하고자 한다.

1) CPTED 사업의 비용편익 분석 연구

(1) CCTV의 효과성에 관한 연구

CPTED 사업 중 가장 선호되고 비용이 많이 투입되는 사업이 CCTV설치사업이다. 감시성 강화를 통해 범죄행동에 대한 인지 및 수사증거의 확보가 가능하기에 CCTV신규 설치 사업이 전국적으로 진행되고 있다. 기존 CCTV에 관한 연구들은 대체로 CCTV의 범죄억제효과 및 인식개선효과라는 두 가지 주제에 집중되어 있었다. 기존 연구들의 결과 CCTV설치에 대한 인식은 범죄두려움 등 안전관련 인식에 상당히 도움이 되는 것으로 나타났고 절도범죄 감소 효과 역시 존재하는 것으로 보인다. 하지만 CCTV의 비용편익 분석은 국내 연구에서 거의 찾아보기 어렵다. 몇몇 국내 연구들(박경래, 2013; 박경래 · 최성락, 2011; 박철현 · 박정선 · 송태정, 2007; 조홍식 · 민원홍 · 김현민, 2010)이 범죄의 사회경제적 비용이나 특정 정책의 비용편익분석을 진행한 사례는 있으나, CCTV의 비용편익분석은 시도되지 않았다. CCTV설치에 따른 비용편익이 존재하기 위해서는 원칙적으로 CCTV가 범죄감소 효과가 증명되어야 한다. 다행히 최근 CCTV설치의 비용편익 분석을 시도하려는 노력이 진행되고 있다(윤우석 외, 2016).

(2) 형사사법 활동의 비용편익분석

CCTV의 비용편익분석을 이해하기 위해서는 비용편익분석의 의미를 먼저 파악해야 한다. 비용편익분석이란 경제성을 평가하는 방법으로 사업이나 정책을 통한 이익과 필요비용을 비교하는 것이다. 즉, 비용보다 이익이 크다면 예산 효율성이 높다고 평가된다. 비용편익분석이라는 용어는 미국 홍수통제법(Flood Control Act)에서 처음 등장하였으며 후생경제학을 이론적 근거로 한다(오정일, 2012, p.35). 비용편익분석은 정책결정이나 평가의 주관성을 보완하기 위해 단일 화폐단위로 이익과 비용을 계산함으로써 의사결정의 합리성을 높여주는 역할을 담당한다(전상경, 2003; 박경래, 2013, p. 80 재인용).

비용편익분석은 정책의 예산효율성을 평가하는데 많이 사용된다. 예비타당성 조사, 타당성 조사 등 예산 투입에 따른 이익의 효과가 얼마나 될지를 미리 파악함으로써 그 정책의 도입, 진행, 그리고 종료를 결정할 수 있는 객관적인 정책평가 방법이다. 형사사법 분야에서도 비용편익분석이 적용되어 활용되고 있다. 특히 Cohen과 그의 동료들(1994)은 형사사법 분야에서 비용편익분석의 가치를 강조하였다(Cohen, Miller, &

Rossman, 1994). 그들은 범죄의 사회적 비용 추산을 통해 범죄의 심각성 판단 및 프로그램의 가치를 파악하는 등 비용편익분석이 형사정책을 결정하는데 중요한 기초자료를 제공할 수 있다고 한다(Cohen et al., 1994). 즉 비용편익분석을 활용하여 범죄로 인한 사회경제적 손실을 파악할 수 있고 이를 통해 경찰 정책 등 다양한 정책의 도입 근거자료로 활용 할 수 있는 것이다(조흥식 외, 2010).

형사사법 분야의 비용편익분석은 크게 세 가지 종류로 나뉜다. 첫째, 전체적인 범죄 발생에 따른 사회경제적 비용을 계산하는 것이다. 둘째, 개별 유형의 범죄나 사회문제의 비용을 파악하는 것이다. 마지막으로 특정 형사사법 분야 프로그램이나 기관운영비용의 효과성을 파악하는 것이다. 전체 범죄발생에 따른 사회경제적 비용을 추산하는 것은 범죄문제의 사회적 심각성을 인식시키는데 도움이 된다.

형사사법분야에서 진행된 비용편익분석 연구들을 간략하게 살펴보자. 우선 워크(Walker, 1997)는 호주에서 1996년 한 해 동안 발생한 범죄의 사회적 비용이 원화로 15조원에 달한다고 추정하였다. 연속하여 메이휴(Mayhew, 2003)는 호주의 총 범죄비용이 약 30조 가량이라 추산하였다. 영국에서는 브랜드와 프리스(Brand & Price, 2000)가 2000년 기준 영국의 총 범죄발생의 사회적 비용이 원화로 106조원에 달한다고 보고하였다. 미국에서는 앤드슨(Anderson, 1999)이 미국의 총 범죄비용이 1조 7천억 달러로 추정하였다. 국내에서도 비용편익 분석이 시도되고 있다. 우선 박철현과 그의 동료들(2008)이 국내 최초로 비용편익분석을 시도하였는데 청소년들의 5대 범죄의 비용이 2004년 기준으로 9,802억 원에 달한다고 추정하였다. 청소년 범죄를 전체 범죄로 환산할 경우 30조원에 달한다고 한다(박철현 외, 2008). 다음으로 조흥식과 그의 동료들(2009)은 2007년 기준으로 한국의 전체 범죄로 인한 사회적 비용이 약 36조원이라고 추산하였다. 최근 형사정책연구원에서는 국내에서 발생하고 있는 범죄 중 17유형의 사회적 비용을 분석한 결과 158조원에 이른다는 결과를 보여주었다(박경래 외, 2008). 또한 개별 범죄 유형별로 비용편익분석이 가능하다. 음주교통사고의 비용편익분석, 약물남용의 비용편익분석, 불법도박의 비용편익분석 등이다. 박성수와 박영주(2010)가 마약류와 유해화학물질 범죄자에게 소요되는 형사사법비용을 추산하는 연구를 진행하였다. 사행산업통합감독위원회는 조사에 따르면 2014년 한국의 불법온라인 도박의 규모는 36조원으로 나타나 매우 심각한 수준임을 보여주었다(계명대학교 산학협력단, 2015). 박경래(2011)는 충북지방경찰청 주취폭력 척결 프로그램에 대한 비용편익분석을 실시하여 비용 약 12억 대비 편익이 약 16억으로 나타나 경제성 있는 프로그램으로 평가하였다.

(3) 국내 CCTV비용편익 분석 연구 결과

2016년 윤우석과 그의 동료들은 국민안전처를 통해 제주도를 제외한 전국 시,군, 구의 2011~2014년 까지 CCTV 설치 및 유지관리 비용자료를 획득하고 경찰로부터 절도와 폭력범죄 발생자료를 수집하여 CCTV설치에 따른 비용편익 분석을 시도하였다. 비용편익의 기준값은 형사정책연구원의 범죄유형에 따른 사회경제적 비용연구를 기초자료로 활용하였다. 그들은 CCTV의 제주도를 제외한 시,군,구의 2011~2014년 자료를 취합[9]하여 부실한 데이터를 정리하여 총 198개 시,군,구의 CCTV예산현황자료와 범죄발생자료를 확보하고 분석에 활용하였다. 분석단위는 개별 시,군,구이며 지자체별로 복수의 경찰서가 존재하는 경우 경찰서 간 평균치 자료를 합산하여 CCTV의 면적 및 인구 당 설치 대수를 파악하여 분석하였다. 2016년 기준으로 환산된 CCTV 1대 설치비용은 6백 25만 원가량으로 나타났으며 1km2 당 CCTV 1대 설치하면 절도범죄가 5.37%감소하였고 폭력범죄는 3.37%감소하는 것으로 나타났다. 이에 기초하여 CCTV 설치에 따른 절도감소효과는 2,883억 원이었으며 폭력범죄 감소효과는 1,980억 원으로 전체적으로 4,863억 원가량의 비용편익효과가 나타나는 것으로 파악되었다. 즉, 1km2 당 CCTV 1대 설치비용인 3,192억 원 가량이므로 CCTV의 순수 비용편익효과는 1,671억 원 가량으로 나타났다. 이를 전체 범죄비용에 적용하는 경우 CCTV설치비용 대비 범죄감소 비용편익은 3.62배로 100원을 투입하면 362원의 범죄감소효과가 있는 것으로 파악되어 CCTV의 범죄감소 효과에 따른 비용편익이 상당한 것으로 파악하였다.

9) 2016년 7월~8월 2달 간 제주도를 제외한 전국 시,군,구 CCTV 담당 공무원으로부터 지자체 CCTV 현황자료를 요청하고 정형화된 자료요청서(Excel 형식)를 이메일로 송부 받았다.

제3절 국내 CPTED 관련 법제 및 적용사례

1. 국내 CPTED 주요 법제도(건축물 대상)

국내 CPTED 관련 법제도는 2005년 경찰청이 국토교통부(과거 국토해양부)에 CPTED 제도화 관련 법령 개정을 요청하면서 시작되었다(박현호, 2014). 경찰청은 총 6개 법제에 대해 국토해양부에 CPTED 도입의 의무화를 요청하였으나 3개 법률(국토기본법 시행령, 국토의 계획 및 이용에 관한 법률 시행령, 도시개발법 시행규칙)에 일부 수용의견을 제시하였고 실제 법률 개정안에서 CPTED에 대한 선언적인 수준에 불과하였다(박현호, 2014:151). 이후 도시개발법, 도시공원 및 녹지, 도시 및 주거환경, 도시재정비 촉진, 건축법, 건축법 시행령 등 다양한 법률에서 CPTED 관련 조항이 포함되었다(주미옥, 2020). 또한 경찰청, 교육부, 여성가족부, 안전행정부, 그 외 지방정부에서 조례 및 정책 사업으로 셉테드가 확산되고 있는 추세이다(박준휘 외, 2014:104-105 참조)

실무적으로 건축물에 대한 CPTED가 국내에 안착하게 된 계기는 2014년 건축법 제53조의 2 신설을 통해 건축법 시행령에 범죄예방 건축 기준을 고시하도록 하고 공동주택 등에 대한 의무적인 CPTED설계가 적용되도록 한 것에 있다. 2014년 건축법 개정을 통해 건축물의 범죄예방 조항이 신설되었다. 이 법에 근거하여 건축법 시행령 제 61조 3에 건축물의 범죄예방에 관한 조항이 2014년 11월 28일에 신설되었고 2019년 10월 22일 개정을 통해 본 조항을 제 63조의 2로 이동하였다. 건축법시행령 제 63조의 2 건축물의 범죄예방에서는 범죄예방설계가 의무화 된 건축물을 9가지로 구분하고 있다. 건축법 시행령의 실천을 위해 국토교통부 장관은 범죄예방 건축 기준을 고시하도록 하고 있다. 범죄예방 건축기준 고시는 2015년 4월 1일에 고시되었으며 2019년 7월 24일에 고시의 적용시점에 대한 부칙을 신설하였다.

범죄예방 건축기준 고시에 적용되는 건축물은 거의 대부분의 모든 건축물이라 할 수 있을 정도로 포괄적이다. 최초 고시가 시행 된 시점에 공동주택(아파트)은 500세대 이상이 기준이었으나 100세대 이상으로 확장되었다. 또한 100세대 이하 아파트 및 오피스텔에 대해서도 범죄예방 기준에 적합하도록 요구하고 있다. 그 외 우리가 원룸이라 부르는 다가구주택, 다세대 주택, 연립주택에도 모두 범죄예방 설계가 적용될 것을 권장하고 있다.

각급 지방자치단체 경관위원회, 건축위원회, 도시계획위원회 등에 범죄예방 전문가 위원으로 참여하여 건축물 및 도시개발 관련 사업의 심의과정에서 범죄예방 설계의 적용여부를 확인하고 설계에 반영되도록 하고 있다.

범죄예방환경설계 관련 주요 법률

기관	주요법령	조항	시행 연도
국토교통부	도시재정비촉진을 위한 특별법	제 9조(재정비촉진계획의 수립) 제 30조의 3(재정비촉진지구의 범죄예방)	2011
	도시 및 주거환경 정비법	제 18조의 2(정비구역의 범죄예방)	2012
	국토기본법 시행령	제 5조(도종합계획의 수립 등)	2012
	도시공원 및 녹지 등에 관한 법률 시행규칙	제 8조 (공원조성계획의 수립 기준 등) 제 10조(도시공원의 안전기준)	2012
	도시개발법 시행규칙	제 9조(개발계획에 포함된 사항)	2013
	건축법	제 23조(건축물의 범죄예방설계가이드라인)	2013
	건축법, 건축법 시행령	건축법 제 53조의2 및 건축법 시행령 제 61조의 3(건축물의 범죄예방 건축 기준)	2015
	건축법, 건축법 시행령	건축법 제 53조의2 및 건축법 시행령 제 61조의 3(건축물의 범죄예방 건축 기준)	2019

출처: 주미옥. (2020). 범죄예방환경설계 실무 가이드북. 나무와 숲. p. 40.

건축법 53조의 2(신설 2014년 5월 28일)

제 53조의 2(건축물의 범죄예방) ① 국토교통부장관은 범죄를 예방하고 안전한 생활환경을 조성하기 위하여 건축물, 건축설비 및 대지에 관한 범죄예방 기준(이하 "범죄예방 기준"이라 한다)를 정하여 고시할 수 있다.

② 대통령령으로 정하는 건축물은 제 1항의 범죄예방 기준에 따라 건축하여야 한다.

건축법 시행령 제 63조의 2(신설 2014년 11월 28일; 개정 2018.12.31.)

제63조의2(건축물의 범죄예방) 법 제53조의2제2항에서 "대통령령으로 정하는 건축물"이란 다음 각 호의 어느 하나에 해당하는 건축물을 말한다. 〈개정 2018. 12. 31.〉

1. 다가구주택, 아파트, 연립주택 및 다세대주택
2. 제1종 근린생활시설 중 일용품을 판매하는 소매점

3. 제2종 근린생활시설 중 다중생활시설
4. 문화 및 집회시설(동·식물원은 제외한다)
5. 교육연구시설(연구소 및 도서관은 제외한다)
6. 노유자시설
7. 수련시설
8. 업무시설 중 오피스텔
9. 숙박시설 중 다중생활시설

[본조신설 2014. 11. 28.]

[제61조의3에서 이동 〈2019. 10. 22.〉]

출처: 건축법 53조의 2; 건축법시행령 제 63조의 2.

범죄예방건축기준 고시 상 범죄예방설계 적용대상 건축물

제3조(적용대상) ① 이 기준을 적용하여야 하는 건축물은 다음 각 호의 어느 하나에 해당하는 건축물을 말한다.

1. 「건축법 시행령」 (이하 "영"이라 한다) 별표 1 제2호의 공동주택(다세대주택, 연립주택, 아파트)
2. 영 별표 1 제3호가목의 제1종근린생활시설(일용품 판매점)
3. 영 별표 1 제4호거목의 제2종근린생활시설(다중생활시설)
4. 영 별표 1 제5호의 문화 및 집회시설(동·식물원을 제외한다)
5. 영 별표 1 제10호의 교육연구시설(연구소, 도서관을 제외한다.)
6. 영 별표 1 제11호의 노유자시설
7. 영 별표 1 제12호의 수련시설
8. 영 별표 1 제14호나목2)의 업무시설(오피스텔)
9. 영 별표 1 제15호다목의 숙박시설(다중생활시설)
10. 영 별표 1 제1호의 단독주택(다가구주택)

② 삭제

출처: 범죄예방건축고시 제 3조.

범죄예방건축기준 고시 상 범죄예방설계 권장사항(100세대 미만 아파트 및 오피스텔 포함)

제11조(다가구주택, 다세대주택, 연립주택, 100세대 미만의 아파트, 오피스텔 등에 관한 사항) 다가구주택, 다세대주택, 연립주택, 아파트(100세대 미만) 및 오피스텔은 다음의 범죄예방 기준에 적합하도록 하여야 한다.

1. 세대 창호재는 별표 1의 제1호의 기준에 적합한 침입 방어성능을 갖춘 제품을 사용한다.
2. 세대 출입문은 별표 1의 제2호의 기준에 적합한 침입 방어 성능을 갖춘 제품의 설치를 권장한다.
3. 건축물 출입구는 자연적 감시를 위하여 가급적 도로 또는 통행로에서 볼 수 있는 위치에 계획하되, 부득이 도로나 통행로에서 보이지 않는 위치에 설치하는 경우에 반사경, 거울 등의 대체시설 설치를 권장한다.
4. 건축물의 외벽은 침입에 이용될 수 있는 요소가 최소화되도록 계획하고, 외벽에 수직 배관이나 냉난방 설비 등을 설치하는 경우에는 지표면에서 지상 2층으로 또는 옥상에서 최상층으로 배관 등을 타고 오르거나 내려올 수 없는 구조로 하여야 한다.
5. 건축물의 측면이나 뒤면, 출입문, 정원, 사각지대 및 주차장에는 사물을 식별할 수 있는 적정한 조명 또는 반사경을 설치한다.
6. 전기 · 가스 · 수도 등 검침용 기기는 세대 외부에 설치하는 것을 권장한다. 다만, 외부에서 사용량을 검침할 수 있는 경우에는 그러하지 아니한다.
7. 담장은 사각지대 또는 고립지대가 생기지 않도록 계획하여야 한다.
8. 주차구역은 사각지대가 생기지 않도록 하고, 주차장 내부 감시를 위한 영상정보처리기기 및 조명은 「주차장법 시행규칙」에 따른다.
9. 건축물의 출입구, 지하층(주차장과 연결된 경우에 한한다), 1층 승강장, 옥상 출입구, 승강기 내부에는 영상정보처리기기 설치를 권장한다.
10. 계단실에는 외부공간에서 자연적 감시가 가능하도록 창호 설치를 권장한다.
11. 세대 창문에 방범시설을 설치하는 경우에는 화재 발생 시 피난에 용이한 개폐가 가능한 구조로 설치하는 것을 권장한다.
12. 단독주택(다가구주택을 제외한다)은 제1호부터 제11호까지의 규정 적용을 권장한다.

출처: 범죄예방건축고시 제 11조.

2. 국내 CPTED 적용사례

1) 부천시 CPTED 시범도시 사업

흔히들 국내에서 최초로 CPTED가 적용된 사례로 부천시 CPTED 시범도시 사업을 들고 있다. 2004년 경찰청은 부천시 고강동, 심곡동, 소사본동 3곳을 CPTED 시범실시 지역으로 선정하고 CPTED 사업을 추진하였다. 주요 CPTED 원리 중 감시성 강화를 위한 CCTV 신규설치와 가로등 개선 사업이 포함되었다.

2) 서울시 마포구 염리동 소금길

서울시 마포구 염리동 소금길은 2012년 CPTED 원리가 가장 포괄적으로 적용된 사례이다. 서울시 염리동은 낙후된 주택가로 외국인 노동자와 여성세입자 비율이 높은 곳으로 야간에 어둡고 방범용 CCTV가 설치되지도 않았던 장소였다. 서울시는 염리동을 서민보호치안강화구역으로 지정하고 범죄예방 디자인 프로젝트 시범 사업지로 선정하여 CPTED사업을 시행하였다. 서울시는 범죄심리학자, CPTED전문가, 아동청소년 전문가, 행동심리학자, 커뮤니티디자인 및 서비스 디자이너, 경찰청 관계자를 포함시킨 10인의 범죄예방 디자인위원회를 구성하여 CPTED사업 자문을 받았다. 염리동은 소금창고라는 말에서 유래되었기에 소금의 필수불가결함을 강조하기 위해 소금길로 명명되었다고 한다.

지역주민들의 의견을 반영하여 개선책(조명, CCTV 등)을 도출하고 지역주민들이 골목길을 직접 페이트 칠 하는 등 지역주민 참여모델로 CPTED 사업이 진행되었다. 염리동 골목길 1.7km를 CPTED사업을 통해 어둡고 좁은 골목길을 밝고 쾌적한 환경으로 개선시킨 사업이었다. 염리동 소금길을 2개 코스로 구성되고 계단이 많은 골목길을 이용한 운동코스 디자인(예쁜 종아리 만들기, 각선미 만들기, 군살 없는 복부 만들기, 튼튼한 허리 만들기)과 노란색을 강조한 디자인이 눈에 띤다.

서울시 마포구 염리동 소금길 CPTED사업

출처: http://www.asiae.co.kr/news/view.htm?idxno=2012101619335713641;
http://www.sampartners.co.kr/portfolio-item/design-forcrime-prevention/ 2021년 2월 22일 검색.

3) 부산시 사하구 감천문화마을

부산시 사하구 감천문화마을(감천동 태극도 마을)은 1950년대 피난민들이 모여 살던 곳으로 좁고 가파른 언덕 경사로를 따라 계단식 주거지가 형성되어 있는 마을이다. 그리스 산토리니 마을과 닮았다 하여 한국의 산토리니 마을이라 불리기도 하였다. 이 마을은 오래된 집들이 많고 공동 화장실을 사용하는 등 낙후된 주거환경을 나타내는 마을이었다. 2009년 문화체육관광부가 주최하는 '마을미술 프로젝트'사업에 공모하여 국비 1

억 원을 시작으로 감천문화마을 만들기 사업이 시작되었고 이후 지속적으로 마을 조성 사업이 부산시와 사하구의 지원으로 진행되어 부산을 대표하는 관광명소가 되었다. 2019년에만 308만 명의 관광객이 방문한 것으로 집계되었다(www.gamcheon.or.kr). 감천문화마을의 특징은 서울시 소금길 사례와 달리 지속적으로 마을 환경 개선 사업이 진행되고 있다는 점이다. 특히 초기 감천문화마을 사업 추진 후 많은 관광객의 유입으로 지역 거주민들이 불편을 겪었으나 이후 마을주민 협의회를 통해 매너 있는 관광이 이루어지도록 유도하고 마을의 원형을 유지하려는 노력으로 현재까지 지속성 있게 유지관리가 되고 있다. 감천문화마을 사업의 특징 중 하나는 매년 새로운 조형물들이 설치되고 있어 더욱 발전된 형태로 환경변화가 이루어지고 있다. 비록 감천문화마을 사업이 초기에 CPTED사업으로 추진 된 것은 아니었으나 현재는 한국을 대표하는 CPTED사업 성공사례로 인식되고 있다.

부산시 사하구 감천동 감천문화마을

출처: https://www.gamcheon.or.kr 검색 2021년 2월 22일.

4) 경상남도 통영시

경상남도 통영시 동피랑 벽화마을은 통영 중앙수산 시장 뒤쪽 언덕(동쪽 언덕이라 동피랑)에 위치한 작은 마을이다. 낙후된 주거환경으로 마을철거계획이 수립되어 마을이 없어질 위기에 봉착하자 통영의 지역단체인 푸른통영21이 동피랑 색칠하기 전국벽화공모전을 열어 전국 미대 재학생들과 개인들이 18개 팀이 참가하여 통영시를 상징하는 벽화를 그려 넣었던 것이 시작이었다. 벽화마을 조성사업은 거주민들의 동의를 받고 진행되었다. 공공기관이 주도한 사업이 아닌 민간에 의해 주도된 최초의 사업으로 2014년 7월 유네스코 한국위원회로부터 지속가능발전의 모범적 사례로 인정받아 유네스코 지속가능발전교육 공식프로젝트로 인증 받았다. 현재는 통영시를 대표하는 관광지로 자리매김하고 있다. 부산시 감천문화마을과 마찬가지로 초기 프로젝트는 CPTED 사업이 아니었으나 벽화마을 조성이후 조명, CCTV, 문화거리 등 다양한 추가적인 CPTED사업이 진행되어 현재에는 한국을 대표하는 CPTED사업 사례가 되었다.

경상남도 통영시 동피랑 벽화마을

출처: http://www.ohmynews.com/NWS_Web/view/at_pg.aspx?CNTN_CD=A0001027141
https://news.naver.com/main/read.nhn?mode=LSD&mid=sec&sid1=102&oid=003&aid=0002266046
https://news.naver.com/main/read.nhn?mode=LSD&mid=sec&sid1=102&oid=003&aid=0002516995 검색: 2021년 2월 22일.

5) 경상북도 구미시 구평동 CPTED사업

구미시 구평동 범죄예방 환경 조성사업은 경북지방경찰청 생활안전과에서 2013년 8월에 경북도내 4개 시(구미시, 안동시, 포항시, 경산시)에서 개최한 '치안인프라 구축을 위한 민,관,학 합동 토론회'를 통해 경찰의 치안인프라 확충에 지방자치단체 및 의회의 지원이 절실하게 요구된다는 의견이 반영되어 경북도청으로부터 1억 원 그리고 구미시에서 1억 원 총 2억 원이 투입된 사업이었다. 이 사업은 2013년 10월부터 2014년 6월까지 이루어졌으며 초기 계획단계에서 실행단계까지 구미경찰서 생활안전과와 구미시청의 유관부서가 유기적으로 협조하여 사업을 수행하였다. 구미시 구평동 범죄예방 환경조성사업은 구미시, 구미경찰서, 지역주민, 그리고 전문가들이 범죄예방 디자인 위원회(2013년 4월 발족) 회의를 통해 구평동 지역의 범죄예방 방안을 논의하고 지역주민들의 의견을 반영하여 다양한 사업들이 결정되었다. 이 사업의 주요한 사업내용은 1) 옹벽디자인 사업, 2) 여성아동안심귀갓길 조성사업, 3) 여성아동지킴이집 선정사업, 4) 방범초소 신설, 5) NFC근거리 위치추적장치 설치, 6)가로수 및 가로등 정비사업, 7) 공원 환경 개선사업 등이 이루어졌다.

구미시 구평동 CPTED사업

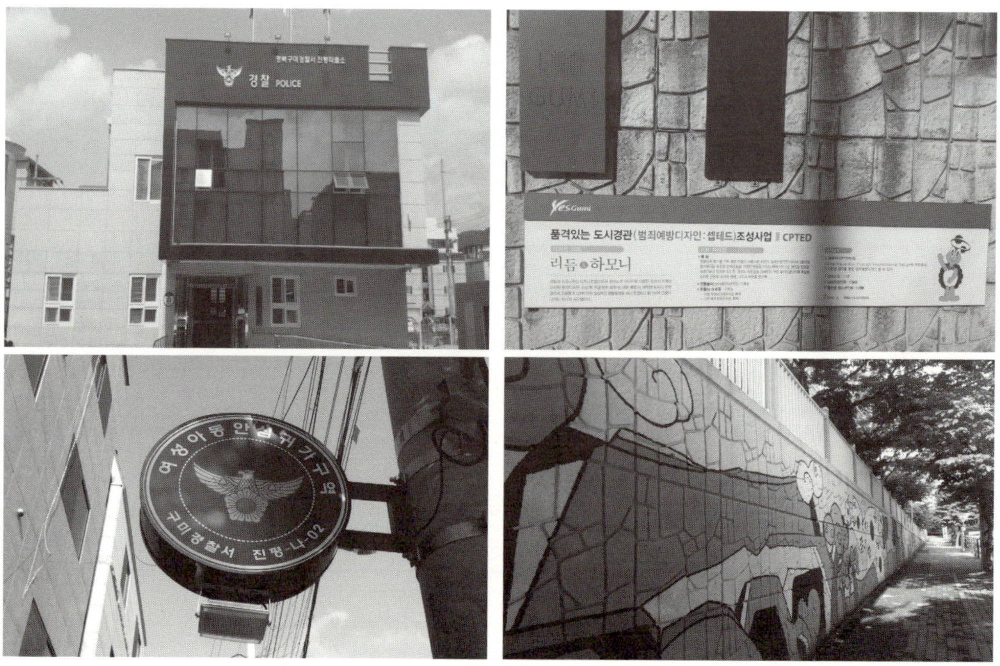

안심귀가♡도우미집
진평파출소
☎472-7112
나이스
할인

범죄예방과 공간

제1절 범죄예방과 지역사회

1. 지역사회의 개념

범죄예방의 정의에서 논의하였듯이 범죄예방은 범죄자의 범인성 보다는 범죄자가 범죄를 저지를 수 있는 장소, 즉 범죄기회를 제공하는 공간이 중요한 탐구의 대상이 된다. 범죄가 많이 발생하는 장소에서 범죄두려움 수준이 높고 지역주민들의 지역사회에 대한 만족도, 신뢰, 유대, 애착이 약해진다. 또한 범죄와 같은 사회문제가 만연한 지역에 거주하는 사람들은 벗어날 수 없는 현실로 인한 스트레스와 무기력감 등을 겪게 되고 이는 거주민의 정신건강까지 악화시킬 수 있다. 따라서 지역사회에서 범죄예방을 위한 개인적 혹은 집단적 대처가 중요해진다. 경찰과 같은 형사사법기관이 지역사회 문제를 해결해 줌으로써 사회가 안정화 된다면 걱정이 없지만 안타깝게도 기존 경찰학 연구들의 결과로 볼 때 경찰 홀로 지역사회의 사회문제를 해소하는 데는 한계점이 있기 때문이다.

지역사회의 범죄예방을 이해하기 위해서는 지역사회(Community or Neighborhood)라는 용어의 정의가 필요하다. 지역사회라는 공간은 물리적 공간임에 틀림없다. 하지만 그 속에서 살아가고 있는 사람들은 단순히 물리적 공간으로 지역사회를 이해하기 보다는 거주민들 간의 인간관계 및 교류의 장으로 이해된다.

1974년 카사다(Kasada)와 자노위츠(Janowitz)는 지역사회를 "사회화과정에서 유래되는 친구관계와 친족관계의 네트워크와 공식적이고 비공식적인 교류관계들이 복잡하게 얽혀있는 체계"(p.329)라 정의하였다. 지역사회는 지역주민들이 일상적인 삶을 살고 있는 삶의 터전이며 인적교류가 이루어지는 공간으로 지역사회의 구조적인 특성과 기능적 특성이 복합적으로 얽혀있다.

1800년대 중후반에서 1900년대 초반 산업화로 인한 도시의 팽창은 각종 도시문제를 초래하였다. 뒤르케임 등 도시화의 문제점을 지적한 사회학 연구들이 진행되면서 사회구조론적 범죄학(Social Structural Approach of Criminology)이 1900년대 초중반 각

광을 받았다. 사회해체이론, 아노미긴장이론, 하위문화이론 등 사회구조적 접근이 주류 범죄학으로 자리매김하였다. 특히 시카고 대학의 생태학적 범죄학의 태동은 지역과 범죄의 관계를 체계적으로 접근 할 수 있는 기회를 제공하였다. 지역과 범죄에 관한 초기 연구들은 범죄의 공간집중화 현상을 설명하려 노력하였다. 많은 사회학자들은 이 같은 현상의 원인이 산업화 된 도시화의 특징으로 설명하였다. 하지만 고전적 사회해체이론에서 파생된 범죄예방의 사회통제론적 접근은 지역사회를 거주민들의 인간관계와 지역 환경이 연계되어 있는 유기체처럼 살아 움직이는 공간으로 이해하였다. 특히 수정된 사회해체이론의 논의들은 지역사회 구성원들이 지역의 구조적 특성으로 인해 인적교류 등 기능적 특성에 영향을 받아 집합적 통제능력의 약화가 발생하면 범죄문제가 증가한다고 보았다. 또한 최근 상황적 범죄예방론의 논의들은 지역사회라는 공간이 결과적으로 범죄를 야기하는 범죄기회의 장이 된다고 설명한다. 범죄예방의 상황통제 모형은 지역이라는 거주공간 속에서 물리적 환경과 거주민들의 행위가 복합적으로 어우러져 범죄기회가 초래되기 때문에 이를 감소시킬 수 있는 조치가 필요하다고 강조한다. 클라크(Clarke) 교수는 상황통제 전략으로 대상물 강화, 위험의 증대, 변명제거 등 다양한 상황적 범죄예방 기법을 제안하고 있다. 이들 방안들은 결국에는 지역사회에 존재하는 건축물과 거주자를 대상으로 하는 것이므로 사회통제론적 접근법과 상황적 범죄예방론은 밀접하게 관련된다. 즉, 지역사회에 대한 이해 없는 범죄예방 정책은 공염불이 될 가능성이 높은 것이다.

2. 지역사회 범죄예방의 이해

1) 지역사회 범죄예방의 개념

지역사회범죄예방(Community Crime Prevention)이라는 개념은 1988년 로젠바움(Rosenbaum)의 논문 ‘지역사회범죄예방(Community Crime Prevention: A Review and Synthesis of the Literature)’에서 구체적으로 논의되었다. 로젠바움은 지역사회 범죄예방은 범죄와의 전쟁(War against Crime)으로 대표되는 1970-80년대 미국의 범죄정책의 실패를 인정하며 새로운 대안이라 평가한다. 지역사회 범죄예방은 범죄대응에서 일반시민들의 역할을 강조한다. 기존 범죄대책들은 전통적인 경찰활동, 선별적 구금, 처벌을 통한 억제 등 강력한 범죄대책의 실효성에 대한 의문이 제기되면서 지역사회 범죄예방의 필요성이 역설되었다. 지역사회 범죄예방은 지역사회의 시민들이 자신이 거주하는 지역사회의 질서유지에 주요한 역할을 맡아 책임감을 가지고 참여할 때 지역사회의 범죄문제 해결에 기여할 것이라 기대한다. 일반적인 지역사회 범죄예방 프로그램과 정책들은 지역주민들의 참여를 증대시키고 작은 그룹으로 지역사회의 범죄감소를 위한 자발적인 지역사회 조직에 참여를 강조하였다. 지역사회 범죄예방은 현실적으로 우리사회 곳곳에 경찰관을 배치하기 어렵고 사회경제적 비용면에서도 효율적이라는 근거에서 적극적으로 도입되었다. 지역사회 범죄예방 정책들은 1960년대에서 1970년대 경찰의 이미지 개선, 개별가구의 범죄예방기법 전수, 지역주민들 간의 이웃감시(Block Watch, Neighborhood Watch) 등의 프로그램이 각광받았다. 하지만 대부분의 지역사회 이웃감시 조직은 그 숫자에 비해 실효성 있는 활동이 미약하다는 평가를 받았다.

2) 지역사회 범죄예방의 유형

지역사회의 범죄예방을 위해 지역주민들의 자발적인 범죄대응 의지와 관심이 요구되며 지역사회 주민의 참여를 통해 범죄기회를 차단할 수 있다는 논리이다. 그렇다면 지역사회 범죄예방의 유형은 어떻게 구분될까? 흔히들 지역사회 범죄예방이라 하면 방범순찰과 같은 지역 내에서 지역주민들이 단체로 범죄예방활동에 참여하는 어떤 행위를 생각할 것이다. 하지만 지역사회 범죄예방은 지역구성원들의 집단적 행동만을 의미하지 않는다. 랩(Lab) 교수는 지역사회의 범죄예방 활동의 영역을 감시(이웃감시활동), 회피, 목표물 견고화(재물표시, 경보기), 개인경비(보안장치 소지), 출입통제(자물쇠 설치, 출입문 감시창 설치)로 구분하였다(Lab, 1990). 이후 랩(Lab)교수는 홉(Hope)과 함께 지역사회 범죄예방의 유형은 이웃감시(이웃감시활동 참여, 재물표시, 주택보험 가입), 야간 주의사항(회피, 습관의 변경, 그룹으로 외출), 기술적 경비(경보기, 조명 타이머, 안전점검), 자기방어(무기소지, 경보기, 자기방어 수업 수강), 요새경비(방범창 설치, 자물쇠 등)로 구분하였다(Hope & Lab, 2001). 복잡한 지역사회 범죄예방의 유형을 자세히 살펴보면 집단적 범죄예방활동과 개인적 범죄예방 활동으로 구분할 수 있음을 알 수 있다.

로젠바움은 이를 범죄예방 행동이라 정의하며 지역사회 범죄예방 행동을 1) 개인의 방어행동(Personal Protection Behaviors), 2) 가구의 방어 행동(Household Protection Behavior), 3) 지역사회의 방어행동(Neighborhood Protection Behaviors)로 구분하였

다(Rosenbaum, 1988). 그는 이 세 가지 범죄예방 행동이 어우러질 때 지역사회의 범죄를 감소하고 안전한 지역사회를 만들 수 있을 것이라 기대하였다.

개인적인 방어행동은 범죄가 많이 발생하는 지역을 피하거나 현금을 많이 들고 다니지 않거나 총기 등 방어도구를 갖추고 외출하는 등의 행동을 의미한다. 기존 연구들의 결과 방어행동들 중에서 범죄피해를 회피하는 행동들이 범죄피해를 감소시킨다고 한다. 범죄피해 회피행동은 위험성이 높은 행동이나 상황을 피함으로써 범죄적 생활양식이나 범죄자와의 접근을 증대시키는 행동을 많이 하는 사람들에 비해 범죄피해가능성을 현저히 낮추게 되는 것이다. 개인적인 방어행동과 더불어 **가구의 방어행동** 역시 범죄예방을 위해 중요한 역할을 하는 것으로 이해된다. 가족 단위의 방어행동은 문단속을 철저히 하거나 자물쇠를 바꾸거나 외출 시 불을 켜놓고 나가는 등의 행동을 의미한다. 이들 행동들은 범죄자의 접근을 막고 범죄 대상물을 강화시키는 등 물리적 심리적 범죄예방효과를 기대할 수 있다. 마지막으로 **지역사회의 방어행동**은 지역사회 주민들이 지역사회의 범죄문제 해결을 위해 집단적으로 활동에 참여하는 행위를 의미한다. 지역사회의 방어행동은 감시기능의 증대를 통해 범죄기회를 감소시키는 프로그램(이웃감시제도, 자율방범순찰)이나 지역사회의 범죄유발 요소를 제거하는 프로그램(무질서 환경개선사업, 마약류 판매 등 불법적인 시장 붕괴사업)이 있다. 결국, 지역사회 범죄예방은 지역주민들이 자신들의 개인적 삶의 환경과 일상생활을 통해 참여가능하며 지역주민들이 집합적으로 행할 수 있는 프로그램을 통해서도 가능하다. 이들 활동들은 궁극적으로 범죄발생 기회를 유발하는 조건들을 통제하려는 행동과 환경변화를 통해 이룩할 수 있으며 이를 위해 지역주민들의 관심과 참여가 요구된다.

로젠바움이 개인의 범죄예방활동을 개인과 가구의 방어행동으로 설명하였다면 몇몇 학자들은 범죄예방활동(혹은 자제행동: Constrained Behaviors)을 회피행동(Avoidance behavior)과 방어행동(Defensive Behavior)으로 구분하고 있다(Ferraro, 1996; Liska, Sanchirico, & Reed, 2001; May, Rader, & Goodrum, 2010). 회피행동은 전형적으로 밤에 특정한 장소를 피하거나 특정한 일이나 활동을 자제하는 것과 관련되며, 방어행동은 침입경보장치를 설치하거나 경비견을 키우거나 방어 장치를 설치하거나 총기를 소유하는 것과 같은 행동을 의미하게 된다(Ferraro, 1996; May et al., 2010). 랩(Lab)은 범죄예방의 영역을 야간경계, 이웃감시, 기술적 경비, 요새경비, 자기방어라는 5가지로 구분하여 개별 범죄예방 영역별로 대응행동이 달라진다고 설명한다(이순래 외, 2011). 한편으로 개인의 범죄예방활동은 보다 세분화하여 도구(Tools)를 이용한 범죄예방시설물 설치와 행동(Activities)을 통한 범죄예방활동으로 구분할 수 있을 것이다(윤우석 · 최응렬, 2008). 자물쇠의 설치나 전자감시 장치의 설치는 도구를 이용한 범죄 목표물의 강화, 접근통제, 감시성 강화라면 밤늦은 시간에 늦게 돌아다니지 않거나 우범지역을 피하는 등의 행위는 범죄자와의 근접성 및 노출을 최소화하기 위한 '회피 및 방어행동'으로 이해될 것이다(윤우석 · 최응렬, 2008).

범죄예방의 영역과 활동

야간 경계	이웃감시	기술적 경비	요새경비	자기방어
습관바꾸기 가극적 사람 피하기 외출 시 다른 사람과 동행 비상연락망 구축	이웃감시 참여 재물표시 이웃 집 감시 주택보험	침입절도 경보기 장착 조명 타이머 설치 안전성 조사	보조열쇠 설치 창문 잠금장치 방범창 설치	무기소지 경보기 소지 호신술

출처: Lab, S.P. & Hope, T. (1998). Assessing the Impact of Area Context on Crime Prevention Behavior. Paper presented at the Environmental Criminology and Crime Analysis Conference, Barcelona, Spain; 이순래 외, 2011, p.154 재인용.

지역사회 범죄예방의 유형에 관한 논의는 사회해체이론의 최근 논의와 매우 유사하다. 지역사회의 범죄문제는 지역사회의 범죄통제능력 약화 및 지역주민들의 유대와 신뢰 붕괴로 인해 발생하는 것이므로 지역사회의 집합적인 인적자원(Human Capital)활용이 요구 된다. 특히 지역사회 범죄예방의 방안들로 제시되는 개인적, 가정적, 그리고 지역적 방어행동은 범죄예방의 사회통제론적 접근에서 강조하고 있는 비공식적 사회통제의 수준별 활동과 매우 유사하다. 비공식적 사회통제는 비공식적인 감독(Informal Surveillance), 활동규율법칙(Movement Governing Rules), 그리고 직접적인 개입(Direct Intervention)으로 구성되는데 비공식적 감독과 활동규율법칙은 범죄피해를 미연에 방지하기 위한 대표적인 활동(Silver & Miller, 2004; 윤우석 · 최응렬, 2008:407)이라는 측면에서 지역사회의 범죄예방과 유사하다. 특히 Hunter(1985)는 비공식적 사회통제를 개인수준(Private Social Control)과 지역수준(Parochial Social Control)의 사회통제로 구분한다는 측면에서 로젠바움의 논의와 유사하다.

이와 더불어 지역사회 범죄예방의 핵심적인 요소 중 하나는 범죄발생기회를 감소시킴으로써 범죄피해를 최소화시키고자하는 점이다. 범죄기회 감소를 위해 개인적인 회피행동이나 방어행동이 필요하며 물리적 환경변화를 통한 범죄기회를 감소시키는 노력도 요구된다. 최근 많은 연구들은 범죄발생의 원인을 범죄자 개인의 심리사회적 특성에 초점을 맞추어 찾기보다는 범죄발생을 유발하는 거주 지역 및 주거환경의 영향이 보다 더 중요하게 바라보는 경향이 있다. 즉, 범죄는 범죄기회의 존재여부가 필수적으로 상존하여야만 발생하는 것이며 거의 대부분의 범죄자들은 범죄기회상황에서 범죄로 나아갈 것인지 아닌지를 결정할 수 있는 합리적 존재로 인식된다. 따라서 지역주민들이 지역사회의 범죄기회 요소를 스스로 차단하려는 개인적 혹은 집단적 노력을 통해 상황적 범죄예방이론의 접근법이 자연스럽게 적용되고 있는 것이다.

종합할 때, 사회통제론적 접근법과 상황적 접근법을 통해 지역사회를 범죄로부터 방어할 수 있는 방어모델을 구축할 수 있을 것이다. 아래 그림은 슈나이더(2010)가 정리한 지역사회 범죄예방의 방어모델이다. 지역사회의 교류와 응집력을 통해 지역사회의 비공식적 사회통제능력을 향상시키고 지역주민들의 지역에 대한 소속감을 증대시켜 지역사회의 범죄문제를 제대로 통제, 예방, 그리고 감소시켜서 지역사회를 발전시킨다는 것이다.

지역사회방어모델

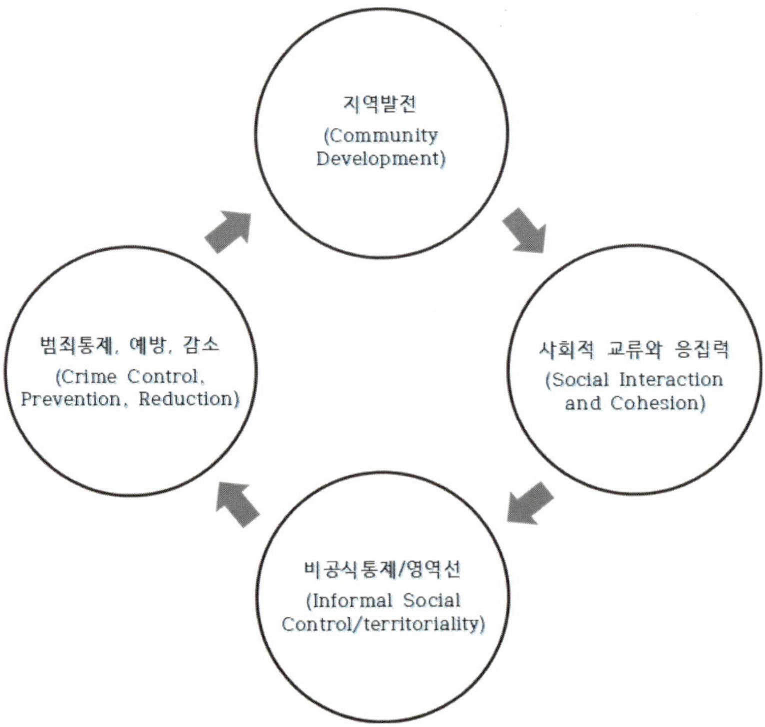

출처: Schneider, S. (2010). Crime prevention: theory and practice. FL: CRC Press. p.139.

3) 범죄예방 활동의 결정요인

사람들을 범죄예방에 참여시키는 요인은 무엇인가? 우리가 살아가고 있는 지역사회 혹은 공간은 범죄라는 달갑지 않은 문제를 직면하게 만든다. 이에 사회 구성원들은 자발적으로 개인단위 혹은 지역단위로 범죄예방을 위한 노력을 한다. 사람들이 범죄예방에 참여하게 되는 영향요인이 무엇인지 검증한 연구들은 주로 1980년대 연구들이 대부분이었다. 이들 연구들은 주로 이웃감시 프로그램(Neighborhood Watch Program) 참가자들의 인구사회학적 특성과 그 이유를 파악하는데 초점을 두었다(이순래 외, 2011: 150-154 참조). 하지만 최근 논의들은 특정 범죄예방 프로그램 참여를 결정하는 요인을 찾기 보다는 직접적으로 자신들이 범죄피해를 당하지 않기 위해 어떤 행동을 하며 그 행동에 영향을 미치는 요인을 찾고자 하는 연구들이 진행되고 있다(Hope & Lab, 2001; Liska et al., 2001; 윤우석·최응렬, 2008; 홍태경, 2011; 홍태경·윤우석, 2017). 몇몇 연구들의 결과를 분석해 볼 때, 기존 문헌자료들에서 개인의 범죄예방활동에 영향을 미치는 요인으로 개인적 특성, 범죄피해경험, 범죄피해 위험인지, 무질서, 비공식적 사회통제, 범죄두려움 그리고 경찰신뢰가 사용되었다. 이들 영향요인들을 통해 범죄예방활동이 무엇에 영향을 받고 우리는 어떻게 이들 요인을 활용해야 할지 알 수 있을 것이다.

(1) 인구사회학적 특성과 범죄예방활동

개인의 인구사회학적 특성은 범죄예방활동에 일부 제한적이기는 하지만 약간의 영향을 미치는 것으로 보인다(Liska et al., 1988; May et al., 2010; 윤우석·최응렬, 2008; 홍태경, 2011; 홍태경·윤우석, 2017). 성별과 개인의 범죄예방행동의 관계를 살펴본 기존 논의들의 결과 미국의 연구에서는 여성이 남성에 비해 야간에 밤늦게 밖에 다니지 않는 등 회피행동을 많이 하는 것으로 나타났다(Gardner, 1989; Hollander, 2001; Hope & Lab, 2001; May et al., 2010). 국내 연구에서도 여성은 남성보다 보호 및 회피행동을 더 많이 하였다(홍태경·윤우석, 2017). 또한 미국에서 남성들은 여성에 비해 총기소지 등 방어행동을 보다 빈번하게 하는 것으로 나타났다(Kuntsche & Klingemann, 2004; Wilcox, May, & Roberts, 2006). 하지만 국내 연구에서는 개인의 성별에 따른 차이점은 거의 나타나지 않아 결론에 도달하기 어렵다(윤우석·최응렬, 2008; 홍태경, 2011; 홍태경·윤우석, 2017). 2017년 홍태경과 윤우석의 연구결과 개인의 범죄예방활동에서 일상적인 방범활동, 전자감시 장비의 설치, 그리고 자물쇠 등 대상물 강화에서 성별 차이가 존재하지 않았다(홍태경·윤우석, 2017). 한편 인구학적 특성 중 연령 역시 일관된 결과를 보여주지 않았다(Hope & Lab, 2001; May, 1999). 미국의 몇몇 연구에서는 연령이 높은 여성일수록 방어행동을 더 많이 하는 것으로 파악되지만 회피행동에서는 연령에 따른 차이가 일관되게 드러나지 않았다(Liska et al., 1988; May et al., 2010). 국내 연구에서는 오히려 연령이 젊을수록 범죄예방 참여도가 높다는 결과를 보여주어 결론에 도달하기 어렵다(윤우석·최응렬, 2008; 홍태경, 2011; 홍태경·윤우석, 2017).

다음으로 전자장비나 방범장치와 같은 비용이 발생하는 범죄예방 활동은 계층별 차이가 존재할 것이라 가정되었지만 실제 연구결과는 이를 지지하지 않았다. 메이(May)와 그의 동료들의 연구(2010)에서는 개인의 소득수준은 남성의 회피행동을 증가시키지만 방어행동은 남녀 모두에서 영향을 미치지 않았다. 한편 리스카(Liska)와 그의 동료들(1988)은 수입 및 학력이 오히려 회피행동을 감소시킨다는 결과를 보여주었다. 한편, 홉과 랩의 연구(Hope & Lab. 2001)에서는 영국 시민들 중 고학력자는 모든 종류의 범죄예방 활동을 더 많이 하는 것으로 나타났다. 또한 자기방어행동을 제외하고 이웃감시, 전자경비, 요새경비, 그리고 야간 회피행동에 있어서는 기혼자, 주택소유자, 그리고 고수입자의 참여도가 높은 것으로 나타났다. 국내에서는 윤우석과 최응렬의 연구(2008)에서 수입에 따른 범죄예방활동의 차이는 존재하지 않았으나 학력이 높을수록 오히려 이중자물쇠나 전자 장비를 덜 설치하는 것으로 나타났다(윤우석·최응렬, 2008). 홍태경과 윤우석의 연구(2017)에서도 사회경제적 지위와 범죄예방의 일관된 관계는 나타나지 않았으나 주택 소유자들이 전자감시 장비를 더 많이 설치하는 것으로 나타났다.

(2) 범죄피해경험과 범죄예방활동

범죄피해 경험 역시 범죄예방활동에 영향을 미칠 것으로 가정된다. 직접적 혹은 간접적인 범죄피해경험은 개인차원의 자기보호(Self-protection) 활동을 증가시킬 것이라 기대된다. 범죄피해를 경험한 사람들은 다시금 범죄피해를 당하지 않기 위해 범죄발생 가능성이 높은 특정 장소를 피하거나 홀로 다니지 않는 등 자기보호 조치를 취할 것이다. 메이(May)와 그의 동료들(2010)은 절도피해자들은 방어적 행동을 더 많이 했으며 남성은 재산범죄 피해를 막기 위해 회피행동을 여성은 폭력범죄피해를 예방하기 위해 방어행동을 더 많이 하는 것으로 드러났다. 홉과 랩(Hope & Lab, 2001)의 연구에서는 침입절도 피해를 당한 사람들이 보다 감시활동과 전자장비 설치를 통해 피해를 예방하려는 것으로 나타났다. 한편 국내 연구에서 조윤오와 민휘경(2012)은 청소년을 대상으로 범죄피해경험이 개인들의 보호행동으로 미치는 영향을 분석하였으나 관련성이 없었다. 홍태경과 윤우석의 연구(2017)에서도 범죄피해경험은 4가지 범죄예방활동(보호/회피행동, 일상방범, 전자감시장비, 대상물 강화)에 영향이 없었다.

(3) 범죄두려움과 범죄피해위험인지

범죄두려움과 범죄피해 위험인지(Perceived Risk)가 범죄예방활동에 영향을 미칠 것이라는 가정이다. 범죄두려움과 범죄예방활동의 관계에 대한 논의는 상당히 복잡하다(김연수, 2016). 기존 연구들은 범죄두려움과 범죄예방활동은 서로 상호가산적 관계이므로 범죄두려움을 많이 느낄수록 범죄예방활동에 더 많이 참여하게 되고 범죄예방활동에 참여할수록 범죄두려움이 감소 혹은 증가한다는 설명이다(Ferraro, 1995; Liska et al., 1988; Scheider et al., 2003; 김연수, 2010; 2016; 김성언, 2011; 김지선, 2004; 노성훈·강용길, 2010; 이민식, 2000; 홍태경, 2011; 차훈진, 2007). 또한 페레로(Ferraro)의 위험해석 모델(Ferraro, 1995)에서는 범죄예방활동은 범죄피해 위험인지의 형태적 적응의 결과이며 이는 범죄두려움을 오히려 증가시키는 결과를 초래한다는 주장이다. 국내에서도 자기방어행동이 범죄두려움을 증가시킨다는 결과를 보여준다(이민식, 2000). 하지만 많은 국내외 연구자들은 범죄두려움을 범죄예방활동의 원인요인으로 파악하고 있다(Liska et al., 1988; May et al., 2010; 김연수, 2010; 김상운·신재헌, 2012; 김성언, 2011; 김지선, 2004; 노성훈·강용길, 2010; 윤우석·최응렬, 2008; 홍태경, 2011). 결국 범죄두려움과 범죄예방활동은 서로 가산적인 관계로 보이지만 범죄예방활동을 정서적이고 인지적인 범죄두려움 혹은 위험인식의 반응행동으로 이해할 때 범죄예방활동이 후행한다는 논리가 보다 설득력이 있어 보인다(홍태경·윤우석, 2017). 다만 범죄두려움이 개인의 범죄예방활동에 미치는 영향은 국내 연구들에서는 미약한 것으로 나타나다(윤우석·최응렬, 2008; 홍태경, 2011). 반면 국외 연구에서는 일부 관련성이 있는 것으로 보고되고(Liska et al., 1988; May et al., 2010) 있어 합의된 결론에 도달하기 어렵다. 국내 연구에서 김준홍(2010)은 '범죄피해의 가능성에 대한 지각'과 '범죄피해의 심각성에 대한 지각'이 개인의 회피적 보호행동에 중요한 영향을 미치는 것으로 나타났다. 또한 2012년 전국 범죄피해조사 자료를 활용한 김연수(2016)의 연구에서도 범죄피해의 가능성 인식(위험인식)은 범죄에 대한 두려움을 증가시키고 자기 보호적 행동을 강화시키는 것으로 나타났다. 영국에서도 범죄피해 가능성 인지가 상당히 일관되게 범죄피해예방활동에 영향을 미치는 것으로 나타났다(Hope & Lab, 2001). 한편 홍태경과 윤우석의 연구(2017)에서는 범죄피해 가능성에 대한 위험인지와 범죄예방활동에 아무런 관련성이 없는 것으로 나타나 기존 논의와 상반된 결과를 보여주었다. 윤우석과 최응렬의 연구(2008)에서도 범죄두려움은 노출감소를 제외하고 범죄예방활동에 거의 영향이 없었다.

(4) 지역특성과 범죄예방활동

지역사회의 특성 역시 범죄예방활동에 영향을 미칠 것으로 가정된다. 지역사회의 영향을 설명하는 대표적인 논의는 무질서 가설과 사회통합 가설이 있다. 현재까지 지역특성과 개인의 범죄예방활동의 관계를 검증한 연구는 많지 않았다(윤우석, 2010; 이상훈·정의롬, 2015; 홍태경, 2011; 홍태경·윤우석, 2017).

지역특성과 개인의 범죄예방활동의 관계를 파악한 기존 연구들은 지역사회의 구조적 특성에 기인한 지역사회의 사회통제능력이 지역주민들의 범죄예방활동에 미치는 영향을 파악하려 시도하였다(윤우석·최응렬, 2008; 이상훈·정의롬, 2015; 홍태경, 2011; 홍태경·윤우석, 2017). 특히 지역수준의 비공식적 사회통제는 범죄예방활동에 영향을 미칠 것으로 이해된다. 다만 비공식적 사회통제가 범죄예방을 위한 지역주민들의 활동에 긍정적인가 혹은 부정적인가는 좀더 복잡한 논의가 필요하다. 우선 사회 통제력이 약한 지역에서는 범죄나 무질서가 빈발하기 때문에 지역주민들은 스스로 자신의 재산과 가족을 보호하려는 시도할 가능성이 높을 것이다. 한편 비공식적 사회통제가 잘되는 지역은 사실상 지역주민 개개인들이 개인수준 혹은 지역수준에서 범죄예방 활동에 잘 참여하였기에 범죄도 낮고 비공식적 사회 통제력도 높을 수 있다. 즉, 비공식적 사회통제력이 높을수록 지역주민들의 범죄예방 활동 참여도 높을 것이라 가정될 수 있다. 아마도 이 같은 논의는 경찰의 공식적 사회통제와 비공식적 사회통제 간의 이중적인 관계가 존재한다는 기존 연구결과와 거의 유사한 논의이다(윤우석, 2010). 예를 들면 기존 연구들의 결과 지역주민들이 자신이 거주하는 지역의 경찰활동을 만족하고 경찰관들을 신뢰할수록 그 지역의 비공식적 사회통제가 증가할 것이라는 기대감이 있다. 하지만 한편으로 경찰이 지역사회에서 적극적으로 경찰활동을 하여 범죄자를 많이 체포하게 되면 일시적으로 범죄가 감소하는 것처럼 보이지만 실제 지역사회의 사회적 자본이 약화되어 지역사회의 비공식적 사회통제가 감소한다는 결과 역시 보고되고 있다. 기존 국내 연구 결과 지역사회의 비공식적 사회통제는 개인의 보호 및 회피 행동 그리고 일상적인 방범활동 참여에 긍정적인 영향을 미치는 것으로 나타났다(홍태경 · 윤우석, 2017). 하지만 개인의 전자감시 장비나 대상물 강화를 위한 행동에는 영향이 없었다(홍태경 · 윤우석, 2017).

다음으로 지역사회의 응집력이 높을수록 지역주민들은 지역사회의 범죄문제에 적극적으로 개입하려 할 것이며 개인 수준의 범죄예방 활동 역시 서로 간의 정보공유를 통해 더 자주 할 것이라 기대된다. 또한 지역사회에 대한 애착 역시 지역주민들의 범죄예방 활동 참여에 긍정적 영향을 미칠 것이라 기대된다. 기존 논의 결과 지역사회에 대한 애착은 개인 수준의 범죄예방 활동에는 영향이 거의 없는 것으로 나타났다(윤우석 · 최응렬, 2008).

지역사회의 특성 중 무질서 역시 범죄예방활동에 영향을 미칠 것으로 보인다. 무질서는 범죄두려움을 가장 잘 예측하는 지역사회의 사회해체 징후로 고려된다(윤우석, 2014). 무질서 한 지역에 거주하는 시민들은 자신들의 무질서 징후를 인지하여 위험성이나 두려움을 느껴 범죄예방활동을 통해 자신을 보호하려 할 것이다. 개인의 범죄예방활동은 범죄피해를 예방하고 안정감을 제공한다는 측면에서 무질서한 지역사회에 거주하는 사람들이 보다 더 회피행동이나 보호행동에 참여할 가능성이 높을 것이다. 하지만 기존 연구들은 무질서가 미치는 영향은 제한적이라 한다(윤우석 · 최응렬, 2008; 홍태경, 2011). 지역사회의 무질서를 더 많이 인지할수록 개인의 집에 CCTV 등 방범장치를 더 많이 설치하는 활동이 증가하기는 하였지만 다른 유형의 범죄예방 행동의 증가는 나타나지 않았다(윤우석 · 최응렬, 2008).

(5) 경찰활동과 범죄예방 행동

경찰활동에 대한 지역주민들의 주관적 인식 역시 범죄예방 행동에 영향을 미칠 것이라 가정된다. 경찰이 지역사회 문제에 적극적으로 개입하고 이를 해결하려 노력할 때 지역주민들은 경찰과 관계가 개선되고 범죄두려움 역시 감소 될 것이라 기대된다(Grinc, 1994; Skogan, 1990). 실제 기존 경찰활동의 평가 연구들은 경찰활동의 다양한 활동이 지역사회의 무질서 감소, 범죄두려움 감소, 지역 안전감 증대, 그리고 지역유대 강화 및 비공식적 통제 강화에 긍정적이라는 결과들을 제시하고 있다(Gill et al., 2014; Reisig & Parks, 2004; Sargeant, Wickes, & Mazerolle, 2013; Schneider,

Rowell & Bezdikian, 2003; Tyler & Wakslak, 2004; Zhao, Scheider & Thurman, 2002; 이명우·황진아·이성식, 2000; 정승민, 2009). 또한 경찰활동은 공식적 사회통제이므로 지역사회의 비공식적 사회통제라 할 수 있는 개인 혹은 지역주민들의 범죄예방 행동에 미치는 영향이 존재할 것이다(윤우석·최응렬, 2008; 윤우석, 2010). 우선 미국에서 슈나이더(Scheider)와 그의 동료들(2003)은 지역사회경찰활동에 대한 시민들의 인식, 범죄두려움, 경찰에 대한 만족, 시민에 의한 범죄예방활동 등의 관계를 미국 12개 도시에서 수집 한 설문자료를 가지고 분석하였다. 분석결과 지역사회 경찰활동에 대한 인식은 지역주민들의 경찰에 대한 만족도과 시민들의 범죄예방 행동에는 긍정적인 영향을 미치는 것으로 나타났다. 특히 지역사회 경찰활동이 잘 이루어지고 있다고 인식하는 시민들은 스스로를 안전하게 지키기 위한 범죄예방 활동에 더욱 적극적으로 참여하는 것으로 나타났다. 국내에서도 경찰활동과 범죄예방 행동의 관계를 검증하려는 노력이 시도되었다. 윤우석·최응렬(2008)은 지역사회 경찰에 대한 인식 및 경찰과 주민의 협력관계는 일상생활에서의 범죄 회피행위에 의미 있는 긍정적인 영향을 미친다는 결과를 보고하였다. 소규모 상점 주인들을 대상으로 공식적 통제와 비공식적 통제가 개인의 범죄예방활동에 미치는 영향을 검증한 홍태경(2011)의 연구에서도 경찰의 순찰과 방범진단이 잘 이루어지고 있다고 인지할수록 사람들은 자신의 집에 이중 잠금장치나 CCTV를 설치하는 등의 개인차원의 범죄예방 행동이 증가하였다. 홍태경과 윤우석의 연구(2017)에서는 경찰에 대한 신뢰도가 높을수록 일상적인 방범활동에 참여가 높아지는 것으로 나타났다. 다만 경찰활동에 대한 인식은 모든 범죄예방 활동에 일관되게 긍정적 영향을 나타내지는 못했고 부분적으로 지지하는 결과를 보여주었다.

3. 지역사회 범죄예방의 핵심요소: 사회통제들 간의 관계

1) 공식적 사회통제가 비공식적 사회통제에 미치는 영향

지역사회 범죄예방의 핵심요소는 결과적으로 지역사회의 범죄문제에 대한 지역주민들의 적극적인 참여에 있다. 지역주민들의 범죄예방 행동은 앞에서 살펴보았듯이 개인의 범죄예방 행동과 지역주민들의 집단적 범죄예방 행동으로 구분될 수 있다. 또한 경찰의 자체적인 범죄예방을 위한 활동 역시 지역사회범죄예방에 속한다. 이를 사회통제론적 접근에서 사용하는 용어로 나타내자면 사회통제의 하부요소인 공식적 사회통제와 비공식적 사회통제가 된다. 기존 수정된 사회해체이론에서는 공식적 사회통제와 비공식적 사회통제 간의 관계에 대한 논의가 여러 방면에서 진행되었다. 우선 경찰활동이 지역주민들의 범죄예방 행동 혹은 비공식적 사회통제에 미치는 영향을 파악하였다(윤우석·최응렬, 2008; 윤우석, 2010; Clear et al., 2003; Goudriaan et al, 2004; Kerley & Benson, 2000; Krahn & Kennedy, 1985; Lynch & Sabol, 2004; Lynch et al, 2002; Rose & Clear, 1998; Scheider et al, 2003; Scott, 2002; Silver & Miller, 2004; Warner, 2003). 기존 경찰연구들은 경찰의 다양한 지역사회 프로그램들(Problem-Oriented Policing, Community-Oriented Policing, Quality of Life Policing, Proactive Policing, Life-Long Sentencing, Drug War Program, No-Parole Sentencing, etc)이 지역주민들의 비공식적 사회통제에 미치는 영향을 파악하고자 하였다. 또한 몇몇 연구들은 경찰의 범죄억제 활동(체포 등)이 지역사회의 사회적 자본이나 비공식적 사회통제에 미치는 영향을 파악하고자 하였다(Clear et al., 2003; Lynch et al, 2002; Rose & Clear, 1998). 구드리안(Goudriaan)과 그의 동료들은 지역주민들이 자신들이 거주하는 지역의 경찰이 범죄문제를 해결해 줄 수 있다고 신뢰할수록 지역사회의 범죄문제가 발생하면 적극적으로 경찰에 신고한다는 결과를 보여줌으로써 경찰에 대한 신뢰와 믿음이 지역주민들의 행동 변화에 영향을 미침을 보여주었다. 슈나이더(Sceider)와 그의 동료들은 지역사회경찰활동이 지역주민들의 개인수준과 집단수준의 범죄예방활동(이웃감시활동 참여, 이웃의 집 감시, 방범장치 설치 등)에 영향을 미친다는 결과를 보여주었다. 즉, 경찰이 지역사회 친화적인 경찰활동을 하면 지역주민들은 경찰과 함께 지역 범죄예방을 위한 활동에 적극적인 개입이 이루어진다는 것이다. 렌(Ren)과 동료들(2006) 역시 경찰에 대한 신뢰가 높을수록 지역주민들이 경찰의 지역사회경찰활동에 적극적으로 동참하고 원조를 제공한다는 결과를 얻었다. 스코트(Scott, 2002)는 경찰과 지역주민들의 접근이 용이할수록 지역사회의 집합적 효능감이 증가한다는 결과를 보여줌으로써 경찰에 대한 신뢰도 뿐만아니라 접근성이 지역주민들의 범죄통제능력을 강화시킨다는 결과를 확인하였다. 비공식적 사회통제의 영향요인을 파악하려 시도했던 실버(Silver)와 밀러(Miller)의 연구(Silver & Miller, 2004)에서는 지역경찰에 대한 만족도가 지역주민들의 비공식적 사회통제력을 증가시키는 요인으로 파악되었다.

다른 한편으로 경찰활동이 지역사회의 사회통제력을 약화시킨다는 논의 역시 지속적으로 보고되고 있다. 경찰활동이 지역사회의 통제력을 강화시킨다는 논의는 주로 경찰에 대한 만족도, 신뢰도, 믿음 등과 같은 긍정적 평가에 기초한다. 또한 최근 경찰에서 제안되는 다양한 혁신적 경찰활동의 긍정적 결과로 이해된다. 한편 경찰의 공식적 사회통제가 비공식적 사회통제능력을 약화시킨다는 논의는 주로 경찰의 전통적인 범죄대응 활동(체포, 구금, 경찰의 일탈, 경찰의 무분별한 폭력의 사용 등)의 부정적 결과로 이해된다. 대표적으로 경찰활동과 지역주민들의 범죄예방활동의 부적 영향을 논의한 학자는 로즈(Rose)와 클리어(Clear)다(Rose & Clear, 1998). 로즈와 클리어는 경찰의 적극적인 범죄대응으로 인해 체포율이 증가하고 지역주민들을 더 많이 구금하게 되면 지역사회의 사회적 자본이 약화된다고 주장하였다. 지역사회의 사회자본 감소는 결과적으로 지역사회의 비공식적 사회통제 약화를 야기하고 범죄와 같은 사회문제가 빈발하게 된다는 논리이다. 이 같은 주장의 배경으로 1980년대와 1990년대 미국 형사사법기관의 보수화에 따른 구금율 증가의 부작용을 비판하는 시각을 반영한 것이다. 범죄와의 전쟁(War on Crime)이나 마약과의 전쟁(War on Drug)로 대변되는 형사사법의 보수화 정책은 급속도로 교도소 재소자 인구를 증가시켰다. 일시적으로 범죄자 구금은 범죄자에 대한 억제(Deterrence) 및 무능력화(Incapacitation)의 효과를 기대하게 만들었지만 오히려 사회 전체적으로 볼 때 지역사회의 해체를 야기하는 부정적 효과 역시 드러났다. 공식적 처벌이 실제 범죄감소 효과 보다는 오히려 낙인효과가 크다는 낙인이론가들의 논의와 더불어 사회자본의 약화를 초래한다는 논의가 더해졌다. 실제 미국사회에서 범죄로 인해 체포 혹은 처벌 받는 인구는 인종에 따라 상당히 차이가 존재한다. 미국 전체 인구 중 흑인의 비율은 12% 정도이지만 교도소 재소자는 2017년 기준 475,900명으로 전체 재소자 숫자의 33%를 차지하고 있다. 백인인구가 전체 미국 인구 중 64%지만 교도소의 백인인구비율은 30%로 정반대의 결과를 보여주고 있다. 기존 범죄학 연구에서 인종은 범인성의 차이를 결정짓기 보다는 경찰과 같은 형사사법기관의 차별적 대응의 결과로 이해된다. 미국 흑인 남성은 18세까지 경찰에 체포될 가능성이 30%였으며 23세까지 거의 50%가 체포 경험이 있다고 한다(Brame, Bushway, Paternoster, & Turner, 2014). 사실상 자기보고식 자료 분석 결과 범죄행동에서 인종 간 차이가 발견되지 않았음에도 불구하고 흑인들이 더 많이 체포되고 있는 현실이다(Huizinga & Elliott, 1987). 가난하고 소수인종에 속하는 남성들이 다른 인구 집단에 비해 훨씬 더 경찰에게 체포될 가능성이 높다는 결과는 법집행의 차별적 의사결정이 이루어지고 있음을 시사한다(Sealock & Simpson, 1998).

실제 이 같은 구금율의 증가는 특히 흑인 인구가 많이 밀집해 사는 지역사회에 큰 타격을 준다. 많은 흑인 밀집지역에서 젊은 흑인 남성은 교도소에 수감되는 경우가 많고 이는 홀로 아이를 키우는 가정이 많아지게 만든다. 아버지가 없는 상태에서 흑인 가정의 아이들은 길거리에서 남성에 대한 롤 모델을 학습하게 되어 길거리 문화가 활성화된다. 길거리 문화는 결국 비행하위문화와 밀접하게 관련되고 다시금 그 아이들이 체포되는 악순환이 일어난다. 클리어(Clear)와 그의 동료들은 로즈와 클리어의 논의를 실증적으로 증명하였다. 이들의 연구에 따르면 지역사회에서 구금율이 증가하면 지역사회의 자본이 약화되고 결국 지역사회의 범죄증가로 이어진다는 결과이다(Clear et al., 2003). 경찰의 단속 등의 경험은 경찰에 대한 협조가능성을 떨어뜨린다고 한다(Davis & Henderson, 2003). 유사한 연구로는 린치(Lynch)와 그의 동료들의 연구(2000)에서 경찰의 적극적인 체포 및 구금율의 증대는 주민들의 지역사회조직에의 참여를 감소시키고 지역사회의 응집력을 감소시키는 것으로 나타났다. 형사사법기관의 가혹한 형벌의 부과는 지역주민들 간의 신뢰를 감소시키고 지역사회의 결집력을 약화시켜 지역사회에 비공식적 사회통제능력 약화를 초래할 것이다.

2) 경찰통제에 지역사회의 영향

(1) 경찰통제 및 경찰자원배분

경찰의 통제는 사회통제의 하위개념으로 공식적 사회통제라 한다(Hunter, 1985). 일반적으로 경찰은 법을 집행하기 위해 시민의 자유를 일부 제한하고 강제적 힘을 가할 수 있는 권한을 가진다(Klockars, 1984). 이는 경찰의 기본적인 역할이 범죄수사, 범죄자 체포, 불심검문, 음주단속 등 법을 집행하는 것이며 이와 동반되는 강제력을 가지고 있기 때문이다. 하지만 최근 무질서, 범죄두려움, 기타 경찰 서비스 제공이라는 경찰역할이 확대되면서 더 이상 경찰통제가 강제력에 기초한 법집행에 머물러 있지 있지 않고 비강제적 특성도 가진다(Hoover et al., 1998; Dunham & Alpert, 2001). 즉, 경찰통제는 강제와 비강제적 활동이 혼재되어 이루어지는 공식적인 사회통제이다. 따라서 경찰은 법집행, 질서유지, 서비스 제공의 목적으로 경찰자원을 배분하고 있다. 경찰자원배분은 '경찰이 보유하고 있는 인적·물적 자원을 지역사회의 요청에 적절하게 제공하고 있는지에 대한 평가'로 정의될 수 있을 것이다(윤우석, 2012:231).

(2) 지역과 경찰통제의 관계

버식(Bursik)과 그래스믹(Grasmick)은 경찰의 활동 혹은 자원배분을 공식적 사회통제라 한다(Bursik & Grasmick, 1993). 경찰의 공식적 사회통제는 경찰기관 자체적인 판단에 의해 경찰자원이 배분되기도 하지만 지역사회의 특성에 따라 그 분배가 달라지기도 한다. 버식과 그래스믹은 지역사회의 비공식 사회통제력이 강하면 경찰의 자원을 보다 손쉽게 끌어올 수 있으며 이를 비공식적 사회통제력을 측정하는 또 다른 방법이라 하였다. 경찰자원의 배분은 지역사회의 특성에 따라 차별적으로 이루어지는데 지역사회의 구조적 특성과 지역의 인적네트워크의 정도에 따라 결정된다는 것이다. 즉, 지역사회가 사회경제적으로 낙후되어 있으며 인구이동이 심하고 인종적으로 이질적인 지역일수록 지역주민들의 인적네트워크가 약화되며 이는 지역 외부에 존재하는 경찰기관으로부터 자원을 배분받을 수 있는 능력이 약화되어 결과적으로 범죄 및 무질서라는 사회문제를 직면하게 된다는 것이다(윤우석, 2012:232).

스탁(Stack, 1987)은 지역사회의 특성에 따라 경찰활동이 차별적으로 이루어짐을 논리적으로 설명하였다. 그는 범죄가 빈번하게 발생하는 지역은 경찰활동 및 자원배분에서도 차별을 받는다고 주장한다(Stack, 1987). 범죄가 자주 발생하는 지역을 담당하는 경찰은 그 지역에서 범죄가 평소에도 빈번하기 때문에 지역사회의 범죄나 무질서 문제에 둔감해진다. 또한 범죄빈발지역의 거주민들 역시 범죄발생에 덜 민감하고 경찰에 신고하는 것 역시 꺼려한다고 한다. 이에 경찰은 그 지역을 본래 '악 한 지역'이라 인식하여 지역의 사회문제 해결에 적극적이지 않게 된다고 한다(Stack, 1987:902). 범죄가 빈발하는 낙후된 지역은 경찰 자원 역시 덜 분배되는 악순환에 놓이게 되는 것이다. 클린거(Klinger, 1997) 역시 '협상된 질서이론(Negotiated Order Theory)'을 제시하며 경찰과 지역의 관계를 생태학적으로 설명하려 하였다. 협상된 질서이론에 따르면 경찰은 범죄문제가 많이 발생하는 지역에서 경범죄 보다는 중범죄에 관심을 가지게 되며 그 지역은 업무량이 평소에 과하기 때문에 경찰은 덜 심각한 범죄에는 둔감해지고 의욕 역시 상실한다고 설명한다(Klinger, 1997: p. 279). 한편, 스탁(Stack)과 클린거(Klinger)의 주장과는 달리 맨닝(Manning, 1978)은 지역의 비공식적 사회통제가 제대로 작동하지 않으면 범죄가 발생하고 지역 스스로 지역문제를 해결할 수 없기 때문에 경찰과 같은 공식적인 통제 기관에 의존하게 된다고 설명한다. 그는 경제적으로 불평등하며 소수인종이 주로 거주하는 지역은 경비(Cost)가 발생하는 민간경비 서비스를 받기 어렵기 때문에 경찰의 공적서비스에 의존하게 된다고 말한다.

다른 한편으로 경찰활동의 지역별 차이가 발생하는 이유로 잭슨(Jackson, 1989)이 주장한 '소수집단 위협가설(Minority Group Threat Hypothesis)'이 있다. 이 이론은 경찰무력사용 연구들의 결과에 기초하여 가난하고 소수인종이 주로 거주하는 지역에서 경찰은 위협을 느껴 무력사용이 과하게 이루어진다고 설명한다. 경찰은 범죄가 많이 발생하는 가난하고 흑인 밀집지역을 생태적 오염 지역(Ecological Contamination Community)으로 인식하기 때문에 이 지역의 경찰은 거동이 수상한 사람을 범죄혐의자로 인식할 가능성이 더 높고 무력사용 역시 더 빈번하다고 한다(Werthman & Piliavin, 1967; Terrill & Reisig, 2003). 결과적으로 경찰의 무력사용과 같은 물리적 제재는 빈곤하며 범죄가 많이 발생하는 지역에서 보다 더 활성화되는 경향을 보인다. 지역사회가 빈곤하며 소수인종이 밀집한 지역에서 경찰은 체포나 불신검문을 강화함으로써 사회가 해체된 지역에서 경찰권의 사용이 증가할 수는 있으나 범죄피해자에 대한 원조나 즉각적인 출동 그리고 지역사회문제에 대한 해결의 측면에서는 오히려 덜 관심을 가진다.

레이시그(Reisig)와 파크(Park)의 연구(2000)에 의하면, 지역 주민들이 인식하는 경찰서비스의 차이는 경찰만족도를 결정하는 중요한 요인이다. 경찰자원 배분의 차이는 경찰활동 평가에 중요한 평가 잣대로 사용될 수 있는 것이다. 또한 지역사회 경찰에 대한 만족도는 지역주민들의 집합적인 질서유지능력, 즉 비공식적 통제를 예측하는 중요한 요인으로 받아들여진다(Silver & Miller, 2004).

따라서 지역특성과 경찰통제의 관계는 다음과 같이 설명 될 수 있을 것이다. 첫째, 지역사회의 구조적인 특성은 경찰통제에 영향을 미칠 것이다. 경찰의 직접적인 경찰권의 발동과 관련된 경찰무력사용은 사회경제적 지위와 정적인 관련성을 보여주고 있다. 예를 들어 케인(Kane, 2003)은 지역사회의 경제자원의 결핍(Economic Resource Deprivation)은 경찰의 잦은 배치(Deployment)를 초래한다. 페이건(Fagan)과 데이비스(Davis)는 기초 생활수급자의 비율이 높은 지역에서는 경찰의 불신검문이 증가한다고 한다(Fagan & Davis, 2000). 지역사회의 경제적 불이익이 경찰의 무력사용을 증가시킨다는 논의는 다른 여러 연구들에서도 드러났다(Jacobs & O'Brien, 1998; Smith, 1986; Weitzer, 1999). 한편 경찰의 서비스 활동이라 이해할 수 있는 경찰자원의 배분은 지역사회의 경제적 수준과 반대관계를 보여준다. 스코간(Skogan)과 하터넷(Hartnett)은 지역사회경찰활동의 영향이 지역의 경제적 수준에 따라 차별적으로 나타난다는 결과를 보여주었다(Skogan & Hartnett,1997). 그들은 지역사회경찰활동의 효과가 가난한 지역에서 더 효과적이라 한다. 이는 부유한 지역의 경우 이미 정치적 역량이 높아 경찰과 같은 외부기관과의 관계가 긴밀하고 외부기관으로부터 자원을 획득할 가능성이 높은 반면 사회경제적 지위가 낮은 지역의 경우 자체적으로 지역문제를 해결할 능력이 없고 외부의 도움 역시 이끌어낼 능력이 부족하기 때문이다. 가난한 지역에 지역사회경찰활동을 도입시키면 그 지역 주민들은 경찰에 보다 더 만족감을 표현할 가능성이 높아진다는 것이다. 경제적으로 어려운 지역은 경찰서비스의 질을 낮고 경찰만족도 역시 낮은 것으로 드러났다(Albrech & Green, 1977; Cao et al., 1996; Carr et al., 2007; Reisig & Park, 2000; Sampson & Bartusch, 1998). 지역의 구조적 특성 중 주거의 불안정성 역시 경찰통제에 영향을 미치는 것으로 가정된다. 지역 주민들이 거주기간이 짧으면 지역경찰과 교류가능성이 낮고 친밀하지 않기 때문에 경찰로부터 자원을 배분받기가 수월하지 않을 가능성이 높기 때문이다(Kane, 2003).

둘째, 지역사회의 범죄문제는 경찰통제에 영향을 미칠 것이다. 지역사회의 범죄문제는 경찰의 차별적 대응을 초래하는 중요한 요인이다. 기존 연구들에 의하면 지역사회의 범죄와 무질서는 경찰배치를 빈번하게 하고 경찰무력 사용을 증대시키고 경찰에 대한 만족도와 신뢰를 낮추는 것으로 나타났다(Benson, 1981; Cao et al., 1996; Hawdon & Ryan, 2003; Krivo & Peterson, 1996; Payne & Gainey, 2007; Sampson & Bartusch, 1998; Sims et al., 2002; Smith, 1986). 예를 들면, 케인의 연구(Kane, 2003)에 의하면 지역의 폭력과 절도 범죄는 경찰출동을 증가시킨다고 한다. 또한 지역의 무질서가 빈번하면 경찰은 지역주민들을 대상으로 불신검문을 늘린다고 한다(Fagan & Davis, 2000). 한편, 지역사회의 범죄문제가 매우 심각한 지역에서는 경찰들이 협상된 질서이론의 논의처럼 덜 의욕적으로 법집행을 하는 것으로 나타났다(Klinger, 1997).

마지막으로 지역사회 주민들의 인적네트워크와 지역사회의 비공식적 사회통제는 경찰자원을 외부기관으로부터 획득할 수 있는 역량을 증대시킬 가능성이 높으므로 경찰통제를 강화시킬 것으로 가정된다. 버식과 그래스믹(Bursik & Grasmick, 993)은 지역사회의 인적네트워크가 지역사회의 공식적 사회통제, 즉 경찰의 자원배분에 긍정적 영향을 미친다고 설명하며 실제 지역사회의 집합적 효능감, 지역응집력, 지역애착, 비공식적 사회통제는 경찰에 대한 지역주민들의 인식에 긍정적 영향을 미치는 것으로 나타났다(Cao et al., 1996; Huebner et al., 2004; Reisig & Park, 2000; Schafer et al., 2003). 지역사회의 사회통제와 경찰통제의 관계를 파악한 윤우석(2012)의 연구결과에 따르면 지역사회의 집합적 효능감은 경찰의 자원배분에 대한 지역주민들의 인식을 증가시킨다는 결과를 보여줌으로써 경찰통제에 지역사회의 특성이 미치는 영향을 증명하였다.

제2절 지역사회 범죄예방: 부모양육과 비행친구

1. 지역사회와 부모양육

1) 비공식적 사회통제로써 부모의 양육

지역사회의 청소년 비행과 범죄문제는 주로 거시적인 범죄학 이론에 의해 논의되었다. 사회해체이론, 하위문화이론, 그리고 아노미긴장이론은 거시적인 접근으로 청소년 비행과 범죄 문제를 설명하려 하였다. 하지만 1960년대 이후 청소년 비행의 원인에 대한 미시적 범죄학 이론(허쉬(Hirschi)의 사회유대이론(Social Bond Theory), 에그뉴(Agnew)의 일반긴장이론(General Strain Theory), 에이커스(Akers)의 사회학습이론(Social Learning Theory))이 주류 범죄학이론의 자리를 차지하면서 거시이론의 논의는 사라지게 된다. 1980년대 접어들면서 다시금 거시적 범죄학 이론이 등장하게 되면서 지역사회의 범죄와 비행문제를 거시적 접근법으로 조망하기 시작한다. 특히 사회해체이론에 근거한 사회통제론적 접근법과 사회유대이론은 지역사회와 부모가 청소년 비행에 미치는 영향을 사회통제론적 시각에서 설명한다는 공통점을 가진다.

간략하게 허쉬(Hirschi) 사회유대이론을 설명하자면 다음과 같다. 허쉬는 1969년 그의 저서 "비행원인로:Causes of Delinquency"에서 사회유대이론(Social Bonding Theory)을 제안하였다. 사회유대이론은 '인간은 왜 범죄를 저지르는가?'에 관심을 가지기 보다는 '인간은 왜 범죄를 저지르지 않는가?'에 관심을 가지고 답하려 한다. 허쉬는 인간은 누구나 선천적으로 범죄동기를 가지고 있다고 가정하며 사회적 유대가 약화되었을 때 범죄로 나아갈 가능성이 높아진다고 설명한다. 하지만 최근 논의들에 의하면 초기 허쉬의 인간에 대한 가정은 인간을 사회적 유대의 정도에 의해 결정되는 수동적 존재로 파악한다는 비판을 받고 인간은 누구나 우발적인 범죄유혹과 범죄기회의 상황에 놓일 수 있으며 이때 그러한 상황에서 내적통제의 정도에 의해 범죄가능성이 결정된다는 수정된 논의가 받아들여지고 있다(이성식, 1995; Williams & Hawkins, 1986). 즉, 개인의 행위를 통제할 수 있는 사회적 유대가 약화될 때 범죄행위를 저지를 가능성이 높아지게 되는데 일반인은 자신의 불법행위로 인하여 친구나 부모 등 중요한 타자나 학교와 직장 등의 중요한 사회제도 및 자신과의 관계에 치유할 수 없는 해가 올 수 있다는 두려움 때문에 범죄행위로 나아가지 않게 되는 것이라 가정된다. 따라서 비행행위를 통제할 수 있는 중요한 요인은 사회유대인 것이다.

허쉬는 사회유대를 애착(Attachment), 관여(Commitment), 참여(Involvement), 신념(Belief)로 나누어 설명하고 있다. 애착은 자신에게 중요한 타인에 대한 감정적 결속을 의미한다. 여기서 중요시 되는 대상은 부모, 학교, 그리고 친구를 들 수 있다. 감정적 결속은 부모, 학교, 그리고 친구와의 의사소통 및 애정정도로 측정되는데 감정적 결속이 강하면 자신의 부정적 행위로 인해 중요한 타자들이 어떻게 반응할 것인가를 고려하게 되어 범죄로 나아가지 않게 되는 것이다. 관여는 사회에서의 주요활동(학업, 직장)에 투자하고 있는 열정의 정도를 의미한다. 즉, 교육적 또는 직업적 목표의 성취와 추구에 대한 열망이 강할수록 비행으로 인해 자신의 미래가 망쳐질 수 있다고 우려하기 때문에 비행으로 나아갈 가능성이 낮아지는 것이다. 반면 관습적인 일에 대한 열망이 적고 전념하지 못하는 청소년은 그 만큼 잃어버릴 것이 적기 때문에 비행과 같은 위험성 있는 행위에 가담할 가능성이 높은 것이다. 참여는 관여의 결과로서 실제로 관습적인 일에 얼마나 시간을 투자하고 있는지에 대한 것이다. 즉, 학업에 열중하고 학교생활에 적극적이며 가족과 시간을 보내는 등의 관습적인 사회활동에 많은 시간을 보낼수록 범죄행동의 유혹으로부터 격리되지만 그렇지 못하다면 범죄행위 가능성이 증가하는 것이다. 마지막으로 신념은 사회의 인습적 도덕규범과 가치를 얼마나 내면화하고 있는가를 나타내는 것이다. 즉 사회의 규범과 법규가 옳고 도덕적인 것으로 믿는 사람일수록 당연히 이들 가치와 규범을 일탈할 가능성이 낮아지게 되는 것이다.

허쉬의 사회유대이론은 20세기 중후반 범죄학 연구에서 가장 각광받는 이론이며 많은 연구들에서 청소년비행과 사회유대요인의 부적관계를 보여주고 있다. 기존 국내의 청소년비행 연구들은 부모의 애착이 청소년 비행에 부적 영향력을 가짐을 보여주고 있다(김준호 외 1인, 2009; 안혜원 외 1인, 2009; 윤옥경, 2008; 이상균, 2009; 정소희, 2007). 비록 자녀들이 성장하면서 부모의 애착이 청소년의 친구관계 보다 영향력이 낮아짐에도 불구하고 청소년 비행에 있어서 부모의 애착은 중요한 요인으로 고려된다(김준호 외 1인, 2009). 부모 감독은 부모와의 애착만큼이나 중요한 청소년비행의 통제요인이다(Hirschi, 1969; 김준호 외 6인, 2009; 류나미 외 1인, 2008; 이상균, 2009; 정소희, 2007). 부모가 자녀들에 대한 감독이 잘 이루어지지 않는다면 자녀의 외부활동이나 문제점을 파악하기 어렵다. 따라서 부모의 감독부재는 청소년들에게 범죄행위에 대한 최소한의 통제장치를 상실하게 만드는 것으로 비행친구를 사귈 가능성을 높이고 비행행위에 가담하기 쉽게 만든다(김준호 외 6인, 2009). 다만 일부학자들의 연구에 의하면 허쉬의 사회유대이론은 무단결석, 가출, 담배 및 음주와 같은 경비행을 설명하는데 보다 유익한 것으로 나타나 중비행을 설명하는데 한계점을 나타낸다는 지적이다. 그럼에도 불구하고 허쉬의 사회유대이론 청소년비행을 설명함에 있어 빼놓을 수 없는 중요한 이론이다.

허쉬의 사회유대이론에 기초할 때 인간이 범죄를 저지르지 않는 이유는 주변인과의 감정적 결속과 같은 사회유대가 강하기 때문이다. 즉 사회유대는 개인수준의 사회통제 요인인 것이다. 기존 수정된 사회해체이론에서는 사회통제(Social Control)는 공식적 통제(Public Social Control)와 비공식적 사회통제(Informal Social Control)로 구분한다. 특히 비공식적 사회통제는 사적 사회통제(Private Social Control)와 지역수준의 사회통제(Parochial Social Control)로 나뉜다. 다시금 사적 사회통제는 개인의 사회통제(Individual Social Control)와 가구의 사회통제(Family Social Control)로 구분할 수 있을 것이다. 개인의 사회통제가 범죄피해 등을 당하지 않기 위해 방어나 회피행동 등을 하는 것이라면 가구의 사회통제는 가구의 범죄피해 예방을 위해 전자장비의 설치나 잠금장치의 설치 그리고 가구 내 자녀들에 대한 규율이라 할 것이다. 버식과 그래스믹은 사적 사회통제를 가구의 사회통제 중심으로 설명하였다(Bursik & Grasmick, 1993). 지역사회의 친구관계와 친족관계가 잘 형성된 지역에서는 지역주민들이 인적네트워크를 통해 지역수준의 사회통제와 가구 수준의 사회통제를 적절하게 운영할 수 있다고 한다(Bursik & Grasmick, 1993).

지역수준의 사회통제인 비공식적 사회통제 혹은 집합적 효능감과 함께 가구 수준의 사회통제는 부모가 자녀들을 규율하는 통제능력이므로 서로 밀접하게 관련성을 가질 것으로 가정된다. 허쉬의 사회유대이론에 기초할 때, 가정 내 부모의 양육행위는 자녀의 비행을 통제하는 중요한 가구 수준의 사회통제가 된다. 부모의 양육행위는 부모와 자녀간의 애착(Parent Attachment)과 부모의 감독(Parent Supervision)이 있다. 부모와 자녀 간의 애착은 청소년 자녀의 비행행위를 통제하는 내적제약으로 작용한다(Williams and Hawkins, 1986). 또한 부모의 감독은 자녀가 어디에서 누구와 무엇을 하고 있는지를 파악함으로써 자녀의 일탈행위를 통제할 수 있다는 측면에서 사회통제의 최하위 단위인 가구 수준의 사회통제와 거의 유사하다. 청소년들은 그들의 비행행위로 인해 부모와의 불편한 관계 혹은 애착의 손실을 두려워하기 때문에 비행행위를 저지르게 되는 순간 내적사고의 과정을 겪게 된다(이성식, 1995; Williams and Hawkins, 1986). 부모와의 애착이 강한 청소년이라면 비행행위의 상황에 직면하게 될 때 비행 가담을 피할 수 있게 된다. 즉, 사회유대가 일탈로부터 자녀를 잡아주는 것이다. 뿐만 아니라 부모의 감독은 자녀가 일상생활에서 행하고 있는 행동들을 적절하게 통제하는 기제로 작용하여 청소년의 문제행동에의 가담 기회를 제약하게 만드는 사적 통제의 다른 형태이다. 따라서 지역사회의 비공식적 사회통제는 지역주민들이 지역사회의 규범과 질서를 유지하기 위해 집합적으로 운용하고 있는 사회 통제력을 의미함과 동시에 지역사회를 구성하는 개별 가정에서 자녀들의 비행행위를 통제하고 억제하는 가구 수준의 사회통제를 의미 한다고 볼 수 있다(윤우석, 2010b).

2) 지역사회가 부모양육에 미치는 영향

이상의 논의에서 보듯이 부모의 양육은 자녀의 비행행위를 통제하는 가구수준의 사회적 통제라 할 것이다. 부모의 양육이 자녀의 비행행위를 통제할 수 있는 동력으로 작용하기 위해서는 부모가 자녀에게 애착을 가지고 자녀의 일상을 감독하고 자녀와의 대화를 통해 자녀가 현재 겪고 있는 고민과 문제를 해결해 주어야 한다(김준호 외 6인, 2009). 이러한 부모의 양육행동은 부모 자신의 교육수준, 사회적 지위, 과거 경험의 영향을 받을 수 있을 뿐만 아니라 지역사회의 생태학적 특성들에도 영향을 받을 것으로 가정된다. 왜냐하면 기존 사회통제에 관한 연구들은 세 가지 단계의 사회통제들 간에 상호작용이 존재한다는 결과를 보여주고 있다(Clear et al., 2003; Lynch & Sabol, 2004; Lynch et al., 2002; 윤우석 외 1인, 2008; 윤우석, 2010a; 2010b).

특히 지역사회의 집단적 사회통제라 할 수 있는 비공식적 사회통제가 가구수준의 사회통제에 어떻게 적용가능한지 살펴볼 필요성이 있다. 첫째, 지역사회의 구조적 특성이 부모의 양육에 영향을 미칠 것이다. 지역사회가 빈곤하고 인구이동이 심하고 가족이 해체된 지역에서는 부모가 자녀에 대한 감독과 애정을 쏟기에 구조적인 어려움이 존재할 것이다. 빈곤 한 지역에 거주하는 사람들은 삶을 살아가기 위해 경제활동에 많은 시간을 쏟을 것이므로 자녀에 대한 감독이 약해 질 것이다. 또한 지역사회에 인구이동이 심하고 해체된 가정이 많은 경우 감독받지 않고 문제행동을 하는 청소년 동료집단이 많을 것이므로 자녀의 비행이 통제되기 어려울 것이다. 대구지역을 대상으로 조사한 결과 빈곤한 지역에 위치한 가정일수록 부모와 자녀의 애착이 낮았으며 부모의 자녀에 대한 감독 역시 감소하는 것으로 나타났다(윤우석, 2010b). 다만 지역사회의 인구이동과 가족해체는 가구 수준의 사회통제와 유의미한 관련성이 없는 것으로 나타났다.

둘째, 지역주민들 간의 교류와 인적네트워크는 가구 수준의 사회통제를 강화시킬 것이다. 지역사회에 거주하는 이웃들 간의 왕래가 많고 서로 간에 친밀한 관계를 가지고 있다면 지역주민들은 그들 자신의 자녀들에 대한 다양한 정보를 공유할 가능성이 높을 것이다. 또한 이웃 주민들과의 대화를 통해 올바른 자녀 양육방법과 거주 지역에서의 자녀 양육에 필요한 교육정보와 생활정보를 획득할 가능성이 높다. 이는 자녀에 대한 부모의 애착과 감독의 질을 향상시킬 수 있는 가능성을 높일 것이다. 셋째, 지역사회의 사회규범과 질서유지에 대한 공통된 관심도가 높은 지역에서는 지역사회의 문제를 파악하기 쉽고 지역사회 내에 거주하면서 자녀를 어떻게 통제하고 감독할 것인가에 대해 고심 할 것이다. 뿐만 아니라 비공식적 통제능력이 높은 지역사회에 거주하는 부모들은 사회구성원들이 공유하고 있는 가치와 규범을 내면화함으로써 그들 자녀들의 양육태도에도 긍정적인 영향을 미쳐 자녀가 올바르게 성장할 수 있는 방안들을 강구할 것이기에 지역사회의 비공식적 통제는 부모의 애착과 감독에 영향을 미치는 것으로 나타났다. 윤우석(2010b)의 연구결과 지역사회의 비공식적 사회통제는 부모와 자녀 간의 애착 그리고 부모의 감독을 모두 증가시키는 것으로 파악되어 지역수준의 사회통제와 가구 수준의 사회통제 간의 연관성을 증명하였다. 다만, 지역사회의 응집력 자체는 가구 수준의 사회통제인 부모양육에 유의미한 영향이 없었다. 종합할 때, 도시사회에서 자녀 양육은 청소년의 비행 및 범죄행동을 통제하는 중요한 가구 수준의 사회통제이다. 부모양육은 그 가구가 거주하고 있는 지역사회의 구조적 특성과 기능적 특성의 영향을 받는다. 즉, 가구는 지역이라는 공간의 영향을 받는 것이다. 따라서 지역사회범죄예방은 지역수준에 국한하는 것이 아니라 지역 내 가구와도 연관되기 때문에 지역과 가구를 동시에 고려할 수 있는 범죄예방 대응책을 고려해야 하는 것이다.

지역사회 생태학적 영향모델: 부모양육과 청소년 비행

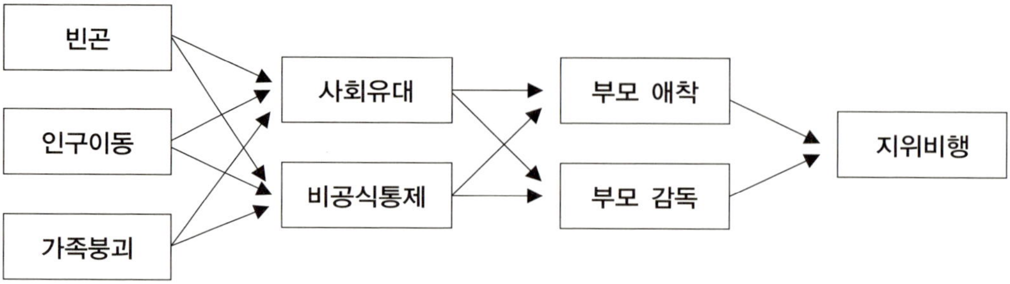

출처: 윤우석(2010). 청소년 지위비행과 부모의 양육행위에 지역사회의 생태학적 특성이 미치는 영향. 형사정책연구, 21(1). p.184.

2. 지역사회와 비행친구

도시화에 따른 범죄발생의 집중화에 관한 논의는 1900년대 초 시카고 대학을 중심으로 등장한 생태학적 범죄학을 통해 발전하였다. 특히 도시사회의 범죄문제에서 가장 큰 관심을 받는 분야가 도시 청소년의 비행과 범죄행위에 대한 논의이다. 대표적인 이론으로 쇼와 맥케이의 고전적 사회해체이론이 제시되었다. 고전적 사회해체이론은 도시사회의 구조적 특성이 지역의 사회해체를 유발하고 비행적 하위문화를 만연시키는 주요 원인으로 이해하였다(Shaw & McKay, 1942). 수정된 사회해체이론을 통해 사회통제론적 시각으로 고전적 사회해체이론이 이해되면서 지역사회의 구조는 지역주민들의 인적네트워크와 교류에 영향을 미쳐 지역사회의 응집력 약화와 집합적 사회문제해결능력의 약화를 초래하는 것으로 설명되었다(Bursik & Grasmick, 1993; Sampson & Groves, 1989; Sampson et al., 1997). 특히 도시사회의 청소년 비행과 범죄문제는 주로 지역사회의 비공식적 사회통제 약화가 원인으로 이해되었다(Sampson & Groves, 1988). 또한 최근 샘슨과 그의 동료들은 지역사회의 집합적 사회통제능력이라 불리는 집합적 효능감이 지역사회의 폭력 등 범죄문제의 원인이라 주장한다(Sampson et al., 1997). 지역사회의 집합적 효능감이 높은 지역에서의 청소년들의 행동을 효율적으로 통제하고 규율할 수 있으므로 청소년 비행 등 범죄문제에 효과적으로 대처할 수 있을 것이라는 것이다(Sampson et al., 1997).

일반적으로 사회해체이론에 기초하여 청소년비행을 설명하는 연구들은 지역사회의 경제적 어려움과 이질적이고 빈번한 인구이동으로 인해 지역 거주민들의 원활한 사회적 교류와 공동체 의식 형성을 방해하여 지역 청소년들의 비행과 범죄행동을 효과적으로 통제하지 못하게 된다고 본다(Sampson & Groves, 1989). 따라서 지역사회의 구조 및 기능적 특성이 지역의 응집력과 비공식적 사회 통제력을 약화시켜 지역 청소년들의 비행과 범죄가 증가하게 된다는 것이다(Sampson et al., 1997; Sampson & Groves, 1988).

한편으로 청소년 비행의 원인 이론들 중 현대 범죄학에서 가장 큰 영향력을 가진 이론으로 사회학습이론이 있다(Akers et al., 2017). 간략하게 사회학습이론을 설명하자면 다음과 같다. 에이커스(Akers)의 사회학습이론(Social Learning Theory)은 서덜랜드(Sutherland)의 차별접촉이론(Differential Association Theory)을 수정하여 개인의 범죄행위는 차별접촉(Differential Association), 차별강화(Differential Reinforcement), 모방(Imitation), 정의(Definition)와 같은 사회학습의 과정을 거쳐서 학습이 이루어지고 비행과 범죄로 나아가게 된다고 설명한다.

사회학습이론의 중심은 사회학습의 과정이다. 사회학습과정을 구성하는 첫 번째 개념은 차별적 접촉이다. 차별적 접촉은 개인이 법 준수나 법위반에 대해 우호(Favorable) 또는 비우호(Unfavorable)적인 규범적 정의에 노출되어 있는 과정이라 한다. 청소년들은 일상적으로 접촉하게 되는 가족이나 친구와 같은 일차적 집단에 의해 차별적 접촉이 이루어진다. 특히 차별접촉이 지속적이고 우선적이며 잦게 발생하는 경우 비행과 범죄행위를 학습할 가능성이 높아진다. 따라서 법규 위반적인 행위를 자주 하는 부모나 친구와 친밀한 관계를 가지는 경우 비행이나 범죄행위를 학습할 가능성이 높아지는 것이다. 두 번째 사회학습의 과정은 정의이다. 정의는 개인이 특정행위에 대하여 가지는 의미와 태도로 그 행위에 대한 시비를 평가하는 것이다. 따라서 개인이 어떤 행위, 특히 비행이나 범죄행위를 우호적으로 판단하게 된다면 그 행위를 반복적으로 저지를 가능성이 높아지는 것이다. 세 번째 사회학습의 과정은 차별적 강화라는 개념이다. 차별적 강화는 개인이 특정행위를 하였을 때 부모와 같은 감독자가 적절한 보상이나 처벌을 제공하였느냐에 따라 그 행위의 반복여부가 결정된다고 한다. 만약 어린아이가 잘못된 행위를 하였을 때 부모가 적절하게 처벌하지 않았다면 그 아이는 그 행위를 계속적으로 하여도 된다고 학습하게 된다. 또한 아이가 착한 행위를 하였음에도 불구하고 부모가 적절한 보상을 제공하지 않는다면 자녀는 그 행위를 반복할 가능성이 낮아진다. 마지막 사회학습의 과정은 모방이다. 모방은 다른 사람의 행동이나 태도 등을 흉내 내어 따라하는 것인데 부모가 폭력을 휘두르며 잦은 다툼을 반복하거나 자녀를 훈육할 때 학대하거나 폭력을 휘두르게 되면 자녀 역시 특정적 상황에서 폭력적인 행위를 할 가능성이 높아지는 것이다. 또한 모방은 사람들과의 직접적인 상호작용 없이도 이루어지는데 TV와 같은 매체를 통하여 모방이 이루어질 수 있다고 한다.

특히 기존 사회학습이론을 검증한 연구들이 공통적으로 강조하는 개념이 비행친구와의 교류이다. 비행친구 교류는 비행의 사회학습과정이 가장 잘 나타날 수 있는 기회를 제공한다. 또한 비행친구 관계는 비행을 가장 잘 설명하는 대표적인 원인으로 이해된다(김준호 외, 2003; Akers & Sellers, 2004). 많은 연구들에서 비행친구가 비행행동을 유발한다는 결과를 제시하고 있다(Haynie, 2002; Haynie et al., 2005; Kaplan et al., 1987; Krohn & Massey, 1986; Loeber & Stouthamer-Loeber, 1986; Warr & Stanfford, 1991; Winfree et al., 1994). 카플란(Kaplan)과 그의 동료들(Kaplan et al., 1987)은 비행친구와의 교류와 관계는 청소년들의 초기 비행가담과 후기 비행가담을 동시에 설명해주는 원인으로 작용한다는 결과를 보여주었다. 헤이니(Haynie, 2002)는 친사회적인 친구와의 교류할 때보다 비행친구와 교류하면 비행을 저지를 가능성이 2배나 높아진다는 결과를 보여주었다. 국내 많은 연구들에서도 비행친구가 비행에 미치는 영향을 강하게 지지하는 결과를 보여주었다(노성호, 2006; 이성식, 2007; 2011; 홍태경·류준혁, 2011).

에이커스는 사회학습에 사회구조의 영향을 반영한 사회구조와 사회구조학습모델(SSSL)을 제시하였다. 사회구조적 변수가 사회학습변수에 영향을 미쳐 개인의 범죄와 일탈행위를 설명하는 모델이다. 사회구조 변수를 사용했다는 측면에서 거시와 미시적 접근을 통합한 사회구조학습 모델이다. SSSL모델은 처음 제안된 이후 크게 주목받지 못했으나 최근에 와서 SSSL모델의 통계적 검증이 점차 늘어나고 있다(Holland-Davis, 2006; Kim et al., 2013; Lanza-Kaduce & Capece, 2003; Lee et al., 2004; Schaefer et al., 2015). 또한 SSSL모델과 유사하게 사회구조이론과 사회학습이론을 통합하는 연구들 역시 시도되고 있다(Cattarello, 2000; Haynie et al., 2006; Osgood & Anderson, 2004; Zimmerman & Messner, 2011; 김창익·윤우석, 2013). 즉 지역사회의 특성과 사회학습이 밀접한 관련성을 가진다는 새로운 접근이 시도되고 있는 것이다. 이들 논의들은 지역사회의 해체는 지역 청소년들의 행동을 제대로 통제하지 못하므로 청소년들의 비행친구교류 기회를 증대시킬 가능성이 높을 것이라 가정하고 사회가 해체된 지역에서 비행친구교류의 증대는 청소년 비행을 야기하게 된다는 설명이다(Cattarello, 2000). 지역의 사회해체는 친사회적인 지역주민들의 교류와 통합을 저해하여 지역 청소년들을 효율적으로 통제하지 못하게 만든다(Bursik & Grasmick,

1993). 이로 인해 지역에 거주하는 청소년들이 서로 간에 부정적인 영향을 미칠 수 있으며 청소년 비행으로 나아갈 수 있는 기회를 증대 시킬 가능성이 존재한다. 청소년들이 집단적으로 어울려 일탈적인 행동에 임할 때 지역 거주민들이 이들을 제대로 통제하지 않는다면 일탈적인 청소년 또래 집단이 많아지고 활성화되어 지역에 거주하는 정상 청소년들 역시 이들과 어울려 문제행동을 야기할 수 있을 것이기 때문이다(Sampson & Groves, 1989; 김창익·윤우석, 2013).

이제까지 지역사회와 비행친구의 관계에 대한 논의가 실증적으로 검증 된 사례는 많지 않다. 아마도 거시 범죄학 이론인 사회해체이론은 지역주민들의 집단적이고 집합적인 행위와 특성에 보다 관심을 가지는 반면 사회학습이론은 개인수준의 비행친구 관계에 보다 치중한 나머지 지역사회의 특성이 청소년의 비행친구관계나 비행에 미칠 수 있는 영향이나 관련성을 간과한 것으로 보인다. 다행스럽게도 최근 범죄생태학이 각광받으면서 지역사회에 대한 관심이 높아졌으며 지역사회의 특성들이 어떻게 개인수준의 요인들이 영향을 미쳐서 범죄나 비행행동과 관계되는지에 대한 연구가 서서히 진행되고 있다. 몇몇 연구들은 지역의 구조적 특성이 부모의 양육행동에 영향을 주어 비행과 어떻게 관계되는지를 살펴보는 연구들(윤우석, 2010; Cantillon, 2006; Chung & Stienberg, 2006)과 비행친구관계에 지역사회의 특성이 미치는 영향을 살펴보려는 시도들이 있어왔다(Cattarello, 2000; Haynie et al., 2006; Osgood & Anderson, 2004; Zimmerman & Messner, 2011). 특히 지역사회와 비행친구의 관계를 설명하려는 시도들은 지역사회의 구조와 기능적 특성이 지역사회 청소년들의 비행친구 교류 기회를 증가시키기 때문에 비행과 범죄가 증가한다고 설명한다. 기존 연구들에 따르면 지역사회의 특성, 비행친구, 그리고 비행 및 범죄의 관계가 실증적으로 검증되고 있음을 보여준다. 2006년 캔틸론(Cantillon, 2006)은 지역사회의 구조적 특성 및 기능적 특성이 청소년의 비행친구관계에 영향을 미치며 이는 다시금 비행행위와 관련된다는 연구결과를 보여주었다. 사회구조적 요소인 주거안정성은 지역사회조직을 강화하고 부모양육에 영향을 미치며 비행친구관계는 부모양육에 영향을 받는 것으로 나타났다. 또한 비행행위는 비행친구관계와 지역사회의 비공식적 사회통제에 직접적인 영향을 받는 것으로 나타났다(Cantillon, 2006). 이와 유사하게 청(Chung)과 스틴버그(Stienberg)의 연구(Chung & Stienberg, 2006)는 지역의 경제적 빈곤, 주거의 불안정, 그리고 인종적 다양성은 지역의 무질서와 유대를 약화시키고 이는 지역 내 거주가구의 부모양육행위에 변화를 일으켜 자녀의 비행친구관계와 비행행동을 야기한다는 결과를 보여주었다. 특히 지역사회의 무질서는 비행친구와 정적인 관련성을 보여 지역사회가 무질서가 만연할수록 거주 청소년들의 비행친구 교류가 증가하는 결과를 보여주었다. 카타렐로(Cattarello, 2000)는 지역사회가 해체된 지역에서는 대마초를 피우는 청소년들 간의 교류가 많아져 청소년들의 대마초 흡연 및 용인도를 증가시키는 것으로 나타났다. 반대로 지역사회의 애착, 응집력, 그리고 긍정적 친구관계는 청소년들의 친구지지를 강화시켜 친사회적 행동으로 이끈다는 연구결과 역시 제시되었다(Lenzi et al., 2011).

지역사회의 구조적 특성 및 가정의 구조적 특성은 부모의 자녀에 대한 감독을 약화시켜 비행친구와 비행에 정적인 영향을 미친다는 연구결과도 살펴볼 수 있다. 짐머맨(Zimmerman)과 매스너(Messner)의 연구결과 지역사회의 집중된 불이익은 지역청소년들의 비행친구 교류를 증가시키는 것으로 나타났다. 또한 헤이니(Haynie)와 그의 동료들은(2006)은 지역사회가 사회경제적으로 어렵고 이민자가 많으며 인구이동이 심한 지역에서는 청소년들이 폭력적 성향을 가진 친구들과 더 많이 어울릴 수 있는 기회가 많다고 한다. 또한 지역사회의 특성은 부모의 자녀에 대한 감독이나 지지에 영향을 미쳐 자녀의 비행친구관계 및 비행행동으로 이어진다는 연구들이 보고되고 있다. 오스굿(Osgood)과 엔드슨(Anderson)의 연구(Osgood & Anderson, 2004)에서도 지역사회가 가난한 지역의 가구들은 경제적 이유로 자녀들을 감독 할 시간이 부족하여 비행친구와의 교류를 방치하게 되고 이는 비행행위로 연결된다는 설명이다. 최근 쇼펠드(Schofield)와 그의 동료들(Schofield et al., 2012)은 부모의 자녀에 대한 지지가 지역사회의 무질서 수준에 따라 달라지며 무질서를 인식한 청소년들의 반사회적 행동이 증가한다는 결과를 보여주었다. 즉, 무질서가 심각할수록 부모의 자녀에 대한 지지가 심각하게 약해지며 이는 결과적으로 자녀의 반사회적 행동을 방지하지 못하게 만든다고 한다.

지역사회의 생태학적 특성이 비행친구관계에 미치는 영향을 국내에서 검증한 연구는 거의 없었다. 2013년 김창익과 윤우석은 지역사회의 특성이 비행친구관계에 미치는 영향을 청소년 패널데이터를 활용하여 분석하였다(김창익 · 윤우석, 2013).. 연구결과 지역사회의 구조적 특성들 중 비행친구관계에 직접적으로 영향을 미치는 변인은 기초생활수급자 인구비율이었다. 즉, 지역사회가 빈곤한 지역일수록 지역 청소년들의 비행친구 관계가 증가하였다(김창익 · 윤우석, 2013). 하지만 그 외 지역사회변인들은 청소년의 비행친구 관계와 관련성이 없는 것으로 나타나 지역과 비행친구 관계가 강하지 않음을 시사하는 결과였다.

김창익과 윤우석(2013)의 지역사회의 비행친구 영향 모델

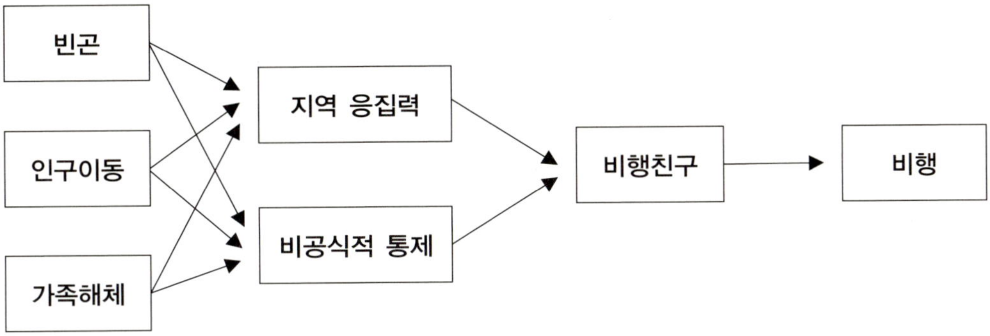

출처: 김창익 · 윤우석. (2013). 지역사회의 생태학적 특성이 비행친구와 비행에 미치는 영향검증. 청소년복지연구, 15(2):6185. 저자 재구성.

실업과 범죄의 관계

실업과 범죄의 관계를 설명할 수 있는 범죄학 이론은 기존 연구들에 기초할 때 거시적 이론으로 아노미/긴장이론, 갈등이론, 사회해체이론, 범죄기회이론이 있으며 미시적인 이론으로는 사회적 응집력이론, 합리적 선택이론, 일반긴장이론이 있다. 이들 이론들의 이론적 논의에 기초할 때 실업이 범죄에 미치는 영향은 크게 정적관계와 부적관계로 나누어 살펴볼 수 있을 것이다. 실업이 범죄를 증대시키는 결과를 나타낼 것인가 혹은 감소시킬 것인가는 범죄학 이론의 설명방식에 따라 차이를 보일 것이나 이는 크게 범죄유발요인과 범죄기회차단요인으로 구분하여 살펴볼 수 있을 것이다. 한편, 실업으로 인해 야기되는 사회현상 중 하나인 빈부의 격차심화는 범죄학 이론에 기초할 때 범죄기회의 차단효과 보다는 범죄유발요인으로 파악할 수 있을 것이다. 즉 실업의 증대는 사회적 하층민을 보다 더 양산하게 되어 상류층 근로자들의 소득과 격차가 커질 것이며 이는 사회적 불평등과 긴장을 야기하여 범죄를 증대시킬 가능성이 높아질 것이다. 따라서 빈부격차의 심화는 폭력 및 재산범죄 모두를 증대시킬 가능성이 높을 것이다. 종합하자면, 실업이 범죄에 미치는 영향은 범죄학 이론의 설명방식에 따라 정적 혹은 부적 영향을 나타낼 것이며 이 같은 범죄유발 혹은 범죄기회차단의 차별적 영향력은 최종적으로 실업과 범죄의 관계방향의 결과에 따라 판단할 수 있을 것이다. 또한 실업이 범죄에 미칠 수 있는 파생적 영향력은 경제적 부의 불평등한 배분이라 정의되는 빈부격차가 범죄에 미치는 영향을 검증함으로써 실업과 범죄의 관계에 내재되어있는 메커니즘의 한 부분을 파악할 수 있을 것이다.

거시적인 측면에서 실업과 범죄의 정적관계를 예측할 수 있는 이론으로는 머튼의 아노미/긴장이론(Merton, 1938), Shaw와 McKay의 사회해체이론(1942; 1969), Bonger 등의 갈등이론이 있다. 우선 머튼의 아노미/긴장이론은 부의 성취라는 문화적 목표와 이를 성취할 수 있는 합법적 수단의 부재여부가 범죄를 결정짓는 중요한 요소라 지적하며 합법적으로 부의 성취가 어려운 하층민들이 보다 더 긴장을 느끼게 되어 범죄를 저지를 가능성이 높을 것이라 주장한다(Merton, 1938). 이러한 관점에서 살펴볼 때, 실업률의 증가는 많은 사회구성원들에게 합법적으로 부의 성취라는 문화적 목표를 달성하는데 제약으로 작동할 것이며 이러한 결과로 불법적 수단을 통한 목표의 달성을 추구하는 사람들이 증대될 것이므로 범죄의 증가가 예측된다(Thornberry & Christenson, 1984). 특히 머튼은 경제적 부의 성취를 강조하므로 실업의 증가는 재산범죄의 증가를 야기할 것이라 예측된다.

실업이 사회하층민을 증대시켜 범죄와 연결될 수 있다는 논리는 Shaw와 McKay의 사회해체이론에서도 이론적 근거를 찾을 수 있다. 그들의 주장에 의하면 지역사회의 구조적 특성인 인종의 이질성(Ethnic Heterogeneity), 인구이동(Mobility), 그리고 빈곤(Poverty)이 지역의 사회적 통제능력을 약화시켜 범죄를 증대시킨다는 설명이다. 특히 사회경제적 지위가 낮은 지역에서는 지역주민들의 교류와 지역사회 조직에의 참여를 감소시키고 지역주민들 간의 유대와 지역사회에 대한 애착을 약화시켜 지역사회의 비공식적 사회통제능력이 저하되어 빈번한 범죄발생과 범죄피해를 겪게 된다는 설명이다(Bursik & Grasmick, 1993; Sampson et al., 1997; Sampson & Groves, 1987). 다시 말해서 지역사회에 실업자의 증가는 지역의 집중된 불이익을 증가시키고 이는 지역사회에 대한 주역주민들의 관심을 감소시켜 범죄의 증대를 불러오게 하는 요인으로 작용할 것이다. 지역사회의 사회경제적 지위와 범죄의 직접적인 관계는 많은 사회해체이론 연구들에서 찾아볼 수 있으며 대부분의 연구들이 사회경제적 지위가 낮은 지역사회에서 범죄와 범죄피해경험이 높다는 결론이다(Brody et al., 2001; Browning et al., 2003; Hipp, 2007; Krivo & Peterson, 1996; Lauritsen & White 2001; Morenoff et al., 2001; Sampson et al., 1997; Warner & Rountree, 1997). 국내에서도 지역사회의 사회경제적 지위와 범죄의 관계에 대한 연구들(김지영, 2009; 정진성 외 1인, 2010; 윤우석, 2009; 2010; 이성식, 1998; 이대성 외 1인, 2009; 이 진행되었으나 실업과 범죄를 직접적으로 검증하는 연구가 아니었다.

마지막으로 갈등이론은 사회에 존재하는 법과 형사사법제도는 사회를 지배하는 상류층에 의해 만들어진 것으로 하류계층의 사람들을 통제하기 위한 중요한 수단으로 사용된다고 주장된다(Akers & Sellers, 2004). 따라서 상류계층의 사람들은 범죄를 저지를 지라도 그들이 소유하고 있는 부와 권력을 이용하여 형사사법기관으로부터의 처벌을 피하기 쉬우나 사회 하층민들은 보다 엄격한 처벌을 받을 가능성이 높을 것이라는 주장이다. 이러한 관점에서 살펴볼 때, 실업자는 비실업자에 비하여 교도소 수감율이 높은데 그 이유는 판사들이 실업자들에게 보다 더 가혹한 처벌을 하기 때문이다(Box & Hale, 1985; Chiricos & Bales, 1991; Greenberg, 1977). 또한 실업의 증대는 범죄증대의 두려움을 증대시키고 도덕적 해이에 대한 두려움을 증대시켜 처벌의 강도를 증가 시켜 결과론 적으로 범죄율의 증대를 고려할 수 있다(Box, 1987; Box & Hale, 1982; Hale, 1989). 갈등이론의 다른 측면은 자본주의 사회는 근본적으로 제한적인 경제적 자원을 불평등하게 분배하는 메커니즘을 가지는데 경제적 불안정으로 인한 실업은 사회구성원들의 경제적 욕구를 충족시켜주지 못해 사회적 갈등이 양산되고 이러한 결과로 범죄가 증대될 수 있다는 논리이다(Gordon, 1980; 이동원 1998 재인용).

실업과 범죄의 정적관계를 가정할 수 있는 미시적 범죄학 이론으로는 Hirschi의 사회적 응집력이론(Hirschi, 1969), Agnew의 일반긴장이론(Agnew, 1985; 1992), 그리고 합리적 선택이론(Becker, 1968; Cornish & Clarke, 1986; Ehrlich, 1973)을 들 수 있다. 우선 허쉬의 사회적 응집력이론은 인간의 범인성을 가정하고 범죄자가 될 것인가 그렇지 않은가는 개개인이 가지고 있는 사회적 응집력의 정도에 의해 결정된다고 보았다. 따라서 범죄를 발생시키는 요인은 개인이 가지고 있는 범인성의 정도차이가 아니라 사회적 응집력의 요소인 애착(Attachment), 관여(Commitment), 참여(Involvement), 그리고 신념(Belief)의 정도에 의해 영향을 받는 것이라 이해한다. 애착은 타자에 대한 감정적인 애착의 정도를 의미하는데 애착이 강한 사람들은 자신의 범죄가담으로 인하여 중요한 타자들의 기대를 저버리는 것에 대한 부담을 가진다고 한다. 관여는 관습적 사회에 잘 적응하고자 하는 의욕의 정도를 의미하며 자신이 추구하거나 혹은 달성한 관습적 사회에서의 지위가 범죄로 인하여 상실될 것에 대한 두려움을 가진다고 한다. 참여는 관여를 성취 할 수 있도록 하는 시간적 투자이며 관습적 사회활동에의 참여의 빈도를 의미하는데 관습적 사회에서의 목표 성취를 위한 관여가 달성될 수 있도록 하기 위한 개인적 노력의 정도이며 일과 취미 활동과 같은 인습사회를 지향하는 활동들에 많이 참여할수록 범죄를 저지를 가능성이 적을 것이라 가정된다. 신념은 관습적 사회의 규범에 대한 내면화 정도로 사회적 규범의 정당성과 타당성을 보다 더 인정하는 사람들 일수록 범죄에 가담할 가능성이 적을 것이라 가정된다.

이상의 논의에서 볼 때, 사회적 응집력이론의 관점에서 실업이 범죄에 미치는 영향은 정적이라 가정할 수 있다. 우선, 경제위기로 인한 실업은 가정의 경제적 어려움을 가중할 것이며 이는 가족 간의 불화와 갈등을 야기하여 가족 구성원 간의 애착을 약화시킬 가능성이 존재한다. 실업가정의 구성원들은 자의반 타의반으로 가정을 분리하게 되는 상황에 직면할 수 있으며 삶의 질의 급격한 하락은 가족 간의 불화를 야기하게 될 가능성이 높아질 것이다. 이러한 결과로 가족 간의 유대와 애착이 약화될 가능성이 존재하며 이는 향후 범죄가담의 가능성을 높일 수 있을 것이다. 실업은 개인의 인습적인 활동에 대한 투자노력에도 영향을 줄 수 있다. 개인에게 있어서 직장은 합법적으로 생계를 유지하고 인습적 사회활동에 참여할 수 있는 기회를 제공하는 역할을 하는데 실업으로 인한 직장의 상실은 개인의 인습적 사회활동 기회를 빼앗아 관여와 참여가 박탈되는 중요한 사건이 될 것이다. 또한 실업가정의 청소년 자녀들은 학업과 같은 인습적 활동이 경제적 어려움으로 인하여 방해받을 가능성이 높고 이는 청소년 비행으로 이어질 위험성이 존재한다. 마지막으로 실업은 개인의 도덕적 신념에 대한 약화를 초래할 가능성이 존재한다. 실업은 자신의 잘못에 의해 이루어진 결과라기보다는 외생적인 변인에 의하여 타의적으로 결정되는 것이며 상대적으로 실업을 당하는 자와 직장을 유지하는 대상자를 결정하는데 있어서 실업자는 비판적인 시각은 견지 할 가능성이 높아 사회에 대한 적대감을 표출할 가능성이 존재하여 인습적 사회의 규범에 대한 내면화가 약화될 것이다(see also Cantor & Land, 1985; Chiricos, 1987; 이동원, 1998).

Agnew의 일반긴장으로의 시각에서도 실업과 범죄의 정적관계를 살펴볼 수 있다. Agnew(1985; 1992)는 미시적 수준에서 긴장이 범죄에 미치는 영향을 설명하고 있는데 개인의 긴장을 유발하는 세 가지 요소로 긍정적 가치를 주는 목적 달성의 실패(Failure to achieve positively valued goals), 긍정적 자극제거(Removal of positively valued stimuli), 그리고 부정적 자극의 출현(Confrontation with negative stimuli)이다. 긍정적 가치를 제공하는 목표의 실패는 장기적인 목표 뿐만 아니라 성적의 향상과 같은 단기적인 목표 모두를 의미하는 것으로 성취열망과 기대결과의 차이, 성취결과와 기대결과의 차이, 그리고 다른 사람들의 성취결과와 자신의 성취결과의 상대적 차이에서 오는 상대적 박탈감에 의해 발생되는 스트레스와 화가 범죄로 연결될 수 있다는 것이다. 따라서 경제 불황으로 인한 실업은 성취목표와 목표달성 모두를 앗아갈 수 있는 기제로 작용할 것이기에 범죄의 발생을 증대시킬 것이라 가정된다. 한편 긍정적 가치를 제공하는 자극의 제거는 개인의 삶에서 중요시 되는 타자나 대상의 상실을 의미하는데 실업 역시 삶의 의미와 수단을 제공하는 가치 있는 직업을 상실하게 되는 것이므로 범죄 가능성을 높이게 된다. 이와 유사하게 실업은 삶에서 부정적인 자극을 증대시킬 수 있는 경험이 될 것이므로 긴장을 유발하여 범죄로 향하도록 할 가능성을 높이는 것이다.

실업이 범죄발생을 증대시킬 것이라는 또 다른 논의는 범죄를 통한 이익의 추구와 처벌의 억제효과를 설명하고 있는 고전주의 범죄학 이론과 합리적 선택이론에 의해 설명될 수 있다. 고전주의 범죄학 이론은 범죄자는 범죄를 통한 이익이 처벌로 인한 손실보다 더 크다고 계산될 때 범죄행위를 저지르게 될 것이라 이해한다. 최근에는 처벌로 인한 손실이 단순히 공식적인 처벌의 두려움이나 고통 뿐만 아니라 관여손실과 애착손실과 같은 비공식적 손실도 고려하는 것으로 이해하고 있으므로 비실업자들에 비하여 실업자들은 범죄로 인한 손실의 정도가 매우 낮다고 인식할 가능성이 존재한다(Williams & Hawkins 1986). 가정폭력범에 대한 의무적인 체포조치가 향후 가정폭력에 미치는 영향을 검증한 Sherman과 Berk의 연구(1984)에 의하면 실업자들은 처벌의 두려움이 비실업자들에 비하여 낮고 향후 가정폭력을 보다 더 저지른다는 결과이다(Sherman & Berk, 1984). 합리적 선택이론은 고전주의 범죄학 이론에 기초하여 경제적인 요소를 보다 더 고려하고 있는데 개인은 개인의 복리를 최대화하기 위하여 기대된 비용과 보상을 합리적으로 선택한다고 한다(Becker, 1968). 따라서 비실업자들은 범죄로 인한 보상 보다는 처벌로 인한 비용이 보다 더 크다고 합리적으로 생각할 가능성이 높으나 실업자들에게는 합법적인 방법으로 경제적 이익을 성취할 수 있는 기회가 차단되었으므로 범죄행위를 통한 이익의 창출이 매력적인 행위로 인식 될 수 있는 것이다(이동원, 1998). 이에 기초할 때, 고전주의 범죄학과 합리적 선택이론의 관점에서 실업은 범죄를 유발하는 요인으로 작동 할 수 있는 것이다.

경제위기로 인한 실업의 증대가 범죄발생을 증가시키기 보다는 감소시킬 것이라는 이론적 논의는 거시적인 범죄기회이론에 기초한 피해자학 이론들의 주장으로부터 추론할 수 있다. 비록 범죄기회이론의 이론적 근거를 실업이 범죄를 증가 시킬 수 있을 것이라는 합리적 선택이론에 두고 있지만 범죄피해의 시각에서 살펴볼 때 범죄기회이론은 실업이 범죄피해요소를 차단시켜 범죄피해를 감소시키고 결과적으로는 범죄발생을 억제하는 효과를 발휘할 수 있다는 주장이다. 보다 구체적으로 살펴보자면, 실업과 범죄의 부적 관계를 가정하고 있는 대표적인 이론으로는 일상행위이론(Routine Activities Theory)과 생활양식이론(Lifestyle Theory)을 들 수 있다. 우선, Cohen과 Felson(1979)에 의해 제안된 일상행위이론은 범죄발생의 세 가지 요건으로 동기화된 범죄자(Motivated Offender), 적합한 범죄대상(Suitable Target), 그리고 감독의 부재(Absence of Guardianship)를 들고 있는데 이들 세 가지 요건들이 동시에 충족될 때 범죄가능성이 높다고 한다(Cohen & Felson, 1979). 따라서 범죄발생은 범죄자의 범죄유발 보다는 범죄기회 상황을 제공하는 범죄피해대상의 감소와 범죄발생을 억제할 수 있는 감독의 존재여부에 따라 결정된다는 설명이다.

Cohen과 Felson(1979)은 미국에서 2차 세계대전 이후 여성의 경제활동참가 증대로 가구소득이 증대되어 값나가는 물건들의 소지와 소유가 증대되었고 가정에서의 범죄감시능력이 감소하여 절도범죄의 증대가 이루어졌으며 이는 동기화된 범죄자에게 범죄기회의 증대를 가져와 범죄가 급격하게 증가된 것이라 이해한다. 또한 Cohen과 그의 동료들(1981)은 범죄피해의 주요한 요인으로 범죄위험에의 노출(Exposure), 범죄대상으로서의 매력(Target Attractiveness), 감독의 부재(Absence of Guardianship), 그리고 범죄자와의 접근성(Proximity)을 들었는데 경제호황기에는 개인들의 외부 출입 및 여가활동이 증대되어 가구 내에서의 감독능력이 저하되어 주거침입절도가 증대되고 외부활동으로 인한 범죄에 노출이 될 가능성이 높아진다. 하지만 경제 불황기에 실업이 증대되면 가계소비지출이 감소하여 외부활동이 감소하여 길거리 범죄피해의 가능성이 감소할 것이며 가정 내에서의 활동이 증대되고 감독기능이 강화되어 절도범죄의 기회가능성이 감소할 것이라 예측할 수 있다. Hindelang과 그의 동료들(1978)에 의해 제안된 생활양식이론에서도 실업과 범죄의 부적관계를 가정할 수 있다. 생활양식이론에 의하면 범죄피해가 특정 장소, 시간, 그리고 상황에서 발생하게 되는데 특히 젊은이들이 늦은 밤에 외출이 많고 늦게 귀가하고 쇼핑센터나 유흥지역에 자주 들르는 생활양식에 의해 범죄피해의 가능성이 높다고 보았다. 실업률이 높아지면 10-20대 젊은이들의 고용도 감소할 것이며 가정에서 획득하게 되는 용돈도 감소할 것이다. 이에 젊은이들은 경제적 어려움으로 외출 빈도가 감소할 것이며 이는 범죄자로 부터 노출을 감소시켜 범죄피해가 줄어들 것이다. 즉, 모든 조건이 동일할 때 실업으로 인한 일상 활동의 변화와 삶의 양식변화는 범죄를 증대시키기 보다는 감소시키는 방향으로 영향을 미칠 가능성이 높다는 주장이다(Cohen et al.1, 1980; Cohen & Felson, 1979; Cantor & Land, 1985; 이동원, 1985).

출처: 윤우석. (2010). 경제위기 상황과 범죄발생의 관계 검증: 1995-2005 실업과 범죄 시계열자료 분석. 한국공안행정학회보, 40:159-164 재인용

공간, 무질서, 범죄두려움

제1절 개관

기존 범죄예방론의 주요 관심사는 범죄를 어떻게 예방할 것인가?라는 질문에 답하는 것이었다. 하지만 많은 전통적인 범죄예방 기법(이웃감시제도, 시민순찰, 경찰순찰 등)은 범죄를 직접적으로 감소시키지도 못했고 오히려 지역주민들의 범죄두려움 및 경찰에 대한 불신을 키웠다. 이에 범죄예방의 새로운 접근법은 지역사회의 사회문제를 단순히 범죄에 국한하지 않고 지역주민들의 삶의 질에 영향을 미치는 모든 일탈적 행위 및 그 현상의 결과까지 포함시키는 경향이 있다(Sampson et al., 2002). 대표적으로 경찰학 연구에서는 지역사회경찰활동, 문제지향적 경찰활동 등 혁신적 경찰활동의 도입에 따라 범죄 뿐만 아니라 지역사회의 무질서 그리고 범죄두려움 역시 연구의 대상으로 삼았다. 많은 지역사회경찰활동 프로그램들의 평가 연구 결과 직접적인 범죄 감소 효과 보다는 오히려 지역사회의 범죄두려움 감소 효과가 드러났다. 몇몇 핫스팟 경찰활동은 범죄를 성공적으로 감소시켰으며 이와 동시에 지역사회의 무질서 감소에도 효과가 있는 것으로 나타났다.

특히 많은 연구들이 무질서와 범죄두려움 역시 범죄와 마찬가지로 도시의 특정 공간에 집중된다는 결과를 보여주고 있다. 이 같은 결과에 대해 사회통제론적 범죄예방론에서는 지역사회의 사회통제 약화로 인해 지역사회의 무질서가 만연하게 되고 이는 지역주민들의 감정적이 인식인 범죄두려움 역시 심화 시킬 것이라 설명한다(Sampson et al., 1997; Sampson & Groves, 1988). 한편 상황적 범죄예방론은 범죄기회가 많은 곳에서 범죄가 발생하고 무질서 역시 일탈적 행위이므로 동일한 논리로 범죄가 많은 곳이 무질서도 많은 곳이라 이해된다. 특히 상황적 범죄예방론의 논의와 유사하게 기존 무질서에 관한 논의들은 무질서가 범죄의 직접적인 원인임과 동시에 지역주민들의 범죄두려움 및 지역사회의 다양한 기능적 특성에도 영향을 미친다고 주장한다(Kelling & Wilson, 1982). 무질서가 하나의 범죄기회로 작용되어 범죄와 같은 사회문제를 유발하는 원인으로 이해되는 것이다. 물론 이 같은 논의에 대해 샘슨 등 수정된 사회해체이론가들은 무질서는 범죄의 원인이 아니라 지역사회의 집합적 사회통제능력 약화의 결과물일 뿐이라고 주장한다. 무질서가 범죄의 원인인가 아니면 사회통제 약화의 공통적인 결과물인가라는 학술적 논쟁은 아직까지도 지속되고 있다. 중요한 것은 지역사회의 무질서와 범죄두려움은 지역주민들의 삶의 질을 해치는 심각한 사회문제이며 이를 해결하려는 노력들이 지속적으로 진행되고 있다는 것이다. 이 장에서는 지역사회의 무질서와 범죄두려움에 관한 다양한 접근법과 논의들을 살펴보고자 한다.

제2절 무질서의 이해

1. 인간본성과 무질서

무질서의 개념을 이해하기 위해서는 인간의 본성에 대한 이해가 먼저 요구된다. 1969년 스턴포드 대학의 심리학자 필립 짐바도(Philip Zimbardo)는 인간의 본성을 실험하기 위해 범죄가 잦은 뉴욕시의 브롱스(Bronx)지역과 중산층이 거주하는 캘리포니아의 팔로 알토(Palo Alto)에 번호판이 없는 자동차를 세워두었다. 범죄가 잦은 브롱스에서는 채 10분도 지나지 않아 동네 사람들 몇 명이 자동차의 라디에이터와 배터리를 떼어갔다. 그리고 24시간 내에 모든 부품이 털리고 차창이 깨지고, 차체가 박살났다. 아이들은 부서진 차량을 놀이터 삼아 놀았다. 반면 조용한 주택가 팔로 알토(Palo Alto)에서는 일주일 이상 그 누구도 차를 건드리지 않았다. 그러나 큰 쇠망치로 자동차의 일부분을 부숴놓자, 얼마 지나지 않아 주민 몇 명이 차동차 유리창을 깨뜨리고 차체를 부쉈다. 결과적으로 볼 때, 무질서 이론은 인간의 본성을 누구나 다 특정상황에서 범죄적 행동을 저지를 수 있음을 가정하는 것이다.

깨어진 창문이론(Broken Window Theory)로 유명한 켈링(Kelling)과 윌슨(Wilson)은 1982년 자신들의 무질서 이론을 설명하면서 짐바도의 인간본성 실험을 예시로 설명하였다. 그들은 인간의 본성은 악하기 때문에 사소한 것도 잘 관리한다면 문제를 미연에 방지할 수 있으나 그렇지 못하다면 문제는 매우 심각해 질 수 있음을 강조하였다.

2. 무질서의 정의

범죄예방의 기존 논의들은 주로 직접적으로 범죄감소를 목표로 하였다. 하지만 최근 많은 논의들은 범죄예방의 대상은 범죄 뿐만 아니라 일탈적 행위까지 포함시키고 있다. 무질서는 대표적인 일탈행위로 이해된다. 다만 여기서 주의해야 할 점은 '무질서 행위'와 '무질서 상태'는 의미의 차이가 있다는 것이다. 무질서는 직접적인 인간의 행위와 그 행위의 결과로 나타나는 상태를 동시에 의미하기 때문이다. 무질서는 일차적으로 개개인들의 일탈적 행위를 의미한다. 사람들이 쓰레기를 버리고 지역의 공공기물을 조심성 없이 사용하여 부수고 남의 재산에 낙서를 하고 술에 취해 돌아다니고 동네 사람과 싸우고 10대 청소년들이 불량하게 몰려다니는 등 그 행위 자체가 무질서로 인식된다. 한편 이 같은 무질서 한 일탈적 행위의 결과는 길거리가 지저분하고 조명이나 가로등이 어둡고 깨져 있으며 차량이 버려져 있고 담벼락에 낙서가 되어 있고 술에 취한 취객이 공공장소 등에서 누워있고 사람들이 싸우는 소리가 자주 들리고 경찰이 자주 출동하는 등 무질서한 모습으로 나타난다. 이에 기존 무질서에 관한 연구들은 무질서를 지역주민들의 일상적으로 접하게 되는 삶의 상태로 이해했다. 이에 무질서를 지역사회의 골칫거리(Troublesome), 도시 삶의 불안(Urban Unease), 무례의 상징(Symbol of Incivility) 등 무질서 상태를 묘사하는 의미로 정의하였다. 하지만 앞에서도 살펴보았지만 무질서는 인간의 직접적인 일탈적 행위를 의미함과 동시에 무질서한 상태를 의미한다는 측면에서 초기 무질서에 대한 정의는 무질서한 상태에 대한 주관적 인식만을 강조하였다는 한계점이 있다.

최근에는 무질서의 정의를 지역사회의 무질서를 통제할 수 있는 능력의 미비라 정의하는 학자들이 늘고 있다. 테일러(Taylor, 2001)는 무질서를 '아이들과 십대를 포함한 지역주민들의 행동을 지배(통제)함에 있어 지역의 무능력' 혹은 '지역의 향상을 위한 공통된 목표를 위한 일함에 있어 지역의 무능력'이라 정의한다. 스코간(Skogan)은 무질서를 '지역사회의 문제나 걱정거리를 다루기 위한 자원을 동원함에 있어 지역사회의 무능력'이라 정의한다. 이들 정의에 기초할 때, 무질서는 지역사회가 무질서한 지역주민들의 행동을 제대로 통제하지 못한 결과물인 것이다. 켈링과 윌슨 역시 그들의 깨어진 창문이론에서 설명하듯이 창문 한쪽이 깨어져 있을 때 그것을 빨리 고치지 않으면 금방 다른 모든 창문이 깨어진다고 설명한다. 이는 지역사회의 문제를 해결할 수 있는 지역사회의 능력이 중요함을 환기시키는 말일 것이다.

3. 무질서 이론

1) 윌슨(Wilson, 1975)과 가로팔로와 라우버(Garofalo, Laub, 1979)의 무질서 이론

범죄에 대한 고려(Thinking about Crime)라는 저서에서 윌슨(Wilson, 1975)은 '왜 도시 거주민들은 상대적으로 범죄피해를 덜 당함에도 불구하고 너무나도 그들의 안전성에 두려움을 나타내는가?'라는 질문에 답하고자 하였다. 그는 이 같은 현상이 나타는 이유는 단순히 범죄 때문이 아니라 일상적으로 직면하게 되는 지역사회의 문제적 행동이나 상태 때문이라 설명한다. 지역주민들은 일상적으로 지역사회에서 직면하는 걸인, 소란스러운 젊은이들, 언쟁, 그리고 훼손된 건물, 버려진 집, 낙서, 너저분하게 버려져 있는 쓰레기로 인해 걱정하게 되는 것이다. 가로팔로(Garofalo)와 라우버(Laub) 역시 윌슨과 마찬가지로 두려움은 범죄와 같은 특정적인 걱정거리 보다는 도시 삶의 불안(Urban Unease)을 반영하는 것이라 주장한다(Garofalo, Laub, 1979). 즉 범죄두려움(Fear of Crime)이란 단순히 "범죄"에 대한 두려움이라기보다는 도시 내에서 살아감에 있어서 직면하게 되는 골칫거리(Troublesome) 때문이라 주장한다. 그들은 미국범죄피해조사 자료를 분석한 결과 사람들이 범죄에 두려움을 느끼는 이유는 단순히 범죄를 당할 것에 대한 위험성의 정도를 의미하거나 특정적인 범죄피해를 걱정하였기 때문이 아니라 전체적인 범죄 및 무질서에 대한 복합적인 인지적 평가라고 주장한다(Garofalo, Laub, 1979). 특히 범죄의 두려움에 매우 큰 영향을 미치는 것은 범죄 자체가 아니라 지역의 무질서 때문이라는 것이다.

2) 헌터(Hunter)의 무질서 이론(1978)

헌터(Hunter)는 무례의 상징(Symbols of Incivility)이라는 논문(Hunter, 1978)에서 무례함이란 범죄나 범죄피해 보다 더 만연해 있는 것이라 설명한다. 그는 지역의 무질서는 지역의 범죄발생을 초래할 뿐만 아니라 지역의 무례함에 대한 신호를 나타내어 지역주민들이 두려움에 떨게 만든다는 것이다. 그는 지역사회의 무질서와 물리적 조건은 지역주민들과 지역사회조직이 지역사회를 보존하고 유지시키는데 실패하였기 때문이며 이와 동시에 지역사회 밖에 존재하는 공공조직들이 지역사회의 질서를 유지시키는데 무능력하기 때문이라 주장한다. 헌터(Hunter)의 이 같은 주장은 지역주민들이 어떻게 두려움을 느끼게 되는가에 대한 과정을 설명한다는 측면에서 중요하다. 지역주민들은 단순히 무질서의 신호가 존재하기 때문에 위협받는 것이 아니라 그들이 애착을 가지고 뭉칠 수 없다는 것에 실망하고 두려워하는 것이다. 또한 헌터의 주장에서 흥미로운 점은 지역의 무질서가 범죄의 원인이기도 하지만 범죄 역시 지역무질서의 원인이 될 수 있다는 것이다. 무질서한 지역에서는 범죄가 많이 발생되며 범죄지역 역시 무질서가 많이 발견되기 때문이다. 즉, 범죄와 무질서는 서로 상호작용하는 변인인 것이다. 헌터의 무질서이론은 개인적 수준에서의 무질서와 범죄두려움을 다뤘던 윌슨이나 가로팔로와 라우버의 이론과 달리 지역 단위의 무질서와 두려움을 논의하였다는 점에서 최초의 거시적인 무질서 이론이라는 의의를 가진다. 헌터의 무질서 이론의 인과관계를 살펴보자면 지역사회의 구조적 특성(지역의 불안정성, 낮은 사회적 지위, 그리고 소수인종의 비율)은 지역사회의 사회통제력을 약화시키고 이는 범죄와 무질서의 공통적인 원인으로 작용한다는 점이다. 무질서 한 지역에 거주하는 사람들은 지역사회의 사회통제가 제대로 이루어지지 않다는 인식을 가지게 되며 직접적인 범죄문제 보다는 무질서로 인해 더 많이 범죄두려움을 느끼게 되는 것이다(Hunter, 1978).

3) 켈링(Kelling)과 윌슨(Wilson)의 깨어진 창문이론(1982)

아틀란틱 월간지(Atlantic Monthly)라는 잡지에서 켈링과 윌슨은 무질서 이론에서 가장 유명한 깨어진 창문이론(Broken Window Theory)을 주장한다. 그들의 깨어진 창문이론을 다음과 같이 설명한다. 첫째, 지역사회의 물리·사회적인 무질서(Physical and Social Disorder)가 어떻게 범죄를 야기하게 되는지에 대한 시간적인 인과모델을 제시한다. 켈링과 윌슨은 1)지역사회의 무질서한 신호가 고쳐지지 않고 지속된다면 2) 지역주민들은 그 지역을 버리게 될 것이고 두려워할 것이라 주장하며 3)그 같은 지역에서는 보다 많은 사소한 범죄와 무질서 징후가 존재하게 된다, 4)이로 인해 지역주민들은 보다 더 두려워하고 지역사회를 떠나고자 하며 5) 마지막으로는 심각한 범죄자들이 그 지역이 더 이상 보호받지 못하다는 것을 알고 그 지역을 찾아 들게 되어 보다 심각한 범죄가 발생하게 되는 과정을 거친다고 한다. 켈링과 윌슨(Kelling & Wilson, 1982)은 창문이 깨어진 채로 방치되고, 벽에 낙서가 그려져 있고, 거리에 쓰레기와 폐차 등이 버려지고 방치되어 있는 물리적으로 무질서한 지역에서는 범죄 발생가 증가한다고 설명한다. 아울러 만취한 사람들이 공공질서를 해치거나 매춘부나 호객꾼이 거리에 나와 호객행위를 하고 불량청소년들이 거리에서 배회하는 등 사회적 무질서의 징후들도 범죄발생과 밀접한 관련이 있다고 주장한다. 다시 말해서 지역사회의 범죄문제는 얼마나 오랫동안 지역사회의 무질서가 해결되지 않고 방치되는가에 따라 결정된다는 것이다. 지역사회의 무질서가 재빨리 치유되지 못한다면 지역주민들의 지역사회의 비공식적 사회통제는 약화될 것이고 지역주민들은 더 이상 지역사회에 무슨 일이 일어나는지에 대하여 걱정하지 않게 된다. 결과적으로 지역주민들은 자신들이 거주하는 지역이 사회적으로 해체되었다고 인식하게 된다는 것이다.

켈링과 윌슨의 논의를 다시 설명하자면, 다음과 같다. 지역주민들이 자신이 거주하는 지역이 무질서하다고 평가하게 되면 더 이상 지역주민들은 공공장소에서 활동하지 않게 되고 지역사회의 무질서한 상황에 지역주민들이 개입하려 하지 않게 된다. 지역주민들이 지역사회의 사회적 통제를 유지하는 활동에서 철수하게 되면 지역사회의 비공식적 통제는 약화되고 지역사회의 감시/감독기능이 약화된다. 이로 인해 지역사회의 비행청소년들은 지역사회에서 보다 더 용기 있게 비행행위를 저지르게 되며 지속적으로 무질서 행위에 가담하게 된다. 이 같은 상황에 지속되면 다른 지역에 존재하는 심각한 범죄자들이 이 지역을 범죄를 저지르기 알맞은 장소로 인식하게 된다는 것이다. 결과적으로 그 지역에서는 많은 수의 범죄가 발생하게 되고 안전성이 크게 약화되는 것이다. 종합할 때 지역사회의 무질서는 지역의 비행을 증가시키고 지역 주민의 통제를 약화시키며 지역의 심각한 범죄를 증가시키게 되는 것이다(Kelling & Wilson, 1982:).

켈링과 윌슨의 깨어진 창문이론은 범죄예방을 위한 새로운 경찰활동의 방향을 제시해 준다는 측면에서 큰 의미를 가진다. 깨어진 창문이론에 기초할 때 경찰의 활동은 단순히 범죄를 직접적으로 다루기보다는 지역사회의 범죄문제의 핵심인 지역사회의 무질서를 해결하는데 집중하는 것이 보다 효과적임을 강조하고 있다. 지역사회의 질서유지 경찰활동(Order Maintenance Policing), 삶의 질 향상 경찰활동(Quality of Life Policing), 무관용주의 경찰활동(Zero Tolerance Policing) 등의 경찰활동이 깨어진 창문이론에 기초하여 발전하였다. 기존 무질서이론들이 지역주민들의 두려움에 초점을 맞추었다면 켈링과 윌슨의 이론은 지역의 무질서, 지역주민들의 범죄두려움, 지역주민들의 행동, 지역사회의 경찰활동 등 다양한 주제에 관심을 가지도록 도왔다. 또한 가장 중요한 그들의 기여는 그들이 경찰이 지역사회가 지역의 무질서와 싸워나감에 있어서 어떠한 역할을 담당할 것인가에 대한 관심을 고취시켰다는 점이다.

4) 스코간(Skogan)의 무질서 이론(1990)

스코간(Skogan)의 무질서 이론(Neighborhood Decline)은 가장 최근에 제안된 무질서 이론이다. 스코간은 무질서를 "The Inability of Communities to Mobilize Resources to Deal with Urban Woes"라 정의 내린다. 즉 지역사회의 문제나 걱정거리를 다루기 위한 자원을 동원함에 있어 지역사회의 무능력이라 정의되는 것이다. 따라서 지역사회 무질서의 분포는 지역사회의 구조적인 불평등을 나타내는 것이며 이 구조적 불평등은 도시지역 거주민들의 건강과 안전에 위협을 가할 수 있는 것이다. 다시 말해 헌터의 모델과 마찬가지로 스코간은 지역사회 무질서의 원인을 '지역사회의 사회해체'와 '지역사회 밖의 자원을 운영함에 있어서 불평등'에 의해 결정된다고 보았던 것이다.

그는 무질서의 영향을 크게 세 가지로 나누어 설명한다. 첫 번째로 지역사회의 무질서는 지역사회의 비공식적 사회통제를 약화시킨다고 본다. 두 번째로는 무질서는 지역주민들의 안전에 대한 걱정을 증대시키며 범죄를 야기할 수 있다고 이해한다. 마지막으로 무질서는 지역사회 거주지의 가치(Housing Value)를 감소시켜 거주지에 대한 시장의 안정성을 약화시킨다고 주장한다. 지역사회의 범죄나 무질서는 집값을 떨어뜨리고 거주민들의 이주가능성을 증대시켜 지역사회가 물질적 정신적으로 붕괴되는 결과를 초래하게 된다는 것이다. 결과적으로 지역사회의 무질서는 모든 종류의 도시 붕괴를 가속화시키는 독립적인 영향을 가지게 되다. 스코간의 무질서 이론을 종합하자면, 인종적 구성, 사회경제적 지위, 인구이동과 같은 지역사회의 구조적인 특성과 지역사회 외부로부터 자원획득 실패는 지역사회의 무질서를 야기하며 이는 지역사회의 범죄피해를 증대시키고 지역사회에 대한 지역주민들의 불만족을 가중시켜 지역사회를 떠나고 싶게 만들고 이는 지역사회의 구조적인 변화를 야기하여 또 다른 사회문제들을 초래하게 된다는 것이다.

4. 거주공간과 무질서 그리고 무질서의 영향

거주공간과 무질서에 관한 연구는 주로 사회통제모형에서 다루어졌다. 사회통제모형의 대표적인 이론인 사회해체이론은 지역사회의 낮은 사회경제적 지위, 주거의 불안정성, 인종적 이질성과 같은 구조적인 특성 보다는 이로 인해 파생되는 기능적 요소들(낮은 비공식적 사회통제, 사회자본의 부족, 인적네트워크의 약화 등)이 지역사회 문제의 핵심적인 원인이라 설명한다(Bursik, 1988; Bursik & Grasmick, 1993; Sampson & Groves, 1989; Sampson et al., 1997). 또한 수정된 사회해체이론은 지역사회 구성원들 간의 교류, 네트워크, 이웃관계, 지역조직에의 참여와 같은 기능적인 요소의 중요성을 특히 강조하였다. 이들 기능적 요소들은 지역의 비공식적 사회통제 및 집합적 효능감을 통해 지역의 사회문제가 해결하는데 기여할 것이라 기대되었다(Bellair, 1997; Bursik & Grasmick, 1993; Cantillon, 2006; Gottfredson & Hirshi, 1991; Markowitz et al., 2001; Morenoff et al., 2001; Sampson et al., 1997). 특히 사회통제론적 범죄예방론은 지역사회의 통제력 상실이 무질서의 원인이 된다고 설명한다. 기존 논의들은 무질서는 사회 통제력의 약화에 따른 결과물임과 동시에 지역사회 문제의 원인으로 보았다.

무질서가 범죄예방론에서 중요하게 다루어지는 이유는 첫째, 무질서 자체가 일탈행위이기 때문이다. 둘째, 무질서는 지역사회의 범죄를 야기하는 원인으로 작용할 수 있다. 기존 많은 연구들이 무질서가 청소년 비행 등 범죄행위를 증가시킨다는 결과를 보여주었다(윤옥경, 2008; Bursik & Grasmick, 1993; Lynch & Cantor, 1992; Rountree et al., 1994; Xu et al., 2005). 셋째, 무질서는 지역주민들의 심리적 안정감을 방해한다. 무질서는 범죄피해를 당할지도 모른다는 두려움을 심어준다. 또한 무질서는 지역주민들이 삶을 영위하는 것이 어렵다는 부정적 인식을 심어준다. 무질서와 정신건강에 관한 많은 연구들이 무질서 한 지역 환경은 지역주민들에게 불안감, 우울감, 무력감, 박탈감 등 정신건강에 악영향을 미친다(김영미, 2011; 전신현, 2004; Aneshenesel & Sucoff, 1996; Cutrona, Wallace, & Wesner, 2006; Fagg, Curtis, Clark, Congdon, & Stansfeld, 2008; Geis & Ross, 1998; Leventhal & Brooks-Gunn, 2000; Ross, 2000; Ross & Mirowsky, 2001). 마지막으로 무질서 주거 환경은 지역주민들이 정신건강에 부정적인 영향을 미쳐 자살행동을 유발할 수도 있다(전신현, 2004; 윤우석, 2014).

제3절 공간과 범죄두려움

1. 범죄두려움의 정의

범죄예방론에서 다루어지고 있는 핵심적인 결과물 중 하나는 범죄두려움이다. 랩(Lab)은 기존 범죄예방론이 범죄에 국한하여 논의되었다고 한계를 지적하며 범죄두려움 감소 역시 중요한 범죄예방의 목표가 되어야 한다고 설명한다(이순래 외, 2016). 범죄두려움은 1960년대 미국사회의 범죄 빈발로 인해 안전에 대한 관심이 중요한 사회적 화두가 되면서 범죄예방 연구에서 중요한 연구주제가 되었다. 특히 경찰연구에서 범죄두려움은 가장 많은 연구자들이 관심을 가지는 연구영역이 되었다. 지난 50년 간 경찰학 연구들은 전통적인 경찰활동이 범죄를 직접적으로 감소시키는데 한계가 있음을 인식하고 범죄두려움과 같은 심리적 요소의 개선에 경찰활동이 미치는 영향을 파악하고자 하였다. 정책입안자들은 범죄두려움으로 인해 거주민들의 일상적인 삶이 제약을 받고 선거권을 가진 지역주민들의 불안감은 정치적인 부담으로 작용하였기 때문에 범죄두려움에 많은 관심을 두었다.

초기 범죄두려움에 관한 연구들은 범죄두려움의 개념을 정의내리기 위한 노력에 집중되었다. 1981년 가로팔로(Garofalo, 1981)는 범죄두려움을 '어떠한 범죄적 측면과 관련한 환경에서 인식되는 물리적 위험 또는 걱정에 대한 감정적 반응'으로 정의하였다. 페레로(Ferraro, 1995)는 범죄두려움을 '범죄나 이와 연관된 상징에 대해 행위자가 결부 짓는 무서움 혹은 불안감의 정서적 반응'이라 정의 내렸다. 즉 페레로는 범죄두려움이라는 감정이 생기기에 앞서 범죄두려움에 대한 위험인지가 선행되어야 한다고 주장하였다. 한편 1987년 스코간(Skogan, 1987)은 범죄두려움을 감정적 요소와 평가적 요소로 구분할 필요성이 있다고 주장하였다. 즉 두려움이란 순수한 정서적 반응과 범죄피해를 입을 가능성에 대한 개인의 평가 내지 위험의 인지와 구분되는 개념이라는 것이다. 한편 최근에는 범죄두려움을 추상적인 무형의 두려움(General Fear of Crime)과 구체적인 유형(Specific Fear of Crime)의 두려움으로 구분 짓기도 한다. 막연한 범죄피해에 대한 두려움을 일반적으로 무형으로 두려움이라 불리며 특정 범죄피해에 대한 두려움을 유형 혹은 구체적 두려움이라 한다(Keane, 1992).

초기 범죄두려움에 대한 정의는 단지 안전하지 못한 장소 또는 상황에 대한 근심과 걱정의 감정을 강조하는 경향이 있었다. 이는 결국 범죄피해자가 될 위험의 가능성은 적절하게 고려하지 못하였다는 비판을 받는다(Ferraro, 1995). 한편 인지적 측면에서 범죄두려움을 이해하는 연구들은 범죄두려움을 위험의 인지적 평가와 두려움의 감정적 반응의 차이로 구분할 필요성이 있다고 주장한다. 대표적으로 라그랑게(LaGrange)와 그의 동료들(1992)은 무질서가 '감정적인 두려움'에 미치는 영향은 '인지된 위험성 인지'를 통한다는 결과를 보여주었다. 즉, 무질서, 인지된 위험, 그리고 범죄두려움으로 이어지는 관계의 순서를 보여주었던 것이다. 무질서는 두려움의 원인이 되지만 어디까지나 인지된 위험을 통해 간접적으로 범죄두려움에 영향을 미친다는 것이다. 사회적 무질서와 물리적 무질서가 범죄두려움에 직접적인 영향을 미친다면 그것은 아주 경미하며 거의 대부분 인지된 위험을 통해 매개되는 것으로 나타났다. 즉, 범죄에 대한 두려움의 인지적 측면은 개인 스스로 범죄피해의 가능성을 주관적으로 평가 한 결과이며 이는 두려움이라는 감정에 영향을 미치게 되는 것이다. 현상에 대한 지각, 위험 인지, 그리고 두려운 감정이라는 우리 뇌의 반응을 순차적으로 나타내는 것이다.

감정적 측면으로 범죄두려움을 파악하는 방법은 사람들의 범죄에 대한 정서적 측면과 관련된다. 두려움의 감정적 측면은 그것이 단지 개인의 감정을 반영할 뿐이라는 점에서 옳고 그름을 판단할 수는 없다. 어떤 사람이 실제로 걱정해야 하는 것보다 더 많이 걱정하고 있다고 말할 수 없기 때문이다. 따라서 범죄에 대한 두려움을 측정하는데 있어서 감정적 반응으로서의 범죄의 두려움과 범죄피해 가능성에 대한 인식을 의미하는 위험인지는 다른 방식으로 측정되어야 한다. 범죄에 대한 두려움이 일종의 감정적 반응이라면, 범죄피해 위험인식은 범죄의 피해위험을 둘러싼 인지적 평가라는 차이가 있다.

다음으로 범죄두려움을 행동적 측면으로 파악하려는 논의에서는 사람들이 실제로 범죄에 대한 반응 또는 그들의 위험에 대한 주관적인 평가에 대해 실제로 어떠한 행동을 하는가를 파악함으로써 알 수 있다. 즉, 범죄피해를 당하지 않기 위해 개인적인 범죄예방활동에 적극적이라면 그 예방행동의 수준은 범죄두려움의 수준을 의미한다는 것이다.

2. 범죄두려움의 측정

범죄두려움을 정서적, 인지적, 그리고 행동적 측면에서 측정하는 방법은 아래 표와 같다. 기존 많은 연구자들은 특정범죄, 일반범죄, 혹은 불특정 범죄에 대해 개인의 정서적, 인지적, 그리고 행동적인 범죄두려움을 측정하는 문항들을 고안하였다. 가브리에(Gabrie)와 그레이브(Greve)는 이들 연구들을 종합적으로 정리하여 다음의 표와 같이 정리하였다. 이들 측정 문항들은 부분적 범죄두려움과 일반적 범죄두려움을 유형별로 구분하여 측정할 수 있는 문항들이다.

범죄에 대한 두려움이라는 것은 모든 사람에게 동일하게 적용되는 것이 아니고 다양한 위협들로 구성될 수 있다. 따라서 범죄에 대한 두려움은 규범적인 평가에 있어서는 동질적인 것일 수 있으나, 각 개인에 따라 범죄피해의 결과는 상대적이고 이질적인 것일 수 있다. 범죄에 대한 두려움을 유발하는 범죄가 동일한 것이라 할지라도 그것이 발생한 장소, 시간, 가해자와 피해자의 관계 등 여러 환경요소에 따라 달라질 수 있기 때문이다. 범죄에 대한 두려움은 "범죄"의 유형과 "두려움"의 양태를 기준으로 다양하게 측정할 수 될 수 있다(노성호 외, 2015:214-215 재인용).

범죄두려움의 측정지표

	부분적 측면			일반적 측면
	정서적	인지적	행동적	
특정 범죄 유형	A-1: 폭력범죄 피해자가 되는 것에 대해 얼마나 자주 걱정하는가?	A-2: 당신은 (이후 1년 동안) 폭력범죄의 피해자가 될 가능성이 어느 정도라고 생각하는가?	A-3:당신은 (폭력범죄에 대비하여) 방어할 만한 물건을 휴대하고 있는가?	A-4: 당신은 폭력범죄의 피해자가 되는 것을 두려워하는가?
일반 범죄 유형	B-1: 당신의 아파트 밖에서 범죄피해자가 되는 것에 대해 얼마나 자주 걱정하는가?	B-2: 당신은 (이후 1년 동안) 집밖에서 범죄피해자가 될 가능성이 어느 정도라고 생각하는가?	B-3: 당신은 야간에 대중교통의 이용을 꺼리는가?	B-4: 당신은 집밖에서 범죄피해자가 되는 것에 대해 두려워 하는가?
불특정 범죄 유형	C-1: 당신은 범죄피해자가 되는 것에 대해 얼마나 자주 걱정하는가?	C-2: 당신은 (이후 1년 동안) 범죄피해자가 될 가능성이 어느 정도라고 생각하는가?	C-3: 당신은 범죄로부터 스스로를 보호하기 위한 장치가 있는가?	C-4: 당신은 범죄피해자가 되는 것을 두려워하는가?

출처: Gabrie, U. & Greve, W. (2003). The psychology of fear of crime: conceptual and methodological perspectives. British Jouranl of Criminology, 43. p.608.; 노성호 외 (2018). 피해자학. 그린출판사. p.215 재인용.

3. 범죄두려움의 원인론

1) 범죄두려움 연구

범죄두려움에 관한 연구는 지난 수십 년 간 경찰학 및 범죄학 분야 연구의 핵심 과제들 중 하나였다. 범죄두려움은 범죄피해를 당할지도 모른다는 걱정과 같은 정서적인 감정으로 범죄피해에 대한 위험인지 및 가능성과는 다른 개념으로 이해된다(Ferraro, 1995; Rountree & Land, 1996). 또한 최근에는 범죄두려움을 본인이나 타인의 범죄두려움으로 구분하기도 하며 특정유형의 범죄에 대한 두려움을 구별하여 분석하기도 한다. 특히 이 분야의 연구들 중 가장 많이 연구되는 분야는 범죄두려움의 원인에 관한 것이다. 범죄두려움의 원인모델로 제안되는 가설로는 취약성 가설(Garofalo & Laub, 1978; Skogan & Maxfield, 1981), 범죄피해가설(Garofalo, 1981; Skogan, 1990; Skogan & Maxfield, 1981), 무질서 가설(Taylor, 1999; Wilson & Kelling, 1981), 사회통합가설(Taylor & Hale, 1986), 지역사회경찰활동 가설(Kelling & Coles, 1996; Skogan & Harnett, 1997; 박정선 · 이성식, 2010) 등이 있다. 최근 몇몇 국내 연구들은 이들 원인 모델들을 다수준 분석방법을 시도하기도 한다(박정선 · 이성식, 2010; 류준혁, 2011).

범죄두려움이 증가될수록 파생되는 사회 불신이나 불안감 그리고 이로 인해 소비될 불필요한 비용의 증가 등을 통제하기 위해서 범죄두려움의 원인을 파악하려는 연구가 국내에서 여러 연구자들에 의해 시도되었다(노성호·김지선, 1998; 이성식, 2000a; 2000b; 박영주, 2010; 박정선·이성식, 2011; 류준혁, 2011; 류준혁·정승민, 2011; 박철현, 2012). 최근 범죄두려움에 대한 연구들은 범죄두려움의 원인을 설명하기 위해 크게 취약성모델, 무질서모델, 사회통합모델, 그리고 지역사회경찰활동모델 등 네 가지 이론적 모델에 기초하고 있다. 그리고 이와 관련된 요인은 성, 연령, 경제수준, 범죄피해의 경험, 대상의 매력성, 지역의 범죄발생율, 지역의 무질서, 이웃의 유대, 비공식적 사회통제, 집합적효능감, 지역사회경찰활동 등이 제시되었다.

2) 범죄두려움의 원인이론

(1) 취약성 가설

범죄두려움의 취약성 가설은 개인의 인구사회학적 특성이 범죄두려움을 유발한다는 설명이다. 범죄두려움의 취약성 가설은 개인이 신체적 혹은 사회적으로 범죄피해에 취약하다고 인식할수록 범죄두려움을 더 많이 호소한다고 한다(이성식, 2000a). 우선 신체적 취약성은 성별과 연령이 있다. 일반적으로 범죄피해는 여성 보다는 남성이 노인보다는 젊은이가 더 많이 당한다고 한다. 하지만 아이러니 하게도 범죄두려움에 있어서는 여성과 노인들의 범죄두려움 수준이 더 높은 것으로 나타났다. 이를 범죄두려움의 패러독서(Paradox)라 한다. 여성은 취약한 신체조건으로 인해 살인, 강도, 강간, 폭행 등 폭력이 수반되는 대인범죄에 더 두려움이 큰 것으로 보인다. 기존 많은 연구들이 여성이 남성에 비해 높은 범죄두려움을 보여준다는 결과이다(Garofalo & Laub, 1978; LaGrange & Ferraro, 1989; Skogan & Maxfield, 1981; 강지현, 2019; 김주연·윤우석, 2019; 김준홍, 2010; 심희섭, 2015) 특히 여성 1인가구의 범죄두려움은 매우 높은 것으로 나타났다(강지현, 2019). 노인들 역시 젊은층에 비해 신체적으로 범죄피해에 대항할 수 있는 능력이 떨어지므로 범죄두려움 수준이 높다고 한다(Garofalo & Laub, 1978; LaGrange & Ferraro, 1989; Skogan & Maxfield, 1981; 박영주, 2010). 신체적 특성과는 함께 개인의 취약성 중 하나는 사회경제적 취약성이다. 경제적으로 어려움을 겪는 사람들은 범죄피해를 예방하기 위해 방범장치 등을 구입할 능력이 부족하다. 또한 범죄가 덜 발생하는 쾌적한 주거단지에 거주하기 보다는 오히려 범죄가 많이 발생하는 낙후된 지역에 거주 할 가능성이 높다. 자신의 경제적 수준과 사회적 지위로 인해 직접적 혹은 간접적으로 범죄피해에 노출될 가능성이 높고 또한 이를 회피할 기회가 부족하다고 인식할 가능성이 높다. 이는 결과적으로 사회경제적 지위가 낮은 사람들이 부유한 사람들에 비해 범죄피해를 더 많이 당할 것 같다는 두려움을 느끼게 만든다. 기존 많은 연구들이 범죄두려움의 취약성 가설을 지지하는 결과를 보여주고 있다(Clementa & Klieman, 1977; Covington & Taylor, 1991; Maxfield, 1987; Skogan & Maxfield, 1981).

(2) 범죄피해가설

범죄두려움과 가장 밀접한 관련을 가질 것으로 생각되는 것이 개인의 범죄피해경험이다. 과거 범죄피해를 당한 경험이 있다면 그 당시의 고통스러운 경험을 잊기가 쉽지 않을 것이기 때문이다. 따라서 범죄두려움의 피해가설은 과거에 피해경험이 있는 사람들이 그렇지 않은 사람들 보다 범죄두려움을 더 많이 느끼게 된다고 주장한다.

범죄피해가설과 밀접한 관련이 있는 범죄학 이론은 아마도 일상행위이론과 생활양식이론일 것이다. 일상행위이론과 생활양식이론은 개인의 범죄피해 가능성은 개개인들의 일상적인 생활양식과 일상행위에 의해 결정된다고 본다. 젊은 남성들은 야간에 공공장소에서 동료들과 술자리 등 다양한 사회적 접촉을 많이 할 가능성이 높다. 이 같은 생활양식은 젊은 남성이 다른 인구집단에 비해 범죄피해를 당할 가능성을 높이다. 즉, 범죄피해의 상황에 더 많이 노출될 것이다. 코헨(Cohen)과 펠슨(Felson)은 일상행위이론에서 범죄발생의 3가지 조건(동기화된 범죄자, 매력적인 범죄대상, 보호능력의 부재)이 충족되면 범죄피해를 당할 가능성이 높다고 주장하였다. 생활양식이론 역시 개인의 생활양식이 범죄피해와 관련된다고 설명한다. 코헨과 칸토(Cohen & Canto, 1981)의 연구결과, 주거침입절도 등 재산범죄피해를 많이 당하는 사람들은 일반적으로 도시에 거주하는 수입이 많은 가구라고 한다. 일상행위와 생활양식이론은 범죄기회이론으로 통합되어 범죄위험에의 노출, 범죄자와의 근접성, 잠재적 피해자의 매력성, 그리고 보호능력이 부재하게 되면 범죄피해가 증가한다고 설명한다(Cohen et al., 1981; 박성훈, 2011). 개인 스스로 범죄가 많이 발생하는 장소나 시간 때에 노출이 많이 되고 범죄자 근접하는 일상행위와 생활양식을 가질수록 범죄피해 가능성이 높다고 볼 수 있다. 또한 값비싼 물건을 소지, 다액의 현금소지, 혼자 야외 공간 외출 등의 활동은 적절한 범죄피해 대상으로 인식되어 범죄피해를 더 많이 당할 것이다. 결과적으로 이 같은 일상적인 생활양식을 가진 사람들이 범죄피해 경험도 많고 범죄두려움 역시 높을 것이라 가정할 수 있다.

이에 많은 연구자들의 범죄피해가설을 검증하기 위해 시도하였다. 몇몇 연구들은 범죄피해 경험이 범죄두려움을 유발한다는 결과를 보여주었다(Garofalo, 1979; Skogan, 1990; 강지현, 2019). 하지만 다른 연구들은 범죄피해 경험이 범죄두려움에 아무런 영향을 미치지 않는다는 결과를 보고하였다(Box et al., 1988; Ferraro, 1995). 이 같은 일관되지 않은 연구결과에 대해 몇몇 학자들은 범죄피해를 직접적으로 당하는지 않았더라도 많은 사람들은 주위 사람들이나 TV매체를 통해 범죄에 간접적인 피해를 당하고 있기 때문에 직접적인 범죄피해의 영향이 희석된 것일 수 있다는 설명을 한다(Liska et al., 1988; Skogan & Maxfield, 1981). 즉, 범죄피해의 직접적 경험이 아닌 가족, 친구, 이웃으로부터 범죄피해 사실을 듣거나 혹은 TV나 신문 등을 통해 다른 사람들의 범죄피해 혹은 범죄발생 사실을 인지하게 될 때 범죄두려움을 경험할 수 있다는 간접피해가설이 제기되었다(Liska et al., 1988; Skogan & Maxfield, 1981). 흔히들 미디어와 범죄두려움의 관계에 대한 논의들은 이 간접피해가설을 설명하는 논의이다.

(3) 무질서가설

지역적 특성과 범죄두려움의 관계를 설명하는 이론으로는 무질서모델 혹은 지역염려가설이 대표적이다. 무질서가설은 지역사회 거주민들이 자신의 거주지 주변에서 걸인, 부랑자, 술 취한 사람, 불량 청소년, 싸우는 사람을 자주 접할수록 범죄두려움이 높아진다고 주장한다. 또한 무질서 이론은 거주지 주변의 환경이 버려진 차량, 쓰레기 투기, 벽면 낙서, 빈집 등 공간의 황폐한 모습을 지역 주민들이 자주 목격하게 되면 범죄두려움이 높아진다고 한다. 무질서가설의 대표적인 이론이 깨어진 창문이론이다(Kelling & Wilson, 1981). 깨어진 창문이론에 기초할 때, 무질서한 지역에서는 범죄가 빈발하고 결과적으로 범죄피해의 위험이 증가하기 때문에 범죄두려움 역시 증가한다(이성식 외 2인, 2012). 무질서가 만연한 지역에 거주하는 사람들은 공공장소를 덜 활용하고 지역주민들과 함께 지역의 무질서 문제에 적극적으로 개입하지 않게 되며 지역에 대한 애착이 감소하고 안전하지 않다고 인식하게 되어 범죄두려움을 더 많이 느끼게 된다고 한다(Katz et al., 2003). 많은 국내 연구들의 결과 무질서는 범죄두려움을 예측하는 가장 강력한 영향요인으로 파악된다(김주연 · 윤우석, 2019; 박정선·이성식, 2011; 이성식, 2000; 이성식 외 2인, 2012; 윤우석, 2015). 지역사회가 무질서 하면 지역주민들은 그 지역이 제대로 관리되고 보호받지 못하고 있다는 인식하여 불안하기 때문에 범죄두려움이 높아지는 것이다(Lewis & Salem, 1986). 지역이 무질서 한 곳에서는 침입절도, 강도, 그리고 폭력범죄 피해가능성이 높다고 한다(Meier & Miethe, 1993). 기존 대부분의 연구들은 무질서한 지역에 거주하거나 보행하는 사람들은 범죄두려움을 더 많이 느낀다고 사실을 강하게 지지하고 있다(Box et al., 1998; Convington & Taylor, 1991; Franklin et al., 2008; 강지현, 2019; 김주연 · 윤우석, 2019; 김준홍, 2010; 노성호, 2013; 노성훈, 2013; 박영주 · 윤우석, 2013; 박정선 · 이성식, 2010; 박철현, 2012; 이성식, 2003; 윤우석, 2015; 장안식, 2012; 정승민, 2011; 황의갑, 2009).

(4) 사회통합가설

사회통합가설은 범죄두려움을 예측하는 연구 가설들 중 가장 최근에 제안된 모델이다. 사회통합모델은 쇼와 맥케이의 고전적 사회해체이론으로부터 발전한 수정된 사회해체이론가들의 주장에서 기인하였다. 사회통합모델은 범죄두려움은 지역사회의 통합력 혹은 유대력의 약화와 관련된다고 설명한다. 사회가 해체된 지역에서는 지역사회의 결집력과 응집력이 약하고 지역사회의 사회통제력이 떨어지기 때문에 지역거주민들은 범죄피해를 당할 가능성이 높다고 인식하여 범죄두려움을 더 많이 느낀다고 한다(Rountree & Rand, 1996; Talyor & Hale, 1986;). 다른 한편으로 사회통합이 높을수록 주민들 간 소통이 원활하기 때문에 지역주민들은 지역의 범죄소식을 더 쉽게 접하게 되어 범죄두려움을 더 많이 느낀다는 간접피해가설 역시 주장되고 있다(Villarreal & Silva, 2006). 이와 더불어 지역사회의 응집력 보다는 지역사회의 집합적인 통제능력이 범죄두려움에 더 큰 영향을 미친다는 논의 역시 제시되고 있다. 특히 집합적 효능감 이론에 서는 지역사회의 응집력과 비공식적 사회통제가 결합된 집합적 효능감이 지역사회의 범죄문제의 원인으로 작용(Sampson et al., 1997; Sampson & Raudenbush, 1999)하고 지역주민들의 범죄두려움에도 영향을 미칠 것이라 가정된다. 집합적 효능감 이론은 지역사회의 집합적 효능감이 높을수록 지역의 범죄문제를 잘 통제하게 되며 범죄피해를 낮추고 무질서한 환경을 개선시킬 수 있으므로 범죄두려움 역시 낮출 수 있는 것으로 이해된다(Gibson et al., 2002; 이성식 외, 2012). 최근 많은 연구들이 집합적 효능감 혹은 비공식적 사회통제가 범죄두려움을 낮춘다는 결과를 보여주고 있다(강지현, 2019; 윤우석, 2015).

(5) 경찰활동가설

범죄두려움과 경찰활동에 관계를 설명하는 이론으로 경찰활동가설이 있다. 기존 범죄두려움과 경찰의 관계에 관한 연구들은 전통적인 경찰활동에서부터 지역사회경찰활동에 이르기까지 다양한 경찰활동들이 범죄두려움에 미치는 영향을 파악하고자 하였다. 초기 연구들은 경찰의 순찰활동이 시민들을 보호해주고 범죄와 무질서를 감소시켜줄 것이므로 범죄두려움을 감소시킬 것이라 기대했다. 이를 경찰가시성 가설(Police Visibility Hypothesis)이라 한다. 한편 혁신적 경찰활동을 대표하는 지역사회경찰활동이 경찰과의 시민들의 접촉 증가시키고 경찰과의 관계를 개선시켜 지역사회 문제에 협력하여 범죄두려움이 감소 될 것이라는 지역사회경찰활동 가설(Community Policing Hypothesis)이 있다(Skogan & Harnett, 1997; 박정선·이성식, 2010). 경찰가시성 가설과 지역사회경찰활동 가설은 부분적으로 범죄두려움을 감소시키는 것으로 파악되었다(Baumer, 1985; Moore & Trojanowicz, 1988; Pate, Wycoff, Skogan, & Sherman, 1986; Salmi, Gronroos, & Keskinen, 2004; Scheider, Rowell, & Bezdikian, 2003; 김준홍, 2010; 류준혁, 2012; 민휘경, 2013; 박정선·이성식, 2010; 이성식, 2000; 장안식, 2012; 정승민, 2007; 2011). 하지만 몇몇 연구들은 경찰활동이 범죄두려움에 영향이 없거나 혹은 범죄두려움을 증가시킨다는 기대치 않은 결과 역시 보고되고 있다(김준홍, 2010; 이명우·황진아·박한호, 2014; 장안식, 2012; 장안식·정혜원·박철현, 2011; 정승민, 2007; 2011; 차훈진·정우일, 2013; 황의갑, 2009; Hinkle & Weisburd, 2008; Krahn & Kennedy, 1985; Renauer, 2007; Rosenbaum, 2006; Scheider et al., 2004)시킨다는 기대치 않은 결과를 보여주었다. 이 같은 기대치 않은 결과 발생의 이유로 몇몇 학자들은 지역사회경찰활동이 경찰과 시민의 접촉을 증가시키지만 오히려 범죄정보를 시민들과 공유하는 것이 범죄두려움을 야기한다는 설명이 있다(Villarreal & Silva, 2006). 또한 몇몇 연구들은 경찰의 가시적 순찰활동 증대가 우범지역이라는 지역 낙인(Stigma)을 야기하는 문제점도 제기된다(Rosenbuam, 2006).

경찰의 범죄두려움 감소 활동은 초기에 차량순찰, 신속출동, 범죄수사와 같은 전통적인 경찰활동을 통해 범죄두려움을 감소시킬 수 있을 것이라는 기대였다. 하지만 전통적 경찰활동의 기대가 현실이 되기 위해서는 경찰활동이 범죄를 일차적으로 감소시켜야만 한다. 하지만 많은 연구들이 전통적인 경찰활동은 범죄를 억제할 수 없으므로 범죄두려움 역시 감소시키기 어려울 것이라 말한다(Moore & Trojanowicz, 1988). 이에 1980년 새롭게 제시된 혁신적 경찰활동은 범죄두려움 감소에 상당한 효과가 있는 것으로 나타났다. 대표적으로 지역사회경찰활동에 기초한 경찰순찰 실험연구들(뉴왁(Newark), 플린트(Flint), 휴스턴(Houston))은 범죄두려움 감소효과를 보여주었다(Moore & Trojanowicz, 1988; Pate et al., 1986; Weisburd & Eck, 2004). 특히 경찰과 시민들 간의 파트너쉽, 도보순찰, 경찰지역협의회, 경찰방문 및 접촉은 상당히 범죄두려움을 감소시키는데 효과가 있는 것으로 나타났다(Pate et al., 1986; Reisig & Parks, 2004; Roh & Oliver, 2005; Scheider et al., 2003). 문제지향적 경찰활동 역시 직접적인 범죄억제효과를 통해 범죄두려움 감소효과를 보여주었다(Cordner, 1986; 2010; Kenney & Watson, 1998; Mazerolle, Soole, & Rombouts, 2007). 자호와 그의 동료들(Zhao, Scheider, & Thurman, 2002)은 경찰활동과 범죄두려움에 관한 연구들을 종합적으로 분석한 결과 지역사회경찰활동과 같은 혁신적인 경찰활동들이 대부분 범죄두려움을 감소시키는데 성공적인 것으로 나타났다(74%). 국내 연구들 역시 지역사회경찰활동의 범죄두려움 감소효과를 보고하고 있다(박정선·이성식, 2010; 이성식, 2000; 정승민, 2007).

하지만 경찰활동이 범죄두려움을 성공적으로 감소시키기만 하는 것은 아니다. 많은 연구들이 경찰활동이 오히려 범죄두려움을 증가시킬 수 도 있다는 결과를 보여주었다(Krahn & Kennedy, 1985; Renauer, 2007; Rosenbaum, 2006; Scheider et al., 2004). 무질서 해소를 위해 도입된 깨어진 창문이론은 경찰의 군대식 순찰 및 법집행(Military Style of Policing)을 강화하는 경찰활동 도입을 이끌었다. 경찰의 무관용 원칙(Zero Tolerance Policing)은 오히려 지역사회를 불안하게 만들었다(Hinkle & Weisburd, 2008; Kraska & Kappeler, 1997).

기존 경찰가시성 모델과 지역사회경찰활동 모델을 평가한 연구들은 경찰가시성은 순찰차 혹은 도보순찰의 빈번함 정도나 지역사회경찰활동에 대한 인식이나 인지도로 측정하였다(Salmi et al., 2004; 류준혁, 2012; 박정선·이성식, 2010; 민휘경, 2013; 이성식, 2000; 정승민, 2007). 혹은 경찰활동에 대한 지역주민들의 주관적인 평가(신뢰도, 만족도 등)를 측정하여 경찰활동을 파악하고자 하였다(장안식, 2012; 장안식 외 2인, 2011). 최근에는 시민들이 인식하고 있는 경찰의 역할(범죄예방 혹은 범죄대응)에 따라 범죄두려움과 관련이 있다는 논의가 제시되었다. 즉 경찰역할인식에 있어 개인간 차이에 따른 범죄두려움에 차이가 존재 할 수 있다는 것이다. 경찰이 야간에 순찰을 돌 때 이를 지켜본 시민들은 이 같은 경찰활동을 어떻게 생각할까? 범죄가 발생해서 출동하는 것이라 인식할까? 아니면 범죄예방을 위한 사전적인 예방활동일까? 범죄출동이라면 시민들은 아마도 범죄가 발생했다는 생각에 두려움이 생길지도 모른다.

사실상 일상적으로 우리가 접하는 경찰활동은 도보순찰이나 차량순찰이 대부분인데 경찰의 역할이 범죄 진압이나 대응이라 인식하는 사람들은 경찰활동을 볼 때마다 범죄가 발생하였거나 발생가능성이 높다는 신호로 이해할 것이다(윤우석, 2015). 이 경우 경찰에 대한 만족도나 경찰가시성과는 상관없이 범죄대응적이라는 경찰역할인식이 범죄두려움에 영향을 미칠 가능성이 더 클 것이다. 다시 말해 어떤 사람은 경찰의 역할이 범죄예방이나 어려움에 처한 사람을 돕는 것이라 이해할 수 있지만 또 다른 사람들은 무슨 위험하거나 나쁜 일이 발생해서 경찰이 출동한 것이라 이해할 수 있기 때문이다. 이에 경찰역할에 대한 인식과 범죄두려움의 관계를 파악한 결과 경찰역할에 대한 인식이 범죄두려움과 상당한 관련성이 있는 것으로 나타났다. 윤우석(2015)은 시민들이 경찰의 역할을 범죄 통제적으로 인식할수록 가족과 본인의 범죄두려움에 증가시키는 것으로 나타났다. 또한 경찰활동에 만족스럽다는 인식이 높을수록 범죄두려움은 감소하는 것으로 나타났다. 이 연구는 기존 범죄두려움과 경찰활동의 관계에 관한 논의가 왜 결론에 도달하지 못했는지에 대한 일부 해답을 제공하는 연구라 할 것이다.

공간과 정신건강

제1절 개관

범죄예방 연구들은 그 연구영역을 점차 확대하고 있는 추세이다. 기존 범죄예방 연구에서는 지역사회의 붕괴로 인해 유발되는 범죄, 무질서, 범죄피해, 비행, 범죄두려움과 같은 범죄중심적인 이슈들에 집중되었다. 최근에는 몇몇 학자들은 지역사회의 생태학적 특성이 지역 거주민들의 신체 및 정신건강과 같은 새로운 영역에까지 영향을 미칠 수 있다고 제안한다(Cutrona, Wallace, & Wesner, 2006; Ross, 2000; Rose & Mirowsky, 2001; Sampson, Morenoff, & Gannon-Rowley, 2002:459). 이 책에서 범죄예방의 정의는 지역주민들의 삶의 질을 해치는 범죄 및 그와 유사한 행동과 그 결과물에 대한 예방적 대응이라 하였다. 기존 범죄학 및 경찰학에 관심이 있는 독자라면 범죄예방이라는 주제에서 지역주민들의 정신건강 문제까지 고려해야 되는가?라고 의문을 제기할 수도 있을 것이다.

다음과 같은 이유에서 지역과 범죄예방의 논의에 거주민들의 정신건강 이슈까지 고려되어야 하는 필요성을 설명하지 않을 수 없다. 첫째, 정신건강은 인간적인 삶의 가장 기본적인 조건이므로 삶을 영위하고 있는 공간이 개인의 정신병이나 정신적인 제약을 유발한다면 이는 마땅히 해결해야 할 중요한 사회적 문제가 된다. 개개인은 신체적 그리고 정신적으로 행복한 삶을 영위할 수 있는 기본적인 권리를 가지고 있다. 지역이 개인의 정신적 건강을 해칠 가능성이 있다면 이는 필요불가결하게 지역과 범죄예방 논의에서 다루어져야 한다.

둘째, 정신건강문제는 많은 연구들에서 범죄행위의 원인 및 재범을 초래하는 것으로 알려지고 있다. 반드시 정신건강이 범죄를 유발하는 것이 아니지만 최소한 위험요소인 것은 사실이다. 편집증적 정신분열증, 편집증, 해리성정체감장애, 우울감, 분노조절장애, ADHD, 반사회적 성격장애 등과 같은 정신적인 질환은 범죄 등 문제행동(Conduct Disorder)을 유발하는 것으로 알려져 있다. 정신장애로 인해 수형되는 재소자의 숫자는 매년 증가하다 2017년에 정점을 찍고 일부 감소하는 것으로 보인다. 경찰청 통계연보 2019년에 따르면 정신장애범죄자 수는 2012년 5,378명, 2013년 5,937명, 2016년

8,343명, 2017년 9,027명, 2018년 7,244명, 2019년 7,763명으로 나타났다(경찰청 통계연보, 2020). 실제 정신장애자가 저지르는 범죄(경찰통계연보, 2020)는 전체 범죄 중 낮은 편으로 2012년에 0.3%, 2014년에 0.4%, 2015년에 0.4%, 2016년에 0.4%, 2017년에 0.5%, 2018년 0.5%, 2019년 0.5%로 나타났다. 정신장애를 앓고 있는 범죄자에 의 해 발생한 범죄가 전체 범죄에서 차지하는 비율은 거의 일정수준을 유지하고 있으며 그 수치 또한 낮은 편이다. 그럼에도 불구하고 수형자 중 정신장애자 비율이 일반인 대비 상당히 높은 것으로 나타났다. 또한 정신장애를 앓고 있는 범죄자는 실업 등을 경험할 가능성이 높고 이로 인해 범죄가담 시 구금될 가능성이 높다(Gross & Morgan, 2013). 심각한 정신장애를 가진 재소자는 출소 후 평균 385일 내에 재범으로 다시 구금되는 것으로 나타나 정신장애가 없는 재소자의 평균 743일에 비해 보다 빨리 재범을 저지르는 것으로 나타났다(Cloyes, Wong, Latimer, & Abarca, 2010). 정신장애 범죄자는 보호관찰 취소율도 일반 범죄자보다 높았다(Morrissey, Domino & Cuddeback, 2016). 다만 정신장애자가 일반 범죄자 보다 반듯이 재범율이 높다는 결론에는 도달하기 어렵다. 스미스(Smith)와 트림볼리(Trimboli)의 연구 결과 재범으로 재구금된 수형자의 51%는 실제 정신장애가 없는 사람들이었다(Smith & Trimboli, 2010). 또한 정신건강 문제를 가지고 있는 수형자는 심각한 부상, 폭력, 자해, 자살 등의 문제행동을 할 가능성이 높다고 한다(Fazel, Hayes, Bartellas, Clerici, & Trestman, 2016).

셋째, 범죄학 연구에서 소외된 연구영역 중 하나인 자살문제이다. 특히 정신적인 문제는 자살과 같은 일탈적 행위를 유발할 수 있으므로 범죄예방의 관점에서 다루어져야 한다. 많은 정신의학 연구들이 우울감과 같은 정신건강의 문제가 자살을 유발한다는 결과를 보여주고 있다. 국내에서도 매년 13,000명 이상의 시민들이 자살로 생을 마감하고 있다. 10대, 20대, 30대 사망원인 1위가 자살이며 OECD국가 중 한국의 자살율은 2위이다.

마지막으로 범죄예방의 궁극적인 목적은 시민의 안전하고 평온한 삶의 영위에 있으므로 범죄로 인한 불편한 혹은 불안정한 삶은 해소되어야 할 문제이다. 특히 범죄두려움과 같은 감정적인 문제는 시민들을 정상적인 삶을 영위하는 것을 방해한다. 하물며 우울감, 좌절감, 무기력함 등 범죄 등의 문제로 인해 발생하게 되는 부정적 감정은 최우선적으로 해결되어야 할 중요한 이슈이다. 이상과 같은 이유에서 지역과 범죄예방의 논의에서 시민들의 정신건강문제를 다루지 않을 수 없다.

정신건강문제에 대해 사회통제론적 접근법과 상황적 범죄예방론의 시각은 다른 방안을 제시한다. 사회통제론적 접근법은 지역에 거주하는 사람들이 지역사회에서 직면하게 되는 생활상의 다양한 문제(무질서, 범죄, 비행 등)로 인해 지역사회의 통제능력의 약화를 인식하고 무기력감과 우울감을 느끼게 되며 이는 결과적으로 자살 혹은 범죄문제로 연결된다고 설명한다. 이에 지역사회의 사회문제 원인과 사회문제를 해소함으로써 시민의 정신건강문제를 해결하고자 한다. 한편 상황적 범죄예방론의 관점에서 정신건강문제 혹은 정신건강문제로 인해 발생 가능한 결과(자살 등)를 유발하는 것으로 고려되는 상황적 조건을 개선시킴으로써 이 문제를 해결하고자 한다. 책에서는 지역이 어떻게 시민의 정신건강에 영향을 미치며 어떤 정신건강문제가 생겨나는지 파악하고자 한다. 특히 우울감과 자살행동을 중심으로 논의하고자 한다.

제2절 지역사회와 정신건강

1. 정신건강문제(Mental Health Problem)의 정의와 실태

정신건강(Mental Health)은 정신의 안녕(Mental Welling-being)을 의미한다. 따라서 정신건강 문제는 정신의 정상적인 기능이 제대로 작동하지 않으며 안녕의 상태를 유지하지 못한다는 의미이다. 정신건강에 문제가 있는 범죄자를 우리는 정신장애 범죄라라 한다. 정신장애(Mental Disorder)는 형사사법과 민법에서 행위자의 행위능력에 집중하고자 하는 용어이며 의료적인 접근인 정신질환(Mental Illness)은 행위자를 환자로 인식하고자 하는 것이기에 차이점이 존재한다. 정신장애 범죄자는 정신장애를 가지고 심각한 범죄행동을 한 사람을 의미하며 정신장애로 인해 사물의 분별력과 행위통제능력이 현저히 떨어져서 범죄를 저지르게 된 경우 형법상의 책임을 회피할 수 있는 조건이 되기도 한다. 정신건강문제가 반듯이 정신장애 범죄자로 귀결되는 것은 아니다. 대부분의 정신건강에 문제를 겪는 사람들은 정신과적 치료나 상담을 통해 치료 및 개선이 가능하다. 다만 여기서 간과해서는 안 되는 것은 정신건강문제의 원인이다. 정신건강문제의 원인이 해결되지 않은 상태에서 정신건강문제를 약물이나 상담을 통해 치료하였다 할지라도 다시금 발병할 가능성이 높기 때문이다. 가정, 친구, 직장 등 개인이 속해 있는 사회집단에서 겪게 되는 다양한 어려움은 정신적인 문제를 야기할 수 있다. 이 문제로 인해 정신건강에 문제가 발생하게 되면 치료할 수는 있을지라도 그 집단으로 다시금 돌아가게 된다면 정신건강 문제는 다시금 재발 할 가능성이 높다. 이와 같은 맥락에서 자신이 거주하는 지역의 문제로 인해 정신건강에 문제가 발생하였다면 그 지역사회의 문제를 먼저 해소하는 것이 중요하다. 특히 구조적으로 지역사회의 문제가 거주민들의 정신건강을 해치고 있다면 이는 개인의 문제가 아닌 사회의 문제이므로 사회정책적인 접근이 필요하다.

보건복지부는 내국인의 정신질환실태(보건복지부, 2018)를 2001년부터 5년 주기로 조사하고 있다. 가장 최근 조사는 2016년 조사로 5,102명의 만 18세 이상 국민을 대상으로 조사가 이루어졌다. 알코올과 니코틴 사용 장애를 제외한 전체 정신질환(조현병, 불안장애, 기분장애) 평생 유병률은 13.2%로 나타났으며 여성이 17.2%인 반면 남성은 9.1%로 나타났다. 정신질환 중 평생 유병률이 가장 높은 것은 불안장애 9.3%였으며 기분장애 5.3%, 조현병 스펙트럼장애 0.5% 등으로 나타났다. 일년 간 유병률을 계산 한 결과 니코틴과 알코올 사용장애를 제외한 정신질환의 연간 유병률은 7.2%였으며 남성은 5%, 여성은 9.5%로 나타났다. 일년 간 유병률에 기초하여 환자숫자를 추정한 결과 모든 정신장애에서는 470만 명(니코틴 및 알코올 장애를 제외하면 287만 명)이 정신장애로 고통 받는 것으로 나타나 정신건강이 심각한 사회적 문제임을 보여주었다.

2. 정신건강문제의 공간적 원인

1) 주거환경과 건강

공간이 거주민의 건강에 영향을 미치는가?라는 질문에 기존 많은 연구자들의 결론은 '그렇다'이다. 이어서 공간이 거주민의 건강 중 어디에 영향을 미치는가?라는 연속된 질문을 할 수 있을 것이다. 이 질문에 대해 기존 연구자들은 거주민의 신체적 건강(Physical Health)과 정신적 건강(Mental Health) 모두에 영향을 준다라고 응답할 것이다. 그렇다면 어떤 공간적 특성이 거주민의 신체적 그리고 정신적 건강에 영향을 미치는가?라는 질문을 한다면 아마도 거의 모든 지역의 구조적 특성, 기능적 특성, 그리고 지역의 사회문제(범죄, 무질서, 범죄두려움 등)가 영향을 미친다고 연구자들이 말할 것이다.

왜 거주공간의 모든 특성이 거주민의 건강과 직결되는가? 아마도 거주공간은 우리가 일상을 살고 있으며 가장 밀접하게 우리의 삶에 영향을 미치는 환경이기 때문일 것이다. 범죄문제와 마찬가지로 우리가 삶의 영위하는 거주 공간 즉, 지역사회는 우리 삶의 질과 활동성을 결정하는 결정요인이다. 쾌적하고 깨끗하며 친절한 이웃과 잘 가꾸어진 자신의 집에서 거주하는 사람이라면 거주공간에서 심리적 안정감을 느끼고 지역주민들과의 잦은 교류 및 레저 활동으로 건강한 외부활동 역시 증가할 것이다. 이에 반해 가난하고 힘겨운 삶을 살아가는 사람들은 낙후된 주거환경과 이웃 간의 불신 그리고 잦은 범죄와 무질서 환경에의 노출로 두려움과 무기력감을 느낄 가능성이 높고 있는 심리적 건강 악화와 동시에 신체적 외부활동의 자제와 비위생적인 환경으로 인한 신체적 건강 악화를 경험하게 될 것이다(Ross, 2000; Ross & Mirowsky, 2001; Ross et al., 2000). 신체적 활동 저하 및 비위생적 환경에의 생활은 개인의 면역력 감소 등으로 잦은 질병에 고통 받을 가능성이 높다. 질병으로 인한 병원비 지출 증가와 근로활동 감소는 실직 등 경제적 빈곤문제를 야기할 것이며 결과적으로 이상적이지 않은 주거환경을 벗어날 수 없고 다시금 신체적 그리고 정신적 건강의 약화가 반복되는 패턴에 놓이게 될 것이다. 사회경제적인 집중된 불이익을 경험하는 지역사회에 거주하는 사람들은 경제적 어려움과 동시에 지역사회에 만연해 있는 무질서 및 범죄로 인한 심리적 두려움을 겪을 것이며 자신 스스로 이 환경을 개선시키거나 혹은 벗어날 수 없다는 무기력함과 좌절감을 경험할 것이다. 이는 개개인의 정신건강의 악화를 초래하게 되며 갖은 정신적 문제를 경험하게 될 것이다. 우울증과 같은 기분장애를 경험하는 사람들은 자살생각, 자살시도, 그리고 자살을 저지를 가능성이 높기 때문에 그 지역에서는 불행한 경험이 더 빈번하게 발생하는 악순환을 겪게 되는 것이다(Ross et al., 2000). 아래 그림은 로스와 미로스키가 2001년에 발표한 논문에서 제시된 주거환경과 건강모델이다. 이 모델에서는 주거환경이 무질서를 야기하고 무질서로 인한 두려움이 걷기 등 신체적 활동을 약화시키고 생리적 시스템의 약화를 유발하여 심장병 등 건강을 해친다고 설명한다.

로스와 미로스키(2001)의 주거환경과 건강모델

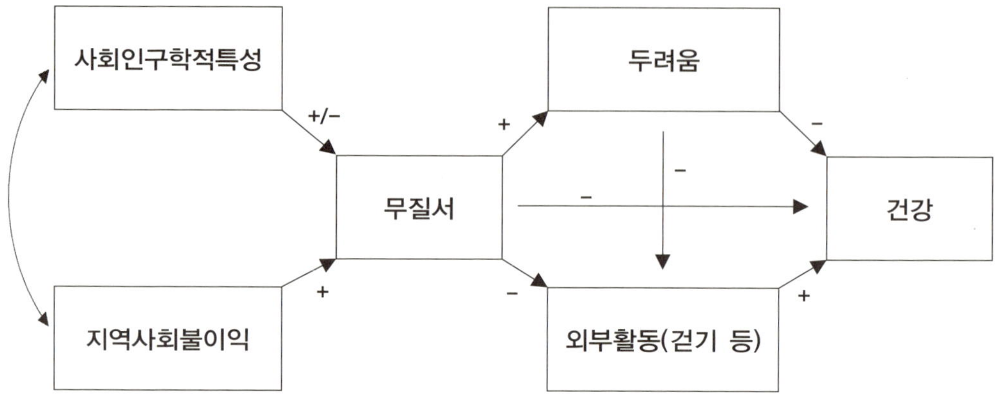

출처: Ross, C. & Mirowsky, J. (2001).Neighborhood disadvantage, disorder, and health. Journal of Health and Social Behavior, 42(3). p.262.

2) 지역사회의 집중된 불이익과 주거안정성의 영향

(1) 거주지의 집중된 불이익과 정신건강

지역사회와 정신건강문제의 관계에 대한 기존 연구는 아직까지 시작단계이다. 실제 지역사회와 건강에 대한 연구는 최근 20년래에 이루어진 연구가 대부분이다(Ross, 2000). 국내외 연구들은 지역사회의 다양한 사회경제적 특성과 인구학적 특성이 지역주민들의 신체·정신적 건강에 영향을 미칠 수 있다고 설명한다(Ross & Mirowsky, 2001; Ross et al., 2000).

지역사회라는 공간은 사회적 공간으로 지역주민들이 삶을 영위하는 물리적이면서도 인적교류와 내외부적 자원이 교환되는 장소이다(Bursik & Grasmick, 1993). 지역사회는 그 지역을 구성하는 거주민들의 사회경제적 지위와 인종에 의해 낙후된 지역과 부유한 지역으로 구분된다. 낙후된 지역이란 다른 말로 사회적 불이익이 집중된 지역이라 표현된다. 앞에서도 살펴보았지만 집중된 불이익을 겪는 지역사회의 경제적으로 하층민들이 많이 거주하며 경제적 자원과 사회적 자원이 부족한 공간이다. 경제적 자원의 부족은 일자리 등 경제적 이익을 창출할 수 있는 기회가 부족하다는 의미이며 사회적 자원의 부족은 병원, 학교, 교통, 편의시설 등 삶을 영위하는데 필요한 자원의 부족을 의미한다.

빈곤, 실업, 낮은 교육수준, 가족의 붕괴, 한 부모 가정 및 자녀, 소수인종 거주, 세입자 등 집중된 불이익을 겪는 지역사회는 다양한 사회경제적 불이익에 노출 될 수밖에 없는 거주환경을 제공한다. 한편 부유한 지역에서는 교육수준이 높고 안정된 직장을 가지고 이혼율이 낮고 백인 등 주류 인종으로 구성된 거주민들이 자신의 집에서 거주하는 경우가 많다. 따라서 부유한 지역에 거주하는 사람들은 거주민들 간의 교류가 활성화 되어 있고 지역사회의 현안에 대해 거주민들 간의 의사소통이 원활하고 문제해결을 위한 집단적 노력을 많이 하기 때문에 범죄, 무질서, 비행 등 사회문제 발생가능성이 낮아진다. 이에 비해 집중된 불이익을 겪는 지역사회는 경제성이 부족하기 때문에 외부자본이 투자되기 어려워 생활편의시설과 문화시설(마트, 극장, 병원 등)이 제대로 갖춰지지 않고 낮은 임대료로 인해 집주인이나 상가주인들이 건물에 대한 재투자를 망설이게 되어 더욱 낙후된 환경을 양산한다. 한편 교육수준이 높고 부유한 가정(자가소유 비율 높음)이 많은 지역에서는 외부로부터 기술, 직업, 기회, 연줄을 가진 사람들이 거주하는 환경을 조성하게 되며 지역사회의 거주환경을 쾌적하게 하고 보존할 수 있는 능력을 갖추게 된다(Ross, 2000; 윤우석, 2014:121 재인용). 지역사회의 집중된 불이익은 결과적으로 지역사회 구성원들이 일상적으로 겪게 되는 주거환경의 낙후함과 그 환경에 의해 조성되는 고립된 분위기를 경험하게 만든다. 가난을 벗어날 수 없다는 절망감, 좌절감, 우울함, 무기력함과 같은 부정적 감정이 자연스럽게 생겨날 수밖에 없는 현실인 것이다.

(2) 거주지의 주거안정성과 정신건강

지역사회의 주거안정성 역시 지역주민들의 정신건강에 영향을 미치는 것으로 이해된다. 지역사회의 주거안정성은 오랜 기간 그 지역에 거주하는 주민들이 많다는 의미이다. 즉, 인구이동이 심하지 않는 거주환경을 의미한다. 주거안정성이 거주민들의 정신건강에 미치는 영향을 파악하기 위해서는 지역사회의 집중된 불이익과의 상호작용효과 역시 고려되어야 한다. 기존 주거안정성과 정신건강의 관계에 관한 논의는 범죄학의 사회통제론적 시각과 하위문화이론의 시각이 제안되었다.

① 지역사회 응집모델(Community Cohesiveness Model)

사회통제론적 시각에서 제안되는 모델로 사회응집모델(Social Cohesiveness Perspective)이 있다(Ross et al., 2000). 사회응집모델은 지역사회의 주거안정성은 지역주민들의 삶의 질을 향상시키는 지역사회의 구조적 특성으로 이해한다. 기존 수정된 사회해체이론의 논의들은 지역사회의 주거안정성이 지역에 대한 애착, 지역주민들 간의 인적네트워크, 지역사회조직 참여, 지역의 응집력, 그리고 지역사회의 비공식적 사회통제를 강화시키는 중요한 구조적 요소로 이해했다. 지역 거주민들이 오랜 기간 그 지역에 거주할수록 지역주민들 간의 인지도(Acquaintance)가 높아지므로 지역주민들 간의 교류와 친구관계가 향상되어 지역사회 통합이 강화될 것이라는 기대이다. 지역사회의 통합 증대는 지역주민들 간의 신뢰, 믿음, 가치의 공유 등 다양한 긍정적 효과가 기대된다. 또한 지역사회의 사회문제를 지역주민들이 스스로 해결할 수 있는 비공식적 사회통제력 혹은 집합적 효능감 증대가 기대된다(Sampson et al., 1997). 한편 지역사회가 인구이동이 잦은 지역에서는 익명성 증대로 인해 지역주민들 간의 교류가 빈번하지 않고 지역주민들 간의 신뢰형성과 사회적 가치의 공유가 어렵게 된다. 이는 결과적으로 지역사회 문제 해결능력의 약화를 초래하게 된다. 특히 지역사회 주거안정성은 지역의 범죄 및 범죄피해와 부적 관련성을 보이는 것으로 나타나 지역사회 응집모델을 지지하는 결과를 보여주었다(Belliar, 1997; Crutchfield et al., 1982; Rountree & Warner, 1999; Hagan et al., 1978).

지역사회응집 모델의 긍정적인 기대에도 불구하고 지역안정성은 지역사회의 사회경제적 지위에 따라 차별적으로 영향을 미친다는 결과가 제기되면서 기존 지역사회응집 모델을 조건적 응집모델(Conditioanl Cohesiveness Model)로 수정하려는 논의가 제기되었다. 스미스(Smith)와 자로라(Jarjoura)의 연구(Smith & Jarjoura, 1988)에 의하면 지역사회의 주거안정성이 범죄에 미치는 영향은 부유한 지역 보다는 가난한 지역에서 더 많은 것으로 나타났다. 부유한 지역에서 주거안정성은 범죄에 미치는 영향이 거의 없었으나 가난한 지역에서는 주거안정성이 강도피해와 폭행피해를 감소시키는 것으로 나타났다(Smith & Jarjoura, 1988). 즉, 주거안정성은 가난한 지역의 범죄를 막는데 도움이 되는 지역사회 구조적 특성인 것이다. 따라서 지역사회응집모델에 기초할 때 주거가 안정된 지역은 범죄와 같은 사회문제를 덜 느끼게 되고 지역주민들 간의 교류가 원활하게 이루어지기 때문에 지역주민들은 보다 심리적으로 안정적인 삶을 영위할 수 있을 것이라 기대된다.

② 지역사회 고립모델(Community Isolation Model)

지역사회고립모델은 지역의 사회경제적 지위와 거주안정성 간의 상호작용효과를 가장 잘 드러내는 논의이다. 지역사회 고립모델은 가난한 지역의 거주민들은 주거지에서 오랫동안 거주하고 있을 가능성이 높다는 의견을 제시한다. 기존 사회해체이론의 시각과는 다소 차이가 있으나 현실적인 의견이기도 하다. 사회해체이론은 도시의 발전과정에서 도심 주변의 점이지대는 주거비가 싸기 때문에 이민자와 이주자가 많이 모이는 장소라 가정하였다. 하지만 많은 도시에서 도심지 주변 점이지대는 흑인이나 소수인종이 밀집하여 거주하는 다소 슬럼화 된 지역이 많다는 점에서 지역사회 고립모델이 현실이 보다 잘 반영한 것인지도 모른다. 도시의 게토(Ghetto)[10] 혹은 슬럼(Slum)은 주로 빈곤 등 집중된 불이익을 겪는 지역이면서 동시에 거주민들은 세대를 거쳐 그 지역에 거주하는 경우가 많다. 밀러의 하위문화계층이론에서 조명되는 지역이 대표적이라 할 것이다. 집중된 불이익을 겪는 지역은 지역사회의 자발적인 사회통제능력이 약함과 동시에 경찰의 관심 역시 덜 받는 지역이다. 결과적으로 이 지역에서는 범죄가 집중되고 무질서한 환경이 심화되어 거주환경이 매우 나쁜 상황임에도 불구하고 그곳에 남아 있는 주민들은 더 나은 주거지로 이주하지 못하는 사람들일 것이다.

현실의 어려움을 운명으로 받아들이고 자신을 드러내기 위해 비행하위문화를 흡수하는 전형적인 하위문화가 만연한 공간이 되는 것이다. 집중된 불이익을 경험하면서 동시에 주거가 안정된 지역의 주민들은 자기를 스스로 사회문제를 해결하려 하기 보다는 현실을 분노하고 좌절하며 고립되어 있다는 인식을 가질 가능성이 높다(Anderson, 1992). 자신들이 선택하여 그 지역에 거주하는 것이 아니라 다른 대안이 없는 현실에 절망하는 것이다(Warner & Pierce, 1993). 비록 오랜 기간 지역에 거주하게 되면 지역사회의 인적 네트워크가 형성되어 지역주민들 간의 친분이 쌓일 것이다. 하지만 수정된 사회해체이론의 논의에서 볼 때 단순히 지역주민들 간의 교류 자체로는 지역사회의 사회문제를 해결할 수 없다. 이 같은 교류가 지역사회를 응집하게 만들고 지역주민 스스로 지역사회문제를 집합적으로 해결할 수 있는 능력까지 갖추어야 지역사회가 안전해 진다(Morenoff et al., 2001; Pattillo, 1998; Sampson et al., 1997; Warner & Rountree, 1997). 결국 가난하면서 범죄 등의 사회문제가 많은 지역에 오래도록 거주하게 되는 지역주민들은 그 지역에서 갇혀버린 꼴이 되며 도저히 벗어날 수 없다는 무기력감으로 인해 심리적인 어려움을 겪을 수밖에 없다는 것이다(Ross et al., 2000; Unger, Wandersman, & Hallman, 1992). 기존 연구의 결과 지역사회 고립모델은 보스톤과 시애틀에서 모두 지지받는 결과를 보여주었다. 즉, 가난하면서 주거가 안정된 지역일수록 더욱 더 범죄문제가 심각하게 발생하는 것으로 나타났다(Warner & Pierce,

10) 과거 유럽에서는 중세 이후 유대인들을 강제로 수용하는 유대인 밀집지역을 게토라 불렀음.

1993; Warner & Rountree, 1997).

3) 지역사회 해체 징후와 정신건강

공간과 정신건강문제의 관계에 있어서 지역사회의 집중된 불이익과 주거안정성의 직접적인 영향도 고려되지만 이들 구조적 특성들이 지역사회의 응집력, 비공식적 사회통제, 집합적 효능감, 무질서 등과 같은 보다 정신건강과 직접적으로 관계 될 것으로 보이는 요인들을 통해 정신건강문제를 야기할 수 있다는 논의 역시 제시되고 있다. 가난하기 때문에 우울하고 무기력하다는 단편적인 논리 구조 보다는 집중된 불이익을 겪는 지역사회에는 사회 응집력과 비공식적 사회통제 약해 지역무질서가 만연하고 일상적인 생활 속에서 무질서한 환경에 노출되는 삶으로 인해 정신건강에 부정적 영향을 받을 것이라는 설명이다. 사회통제론적 시각에서 지역사회가 해체 된 징후는 지역사회가 와해되고 지역사회의 집합적 사회통제능력이 약하며 이로 인해 지역사회의 무질서 한 환경이 많이 인지되는 것을 의미한다(윤우석, 2014). 비록 무질서는 사회해체의 결과물로 이해되지만 지역사회가 해체 된 상징의 역할도 하는 것으로 이해된다(Hunter, 1985; Sampson et al., 2002). 따라서 지역사회가 해체 되었다는 인식을 심어주는 사회해체의 징후들은 지역주민들의 정신건강에 악영향을 미칠 것이라 가정된다. 실제 기존 많은 연구들은 무질서가 지역사회의 해체로써 지역주민들에게 우울감, 무기력감, 좌절감, 걱정 등 부정적인 심리적 영향을 미친다고 한다. 다만 지역사회의 응집력이나 비공식적 사회통제 혹은 집합적 효능감이 지역주민들의 정신건강에 미치는 영향에 대한 연구는 많지 않은 실정이다.

(1) 사회응집력과 정신건강

지역사회의 응집력은 지역주민들 간에 서로 신뢰하고 친사회적인 가치를 공유하며 서로 간에 어려움을 돕는 등 결집력을 의미한다. 지역사회가 응집할수록 지역주민들은 지역사회의 문제를 서로 의논하고 문제해결을 위한 노력으로 이어질 가능성이 높기 때문에 지역사회의 다양한 문제들에 잘 대응할 수 있을 것이라 기대된다.

님비현상(Nimby: Not in My Backyard)이라는 말이 현대 사회에서 많이 사용된다. 님비현상은 사회공공에 꼭 필요한 시설(발전소, 쓰레기 매립장, 화장장, 교도소 등)이라 인정하지만 자신의 거주지 주변에 이 같은 시설이 들어오는 것을 반대하는 지역이

기주의를 뜻한다. 거주지의 집값과 땅값을 올릴 것으로 기대되는 백화점, 쇼핑센터, 지하철 등이 자신의 지역에 입주하는 것은 반기면서 이에 반하는 시설들은 반대하는 이기주의적 대응이라 생각할 수 있다. 하지만 님비현상은 인간본성에 기초할 때 너무나도 당연한 반응이기에 무조건적으로 비난할 수도 없다. 다른 예로 한국사회는 고령인구의 증가와 신생아 출산율 감소로 경제활동인구감소와 노인부양비 증가가 너무나도 명확하게 예측되고 있는 실정이다. 이 상황에서 노인빈곤 및 부양문제 해결을 위해서는 막대한 정부지출이 필요하고 이를 성취하기 위해서는 근로자 개개인의 소득에서 상당히 많은 부분을 세금으로 납부해야만 한다. 비록 많은 사람들은 국가재정지출 확대를 통해 복지예산을 집행해야 한다고 북유럽 방식의 '요람에서 무덤까지'를 찬성하면서도 당장 자신의 소득에서 세금을 2배 올려야 한다는 현실을 직시한다면 세금인상을 반대할 것이다. 즉, 사회적 합의와 공감대의 형성 없이는 복지국가로 갈 수 없는 것이다. 전 세계에서 한국만큼 뛰어난 건강보험과 국민연금 시스템을 갖춘 나라가 많지 않다고 한다. 미국에서는 손가락이 절단 된 사고를 당한 사람이 수술비가 없어서 손가락 2개 중 1개만 접합수술을 받았다는 뉴스가 몇 년 전에 나왔을 정도로 의료비가 비싸다. 이에 비해 한국은 웬만한 큰 수술이나 검사가 아니라면 10만원을 넘는 의료비를 낼 일이 거의 없다. 가끔 약국에서 감기약 3일치를 1,000원에 구입 할 정도로 건강보험이 잘 갖추어져 있다. 하지만 이 시스템이 그대로 유지되기 위해서는 더 많은 의료 보험비를 내야 된다. 그렇지 않으면 곧 보험재정은 고갈될 것이다.

이 같은 사회적 합의가 필요한 일들이 바로 지역사회에서도 자주 발생한다. 지역사회 응집력이 강한 곳에서는 지역사회의 집단적 노력이 필요한 일이나 지역사회가 전통적으로 가치 있다고 생각하는 행동에 지역주민들이 동참하기를 기대한다. 지역의 청소년이 지역사회의 가치를 해치는 행위를 한다면 지역의 모든 구성원들이 이를 용납하지 않을 것이다. 또한 지역사회가 응집되어 있을수록 지역주민들 간의 교류나 지역사회 조직 참여, 지역사회에 대한 애착, 그리고 지역사회에 대한 소속감과 책임감이 강할 것이기에 지역주민들의 어려움을 도울 인적 사회적 자본이 많은 지역이 된다. 이에 반해 지역사회 응집력이 약한 지역에서는 지역주민들 간의 교류도 많지 않고 지역사회에 대한 불신과 불만 그리고 익명성에 기초한 고립감과 외로움이 많을 것이라 가정된다(전신현, 2003; Cutrona et al., 2006). 따라서 지역사회 응집력의 정도는 지역주민들의 정신건강문제에 직접적인 영향을 미칠 것으로 이해된다.

(2) 지역사회의 사회통제력과 정신건강

지역사회가 유대감 있게 잘 응집되어 있는 곳에서는 지역 주민들이 서로 잘 알고 지내며 교류가 활발 할 것이라 기대된다. 이와 동시에 지역사회에 어떤 문제가 발생하게 되면 지역주민들이 그 문제를 해결하기 위해 함께 동참하거나 동참할 것이라 기대하는 것을 지역사회의 비공식적 사회통제 혹은 교구적 사회통제라 한다. 비공식적 사회통제는 주로 지역사회 청소년들의 문제행동에서부터 낯선 사람들이 지역사회에 침투하여 나쁜 짓을 할 때 이를 적극적으로 제지하려는 지역주민들의 의지력의 수준을 통해 확인한다. 지역 청소년(홍길동 집 10대 아이 홍문제)이 문제행동(학교에 가지 않거나, 동네 건물에 낙서를 하거나, 담배를 피우거나, 친구들과 어울려 밤늦게 길거리를 배회하거나 등)을 하면 옆집 주민(홍길동 집과 오랜 기간 잘 알고 지내는 김갑동)이 그 청소년의 행동을 교정하려 직접 야단치거나 혹은 집에 알리는 등의 행동을 할 것이라 기대하는 것이다. 따라서 비공식적 사회통제력이 강한 지역사회에서는 범죄두려움 등을 야기하는 범죄나 무질서 행위가 빈번하지 않을 것이라 가정한다. 결과적으로 비공식적 사회통제는 지역주민들의 정신건강에 긍정적인 영향을 미칠 것이라는 것이 일반적인 기대이다. 하지만 한편으로 비공식적 사회통제가 강한 지역사회는 그 지역 거주민 특히 청소년들의 정신건강에 오히려 부정적일수도 있다는 우려가 있다. 커트로나(Cutrona)와 그의 동료들(Cutrona et al., 2003)은 비공식적 사회통제가 강한 지역의 거주민들은 우울함 감정을 더 많이 겪을 것이라 설명한다. 그 이유는 자신들의 문제행동으로 인해 지적을 받거나 제지를 받게 되면 자신의 잘못을 뉘우치고 개선시키기 보다는 하나의 스트레스로 작용될 수 있다는 것이다. 우울감을 겪을 가능성이 높을 것이라 주장한다. 커트로나와 그의 동료들은 지역주민들이 문제행동을 하는 청소년들을 제지하기 위해 그들의 부모에게 말하기, 신고할 것이라 경고하기, 승인불가 등의 방법을 사용하게 되는데 이는 그 지역 청소년들을 오히려 불안하고 불편하게 만들 수도 있다는 것이다(Cutrona et al., 2003). 우리가 어린 시절 부모님, 선생님, 이웃주민으로부터 야단을 듣게 되면 우선은 겁이 나고 무섭기도 하지만 한편으로는 화가 나고 불평불만이 생기기도 했던 것과 같은 원리이다. '방귀뀐 놈이 성낸다'라는 속담과 유사한 상황인 것이다. 비공식적 사회통제는 일견 지역사회의 구성원들이 잔소리꾼 혹은 비평가의 역할을 담당하게 되는 것이기 때문이다.

일견 이 같은 의견이 일부 틀린 말은 아니지만 비공식적 사회통제의 긍정적 영향을 과소평가한 것으로 이해된다. 비공식적 사회통제를 통해 지역주민들이 지역의 청소년들에게 올바른 친사회적 행동을 격려하고 압력을 행사하면 자연스럽게 그 지역 청소년들이 친사회적으로 사회화 될 수 있다. 올바른 교육에 대해 불평과 불만을 제기하는 것 보다는 최소한 그 지역 내에서는 잘못된 행동을 하지 말아야 한다 혹은 잘못된 행동을 하면 제지받는다는 교육은 문제행동을 교정하는데 기여할 것이기 때문이다. 또한 비공식적 사회통제는 궁극적으로 지역주민들의 삶의 질을 악화시키는 사회문제를 개선시킬 수 있으므로 무질서와 범죄로 인한 걱정과 염려를 덜 하게 될 것이므로 안전한 삶을 영위할 수 있다. 범죄피해를 당할지도 모른다는 불안감이나 낙후되고 무질서한 지역 환경에 따른 스트레스, 무기력감, 우울감과 같은 부정적 감정을 덜 받게 될 것이다. 한편 비공식적 사회통제능력이 떨어지는 지역에서는 무질서 등의 증가로 지역주민들의 불안감, 두려움, 무기력감, 우울감이 증가할 수 있다. 이와 동시에 실제 문제행동(10대 임신, 마약중독, 가정폭력 등)을 가담하는 당사자들 역시 부정적 감정을 경험 하는 것으로 이해된다(Cutrona et al., 2003). 종합할 때, 비공식적 사회통제는 지역거주민들의 정신건강에 부정적이기 보다는 긍정적인 영향을 미칠 가능성이 높다고 이해하는 것이 타당할 것이다.

(3) 무질서 등 사회문제와 정신건강

무질서 등 사회문제는 지역주민들의 정신건강에 부정적인 영향을 미칠 것이라 가정된다. 특히 지역사회의 무질서가 정신건강에 미치는 영향을 파악하기 위한 연구들이 많이 진행되었다. 이들 논의들은 기존 범죄학의 무질서 이론에 근거하고 있다. 무질서 이론은 주로 범죄두려움을 설명하는 이론으로 이해되었으나 윌슨(Wilson), 헌터(Hunter), 켈링과 윌슨(Kelling & Wilson), 그리고 스코간(Skogan) 등 많은 학자들의 기여 덕분에 독립적으로 사회문제를 설명하는 이론적 틀로 발전하였다(Taylor, 2001).

지역사회의 무질서는 직접적으로 경험하고 인식되는 무질서 징후를 의미한다(Skogan, 1990; Skogan & Maxfield, 1981; Taylor, 2001). 지역사회 무질서는 물리적 공간의 환경의 상태를 의미하는 물리적 무질서와 사람의 행동에 의해 발생되는 결과로 인식되는 사회적 무질서로 나뉜다. 사회적 무질서로 나뉜다. 사회질서가 잘 유지되는 지역은 거리가 깨끗하고 주거지가 잘 유지관리 되고 지역주민들 간의 교류가 활발하고 서로 간에 존중한다. 한편 사회질서가 무너진 무질서한 지역은 쓰레기가 버려져 있고 벽에 낙서가 되어 있으며 술이나 약물에 취한 사람들이 길거리를 배회하는 등의 질서가 무너진 모습이 많이 목격된다(LeGrange & Ferraro, 1989; Skogan, 1990).

기존 무질서 이론 중 켈링과 윌슨의 깨어진 창문이론(Broken Window Theory)은 지역사회에 만연한 무질서가 어떻게 지역사회를 피폐하게 만들고 범죄를 양산하는지 설명하려 한다(Kelling & Wilson, 1982). 깨어진 창문이론은 지역사회의 무질서가 방치되고 개선되지 않으면 지역주민들은 범죄두려움을 느끼게 되며 지역사회를 떠나려 하고 더 심각한 범죄가 유발된다고 설명한다. 무질서한 지역의 거주민들은 현실을 개선할 수 없다는 무기력감에 빠지게 되며 이는 결과적으로 지역주민들의 정신건강에도 악영향을 미칠 것으로 이해된다. 스코간의 지역쇠퇴이론(Theory of Community Decline) 역시 지역사회의 무질서가 어떻게 지역사회를 쇠퇴시키는지 설명한다. 스코간의 무질서 이론에서도 지역사회의 구조적인 특성이 원인이 되어 지역사회의 범죄, 무질서, 범죄두려움, 지역불만족, 거주지 이전 등 사회가 무너지는 과정을 설명한다. 특히 지역사회의 사회문제인 무질서는 지역주민들을 두렵게 만들고 지역사회의 경제적 가치(집값 등) 역시 떨어뜨리게 된다고 설명한다(Skogan, 1990).

기존 연구들은 무질서가 거주민들의 범죄두려움, 우울감, 무기력감, 스트레스 등에 미치는 영향을 탐구하고자 하였다. 주로 이들 연구들은 무질서 한 환경에 거주하는 사람들은 범죄의 위협을 일상적으로 경험하게 되고 범죄피해를 당할지도 모른다는 염려와 두려움으로 인해 고통 받지만 막상 그 현실을 개선시키거나 해결할 수 있는 능력이 없기에 무기력감과 우울감을 겪을 가능성이 높다는 것이다(Ross, 2000; Cutrona et al., 2006). 사실상 많은 사람들이 현실의 어려움을 극복하지 못하고 벗어 날 수 없다는 생각에 우울증에 걸리고 자살이라는 극단적인 선택을 하는 현상과 일맥상통하는 논리인 것이다. 기존 연구자들 중 로스와 그의 동료들(Ross et al., 2001)은 현실을 벗어 날 수 없다는 절망감과 무기력감을 무질서한 지역 거주민들이 많이 호소한다는 결과를 보여주었다. 또한 로스와 동료들은 무질서가 직접적으로 정신건강에 문제를 야기하기도 하지만 간접적으로 다른 사회적 관계와 활동에 부정적 결과를 초래하여 정신건강에 영향을 미친다고 설명한다(Ross et al., 2001). 기존 연구들에 따르면 무질서한 지역의 청소년들은 학교에도 잘 적응하지 못했으며 학교 부적응은 낮은 학업성취도로 연결되기에 부모와의 관계에도 악영향을 미친다고 한다. 이는 결과적으로 심리·정신적인 문제 역시 야기할 수 있다는 설명이다(강희경, 김영미, 이은주, 2009; 김영미, 2008; 김영미, 2011; 전신현; 2004; 정일영, 2012).

제3절 지역사회, 우울감, 그리고 자살

1. 지역사회와 우울감

1) 우울감(증)의 정의와 진단

한국사회는 OECD국가들 중 가장 높은 수준의 자살률을 나타내고 있으며 자살로 인한 사회경제적 손실이 실로 막대하다(윤우석, 2011). 특히 우울증은 자살의 대표적인 원인으로 이해되며 대부분의 우울증 환자들이 자살생각 과 자살시도를 경험한다고 한다(Cavanagh, Carson, Sharpe, & Lawrie, 2003). 또한 우울증으로 본인 뿐만아니라 가족이나 타인에게도 위해를 가하는 경우가 많아지고 있어 단순히 정신적인 병으로만 치부하기 어렵다.

우울감은 우울장애 혹은 우울증이라 불리는 정신건강문제로 우울삽화가 동반되는 기분장애(Mood Disorder)이다. 기분장애는 어떤 기간 우울하거나 혹은 들뜨는 기분의 장애가 주축이 된 일련의 정신장애로 부수적으로 망상, 환각, 혼동, 자신에 대한 그릇된 태도, 지각이나 행동의 장애가 따르기도 한다. 기분장애는 크게 우울증, 조증, 그리고 양극성 장애로 구분된다. 우울증이 무기력하고 기분이 우울한 증상을 보인다면 조증은 기분이 들뜨고 왕성한 활력을 보인다. 한편 양극성 장애는 우울증과 조증을 동시에 동반하는 기분장애이다. 양극성 장애의 특징은 갑자기 기분이 고양되고 의기양양해지고 유별나게 쾌활하고 낙관적이며 정력이 넘치게 지나치게 활동적인 특성을 보이다가 갑자기 고양된 기분이 사라지고 우울해지는 특성을 가지기에 조울증이라고도 한다.

특히 우울증은 마음의 감기라고 불리는 정신적 병이지만 감기처럼 자연스럽게 완치되기 보다는 장기간에 걸친 치료가 요구된다. 전 세계적으로 우울장애를 겪는 사람은 전체 인구 중 8.5%에 달하며 여성이 남성에 비새 거의 2배가량 우울증을 겪는다고 한다(Ayuso-Mateos et al., 2001). 2016년 정신질환실태 역학조사 결과 우울증의 평생 유병률은 응답자 전체에서 5.3%였으며 여성이 7.2%였고 남성이 3.3%로 여성이 2배가량 더 발병하는 것으로 나타났다. 2001년 조사에서 우울증 평생 유병률은 4.25%, 2006년 5.6%, 2011년 6.7%에 비해 일부 감소하였다. 우울증의 연간 유병률은 여성이 2.5%였고 남성이 1.3로 나타타 연간 우울증 환자 숫자를 추정하면 749,000명으로 나타났다(보건복지부, 2018). 우울증이 아니지만 불안감과 공포심을 나타내는 불안장애의 평생 유병률은 남성이 67%였고 여성은 11.7%로 우울증과 마찬가지로 거의 여성이 2배 높았다. 연간 불안장애 유병률은 남성이 3.8%였고 여성은 7.5%로 전체적으로 5.7%의 유병률(연간 2,248,000명으로 추정)로 나타났다. 불안감, 우울감, 공포감 등의 감정으로 정신질환으로 진단 받는 사람의 숫자가 연간 300만 명에 달하는 것으로 나타나 사회 전반에 만연해 있는 불안과 우울감이 존재하는 것을 알 수 있는 결과이다.

우울감 척도

지난 1주일 간 우울한 감정의 빈도를 묻는 질문에 응답함 (0점 =극히 드물다, 1점 = 가끔 있었다, 2점 = 종종 있었다, 3점 = 대부분 그렇다)	
- 평소에는 아무렇지도 않던 일들이 괴롭고 귀찮게 느껴졌다. - 먹고 싶지 않고 식욕이 없었다. - 어느 누가 도와준다고 하더라도 나의 울적한 기분을 떨쳐버릴 수 없을 것 같았다. - 무슨 일을 하던 정신을 집중하기가 힘들었다. - 상당히 우울했다. - 모든 일들이 힘들게 느껴졌다. - 앞 일이 암담하게 느껴졌다. - 잠을 설쳤다. - 평소에 비해 말수가 적었다. - 큰 불만 없이 생활했다	- 지금까지의 내 인생이 실패작이라는 생각이 들었다. - 두려움을 느꼈다. - 세상에 홀로 있는 듯한 외로움을 느꼈다. - 사람들이 나에게 차갑게 대하는 것 같았다. - 갑자기 울음이 나왔다. - 마음이 슬펐다. - 사람들이 나를 싫어하는 것 같았다. - 도무지 뭘 해 나갈 엄두가 나지 않았다. - 비교적 잘 지냈다. - 적어도 보통 사람들만큼의 능력은 있었다고 생각한다.

출처: 조맹제·김계희. (1993). 주요 우울증 환자 예비평가에서 The Center for Epidemiologic Studies Depression Scales(CES-D)의 진단적 타당성 연구. 신경정신의학, 32:381-399. 윤우석. (2014). p. 128 재인용.

우울감 진단은 미국 정신의학회(APA: gAmerican Association of Psychiatry)에서 발간하는 정신장애 진단 및 통계 매뉴얼(DSM: Diagnostic and Statistical Manual of Mental Disorders, 5th Edition)에 기초하여 기분장애 중 하나로 진단된다. 주로 2주 이상 우울기분이나 흥미나 즐거움이 상실된 상태로 특정한 9개 증상 중 5개 이상을 보이면 우울증으로 진단한다. 대표적인 증상으로 거의 매일 피로하거나 활력을 상실, 거의 매일 무가치감 또는 과도한 죄책감 느낌, 거의 매울 사고력이나 집중력의 감소 또는 우유부단함, 거의 매울 불면이나 과다수면 등과 같은 부정적 감정을 느낀다고 한다. 국내 실태조사에서는 주로 한국어판 CIDI(Korean Version of the Composite Internationale Diagnostic Interview)를 사용하는데 세계보건기구에서 여러 문화권과 국가 간 비교가 가능하도록 개발한 측정도구이다(보건복지부, 2018). 한편 학술논문에서는 좌절감 척도(CES-D: The Center for Epidemiological Studies Depression Scales; Radloff, 1977)를 활용하여 무기력감, 외로움, 우울감, 불만족 등 우울한 감정을 측정한다(조맹제 외 1인, 1993).

2) 지역사회와 우울감

지역공간과 우울감의 관계는 앞에서 설명하였듯이 지역사회의 구조적 특성, 기능적 특성, 그리고 사회해체 징후(응집력, 비공식적 사회통제, 집합적 효능감, 무질서)의 영향을 받을 것으로 가정된다. 많은 연구들이 지역공간의 환경이 우울한 감정을 야기한다는 연구결과를 보고하고 있다(Cutrona et al., 2006; Ross et al., 2001; 윤우석, 2014). 기존 논의들은 거의 대부분 지역사회의 고립감과 불평등에 따른 무기력함에 의해 지역주민들이 우울한 감정을 더 많이 경험하게 된다고 설명한다. 대표적으로 로스와 그의 동료들(Ross et al., 2001)은 개인과 지역사회의 불이익(Disadvantages)은 지역주민들에게 보다 빈번하게 무질서를 경험하는 환경에 놓이게 하며 이는 지역에 대한 불신과 거주민들 간의 친밀한 관계를 저해하고 무질서로 인한 무력감(Powerlessness)이 대표적인 우울감이라 설명한다. 지역사회 거주민들 간의 응집력이 약하고 비공식적 사회통제가 제대로 작동하지 않으며 무질서한 거주지를 사회가 해체된 징후로 이해할 때, 이 같은 지역 거주민들은 개인적 사정과 상관없이 우울감을 더 많이 느낄 것이라 가정된다.

많은 국내외 선행연구들이 지역사회의 무질서가 우울하거나 고통스러운 감정을 유발한다는 결과를 보여주고 있다(Ross, 2000; Ross et al., 2001; Shumow et al., 1998; 강희경 외 2인, 2009; 강현아, 2010; 김영미, 2009; 노병일 외 1인, 2005; 정일영, 2012; 전신현, 2003). 지역사회의 위험환경과 우울감의 관계를 파악한 연구에 따르면, 지역사회의 위험 환경은 폭력피해와 범죄두려움을 경험하게 만들고 이는 우울 및 불안감을 야기하는 것으로 나타났다(강현아, 2010). 또한 지역사회이 무질서는 우울감에 직접적으로 영향을 미침과 동시에 일상적 스트레스와 가족 간의 부정적 사건을 통해 우울한 감정으로 연결된다는 연구결과도 있다(강희경 외, 2009). 김영미의 연구(김영미, 2009)에서는 지역사회의 무질서는 청소년들의 친구관계에서 스트레스를 야기하고 이로 인해 우울한 감정을 느끼게 된다는 결과를 보고하였다. 정일영의 연구(정일영, 2012)에서 무질서는 부모와 자녀와의 관계 및 학교적응과도 상호작용하여 청소년들의 우울감에 영향을 미치는 것으로 나타났다. 무질서 한 환경은 지역주민들의 외부활동을 감소시켜 우울감을 증가시킨다는 연구결과도 보고되었다(전신현, 2003). 몇몇 연구들은 지역사회의 범죄가 거주민의 정신건강에 미치는 영향을 검증하였는데 지역의 물리적인 환경보다는 폭력범죄에의 노출이 지역주민들의 정신건강에 부정적 영향을 미친다는 결과를 보여주었다(Stiffman et al., 1999).

다만 기존 연구들은 지역사회의 응집력과 비공식적 사회통제가 우울감에 미치는 영향에 대한 논의가 거의 없다. 샘슨과 그의 동료들의 논의에서 볼 때(Sampson et al., 2002), 지역사회라는 공간은 지역주민들의 우울감에 영향을 미칠 가능성이 높음에도 불구하고 아직까지 국내외 연구들이 많지 않은 실정인 것이다.

기존 지역공간과 정신건강에 대한 사회해체이론과 무질서 이론의 논의를 종합할 때, 지역사회의 사회해체 징후인 지역사회의 응집력, 비공식적 사회통제력, 집합적 효능감, 그리고 무질서가 우울감을 유발할 것으로 이해된다. 다만 기존 사회해체이론과 무질서 이론의 논의들은 이들 변인들 간의 선후관계에 대해 서로 간에 반대 입장을 취하고 있다(윤우석, 2014:123). 우선 무질서이론에서는 지역사회의 무질서가 지역의 응집력과 비공식적 사회통제력을 약화시킴과 동시에 범죄도 만연하게 만든다고 주장한다. 한편 사회해체이론가들은 지역사회의 응집력과 비공식적 사회통제가 무질서, 범죄, 비행 등 사회문제를 야기한다고 본다. 샘슨은 무질서는 범죄와 마찬가지로 지역사회의 집합적인 사회통제능력 약화의 결과이므로 무질서와 범죄의 관계는 허위라고 주장한다(Sampson et al., 1997; 이성식, 2003). 지역사회와 우울감의 관계를 파악하기 위해서는 우선적으로 지역사회의 사회해체 징후들 간의 선후관계 정립이 필요하다. 이성식(2003)은 지역사회의 구조적 특성이 지역사회의 응집력과 집합적 사회문제해결 능력을 먼저 결정하게 되며 이후 결과물로써 무질서가 위치한다고 설명한다. 기존 지역과 우울감의 관계에 관한 연구들 역시 이 같은 논리를 따르고 있다(전신현, 2003; Ross, 2000; Ross & Mirowsky, 2001). 다만 최근 샘슨(Sampson et al., 2002)은 무질서와 사회통제 간의 관계가 반듯이 선후관계가 명확할 필요가 없이 서로 간에 영향을 주고받을 수 있음을 인정하고 있다는 측면에서 이들 사회해체징후들의 종합적인 영향을 파악하는 것이 보다 현실적이라 할 것이다. 정리하자면, 지역사회의 사회경제적으로 불이익을 겪는 곳에서는 지역사회의 자원 부족하고 사회적 교류와 유대 약하고, 지역사회의 사회통제능력이 약화며 무질서 역시 만연하기 때문에 지역 주민들은 우울감, 무기력감, 무가치함 등과 같은 우울한 감정을 더 많이 느낄 것이다(윤우석, 2014:213).

다음으로 아래 그림은 지역사회와 우울감의 관계를 모델링 한 것이다(윤우석, 2014). 지역사회가 사회경제적으로 불이익을 겪고 거주가 불안정한 곳에서는 지역사회의 응집력이 약화될 것이고 비공식적 사회통제 역시 제대로 작동하지 않을 것이다. 응집력과 비공식적 사회통제 그리고 무질서는 서로 간에 영향을 주고받을 것이며 이들 세 가지 지역사회해체 징후는 모두 우울감에 영향을 미칠 것으로 예상한 연구모델이었다. 이 연구모델에 기초하여 통계적 분석을 실시한 결과 지역사회의 응집력은 무기력감에 일부 영향이 있었으며 무질서는 외로운 감정과 우울한 감정을 유발하는 것으로 나타났다. 한편, 비공식적 사회통제는 삶을 좀 더 평온하게 살고 있다는 감정을 느끼게 만들고 덜 외롭고 우울하게 만드는 것으로 나타났다(윤우석, 2014). 노병일과 곽현근(2005)의 연구 역시 지역주민들 간의 비공식적 유대관계가 지역주민들의 우울한 감정을 감소시킨다는 결과를 보여주었다.

윤우석 (2014)의 지역사회 우울감 모델

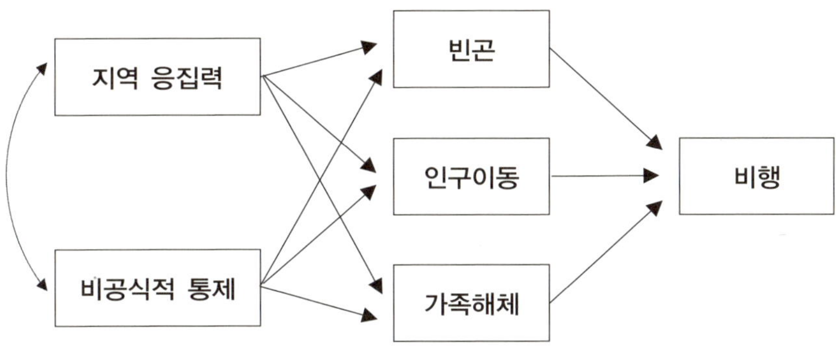

출처: 윤우석(2014). 지역사회해체 인지가 우울감에 미치는 영향검증: 무질서, 사회유대, 비공식적 사회통제의 역할을 중심으로. 한국경찰연구, 13(1):117-146. 저자 재구성.

최근에는 지역사회의 특성이 지역 청소년의 우울감을 유발하여 다시금 비행으로 이어질 수 있다는 주장이 제기된다. 김혜영과 윤우석은 지역사회의 특성이 지역주민들의 응집력과 비공식적 사회통제를 결정짓고 다시금 무질서에 영향을 미쳐 지역 청소년들의 부정적 감정을 유발하여 비행으로 이어지는 이론적 모델을 검증하였다. 이 연구모델은 비록 지역단위와 개인단위의 위계적 분석모델에서는 효과가 없었으나 개인수준의 변인만을 고려하는 경우 상당히 유의미한 결과를 보여주었다. 집합적 효능감과 무질서(지역, 학교)는 청소년의 불안감과 우울감을 매우 유의미하게 예측하였고 불안과 우울감을 통해 비행행동에 직접적인 영향을 미치는 것으로 나타났다(김혜영·윤우석, 2015). 특히 이 연구에서는 에그뉴(Agnew)의 일반긴장이론을 활용하여 지역사회의 환경이 어떻게 청소년들의 부정적 감정을 초래하는지 그리고 비행으로 연결되는지를 잘 설명하였다.

김혜영·윤우석(2015)의 지역사회 우울 및 비행모델

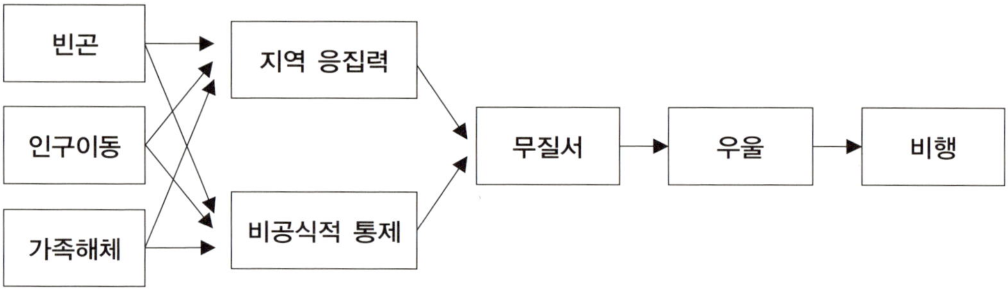

출처: 김혜영·윤우석. (2015). 무질서 인식이 청소년들의 부정적 감정 및 지위비행에 미치는 영향검증. 한국공안행정학회보, 60:9-43. 저자 재구성.

에그뉴(Agnew)의 일반긴장이론의 관점에서 바라다 본 공간과 우울감

Agnew(1992)의 일반긴장이론(General strain theory)은 일상적으로 경험할 수 있는 긴장, 예컨대, 부모와의 갈등, 학업성적 부진, 친구와의 다툼과 같은 일상생활에서 경험하는 긴장 및 그로인한 실망감, 우울, 두려움, 분노와 같은 부정적 감정을 야기하고 비행이나 범죄를 유발한다고 주장한다. 특히 Agnew는 긴장유발요소를 미시수준에 국한하지 않고 거시수준에서도 조명하려 시도하였다. Agnew는 그의 연구(1999)에서 가난한 지역사회의 특성이 개인의 긴장에 영향을 미치고 범죄적 반응을 촉진시킨다고 주장하면서, 긴장의 원인 요소로 거시적 특성인 지역사회의 구조적 특성을 제시하였다. Agnew(1999)는 지역사회 변수들이 긍정적 자극의 손실 및 부정적 자극의 존재, 긍정적으로 평가되는 목표 성취의 실패와 같은 긴장을 유발하게 된다고 보며 이러한 지역사회 수준의 변수들이 긴장이 범죄에 미치는 효과에 영향을 미치게 된다고 주장했다. 특히, 그는 Shaw와 McKay의 사회해체이론에 기반하여 구조적 특성들(경제적 박탈, 불평등, 높은 인구이동률, 높은 수준의 흑인 비율)이 존재하는 지역에서는 그 자체로 거주민들의 긴장을 유발할 수 있다고 보았다. 또한 이러한 지역의 구조적 특성은 거주민들은 긴장의 해소방법으로 부정적인 방법을 사용하게 하도록 영향을 미치게끔 할 수 있다고 보았다(Agnew, 1999). 왜냐하면, 구조적으로 열악한 지역에서는 지역 내에 사회적 지지와 사회통제수준이 낮으며, 범죄에 용인적인 가치가 만연하도록 영향을 미치기 쉽기 때문이다. 더불어, Agnew (1999)는 지역사회의 구조적 특성에서 야기된 지역사회의 무질서한 환경(Signs of Incivility)이 긴장에 미치는 영향에도 주목하였다. 감독받지 않는 10대들의 배회, 버려진 건물, 길가에 버려진 쓰레기들, 관리되지 않는 가로등, 반달리즘의 성행과 같은 무질서의 징후들이 청소년들을 비롯한 해당 지역 거주민들에게 긴장을 유발하며 범죄율에도 영향을 미친다고 주장한다.

Agnew의 다른 연구들(Agnew, 2001; Agnew, Brezina, Wright, & Cullen, 2002)에서는 확장된 일반긴장이론을 제시하는데 Agnew(2001)는 긴장의 개념을 두 가지 차원으로 구분지어 개념화하였는데, 먼저, 대부분들의 구성원들이 싫어하는 사건 또는 상황을 객관적 긴장'으로, 긴장을 경험하는 당사자가 싫어하는 사건 또는 상황을 '주관적 긴장'으로 구분하였다(Agnew, 2001:320-321). 즉, 모든 사람이 같은 사건 또는 상황에서 동일한 방식으로 반응하는 것이 아님을 인정하며 긴장이 갖는 역할을 이해하기 위해서는 긴장에 대한 주관적 평가를 고려해야한다고 주장하였다. 한편, 에그뉴와 그의 동료들(Agnew et al., 2002)의 연구에서는 어떠한 성격적 특성들이 긴장에 대해 비행과 같은 부정적 방법으로 반응하게끔 유도하는지에 대한 설명을 제공하였는데, 이러한 성격특성으로 부정적 정서성(Negative Emotionality)과 통제(Constraint)를 제시하였다.

일반긴장이론은 많은 기존 연구들에서 많은 지지를 받았다. 특히, 긴장과 비행의 관계에 관한 연구에서 긴장이 비행의 유의미한 예측변인이며, 긴장으로 인한 부정적 감정으로 화, 불안과 같은 감정이 비행에 유의미한 영향을 주며, 긴장이 여자보다는 남자의 비행을 더 잘 설명한다는 결과를 보여주는 등 일반긴장이론의 검증에 있어서 많은 연구들이 있었다(Agnew & White, 1992; Agnew & Brezina, 1997; Aseltine, Gore, & Gordon, 2000; Hoffmann & Miller, 1998; Paternoster & Maserolle, 1994; Piquero & Sealock, 2000). 국내에서도 일반긴장이론을 검증한 여러 연구들이 있었는데 이들 연구들은 청소년의 비행에 있어서 긴장과 분노, 긴장과 우울의 관계를 검증하고 지지하는 결과를 보여주었다(김지혜, 2013; 김청송, 2007; 이성식, 2003b; 최정아, 2010).

출처: 김혜영 · 윤우석. (2015). 무질서 인식이 청소년들의 부정적 감정 및 지위비행에 미치는 영향검증. 한국공안행정학회보, 60:16-17. 재인용.

2. 지역사회와 자살

1) 자살문제의 심각성

범죄예방 연구에서 자살을 예방하기 위한 범죄학적 접근은 거의 없었다. 자살예방을 위한 사회적 시스템은 자살에 대한 정신의학적 치료와 상담이 중심이 되어 이루어졌다. 하지만 자살은 사회적 결과물로 정신의학과 심리학의 영역을 훨씬 초월한다. 뒤르켕의 자살론에서 그는 자살은 사회적인 결과물로 이해하며 사회적 통합과 규제의 수준에 따라 다양한 형태의 자살이 발생하게 된다고 보았다. 한편 사회통제모형의 시각과 달리 상황통제와 환경설계모형에서는 자살 역시 범죄와 마찬가지로 자살기회를 차단할 수 있는 물리적 환경개선 전략이 요구된다고 본다.

자살연구는 국내외 범죄학 연구의 주류에서 소외된 채로 남아있다. 자살에 대한 기존 연구는 개인의 사회·심리적 원인에 기초한 미시 연구와 사회구조적 원인에 기초하여 이루어진 거시연구로 구분된다. 국내에서 주류 자살연구는 미시적 수준에서 자살생각, 자살시도 등을 다루는 연구가 많았다. 기존 미시적 수준의 자살연구들은 자살에 영향을 미칠 수 있는 사회구조적 원인요인을 고려하지 못한다는 한계점이 있다. 한편, 최근 자살을 사회적 현상으로 이해해야 한다는 주장에 기초하여 거시적 자살연구의 필요성이 강조(신동준, 2004; 윤우석, 2011a; 2011b; 2012a)되고 있으나 이들 연구들 역시 공식적 통계자료에 기초한 자살률과의 관계검증에 집중되어 자살태도나 생각에 사회구조적 요인이 미치는 영향을 설명해주지는 못하고 있다. 즉, 지역사회라는 사회적 공간이 개인의 자살생각이나 자살태도 그리고 실제 자살시도라는 행동에 어떤 영향을 미치는지에 대한 경험적 연구가 거의 이루어지지 않고 있는 실정이다.

또한 자살 문제에 대해 경찰은 자살 사건 발생 후 사후 처리적인 접근에 치중하고 있는 현실이다. 물론 국내에서 매년 약 180여만 건 이상의 범죄가 발생하는 현실에서 자살문제를 다루기는 쉽지 않을 것이다. 다만 자살문제에 적극적이지 않은 이유가 예전 가정폭력이나 아동학대 문제와 마찬가지로 지극히 가정의 일이거나 개인적인 일로 치부하는 것은 아닌지 의문이다. 자살은 지극히 개인적인 현상으로 이해하는 일반적인 인식이 경찰 등 형사사법기관을 자살문제에 소극적인 자세를 취하게 만드는지 모른다. 하지만 자살은 생명을 앗아가는 행위, 즉 살인과 동일한 일탈적 행위이기에 살인사건의 발생실태와 비교한다면 그 심각성은 매우 위급을 다투는 일이 될 것이다.

아마도 이 책을 읽는 독자들은 한국의 자살문제가 심각하다는 이야기는 많이 들었을 것이다. 하지만 구체적으로 얼마나 심각한지에 대해서는 정확한 정보를 접하지 못했을 것이다. 경찰통계연보 2019년 자료에 따르면 매년 한국에서 변사체로 발견 되는 시신이 2만 건이 넘는다는 사실에 놀랄 것이다. 아래의 표는 경찰청에서 매년 발간하는 경찰통계연보 자료를 정리한 것이다. 매년 변사자는 2만 명 이상 발생하고 있으며 이중 상당수는 자살로 인한 사망자가 변사자로 발견된 것이다. 한편 우리가 흔히 살인이라 불리는 흉악범죄의 피해자 즉, 타살 당한 사람의 숫자는 자살자 숫자의 20분의 1이 되지 않는다는 사실이 놀라울 것이다. 비록 직접적으로 살인과 자살을 비교할 수는 없지만 근본적으로 생명을 앗아간다는 측면에서 자기 스스로 자신을 죽이는 사람이 전체 인구의 0.3%에 달한다는 것은 심각한 사회문제가 아닐 수 없다. 여기다가 과실사나 재해사 중에서 사실상은 자기 스스로 목숨을 끊은 사람이 있을 수도 있다. 물론 증명할 방법은 없으나 과실을 가장하거나 사고를 가장하여 보험금 등을 목적으로 자살을 선택한 사람은 분명 존재할 것이다. 또한 변사자로 신고 되지 않았으나 가정집에서 질병으로 사망한 노인들 중에서도 자기 스스로 생명유지를 포기한 경우도 많은 것으로 추정된다.

한국의 변사 현황

연도별	2011년	2012년	2013년	2014년	2015년	2016년	2017년	2018년	2019년
변사자	32,281명	32,116명	30,673명	27,605명	24,746명	22,964명	22,282명	24,417명	24,204명
자살자	15,681명	13,940명	14,271명	13,658명	13,436명	13,020명	12,426명	13,216명	13,367명
타살	511명	514명	527명	499명	512명	481명	418명	380명	417명
과실사	8,821명	8,632명	8,505명	8,436명	9,737명	9,083명	8,749명	7,682명	6,856명
재해사	335명	355명	357명	286명	148명	188명	203명	218명	163명

출처: 경찰청.(2020). 경찰통계연보. p.218. 저자 재구성.

한국이 다른 나라들에 비해 범죄피해 위험성은 낮은 반면 자살위험성은 그 어느 나라보다도 높다. 2020년 통계청 발표에 따르면 OECD국가 중 한국은 자살율 1위이다. 리투아니아(Lithuania)에게 잠시 1위 자리를 넘겨주었으나 다시금 1위를 차지하였다(통계청, 2020).

자살자 숫자와 자살률이 2011년을 정점으로 이후 감소하는 모습이나 매년 1만명 이상의 시민들이 자살로 생을 마감하고 있다. 다행히 자살자 숫자는 2011년에 비해 많이 감소하였으나 2017년 이후 자살자 숫자가 다시금 증가하고 있는 추세이다. 전 세계 어느 나라보다도 한국의 자살률이 현실에서 자살을 예방하고 감소시킬 수 있는 예방대책 마련이 그 어느 때 보다도 필요한 시점인 것이다.

자살률이 높은 만큼 사망원인에서 자살이 차지하는 위치도 높다. 2019년 전체 사망자(295,110명)의 사망원인 중 1위는 암, 2위 심장질환, 3위 폐렴, 4위 뇌혈관 질환, 그리고 5위가 고의적 자해, 즉 자살이었다. 1990년 이후 자살은 사망원인 중 꾸준히 4위를 유지하였으나 최근 5위로 나타났다. 사망원인을 남녀 성별로 구분하여 비교한 결과 남성 사망원인 5위 그리고 여성 사망원인 6위가 자살로 나타났다. 10대에서 30대까지 사망원인 1위는 자살이며 40대에서 50대까지 사망원인 2위가 자살이다. 60대에서는 자살이 사망원인의 4위이며 70대 이상에서는 자살이 더 이상 상위원인이 되지 않는다(통계청, 2020). 10세 미만을 제외하고 거의 전 세대에 걸쳐 상위권에 자살이 사망원인으로 위치하고 있는 현실이 안타깝다.

한국의 자살자 숫자와 자살률 추이

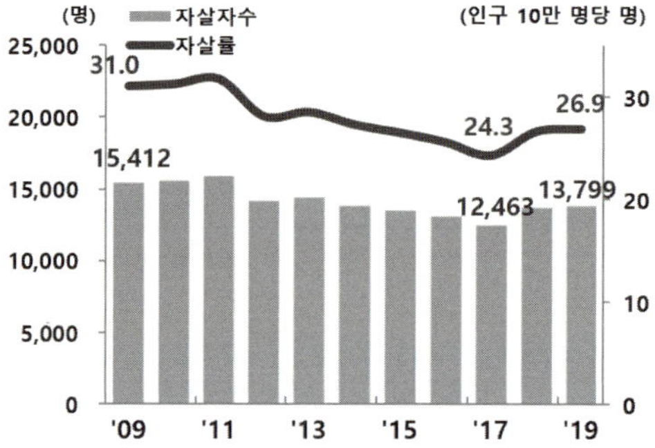

출처: 통계청. (2020). 2019년 사망원인 통계 결과. 재인용

OECD 국가 연령 표준화 자살률 비교

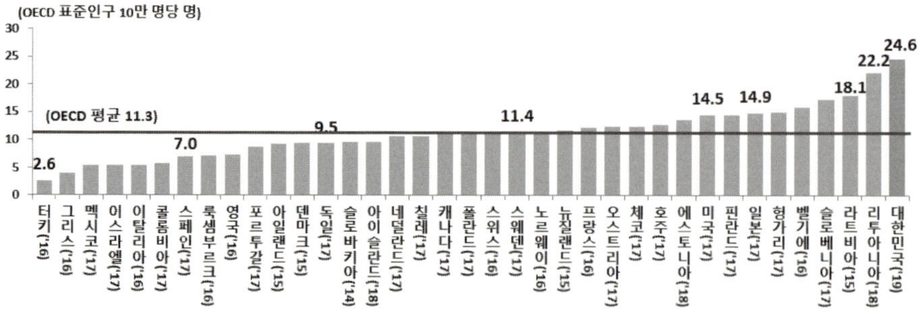

출처: 통계청. (2020). 2019년 사망원인 통계 결과. p.18.

한국의 사망원인 순위 추이

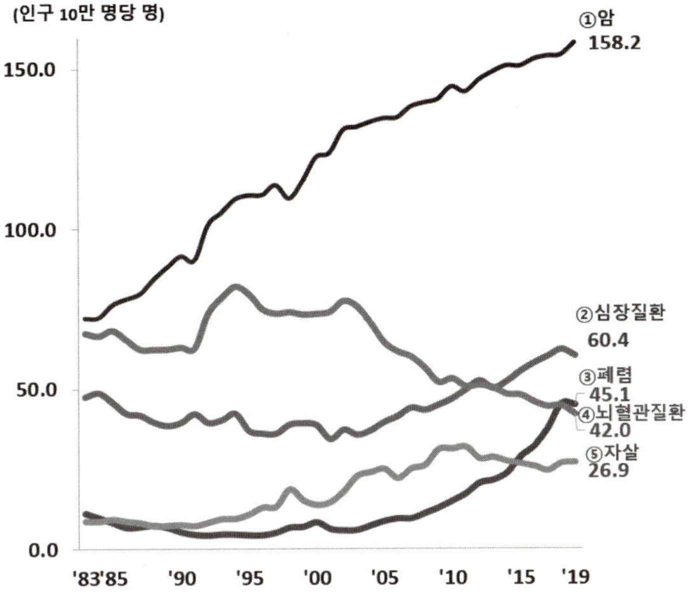

출처: 통계청. (2020). 2019년 사망원인 통계 결과. p.18.

2019년 한국의 성별 사망원인 순위

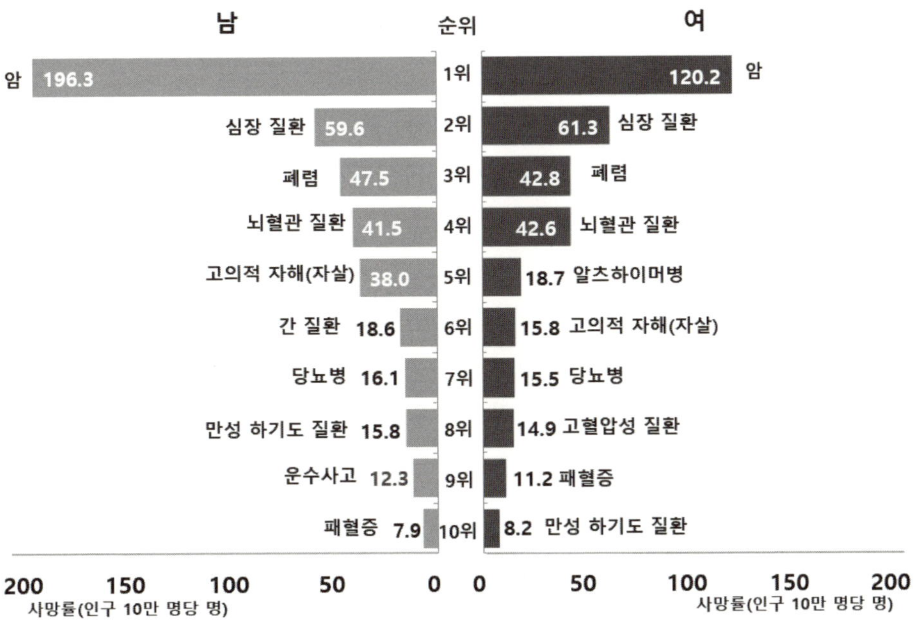

출처: 통계청. (2020). 2019년 사망원인 통계 결과. 재인용

2019년 연령별 5대 사망원인

	1-9세	10-19세	20-29세	30-39세	40-49세	50-59세	60-69세	70-79세
1위	암	자살	자살	자살	암	암	암	암
2위	교통사고	암	암	암	자살	자살	심장질환	심장질환
3위	타살	교통사고	교통사고	심장질환	간 질활	심장질환	뇌혈관질환	뇌혈관질환
4위	선천성 기형 등	심장질환	심장질환	교통사고	심장질환	간 질환	자살	폐렴
5위	심장질환	익사	뇌혈관질환	간 질환	뇌혈관질환	뇌혈관질환	간 질환	당뇨병

출처: 통계청. (2020). 2019년 사망원인 통계 결과. 저자 재구성.

1) 자살원인론

(1) 뒤르케임의 아노미 이론과 자살

자살의 원인이론으로 가장 많이 인용되고 있는 최초의 이론은 뒤르케임의 아노미 이론이다. 뒤르게임은 사회의 급속한 변화가 사회적 통합과 사회적 규제를 약화시키고 이의 결과로 아노미(Normlessness)가 발생하면 자살도 증가한다고 설명한다. 뒤르케임은 자살의 원인은 사회의 급격한 변화로 인해 전통적인 사회규범이 인간의 본능추구(예: 물질적 풍요추구)를 효과적으로 통제하지 못하게 되고 성취에 대한 만족감을 제공하지 못하여 끊임없는 경쟁으로 인해 폭력적 행위들, 특히 자살이 발생할 수 있다고 주장한다. 뒤르케임은 자신의 저서 '자살론(Suicide)'에서 자살은 가난 한 사람들에 비해 부유한 사람들의 문제라고 주장한다. 그 이유는 하층민에 비해 상층민이 경제적 부의 성취에 대한 열망이 더 큰데 비해 실제 성취만족도를 채우기 어렵기 때문이다. 물론 뒤르케임의 아노미이론을 이어받아 긴장이론(Strain Theory of Crime)을 주장한 머튼(Merton)은 하층민이 오히려 더 좌절감을 많이 겪게 되어 범죄나 일탈행동을 더 많이 할 것이라 수정하기도 하였다(Merton, 1938).

아노미이론에서 뒤르케임은 자살의 유형을 이타적 자살(Altruistic Suicide), 이기적 자살(Egoistic Suicide), 아노미적 자살(Anomic Suicide), 그리고 운명적 자살(Fatalistic Suicide)로 구분한다. 아노미이론은 산업화와 도시화로 인해 노동의 분업이 사회의 응집력을 약화시키고 사회구성원의 욕망을 통제하는 사회적 기능이 약화되어 자살이 증가한다고 설명한다(뒤르켕, [1897] 1951).

뒤르케임은 종교가 대표적인 사회통합의 수준을 확인 할 수 있는 잣대로 보았다. 실제 한 국가에 존재하는 종교의 종류 및 종교단체의 통합정도에 따라 자살률의 차이가 존재하는 것으로 나타났다(Pescosolido, 1990; Pope & Danigelis, 1981). 국내에서도 종교의 차이에 따른 자살률의 차이가 존재하는 것으로 나타났다. 농촌지역을 제외하고 도시지역에서 기독교와 천주교인의 비율이 높을수록 자살률이 현저하게 감소하는 반면 불교신도의 숫자가 많을수록 자살률을 증가시키는 것으로 나타났다(윤우석, 2011a).

뒤르케임의 아노미이론에 근거한 거시적인 자살연구들은 경제적 계급에 따른 자살률의 차이는 파악하지 못했으나 사회통합의 약화, 종교적 통합의 약화, 빈부격차, 실업의 증가, 이혼율 등 사회적 통합과 경제적 불평등 관련 요인들은 자살의 원인으로 작용하는 것으로 나타나 뒤르케임의 아노미이론을 지지하는 결과를 보여주었다(김승용, 2004; 신동준, 2004; 신상진 외 1인, 2007; 유정균, 2008; 윤우석, 2011a; 2011b; 2012a; 은기수, 2005; 한승용, 2008).

종교적 통합과 자살의 관계

종교적 통합과 자살률의 관계에 대한 연구는 Durkheim의 초기 연구에 기초하여 발전하였다. Stack(2000)은 종교적 통합과 자살률의 관계에 관한 연구를 크게 세 가지로 나누고 있다. 첫째, Durkheim은 고전적인 사회 통합적 시각이다. Durkheim은 개신교에 비하여 천주교가 자살을 보다 엄격하게 통제하고 있다고 주장한다. 천주교는 과거의 종교적 전통, 의식, 그리고 신념을 보다 고수하는 반면 개신교는 보다 개인의 자유를 보장하는 경향이 있다는 설명이다(Durkheim, 1966; Stack, 2000: 169 재인용). Breault(1986)의 연구는 Durkheim의 주장을 일부 지지하는 결과를 보여주고 있으나 한편으로 개신교 역시 자살률을 감소시키는 것으로 나타났다. 오히려 많은 연구들은 종교적 통합이 자살률과 크게 관련성이 없다는 결과를 나타내고(Kowalski et al., 1987)있으며 오히려 단순히 특정종교의 동질성이 강한 지역에서는 오히려 자살률의 증대를 나타낼 수 있다는 연구결과 역시 제기되었다(Burr et al., 1994; Pescosolido & Mendelsohn, 1986; Pescosolid & Wright, 1990). 한편으로 종교적 다양성이 존재하는 곳에서는 자살률이 감소한다는 주장이 제기되고 있으며 이는 종교의 다양성으로 인하여 개개 종교집단 내부의 결속이 강화되어 자살률을 감소하는 효과를 나타내는 것으로 이해되고 있다(Tubergen te al., 2005).

종교적 통합과 자살률의 관계에 관한 두 번째 연구영역은 종교적 관여의 시각(Religious Commitment Perspective)이다. Stack(1982; Stack & Haas, 1984)은 종교의 주요한 신념(사후세계, 영생, 기도)들이 자살을 감소시킬 수 있다고 주장한다. 이 시각은 종교를 가지고 특정 종교기관에 관여하는 정도에 따라서 자살 가능성이 감소한다는 주장이다. 즉 종교여부가 자살에 영향을 미친다는 주장이다. Hasselback과 그의 동료들은(1991)은 10%의 비종교인이 증가하면 3.2%의 자살률이 증가한다고 주장하였다. 그 외에도 많은 연구들이 종교여부와 자살률의 관계를 지지하는 연구결과를 나타내고 있다(Breault, 1988; Breaulty & Barkey, 1982; Stack, 1982; Trovato, 1992).

종교적 통합과 자살률의 관계에 대한 마지막 연구영역은 종교의 네트워크 이론(Religious Networks Theory)이다. Pescosolido(1990)는 종교가 자살에 미치는 영향은 종교 그 자체보다는 종교적 활동을 가능하게 하는 인프라와 인적교류를 활성화할 수 있는 종교조직의 구조 그리고 네트워크와 통합을 증대시킬 수 있는 인프라를 제공하는 종교의 역사가 중요하다고 주장한다. 많은 연구들에 의하면 종교의 인프라 보다는 종교의 구조와 역사적 전통이 같은 종교를 가진 사람들 간의 교류와 네트워크를 증대시켜 자살률을 감소시킨다는 결과이다(Pescosolido, 1990; Stack, 2000). Robin과 Fiske(2009)는 대학생을 대상으로 종교와 자살생각의 관계를 분석하였는데 종교를 가진 학생들이 그렇지 않은 학생들에 비하여 자살생각을 덜 하는 것으로 나타났으며 특히 종교적 지지 정도가 자살생각을 크게 감소시키는 것으로 나타났다.

출처: 윤우석. (2011). 사회적 통합과 자살률의 관계 검증: 시군구 자료를 중심으로. 한국공안행정학회보, 45: 151-152. 재인용.

실업과 자살의 관계

일반적으로 실업은 범죄를 설명하는 중요한 요인으로 이해되는 변수이다. 비록 실업과 범죄의 관계가 명확하게 결론 내려지지는 않았으나 많은 연구들에서 실업으로 인한 개인적 사회적 문제가 범죄와 직간접적으로 연관성이 있음을 나타내고 있다고 한다(윤우석, 2010; Brenner, 1978; Cantor & Land, 1985; Chiricos & Bales, 1991; Kleck & Chiricos, 2002; Thornberry & Christenson, 1984). 실업을 Merton의 아노미/긴장이론에 적용시킬 때 실업률의 증가는 많은 사회구성원들에게 합법적으로 부의 성취라는 문화적 목표를 달성하는데 제약으로 작동할 것이며 이러한 결과로 목표상실을 겪게 되어 현실사회의 낙오자나 도피자가 될 가능성이 높아질 것이라 가정될 수 있다. 보다 구체적으로 살펴보자면, 거시적인 측면에서 실업률의 증가는 가구소득을 감소시켜 하층민들의 증가를 유발할 것이다. 이는 사회구조적으로 합법적으로 경제적 부를 달성할 수 있는 수단의 부재를 증대시키는 결과를 나타낼 것이므로 사회구성원들이 도피형의 적응을 선택하게 할 가능성이 높다. 또한 실업은 가정 내의 갈등을 유발 할 수 있다. 가구소득의 감소는 가정불화의 원인으로 작용할 수 있으며 이는 자살이라는 극단적인 사건으로 발전할 수 있다. 또한 실업은 사회적 자본과 인적네트워크의 감소를 야기하여 실업자들에게 심리적 정신적으로 부정적인 경험이 될 것이다.

실업과 자살의 관계를 검증한 국외 연구들의 결과는 일반적으로 실업의 증대가 자살의 증가를 가져온다는 결과이다. 이 결과는 개인수준이나 집단수준에서 동시에 지지되는 결과이기도 하다. 다만 여성에 비하여 남성 자살에 실업이 보다 더 영향을 미치는 것으로 나타났다(Platt, 1984; Stack, 2000). Platt은 실업과 자살의 관계를 검증한 기존의 연구들을 네 가지 연구영역으로 나누어 설명하고 있는데 횡단자료, 지역 간 비교, 종단자료, 그리고 시계열 자료를 사용한 연구들의 결과를 종합적으로 분석한 결과 일분 지역 간 비교 연구들과 시계열 연구들을 제외하면 거의 대부분의 연구들에서 실업이 자살을 증대시킨다고 한다(Platt, 1984). 지역 간 비교연구들에 있어서도 넓은 지역 간(State or Countries)의 비교연구에서는 관련성이 미흡하였으나(Burr et al., 1994; Girard, 1988; Platt, 1992) 보다 좁은 단위의 지역을 분석단위로 할 경우 그 관계가 분명해진다는 결과를 알 수 있다(Breault, 1988; Faupel et al., 1987). 또한 Platt(1984)은 31개의 시계열 자료를 분석한 연구들을 평가해본 결과 거의 70%의 연구들에서 실업과 자살의 정적 관련성을 나타낸다고 결론내리고 있으며 최근의 시계열 자료 분석연구들에서도 이를 지지하는 결과를 보여주고 있다(Cormier & Klerman, 1985; Stack, 1987; Wasserman, 1984).

국내 연구에서도 실업과 자살의 관계를 검증하려는 노력이 있어왔다. 예를 들면, 김승용(2004)은 1983년에서 2002년까지의 노인 자살률과 사회구조적 요인의 관계를 살펴보았는데 실업률과 노인 자살율은 관련성이 없다는 연구결과를 나타내었다. 하지만 그의 연구는 시계열 자료를 단순히 년 도별로 도표화하여 기술적 분석을 시도한 연구로 통계적인 관련성을 명확히 하기 어려운 연구였다. 은기수(2005)는 경제적 양극화와 자살의 관계를 검증하였는데 1990년에서 2004년간의 실업률과 자살률은 정적인 관련성 보여주었다. 연령에 있어서는 청소년과 고령자들의 자살률(10대와 70-80대)에서는 관련성이 없었으나 20대에서 60대의 자살률에서는 통계적으로 정적인 관계를 보여주었다. 유경원과 노용환(2007)은 OECD 24개국의 패널자료를 사용하여 자살률에 실업이 미치는 영향을 살펴보았는데 실업률이 국가별 자살률에 정적인 영향력을 미친다고 하였다. 또한 홍성철과 그의 동료들의 연구(2003)는 사회적 계층이 낮을수록 남녀성별과 상관없이 모든 연구대상자들의 자살생각이 증대되는 것으로 나타났다. 이상의 논의와 기존연구를 검토하였을 때 실업은 자살에 정적인 영향을 미칠 것이라 가정될 수 있을 것이다.

출처: 윤우석(2011). 실업과 소득격차가 자살에 미치는 영향검증: 1995년에서 2008년까지의 시계열 자료 분석. 한국공안행정학회보, 42:159-160 재인용.

소득격차와 자살의 관계

소득격차는 상위소득자와 하위소득자들 간의 소득불균형을 나타내는 대표적인 지표이다. 경제적 분배의 극심한 불평등은 부유한자와 가난한 자들 간의 계급갈등과 사회적 갈등을 유발하게 되어 기존 체제에 대한 불신이 깊어지고 계급투쟁과 같은 사회적 혼란이 야기될 수 있다. 또한 소득격차의 증대는 사회구성원들 중 많은 이들에게 상대적 박탈감과 지위좌절을 야기하게 된다. Durkheim과 Merton의 아노미/긴장이론에서 소득격차의 문제점을 발견할 수 있다. 대표적으로 Merton의 이론에서는 경제적 부의 성취하고자 하는 목표를 실현시킬 수 있는 합법적인 제도적 수단이 부재하게 되면 좌절과 긴장을 느낀다고 하였는데 극심한 소득격차는 사회계층의 고착화를 유발하고 소외된 계층에게 상대적 박탈감을 보다 더 크게 유발할 것이라 가정할 수 있다. 소득격차의 증대로는 하층민들에게 경제적 목표를 성취할 용기를 잃게 만들며 자신들의 현실에 좌절하게 되어 불법적인 수단을 강구하거나 도피형의 적응을 나타낼 가능성이 높아질 것이다. 즉 소득격차가 심화될수록 도피형의 자살자가 증대될 것이라 가정 될 수 있는 것이다.

소득과 자살의 관계를 검증한 국외연구에서도 소득의 불평등이 자살을 증대한다는 결과를 보여주고 있다. Lampert와 그의 동료들(1984)은 전문기술자들에 비하여 농업에 종사하는 사람들이 5배나 자살을 할 가능성이 더 높다고 한다. 이후 연구들에서도 저소득층인 노동자들이 일반 사무직이나 전문직 종사자들에 비하여 자살률이 높다는 결과를 보여주고 있다(Platt, 1992; Stack, 1995). 또한 소득격차는 경제적인 스트레스를 유발하게 되는데 이는 자살률을 증대시키는 것으로 나타났다(Rich et al., 1991). 물론 소득이 높은 계층에서도 자살을 시도하는 사례가 많다는 연구결과가 존재하지만 이는 같은 수준의 사회적 계층에서도 상대적인 지위의 차이가 자살을 유발할 수 있다고 한다(Stack, 1996). 예를 들어 치과의사들은 의료업에 종사하는 다른 의사들에 비하여 상대적으로 낮은 지위로 인식되기에 자살가능성이 보다 더 높다고 한다. 그럼에도 불구하고 사회 전체적으로 소득격차가 증대되면 하위계층의 자살률이 보다 더 증대된다는 결과이다(Kowalski et al., 1987).

국내 연구자들 역시 소득격차와 자살의 관계를 검증하려 시도하였다. 예를 들면 신동준(2004)은 자살률의 국가 간 비교연구에서 Merton의 아노미 이론에 기초하여 경제적 성공을 강조하는 문화와 소득불평등이 자살에 미치는 영향을 검증하였는데 소득불평등이 증대될수록 경제적 성공에의 기대치가 낮아지기 때문에 자살에 직접적으로 영향을 미치는 요소는 소득불평등이라 결론 내렸다. 그는 경제적 성공추구 문화가 살인율을 높이나 자살률을 감소시키지만 경제적 차별이 극심하게 되면 경제적 성공추구문화의 효과가 감소된다고 한다. 또한 소득 불평등은 자살률을 증가시키는 경향을 보인다고 한다. 한편, 은기수(2005)의 연구에서는 1990년에서 2004년간의 지니계수는 전체 자살률을 증가시키며 특히 30대에서 80대 이상의 자살률에 정적인 관계를 나타내었다. 또한 소득격차를 나타내는 소득5분위와 소득10분위의 지수는 전체 자살률을 증대시키며 10대를 제외한 모든 연령층의 자살률을 증가시키는 것으로 나타나 소득격차가 자살을 증가시킴을 보여주었다. 따라서 기존 연구들에 기초할 때 자살과 소득격차의 관계는 정적임을 가정할 수 있을 것이다.

출처: 윤우석(2011). 실업과 소득격차가 자살에 미치는 영향검증: 1995년에서 2008년까지의 시계열 자료 분석. 한국공안행정학회보, 42:161-162. 재인용.

(2) 자살문제에서 사회통제론적 접근과 아노미 이론

뒤르켕의 아노미이론과 함께 대표적인 거시이론으로 쇼와 맥케이의 사회해체이론이 있다. 쇼와 맥케이는 시카고학파를 대표하는 이론가들로 동심원이론에 기초하여 도시거주 지역의 구조적인 특성이 사회해체를 유발하여 범죄가 만연하게 된다고 이해하였다. 사회해체이론가들은 거주지역의 낮은 사회경제적 지위, 잦은 인구이동, 그리고 복잡한 인구구성으로 지역주민들의 행위를 통제할 수 있는 능력이 약화되어 범죄와 무질서가 발생한다고 이해한다(Bursik & Grasmick, 1993; Sampson & Groves, 1989; Sampson et al., 1997). 쇼와 맥케이의 고전적인 사회해체이론은 직접적으로 자살문제를 설명하지는 않았다. 최근 수정된 사회해체이론의 논의들은 사회해체이론의 확장을 추구하고 있다. 대표적으로 샘슨과 그의 동료들(2002)은 생태학적 범죄학 이론이 시민들의 신체 및 정신건강까지 다룰 수 있다고 주장한다(Sampson et al., 2002). 수정된 사회해체이론은 지역사회의 특성이 거주민들의 교류, 응집력, 비공식적 사회통제에 영향을 미치며 지역사회의 무질서와 범죄와 같은 문제가 초래된다고 본다. 지역사회의 불안전, 불결함, 낙후됨, 소외 및 고립감 등 부정적 환경은 지역주민들의 삶의 질을 떨어뜨리고 우울한 감정을 유발하게 되어 결과적으로 자살과 같은 일탈행위로 이어질 수 있다는 논리이다. 웨슬러(Wechsler, 1961)는 지역사회의 급격한 생활환경의 변화와 성장이 지역주민들의 우울감과 자살이 증가시킨다고 한다. 기존 많은 연구들이 무질서 한 주거환경이 거주민의 정신건강에 문제를 야기한다는 결과를 보여 줌으로써 수정된 사회해체이론의 논의를 지지하였다(전신현, 2003; 윤우석, 2014; Cutrona et al., 2006; Ross, 2000; Ross & Mirowsky, 2001; Ross et al., 2001). 지역사회의 환경은 거주민들의 우울증과 같은 정신건강 문제 뿐만 아니라 육체적 건강 역시 악화시킬 수 있는 것으로 나타났다(곽현근·노병일, 2003; 노병일·곽현근, 2005; 전신현, 2003; 정일영, 2012; 윤우석, 2014). 따라서 지역사회의 생태학적 특성과 환경은 자살을 유발하는 중요한 원인으로 작용할 수 있는 것이다.

지역사회의 사회해체 징후는 지역주민들의 심리적 특성에 부정적 영향을 미칠 것이며 이는 자살태도와 자살생각을 가질 가능성이 높일 것으로 가정된다. 기존 연구들에 의하면 지역사회의 사회적 응집력이 약하고 무질서한 곳에서 지역주민들의 정신건강에 부정적인 영향을 미친다고 한다(전신현, 2003). 또한 윤우석(2014)은 지역사회의 사회적 응집력, 비공식적 사회통제, 그리고 무질서가 우울감에 직접적인 영향을 미친다는 사실을 파악하였다. 결과적으로 지역사회의 규제 및 통합을 나타내는 사회적 응집력와 비공식적 사회통제는 지역사회의 무질서를 야기하며 무질서한 환경에의 노출은 개인의 정신건강에 부정적 영향을 미칠 것이다. 즉 무질서한 환경에 거주하는 사람들은 자살에 대해 긍정적인 인식을 할 가능성이 있으며 자살생각 더 많이 할 가능성이 높아지는 것이다.

뒤르켕의 아노미이론은 사회적 급변이 멈추면 사회문제가 해소될 수 있을 것으로 주장한 반면 사회해체이론은 도시 특정지역의 사회구조적 문제가 해결되지 않는다면 끊임없이 범죄가 집중될 것이라는 측면에서 이론적 차이는 존재한다(윤우석, 2011). 하지만 아노미이론에서 급격한 사회변화로 인해 인간본능을 조절하고 균형을 유지시킬 수 있는 사회적 통합과 규제가 기능하지 않는 상태인 아노미는 사회해체이론에서의 사회해체와 매우 유사하다. 즉, 뒤르켕의 아노미이론이 사회 전체적인 변화로 인한 아노미를 주장한다면 사회해체이론은 사회의 특정부분에 대한 아노미, 즉 사회해체를 강조한다는 측면에서 유사하며 이들 두 이론의 핵심에 사회통제와 사회규제라는 개념이 존재한다.

아노미이론에서 사회통합과 규제는 사회해체이론의 사회적 응집력 및 사회통제와 유사성을 보인다(보다 구체적인 논의는 윤우석, 2011a; 2012a). 아노미이론에서 자살을 유발하는 핵심적 요인은 사회적 통합과 사회규제가 제대로 기능하지 않기 때문이다. 메이먼과 컬(Maimon & Kuhl, 2008: 923)은 사회적 통합을 '사회적 집합체(Social Aggregate) 안에서 맴돌고 있는 집합적 삶의 정도'(Maimon and Kuhl, 2008: 923)라 정의하였고 사회적 규제(Social Regulation)는 '인간 본성의 악한 부분을 억제하고자 목표하는 사회적 메커니즘'이라 정의하였다(윤우석, 2011a:150 재인용). 즉, 사회적 통합은 결집력의 정도를 의미하며 사회적 규제는 인간의 본성을 규제하는 능력을 의미한다. 이 같은 논의는 기존 수정된 사회해체이론의 핵심 개념인 사회적 응집력과 비공식적 사회통제능력의 개념정의와 매우 유사하다. 기존 사회해체이론은 지역사회의 해체를 '공통의 가치를 깨닫지 못하는 지역사회'와 '지역사회 주민들이 공통적으로 동의하고 있는 목적의 달성을 위해 지역주민들을 규율할 수 있는 능력미약'으로 정의(윤우석, 2012b: 322: 재인용)하였다. 즉 아노미이론에서의 사회통합과 사회규제를 사회해체이론의 사회적 응집력와 사회통제와 유사한 개념으로 이해할 수 있을 것이다(윤우석, 2010).

(3) 자살문제에 대한 상황론적 접근

기존 아노미이론과 사회해체이론의 관점에서 자살(시도) 및 자살생각은 사회적 긴장과 통제의 약화에 따른 결과물로 이해될 수 있다. 하지만 사회적 긴장과 통제를 단시간에 해결하는 것은 현실적인 한계가 존재한다. 따라서 몇몇 상황론적 범죄예방가들은 자살의 직접적인 방지를 위해 상황적 범죄예방기법의 필요성을 역설한다. 범죄 및 일탈행동에 있어서 경찰의 역할을 논의하는 연구들은 수 없이 많으나 자살과 경찰의 관계를 직접적으로 연결 짓는 연구들은 많지 않았기에 이들의 주장은 자살문제에 상황적 통제기법을 적용할 수 있다는 측면에서 자살예방의 새로운 돌파구를 제시한다는 의미를 가진다. 대표적인 연구들로는 자살다발지역에 대한 접근금지(추락방지)를 통해 자살행위를 차단할 수 있다는 연구들이다(Beautrais, 2001; O'Carroll & Silverman, 1994; Skegg & Herbison, 2009). 이 연구들은 자살시도가 많은 건물, 다리, 혹은 장소를 출입통제 시키면 자살자의 수가 통계적으로 유의미하게 감소한다고 주장한다(Skegg & Herbison, 2009). 다른 한편으로 자살다발지역에 대한 통제를 해제한 경우 자살사건이 증가한다는 주장이다(Beautrais, 2001). 국내에서도 이와 유사한 사업이 진행되었다. 서울시 한강에 위치한 많은 다리에서 자살사건이 빈발하자 서울시와 삼성생명이 공동사업으로 마포대교 등에 자살예방 문구를 삽입하는 사업을 2013년에 실시하였다. 이 사업은 013년 부산국제광고제에서 대상을 받기도 하는 등 새로운 시도로 인정받았다. 다만 앞에서 논의하였던 유지관리의 문제가 발생하면서 자살예방문구를 2019년에 삭제하게 되었다. 오히려 외국의 사례와 같이 자살방지를 위한 난간설치를 통해 접근통제의 방식으로 변경되었다.

접근통제와 유사하게 자살수단과 관련된 연구로는 총기통제 및 독극물통제를 통해 자살에 대응하는 방법에 관한 연구들이다(Stack, 2000:150-152). 비록 이들 연구들은 통제와 억제의 요소를 결합하여 자살방지 가능성을 보여주는 좋은 사례들이기는 하지만 경찰활동과는 직접적인 관련성을 설명하기에는 부족한 부분이 많다. 또한 극히 일부분 혹은 특정 정책에 기초하여 특정장소나 특정물품의 규제를 통해 자살기회를 차단한다는 점에서 뒤르케임의 아노미이론에서 설명하고 있는 사회규제를 포괄적으로 측정하는 척도로는 부족한 부분이 많다. 왜냐하면 뒤르케임은 사회규제를 그 사회전체에 파급효과를 가지는 일반론적인 규제력으로 설명하였다고 이해하는 것이 옳을 것이기 때문이다. 또한 특정 자살수단의 통제나 금지는 다른 자살수단으로의 전이(Displacement)를 야기할 수 있기 때문에 제한적인 자살수단의 통제를 통해 자살행위의 감소를 기대하기에는 어려움이 존재한다. 물론 총기통제에 관한 연구들의 최근 연구결과들이 자살의 전이현상을 부정하는 결과들을 보여주고는 있다 할지라도 연구방법론 상에서의 문제점이 제기되는 것 역시 사실이다(Stack, 2000).

서울시 마포대교 자살예방 사업

마포대교 자살예방 문구

마포대교 자살방지난간

출처: https://blog.naver.com/hangangofficial/221686135392 검색:2021년 2월 19일.

경찰과 범죄예방

제1절 지역사회 경찰활동

1. 지역사회 경찰활동의 도입배경 및 경찰운영

지역사회경찰활동(Community Oriented Policing)은 경찰전문화 시대의 종지부를 찍은 경찰역사에서 중요한 변화이다. 전통적으로 경찰은 중앙집권적이고 관료적이며 전문성을 강조하였다. 볼머(August Vollmer)와 윌슨(O.W. Wilson)에 의해 제안되었던 경찰전문화는 고전적인 경찰조직이 지방정치가의 영향 많이 받고 경찰부패를 야기한다고 비판하며 경찰은 전문적이고 합리적인 경찰활동을 통해 범죄문제에 집중하는 경찰을 지향하였다. 모든 전문가 집단과 마찬가지로 경찰이 전무화의 길을 걷자 범죄수사 등에서 전문성이 필요한 영역(예: 과학수사, 경제수사 등)을 제외하고 실제 전반적인 경찰조직에는 부정적인 결과를 초래하였다. 특히 생활안전 경찰 혹은 지역경찰활동을 담당하는 지역경찰관들이 전문화를 지향하면서 지역사회의 요구에 둔감해지고 인종갈등을 야기했으며 경찰의 범죄통제능력 역시 의문시됨에 따라 새롭고 혁신적인 경찰활동이 필요하게 되었던 것이다. 그 선두에 자리한 것이 지역사회경찰활동이다(Crank, 1994; Kelling & Moore, 1988; Thurman et al., 2001).

지역사회경찰활동은 지역을 담당하는 경찰관들이 창조적이고 헌신적으로 지역사회 주민들과 관계를 맺고 협조하여 다양한 지역사회문제(범죄, 무질서, 범죄두려움 등)를 해결하는 것을 지향한다(Trojanowicz & Bucqueroux, 1990). 특히 지역사회경찰활동은 지역주민들과 경찰관들이 서로 협력하고 지역사회의 다양한 자원을 동원하여 경찰과 지역주민이 함께 지역사회의 범죄문제를 해결하려는 노력이다(Eck & Rosenbaum, 1994). 따라서 지역사회경찰활동이 성공적으로 자리매김하기 위해서는 지역경찰과 지역주민들 간의 잦은 접촉과 관계개선이 요구되며 이를 통한 상생적인 파트너 쉽이 형성되어야 한다(Skogan & Hartnett, 1997; Trojanowicz & Bucqueroux, 1990).

지역사회경찰활동의 핵심은 지역사회 문제를 적극적으로 파악하는데 있다. 기존 전문화 경찰 시절에는 지역사회의 범죄문제는 경찰이 직접 범죄문제를 찾고 해결하려 하기 보다는 시민들의 112신고(미국 등은 911) 등에 의존하는 소극적인 접근이었다. 경찰의 소극적인 범죄문제 해결 의지는 지역주민들의 경찰에 대한 신뢰와 만족도를 약화시켰고 지역사회 문제를 자신들 스스로 해결하거나 혹은 지역사회를 버리는 등의 부정적인 결과를 초래하였다. 이에 지역사회경찰활동은 지역경찰의 지역사회문제를 적극적으로 파악하는 것을 일차적인 조건으로 한다. 특히 지역사회문제의 파악은 경찰 홀로 접근하는 것이 아니라 지역주민들 과의 의사소통과 협력을 통해 시민을 경찰의 협력자로 인식하고 개선되어야 할 지역문제를 파악하는데 있다. 특히 지역사회경찰활동은 지역경찰이 지역사회문제를 잘 확인하고 지역주민들과 원만한 관계를 형성 할 수 있도록 담당지역에 고정배치 혹은 영구배치를 원칙으로 한다. 또한 지역사회문제를 파악하였다면 상부의 지시에 따라 문제를 해결하기 보다는 지역경찰이 재량권을 가지고 지역주민들과 함께 지역문제를 해결하는 것을 지향한다. 경찰운영에 있어서도 지역경찰은 차량순찰 중심의 '수박 겉핥기' 방식이 아니라 보다 집중적이고 면밀하게 지역사회문제를 파악하고 지역주민들과 비공식적인 접촉을 늘리기 위해 도보순찰이 선호된다. 또한 지역사회경찰활동이 지향하는 지역경찰의 역할은 단순히 범죄에 국한되지 않고 범죄두려움이나 무질서와 같은 지역주민들의 삶의 질을 향상시키는데 있다. 깨어진 창문이론을 주장한 윌슨과 켈링(Wilson & Kelling, 1982)도 지역사회의 무질서 예방을 위해 경찰은 작은 조직(파출소 규모)에 도보순찰위주의 경찰활동이 이루어져야 한다고 강조한다. 경찰학자 코드너(Cordner, 2001)는 지역사회경찰활동이 원활하게 자리 잡기 위해서 경찰의 조직은 수평적이며 상명하복이 아닌 분권적이고 팀 중심의 운영이 요구되며 현장경찰관에 대한 재량권 부여와 선배 경찰에 의한 멘토링 경찰활동이 이루어져야 한다고 주장한다.

지역사회경찰활동의 핵심 요소

3대 개념	하위개념	설명
지역사회 파트너쉽	다른 정부기관	지역 법원, 검찰, 보호관찰, 교정, 사회복지부서, 병원, 청소년 지원시설 등 경찰과 협력가능한 모든 정부기관
	지역구성원 및 그룹	지역사회 거주민들과 거주민들이 가입된 지역조직(주민대표자 모임, 반상회 등)
	비영리단체 및 지역 서비스 제공자	지역발전을 위해 비영리로 참여하고 있는 다양한 단체(종교단체, 시민단체, 피해자 모임 등)
	사업가	지역사회에서 사업을 영위하는 사람들과의 협력(지역상권발전협의회 등)
	미디어	지역사회의 미디어와 협력을 통해 지역사회경찰활동 관련 정보 전달(신문, 방송, 잡지 등)

<table>
<tr><th>3대 개념</th><th>하위개념</th><th>설명</th></tr>
<tr><td rowspan="4">조직 변화</td><td>조직관리</td><td>• 조직분위기와 문화: 지역사회경찰활동을 지원하는 조직 문화와 분위기 형성 필요
• 리더쉽: 지역사회경찰활동의 성공적 적용이 가능하도록 경찰리더의 솔선수범 및 비전과 가치 제공 필요
• 경찰노조와의 관계: 경찰노조의 적극적인 지원요청
• 의사결정: 중앙집권화 되지 않는 의사결정 격려
• 전략적 계획: 지역사회경찰활동의 명문화 및 명확한 계획수립 필요
• 정책: 지역사회경찰활동에 근거한 경찰정책 수립 필요
• 조직평가: 전통적 방식의 조직/인사 평가가 아닌 보다 폭넓은 평가기준 포함(경찰만족도, 범죄두려움, 문제해결, 삶의 질 등)
• 조직투명성: 경찰조직의 의사결정 등에 있어 투명성 확보</td></tr>
<tr><td>조직 구조</td><td>• 지역담당경찰: 지역경찰의 장기간 담당구역 배치
• 비전문화: 지역사회경찰활동의 성공을 위해서는 다양한 책임과 팀 역량이 요구됨. 이에 전문화 보다는 다기능이 가능한 경찰조직 격려
• 자원과 재정: 지역사회경찰활동을 위한 인력 및 재정 지원 필요</td></tr>
<tr><td>인력관리</td><td>• 모집, 채용, 선발: 지역사회경찰활동 담당 경찰관 채용과정에서 도전정신 보다는 서비스 정신을 강조하고 지역사회경찰활동과 문제해결을 담당하는 경찰관 모집임을 강조해야 함.
• 경찰인력 감독 및 평가: 지역경찰에 대한 평가는 문제해결활동, 적극적 경찰활동, 지역사회와 협력, 그리고 시민만족도에 기초하여 평가하고 지역사회경찰활동의 원리가 현장 경찰활동에 잘 반영되도록 감독해야 함.
• 훈련: 지역사회경찰활동의 원리와 기법을 전수할 수 있는 훈련으로 구성해야 함.</td></tr>
<tr><td>정보관리시스템</td><td>• 의사소통/정보접근: 지역담당 경찰관이 적시에 경찰관련 정보를 접근할 수 있는 기술제공(쌍방향 무전, 이메일, 뉴스레터, 보고서 등)
• 정보의 질과 정확성: 지역담당 경찰관들에게 질적으로 우수하고 정확한 정보를 제공.</td></tr>
<tr><td rowspan="4">문제해결</td><td rowspan="4">SARA모델</td><td>• 스캔(Scanning): 지역사회문제를 파악하고 우선순위 선정</td></tr>
<tr><td>• 분석(Analysis): 지역사회 문제에 대한 정확한 분석</td></tr>
<tr><td>• 대응(Response): 문제 해결을 위한 해결책 도출</td></tr>
<tr><td>• 평가(Assessment): 문제해결방법에 대한 평가</td></tr>
</table>

출처: https://cops.usdoj.gov/RIC/Publications/cops-p157-pub.pdf COPS. Community Policing Defined. Community Oriented Policing Service. U.S. Department of Justice.

2. 지역사회와 경찰활동기대와 우려

1) 지역사회경찰활동에 대한 기대

전 세계 대부분의 경찰은 지역사회경찰활동을 지향한다. 사실상 지역사회경찰활동이란 새로운 경찰활동이기 보다는 오래 전부터 존재하던 지역 중심의 경찰활동이 지역정치권과 경찰부패로 인해 행정관료적 경찰로 전환되었던 것을 다시금 회귀시킨 것이다. 물론 과거 정치적 경찰활동과는 거리가 있지만 지역사회와 밀접하게 관련되고 지역주민들과 관계를 개선하려는 모습은 완전히 새로운 경찰활동이라 보긴 어려울 것이다. 미국의 경우 1980년대 전통적 경찰활동에서 벗어나 혁신적이고 새로운 형태의 경찰활동을 발전시키려는 노력이 다양하게 진행되었다. 질서유지경찰활동, 무관용 경찰활동, 핫스팟 경찰활동, 문제지향적 경찰활동, 지역사회경찰활동 등 다양한 명칭을 가진 경찰활동이 제안되었다. 새롭고 혁신적인 경찰활동의 도입은 기존 경찰의 범죄억제능력에 대한 기대에 경찰이 부응하지 못했으며 경찰과 시민사회의 충돌로 경찰의 신뢰와 정당성이 현저하게 떨어진 것이 원인이었다.

새로운 경찰활동들 중 특히 지역사회경찰활동은 지역사회 범죄문제를 경찰과 지역주민이 함께 협력·대응하고 경찰과의 시민들의 교류를 통해 관계개선 및 주민들의 협력을 통해 지역경찰에 대한 신뢰와 정당성을 확보하고 궁극적으로 지역사회의 사회문제 해결의 효과성을 극대화 시킬 것이라 기대된다(Adams et al., 2004; Eck & Rosenbaum, 1994; Skogan, 1994; 2006; Skogan & Hartnett, 1997; Thurman et al., 2001; Trojanowicz & Bucqueroux, 1998). 지역사회경찰활동을 지지하는 연구자들은 지역사회 경찰활동은 범죄만을 대상으로 하는 것이아니라 지역의 다양한 사회문제들 특히 범죄두려움과 무질서와 같은 근원적인 문제원인까지 해결할 수 있을 것이라 기대한다(Kerley & Benson, 2000; MacDonald, 2002; Rosenbaum & Lurigio, 1994; Sadd & Grinc, 1994; Skogan & Hartnett, 1997; Trojanowicz & Bucqueroux, 1998). 많은 연구들이 지난 수십 년간 지역사회경찰활동의 효과성을 분석하고자 시도되었다. 국내 연구자들 역시 이에 동참하여 지역사회경찰활동이 범죄, 범죄두려움, 무질서, 경찰인식 등에 미치는 영향을 보고하였다(김구, 2005; 김인, 1997; 송건섭, 2001; 윤우석, 2008; 2013; 2015; 이성식, 2000; 제갈욱·제갈돈, 2008; 황의갑·우영기, 2009). 국내외 지역사회경찰활동 연구들은 지역사회경찰활동이 범죄를 직접적으로 감소시키기 보다는 무질서, 범죄두려움, 경찰에 대한 인식 개선에 상당한 기여를 하는 것으로 평가하고 있다(Chappell, 2009; Kerley & Benson, 2000). 이에 아직도 많은 학자들이 지역사회경찰활동이 지역사회의 다양한 문제 해결에 긍정적인 영향을 미칠 것이라 기대한다(Skogan, 1994; Skogan & Hartnett, 1997).

2) 지역사회경찰활동에 대한 우려

지역사회경찰활동에 대한 장밋빛 기대만 존재하는 것이 아니다. 실제 지역사회경찰활동이 제안되고 많은 학자들이 지역사회경찰활동이 초래할 문제점에 대해 우려스러움을 보였다(Geller & Toch, 1996; Nelligan & Taylor, 1994; Skolnick & Bayley, 1988). 겔러(Geller)와 토치(Toch)는 지역사회경찰활동은 아주 많은 긍정적 약속을 하고 있지만 실제 이를 증명할 증거가 부족하다고 비판하였다(Geller & Toch, 1996). 사실상 지역사회경찰활동을 지지하는 학자 및 실무가들은 지역사회경찰활동이 지역주민들 간의 관계를 개선하고 협력을 도출시켜 지역사회의 경찰의 정보원이 될 수 있을 것이라는 기대를 한다. 하지만 이 같은 기대는 전형적인 정부의 빅브라더(Big Brother) 시각이라 비판받는다. 또한 지역사회경찰활동의 가장 큰 우려점 중 하나는 경찰의 부패 가능성과 법집행의 중립성이 훼손될지도 모른다는 것이다. 지역사회경찰활동은 지역주민과 경찰의 끈끈한 유대와 관계개선을 강조한다. 이를 위해 경찰은 지역주민들과 빈번하게 접촉해야 한다고 주장한다. 또한 경찰은 지역경찰활동을 위해 담당구역에서 일정수준의 재량권이 부여받기 때문에 평소에 잘 지내던 지역주민들의 요구에 부담을 느낄 수 있고 불공정한 법집행 가능성 역시 존재한다. 즉, 경찰의 부패나 일탈 위험성이 존재하는 것이다. 특히 지역사회의 특정 계층이나 집단에 보다 관심을 가지고 경찰서비스를 제공해줄 가능성도 존재한다는 것이다(Mastrofski, 1988; Nelligan & Taylor, 1994; Pate et al., 1986). 이에 골드스테인(Goldstein, 1987)은 지역사회경찰활동이 성공적으로 이루어지기 위해서는 경찰문화에서 청렴성을 강조하는 문화가 자리 잡혀야 한다고 주장하였다. 또한 스코간(Skogan, 2006)은 지역사회경찰활동에서 주민들의 참여를 유도하는 것은 매우 어려운 일이며 이를 위해 경찰관들의 태도가 중요하다고 강조한다. 자호와 그의 동료들(Zhao et al, 1999)은 지역사회경찰활동이 성공적으로 자리매김하기 위해서는 경찰관들 스스로 자신들의 경찰역할이 범죄통제가 아닌 서비스 제공이라는 인식을 가져야 한다고 주장하였다.

3. 경찰과 시민의 접촉

지역사회경찰활동과 전통적 경찰활동의 가장 큰 차이점은 시민들과의 접촉 빈도와 접촉의 질이다. 전통적인 경찰활동에서는 경찰이 시민들과의 접촉이 주로 불법 주정차 단속, 불심검문, 교통단속, 음주단속, 그 외 범죄관련 단속이나 체포를 위주로 한다. 이에 시민들은 경찰과의 접촉에서 불친절하거나 불평등한 대우를 받는다는 인식을 가질 가능성이 높다고 한다. 실제 전통적인 경찰활동 시대에 도시의 낙후된 유색인종 밀집지역에 거주자들은 경찰의 접촉에서 부정적 경험이 많고 이로인해 사회적 불만과 정치적 갈등이 증가했다고 한다(Kelling & Moore, 1988). 경찰 내부적으로 경찰관들이 시민과의 직접적 접촉을 최소화 하도록 훈련받고 경찰조직 문화가 문제있는경찰관을 보호하려 하는 경향이 있어 경찰은 시민들과의 갈등이나 불평을 제대로 해결할 수 있는 능력이 부족하거나 별로 고려하지 않는다고 한다(Kessler, 1999:339). 이에 비해 지역사회경찰활동은 지역주민들과 관계개선을 강조하고 파트너쉽 형성을 중요시하기 때문에 전통적 경찰활동과 달리 시민들과의 접촉이 증가할 것이라 기대된다(Eck & Rosenbaum, 1994; Kessler, 1999; Skogan, 1994; 2006; Skogan & Hartnett, 1997; Thurman et al., 2001). 또한 전통적 경찰활동에 비해 시민들과 법집행 이외의 서비스 지원 차원에서의 접촉이 많다고 한다. 지역사회경찰활동은 범죄 이외의 사회문제에 대한 경찰서비스의 제공 및 지역주민들과 공동대응을 강조하기 때문이다(Skogan, 2006). 경찰훈련 과정에서도 시민들과의 관계 개선을 위한 다양한 접촉방법(친절한 대응 등)을 배우기에 경찰서비스에 대한 만족도가 높아진다고 한다(Kessler, 1999; Skogan, 1994; Skogan & Hartnett, 1997).

지역사회경찰활동이 지역사회와 경찰의 관계개선에 도움이 된다는 기대는 경찰과 지역주민들의 빈번한 교류를 증가로 서로가 상호이해를 증진시키고 불필요한 갈등을 감소시킬 수 있기 때문이다(Kessler, 1999). 케슬러(Kessler, 1999:336)는 지역사회경찰활동은 접촉이론(Contact Theory)에서 강조하는 갈등집단 간의 공통된 목표 설정을 통한 관계개선의 원리에 충실하다고 한다. 지역경찰은 지역주민들과 안전한 지역사회조성이라는 공통의 목표를 공유한다. 따라서 지역사회경찰활동은 지역주민들과 교류를 강조하지 않는 과거 경찰활동들에 비해 시민들과의 관계 개선 및 인식개선에 긍정적일 것이라 기대된다(Kessler, 1999). 실제 기존 연구들은 지역사회경찰활동이 지역주민들과의 관계 개선에 긍정적이라는 연구결과를 보여주고 있다. 대표적으로 아담스(Adams)

와 그의 동료들은(Adams et al., 2004)은 지역사회중심경찰활동을 시행하고 나서 지역경찰과 시민들 간의 관계가 나아졌으며 지역의 응집력 역시 증가하였다고 보고하였다. 케슬러 역시 지역사회경찰활동의 긍정적 효과를 보고하였는데 전통적 경찰활동이 이루어지는 지역에 비해 지역사회경찰활동 지역에서 시민들의 불평민원이 덜 신고 되었다는 결과를 보여주었다(Kessler, 1999)

써먼과 그의 동료들(Thurman et al., 2001)은 지역사회경찰활동의 핵심 전제는 긍정적 접촉을 통한 인식과 관계개선이라 하였다. 긍정적 접촉경험이 되기 위해서는 경찰과 시민들 간의 동등한 지위가 확보되어야 하고 경찰의 방범심방 및 지역모임 참여를 통한 개인적 접촉증대가 이루어져야 한다(Kessler, 1999). 전통적 경찰활동이 시민들관의 관계개선에 실패한 이유는 시민들과의 접촉과정에서 경찰관들이 불친절하고 불평등한 태도를 견지하여 부정적인 접촉으로 인식되었기 때문이다. 따라서 지역사회경찰활동이 성공적으로 지역주민들과 관계개선을 통해 협력치안이라는 목표를 달성하기 위해서는 긍정적 접촉이 이루어져야 하는 것이다. 실제 긍정적인 교류가 확보되지 않는 단순한 접촉의 증가는 시민의 불평을 오히려 증가시킨다는 연구들이 많다(Brandl et al., 2001; Lersch & Mieczkowski, 1996). 이는 아마도 경찰과 지역주민들의 접촉과정에서 경찰관들이 지역사회경찰활동의 철학과 의미를 제대로 교육받지 않았거나 이를 이해하지 못하고 시민들과 접촉하였기 때문에 발생한 문제로 보인다. 경찰이 지역사회경찰활동을 지향하면서도 경찰구성원들에 대한 교육과 훈련이 제대로 되지 않거나 혹은 경찰관들이 지역사회경찰활동을 제대로 수용하려하지 않는다면 지역사회경찰활동에서 기대하는 긍정적 접촉을 통한 지역사회 협력치안은 불가능할 것이다. 미국에서도 지역사회경찰활동을 도입하려는 많은 지역경찰의 노력에도 불구하고 소속 경찰관들의 태도가 변화지 않아 지역사회경찰활동의 도입에 문제라는 지적이 있었다(Zhao et al., 1999).

결국 지역사회경찰활동의 성공조건은 경찰접촉에서 경찰관의 태도와 행동에 있다. 많은 연구자들이 경찰과 지역사회의 관계개선에서 경찰관들의 태도와 행동의 문제를 지적한다. 미국의 대표적인 경찰학자 스콜릭(Skolnick)과 파이프(Fyfe)는 현장 경찰관들의 과도한 무력사용이 중단되지 않는다면 지역사회경찰활동이 성공하기는 어렵다고 지적하였다(Skolnick & Fyfe, 1993). 스미스(Smith, 1994) 역시 지역사회경찰활동을 위해서 경찰의 무력사용이 줄어야하며 무력사용에 대한 경찰 내부의 통제가 필요하다고 역설하였다. 데이비스(Davis)와 그의 동료들(Davis et al., 2005)은 미국 뉴욕시에서 도입된 질서유지경찰활동(Order Maintanenence Policing)과 무관용 경찰활동(Zero Tolerance Policing)은 범죄감소에서는 성공하였으나 시민들의 불평불만이 증가하였다는 결과를 보여주었다. 데이비스와 그의 동료들은 단순히 특정 경찰 프로그램에서 기인한 문제라기보다는 경찰활동에 참가하는 경찰관의 태도가 매우중요하다고 주장한다. 실제 뉴욕시의 브롱스(Bronx)에서도 깨어진 창문이론에 기초한 공격적인 경찰활동이 이루어졌음에도 불구하고 시민불평이 감소하였다. 이는 브롱스 경찰의 리더들이 질서유지경찰활동 과정에서 경찰관들이 시민들을 존중하며 활동할 것을 강조하였기 때문이라 한다(Davis et al., 2005). 즉 경찰접촉의 과정에서 경찰관들이 시민들에게 예의바르며 존중하는 태도와 행동을 보여주는 존중적 경찰활동(Respect Policing)의 중요성을 일깨우는 결과이다.

비록 지역사회경찰활동이 지역사회와의 관계 개선을 가능케 할 수 있다는 기대가 있지만 오히려 현장 경찰관들의 부정행위나 부패가 더 많아질 수 있다는 우려가 있다. 앞에서 잠시 살펴보았듯이 지역사회경찰활동은 과거 정치적 경찰활동 시대의 모습을 일부 적용하고 있기 때문이다. 왜냐하면 지역사회경찰활동은 경찰기관과 경찰관들이 지역사회로부터 고립되지 않고 지역사회와 소통할 것을 강조하기 때문에 지역사회의 지도자(Community Leaders)나 특정 집단들이 경찰활동의 방향에 영향을 미치거나 경찰서비스가 공평하지 않게 배분될 수도 있기 때문이다. 물론 지역사회와의 소통과 교류를 통해 경찰이 지역주민들과의 관계가 개선되고 지역문제에 대한 이해를 높일 수 있지만 이와 동시에 경찰의 불공정한 법집행과 부패가 초래될 수 도 있기 때문이다. 지역사회경찰활동에 따른 부정적 결과를 경고한 넬리간과 테일러의 의견(Nelligan & Taylor, 1994)을 살펴보도록 하자. 넬리간과 테일러(Nelligan & Taylor, 1994)는 지역사회경찰활동은 잘 이루어지기 위해서는 지역사회의 다양한 의견을 들어야 하고 이로인해 오히려 경찰활동에 정치적 판단이 많아져서 지역주민들의 불평불만이 증가할 수 있다고 주장하였다. 예를들어 설명하자면, 10대의 CCTV를 지역에 설치하고자 할 때 다양한 지역주체들이 자신들의 거주지 주변에 CCTV를 설치해 달라고 할 것이다. 만약 10곳 이상의 지역에서 CCTV설치를 요구하고 있다면 어디에 CCTV를 설치하는 것이 가장 좋은가? 결국 경찰의 정치적 판단이 이루어질 수밖에 없는 현실이 있다는 것이다. 또한 지역사회경찰활동은 경찰이 지역사회로부터 고립되었던 기억에서 벗어나고자 하는 목적을 가진다. 1960년대 미국 경찰은 지역사회와 갈등이 깊어 지역사회로부터 고립된 상태에서 범죄에 대응해야 했다. 이를 극복하는 방안으로 제시된 지역사회경찰활동은 지역주민들과의 밀접한 관계를 강조하는데 이는 결과적으로 경찰의 법집행과 치안서비스가 선별적으로 이루어질 수 있다는 위험성을 가진다(Nelligan & Taylor, 1994:63). 마지막으로 넬리간과 테일러는 지역사회경찰활동에서 강조하고 있는 현장 경찰관들의 재량권확대는 부정적인 경찰문화(Code of Silence)의 영향을 벗어나게 할 수도 있지만 실제적인 경찰관들에 대한 감독과 통제기능을 약화시켜 경찰일탈을 야기할지도 모른다고 우려하였다(Nelligan & Taylor, 1994:64).

이 같은 우려와 같이 사실상 몇몇 연구들이 경찰의 혁신적인 경찰활동 도입이 오히려 시민들의 불만과 경찰의 일탈과 같은 문제를 더 많이 초래한다는 결과를 보여주고 있다. 스미스(Smith, 1994)는 지역사회경찰활동을 제대로 훈련받지 않은 경찰관들이 시민들과 접촉하였더니 갈등을 증가되었다고 한다. 그린(Greene, 1999)은 뉴욕시의 무관용 경찰활동이 경찰에 대한 시민들의 불평을 보다 더 많이 유발하였음을 보여주었다. 레이스(Reiss, 1971)는 적극적인 경찰활동(Proactive Policing)이 소극적 경찰활동에 비해 오히려 시민들의 저항을 더 많이 유발하였다고 한다. 최근 연구에서도 적극적 경찰활동 과정에서 경찰관들의 무례한 말투나 무력사용으로 시민들의 불평이 증가하였다는 결과가 보고되고 있다(McCluskey & Terrill, 2005). 페이트와 그의 동료들의 연구에 따르면 미국 텍사스 경찰이 휴스톤(Houston)에서 진행한 범죄두려움 감소 프로그램에서 경찰관들이 백인 집주인들과 더 많이 접촉하고 서비스를 제공하여 지역사회경찰활동의 혜택이 특정 인종에게 집중되는 결과를 보여주었다. 많은 연구들의 결과에 따르면 경찰관은 시민들과의 접촉과정에서 시민들의 인종에 따라 태도의 차이를 보이는 경우가 많아 오히려 경찰접촉이 시민들의 불평을 증가시킬 수 있다는 우려가 많다(Decker & Wagner, 1982; Visher, 1983). 실제 국내 연구에서도 지역사회경찰활동이 오히려 경찰의 일탈적 행동을 시민들이 더 많이 인지하게 되는 부작용이 존재하는 것으로 나타났다(윤우석, 2013).

제2절 경찰활동의 효과성 평가

1. 경찰활동과 범죄

경찰활동이 범죄를 감소시킬 수 있는가라는 주제는 오랜 기간 경찰학 연구의 주요 관심대상이었다. 경찰과 범죄의 관계를 검증하기 위해 많은 연구자들은 다양한 방법으로 경찰과 범죄의 관계를 검증하고자 하였다. 첫째, 경찰의 고유한 범죄대응능력이라 할 수 있는 경찰인력, 경찰장비, 경찰검거율 등과 같은 경찰력(Police Forces)가 범죄에 미치는 영향을 파악하려는 연구가 가장 먼저 진행되었다. 주로 전통적 경찰활동의 범죄억제력을 평가하는 연구가 이에 해당한다. 둘째, 경찰의 새로운 활동(지역사회경찰활동, 문제지향적 경찰활동, 질서유지경찰활동, 핫스팟 경찰활동 등)이 범죄에 미치는 영향을 평가하는 연구들이었다. 이들 연구들은 주로 특정 경찰활동 프로그램 운영의 효과성을 평가하는 연구가 많았다. 예를 들면 마약판매가 많이 이루어지는 지역에서 경찰의 마약퇴치를 위한 적극적 경찰활동이 마약범죄를 얼마나 감소시키는가를 분석하는 방식이었다. 혹은 무질서가 많이 발생하는 지하철, 버스터미널, 유흥가 등에 집중순찰 및 질서유지경찰활동 시행하고 이전과 이후를 비교하는 실험연구들이 이에 해당한다. 마지막으로 최근 각광받고 있는 환경설계를 통한 범죄예방이론을 경찰현장에 적용하여 물리적 환경 변화의 효과를 평가하는 방법이다. 특히 국내에서 많은 지방자치단체와 경찰이 협업하여 적용하고 있는 안심마을 조성사업 등의 효과를 분석하는 것이 이에 해당한다.

전체적으로 이들 평가 연구들은 고전주의 범죄학에 기초하고 있으며 인간의 자유의지와 합리적 선택을 전제로 경찰활동에 의해 잠재적 범죄자가 범죄가담을 덜 하게 될 것이라 가정한다. 1970년대 이후 실증주의 범죄학(범인성 강조)이 퇴보하면서 새롭게 등장한 신고전주의 범죄학과 억제이론이 이론적 근거로 작용하고 있다. 억제이론(Deterrence Theory; Zimring & Hawkins, 1973), 합리적 선택이론(Rational Choice Theory; Clarke, 1992), 범죄기회이론(Crime Opportunity Theory; Cohen & Felson, 1979), 그리고 상황적 범죄예방론(Situational Crime Prevention)이 그 토대라 할 것이다.

경찰활동이 범죄를 감소시킬 것이라는 기대는 고전주의 범죄학에서 주장하는 인간의 자유의지와 처벌을 통한 형사사법기관의 공식적인 통제력에 이론적 기초를 두고 있다.

실증주의 학파의 대두로 퇴색되었던 이 같은 사고는 실증주의 이론에 기반을 둔 형사사법정책들의 비효율성에 대한 반발로 1970년대에 미국에서 다시금 주목받게 된다. 신고전주의 학파라 불리는 이들 이론들은 억제이론, 합리적 선택이론, 그리고 범죄기회이론으로 대별되는 상황적 범죄 예방론이다. 이들 이론들의 공통적인 가정은 인간은 합리적으로 이익과 손실을 계산할 수 있으며 인간행위를 통제할 수 있는 공식적인 처벌요인이나 억제요인들의 상황적인 존재여부에 따라서 범죄가 발생한다고 주장한다. 따라서 인간은 누구나 범죄를 저지를 수 있으며 범죄를 저지르는 이유는 상황적인 통제요인의 유무에 따라 결정된다는 것이다. 상황적 범죄예방이론은 공식적 형사사법기관의 통제장치 (경찰순찰, 형벌, 경찰체포 등) 뿐만 아니라 비공식적이고 물리적인 범죄억제장치들(예: CCTV, 잠금장치의 설치, 쇠창살의 설치, 출입문 통제 등)의 설치 및 지역주민들 간의 범죄감시행위까지 포괄하는 범죄예방대책을 주장한다.

범죄자는 범죄행위를 통하여 얻을 수 있는 이득이 범죄로 인한 처벌 및 손실들을 합리적으로 계산하여 행동하게 되는데 처벌은 신속(Swiftness), 엄격(Severity), 그리고 확실(Certainty)하여야 그 효과를 극대화 시킬 수 있다(Zimring & Hawkins, 1973). 또한 범죄기회이론에서 주장하는 상황적인 범죄발생의 기본요소들 (범죄피해의 대상, 동기화 된 범죄자, 감독의 부재) 중에서 범죄 상황을 감시할 수 있는 공식적인 감독을 경찰활동의 증대를 통하여 확보될 것이라 가정되기 때문에 범죄억제를 위한 처벌효과의 극대화에 경찰의 역할이 중요시 된다.

1) 경찰력과 범죄의 관계

경찰력과 범죄의 관계에 대한 연구는 주로 미국 학자들에 의해 이루어졌다. 국내에서도 경찰력과 범죄의 관계에 대한 논의가 최근 증가하고 있다. 초기 경찰력과 범죄율의 관계를 검증한 연구들은 경찰력을 인구 1000명당 경찰관의 수, 인구 1000명당 경찰 순찰차 수, 경찰 순찰 횟수, 경찰의 예산, 경찰의 검거율, 인구 1000명당 경찰관서의 수로 파악하였다(Decker & Kohfeld, 1985; Land & Felson, 1976; Loftin & DcDowall, 1982; Marvell & Moody, 1996; Sherman & Weisburd, 1995). 특히 많은 연구자들이 경찰의 검거율을 경찰력의 핵심으로 이해하고 대부분의 연구에서 검거율과 범죄율의 관계를 검증하려 노력하였다(Wilson & Boland, 1978). 경찰관련 변수 중 가장 중요한 것은 경찰의 범인 검거율 혹은 사건 해결율이다. 기존 연구에서는 경찰의 범죄대응능력을 측정할 수 있는 주요한 변수로 경찰의 범죄사건 해결율이 주로 사용되었다. 경찰의 범죄자 검거율은 잠재적 범죄자에게 경찰에의 체포위협과 처벌가능성을 높이고 차후 범죄행위를 억제할 것이라 가정된다. 따라서 경찰의 당해 연도 범죄 검거율과 차후 연도의 범죄율은 부적 관계를 가질 것이라 가정될 수 있다 (Sampson & Cohen, 1988; Wilson & Boland, 1978). 다만 기존 공식통계의 한계점 중 하나는 당해 연도 검거건수와 당해 연도 범죄발생건수를 기초로 검거율 혹은 해결율을 추산한다는 점이다. 사실상 정확한 검거율 혹은 해결율을 계산하기 위해서는 동일 범죄발생에 대한 동일 범죄 해결율로 계산이 이루어져야 한다. 하지만 공식통계자료 분석에서 아직까지 정확성이 여기에 미치지 못하고 있다(윤우석, 2009).

경찰력과 범죄율의 관계를 가장 초기에 연구한 그린버그(Greenberg)와 그의 동료들(Greenberg et al., 1979)은 미국의 98개 도시에서 수집된 체포율과 범죄율 데이터를 분석한 결과 두 변인간에 유의미한 관계를 가지지 않는다고 결론내렸다. 즉 경찰의 검거가 범죄와 관련이 없다는 연구결과였다. 그린버그는 이후에 추가적으로 연구를 진행하였다. 그는 케슬러와 함께 다시금 세밀하게 검거율과 범죄율의 관계를 분석한 결과 범죄자 검거율은 폭력범죄를 일부 감소시키는 것으로 나타났으나 다른 범죄에는 영향이 없는 것으로 파악되었다(Greenberg & Kessler, 1982). 이 같은 결과에 대해 그린버그는 검거율이 범죄감소라는 영향을 미치기 위해서는 검거율의 현격한 개선이 이루어진다면 범죄감소효과가 있을 것이라 결론 내렸다. (Greenberg and Kessler, 1981:786). 경찰 검거율과 범죄율의 관계를 이후에도 많은 학자들이 검증하려 노력하였다. 챔린(Chamlin, 1991)은 미국 필라델피아의 7개 도시에서 경찰의 검거율과 범죄율 통계자료를 분석하였다. 그는 경찰의 월별 통계자료를 사용하여 분석한 결과 검거율이 높은 경찰서에서 강도, 침입절도, 그리고 자동차 절도가 감소한다는 사실을 보고하였다. 이와 유사하게 달레시오(D'alessio)와 스톨젠버그(Stolzenberg)는 경찰의 범죄통계자료를 일별(Daily)자료로 세분화 하여 검거율과 범죄율의 관계를 분석하였다(D'alessio & Stolzenberg, 1989). 분석결과 경찰의 검거활동은 범죄발생사건의 숫자에 민감하게 영향을 받는 것으로 나타났다. 검거율이 높아지면 범죄율이 감소하였으나 범죄가 많아지면 검거율이 많아지는 정적 효과와 부적 효과가 동시에 나타났다. 즉 경찰의 검거율은 범죄율과 서로 상호작용하는 관계에 놓여 있는 것으로 확인되었다. 범죄발생 빈도가 경찰의 체포율에 영향을 미침과 동시에 경찰력 증강의 필요가 부각되어 경찰력이 증강되고 이는 다시 범죄율에 영향을 미친다는 것이다 (D'alessio & Stolzenberg, 1989:753).

범죄율과 검거율의 상호작용 효과는 이후 연구들에서도 확인되었다(Greenberg & Kessler, 1982; Kohfeld & Sprague, 1990; Lynch et al., 2002; Marvell & Moody, 1996). 예를 들면, 마벨(Marvell)과 무디(Moody)의 연구(Marvel & Moody, 1996)에 따르면 범죄가 10% 증가하면 지방정부에서는 지역경찰관을 약 1.5% 정도 더 많이 채용하였고 경찰관 1명을 채용하면 24건의 범죄가 감소하는 것으로 나타났다(Marvell and Moody, 1996:632).

국내에서도 경찰력과 범죄율의 관계를 검증한 연구들이 몇몇 진행되었다. 예를 들면, 부안방폐장 반대시위와 부산 APEC으로 단기적으로 많은 경찰관이 배치됨에 따른 범죄발생의 변화를 분석한 노호래(2006)의 연구결과 경찰력이 급격한 증가는 5대 범죄발생과는 관련성이 없었고 오히려 경범죄나 교통범죄가 감소하는 것으로 나타났다. 즉, 경찰관의 배치가 시민들에게 자주 보이게 된 것(Police Visibility)이 경범죄 등의 사소한 범죄 억제에는 도움이 되는 것으로 파악되었다. 다음으로 대구에서 경찰의 순찰활동이 범죄에 미치는 영향을 분석한 이성식(2001)의 연구에서는 경찰의 가시적인 순찰활동이 범죄감소에 일부 영향이 있는 것으로 보고하였다. 또한 제갈돈과 그의 동료들(제갈돈 외 2인, 1999)은 경찰의 예산과 경찰인력이 범죄억제에 미치는 영향을 파악하였는데 예산증가와 인력증원의 영향은 미미하였고 그 효과 역시 시간차를 두고 나타나는 것으로 파악되었다. 마지막으로 윤우석(2009)은 전국 경찰서의 경찰력 관련 자료와 시군구 자료를 통합하여 경찰력과 범죄율의 관계를 검증하고자 하였다. 연구결과 경찰의 당해 연도 5대 범죄 검거율은 다음 연도 5대 범죄 발생율을 감소시키는 것으로 나타났다(윤우석, 2009).

2) 혁신적 경찰활동과 범죄율의 관계

경찰의 전통적인 순찰활동이나 검거율이 범죄에 미치는 영향을 파악한 이전 연구들과 달리 최근 연구들은 경찰의 다양한 활동들이나 프로그램 (Hot Spot Police Patrol and Presence, Arresting Domestic Abusers, Aggressive Response to Drug, Quality of Life Policing, Order-Maintenance Policing, and Community Oriented Policing Strategies)의 적용이 범죄발생에 미치는 영향을 파악하고자 한다. 이들 연구들은 특정 프로그램들의 효과성을 검증하고자 하였다. 전통적 경찰활동과 비교하여 혁신적 경찰활동들은 경찰의 접근방법과 집중적인 경찰활동의 차이가 존재하는 것으로 이해된다

(Weisburd & Eck, 2004: 아래 그림 참조).

우선 로젠펠드(Rosenfeld)와 그의 동료들(Rosenfeld et al., 2007)은 뉴욕경찰이 무질서 이론에 근거하여 새롭게 도입한 질서유지경찰활동(Order Maintenance Policing)의 효과성을 분석하였다. 뉴욕시 경찰의 범죄통계자료를 분석한 결과 이들은 질서유지경찰활동이 적용된 이후 강도 발생 감소효과 4% 그리고 살인사건 감소효과 10%가 존재하는 것으로 보고하였다. 다음으로 경찰활동 중 가장 범죄감소에 효과적인 으로 평가받고 있는 경찰의 거점순찰 경찰활동(Hop-spot Policing)의 평가연구이다. 1995년 서먼(Sherman)과 웨이스버드(Weisburd)는 미네아폴리스(Minneapolis) 경찰이 도입한 거점순찰 경찰활동의 범죄억제효과를 분석하였다. 경찰통계자료를 검증한 결과 경찰의 거점순찰을 통해 경찰순찰을 2배 증가시켰더니 범죄나 무질서 관련 주민신고가 6~10% 가량 감소하였다는 결과를 보여주었다. 또 다른 거점순찰활동 평가연구로 웨이스버드(Weisburd)와 그린(Green)은 뉴저지 주 경찰의 거점순찰활동을 평가하였고 일부 범죄억제효과가 존재한다고 보고하였다(Weisburd & Green, 1995). 다음으로 골드스테인(Goldsetin)이 제안한 문제지향적 경찰활동(Problem-oriented Policing)의 평가연구가 진행되었다. 문제지향적 경찰활동이 범죄를 감소시키는 원리는 범죄문제가 지속적으로 발생되는 장소에 대해 경찰이 적극적으로 개입하고 순찰활동을 강화하는 방식으로 문제를 해결하려 하였다. 문제지향적 경찰활동을 평가한 샘슨(Sampson)과 코헨(Cohen)의 연구(Sampson & Cohen, 1988)에서는 경찰의 공격적인 순찰활동이 강도와 절도의 체포에 대한 확실성(Arrest Certainty)을 증가시켰고 체포의 확실성은 강도와 절도를 감소시키는 것으로 나타났다. 또한 경찰의 공격적인 순찰활동은 강도와 절도를 동시에 감소시키는 것으로 나타났다. 흥미로운 점은 이 연구에서 경찰의 공격적 순찰활동이 범죄에 미치는 영향이 인종에 따라 차이가 존재하는 것을 발견하였다는 것이다. 경찰의 공격적 순찰활동은 백인 청소년들의 강도행동에는 영향이 없는 반면 흑인 청소년들의 강도행동은 감소시키는 것으로 나타났다. 다만 성인 범죄자의 강도행동에서는 경찰의 공격적 순찰활동의 영향에서 인종 간 차이가 나타나지 않았다. 맥도날드(Mcdonald, 2002)역시 인구 10만 명 이상의 164개 미국 도시를 대상으로 강도와 살인에 경찰활동이 미치는 영향을 분석하였다. 분석결과 공격적인 경찰활동은 강도와 살인을 감소시키는 것으로 나타났다. 다만 지역사회경찰활동 관련 변인들은 유의미하게 범죄를 감소시키지 못하는 것으로 파악되었다. 이외에도 보워(Bowers & Hirsch, 1987)는 보스튼 지역에서 경찰의 도보순찰활동이 범죄나 무질서 감소효과가 없는 것으로 나타났다. 뉴저지 뉴왁(Newark)에서 진행된 경찰의 도보순찰 실험연구 결과 범죄감소효과가 없는 것으로 나타났다(Police Foundation, 1981).

웨이스버드(Weisburd)와 에크(Eck)의 경찰전략의 차원에 관한 논의

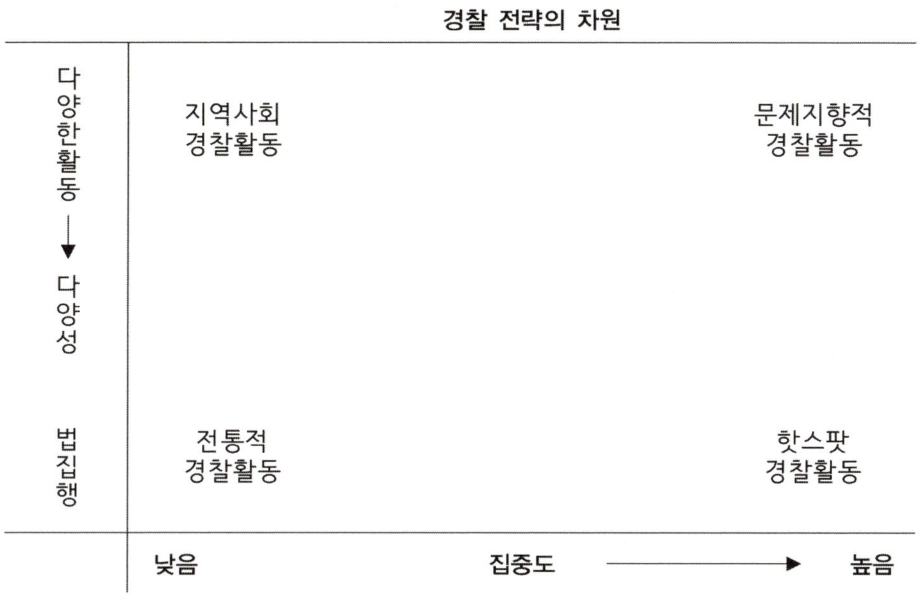

출처: Weisburd, D. & Eck, J. (2004). What can police do to reduce crime, disorder, and fear? Annals of the American Academy of Political and Social Science, 593: p. 45.

경찰의 새로운 경찰활동 도입이 오히려 범죄문제를 심화시킨다는 우려도 존재한다. 몇몇 연구들은 경찰의 적극적인 경찰활동(Aggressive or Proactive Policing)이 지역사회의 범죄율을 오히려 증가시킨다는 결과를 보여주고 있다(Farrington, 1977; Hagan et al., 1978; Kane, 2005; Mcdonald, 2000; Sherman et al., 1992). 패링턴(Farrington, 1977)은 청소년범죄자에 대해 적극적으로 경찰이 체포정책을 펼쳤더니 체포된 경험이 있는 청소년들이 오히려 미래에 더 많은 비행 및 범죄행위에 가담한다는 사실을 보여주었다. 이와 비스하게 케인(Kane, 2005)은 뉴욕시 경찰국에서 적극적으로 문제행동을 저지른 시민들을 체포하는 정책을 펼쳤더니 오히려 폭력 범죄가 더 증가한다고 보고하였다. 특히 케인은 사회적으로 소외된 하층민들이 많이 거주하는 지역에서 경찰의 적극적인 검거전략은 오히려 지역사회를 해체시키는 역할을 한 것으로

설명하였다. 셔먼과 그의 동료들(Sherman et al., 1992)은 기존 가정폭력 사범에 대한 체포가 가정폭력을 감소시키기도 하지만 실업자인 가정폭력범을 체포하는 경우 오히려 이후에 더 심각한 가정폭력을 저지른다는 결과를 보여주었다. 클리어와 그의 동료들 역시 경찰의 체포활동 증가는 지역사회의 통제력 약화를 통해 이후 범죄증가를 유발할 수 있음을 보여주었다(Clear et al., 2003).

3) CPTED와 범죄율

CPTED는 전 세계적으로 각광받고 있는 대표적인 범죄예방 기법으로 자리매김하고 있다. 특히 앞에서도 논의하였듯이 CPTED는 막대한 예산이 투입되는 사업으로 지방정부와 경찰의 협업이 요구되는 사업이다. 국내에서는 안심귀갓길 조성사업, 안심마을 조성사업, 도시재생사업 등 다양한 용어로 CPTED사업이 진행되고 있다. 안심마을 만들기 사업은 행정안전부에서 2013년에 전국 10곳을 선정하여 진행 한 것이 시초였다. 2014년 법무부는 범죄예방환경개선사업을 법질서 신천운동 시범사업의 하위 사업으로 실시하였다. 총 18곳이 선정되어 CPTED를 적용하고 법질서 준수, 안전법규 준수, 범죄취약지역 환경개선 사업이 추진되었고 2017년에 2차 사업이 진행되었다. 경찰에서는 2014년부터 여성안심구역 혹은 여성아동안심구역이라는 용어를 사용하였는데 이전에 성폭력 범죄 등 특별관리 구역이라 불리던 지역을 용어의 선입견 방지를 위해 순화시켜 변경한 용어이다. 이들 사업지에서는 여성과 아동이 안심하고 삶을 영위 하고 귀갓길을 이용할 수 있도록 환경개선을 추진한 사업이었다. 용어의 다양성과 상관없이 경찰, 중앙정부, 지방자치단체, 그리고 지역사회가 범죄예방을 목표로 추진한 CPTED사업이었다(윤우석, 2015; 2018).

주로 CPTED의 평가 연구들은 CCTV의 범죄감소효과를 중심으로 논의되었다. CCTV의 범죄억제효과는 제 5장 집중적으로 다루었다. 한편 경찰이 CPTED사업의 도입 단계에서부터 개입하여 적극적으로 사업을 진행한 경우 단순히 CCTV설치에 국한하지 않고 많은 환경설계 디자인이 적용되고 있다. 예를 들면 안심마을 조성사업에는 CCTV신규 설치, 벽화거리 조성, 로고젝트, 조명(보안등, 가로등, 산책로 조명 등), 방범순찰부스 설치, 아동지킴이 집, 공원정비사업, 가로시설물 정비사업 등 다양한 사업이 동시에 진행되고 있다. 따라서 CCTV 신규 설치의 효과만을 파악하는 것은 불가능하고 그 사업 전체의 효과를 파악해야 한다.

기존 국내 CPTED연구들은 정교한 실험설계를 통해 CPTED사업의 효과성을 분석한 사례가 많지 않다. 그나마 최근 연구 사례를 살펴보자면 2013년 구미시 구평동에서 진행된 안심귀갓길 조성사업의 사례가 있다. 이 연구에서 윤우석(2015)은 안심귀갓길 조성 사업 이전과 이후의 범죄발생 통계자료를 시계열적으로 분석한 결과 실험지역의 안심귀갓길 조성사업이 폭력범죄에는 감소효과가 없었으나 절도 범죄 감소효과는 유의미하게 나타난 반면 비교지역에서는 폭력과 절도 범죄가 모두 변화가 없는 것으로 나타났다. 즉, 경찰의 안심귀갓길 조성사업이 절도범죄 감소효과가 경험적으로 증명된 최초의 국내 연구였다.

2. 경찰활동과 무질서

제 7장에서 살펴보았듯이 지역사회의 무질서는 지역주민들의 범죄두려움을 증가시키고 지역사회의 범죄문제 및 지역사회해체에 영향을 미치는 것으로 파악된다. 이에 경찰은 범죄 뿐만 아니라 지역사회의 무질서를 감소시키기 위해 많은 노력을 진행하였다. 사실상 무질서는 지역주민들의 경범죄와 관련되는 경우가 많다. 불법적으로 쓰레기나 차량을 버리고 빈집이나 공사장을 방치하고 술에 취해 싸우거나 10대 청소년들이 몰려다니며 일탈행위를 하고 낙서를 하는 등 무질서한 지역사회 환경을 조성하는 행동과 그 결과물을 의미하기 때문이다. 기존 무질서 이론가들은 다양한 무질서 이론을 제시하였다. 대표적인 무질서이론으로 켈링과 윌슨의 깨어진 창문이론(Broken Window Theory)이 제시되었으며(Kelling & Wilson, 1982) 이 이론에 기초하여 다양한 경찰활동이 제안되었다. 대표적으로 무질서 이론에 근거한 경찰활동으로 지역사회의 질서유지 경찰활동(Order Maintenance Policing), 삶의 질 향상 경찰활동(Quality of Life Policing), 무관용주의 경찰활동(Zero Tolerance Policing) 등이 경찰 현장에 적용되고 있다.

경찰활동과 무질서에 관한 논의들을 살펴보자면 경찰의 무질서 억제 활동이 무질서 감소에 도움이 된다는 연구결과들이 도출되고 있다. 깨어진 창문이론에 기초하여 경찰의 무질서 및 기초질서위반 행동에 대한 적극적인 경찰활동이 무질서를 감소시킬 수 있다는 연구결과들이다. 기존 연구결과들을 간략하게 살펴보자면 다음과 같다. 우선 1995년 셔먼(Sherman)과 웨이스버드(Weisburd)는 미국 미네아폴리스 경찰(Minneapolis

Police Department)의 핫스팟 경찰활동을 통해 경찰이 자주 무질서 한 지역에 순찰을 돌도록 하였더니 지역의 무질서 행위가 감소하였다는 결과를 보여주었다. 총 110개 핫스팟을 설정(55개 실험지역, 55개 통제지역)하고 실험지역에서 경찰순찰을 집중적으로 더 늘리도록 하였다. 연구결과 통제지역에 비해 실험지역에서 무질서 행위가 현격하게 감소하는 결과를 보여주었다. 즉, 핫스팟 경찰활동이 무질서를 감소시키는 것으로 나타났다. 코퍼(Koper, 1995)는 셔먼과 웨이스버드의 미네아폴리스 핫스팟 경찰활동 자료를 활용하여 경찰의 순찰 시간과 무질서와 범죄의 관계를 분석하였다. 약 11분에서 15분 정도 핫스팟에서 경찰이 고정하여 배치될 경우 가장 이상적인 무질서 및 범죄억제 효과가 나타나는 것으로 보고되었다.

스코간(Skogan)과 하트넷(Hartnett)의 연구결과 지역사회경찰활동이 지역주민들의 무질서 인식을 완화시키는 것으로 보고하였다(Skogan & Hartnett, 1995). 또한 경찰의 방범심방 역시 무질서 감소에 효과가 있다는 연구결과들이 보고되었다(Skogan, 1992). 마약범죄자들에 대한 체포 활동 역시 마약범죄 감소 및 무질서 감소효과를 보여주었다(Sherman & Rogan, 1995). 다만 마약 집중 발생지역에 대한 마약사범 단속의 효과의 지속시간은 단기적인 것으로 파악되었다. 쥬와 그의 동료들(Xu et al., 2005)은 지역사회경찰활동에 대한 지역주민들의 인식은 무질서 인식과 부적관계를 가지는 것으로 나타났으며 지역사회의 범죄가감소 효과는 무질서를 통해 매개되는 것으로 나타났다. 즉, 지역사회경찰활동은 무질서를 감소시키고 이는 다시금 범죄를 감소시키는 것으로 파악되었다.

웨이스버드(Weisburd)와 에크(EcK)는 기존 경찰활동관련 연구들을 종합적으로 분석한 결과 핫스팟 경찰활동은 지역사회의 무질서 감소 효과가 입증되었다고 결론 내렸다(Weisburd & Eck, 2004). 많은 핫스팟 경찰활동 실험연구들이 무질서 감소효과를 보고하고 있으며 이 효과를 오래도록 지속되는 것으로 나타났다(Braga et al., 1999; Weisburd & Green, 1995). 미국 뉴저지 뉴왁시에서 진행된 핫스팟 경찰활동 평가연구에서 브라가와 그의 동료들(Braga et al., 1999)은 폭력사건 빈발지역의 핫스팟 경찰활동이 무질서를 감소시킨다는 결과를 보여주었다. 뉴저지 주 뉴왁시의 다른 실험연구에서 웨이스버드와 그린(Weisburd & Green, 1995)은 마약범죄 다발 지역의 핫스팟 경찰활동의 무질서 감소효과를 역시 보여주었다.

3. 경찰활동과 범죄두려움

경찰학 연구에서 범죄두려움이 핵심 주제가 된 것은 앞에서도 논의하였듯이 경찰의 범죄통제 실패에 따른 지역사회의 경찰에 대한 불만족과 위험인식의 개선을 요구하는 정치적 영향이 결정적 계기가 되었다. 이에 경찰은 더 이상 범죄에만 국한된 활동이 아닌 무질서, 범죄두려움 등 다양한 사회문제에 치안서비스를 제공하는 역할을 담당하고 있다. 초기 범죄두려움 연구들은 범죄피해 감소를 통해 범죄두려움을 감소시키고자 하였다. 전통적인 경찰활동인 차량순찰, 신속출동, 범죄수사와 같은 활동을 통해 범죄문제를 해결하면 시민들의 범죄두려움이 감소될 것이라는 논리였다. 하지만 전통적인 경찰활동의 변화없이 범죄와 범죄두려움을 감소시키기 어렵다는 평가이다(Moore & Trojanowicz, 1988). 이에 지역사회경찰활동이나 문제지향적 경찰활동과 같은 혁신적 경찰활동이 새롭게 대두되면서 경찰활동과 범죄두려움의 관계를 파악하고자 하는 연구들이 증가하였다. 대표적으로 뉴왁(Newark), 플린트(Flint), 휴스턴(Houston)에서 이루어졌던 지역사회경찰활동의 범죄두려움 감소효과를 보여주었다(Moore & Trojanowicz, 1988; Pate et al., 1986; Weisburd & Eck, 2004). 경찰과 지역주민들 간의 파트너십은 범죄두려움을 감소시키며 도보순찰, 경찰방문 및 접촉, 지역경찰협의회 조직 등 지역사회경찰활동들이 범죄두려움을 감소시키는 것으로 나타났다(Pate et al., 1986; Reisig & Parks, 2004; Roh & Oliver, 2005; Scheider et al., 2003). 지역사회경찰활동과 더불어 문제지향적 경찰활동(Problem-Oriented Policing) 역시 범죄두려움 감소에 기여하는 것으로 나타났다(Cordner, 1986; 2010; Kenney & Watson, 1998; Mazerolle, Soole, & Rombouts, 2007). 웨이스버드와 에크는 기존 경찰활동의 효과성을 종합하여 정리하였는데 경찰의 새롭고 혁신적인 활동이 범죄두려움 감소에 매우 유의미한 역할을 하는 것으로 결론 내렸다(Weisburd & Eck, 2004). 또한 경찰활동과 범죄두려움에 관한 연구들을 메타 분석한 결과 새로운 경찰활동들 중 74%가 범죄두려움을 감소시킨다고 한다(Zhao, Scheider, & Thurman, 2002). 결과적으로, 경찰활동과 범죄두려움의 관계는 전통적인 경찰활동 보다는 새로운 경찰활동이 보다 더 효과적인 것으로 보인다.

국내 연구에서도 전통적인 경찰활동 보다는 지역사회경찰활동이나 범죄예방을 위한 새로운 경찰활동의 시도들이 범죄두려움 감소에 보다 더 도움이 되는 것으로 나타났다(박정선·이성식, 2010; 이성식, 2000; 정승민, 2007). 이외에도 경찰의 안심귀갓길 조성사업이나 CPTED 사업이 범죄두려움 감소에 상당한 영향을 미친다는 연구들이 지속적으로 보고되고 있다(박영주·윤우석, 2014; 윤우석, 2015; 2018; 구체적 내용은 제 5장 참조).

물론 경찰의 새로운 활동이 범죄두려움을 오히려 증가 시킬 수도 있다는 우려가 제시되기도 하였다(Krahn & Kennedy, 1985; Renauer, 2007; Rosenbaum, 2006; Scheider et al., 2004). 이는 경찰활동이 군대식(Kraska & Kappeler, 1997)이거나 공격적인 순찰활동(Hinkle & Weisburd, 2008)으로 비쳐지는 경우 시민들은 오히려 범죄가 더 많이 발생하고 경찰은 범죄에 대응하고 있다고 인식할수록 범죄두려움이 증가하는 것으로 이해된다(윤우석, 2015).

4. 경찰활동, 정신건강, 자살

제 8장에서 지역사회가 거주민의 정신건강문제를 야기할 수 있다는 이론적 근거와 기존 연구결과를 논의하였다. 기존 논의에 기초할 때, 경찰활동이 거주민의 정신건강에 미치는 영향은 다음과 같은 논리고 연결 지을 수 있을 것이다. 첫째, 경찰활동이 지역사회의 응집력과 비공식적 사회통제능력을 향상시킬 수 있다면 지역주민들의 정신건강을 개선시킬 수 있을 것이다. 둘째, 경찰활동이 지역주민들이 거주하는 지역사회의 무질서를 해소할 수 있다면 지역주민들의 정신건강에 긍정적인 영향을 미칠 수 있을 것이다. 셋째, 경찰활동이 범죄두려움을 감소시킬 수 있다면 지역주민들의 우울감이나 무기력감을 감소시킬 수 있을 것이다. 넷째, 경찰활동이 지역주민들의 자살 기회를 차단시킬 수 있다면 자살행동을 억제할 수 있을 것이다. 다섯째, 경찰이 공식적 사회통제로써 사회적 규제의 한 부분이라면 자살이라는 일탈적 행위를 일부 감소시킬 수 있을 것이다. 마지막으로, 경찰의 무력사용이나 경찰접촉에서의 부정적 경험이 거주민들의 정신건강에 악영향을 미칠 수 있을 것이다. 이상의 경찰활동과 정신건강 그리고 자살문제의 관계 이외에도 경찰활동과 정신건강 및 자살의 연결고리가 분명 존재할 수 있을 것이다. 하지만 최근까지 경찰활동이 거주민의 정신건강과 자살행동에 미치는 영향을 파악한 연구는 많지 않았다.

다행히 2019년 미국 공공 건강협회(APHA: American Public Health Association)는 경찰의 폭력을 공공건강의 이슈로 제시하였다(APHA, 2019). 미국공공건강협회는 경찰의 무력사용이 사회적 약자(소수인종, 이민자, 노숙자, 장애인, 성소수자, 정신장애자, 약물사용자, 성매매 노동자)에게 집중되고 있는 현실이 제대로 파악되지 못하고 있다고 주장하였다. 이에 경찰폭력에 따른 공공 보건적 해악을 파악할 필요성이 있다고 하였다.

기존 경찰과 정신건강의 관계를 검증한 연구는 거의 많지 않지만 최근 연구들에서 경찰의 무력사용이 거주민의 정신건강을 해칠 수 있다는 결과들이 발표되고 있다. 특히 경찰폭력사용 및 인종차별적 접촉 경험의 영향에 관한 연구들은 경찰이 경찰현장에서 법집행 과정에서 과도한 폭력사용을 하거나 부당하고 불평등한 대우를 하는 경우 거주민들의 트라우마, 분노, 우울감이 증가한다고 한다(Bryant-Davis et al., 2017; Bowleg et al., 2020; DeVylder, et al., 2020; Geller et al., 2014; Jackson et al., 2019). 경찰의 폭력에 노출될 시민들은 육체적 건강과 정신적 건강에 직접적 영향을 받는데 폭력에 의해 육체적 피해 뿐만 아니라 폭력의 노출로 인해 트라우마와 정신적 질병을 앓을 수 있다고 한다(DeVylder, et al., 2020). 특히 미국에서 흑인들이 경찰폭력의 피해를 많이 입고 이로 인한 정신적 문제를 더 많이 겪는 것으로 나타났다(Bowleg et al., 2020; Jackson et al., 2019). 미국인구의 13% 흑인들이 경찰에 의한 총기사고 피해자의 23%를 차지하고 있어 경찰의 폭력에 흑인들의 정신적 피해가 심각한 것으로 나타났다(Jackson et al., 2019). 겔러와 그의 동료들(Geller et al., 2014)는 뉴욕시에서 18살에서 26살 남성 1261명을 대상으로 설문조사한 결과 경찰과 자주 접촉한 청년들이 트라우마와 불안증세(Anxiety Symptoms)를 더 많이 나타내는 것으로 나타났다.

국내에서는 경찰활동과 지역주민들의 정신건강 이슈를 논의한 연구가 거의 없었다. 다만 8장에서 살펴보았듯이 무질서, 범죄두려움, 지역사회의 응집력과 비공식적 사회통제가 지역주민들의 우울감과 같은 정신건강에 미치는 영향을 파악하려는 시도들이 많아지고 있다. 최근에는 경찰의 사회적 통제력이 자살을 억제할 수 있다는 논의 역시 제시되고 있다(윤우석, 2012).

또한 최근 몇몇 연구들은 경찰활동에 상황적 접근법을 활용하여 자살의 기회를 감소시킬 수 있는 물리적 환경개선을 통해 자살을 줄일 수 있다는 주장이 제기되고 있다. 대표적인 연구들로는 자살다발지역에 대한 접근금지(추락방지)를 통해 자살행위를 차단하는 연구이다(Beautrais, 2001; O'Carroll & Silverman, 1994; Skegg & Herbison, 2009). 자살시도가 많은 건물, 다리, 혹은 장소를 출입통제 시키면 자살자의 수가 통계적으로 유의미하게 감소한다고 주장한다(Skegg & Herbison, 2009). 다른 한편으로 자살다발지역에 대한 통제를 해제한 경우 자살사건이 증가한다는 주장이다(Beautrais, 2001). 접근통제와 유사하게 자살수단과 관련된 연구로는 총기통제 및 독극물통제를 통해 자살에 대응하는 방법에 관한 연구들이 제시되었다(Stack, 2000:150-152). 클락(Clarke) 교수는 영국 가구에서 사용하는 가스를 이용한 자살이 가스의 성분을 바꾸자 현격한 자살 감소가 이루어졌다는 결과를 보여주었다.

자살의 기회를 차단할 수 있는 다양한 방안 마련을 통해 경찰활동이 자살을 감소시키는데 도움을 줄 수 있을 것이다. 그럼에도 불구하고 아직까지 우리는 경찰활동과 정신건강 그리고 자살의 관계에 관한 연구가 부족한 실정이다. 향후 더 많은 연구들이 이의 연결 관계를 증명해 나갈 것이라 생각한다.

한국 경찰의 범죄예방진단

제1절 범죄예방 진단의 이해

1. 경찰의 범죄예방진단의 개념과 정의

범죄의 위험성은 시민들의 생명과 재산에 직접적인 영향을 미칠 수 있는 위험요소이므로 이에 대한 평가는 범죄예방을 위해 필수적인 과정이다. 범죄위험평가는 미래에 발생할 가능성이 있는 범죄의 특성, 유형, 발생빈도 및 심각성을 예측하고 평가하는 것을 의미 한다. 미래 발생 가능한 범죄를 예측한다는 측면에서 범죄위험평가는 과거에 발생한 범죄의 특성, 유형, 발생빈도 및 심각성을 조사하는 범죄분석(Crime Review)과 달리 사전적인 예방활동으로 이해된다. 정확한 범죄위험평가를 통해 범죄위험가능성을 예측하고 범죄위험인자를 제거하거나 피해대상을 강화한다면 범죄발생 기회를 현저하게 감소시킬 수 있을 것으로 기대된다.

범죄위험성 평가는 범죄발생 위험성과 이의 결과를 동시에 파악하기 위한 척도로써 미래 특정 지역에서 특정 범죄의 발생확률과 그 발생된 범죄가 발생시키는 사회적 손실을 하나의 절대적 수치로 나타내거나 일정한 등급을 부여하는 과정과 방법이라 정의된다(박준휘 외, 2013:126-127). 범죄위험성 평가는 주로 지역단위의 거시적인 수준에서 위험성 평가가 이루어지는 경향이 있다(강용길 외, 2015). 다만 위험성 평가는 학문적인 접근방식과 정책적인 접근방식으로 구분될 수 있다(윤우석, 2015). 학문적으로 위험성 평가를 하는 주요 연구들은 주로 지역사회의 범죄두려움이나 위험인식에 관한 연구들에서 발전하여 왔다. 대표적으로 페레로(Ferraro, 1995)의 위험해석모델 등에서 개인이 인지하는 범죄위험성을 평가하였다. 한편 정책적으로 위험성 평가를 진행하는 연구들은 실제 범죄가 발생할 위험성을 기존 범죄발생통계, 인구사회학적 통계, 그리고 위험성 평가 지역에 대한 물리 상황적 정보를 종합하여 위험지역을 표시함으로써 경찰순찰활동에의 적용 등이 이루어지고 있다. 대표적으로 한국경찰에서 진행하고 있는 근린지역 및 건축물에 대한 범죄예방진단이 방법과 제도에 관한 연구가 있다(이성용 · 윤우석 · 김학경, 2014; 강용길 · 윤우석 · 강소영, 2015 참조).

최근 경찰청에서 도입한 범죄예방진단은 범죄위험성평가에 기초하여 구성된 위험성 평가 방법으로 경찰과 시민의 상호협력관계를 통해 범죄가능성을 최소화 시키고 범죄 발생을 감소시키려는 목적으로 도입되었다. 경찰의 범죄예방진단은 지역주민들의 경찰에 대한 신뢰증진과 관계 개선 그리고 범죄두려움을 감소시키고 범죄예방을 이루고자 하는 기대를 받고 있다(이성용 외, 2014). 범죄위험성 평가에서 위험성 평가(Risk Assessment)라는 용어는 학문적 접근을 의미한다면 경찰의 범죄예방진단에서 진단(Diagnosis)은 실무적인 측면이라 할 것이다. 특히 경찰범죄예방 전문가는 의사가 환자를 진찰하듯 범죄예방 목적으로 거주지역이나 건축물의 범죄위험요소를 파악하고 범죄예방을 위한 대안을 제시 할 수 있어야 한다.

범죄예방진단은 기존 범죄학의 제이론들과 경찰이론들이 종합적으로 반영된 개념으로 지역사회경찰활동, 범죄기회이론, 그리고 사회해체이론이 이론적 근거이다. 범죄예방진단은 일반적으로 방범진단 혹은 방범심방이라는 용어를 변경한 것이다(이성용 외, 2014). 범죄예방진단의 정의는 범죄예방을 위해 범죄위험요소를 파악하고 범죄예방을 위한 방안을 도출하는 일련의 과정이라 할 수 있다(강용길 외, 2015). 범죄예방진단의 진단범위는 개별 건축물, 미시적인 주거지역, 그리고 거시적인 지역을 모두 대상으로 한다. 기존 연구들에서 건축물에 대한 범죄예방진단 방법은 계명대학교 산학협력단(이성용 외, 2014)에 의해 2014년에 개발되었으며 2015년에는 치안정책연구소(강용길 외, 2015)에서 근린지역 범죄예방진단 척도와 범죄예방경찰(Crime Prevention Officer) 및 진단팀에 대한 정책적 근거가 제안되었다.

범죄예방진단은 범죄예방 차원의 경찰활동으로 범죄발생가능성과 위험성을 미리 파악하여 범죄발생을 최소화시키기 위한 경찰의 적극적인 범죄예방 활동이라 할 것이다. 범죄예방진단은 경찰과 시민의 상호협력관계를 통해 범죄위험요소를 찾아내고 적절한 방안을 도입하여 범죄를 감소시키고자 하는 경찰의 활동이다. 이에 적절한 범죄예방진단은 지역주민들의 경찰에 대한 신뢰 증진 및 관계 개선효과 그리고 범죄두려움을 감소효과 및 범죄예방 효과가 기대된다.

2. 범죄위험성 연구

범죄위험성 평가 혹은 범죄예방진단은 범죄기회요소를 파악하여 범죄기회를 최소화 시키는 보완책을 강구함으로써 범죄피해를 방지하기 위한 목적으로 수행된다. 따라서 효과적인 범죄예방진단이 이루어지기 위해서는 범죄예방진단 주체가 범죄기회요인(범죄유발 및 억제요인)에 대한 이론적 근거와 실증적 증거에 대한 지식을 갖추어야 하며 범죄기회요인들을 종합적으로 묶은 범죄예방진단 체크리스트를 개발하여 범죄위험성을 평가해야 한다. 이에 범죄예방진단과 관련된 기존 연구들은 범죄위험요소와 범죄억제요소에 관한 이론적 논의와 실증적 근거를 파악하는 연구들이 이루어졌다. 또한 범죄예방진단 연구들은 위험성 체크리스트 제작 혹은 범죄위험성지수를 계산하는 방법을 제시하는 연구들로 이루어졌다.

전자는 전통적인 범죄학적 논의들에 기초한 범죄원인 요인을 발견하려는 시도들로써 범죄학이론들의 타당성 검증 및 비교검증에 집중되었다. 범죄위험 및 억제요인을 파악하는 것은 범죄예방진단의 체크리스트 항목을 선별할 수 있는 중요한 기준점을 제공한다. 즉, 문단속이 제대로 이루어지지 않은 가구가 그렇지 않은 가구에 비해 범죄피해를 당할 가능성이 높다는 것은 공식범죄통계와 이론적 검증연구에서 드러난 사실이므로 범죄예방진단에서 빠질 수 없는 중요한 평가항목이 된다.

한편 후자는 기존 범죄학 이론과 연구결과들을 종합하여 범죄위험성 혹은 진단 매뉴얼 및 가이드라인을 제시하려는 시도들이다. 최근 IT기술의 발전으로 범죄관련 데이터를 종합적으로 고려한 지리적 범죄지도(GIS Crime Map)가 제작되고 범죄안전 자가진단이 가능하게 되었다. 이 두 가지 접근방법은 범죄예방진단의 과정 속에 포함되어 있는 일련의 과정이다.

국내 연구들은 주로 범죄발생 및 피해가능성을 증가시키는 요인들에 대한 이론적 논의와 실증적 검증을 중심으로 논의되었다. 한편 범죄예방진단을 위한 실무적인 체크리스트 개발이나 가이드라인 제공을 위한 연구는 2000년대 중후반이 되어서야 제한적으로 진행되었다. 범죄기회요인과 관련된 자료들은 기존 국내외 연구들의 결과들을 통해 확인이 가능하지만 범죄예방진단 가이드라인이나 체크리스트 개발은 초기단계에 있다. 특히 경찰현장에서 경찰이 효과적으로 범죄예방진단이 가능하도록 매뉴얼과 체크리스트 개발이 이루어진 것은 최근의 일이다.

경찰의 범죄예방진단은 사회통제론적 범죄예방론과 상황적 범죄예방론에 기초하고 있다. 따라서 범죄예방진단은 지역사회경찰활동의 한 형태이며 지역사회 범죄예방을 달성하기 위한 경찰정책이다(계명대 산학협력단, 2014). 기존 국내 연구들을 살펴보자면 범죄예방 및 범죄위험성 평가에 관한 연구들이 몇몇 진행되었다. 버스정류장의 범죄위험성 연구(이상원, 2009), 편의점 범죄위험성 연구(이윤호 외, 2013), 지하철 역사에 대한 범죄위험성 연구(신의기 외, 2014), 아파트 범죄위험성 평가연구(이유미, 2008) 등이 있었다. 하지만 이들 연구들은 지역수준의 연구라기보다는 특정 지역의 장소를 중심(편의점, 버스정류장 등)으로 이루어져 지역단위의 범죄예방진단에는 적합하지 않다. 최근 지역단위의 범죄예방진단 방법과 체크리스트를 제안하는 몇몇 연구들이 진행되었다(박경래 외, 2012; 박준휘 외, 2013; 박준휘 외, 2014; 윤우석, 2014). 기존 범죄예방진단 관련 연구들을 간략하게 살펴보자.

1) 2012년 주거지역 범죄위험성 평가 연구(박경래 외, 2012)

형사정책연구원은 2012년 범죄위험성 평가 시리즈 연구용역을 수행하였다. 2012년 1차 년도 연구로 범죄유발지역·공간에 대한 위험성 평가도구 개발·적용 및 정책대안에 관한 연구가 진행되었다(박경래 외, 2012). 이 연구에서는 범죄위험성의 개념과 범죄위험성 평가방법 및 척도개발이 이루어졌다. 또한 이 연구국내 최초로 범죄위험성 척도들을 활용하여 지역별로 범죄위험성의 수준을 비교하였다. 이 연구에서 연구진들은 설문조사, 공식범죄통계자료, 인구통계자료, 지적 및 건축대장, 지자체 통계자료 등을 사용하여 종합적인 범죄위험성 평가척도를 구축하였다.

형사정책연구원에서 개발한 범죄위험성 척도는 범죄발생 위험성을 증가시키는 요인들 그리고 범죄위험성 증대로 인한 결과로 나타나는 요인들로 구성되어 있다. 범죄유발요인으로 사용된 지표는 범죄특성(인구대비 범죄건수, 1만 명당 관내 우범자 수, 인구대비 112신고 건수, 피해경험율), 인구사회학적 특성(인구밀도, 비경제활동 인구, 인구 연령분포, 외국인 비율, 가족구성, 주거 안정성, 주민 간 결집력 및 친숙도, 교육수준), 물리/상황적 특성(가디언쉽, 감시, 접근통제, 활동성 촉진, 유지관리, 부정적 토지이용, 주택유형, 지역의 노후도)을 나타내는 항목들과 사회경제적 영향(범죄예방 비용, 범죄피해 비용)과 심리적 영향(범죄두려움)을 나타내는 결과 및 영향요인으로 구성되었다. 개별문항들에 대한 평가는 1점에서 3점까지로 부여하였으며 1점은 최하의 위험성 값을 의미하며 3점은 최고의 위험성 값으로 평가되었다. 개별 지표별로 추출된 기본값들 중에서 최대값을 기준으로 3개 부분으로 나누어 33.3% 미만인 경우 1점(혹은 3점), 33.3~66.6%미만인 경우 2점, 66.5%이상인 경우 3점(혹은 1점)을 부여하는 방식으로 통일하여 점수화시켰다(계명대학교산학협력단, 2014:157 재인용).

2) 2013년 상업지역 범죄위험성 평가 연구(박준휘 외, 2013)

형사정책연구원의 2차 년도 범죄위험성 평가 연구로 상업지역을 중심으로 범죄유발 지역 및 공간에 대한 위험성 평가 연구(박준휘 외, 2013)가 수행되었다. 형사정책연구원의 2차년도 연구는 상업지역 활성화 사업(BID: Business Improvement Districts)의 개념을 소개하고 BID와 범죄의 관계에 대한 논의하고 범죄지도 작성을 위해 다양한 지리적 정보시스템(CRIMECAST, Ri나 Terrain Modeling, Spatial Econometrics Model, Geo-Pros)의 사용방법에 대해 소개하였다. 이 연구의 특징은 2012년도 연구에서 사용되었던 변인들을 수정하고 동 단위(미시) 뿐만 아니라 시/군/구 단위(거시)의 범죄위험성 척도를 제안하였다는 것이다. 기존 1차 년도 조사에서 설문조사를 직접적으로 실시한 것에 비해 상업지역 범죄위험성 평가에서는 2013년 전국범죄피해조사에서 범죄두려움에 관한 결과 값을 사용함으로써 범죄위험성 평가를 위해 설문조사를 추가적으로 하지 않아도 된다는 이점을 가진다. 이 연구는 기존 상업지역에 대한 범죄위험성 척도개발 연구가 전무한 상황에서 미시 및 거시적인 측정도구를 최초로 제안[11)]하였다는 의의를 가진다. 특히 지역의 공식적인 범죄통계와 인구학적 통계에 기초하여 범죄위험성 평가방법을 제시하였다는 측면에서 경찰현장에서 사용하기 편리한 진단 체크리스트라 할 것이다. 다만 범죄피해자 조사는 전국 모든 시군구나 동단위를 포함하지 않고 있어 범죄두려움, 비공식적 사회통제, 지역사회 응집력 등과 같은 인식자료들을 전국단위로 사용할 수 없다는 한계점을 가진다.

2012년 형사정책연구원 거주지역 범죄위험성 척도

대분류	중분류	소분류	지표 별 평가기준
발생가능성 (3)	범죄 특성 (4)	인구대비 범죄건수	지난 3년간의 6대 범죄 자료
		1만명당 관내 우범자 수	경찰서(지구대/파출소)단위 우범자 수
		인구대비 112 신고 건수	형사사건 및 일반민원(교통사고,분실 등)
		피해경험율	표본집단 내 범죄피해 경험 응답자 비율

11) 세부적인 범죄위험성 척도는 박준휘 외, 2013년 페이지 148~149과 페이지 165~168 참조.

대분류	중분류	소분류	지표 별 평가기준
	인구사회학적 특성 (8)	인구밀도	지역 면적 대비 인구주택총조사(2010) 인구 수
		비경제활동 인구	인구주택총조사(2010) 중 15세 이상 인구 중 "일하지 않음"응답자 비율
		인구 연령 분포	인구주택총조사(2010) 중 20세 미만 인구 및 60세 이상 인구
		외국인 비율	인구주택총조사(2010)의 외국인 인구 비율
		가족 구성	인구주택총조사(2010)의 1인가구 비율
		주거안정성 (5년 이상 거주)	인구주택총조사(2010)의 한 곳에서 5년이상 거주 세대 비율
		공동체 주민간 결집력 및 친숙도	이웃의 얼굴 인지 여부; 이웃의 일상생활 인지 여부; 이웃과의 공동체 생활 여부; 지역사회조직(반상회)참여
		교육수준	인구주택 총조사(2010)의 대졸 이상 인구 비율
	물리적/상황정 특성(8)	가디언쉽	인구 대비 경찰관 수; 인구 대비 방범인력(경찰관 제외) 수; 1인가구 비율; 공가(빈집) 비율 면적(인구)당 CCTV 카메라 수 주간/야간 집 비우는 가구비율(초인종을 눌러 거주자 존재 여부 확인: 주간/야간)
		감시	창호 면적 및 투과성; 보안등 연색성(백색등 비율) 및 등 간 간격; 담장 투과성; 골목길 복잡성으로 인한 가시성(상하좌우 굽은 정도); 가로시설의 자연감시 방해 정도
		접근통제	단지 주/부출입구 수(아파트만 해당) 차량용 차단기 설치(아파트만 해당) 방범창호 설치 여부 및 견고성 출입문(아파트는 동출입구) 시정장치 침입경보 및 출입 감시장치 등 저층부(1~층) 가스배관 덮개 설치
		활동성 촉진	주택가 가로 통행인 수 주택가 소공원 이용자 수
		유지관리	쓰레기 낙서 및 광고/전단지 깨지거나 파손된 시설물 비율
		부정적 토지이용	산업체총조사(2005) 중 도소매 업종 내 숙박 및 음식점업체 비율
		주택유형	인구주택총조사(2010) 중 아파트 비율, 단독주택 비율 및 다세대 비율
		지역의 노후도	인구주택총조사(2010) 중 1979년 이전 건축한 주택의 비율
	사회경제적 영향(2)	범죄예방 비용 범죄피해 비용	표본지역 설문조사
결과/영향(2)	심리적 영향(1)	범죄 두려움	표본지역 설문조사

출처: 박경래 외 (2012). 범죄유발지역·공간에 대한 위험성 평가도구 개발·적용 및 정책대안에 관한 연구(1), 한국형사정책연구원: 209-210.

3) 2014년 여성안심구역 범죄위험성 평가 연구(윤우석, 2014)

치안정책연구소의 지원을 받아 수행된 여성안심구역 범죄위험성 평가 연구(윤우석, 2014)는 형사정책연구원의 범죄위험성 평가 1차년도 연구(박경래 외, 2012)에 기초하여 현장관찰 중심의 범죄위험성 평가 척도를 새롭게 제안하고 있다. 이 연구는 경북지방경찰청 산하 5개 경찰서 6개 지역(여성안심구역: 경산, 경주, 구미, 포항 북구, 포항 남구, 안동)에 대한 범죄위험성 평가와 범죄예방 대책을 논의하였다. 특히 이 연구는 범죄예방진단의 기초 토대가 되는 측정방법을 제안하였다는 점에서 의의를 가진다. 현재 경찰에서 사용하고 있는 범죄예방진단 체크리스트가 이 연구의 진단항목에 기초하여 설계되었다(강용길 외, 2015). 이 연구에서 제시하고 있는 범죄예방진단 방법은 현재 전국경찰서에 배치되어 있는 범죄예방 진단 경찰관(보통 1개 경찰서에 1~2명 배치되어 있음)이 혼자서도 진단이 가능하도록 현장관찰 중심의 진단체크리스를 제공하고 있다. 비록 객관성이 현저하게 위협받을 수 있다는 한계점이 있지만 현장 경찰의 인력상황에 비추어 볼 때 소수의 범죄예방진단 경찰관이 관할지역의 범죄예방 진단을 할 수 밖에 없는 현실을 잘 반영하고 있다.

2014년 치안정책연구소 여성안심구역 범죄위험성 체크리스트

대분류	중분류	소분류	자료수집방법	값		
발생가능성	범죄특성	인구 1000명당 5대 범죄 발생건수 (최근 5년 간 범죄발생 건수 기준) 인구 1000명당 우범자 및 성폭력범죄자 정보공개 대상자의 수	1. 경찰 공식통계	양호	보통	위험
	지역사회의 생태학적 특성	사회적 인프라 정도 주거지의 투자정도 주거환경의 매력성	1. 현장관찰	양호	보통	위험
	물리/상황적 특성	가디언쉽(방범, 경찰인력, 순찰차) 감시 접근통제 활동성 촉진 유지관리	1. 경찰 공식통계 2. 현장관찰조사	양호	보통	위험
영향	심리적 영향	범죄두려움	1. 현장관찰	양호	보통	위험
범죄위험성 종합						

출처: 윤우석(2014) 여성안심구역의 범죄예방을 위한 상황통제기법 제안 및 효과성 검토: 경북지방경찰청 사례를 중심으로, 경찰대학 치안정책연구소.

4) 2014년 건축물 대상 범죄예방진단 척도개발연구(계명대학교 산학협력단, 2014)

2014년 경찰청 생활안전과는 '경찰방문 및 방범진단 규칙'에서 제시된 6종류의 방범진단카드의 개선을 위한 '방범진단 효율성 제고를 위한 발전방안'을 위한 용역을 계명대학교 산학협력단이 수행하도록 하였다. 이 용역연구의 핵심은 6종류의 방범진단카드의 한계점을 파악하고 실제 활용이 가능한 방범진단카드의 개발이었다. 이에 계명대학교 산학협력단은 기존 6종류의 방범진단카드가 효과적인 방범진단이 이루어지기에는 어려움이 있고 방범진단의 목적을 수행하기에 한계점이 있다고 판단하고 새로운 방범진단카드를 제안하였다.

계명대학교 산학협력단의 연구에 의하면 기존 방범진단카드의 가장 큰 문제점은 방범진단 항목이 단순하여 범죄발생 위험성을 효과적으로 진단하기 어렵다는 점과 방범진단카드의 유형 6종류가 실제 대상 건축물을 명확하게 구분하지 못하고 있다는 지적하였다.

이에 새로운 방범진단카드 제안을 위해 총 7종류의 건축물로 구분하여 개별 건축물별로 방범진단카드를 제안하였다. 기존 방범진단카드는 주택용, 아파트용, 고층빌딩용, 현금다액취급업소용, 상가 및 여성운영업소용, 그리고 중요업무용으로 구분하여 방범진단카드를 제공하였는데 개별 건축물에 대한 명확한 구분이 어렵고 불필요한 대상 건축물이 존재한다는 한계점이 존재하므로 건축물의 이용용도에 따른 건축물 분류를 제시하였다. 연구결과에 따르면 새로운 방범진단카드의 대상 건축물은 건축물의 사용용도에 따라 주거형과 비주거형으로 대분류하고 소분류로 주거형 건물은 단독/다세대주택과 아파트(공동주택으로 복수의 건물들로 구성)로 그리고 비주거형 건물은 상업용과 생산 및 사무 건물로 구분하였다. 주거형의 경우 단독과 다세대 주택은 단일 건축물에 1세대나 1세대 이상의 세대가 주거하고 있는 독립된 건축물 및 관리사무소가 존재여부에 따라 아파트형과 단독 및 다세대주택으로 구분하였고 비주거형은 상가형과 생산 및 사무용으로 구분하여 상가형은 다시금 금융업, 환금성있는 물품취급 업소, 그리고 환금성 없는 물품취급 업소로 나누고 사무용은 사무용과 창고 및 공장형으로 구분하여 방범진단 대상 건축물을 구분하였다.

방범진단카드 대상 건축물 분류

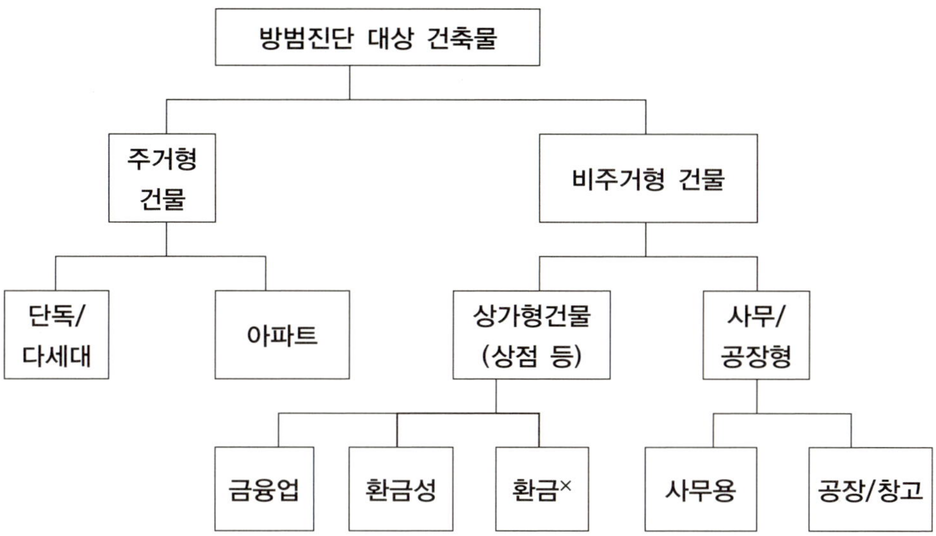

출처: 이성용 · 윤우석 · 김학경. (2014). 방범진단 효율성 제고를 위한 발전방안. 계명대학교 산학협력단. 경찰청. p. 156.

건축물의 용도에 따른 구분에 기초하여 개별 건축물별로 범죄예방진단카드를 제시하였다. 건축물별 범죄예방 진단카드는 범죄발생위험성을 고려하여 주택주변 범죄특성, 지역사회의 생태학적 특성, 그리고 물리/상황적 특성으로 대분류하여 제시되었다. 예를 들면 아래의 표는 주택용 범죄예방진단카드의 내용이다. 주택용 범죄예방진단카드는 경찰공식통계자료와 지역경찰관의 현장관찰을 통해 범죄위험성을 평가하도록 제안하였다. 2014년 계명대학교 산학협력단에 의해 제안된 건축물에 대한 범죄예방진단 척도는 범죄기회 및 범죄생태학 그리고 주변범죄특성에 맞게 건축물별로 맞춤형 범죄위험성 평가가 이루어지도록 하였다는 장점이 있다. 또한 건축물 주변 범죄특성과 지역사회의 생태학적 특성을 경찰서 단위의 표준점수에 따라 위험성을 평가하도록 하여 경찰서 관할구역 내에서 상대적인 위험성을 파악할 수 있게 되었다는 것이다.

주택용 방범진단카드 내용

<table>
<tr><th></th><th>중분류</th><th colspan="2">소분류</th><th>자료수집방법</th><th colspan="3">값</th></tr>
<tr><td rowspan="20">범죄발생위험성</td><td>주택주변 범죄특성</td><td colspan="2">1. 인구 1000명당 주거침입강절도 발생건수 (최근 3년 간 범죄발생 건수 기준)
2. 인구 1000명당 우범자 및 성폭력범죄자 정보공개 대상자의 수
3. 관할지역 인구 1,000명당 112 신고건수</td><td>1. 경찰 공식통계</td><td>양호</td><td>보통</td><td>위험</td></tr>
<tr><td>지역사회의 생태학적 특성</td><td colspan="2">1. 관할구역 경찰대상업소</td><td>1. 경찰내부자료</td><td>양호</td><td>보통</td><td>위험</td></tr>
<tr><td rowspan="18">물리/상황적 특성</td><td rowspan="4">가디언쉽</td><td>주택거주 세대수/거주자 수</td><td rowspan="18">1. 현장관찰조사</td><td rowspan="18">양호</td><td rowspan="18">보통</td><td rowspan="18">위험</td></tr>
<tr><td>경찰순찰범위</td></tr>
<tr><td>주택주변 방범용 CCTV</td></tr>
<tr><td>주택주변 거주자 왕래 (주간,야간)</td></tr>
<tr><td rowspan="7">감시성</td><td>담장 투시성</td></tr>
<tr><td>창문의 투시성</td></tr>
<tr><td>골목가시성</td></tr>
<tr><td>가로시설물</td></tr>
<tr><td>가로등 거리</td></tr>
<tr><td>가로등 밝기</td></tr>
<tr><td>건물 간 간격</td></tr>
<tr><td rowspan="4">접근통제</td><td>출입문 시정장치</td></tr>
<tr><td>출입감시장치(CCTV)</td></tr>
<tr><td>도시가스 배관 등 침입용이성</td></tr>
<tr><td>방범창호의 설치</td></tr>
<tr><td rowspan="2">유지관리</td><td>쓰레기 투기 등 청결도</td></tr>
<tr><td>주택의 노후도 및 관리정도</td></tr>
</table>

출처: 이성용 · 윤우석 · 김학경. (2014). 방범진단 효율성 제고를 위한 발전방안. 계명대학교 산학협력단. 경찰청. p. 165.

제2절 현행 경찰의 근린지역 범죄예방 진단

1. 경찰의 근린지역 범죄예방 진단

경찰청은 2016년 7월부터 범죄예방진단 경찰관(CPO: Crime Prevention Officer)제도를 운영하고 있다. 전국 모든 경찰서 생활안전과에 1~2명의 범죄예방진단 전담 경찰관을 배치하여 주거지역에 대한 범죄예방 진단을 통해 범죄위험성을 평가하고 치안정책 개발 및 활동에 반영하고 있다. 2020년부터는 생활안전과에 범죄예방진단팀을 두고 팀장으로 경감 팀장을 배치하고 있어 경찰청의 범죄예방진단에 대한 관심을 확인할 수 있다. 아래의 내용은 경찰의 범죄예방 진단팀에서 사용하고 있는 범죄예방 진단 도구의 내용 및 측정방법을 소개하고자 한다.

2. 경찰 범죄예방진단 대상과 범위

1) 근린지역(Neighborhood or community)의 정의

근린지역(Neighborhood)에 대한 일반적 정의는 아직까지 명확하지 않으나 근린지역이란 물리적 공간을 지칭하는 것과 동시에 사회적 의미를 가지는 복합적 개념으로 이해된다. 근린지역은 일반적으로 주거의 형태가 유사한 공간으로 사회적 계층이나 인종적인 유사성을 가지는 경우가 대부분이라 한다(고영복, 2000). 특히 근린지역은 거주민들 간의 대면접촉(Fact to Fact Interaction)이 이루어지는 사회적 공동체를 의미하기도 하는데 지리적으로 대면접촉이 이루어지고 거주민들 간의 공통된 가치를 공유하고 지역 청소년들에 대한 사회화의 장소가 되고 사회통제가 이루어지는 곳으로 이해된다.

한편 근린지역과 유사한 용어로 지역사회(Community)라는 개념이 있다. 지역사회는 공통의 가치를 공유하는 사회적 집단으로 이해되는데 국가, 지역, 민족, 인종 등 다양한 크기와 종류의 지역사회가 존재한다. 거주 지역으로 개념을 한정하는 경우 지역사회라는 개념은 근린지역이라는 용의와 거의 대동소이한 의미를 가지는 것으로 보인다. 특히 범죄학 이론에서 사회해체이론에 근거한 생태학적 범죄학(Ecology of Crime)에서 중요하게 다루는 개념이 지역사회와 근린지역이다. 생태학적 범죄학 이론에서는 도시 근린지역의 구조적 특성이 지역주민들의 인적 네트워크와 일상적인 삶에 영향을 미치고 사회적 응집력이나 비공식적 사회통제에 영향을 주어 범죄와 같은 사회적 부작용이 초래된다고 본다(Bursik & Grasmick, 1993; Sampson et al., 1997). 즉 지역 범죄 문제의 핵심에 근린지역의 특성이 영향을 미친다는 설명이다. 따라서 근린지역의 범죄 위험요소를 파악하고 범죄예방을 위한 대책을 세우려는 범죄예방진단의 중요성이 부각되는 이유이다.

2) 근린지역 범죄예방 진단의 범위

경찰 범죄예방진단의 진단 범위는 지구대/파출소 단위이다. 범죄예방진단의 대상이 되는 근린지역의 범위설정은 경찰업무범위를 결정하는 중요한 잣대다. 범죄예방진단을 담당하는 범죄예방진단팀은 경찰서 단위로 구성되어 있으며 진단팀 소속 경찰공무원이 관할구역에 있는 지구대와 파출소의 지역경찰 담당구역에서 범죄예방진단을 수행하기 때문에 근린지역을 어느 수준에서 확정짓는가에 따른 범죄예방 진단팀의 업무범위와 활동내용에 차이가 존재한다. 이에 경찰에서는 근린지역의 범위를 '동 단위의 사람이 거주하거나 이용하는 물리적 공간'이라 설정하고 있다. 근린지역의 범위가 거주민들이 인식하는 지역사회의 범위로 파악하는 방법도 있지만 범죄예방진단의 대상으로 근린지역을 구분하기 위해서는 물리적 공간으로 한정지을 필요성이 있기 때문이다. 물론 범죄예방진단 경찰관은 관할 경찰서에서 범죄예방진단의 단위를 매우 세부적인 단위까지 나눌 수 있다. 예를 들면 대구시 신당동을 신당동 1통, 신당동 2통, 신당동 3통과 같이 통 단위로 세분화 할 수 있을 것이다. 다만 이 경우 범죄예방진단에서 사용되는 체크리스트 항목에 기입해야 하는 통계적 수치를 획득할 수 있는가의 여부에 따라 세분화 정도가 달라질 것이다. 경찰의 범죄통계는 경도와 위도와 같은 개별 범죄사건의 위치정보를 표기하도록 하고 있으므로 충분히 좁은 공간에 대한 범죄통계는 획득이 가능할 것이다. 하지만 행정구역상 통 단위의 인구통계자료는 제공되지 않고 있으므로 주민자치센터를 통해 자료 수집 가능여부가 결정된다. 사실상 행정안전부와 경찰청이 자료사용 가능여부를 정책적으로 결정할 필요성이 있지만 아직까지는 개별 경찰서 범죄예방 진단팀 단위에서 정보제공 협조를 주민자치센터에 요청하고 있는 실정이다.

3) 경찰 범죄예방진단의 주체

범죄예방진단의 주체는 전국 경찰서 생활안전과 범죄예방 진단 경찰관이 담당하고 있다. 범죄예방 진단 경찰관은 개별 경찰서 관할구역에 있는 지구대/파출소 그리고 지방자치단체 및 주민센터와 원활한 네트워크와 협조망을 구축하여 동 단위 범죄예방 진단에 필요한 객관자료와 정성자료를 수집한다. 이와 더불어 범죄예방 진단 경찰관은 범죄예방 진단을 위해 근린지역에서 현장관찰을 통해 범죄위험요소를 파악하고 있다.

4) 범죄예방 진단척도 자료

범죄예방 진단의 진단척도의 항목은 정성자료와 객관자료로 구성되어 있다. 이에 범죄예방진단을 위해서는 공식통계와 같은 객관자료와 설문조사 및 현장관찰을 통한 질적 자료가 동시에 요구된다. 일반적으로 객관자료는 경찰의 범죄통계자료와 행정안전부 및 지방자치단체의 인구통계가 활용되고 있다. 질적 자료는 지역주민들의 심리적 특성을 반영하는 설문조사 자료와 현장관찰을 통해 지역사회의 물리적 환경을 파악하고 있다. 설문조사로 수집되어야 하는 정보는 지역사회의 유대감, 비공식적 사회통제, 경찰만족도, 범죄두려움 등이다.

3. 경찰의 범죄예방 진단 척도

1) 범죄예방진단 척도의 구성

현행 경찰의 범죄예방 진단 척도는 큰 틀에서 두 가지로 구분된다(강용길 외, 2015 재인용). 첫 번째는 범죄발생가능성 항목으로 인구사회학적 특성, 상황적 특성, 그리고 물리적 환경특성을 파악하여 범죄예방 진단이 진행되도록 하고 있다. 인구사회학적 특성에는 인구밀도, 인구이동비율, 1인 세대 비율, 범죄취약계층 인구비율, 외국인 인구비율, 그리고 인구대비 기초생활수급자 비율이 포함된다. 상황적 특성에는 면적대비 9대 범죄발생건수, 면적대비 112신고건수, 인구대비 경찰이 관리하고 있는 관리대상자 수, 면적대비 운영 중인 CCTV설치 비율, 지역사회의 집합적 효능감, 법질서 준수의식, 그리고 범죄두려움이 포함된다. 마지막으로 물리환경적 특성은 CPTED의 5가지 개념인 감시성, 접근통제, 영역성, 행위지원, 유지관리가 포함된다. 지역사회의 감시성, 접근통제, 감시성, 행위지원, 유지관리는 범죄예방진단 경찰관이 범죄예방진단 구역을 현장관찰을 통해 체크리스트에 점수를 부여하도록 하고 있다. 기존 경찰청에서 근린지역의 물리적 환경 및 상황적 요소 진단을 위해 체크리스트를 제공하고 있으나 지역 현장의 객관적 지표의 활용이 어렵고 실효성이 낮다는 평가에 따라 수정된 평가지표를 저자가 제안하였다. 아래의 표에 수정된 평가지표를 제시하였다.

한국 경찰의 근린지역 범죄예방진단 척도

<table>
<tr><th>특성</th><th>항목</th><th>자료수집</th><th>점수값</th><th>평가방법</th></tr>
<tr><td rowspan="6">인구사회학적 특성</td><td>인구밀도</td><td rowspan="6">주기: 반기별
단위: 읍·면·동
수집방법:
① 통계청 e-나라지표
② 주민센터 인구현황자료</td><td>1~3점</td><td>자료조사</td></tr>
<tr><td>인구이동 비율</td><td>1~3점</td><td>자료조사</td></tr>
<tr><td>1인세대 비율</td><td>1~3점</td><td>자료조사</td></tr>
<tr><td>범죄취약계층 인구비율</td><td>1~3점</td><td>자료조사</td></tr>
<tr><td>외국인 인구비율</td><td>1~3점</td><td>자료조사</td></tr>
<tr><td>인구대비 기초생활수급자 비율</td><td>1~3점</td><td>자료조사</td></tr>
<tr><td rowspan="7">상황적 특성</td><td>면적대비 9대 범죄발생건수</td><td rowspan="4">주기: 반기별
단위: 지구대/파출소
수집방법: 경찰통계자료</td><td>1~3점</td><td>자료조사</td></tr>
<tr><td>면적대비 112신고건수</td><td>1~3점</td><td>자료조사</td></tr>
<tr><td>인구대비 관리대상자 수</td><td>1~3점</td><td>자료조사</td></tr>
<tr><td>면적대비 CCTV설치비율</td><td>1~3점</td><td>자료조사</td></tr>
<tr><td>집합적 효능감</td><td rowspan="3">주기: 년 1회
단위: 가로
수집방법: 현장조사와 병행한 설문조사</td><td>3~9점</td><td>면접조사</td></tr>
<tr><td>법질서 준수</td><td>2~6점</td><td>면접조사</td></tr>
<tr><td>범죄두려움</td><td>3~9점</td><td>면접조사</td></tr>
<tr><td rowspan="15">물리적 환경 특성</td><td rowspan="4">감시성</td><td>사각지대(은신가능 공간)의 개수</td><td rowspan="4">4~12점</td><td rowspan="15">현장조사</td></tr>
<tr><td>골목길(지하공간) 비율</td></tr>
<tr><td>야간 조명의 가시성</td></tr>
<tr><td>CCTV위치의 적정성</td></tr>
<tr><td rowspan="4">접근통제</td><td>건물 사이 공간의 통제비율</td><td rowspan="4">2~6점</td></tr>
<tr><td>건물 출입구 통제</td></tr>
<tr><td>건물 외관 침입방지</td></tr>
<tr><td>방범창 설치</td></tr>
<tr><td rowspan="2">영역성</td><td>보도와 차도의 분리</td><td rowspan="2">2~6점</td></tr>
<tr><td>지역 안내 표지판 적정 설치여부</td></tr>
<tr><td rowspan="2">행위지원</td><td>주민 휴게시설 적절성</td><td rowspan="2">2~6점</td></tr>
<tr><td>가로 내 벤치의 디자인</td></tr>
<tr><td rowspan="3">유지관리</td><td>가로의 청결상태(쓰레기+전단지)</td><td rowspan="3">3~9점</td></tr>
<tr><td>공용시설(화장실, 휴지통) 관리상태</td></tr>
<tr><td>보안등 작동율</td></tr>
<tr><td>범죄위험성 점수 범위: 33~99점</td><td>양호
33점 이상~55점 미만</td><td>보통
55점 이상~77점 미만</td><td colspan="2">위험
77점 이상~99점 이하</td></tr>
</table>

출처: 강용길·윤우석·강소영. (2015). 근린지역 범죄예방 진단척도 개발에 관한 연구. 경찰대학 산학협력단. 경찰청. p.173.

근린지역 CPTED요소 및 상황적 요소 진단 체크리스트

항목	세부항목	점수	측정방법
감시성	1. 사각지대 (은신가능 공간)의 개수	1~3점	사각지대란 직선거리에서 잠재적 범죄자/우범자의 활동을 자연적으로 감시하기 어려운 물리적 공간이라 할 수 있다. 일반적으로 야간에 사각지대가 많은 경우 은신가능성이 높아 질 수 있다. 주간에도 은신이 가능한 공간이 많을 경우 범죄자의 행동을 통제/억제하기 어려울 수 있다. 이에 근린지역 가로에서 은신이 가능한 공간이 얼마나 많은지를 파악할 필요성이 있음(질적평가). 1. 가이드라인에서의 측정방법: 0개소(1점), 1~3개소(2점), 4개소 이상(3점) 은신가능하고 취약한 공간이 얼마나 많은지를 숫자로 표시하기란 현실적으로 매우 어려움. 이에 가로공간의 크기(블록 단위, 동단위 등)를 기준으로 감시가 어려운 물리적 공간이 얼마나 많은지를 직관적으로 판단 할 필요성이 있음. 특히 개별 은신가능한 공간이 최우선적으로 개선이 필요한지 아닌지에 대한 질적 평가가 이루어져야 할 것임.
	2. 골목길 (지하공간) 비율	1~3점	1. 가이드라인에서의 측정방법: 폭 2미터 이하의 가로수/전체 가로수 비율로 20%(1점), 20~50%(2점), 50%이상(3점)으로 구성되어 있음. 가로의 숫자를 계산하는 것은 현실적으로 진단 단위에 따라 매우 복잡성을 가질 것임. 이에 전체 가로를 지도상으로 파악하여 전체적으로 좁고 굴곡진 가로가 많은 정도에 따라 위험성을 평가해야 할 것임. 이에 전체 진단 지역에서 가로의 폭이 좁은 굴곡진 골목길의 비율이 얼마나 많은지 직관적으로 판단해야 함(질적 평가)
	3. 야간 조명의 가시성	1~3점	1. 가이드라인에서의 측정방법: 직하조도, 조명간격으로 구성되어 있음. 직하조도(20룩스 기준)와 조명간격(20미터 미만)의 전체적인 상태를 파악해야 함. 진단지역의 범위 내에서 전반적인 조명의 간격과 야간 직하조도의 상태에 따라 가장 밝은 곳과 가장 어두운 곳 전체에 대한 현장관찰을 통해 전반적인 야간 조명의 가시성을 파악함. 따라서 단순한 수치계산이 아닌 전체적인 야간 조명의 가시상태를 기준으로 파악함. 1점: 가로조명의 간격이 적정하며 직하조도 역시 밝아 전방 가시성이 좋음. 2점: 가로조명의 간격이 적정한 편이나 직하조도가 약해 전방 가시성이 보통임. 가로조명의 간격이 먼 편이나 직하조도가 강해 전방 가시성이 보통임. 3점: 가로조명의 간격이 먼 편이며 직하조도가 약해 전방 가시성이 현저하게 떨어짐.

<table>
<tr><th>항목</th><th>세부항목</th><th>점수</th><th>측정방법</th></tr>
<tr><td></td><td>4. CCTV 위치의 적정성</td><td>1~3점</td><td>1. 가이드라인에서의 측정방법: CCTV 위치 설정의 적절성과 안내 표지판 인지도로 파악하고 있음. 개별적인 CCTV의 위치와 안내표지판의 상태를 개선하는 측면에서는 도움이 됨. 다만 전체적으로 위험성 평가가 이루어져야 하는 진단상황에서는 개별 CCTV의 상태 보다는 전체 CCTV의 감시성을 파악할 필요성 있음. 이에 1~3점의 점수를 부여함에 있어 당해 진단지역 면적대비 CCTV의 숫자가 평균적으로 관할지역의 면적대비 CCTV의 숫자에 비해 얼마나 많고 혹은 적은지를 파악함(표준편차 이용)</td></tr>
<tr><td rowspan="4">접근통제</td><td>1. 건물사이 공간의 통제비율</td><td>1~3점</td><td rowspan="4">가로용 건축물들의 접근통제는 원칙적으로 진단지역의 범위 내에 위치하고 있는 건축물 중 일부를 선택하여(주로 원룸지역의 경우 전체 원룸 숫자 대비 10% 이상) 전반적인 접근통제 수준을 파악함. 접근통제는 출입문시정장치, 출입감시장치, 방범창호 설치 등 건축물의 범죄예방진단에서의 접근통제 파악 방법을 차용하면 될 것임. 따라서 전체 점수의 범위를 4~12점 범위로 설정하여 양호, 보통, 위험으로 평가하도록 함.</td></tr>
<tr><td>2. 건물 출입구 통제</td><td>1~3점</td></tr>
<tr><td>3. 건물 외관 침입방지</td><td>1~3점</td></tr>
<tr><td>4. 방범창 설치</td><td>1~3점</td></tr>
<tr><td rowspan="2">영역성</td><td>1. 보도와 차도의 분리</td><td>1~3점</td><td rowspan="2">영역성 판단은 보도와 차도의 구분, 지역안내표지판의 상태로 파악됨. 다만 영역성의 의미는 그 지역사회가 고유하게 그 지역을 표명할 수 있는 공간성을 얼마나 잘 보여주고 있는가를 측정하기 위한 것이므로 이를 판단기준으로 고려해야 함. 즉, 범죄예방진단을 진행하는 가로 단위 지역이 얼마나 그 지역 특유의 영역성을 확보하고 있는가에 달려 있음.</td></tr>
<tr><td>2. 지역 안내 표지판 적정 설치여부</td><td>1~3점</td></tr>
<tr><td rowspan="2">행위지원</td><td>1. 주민 휴게시설 적절성</td><td>1~3점</td><td rowspan="2">진단 지역의 행위지원은 주민휴게 공간 이용도와 벤치와 같은 휴게시설물의 디자인에 의해 판단하도록 하고 있음. 기본적으로 행위지원은 지역주민들이 얼마나 지역의 휴게공간들을 잘 활용하고 있으며 이를 통해 자연적 감시와 지역주민들 간의 교류가 잘 이루어지고 있는가를 판단하기 위한 것임. 이에 가능한 범죄예방 진단지역에 대한 현장관찰 및 지역주민들에 대한 면담조사를 통해 지역주민들이 주간 및 야간에 얼마나 많이 지역에 존재하는 휴게시설을 잘 사용하는지를 파악함. 이와 더불어 휴게시설이 지역주민들의 활동성을 증대시키기에 시설물이 잘 관리되고 배치되어 있는지를 파악함. 또한 벤치의 경우 가이드라인의 측정방법처럼 술 취한 사람이나 노숙인에 의해 무단으로 이용될 가능성을 파악하여 위험성 평가에 이용하도록 함. 이를 종합하여 2~6점의 범위에서 진단지역에 대한 점수를 매기도록 함.</td></tr>
<tr><td>2. 가로 내 벤치의 디자인</td><td>1~3점</td></tr>
</table>

항목	세부항목	점수	측정방법
유지관리	1. 가로의 청결상태	1~3점	가로 시설물 및 보안 등 등에 대한 유지관리는 결과적으로 진단지역의 물리적 무질서 환경을 파악하기 위한 것임. 1. 가로의 청결상태: 전체적으로 진단지역의 쓰레기 투기 등 청결정도를 살펴봄으로써 파악함 2. 공용시설물관리: 공용화장실 등 일반 대중이 사용할 수 있는 공용시설물에 대해 지자체나 주민자치조직이 얼마나 잘 관리하고 있는가를 평가하기 위한 것으로 무작위로 공용시설물을 관찰하여 청결도를 파악함. 3. 보안등 작동율: 가로시설물 중 특히 보안등과 같은 조명시설물의 상태를 주기적으로 파악하여 조명시설물에 대한 지방자치단체의 지속적인 유지관리를 평가하는 것임.
	2. 공용시설 (화장실, 휴지통) 관리상태	1~3점	
	3. 보안등 작동율	1~3점	

2) 경찰 범죄예방진단 척도의 단위

경찰청의 근린지역 범죄예방진단 척도의 구성은 기존 범죄위험성 평가 척도 연구들의 내용들을 기반으로 동 단위/지구대 및 파출소 단위를 기준으로 하여 포괄적으로 지역의 범죄위험성을 평가하여 범죄예방진단을 하고 있다. 2014년 건축물 범죄예방진단이 최하단위의 미시적인 범죄예방진단이라면 동 단위를 기준으로 하는 근린지역 범죄예방 진단은 보다 진단의 대상 폭이 넓다. 다만 지역 단위의 범죄예방진단이 통계적 자료 수집의 용이성에 기초하여 동 단위로 설정됨에 따라 이 보다 낮은 수준의 범죄예방진단이 이루어지기 어렵다는 지적이 있어 두 가지 방법으로 이를 보완할 수 있다. 첫째, 동 단위 근린지역 범죄예방진단 척도의 평가 단위를 자료 수집이 가능하다면 동 단위를 몇 개로 분할하여 분석하도록 하는 방안이 있다. 이 경우 동 단위 보다 하위 단위인 통/반/리 단위에서 자료수집이 이루어진다면 가능하다. 한편 두 번째 보완책은 근린지역에 상존하는 주요한 장소들(근린공원, 놀이터, 학교 등)에 대한 개별적인 범죄예방진단항목을 기존 연구들의 내용들에 기초하여 제시하는 것이다. 이 경우 범죄예방진단 척도의 단위는 미시/거시의 중간단계가 된다.

범죄예방 진단의 종류 및 단위

종류	단위	대상
건축물에 대한 범죄예방 진단척도	미시	개별 건축물
근린지역 범죄예방 진단척도	거시	지구대/파출소 관할지역의 동
근린지역 주요 장소별 범죄예방 진단척도/ 혹은 근린지역 범죄예방 진단척도	미시(중간)	근린지역 주요 장소(학교, 공원, 놀이터 등) 혹은 통/반/리 단위

출처: 강용길·윤우석·강소영. (2015). 근린지역 범죄예방 진단척도 개발에 관한 연구. 경찰대학 산학협력단. 경찰청. p.53.

3) 경찰 범죄예방 진단척도 점수부여방법

근린지역 범죄예방 진단척도는 양적자료와 질적 자료를 동시에 사용하는 방법으로 척정된다. 전체 문항들의 소분류는 근린지역 범죄특성 6개 항목, 근린지역 인구사회학적 특성 6개 항목, 근린지역 CPTED 요소 5개, 그리고 상황적 요소 7개에 대해 점수를 부여한다. 점수는 기본적으로 1점에서 3점으로 구성되나 범죄두려움, 법질서 준수, 집합적 효능감, 감시성, 접근통제, 영역성, 행위지원, 유지관리는 복수 문항의 사용 및 그 중요성으로 2점에서 9점 사이의 점수를 부여한다.

근린지역 범죄예방진단 척도는 개별 경찰서의 진단구역을 최소 10~20개 이상으로 설정하여 진단구역 간 비교평가가 가능하도록 하는 것이 목적이다. 경찰서 간 위험성 평가 결과의 비교는 사실상 의미가 없고 개별 경찰서 내부에서 평간 구역별로 범죄위험성을 평가하여 가장 위험하고 시급하게 범죄예방 정책이 적용되어야 할 구역을 찾는 것이 목적이기 때문이다. 따라서 개별 경찰서에서 진단 구역을 범죄예방 진단 경찰관의 비교가 가능한 범위에서 10개 이상의 구역을 구분하고 이들 구역의 객관적 자료(예: 범죄발생건수)의 상대적 비교가 가능하도록 한다. 현재 개별 경찰서의 범죄예방 진단구역에 대한 위험성 평가는 양호, 보통, 위험의 3단계로 구분을 하고 있으며 표준편차 계산법으로 손쉽게 비교평가가 이루어지도록 하고 있다. 평가 방법은 2014년 계명대학교 산학협력단에서 개발한 표준편차 비교법을 활용하도록 하고 있다(이성용 · 윤우석 · 김학경, 2014: 179-181).

객관자료에 대한 위험성 점수 부여방법

이 연구에서 제안하는 방범진단카드는 2가지 공통문항을 포함하고 있다. 공통문항들 중 범죄적 특성은 범죄발생 현황, 잠재적 범죄자 현황, 그리고 112신고를 통한 범죄현황을 파악하는 세 가지 문항으로 구성되며 지역사회의 생태학적 특성은 지역에 위치하고 있는 경찰대상업소를 통해 범죄발생 위험을 평가하고자 한다. 이들 공통문항들을 점수화 시키는 방법은 과학적인 계산법에 기초하여 평가할 수 있다. 공통문항의 전제는 방범진단카드가 개별 경찰서별로 공통문항에 대한 점수를 부여하는 것이다(표 참조).

이해를 돕기 위해 측정기준과 위험성 점수 부여 방법을 설명하자면 다음과 같다. 만약 A경찰서의 최근 3년간 인구 1,000명당 5대 범죄 발생건수로 위험성을 평가한다면 A경찰서에 소속된 지구대와 파출소가 B, C, D, E의 최근 3년 간 인구 1,000명당 5대 범죄발생 건수의 평균이 A경찰서의 최근 3년 간 인구 1,000명당 5대 범죄발생 건수가 된다. 이때 A경찰서의 평균값에 기초하여 B, C, D, E 지구대와 파출소의 인구 1,000명당 5대 범죄발생건수와의 차이를 계산(편차)하여 편차의 평균을 계산하면 B, C, D, E 지구대와 파출소가 A경찰서의 평균 5대 범죄발생 건수와 평균적으로 얼마나 차이가 나는지를 파악할 수 있다. 이 점수 값을 표준편차라 하며 표준편차의 값이다. B, C, D, E 지구대와 파출소의 고유 값이 A경찰서의 평균값과 얼마나 떨어져 있는지를 파악하는 기준으로 표준편차를 사용한다면 개별 지구대와 파출소의 위험도를 쉽게 파악할 수 있다[12]. 개념에 대한 설명을 좀 더 쉽게 이해하기 위해 다음과 같은 임의의 값을 설정해보자. A경찰서에 소속된 B, C, D, E, F 지구대와 파출소의 최근 3년 간 인구 1,000명당 5대 범죄 발생건수가 5, 6, 7, 8, 9라고 한다면 이 값들의 평균값 7은 A경찰서의 최근 3년 간 5대 범죄 발생건수의 평균이 된다. 이 때 A경찰서의 평균값으로부터 B, C, D, E, F 지구대와 파출소의 편차(고유 값 빼기 평균값)는 -2(5 − 7), −1(6 − 7), 0(7 − 7). 1(8 − 7). 2(9 − 7)가 된다. 편차의 합은 언제나 0이 되므로 표준편차를 계산하기 위해서는 편차를 제곱하여 0이 되는 것을 피한다. 즉 편차제곱 값은 4(-2^2), 1(-1^2), 0(0^2), 1(1^2), 4(2^2)가 되며 편차의 평균값은 2((4+1+0+1+4)/5)가 된다. 이때 편차제곱의 평균값 2는 편차를 제곱한 값이므로 다시 제곱근을 함으로써 원래 값으로 되돌리며 이를 표준편차라 하고 $\sqrt{2}$이 된다. $\sqrt{2}$는 1.414이므로 B경찰서의 5대 범죄발생건수 5는 A경찰서의 5대 범죄발생 건수의 평균값 7보다 2가 적어 -1표준편차 보다 초과하여 적다. 따라서 B지구대의 범죄발생 위험도는 양호가 되어 1점을 부여한다. 한편 F파출소의 평균 5대 범죄 발생건수는 9이므로 A경찰서 평균보다 2가 크고 이는 +1표준편차를 초과하여 많이 발생하였으므로 범죄발생 위험도가 위험이 되어 3점을 부여 한다[13]. 5대 범죄발생 건수와 같은 방식으로 범죄적 특성과 지역사회의 생태학적 특성을 나타내는 변인들의 지구대와 파출소별로 계산하여 점수를 부여하면 공통문항 위험도를 파악할 수 있다. 공통문항 위험도 평가 점수는 1년 단위로 업데이트하여 개별 지구대와 파출소에 점수를 부여한다. 비록 복잡해 보이는 계산식이기는 하지만 1년에 1회만 계산하면 1년 간 모든 지구대와 파출소에서 사용할 수 있으며 범죄위험성 평가를 현행 방범진단카드와 같이 지역을 제외한 당해 건축물 중심 평가의 한계를 극복할 수 있으며 지역의

12) 표준편차(Standard Deviation)이란 분포의 평균값에서 각각의 분포들이 얼마나 떨어져 있는가를 계산하여 표준화시킨 값을 의미한다. 다시 말해서 각각의 분포 값들은 평균에서 일정거리를 두고 떨어져 있는데 이를 편차(Deviation)라 하고 편차의 평균값이 표준편차가 되는 것이다. 표준편차를 구하는 공식은 분포의 평균값과 개개 분포 값들을 이용하여 각각의 편차를 구하여 편차 값을 제곱한 다음 이의 평균을 구하면 변량(Variance) 값이 되며 이 값의 제곱근을 구하면 표준편차가 된다.

범죄위험성을 객관적인 점수화를 통해 적용할 수 있다는 점에서 실제적인 어려움 보다는 실효성이 더 크다. 계산방법에 대한 의문이나 어려움은 정기적인 경찰서별 방범진단 담당자 교육프로그램을 통해 학습시킨다면 실무적인 어려움을 극복할 수 있다. 또한 위와 같은 과학적 방법에 기초한 범죄위험성 평가는 어떤 선진국에서도 도입하고 있지 못한 상황이므로 한국 경찰의 방범진단이 전 세계 어떤 방범진단 매뉴얼에 비해 앞서 나갈 수 있는 기회를 제공할 것으로 보인다.

공통문항 측정기준 및 점수화

공통문항	변인	측정내용	측정기준	위험성 판단
범죄적 특성	범죄발생 현황	인구 1,000명당 5대 범죄발생 건수 (최근 3년 간 평균)	-1 표준편차 초과	양호(1점)
			-1~+1 표준편차	보통(2점)
			+1 표준편차 초과	위험(3점)
	잠재적 범죄자 현황	관할구역 인구 1,000명당 우범자 및 성폭력범죄 신상공개 대상자 수	-1 표준편차 초과	양호(1점)
			-1~+1 표준편차	보통(2점)
			+1 표준편차 초과	위험(3점)
	112신고	관할구역 최근 1년간 인구 1,000명당 112 범죄 신고건수	-1 표준편차 초과	양호(1점)
			-1~+1 표준편차	보통(2점)
			+1 표준편차 초과	위험(3점)
지역사회의 생태학적 특성	위험유발 업소	경찰 대상업소 숫자	-1 표준편차 초과	양호(1점)
			-1~+1 표준편차	보통(2점)
			+1 표준편차 초과	위험(3점)

출처: 이성용·윤우석·김학경. (2014). 방범진단 효율성 제고를 위한 발전방안. 계명대학교 산학협력단. 경찰청. pp. 179-181.

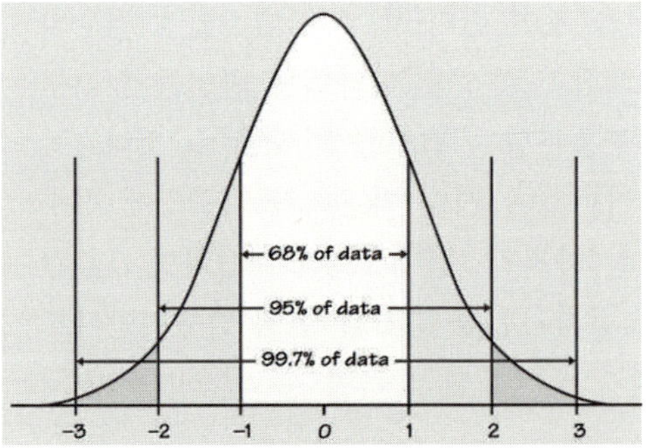

13) 원칙적으로 통계분석에서 거의 2표준편차 차이가 존재할 때 통계적으로 유의미한 차이가 존재한다고 결정 내리지만 범죄위험성 평가가 통계적 유의미성을 찾기 위한 목적이 아니며 상대적이 위험도를 파악하기 위한 수단으로 사용하는 것이며 실제적으로 1표준편차 이상의 차이는 당해 분석단위인 경찰서의 관할구역에서는 매우 큰 차이로 이해할 수 있다. 따라서 이 연구에서는 위험성 판단 기준을 1표준편차를 기준으로 양호, 보통, 위험을 구분 짓는다. -1~+1사이는 전체 경찰서 지구대와 파출소 68%가 포함되며 양호와 위험 지구대와 파출소는 32%가 지정된다.

결 론

안전하고 평온한 삶을 영위하는 것은 모든 인간의 기본적 본능일 것이다. 이 책에서는 우리가 삶을 살아가고 있는 공간에서 발생하는 다양한 사회문제들을 살펴보고 이를 예방하고 대응할 수 있는 방안들은 사회통제론적 시각과 상황적 범죄예방론의 시각에서 집중적으로 논의하였다. 또한 범죄, 무질서, 범죄두려움, 정신건강문제 등을 삶의 질을 떨어뜨리는 사회문제로 정의하고 이들 문제들의 발생원인을 설명하는 다양한 범죄학 이론들을 논의하고 이들 이론에 기초한 대응방안을 살펴보고자 하였다. 이와 더불어 범죄예방의 중추적 역할을 담당하고 있는 경찰의 활동을 소개하고 그 효과성을 평가하고자 하였으며 현행 범죄예방진단의 과정을 서술함으로써 범죄위험성 판단의 기준과 척도에 대한 이해를 도모하고자 하였다.

특히 이 책자는 다른 범죄예방에 관한 저술들과 달리 범죄에 국한 된 논의가 아닌 삶의 질과 관련된 모든 사회적 현상을 담고자 노력하였다는 점이다. 21세기 경찰에 대한 우리의 요구는 범죄에 국한하지 않기 때문이다. 대부분의 경찰학 전공자나 이와 유사한 학문분야 혹은 실무 종사자들은 범죄예방이라는 용어를 범죄에 국한하여 이해하려는 경향이 있다. 물론 범죄문제는 가장 최우선적인 범죄예방의 주제인 것은 사실이다. 범죄두려움의 논의에서도 보았듯이 시민들은 범죄발생 자체에 대한 관심 보다는 자신이나 자신들의 가족 혹은 이웃들이 범죄피해를 당할 가능성이 높아지거나 혹은 범죄피해에 대한 막연한 불안감을 더 경계한다. 범죄피해를 직접적으로 당하지 않을지라도 시민들은 범죄피해 두려움이나 무질서 환경을 직면하면 자신의 주거지를 담당하는 경찰에 대한 신뢰와 만족도가 떨어지게 되고 더욱 나아가서는 정신건강문제에까지 이르게 된다는 다소 광범위한 주제를 다루고자 하였다.

범죄학적 관점에서 이 책은 범죄자가 독특한 범죄적 특성이나 성향을 가졌다는 범인성에 기초한 범죄학 이론 보다는 범죄자에 대한 억제와 통제 그리고 범죄기회 감소를 통한 범죄예방을 강조하는 범죄학 이론을 주요 이론으로 다루었다. 기존 많은 연구들이 범죄예방의 방법으로 범죄자의 범인성을 개선시키는 쪽으로 논의가 발전하였으나 그 효용성의 한계가 지적되었다. 또한 범죄예방이라는 형사사법적 대응의 핵심 주체는 경찰이기에 경찰의 근거이론이 되는 고전주의 범죄학, 억제이론, 그리고 상황론적 범죄예방 이론을 주로 다루고자 하였다. 이와 더불어 사회적 통제의 중요성을 강조하기 위해 고전주의 사회해체이론에서 발전한 수정된 사회해체이론의 논의를 중심으로 범죄예방을 위한 사회적 통제의 중요성을 강조하고자 하였다.

제 1장에서 범죄와 일탈의 개념, 범죄의 형성과정, 범죄와 정치적 성향 및 시대적 상대성 등을 다룸으로써 범죄에 대한 독자들의 이해를 높이고자 하였다. 또한 기존 범죄예방모델 중 보건모형을 검토하고 사회통제론적 시각과 상황적 범죄예방론의 시각을 통합적으로 접목하려는 시도를 하였다. 제 2장에서는 범죄의 공간 집중화 현상 및 범죄발생 현황을 설명함으로써 범죄발생에 있어 공간의 중요성을 강조하고자 하였다. 제 3장에서는 범죄예방이론 중 사회통제론적 시각의 발전사를 검토하였고 지역사회의 구조적 특성, 기능적 특성, 지역사회의 사회통제력의 관계를 전반적으로 살펴보고자 하였다. 제 4장은 고전주의 범죄학과 신고전주의 범죄학에 대한 논의를 살펴보고자 하였다. 또한 피해자학이론이라 불리는 생활양식이론과 일상행위이론을 중심으로 범죄피해의 위험요소와 범죄발생의 조건을 검토하였다. 제 5장은 신고전주의 범죄학의 핵심이라 할 수 있는 상황적 범죄예방이론에 대해 설명하고자 하였다. 상황적 범죄예방이론의 범죄기회 구조 및 범죄기회 감소 기법에 대해 논의하였다. 제 6장은 상황적 범죄예방 기법에 대해 논의하고 이의 효과에 대한 기존 선행연구의 내용을 정리하고자 하였다. 제 7장은 최근 가장 각광받고 있는 범죄예방방법인 CPTED의 발전사와 기본원리를 설명하고자 하였다. 몇몇 국내 적용 사례 역시 검토하였다. 제 8장은 지역사회와 범죄예방이라는 주제로 지역사회범죄예방의 개념 및 개인수준의 범죄예방활동에 대해 설명하였다. 특히 사회통제의 구성요소들 간의 관계를 집중적으로 다루었다. 제 9장에서는 지역사회의 무질서와 범죄두려움의 원인이론 및 영향요인을 파악함으로써 무질서와 범죄두려움 감소를 위한 방안을 논의하과 하였다. 제 10장에서는 지역사회의 공간이 거주민들의 정신건강에 미치는 영향을 살펴보고자 하였다. 제 11장에서는 경찰활동과 범죄문제를 논의하였다. 특히 경찰의 다양한 활동들이 어떻게 범죄, 무질서, 범죄두려움, 그리고 정신건강에 영향을 미치는지를 파악하고자 하였다. 마지막으로 제 12장에서는 최근 한국 경찰에서 도입하여 활용하고 있는 범죄예방진단의 개념과 실무 적용방법에 대해 설명하고자 하였다.

이 책을 읽는 독자들은 아마도 경찰학 전공자이거나 범죄학에 대한 관심이 많은 학부생 혹은 대학원생들일 것이다. 범죄예방 진단은 이론 중심의 학습이 아닌 실무적인 접근이 가능한 영역이다. 거주공간의 범죄유발 요소를 찾고 이를 해결할 수 있는 방안을 기존 이론과 논의들에서 제시할 수 있다면 범죄예방을 위한 탐색, 분석, 대응, 평가라는 문제지향적 경찰활동의 SARA모형을 수행하는 기회가 될 것이다.

범죄예방과 관련된 논의는 경찰학, 범죄학, 교정학, 사회복지학, 심리학, 사회학, 건축학, 법학 등 다양한 학문 분야에서 많은 연구들이 진행되었고 그 관심 분야도 다양하다. 이 책에서는 범죄예방의 아주 일부분만을 다루었다. 따라서 이 책은 범죄예방의 시작에 불과하며 이 책의 부족한 부분은 아쉽지만 유사한 주제를 다룬 더 양질의 저서들이나 논문들을 통해 확장하기를 바란다.

참고문헌

국내문헌

강은경 · 박미랑 · 박현호 · 강석진. (2010). 범죄예방을 위한 환경설계의 제도화 방안(III): 학교 및 학교주변 범죄예방을 중심으로. 한국형사정책연구원.

강지현. (2019). 1인 가구의 범죄두려움에 관한 연구: 가구 유형별 범죄두려움 수준과 영향요인 비교를 중심으로. 한국치안행정논집, 15(4):23-54.

강용길 · 윤우석 · 강소영 · 장정현. (2015). 근리지역범죄예방 진단척도 개발에 관한 연구. 치안정책연구소, 경찰청 정책연구보고서.

강석진 · 박진은 · 이경훈. (2009). 주민의식조사를 통한 주거지역 방범용 CCTV의 효과성 분석. 대한건축학회 논문집 건축계, 25(4):235-244.

강현아. (2010). 빈곤이 위험한 지역사회 환경을 통해 청소년의 우울 및 불안에 미치는 영향. 사회복지연구, 41(3):327-348.

강희경 · 김영미 · 이은주. (2009). 이웃환경 무질서와 청소년 우울간의 관계-일상생활스트레스와 부정적 가족사건의 매개효과 연구. 청소년학연구, 16(10):179-204.

경찰청. (2018). 2017 경찰통계연보. https://www.police.go.kr/www/open/publice/publice05.jsp.

고영호 · 문용갑 · 유홍준 · 이성용 · 이완수 · 이정환 · 장준오 · 정태인. (2020). 사회문제론 제 4판. 그린출판사.

김구. (2005). 지역경찰활동에 있어서 경찰신뢰의 영향에 관한 실증적 분석: 경찰활동의 성과 측면을 중심으로, 한국정책과학학회보, 9(3):49-72.

김광혁. (2010). 빈곤이 아동의 우울 · 불안에 미친 영향: 빈곤의 기간 및 시기, 정도에 따른 차이를 중심으로. 한국청소년연구, 21(1):5-31.

김연수. (2008). 방범용 CCTV의 범죄예방 효과분석: 범죄의 전이효과와 범죄통제 이익의 확산효과 분석을 중심으로, 한국민간경비학회보, 11:209-245.

김연수. (2010). 범죄두려움의 원인과 반응에 관한 연구, 박사학위논문, 서울: 동국대학교 대학원.

김연수. (2016). 범죄두려움과 자기보호행동의 관계에 관한 위험해석모델의 재검토. 한국공안행정학회보, 25.1: 64-91.

김연희 · 김선숙. (2008). 사회자본이 아동 우울에 미치는 영향. 사회복지연구, 36(1):103-127.

김영미. (2009). 거주지역 무질서가 청소년 우울에 미치는 영향. Social Science Research Reveiw, 24(4):29-50.

______. (2011). 이웃환경과 청소년의 심리적 부적응의 관계: 가족과정의 매개효과와 성별간 다집간 분석. 청소년학연구, 18(11):209-237.

______. (2011). 청소년 음주와 흡연에 대한 가족구조와 사회 통제적 요인의 관계. 청소년학연구, 13(6):151-178.

김영제. (2007). 환경설계를 통한 범죄예방(CPTED)이 범죄두려움에 미치는 영향. 한국공안행정학회보, 29:33-61.
김인. (1997). 경찰서비스 공동생산과 효과: 자율방범활동을 중심으로. 한국행정학회보, 31(2):77-94.
김상운 · 신재헌. (2012). 범죄에 대한 두려움이 민간경비 선택에 미치는 영향에 관한 연구. 한국경호경비학회지, 32: 33-63.
김성언. (2011). 범죄의 두려움과 주거 단지의 요새화. 형사정책연구, 22(4): 315-346.
김승용. (2004). 한국 노인 자살률 변동과 사회구조적 요인에 관한 연구. 사회복지정책, 19:181-205.
김정헌·송건섭. (2002). 경찰의 치안활동에 대한 신뢰결정요인 연구, 지방정부연구, 6(1):159-178.
김준호 · 정혜원. (2009). 부모애착과 비행사이의 자기회귀교차지연 효과 검증: 성별 간 다집단 분석. 형사정책연구, 20(2):125-148.
김준호 · 노성호 · 이성식 · 곽대경 · 이동원 · 박철현. (2003). 청소년 비행론. 청목출판사.
김준호 · 박현수 · 박성훈. (2010). 한국의 범죄피해에 영향을 미치는 요인에 관한 연구, 형사정책연구, 83:135-172
김준홍. (2010). 범죄피해 위협과 보호행동을 예측하는 요인들의 성차. 한국공안행정학회, 40: 71-113.
김지선. (2004). 여성의 범죄에 대한 두려움: 사회적 구성과 결과. 박사학위논문, 서울: 이화여자대학교 대학원.
김충남 (2003). 경찰과 지역사회 관계개선에 관한 연구, 한국공안행정학회보, 16: 41-76.
김창익 · 윤우석. (2013). 지역사회의 생태학적 특성이 비행친구와 비행에 미치는 영향검증, 청소년복지연구, 15(2):61-85.
김청송. (2007). 청소년의 우울, 스트레스 대처 강인성이 비행에 미치는 영향. 한국심리학회지 상담 및 심리치료. 12(3):587-598.
김혜영 · 윤우석. (2015). 무질서 인식이 청소년들의 부정적 감정 및 지위비행에 미치는 영향검증, 한국공안행정학회보, 60:11-43.
곽현근. (2008). 개인의 자아존중감과 자기효능감에 미치는 동네효과 연구. 지방정부연구, 12(4):203-224.
곽현근 · 노병일. (2003). 인지된 동네 무질서와 사회적 유대가 개인의 무력감에 미치는 영향에 대한 연구. 지방정부연구, 7(2):217-239.
노병일 · 곽현근. (2005). 동네의 맥락적 특성이 주민의 정신건강에 미치는 영향: 동네빈곤, 무질서, 네트워크형성을 중심으로. 보건과 사회과학. 17:5-31.
노성호. (2006). 비행친구와 비행행동의 인과성에 대한 검증. 형사정책연구, 68:297-332.
______.(2013). 범죄피해, 범죄의 두려움과 청소년의 삶의 질, 피해자학연구, 21(1):83-110.
노성호 · 권창국 · 김연수 · 박종승. (218). 피해자학 제 2판. 도서출판 그림.
노성호 · 김지선. (1998). 범죄의 두려움에 대한 경험적 연구. 피해자학연구, 6(1):169-205.
노성훈 · 강용길. (2010). 범죄에 대한 두려움이 대학 캠퍼스 내의 CCTV설치에 대한 태도에 미치는 영향. 한국경찰연구, 9(4): 77-102.
노호래 (2001). 지역사회 경찰활동의 문제점과 개선방안, 한국공안행정학회보, 11: 139-178.
______. (2006). 경찰인력과 장비의 증가와 범죄예방효과 간 상관관계 분석과 그 정책적 시사점. 한국공안

행정학회보, 25:47-77.

류나미·윤혜미. (2008). 청소년의 감각추구성향과 또래동조성향 및 부모의 관리감독이 청소년 음주행동에 미치는 영향. 한국아· ·동복지학, 25:39-67.

류준혁 (2012). 범죄두려움에 대한 경찰활동의 효과: 위계모형접근, 한국위기관리논집, 8(6):209-230.

류준혁. (2012). 위계선형 접근법을 통한 시민의 경찰에 대한 인식분석, 한국지방정부학회 2012년도 춘계 학술대회논문집, 612-628.

민휘경 (2013). 사회통제 인식이 범죄두려움에 미치는 영향, 형사사법연구, 3(2):7-34.

민수홍·박강우·기광도·전영실·최병각·김혜경. (2017 역). 범죄학 이론. 나남출판사.

박경래·최성락. (2011). 충북지방경찰청 주폭척결 프로그램의 비용편인분석: 경찰대응비용을 중심으로, 한국경찰연구, 10(4):3-30.

박경래·김수동·최성락·이종한. (2010). 범죄 및 형사정책에 대한 법경제학적 접근 III: 범죄의 사회적 비용 추계. 한국형사정책연구원 연구보고서.

박경래·최인섭·박성훈·고충열·강용길·박현호·공주대산학협력단. (2012). 범죄유발·공간에 대한 위험 평가도구 개발·적용 및 정책대안에 관한 연구(1), 한국형사정책연구원, 경제·인문사회연구회 협동연구 총서 12-27-01.

박경옥·나유향·박지현·한송이. (2011). 공동주택의 범죄예방환경디자인 적용 및 범죄불안감 관련 특성 분석. 생활과학연구논총, 15(2):187-203.

박미랑·박경래. (2012). 절도범의 범죄 억제력에 관한 연구: 처벌의 확실성과 엄격성을 중심으로, 한국범죄학, 6(1):35-60.

박영미 (2004). 지역경찰활동의 모형에 관한 연구, 한국공안행정학회보, 18: 217-236.

박영주 (2010). 환경설계를 통한 범죄예방의 효과에 관한 연구: 대구주민의 주거환경에 대한 인식이 범죄피해 및 범죄두려움에 미치는 영향을 중심으로, 한국경찰연구, 9(1):55-82.

박영주·윤우석. (2013). 대학캠퍼스 내 대학생들의 범죄두려움 결정요인에 관한 연구. 한국공안행정학회보, 50: 157-189.

박영주·윤우석. (2019). 다중운집행사 시 범죄예방환경이 행사만족도에 미치는 영향분석, 한국치안행정논집, 16(2):3-26.

박은형·정지수. (2014). 범죄예방정책으로서 방범용 CCTV의 효과성에 관한 연구-패널2SLS를 활용한 분석을 중심으로. 한국경찰학회보, 16(1):39-73.

박성훈 (2011). 범죄기회요인과 지역특성이 가구범죄피해에 미치는 영향, 형사정책연구, 22(3):327-357.

______. (2011). 한국의 도시지역 범죄피해의 지역적 맥락에 관한 연구. 고려대학교 대학원 박사학위 논문.

박정은·강석진·이경훈. (2011). 아파트단지에서 CPTED구성요인과 범죄 및 불안감의 관계에 대한 연구. 대한건축학회논문집 계획계. 26(5):13-112.

박정선. (2003). 학교의 지역적 특성과 청소년비행: 다수준 접근의 적용, 형사정책, 15(2):111-154.

박준휘·최인섭·김재운·김도우·장지현·박현호·손원진·신영철·고려대산학협력단. (2013). 범죄유발 지역·공간에 대한 위험성 평가도구 개발·적용 및 정책대안에 관한 연구(II): 상업지역을 중심으로. 한국형사정책연구원, 경제·인문사회연구회 협동연구 총서 13-41-01.

박준휘 · 강용길 · 김도우 · 정진성. (2014). 범죄유발지역 · 공간에 대한 위험성 평가도구개발 · 적용 및 정책 대안에 관한 연구(III): 성폭력 및 학교폭력 발생 지역 공간 특성분석 및 정책대안 개발. 한국형사정책연구원, 경제 · 인문사회연구회 협동연구 총서 14-65-03.

박준휘 외 17명. (2014). 셉테드 이론과 실무. 법무부 · 한국형사정책연구원.

박철현. (2014). 사회문제론 제 2판. 박영사.

박철현 · 최수형. (2009). 서울시 강남구의 CCTV설치가 범죄예방에 미치는 효과연구. 한국사회학회, 전기사회학대회, 20(3):213-238

_____ · _____. (2011). 기초자치단체의 방범용 CCTV의 범죄예방효과: 강남구 논현동의 시범설치를 중심으로. 법정리뷰, 30(2):25-42.

박철현 · 최수형 · 박성훈. (2014). 지하철 객실 내의 CCTV와 범죄예방효과: 지식의 틈새를 메우기. 한국범죄학, 8(3):101-132

박철현 · 박정선 · 송태정. (2007). 청소년 범죄의 사회적 비용 추정: 5대 범죄를 중심으로. 형사정책, 19(1):331-356.

박현호. (2014). 범죄예방환경설계 CPTED와 범죄과학. 박영사.

박현호 · 황영선 · 김동근. (2011). WDQ분석을 통한 CCTV의 범죄전이 연구-광명시 사례 중심으로. 한국경찰연구, 10(2):107-128.

보건복지부. (2018). 정신질환실태역학조사.

안혜원 · 이재연. (2009). 청소년의 스트레스와 문제행동의 관계에 대한 부모애착 및 부모감독의 중재효과. 아동학회지, 59:77-88.

유경원 · 노용환. (2007). 국가별 패널자료를 이용한 자살률 결정요인 분석. 한국경제연구, 18:69-77.

유정균. (2008). 노인자살률의 지역별 편차: 가족불안정의 영향을 중심으로: 1995-2005. 한국인구학, 31(2):21-44.

윤우석. (2009). 공식적 사회통제가 비공식적 사회통제에 미치는 영향검증, 한국경찰연구, 8(3):69-96.

_____. (2009). 경찰력과 범죄의 관계에 대한 실증연구, 한국경찰학회보, 11(2):201-230.

_____. (2010). 경찰의 공식적 사회통제가 지역사회의 유대와 비공식적 사회통제에 미치는 영향검증. 형사정책연구, 21(3): 381-407.

_____. (2010). 청소년 지위비행과 부모의 양육행위에 지역사회의 생태학적 특성이 미치는 영향. 형사정책연구, 21(1):175-202

_____. (2010). 경제위기 상황과 범죄발생의 관계 검증: 1995-2005년 실업과 범죄 시계열 자료분석, 한국공안행정학회보, 40: 154-189.

_____. (2011). 실업과 소득격차가 자살에 미치는 영향검증: 1995년에서 2008년까지의 시계열 자료 분석, 한국공안행정학회보, 42:151-185.

_____. (2011). 사회적 통합과 자살률의 관계 검증: 시군구 자료를 중심으로, 한국공안행정학회보, 45:143-174.

_____. (2012). 지역사회의 집합적 효능감과 범죄피해의 관계검증: 대구지역을 중심으로. 형사정책연구, 89: 319-354.

_____. (2012). 지역사회의 특성이 경찰자원배분에 대한 지역주민들의 인식에 미치는 영향 검증. 한국경

찰연구, 11(2):227-254.
______. (2012). 경찰통제와 자살의 관계: 시군구 자료를 중심으로, 한국공안행정학회보, 47:203-233.
______. (2013). 지역사회경찰활동의 딜레마: 지역주민들의 경찰일탈행동에 대한 직간접 경험을 중심으로, 한국경찰연구, 12(1):143-170.
______. (2014). 여성안심구역의 범죄예방을 위한 상황통제기법 제안 및 효과성 검토: 경북지방경찰청 사례를 중심으로. 경찰대학 치안정책연구소.
______. (2014). 지역사회의 생태적 특성과 자살태도 및 자살생각의 관계 검증. 한국범죄학, 8(1): 163-193.
______. (2014). 지역사회해체 인지가 우울감에 미치는 영향검증: 무질서, 사회유대, 비공식적 사회통제의 역할을 중심으로, 한국경찰연구, 13(1):117-146.
______. (2015). 가시적 경찰활동 인식이 범죄두려움에 미치는 영향 검증: 경찰역할인식의 중요성. 한국범죄학, 9(1): 187-221.
______. (2015). 시계열분석을 통한 범죄예방환경 조성사업의 범죄억제효과 분석: 구미시 사례를 중심으로, 한국범죄학, 9(3):131-164.
______. (2015). 범죄예방환경조성사업의 범죄안전인식 개선효과 검증. 한국범죄심리연구, 11(3):153-180.
______. (2017). 지역애착의 영향요인 파악을 위한 다수준 검증, 한국경찰학회보, 19(3):107-151.
______. (2018). 경찰 안심귀갓길 조성사업의 효과성 분석: 2016년 구미시 실험사례를 중심으로, 한국경찰학회보, 20(1):185-223.
윤우석 · 최응렬. (2008). 경찰활동에 대한 인식이 범죄예방활동에 미치는 영향: 비공식적 사회 통제와 지역사회 경찰활동을 중심으로. 한국공안행정학회보, 33: 399-440.
윤우석 · 이창훈 · 심희섭. (2017). 범죄예방용 CCTV설치의 비용편익분석: 절도와 폭력범죄를 중심으로. 한국경호경비학회, 50:207-237.
윤우석 · 김주희. (2020). 방범용 CCTV가 체감안전도에 미치는 영향: 전국단위 자료 분석. 한국경찰연구, 19(4):87-116.
윤옥경. (2008). 청소년 비행에 대한 개인, 가정, 학교, 지역사회의 영향력 비교. 교정연구, 38:107-138.
은기수. (2005). 경제적 양극화와 자살의 상관성: 1997년 외환위기를 전후하여. 한국인구학, 28(2): 97-129.
이명우 · 황진아 · 박한호. (2014). 지역사회 경찰활동이 범죄두려움에 미치는 영향: 무질서 감소의 매개효과 측정. 한국경찰학회보, 16(3): 73-102.
이민식. (2000). 범죄에 대한 반응: 일반모델의 검증, 형사정책연구, 11(4): 215-254.
이완희 · 이미정. (2019). 지역사회의 집합효능감이 범죄피해에 미치는 영향, 한국범죄심리연구, 15(4): 151-162.
이유미. (2008). 공동주택단지에서의 범죄피해경험율과 범죄로부터의 안전성(safety)평가 지표간의 상관성 분석에 관한 연구, 한국주거학회지, 19(2).
이윤호 · 김순석 · 김도우. (2013). 편의점 방범인증제 실시에 따른 효과성 분석. 경찰대학 치안정책연구소.
이상균. (2009). 청소년기 경비행행동과 부모양육행동 간의 병렬적 잠재성장모형 분석: 청소년에게 부모는 여전히 중요한가?. 한국가족복지학, 27:243-266.

이상원. (2009). 안전한 사회구축을 위한 CPTED 전략: 버스정류장 방범진단사례를 중심으로, 한국경찰학회보, 11(3).

이상원·송건섭. (2001). 국민의 경찰신뢰에 관한 영향요인 분석, 한국경찰학회보, 3:151-168.

이상헌 · 이창한 (2014). CPTED 구성요소에 대한 공동주택 주민의 인식과 범죄두려움의 관계, 한국경찰학회보, 16(5):169-195.

이상훈 · 정의롬. (2015). 지역사회특성이 개인의 범죄예방활동에 미치는 영향. 「비교법학」, 26: 39-64.

이성용 · 윤우석 · 김학경. (2014). 방범진단 효율성 제고를 위한 발전방안. 계명대학교 산학협력단.

이성식 · 박정선 · 이정환. (2012). 지역무실서, 집합효율성, 범죄두려움의 관계: 세 모델의 검증. 피해자학연구, 20(1): 487-510.

이성식. (1999). 청소년 범죄에 있어 긴장과 통제: 확대 된 두 이론의 검증. 한국공안행정학회보, 8:191-214.

______. (2000). 지역사회경찰활동과 범죄두려움, 한국공안행정학회보, 10권:133-159.

______. (2003). 지역무질서, 지역유대와 범죄피해의 관계. 피해자학연구, 11(1):87-106.

______. (2007). 낮은 자기통제력과 비행친구의 청소년비행에의 영향: 청소년패널자료의 분석. 한국청소년연구, 18(2):159-181.

______. (2011). 청소년비행에 있어서 가정, 학교, 친구요인과 그 심리적 매개요인들의 작용: 주요 세 비행이론들의 검증. 형사정책, 23(2):121-141.

______. (2019). 소셜네트워크 서비스상의 개인범죄피해와 두려움의 관계에서 집합효율성의 조절효과, 피해자학연구, 27(2):61-78.

이순래 · 박철현 · 김상원. (2011 역). 범죄예방론. 도서출판 그린.

이순래 · 이성식 · 박정선 · 김성언 · 박철현 · 김상원 · 박성민 · 류준혁. (2019 역). Vold의 이론범죄학. 도서출판 그린.

이재경 · 정만성 · 장초록 · 장현석. (2016). 경찰활동 수준에 대한 인식이 비공식적 사회통제에 미치는 영향, 한국사회연구, 19:171-200.

이재영. (2011). 범죄피해경험과 지역특성의 상호작용이 범죄에 대한 두려움에 미치는 영향. 한국범죄심리연구, 7(3): 231-250.

______. (2010). 경찰에 대한 인식에 영향을 미치는 개인 및 지역사회 수준에서의 통합적 연구, 동국대학교 박사학위논문.

______. (2011). 경찰-주민접촉이 경찰에 대한 신뢰에 미치는 영향, 사회과학연구, 18(3): 27-52.

이주락. (2008). 가두 방범 CCTV의 범죄예방효과에 관한 연구: 천안 · 아산 지역을 중심으로. 현대사회와 행정, 18(2):107-132

이황우 (1994). 경찰과 지역사회관계의 개선에 관한 연구 한국공안행정학회보, 3: 1-26.

임민혁 · 홍준혁. (2008). 방범용 CCTV의 범죄예방효과분석을 통한 범죄예방정책의 방향, 한국정책과학학회보, 26:145-186.

임형진 · 전용태. (2014). 방범용 CCTV의 범죄유형별 범죄예방효과 연구. 한국범죄학, 8(2):75-96.

임형진 · 이주락. (2014). 방범용 CCTV의 계절별 범죄예방효과. 한국경찰학회보, 16(2):99-119.

송건섭. (2001). 지역사회 경찰활동과 시민관계 개선에 관한 연구. 경호경비연구, 4:137-167.

신동준. (2004). 살인과 자살의 문화적 사회구조적 원인: Merton의 아노미이론 검증을 위한 국가간 비교

연구. 한국사회학, 38(4):33-71.
신우화·신우진. (2016). 주민참여형 안전마을 사업 전·후 거주민의 인식 및 행동의 변화: 대구 달서구 안전마을 시범사업을 중심으로. 국토계획, 51(2):19-30.
신의기·이경훈·강석진·박형아. (2014). 범죄유발지역·공간에 대한 위험성 평가도구개발·적용 및 정책대안에 관한 연구(III): 지하철 역사에 대한 범죄위험성 평가 및 정책대안 연구. 한국형사정책연구원, 경제·인문사회연구회 협동연구 총서 14-65-02.
신상진·조영태. (2007). 사회적 자본과 자살충동. 보건교육·보건증진학회지, 24(3):35-49.
심희섭. (2015). 범죄에 대한 두려움: 성별에 따른 차이가 있는가? 한국경찰학회보, 54:203-232.
조일형·이종구. (2012). 범죄예방정책의 확산 영향요인 분석-서울시 기초자치단체의 방범용 CCTV도입 확산을 중심으로. 한국정책학회보, 21(2):221-244.
재갈돈·재갈욱·송건섭. (1999). 경찰력 강화와 범죄억제간 인과관계의 분석. 한국정책학회보, 8(2): 165-181.
장안식 (2012). 범죄피해에 대한 대중의 두려움: 개인적 두려움과 대리 두려움의 비교, 피해자학연구, 20(2):87-119.
장안식·정혜원·박철현 (2011). 범죄두려움에 있어서 성과 연령의 상호작용효과: 범죄피해-두려움에 대한 새로운 접근, 형사정책연구, 22(3):291-326.
전신현. (2003). 지역특성이 성인의 정신 및 육체건강에 미치는 영향. 보건과 사회과학, 13: 113-134.
정일영. (2012). 동네무질서가 청소년 우울에 미치는 영향-부모·자녀관계, 학교적응의 매개효과를 중심으로. 중등교육연구, 60(4):1135-1168.
정소희. (2007). 부부갈등, 부모양육행동, 자아통제력이 청소년 비행에 영향을 미치는 경로분석. 한국사회복지학, 59:145-170.
정승민. (2006). 비공식적 사회통제와 경찰활동의 상호작용효과에 관한 이론적 검토. 한국치안행정논집, 2: 265-284.
______. (2009). CCTV와 비공식적 통제, 경찰활동의 상호작용효과에 관한 연구. 한국경찰연구, 8(2): 173-208.
정진성·장윤식. (2014). 방범용 CCTV에 대한 인식이 여성의 범죄두려움에 미치는 영향, 한국경찰연구, 13(2):341-368.
정진성·황의갑. (2012). 방범용 CCTV의 범죄예방효과에 관한 연구: 천안아산지역 읍면동을 중심으로. 한국공안행정학회보, 21(1):182-209.
조맹제·김계희. (1993). 주요 우울증 환자 예방평가에서 The Center for Epidemiologic Studies Depression Scales(CES-D)의 진단적 타당성 연구, 신경정신의학, 32:381-399.
______. (2009). 범죄두려움에서 지역특성과 경찰활동의 상호작용효과에 관한 연구. 사회연구, 14: 43-73.
조윤오·민휘경. (2012). 범죄 피해 경험이 일상생활의 활동 변화에 미치는 영향. 형사사법연구, 2(1): 111-135.
주미옥. (2020). 범죄예방환경설계 실무 가이드북. 나무와 숲.
주재진. (2008). 경찰에 대한 민원인의 신뢰영향 요인에 관한 연구, 한국경찰학회보, 10(4): 330-352.
______. (2009). 경찰에 대한 이미지가 시민의 법집행 순응도에 미치는 영향에 관한 연구, 한국경찰학회보,

11(2): 291-316.
제갈욱·제갈돈. (2008). 지역사회경찰활동에서 범죄통제에 대한 주민의 인식에 관한 연구, 한국공안행정학회보, 33(2): 369-397.
제갈돈. (1999). 지역사회 경찰활동에 대한 시민 인식에 관한 연구, 공공정책연구, 6(6): 111-130.
차훈진. (2007). 범죄에 대한 두려움에 영향을 미치는 요인에 관한 연구: 여성을 중심으로. 박사학위논문, 서울:동국대학교 대학원.
최응렬. (2006). 지역경찰제의 정착화 방안: 순찰지구대의 효율적 운영을 중심으로, 한국공안행정학회보, 23: 313-343.
최응렬·김연수. (2007). 방범용 CCTV의 범죄예방효과에 대한 연구. 한국공안행정학회보, 26:145-186.
최수형·이순래·박철현. (213). 방범용 CCTV의 범죄예방효과: 안산시 통합관제센터 개소를 중심으로. 한국범죄학, 7(2):175-204.
최수형·황지태·장다혜·이동원. (2014). 전국범죄피해조사(Ⅳ). 형사정책연구원 연구총서. 2014-12: 1-387.
한인섭. (2010). (체사레 벡카리아의) 범죄와 형벌. 박영사.
홍태경. (2011). 공식적·비공식적 통제가 상점주의 범죄예방활동에 미치는 영향. 한국민간경비학회보, 17: 69-95.
홍태경·류준혁. (2011). 성별과 연령에 따른 청소년 비행요인의 비교분석. 한국치안행정논집, 8(3): 113-38.
홍태경·윤우석. (2017). 개인의 범죄예방활동에 영향을 미치는 요인에 관한 연구. 한국치안행정논집, 13(4):179-207.
황의갑 (2009). 도시지역과 읍·면지역 간 범죄에 대한 두려움의 수준과 영향요인의 차이, 형사정책, 21(2):295-323.
______. (2015). 수도권 읍면동별 지역사회의 구조적 특성이 범죄에 대한 두려움에 미치는 영향, 한국경찰연구, 14(1):271-294.
황의갑·우영기. (2009). 일선 경찰관들의 지역사회경찰활동 지향성과 활동정도에 영향을 주는 요인에 관한 연구. 한국경찰연구, 8(1):3-40.
황의갑·기광도·김용근·류준혁·박지선·윤우석·이봉한·이상문·이창한·이창훈·정덕영·정진성·조윤오. (2015 역). 범죄학: 범죄원인론, 형사정책, 범죄발생의 최근 경향. 도서출판 그림.

국외문헌

Adams, R.E., Rohe, W.M. & Arcury, T.A. (2005). Awareness of community oriented police and neighborhood perceptions in five small to midsize cities. Journal of Criminal Justice, 33:43-54.
Agnew, R. (1992). Foundation for a general strain theory of crime and delinquency, Criminology, 30(1):47-87.

Akers, R.L., Krohn, M.D., Lanza-Kaduce, L. & Radosevich, M. (1979). Social learning and deviant behavior: a specific test of a general theory, American Sociological Review, 44(4):636-655.

Akers, R.L. and Jensen, G.F. (2007). Empirical status of social learning theory in Cullen et al(2017) Taking stock the status of criminological theory advances in criminological theory volume 15.

Akers, R.L. & Sellers, C.S. (2004). Criminological theories: introduction, evaluation, and application(4th ed.). LA: Roxbury Publishing Company.

Akers, R.L., Sellers, C.S., & Jennings, W.G. (2017). Criminological theories: introduction, evaluation, and application, NY: Oxford University Press.

Albrecht, L. S. & Green, M. (1977). Attitudes Toward the Police and the Larger Attitude Complex: Implications for Police-community Relationships, Criminology, 15(1): 67-86.

American Public Health Association. (2019). Addressing law enforcement violence as a public health issue.

Anderson, E. (1999). Code of the street: decency, violence, and the moral life of the inner city. New York: Norton.

Aneshensel, C.S. & Sucoff, C.A. (1996). The neighborhood context of adolescent mental health. Journal of Health and Social Behavior, 37(4):293-310.

Ayuso-Mateos, J.L., Vaquez-Barquero, J.L., Dowrick, C., Lehtinen, V., Dalgard, O.S., Casey, P., & Group, O. (2001). Depressive disorders in Euripe: Prevalence figures from the ODIN study. British Journal of Psychiatry, 179:308-316.

Barnes, G. (1995). Defining and optimizing displacement. In: Eck, J., and Weisburd, D. (eds.), Crime and Place. Crime Prevention Studies (Vol. 4), Criminal Justice Press, Monsey, NY, pp. 95-114.

Barr, R. & Pease, K. (1990). Crime placement, displacement, and deflection. In Tonry, M. & Morris, N. (eds.), Crime and Justice, 12. Chicago: University of Chicago Press.

Barry, P. (1997). Situational prevention in two parking facilities. In Clarke, R.V. (ed)., Situational Crime Prevention: Successful Case Studies, Monsey, NY: Criminal Justice Press.

Baumer, T.L. (1985). Testing a general model of fear of crime: data from a national sample, Journal of Research in Crime and Delinquency, 22(3):239-255.

Baumer, E., Lauritsen, J., Rosenfeld, R., & Wright, R. (1998). The influence of crack cocaine on robbery, burglary, and homicide rates: a cross-city, longitudinal analysis, Journal of Research in Crime and Delinquency, 35(3):316-340.

Beck, A. & Willis, A. (1999). Context-specific measures of CCTV effectiveness in the retail sector, In Painter, K. & Tilley, N. (eds.). Surveillance of Public Space: CCTV, Street Lighting and Crime Prevention. Monsey, NY: Criminal Justice Press.

Becker, G. (1968). Crime and punishment: an economic analysis. Journal of Political Economy, 78:169–217.

Bellair, P. (1997). "Social Interaction and Community Crime: Examining the Importance of Neighborhood Networks," Criminology, 35(4): 677–703.

_________. (2000). "Informal Surveillance and Street Crime: a Complex Relationship," Criminology, 38(1): 137–170.

Bennet, T. (1986). Situational crime prevention from the offender's perspective. In Heal, K. & Laycock, G (eds.). Situational crime prevention: from theory into practice. London: Her Majesty's Stationery Office.

Benson, R. P. (1981). Political Alienation and Public Satisfaction with Police Services, Pacific Sociological Review, 24(1): 45–64.

Bowers, K.J. & Johnson, S.D. (2003). Measuring the geographical displacement and diffusion of benefit effects of crime prevention activity. Journal of Quantitative Criminology, 19(3): 275–303.

Bowers, W. & Hirsch, H. (1987). The impact of foot patrol staffing on crime and disorder in Boston: an unmet promise. American Journal of Policing, 6(1):17–44.

Bowleg, L., Rio–Gonzalez, A.M., Mbaba, M., Boone, C.A., & Holt, S.L. (2020). Negative police encounters and police avoidance as pathways to depressive symptoms among us Black men, 2015–2016. American Journal of Public Health, 110:S160–S166.

Bowles, R., Reyes, M.G. & Garoupa, N. (2009). Crime reporting decisions and the costs of crime, European Journal of Crime Policy and Research, 15:365–377.

Box, S. (1987). Recession, crime and punishment, NJ: Barnes & Noble.

Box, S. & Hale, C. (1982). Economic crisis and the rising prisoner population in England and Wales. Crime & Social Justice, 17:20–35.

________________. (1985). Unemployment, imprisonment and prison overcrowding. Comtemporary Crises, 9:209–228.

Box, S., Hale, C. & Glen, A. (1998). Explaining Fear of Crime. British Journal of Criminology, 28(3): 338–356.

Braga, A.A. & Weisburd, D.L. (2012). The effects of "pulling levers" focused deterrence strategies on crime, Campbell Systematic Reviews, 6. The Campbell Collaboration.

Braga, A.A., Weisburd, D., Waring, E.J., Mazerolle, L.G., Spelman, W., & Gajewski, F. (1999). Problem–oriented policing in violent crime/places: a randomized controlled experiment. Criminology, 37(3):541–580.

Brame, R., Bushway, S., Paternoster, R., & Turner, M.G. (2014). Demographic patterns of cumulative arrest prevalence by ages 18 and 23. Crime and Delinquency, 60:471–486.

Brandl, G.S., Stroshine, M.S. & Frank, J. (2001). Who are the complaint–prone officers? Journal of Criminal Justice, 29:521–529.

Brandl, G.S., Frank, J. & Worden, E.R. (1994). Global and Specific Attitudes toward the Police: Disentangling the Relationship. Justice Quarterly, 11(1):119–134.

Brantingham, P.J. & Brantigham, P.L. (1984). Patterns in crime. New York: McMillan.

Brantingham, P.J. & Faust, F.L. (1976). A conceptual model of crime prevention. Crime and Delinquency, 22:284–296.

Braungart, M. M., Braungart, R. G., & Hoyer. W. J. (1980). Age, sex, and social factors in fear of crime. Sociological Focus, 13: 55–66.

Breault, K.D. (1988). Beyond the quick and dirty: reply to Girard. American Journal of Sociology, 93:1479–1486.

Breaulty, K.D. & Barkey, K. (1982). A comparative analysis of Durkheim's theory of egoistic suicide. Sociological Quarterly, 23(3):321–331.

Brenner, M.H. (1978). Economic crises and crime, In Savitz, L. & Johnston, N. (eds.). Crimes in Society, New York: Wiley.

Brody, H.G., Ge, X., Conger, R., Gibbons, X.F., Murry, V.M., Gerrard, M., & Simons, L.R. (2001). The influence of neighborhood disadvantage, collective socialization, and parenting on african american children's affiliation with deviant peers. Child Development, 72(4): 1231–1246.

Brown, B. (1995). CCTV in town centers: the case studies. London, UK: Home Office Police Research Group.

Brown, R. C., Feinberg, L. S., & Dietz, D. R. (2004). "The Paradox of Social Organization Networks, Collective Efficacy, and Violent Crime in Urban Neighborhoods," Social Forces, 83(2): 503–534.

Brown, B., Perkins, D., & Brown, G. (2001). Place attachment in a revitalizing neighborhood: individual and black levels of analysis, Journal of Environmental Psychology, 23:259–271.

Brown, B.B. & Werner, C.M. (1985). Social cohesiveness, territoriality, and holiday decorations: the influence of cul-de-sacs, Environment and Behavior, 17:539–565.

Browning, C.R., Feinberg, S.L., & Dietz, R.D. (2004). The paradox of social organization: networks, collective efficacy, and violent crime in urban neighborhoods, Social Forces, 83(2):503–534.

Bryant-Davis, T., Adams, T., Alejandre, A., & Gray, A. (2017). The trauma lens of police violence against raical and ethnic minorities. Journal of Social Issues, 73(4):852–871.

Bursik, R. & Grasmick, H. G. (1993). Neighborhoods and Crime: the Dimensions of Effective Community Control, New York: Lexington Books.

Burr, J., McCall, P., & Powell-Griner, E. (1994). Catholic religion and suicide. Social Science Quarterly, 75:300–318.

Cao, L., Frank, J. & Cullen, T. F. (1996). Race, community context and confidence in the police, American Journal of Police, 15(3): 1-22.

Cantillon, D. (2006). Community social organization, parents, and peers as mediators of perceived neighborhood block characteristics on delinquent and prosocial activities. American Journal of Community Psychology, 37:111-127.₩

Cantor, D. & Land, C.K. (985). Unemployment and crime rates in the post-world war II United States: a theoretical and empirical analysis. American Sociological Review, 50(3):317-332.

Carr, J. P., Napolitano, L. & Keating, J. (2007). We Never Call the Cops and Here is Why: a Qualitative Examination of Legal Cynicism in Three Philadelphia Neighborhoods, Criminology, 45(2): 445-480.

Cattarello, A.M. (2000). Community-level influences on individuals' social bonds, peer associations, and delinquency: a multilevel analysis. Justice Quarterly, 17(1):33-60.

Cavanagh, J.T., Carson, A.J., Sharpe, M., & Lawrie, S.M. (2003). Psychological autopsy studies: a systematic review. Psychological Medicine, 33:395-405.

Chan, J., To, H.P., & Chan, E. (2006). Reconsidering social cohesion: developing a definition and analytical framework for empirical research, Social Indicators Research, 75(2):273-302.

Chappell, A.T. (2009). The philosophical versus actual adoption of community policing: a case study. Criminal Justice Review, 34(1):5-28.

Chiricos, G.T. (1987). Rates of crime and unemployment: an analysis of aggregate research evidence. Social Problems, 34(2):187-212.

Chiricos, G.T. & Bales, D.W. (1991). Unemployment and punishment: an empirical assessment. Criminology, 29(4):701-724.

Chung, H.I. & Steinberg, I. (2006). Relations between neighborhood factors, parenting behaviors, peer deviance, and delinquency among serious juvenile offenders. Developmental Psychology, 42(2):319-331.

Clarke, R.V. (1980). Situational crime prevention: theory and practice. British Journal of Criminology, 20:136-147.

Clarke, R.V. (1995). Situational crime prevention. In Building a safer society: strategic approaches to crime prevention, Torny, M & Farrington, D.P. (eds.). Crime and Justice, 19:91-150.

Clarke, R.V. (1997). Situational crime prevention: successful case studies. New York: Harrow and Hestion.

Clark, R.V. (1999). Hot products: understanding, anticipating, and reducing demand for stolen goods. London: Home Officer Policing and Reducing Crime Unit.

Clarke, R.V. (2005). Seven misconceptions of situational crime prevention. In Tilley, N. (ed). Handbook of Crime Prevention and Community Safety . pp.39-70. Portland: Willan.

Clarke, R.V. & Cornish, D.B. (1985). Modeling offenders' decision: a framework for research and policy. Crime and Justice, 6:147-185.

Clarke, R.V. & Mayhew, P. (1988). The British gas suicide story and its criminological implications. Crime and Justice, 10:79-116.

Clarke, R.V. & Weisburd, D. (1994). Diffusion of crime control benefits: observations on the reverse of displacement. In Clarke, R.V. (ed.). Crime Prevention Studies, 2

Clear, T.R., Rose, D.R., Waring, E., & Scully, K. (2003). "Coercive Mobility and Crime: a Preliminary Examination of Concentrated Incarceration and Social Disorganization," Justice Quarterly, 20 (1): 20-34.

Clemente, F. & Kleinman. M. B. (1977). Fear of crime in the United States: a multivariate analysis. Social Forces, 56: 519-30.

Cloward, R. & Ohlin, L. (1960). Delinquency and Opportunity, New York: Free Press.

Cloyes, K.G., Wong, B., Latimer, S., & Abarca, J. (2010). Time to prison return for offenders with serious mental illness released from prison: a survival analysis. Criminal Justice and Behavior, 37(2):175-187.

Cohen, A. (955). Delinquent boy, New York: Free Press.

Cohen, L.E., & Felson, M.K. (1979). Social change in crime rate of larceny: a routine activity approach, American Sociological Review, 44: 588-608.

Cohen, L.E., & Felsom, M.K. (2010). Routine activity theory, in Cullen, F.T. & Wilcox, P. (eds.) Encyclopedia of Criminological Theory(pp.187-193). Thousand Oaks: Sage Publications.

Cohen, L.E., Kluegel, J.R., & Land, K.I. (1981). Social inequality and predatory criminal victimization: an exposition and test of a formal theory, American Sociological Review, 46:505-524.

Coleman, J. (1988). Social capital in the creation of human capital, American Journal of Sociology, 94(4):95-120.

Convinton, J. & Taylor, R.B. (1991). Fear of Crime in Urban Residential Neighborhoods: Implication of Between & Within Neighborhood Sources for Current Models. The Sociological Quarterly, 32(2): 231-249.

Cordner, G.W. (2001). Community policing elements and effects, In Dunham, R.G. & Alpert, G.P. (eds.). Critical Issues in Policing, IL: Waveland Press.

Cordner, G. (2010). Reducing fear of crime: strategies for police, Washington, DC: Office of Community Oriented Policing Services, U.S. Department of Justice.

Cormier, H. & Klerman, G. (1985). Unemployment and male-female labor force participation as determinants of changing suicide rates of males and females in Quebec. Social Psychiatry, 20:109-114.

Cornish, D.B. & Clarke, R.V. (1986). The reasoning criminal, rational choice perspectives on offending, NY: Springer-Verlag.

Cornish, D.B. & Clarke, R.V. (2003). Opportunities, precipitators and criminal decisions: a replay to Wortley's critique of situational crime prevention, NY & UK: Criminal Justice Press.

Correia, M.E., Reisig, M.D., & Lovrich, N.P. (1996). Public Perceptions of State Police: an Analysis of Individual-level and Contextual Variables, Journal of Criminal Justice, 24:17-28.

Cozens, P.M, Saville, G. & Hiller, D. (2005). Crime prevention through environmental design (CPTED): a review and modern bibliography, Property Management, 23(5):328-356.

Crank, J.P. (1994). Watchman and community: myth and institutionalization in policing. Law and Society Review, 28:325-351.

Crowe, T.D. (2000). Crime prevention through environmental design: applications of architectural design and space management concepts, National Crime Prevention Institute.

Cross, J.E. (2003). Conceptualizing community attachment, in Proceedings of the rural sociological society, Annual Meeting Montreal: Rural Sociological Society.

Crutchfield, D.R, Geerken, R.M. & Gove, R.W. (1982). Crime rate and social integration. Criminology, 20(3):467-478.

Cutrona, C.E., Wallace, G., & Wesner, K.A. (2006). Neighborhood characteristics and depression: an examination of stress processes. Journal of the American Psychological Society, 15(4):188-192.

Davis, R.C., Mateu-Gelabert, P. & Miller, J. (2005). Can effective policing also be respectful? two examples in the South Bronx. Police Quarterly, 8(2):229-247.

Davis, R.C. & Henderson, N.J. (2003). Willingness to report crimes: the role of ethnic group membership and community efficacy, Crime and Delinquency, 49:564-580.

Decker, S.H. & Wagner, A.E. (1982). Race and citizen complaints against the police: an analysis of their interaction, In Greene, J. (ed.). Managing Police Work: Issues and Analysis, CA: Sage.

Dekeseredy, W.S. & Schwartz, M.D. (1997). Sexual assault on the college campus. London: Sage.

Dekeseredy, W.S., Schwartz, M.D., Alvi, S., & Tomaszewski, A. (2003). Perceived collective efficacy and women's victimization in public housing, Criminal Justice, 3(1):5-27.

DeVylder, J., Fedina, L., & Link, B. (2020). Impact of police violence on mental health: a theoretical framework. American Journal of Public Health, 110:1704-1710.

Dilulio, J.J. & Piehl, A.M. (1991). does prison pay?. Brookings Review, 9(4):28-36.

Duffee, E. D., Fluellen, R., & Renauer, C. B. (1999). "Community Variables in Community Policing," Police Quarterly, 2(1): 5-35.

Dunham, G.R. & Alpert, P.G.(2001). Critical issues in policing: contemporary readings. 4th Edition. Prospect Heights IL: Waveland Press Inc.

Eck, J.E. (1993). The threat of crime displacement. Criminal Justice Abstracts, 25:527-546.

Eck, J. & Rosenbaum, D. (1994). The New Police Order: Effectiveness, Equity, and Efficiency in Community Policing, in Rosenbaum, D.(ed.), The Challenge of Community Policing: Testing the Promises. Thousand Oaks, CA: Sage Publications.

Ehrlich, I. (1973). Participation in legitimate activity: a theoretical and empirical investigational. Journal of Political Economy, 81:521-607.

Ekblom, P. (1996). Domestic burglary schemes in the safer cities programme. Research Findings No.42. London: Home Office Research and Statistics Directorate.

Fagan, J. & Davies, G. (2000). Street Stops and Broken Windows: Terry, Race, and Disorder in New York City, Fordham University Law Journal, 28: 457-504.

Farrell, G. (2015). Crime concentration theory, Crime Prevention and Community Safety, 17(4):233-248.

Farrell, G. & Pease, K. (1993). Once bitten, twice bitten: repeat victimisation and its implications for crime prevention, Crime Prevention Unit Series Paper No. 46. London: Home Office Police Department.

Farrington, P.D. (1977). The effects of public labeling. British Journal of Criminology, 17(2): 112-125

Farrington, D.P. & Welsh, B.C. (2002). Effects of improved street lighting on crime: a systematic review, Home Office Research Study, 251.

Faupel, C.E., Kowalski, G.S. & Starr, P.D. (1987). Sociology's one law: religion and suicide in the urban context. Journal for the Scientific Study of Religion, 26:523-534.

Fazel, S., Hayes, A.J., Bartellas, K., & Clerici, M. (2016). Mental health of prisoners: prevalence, adverse outcomes, and interventions. The Lancet Psychiatry, 3(9): 871-881.

Felson, R. Messner, S., Hoskin, A., & Deane, G. (2002). Reasons for reporting and not reporting domestic violence to the police, Criminology, 40:617-648.

Ferraro, K. F. (1995). Fear of crime. Albany: State University of New York Press.

__________. (1996).Women's fear of victimization: shadow of sexual assault. Social Forces, 75:667-690.

Forrest, R. & Kearns, A. (2001). Social cohesion, social capital and the neighborhood, Urban Studies, 38(12):2125-2143.

Frank, J., Brandl, G. S. & Cullen, T. F. & Stichman, A. (1996). Reassessing the Impact of Race on Citizens' Attitudes toward the Police: a Research Note, Justice Quarterly, 13(2): 321-334.

Franklin, Travis W., C. A. Franklin & N. E. Feam. (2008). A Multilevel Analysis of the Vulnerability, Disorder, and Social Integration Model of Fear of Crime, Social Justice Research, 21: 204-227.

Gabriel, U. & Greve, W. (2003). The psychology of fear of crime: conceptual and methodological perspecites. British Journal of Criminology, 43(3):600-614.

Garafalo, J. (1981). The fear of crime: Causes and consequences. Journal of Criminal Law and Criminology, 72: 714–726.

Gardner, C.B. (1989). Analyzing gender in public places: rethinking Goffman's vision of everydoay life. The American Sociologist, Spring:42–56.

Gary, T.L., Stark, S.A., & La Veist, T.A. (2007). Neighborhood characteristics and mental health among African americans and whites living in a racially integrated urban community. Health & Place, 13:569–575.

Geller, W.A. & Toch, H. (1996). Police violence: understanding and controlling police abuse of force. Connecticut: Yale University Press.

Geller, A., Fagan, J., Tyler, T., & Link B.G. (2014). Aggressive policing and the mental health of young urban men. American Journal of Public Health, 104(12):2321–2327.

Gibson, C. L., Zhao, J., Lovrich, N. P., & Gaffney, M. J. (2002). Social integration, individual perceptions of collective efficacy, and fear of crime in Three cities. Justice Quarterly, 19: 536–563.

Gill, C., Weisburd, D., Telep, C. W., Vitter, Z., & Bennett, T. (2014). Community-oriented policing to reduce crime, disorder and fear and increase satisfaction and legitimacy among citizens: a systematic review. Journal of Experimental Criminology, 10: 399–428.

Girard, C. (1988). Church membership and suicide reconsidered: comment on Breault. American Journal of Sociology, 93:1471–479.

Goldstein, H. (1979). Improving policing: a problem-oriented approach. Crime and Delinquency, 25:236–258.

Greene, J.A. (1999). Zero tolerance: a case study of police policies and practices in New York City. Crime and Delinquency, 45(2):171–187

Greenberg, F.D. (1977). The dynamics of oscillatory punishment processes. Journal of Criminal Law & Criminology, 68:643–651.

Greenberg, F.D. & Kessler, R. (1982). The effect of arrests on crime: a multivariate panel analysis. Social Forces, 60(3):771–790.

Grinc, R.M. (1994). Angels in marble: problems in stimulating community involvement in community policing. Crime and Delinquency, 40:437–468.

Gross, N.R. & Morgan, R.D. (2013). Understanding persons with mental illenss who are and are not criminal justice involved: a comparison of criminal thinking and psychiatric symptoms. Law and Human Behavior. 37(2):175–186.

Guerette, R.T. & Bowers, K.J. (2009). Assessing the extent of crime displacement and diffusion of benefits: A review of situational crime prevention evaluations. Criminology, 47:1331–1368.

Hagan, J. Gillis, A.R., & Chan, J. (1978). Explaining official delinquency: a spatial study of class conflict and control. Socioloigcal Quarterly, 19(3):386–398.

Hale, C. (1989). Economy, punishment, and imprisonment. Contemporary Crises, 13:327-349.

Harcourt, B. & Ludwig, J. (2006). Broken windows: new evidence from New York City and a five-city social experiment. University of Chicago Law Review, 73(1):271-320.

Harris, P.B., Werner, C.M., Brown, B.B., & Ingebritsen, D. (1995). Relocation and privacy regulation: a cross-cultural analysis, Journal of Environmental Psychology, 15:311-320.

Hasselback, P., Lee, K.I., Yang, M., Nichol, R., & Wigle, D. (1991). The relationship of suicide rates to socio-demographic factors in Canadian census divisions. Canadian Journal of Psychiatry, 36:655-659.

Hawdon, J. (2008). Legitimacy, Trust, Social Capital, and Policing Styles: A Theoretical Statement, Police Quarterly, 11(2): 182-201.

Hawdon, J. & Ryan, J. (2003). Police-resident interactions and satisfaction with police: an empirical test of community policing assertions, Criminal Justice Policy Review, 14(1): 55-74.

Haynie, D.I. (2002). Friendship networks and delinquency: the relative nature of peer delinquency. Journal of Quantitative Criminology, 18(2):99-134.

Haynie, D.L., Giordano, P.C., & Manning, W.D. (2005). Adolescent romantic relationships and delinquency involvement. Criminology, 43(1):177-210.

Haynie, D.I., Silver, E., & Teasdale, B. (2006). Neighborhood characteristics, peer networks, and adolescent violence. Journal of Quantitative Criminology, 22:147-169.

Hesseling, R.B.P. (1994). Displacement: a review of the empirical literature. In Clarke, R.V. (ed.), Crime Prevention Studies, 3. New York: Criminal Justice Press.

Hidalgo, M.C. & Hernandez, B. (2001). Place attachment: conceptual and empirical questions, Journal of Environmental Psychology, 21:273-281.

Hindelang, M .J.(1974). Public Opinion Regarding Crime, Criminal Justice, and Related Topics, Journal of Research in Crime and Delinquency, 11: 101-116.

Hindelange, M. J., Gottfredson, M. R., & Garofalo, J. (1978). Victims of personal crime: an empirical formulation for a theory of personal victimization, Cambridge, Mass: Ballinger.

Hinkl, J.C. & Weisburd, D. (2008). The irony of broken windows policing: a micro-place study of the relationship between disorder, focused police crackdowns and fear of crime, Journal of Criminal Justice, 36:503-512.

Hipp, J.R. (2007). Income inequality, race, and place: does the distribution of race and class within neigborhoods affect crime rates?. Criminology, 54(3):665-697.

Hirschi, T. (1969). Causes of Delinquency, Fourth Printing 2005, NJ: Transaction Publishers.

Hollander, J.A. (2001).Vulnerability and dangerousness: the construction of gender through conversation about violence, Gender and Society, 15:83-109.

Hoover, T.L. & Dowling, L.J. & Fenske, W.J. (1998). Extent of citizen contact with police. Police Quarterly, 1(3):1-18.

Hope, T. & Lab, S.P. (2001). Variation in crime participation: evidence from the British Crime Survey. Crime Prevention and Community Safety: An International Journal, 3:7-22.

Huebner, M.B. & Schafer, A.J. & Bynum, S.T. (2004). African american and white perception of police services: within- and between-group variation. Journal of Criminal Justice, 32: 123-135.

Huizinga, d. & Elliott, D. (1987). Juvenile offenders: prevalence, offender incidence, and arrest rates by race. Crime and Delinquency, 33:206-223.

Hunter, A. (1978). Symbols of incivility: social disorder and fear of crime in urban neighborhood: reactions to crime project. Washington, DC, United States: U.S. Department of Justice, National Criminal Justice Reference Service.

Hunter, A. (1985). Private, parochial and public social orders: the problem of crime and incivility in urban communities, in Suttles, G. and Zald, M. (eds). The Challenge of Social Control, 230-242, Norwood, NJ: Ablex Publishers.

Garofalo, J. (1987). Reassessing the lifestyle model of criminal victimisation. In M.R. Gottredson & Hirschi, T(eds.) Positive Criminology(pp.23-42). London:Sage.

Gottfredson, M.R. (1984). Victims of crime: the dimensions of risk. London: Her majesty's Office.

Gottfredson, M.R. & Hirschi, T. (1990). A general theory of crime. CA: Stanford University Press.

Goudriaan, H., Lynch, J.P., & Nieuwbeerta, P. (2004). Reporting to the police in Western nations: a theoretical analysis of the effects of social context, Justice Quarterly, 21(4):933-969.

Jackson, P. (1989). Minority group threat, crime, and policing. New York: Praeger.

Jackson, D.B., Fahmy, C., Vaughn, M.G., & Testa, A. (2019). Police stops among at-risk youth: repercussions for mental health. Journal of Adolescent Health, 65(5):579-580.

Jacobs, D. & O'Brien, M. R. (1998). The Determinants of deadly force: a structural analysis of police violence, American Journal of Sociology, 103(4): 837-862.

Jeffery, C.R. (1971). Crime prevention environmental design, Beverly Hills: Sage Publications.

Jensen, G.F. & Brownfield, D. (1986). Gender, lifestyles and victimisation: beyond routine activity. Violence and Victims, 1(2):85-99.

Johnson, D.S. (2010). A brief history of the analysis of crime concentration. European Journal of Applied Mathematics, 21:349-370.

Kane, J.R. (2002). The social ecology of police misconduct, Criminology, 40(4):867-896.

________. (2003). Social control in the metropolis: a community-level examination of the minority group-threat hypothesis, Justice Quarterly, 20(2): 265-295.

Kaplan, H.B., Johnson, R.J. & Bailey, C.A. (1987). Deviant peers and deviant behavior: further elaboration of a model. Social Psychology Quarterly, 50(3):277-284.

Kasarda, J.D. & Janowitz, M. (1974). Community attachment in mass society, American

Sociological Review, 39:328-339.

Katz, M.C., Webb, J.V. & Schaefer, R.D. (2001). An assessment of the impact of quality-of-life policing on crime and disorder. Justice Quarterly, 18(4):825-876.

Kawachi, I & Berkman, L.F. (2000). Social cohesion, social capital, and health. In Social Epidemiology(eds. Berkman, L.F. & Kawachi, I), pp. 174-190. Oxford University Press.

Keane, C. (1998). Evaluating the influence of an environmental mobility on women's routine activities, Environment and Behavior, 30:60-81.

Kelling, G.L. & Coles, C.M. (1996). Fixing broken windows: restoring order and reducing crime in our communities, New York: Free Press.

Kennedy, D. (1997). Pulling levers: chronic offenders, high-crime settings, and a theory of prevention, Valparaiso University Law Review, 31:449-484.

Kennedy, L.W. & Forde, D.R. (1990). Routine activities and crime: an analysis of victimization in Canada, Criminology, 28(1):137-152.

Kenney, D. & Watson, S. (1998). Crime in schools: reducing fear and disorder with student problem solving, Washington, D.C.: Police Executive Research Forum.

Kerley, K.R. & Benson, M.L. (2000). Does community-oriented policing help build stronger communities? Police Quarterly, 3(1):46-69.

Kessler, D.A. (1999). The effects of community policing on complaints against officers. Journal of Quantitative Criminology, 15(3):333-372

Kessler, R.C., House, J.S., & Turner, J.B. (1987). Unemployment and health in a community sample. Journal of Health and Social Behavior, 28(1):51-59.

Kleck, G. & Chiricos, T. (2002). Unemployment and property crime: a target-specific assessment of opportunity and motivation as mediating factors. Criminology, 40(3):649-680.

Klect, G., Sever, B., Li, S., & Gertz, M. (2005). The missing link in general deterrence research, Criminology, 43(3):623-660.

Klinger, D.A. (1997). Negotiating order in patrol work: an ecological theory of police response to deviance. Criminology, 35(2):277-306.

Klockars, C. (1984). Blue lies and police placebos: the moralities of police lying. American Behavioral Scientist, 27(4):529-544.

Kohfeld, W.C. & Sprague, J. (1990). Demography, police behavior, and deterrence. Criminology, 28(1):111-136.

Koper, S.C. (1995). Just enough police presence: reducing crime and disorderly behavior by optimizing partol time in crime hot spots. Justice Quarterly, 12(4):649-672.

Kowalski, G.S., Faupel, C. & Starr, P.D. (1987). Urbanism and suicide: a study of Amerian counties. Social Forces, 66:85-101.

Krahn, H. & Kennedy, W. L. (1985). Producing personal safety: the effects of crime rates, police force size, and fear of crime. Criminology, 23(4): 697-710.

Kraska, P. & Kappeler, V. (1997). Militarizing american police: the rise and normalization of paramilitary units, Social Problems, 44:1-18.

Krivo, L.J. & Peterson, R.D. (1996). Extremely disadvantaged neighborhoods and urban crime. Social Forces, 75(2):619-650.

Krohn, M.D. & Massey, J.M. (1986). A longitudinal examination of an integrated social process model of deviant behavior. Social Forces, 65(1):106-134.

Kubrin, E. C. & Weitzer, R. (2003). New directions in social disorganization theory. Journal of Research in Crime and Delinquency, 40(2): 374-401.

Kuntsche, E.N. & Klingemann, H.K.H. (2004). Weapon-carrying at Swiss schools: a gender-specific typology in context of victim and offender related violence, Journal of Adolescence, 27:381-393.

Lab, S.P. (1990). Citizen crime prevention: domains and participation. Justice Quarterly, 7: 467-492.

LaGrange, R. & Ferraro, K.F. (1989). Assessing Age and Gender Differences in Perceived Risk and Fear of Crime, Criminology, 27:697-720.

Land, K.C. & Felson, M. (1976). A general framework for building dynamic macro social indicator models: including an analysis of changes in crime rates and police expenditure. American Journal of Sociology, 82:565-604.

Lavraks, J. P. & Herz, J. E. (1982). Citizen participation in neighborhood crime prevention. Criminology, 20(3-4): 479-498.

Lenzi, M., Vieno, A., Perkins, D.D., Pastore, M., Santinello, M., & Mazzardis, S. (2011). Perceived neighborhood social resources as determinants of prosocial behavior in early adolescence. American Journal of Community Psychology, 50: 37-49.

Lersch, K.M. & Mieczkowski, T. (1996). Who are the problem-prone officers? an analysis of citizen complaints. American Journal of Police, 15:23-44.

Lin, N. & Ensel, W.M. (1989). Life stress and health: stressors and resources. American Sociological Review, 54(3):382-399.

Link, B.G., Dohrenwend, B.P., & Skodol, A.E. (1986). Socio-economic status and schizophrenia: noisome occupational characteristics as a risk factor. American Sociological Review, 51(2):242-258.

Liska, A. E., Sanchirico, A & Reed, M.D. (1988). Fear of crime and constrained behavior: specifying and estimating a reciprocal effects model. Social Forces, 66: 827-837.

Loeber, R. & Stouthamer-Loeber, M. (1986). Family factors as correlates and predictors of juvenile conduct problems and delinquency, pp.129-149 in Torny, M. & Morris, N (eds.). Crime and Justice, Vol.7. Chicago: University of Chicago Press.

Loftin, C. & McDowall, D. (1982). The police, crime and economy theory, and assessment. American Sociological Review, 47:393-401.

Logan, J.R. & Molotch, H. (1987). Urban fortunes, Berkeley: University of California Press.

Loughran, T.A., Paternoster, R., Chalfin, A., & Wilson, T. (2016). Can rational choice be considered a general theory of crime? evidence from individual-level panel data. Criminology, 54(1):86-112.

Lowenkamp, C.T., Cullen, F.T., & Pratt, T.C. (2003). Replicating Sampson and Groves's test of social disorganziation theory: revisiting a criminological classic. Journal of Research in Crime and Delinquency, 40(4):351-373.

Lynch, P. J. (1987). "Routine Activity and Victimization at Work," Journal of Quantitative Criminology, 3(4): 283-300.

Lynch, P. J & Cantor, D. (1992). Ecological and behavioral influences on property victimization at home: implications for opportunity theory. Journal of Research in Crime and Delinquency, 29(2): 335-362.

Lynch, J. P., & Sabol, W. J. (2004). Assessing the effects of mass incarceration on informal social control in communities. Criminology and Public Policy, 3 (2): 267-294.

Lynch, J. P, Sabol, W. J., Planty, M., & Shelly, M. (2002). Crime, coercion and community: the effects of arrests and incarceration policies on informal social control in neighborhoods, Final Report, National Institute of Justice, Washington, D.C.

MacDonald, J.M. (2002). The effectiveness of community policing in reducing urban violence. Crime & Delinquency, 48:609-646.

Maimon, D. & Kuhl, C.D. (2011). Social control and youth suicidality: situating Durkheim's ideas in a multilevel framework. American Sociological Review, 73(6):921-943.

Manning, P. (1978). The police: mandate, strategies, and appearances, In Manning, P. & Maanen, V.J. (eds.). Policing: a View form the Street. Santa Monica, CA: Goodyear.

Markowitz, F., Belliar, E.P., Liska, E.A., & Liu, J. (2001). Extending social disorganization theory: modeling the relationships between cohesion, disorder, and fear, Criminology, 39(2):294-320.

Martinson, R. (1974). What works? questions and answers about prison reform, Public Interest, 35:22-54.

Matheson, F.I., Moineddin, R., Dunn, J.R., Creatore, M.I., Gozdyra, P. & Glazier, R.H. (2006). Urban neighborhoods, chronic stress, gender and depression. Social Science & Medicine, 63:2604-2616.

Mastrofski, S.D. (1988). Community policing as reform: a cautionary tale, In Greene, J.R. & Mastrofski, S.D. (eds.). Community Policing: Rhethric or Reality, New York: Praeger.

Mastrofski, S.D., Reisig, M.D., & McCluskey, J.D. (2002). Police disrespect toward the public: an encounter-baased analysis. Criminology, 40(3):519-551.

Maxfield, M.G. (1987). Lifestyle and routine activity theories of crime: empirical studies of victimization, delinquency, and offender decision-making. Journal of Quantitative

Criminology, 3:275–282.

Mazerolle, L., Soole, D., & Rombouts, S. (2007). Crime prevention research reviews no.1: disrupting street drug markets, Washington, D.C.: Office of Community Oriented Policing Services.

May, D.C. (1999). Scared kids, unattached kids, or peer pressure: why do students carry firearms to school? Youth and Society, 31:100–127.

May, D. C., Rader, N. E., & Goodrum. S. (2010). A gendered assessment of the "threat of victimization": examining gender differences in fear of crime, perceived risk, avoidance, and defensive behaviors. Criminal Justice Review, 35: 159–182.

McCluskey, J.D. & Terrill, W. (2005). Departmental and citizen complaints as predictors of police coercion. Policing: An International Journal of Police Strategies and Management, 28(3):513–529.

McLean, S.C., Worden, R.E. & Kim, M.S. (2013). Here's looking and you: an evaluation of public CCTV cameras and their effects on crime and disorder. Criminal Justice Review, 38(3):303–334.

McLeod, M.N., Heller, D., Manze, M.G., & Echeverria, S.E. (2020). Police interactions and the mental health of Black americans: a systematic review. Journal of Racial and Ethnic Health Disparities, 7:10–27.

Mead, G.H. (1937). Mind, self & society. University of Chicago Press.

Merton, R. (1938). Social structure and anomie, American Sociological Review, 3(5):672–682.

Miech, R.A. & Shanahan, M.J. (2000). Socioeconomic status and depression over the life courses. Journal of Health and Social Behavior, 41(2):162–176.

Miethe, D. T. (1991). Citizen–based crime control activity and victimization risks: an examination of displacement and free–rider effects. Criminology, 29(3): 419–439

Miethe, D. T. & McDowall, D. (1993). Contextual effects in models of criminal victimization. Social Forces, 71(3): 741–759.

Miethe, D. T. & Meier, F. R. (1990). Opportunity, choice, and criminal victimization: a test of a theoretical model. Journal of Research in Crime and Delinquency, 27(3): 243–266.

__________. (1993). Understanding theories of criminal victimization. Crime and Justice, 17: 459–499.

__________. (1994). Crime ad its social context: toward an integrated theory of offender, victims, and situations, Albany, New York: State University of New York Press.

Miller, W.(1958). Lower class culture as a generating milieu of gang delinquency, Journal of Social Issues, 14:5–19.

Moore, M.H. & Trojanowicz, R.C. (1988). Policing and the fear of crime: perspectives on policing, Washington, D.C: National Institute of Justice.

Morenoff, J., Sampson, J.R. & Raudenbush, S. (2001). Neighborhood inequality, collective efficacy, and the spatial dynamics of urban violence, Criminology, 39:517–560.

Morrissey, J.P., Domino, M.E., & Cuddeback, G.S. (2016). Expedited medicaid enrollment, mental health service use, and criminal recidivism among released prisoners with severe mental illness. Psychiatric Services, 67(8):842-849.

Nagin, D.S. (1998). Criminal deterrence research at the outset of the twenty-first centurey, Crime and Justice, 23:1-42.

Nagin, D.D. & Pogarsky, G. (2001). Integrating celerity, impulsivity, and extralegal sanction threats into a model of general deterrence: theory and evidence. Criminology, 39(4):865-892.

Nelligan, P.J. & Taylor, R.W. (1994). Ethical issues in community policing. Journal of Contemporary Criminal Justice, 10(1):59-66.

Newman, O. (1972). Defensible space: crime prevention through urban design, New York: Macmillan Publishing Company.

O'Carroll, P.W. & Silverman, M.M. (1994). Community suicide prevention: the effectiveness of bridge barriers. Suicide and Life-Threatening Behavior, 24:89-99.

Osgood, D.W. & Anderson, A.I. (2004). Unstructured socializing and rates of delinquency. Criminology, 42(3):519-549.

Parsons, T. (1951). The social system. New York: The Free Press.

Pate, A., Wycoff, M.A., Skogan, W., & Sheran, L. (1986). Reducing fear of crime in Houston and Newark: A summary report, Washington, D.C.: Police Foundation.

Paternoster, R. (1987). The deterrent effect of the perceived certainty and severity of punishment: a review of the evidence and issues, Justice Quarterly, 4:173-217.

Paternoster, R. (2010). How much do we really know about criminal deterrence, Journal of Criminal Law and Criminology, 100(3):765-824.

Pattillo, M.E. (1998). Sweet mothers and gangbangers: managing crime in a black middle-class neighborhood. Social Forces, 76:747-774.

Pattillo-McCoy, M. (1999). Black picket fences: privilege and peril among the black middle class. Chicago: University of Chicago Press.

Payne, K. B. & Gainey, R. R. (2007). Attitudes about the police and neighborhood safety in disadvantaged neighborhoods: the influence of criminal victimization and perceptions of a drug problem. Criminal Justice Review, 32(2): 142-155.

Pease, K. (1998). Repeat victimisation: taking stock. London: Police Research Group, Home Office.

Pescosolido, A.B. (1990). The social context of relitious integration and suicide: pursuing the network explanation. Sociological Quarterly, 31(3):337-357.

Pescosolido, A.B. & Mendelsohn, R. (1986). Durkheim, suicide, and religion. American Sociological Reivew, 54:33-48.

Piquero, R.A., Farrington, P.D., & Blumstein, A. (2003). The criminal career paradigm: background and recent developments. In Crime and Justice: a review of research, Vol.30, ed. Michael Tonry, Chicago: University of Chicago Press, 359–506

Pino, W. N. (2001). community policing and social capital. Policing: An International Journal of Police Strategies & Management, 24(2): 200–215.

Platt, S. (1984). Unemployment and suicidal behavior: a review of the literature. Social Science and Medicine, 19:93–15

_______. (1992). Suicide and unemployment in Italy. Social Science and Medicine, 34:1191–1201.

Police Foundation. (1981). The Newark foot patrol experiment. Washington, DC: Police Foundation.

Putnam, R.D. (1993). The prosperous community: social capital and public life, American Prospect, 13:35–42.

Radelet, M. & Akers, R. (1996). Deterrence and the death penalty: The view of the experts. Journal of Criminal Law and Criminology, 87:1–16.

Ratcliffe, J., Taniguichi, T. & Taylor, R.B. (2009). The crime reduction effects of public CCTV cameras: a multi–method spatial approach. Justice Quarterly, 26:746–770.

Raudenbush, S.W. & Sampson, R. (1999a). Assessing direct and indirect effects in multilevel designs with latent variables, Sociological Method Research, 28(2):123–153.

Raudenbush, S.W. & Sampson, R. (1999b). Ecometrics: toward a science of assessing ecological settings, with application to the systematic social observation of neighborhoods, Sociological Methodology, 29:1–41.

Reisig, D. M. & Correia, E. M. (1997). Public evaluations of police performance: an analysis across three levels of policing. Policing: An International Journal of Police Strategies &Management, 20(2): 311–325.

Reisig, M. D., & Parks, R. B. (2004). Can community policing help the truly disadvantaged?. Crime & Delinquency, 50(2): 139–167.

Reisig, D. M. & Giacomazzi, A. L. (1998). Citizen perceptions of community policing: are attitudes toward police important?. Policing: An International Journal of Police Strategies & Management, 21: 547–561.

Reiss, A.J. (1971). The police and the public, Connecticut: Yale University Press.

Ren, L., Cao, L., Lovrich, N. & Gaffney, M. (2005). Linking confidence in the police with the performance of the police: community police can make a difference. Journal of Criminal Justice, 33: 55–66.

Ren, L., Zhao, J., & Gaffney, M. (2006). Participation community crime prevention: who vouluteers for police work?, Policing: An International Journal of Police Strategies & Management, 29(3):464–481.

Renauer, B. (2007). Reducing fear of crime: citizen, police, or government responsibility?, Police Quarterly, 10(1):41–62.

__________. (2012). Neighborhood variation in police stops and searches: a test of consensus and conflict perspectives. Police Quarterly, 15(3):219-240.

Rengert, G.F. & Wasilchick, J. (1985). Suburban burglary: a time and a place for everything. Springfield: Thomas.

Reppetto, T.A. (1974). Residential crime, CA: Ballinger.

Reppetto, T.A. (1976). Crime prevention and the displacement phenomenon. Crime & Delinquency, 22:166-177.

Reynes, W.B. & Randa, R. (2017). Victim reporting behaviors following identity theft victimization: results from the National Crime Victimization Survey, Crime and Delinquency, Vol. 63(7):814-838.

Rich, C., Warsradt, G. & Nemiroff, R. (1991). Suicide, stressors, and the life cycle. American Journal of Psychiatry, 4:524-527.

Robin, A. & Fiske, A. (2009). Explaining the relation between religiousness and reduced suicidal behavior: social support rather than specific beliefs. Suicide and Life-Threatening Behavior, 39(4):386-395.

Robinson, N.L. (1933). History of criminal statistics, Journal of Criminal Law and Criminology, 24(1):125-139.

Roh, S. & Oliver, W.M. (2005). Effects of community policing upon fear of crime, Policing, 28(4):670-683.

Rose, D. & Clear, T. (1998). Incarceration, social capital, and crime: implications for social disorganization theory. Criminology, 36(3): 441-479.

Rosenbaum, D.P.(1988). Community crime prevention: a review and synthesis of the literature, Justice Quarterly, 5(3):323-395.

Rosenbaum, D.P. & Lurigio, A.J. (1994). An inside look at community policing reform: definition, organizational changes, and evaluation findings. Crime and Delinquency, 40:299-314.

Rosenfeld, R., Fornango, R., & Baumer, E. (2005). Did ceasefire, compstat, and exile reduce homicide?. Criminology & Public Policy, 4:41+9-450.

Rosenfeld, R., Fornango, R. & Rengifo, A.F. (2007). The impact of order-maintenance policing on New York City homicide androbbery rates: 1988-2001. Criminology, 45(2):355-384

Ross, C.E. (2000). Neighborhood disadvantage and adult depression. Journal of Health and Social Behavior. 41(2): 177-187.

Ross, C.E. & Mirowsky, J. (2001). Neighborhood disadvantage, disorder, and health. Journal of Health and Social Behavior, 42(3):258-276.

Ross, C.E., Reynolds, J.R., & Geis, K.J. (2000). The contingent meaning of neighborhood stability for residents' psychological well-being. American Sociological Review, 65(3): 581-597.

Ross, C.E., Mirowsky, J. & Pribesh, S. (2001). Powerlessness and the amplification of threat:

neighborhood disadvantage, disorder, and mistrust. American Sociological Review, 66(4):568–591.

Rountree, P. W., & Land, K. C. (1996). Burglary victimization, perception of crime risk, and routine activities, Journal of Research in Crime and Delinquency, 33: 147–180.

Sadd, S. & Grinc, R.M. (1994). Inovative neighborhood oriented policing: descriptions of programs in eight cities. New York: Vera Institute of Justice.

Salmi, S., Gronroos, M., & Keskinen, E. (2004). The role of police visibility in fear of crime in Finland, Policing, 27(4):573–591.

Sampson, R.J. (1987). Personal violence by strangers: an extension and test fo the opportunity model of predatory victimization. The Journal of Criminal Law & Criminology, 78(2): 327–356.

____________. (1988). Local friendship ties and community attachment in mass society: a multilevel systemic model. American Sociological Review, 53(5):766–779.

Sampson, R.J. & Bartusch, J.D. (1998). Legal cynicism and (subcultural?) tolerance of deviance: the nighborhood context of racial differences. Law & Society Review, 32(4): 777–804.

Sampson, R.J. & Lauristein, J.L. (1990). Deviant lifestyle, proximity to crime and the offender victim link in person violence. Journal of Research in Crime and Delinquency, 27(2):110–139.

Sampson, R. J., Morenoff, J. D., & Gannon-Rowley, T. (2002). Assessing 'neighborhood effects': social processes and new directions in research. Annual Review of Sociology, 28:443–478.

Sampson, R. J., Raudenbush, S. & Earls, F. (1997). Neighborhoods and violent crime: a multilevel study of collective efficacy. Science. 277: 918–924.

Sampson, R. J., Raudenbush, S. (1999). Systematic social observation of public spaces: a new look at disorder in urban neighborhoods, The American Journal of Sociology, 105(3): 603–651.

Sampson, R.J. & Wooldredge, J.D. (1987). Linking the micro-and macro-level dimensions of lifestyle-routine activity and opportunity models of predatory victimization, Journal of Quantitative Criminology, 3:371–393.

Sargeant, E., Wickes, R., & Mazerolle, L., (2013). Policing community problems: Exploring the role of formal social control in shaping collective efficacy. Australian and New Zealand Journal of Criminology, 46: 70–87.

Saville, G. & Cleveland, G. (2003). An introduction to 2nd generation CPTED: Parts 1 and 2. CPTED Perspectives. 67(1):7–9; 4–8.

Saville, G. & Cleveland, G. (2008). Second CPTED: the rise and fall of opportunity theory, FL: Taylor and Francis.

Schafer, A. J., Huebner, M. B. & Bynum, S. T. (2003). Citizen perceptions of police services:

race, neighborhood context, and community policing. Police Quarterly, 6(4): 440-468.

Scheider, C. M., Rowell, T., & Bezdikian, V. (2003). The impact of citizen perceptions of community policing on fear of crime: findings from Twelve cities. Police Quarterly, 6(4): 363-386.

Schneider, S. (2010). Crime prevention: theory and practice. FL: CRC Press.

Schofield, T.J., Conger, R.D., Conger, K.J., Martin, M., & Brody, G. (2012). Neighborhood disorder and children's antisocial behavior: the protetive effect of family support among Mexican american and African american families. American Journal of Community Psychology, 50:101-113.

Scott, D. J. (2002). Assessing the relationship between police-community co-production and neighborhood-level social capital. Journal of Contemporary Criminal Justice, 18(2): 147-166.

Sealock, M. & Simpson, S. (1998). Unraveling bias in arrest decisions: the role of juvenile offender type-scripts. Justice Quarterly, 15:427-457.

Sellin, T. (1931). The basis of a crime index, Journal of Criminal Law and Criminology, 22:335-356.

Shaw, C. R. & McKay, H. D. (1942). Juvenile delinquency and urban areas. Chicago: University of Chicago Press.

Sherman, L. & Berk, A.R. (1984). The specific deterrent effects of arrest for domestic asault. American Sociological Review, 49(1):261-272.

Sherman, W.L. & Weisburd, D. (1995). General deterrent effects of police patrol in crime hot spots: a randomized, controlled trial. Justice Quarterly, 12(4):625-648.

Sherman, W.L., Smith, A.D., Schmidt, D.T. & Rogan, P.D. (1992). Crime, punishment, and stake in conformity: legal and informal control of domestic violence. American Sociological Review, 57(5):680-690.

Shumaker, S.A. & Taylor, R.B. (1983). Toward a clarification of people-place relationships: a model of attachment to place, Environmental Psychology, New York: Praeger.

Silver, E. & Miller, L. L. (2004). Sources of informal social control in Chicago neighborhood. Criminology, 42(3): 551-583.

Silverman, E.B. & Della-Giustina, J. (2001). Urban policing and the fear of crime, Urban Studies, 38(5-6):941-957.

Simcha-Fagan, O. & Schwartz, E. J. (1986). Neighborhood and delinquency: as assessment of contextual Effects. Criminology, 24(4): 667-704.

Sims, B., Hooper, M. & Peterson, A.S. (2002). Determinant of citizens' attitudes toward police: results of the Harrisburg citizen survey 1999. Policing: An International Journal of Police Strategies & Management, 25(3):457-471.

Skegg, K. & Herbison, P. (2009). Effect of restricting access to a suicide jumping site.

Australian and New Zealand Journal of Psychiatry, 43:498-502.

Skogan, W. (1981). Assessing the behavioral context of victimization. The Journal of Criminal Law and Criminology, 72(2): 727-742.

_________. (1986). Fear of crime and neighborhood change, pp. 203-229 in Reiss, Jr. A.J. & Tonry, M. (eds.). Crime and Justice, Vol.8: communities and crime. Chicago: University of Chicago Press.

_________. (1987). The impact of victimization on fear. Crime and Delinquency, 33(1):135-154.

_________. (1990). Disorder and Decline: Crime and the spiral of decay in american cities. Berkeley: University of California Press.

_________. (1992). Impact of policing on social disorder: summary of findings. Washington, DC: U.S. Department of Justice, Office of Justice Programs.

_________. (1994). The impact of community policing on neighborhood residents: a cross-site analysis, In Rosenbaum, D.P. (ed). The Challenge of Community Policing: Testing the Promises. Thousand Oaks, CA: Sage..

_________. (2004). Community policing: can it work? Belmont, CA: Wadsworth.

_________. (2006). Asymmetry in the impact of encounters with police. Police & Society, 6: 99-126.

_________. (2009). Concern about crime and confidence in the police: reassurance or accountability. Police Quarterly, 12(3): 301-318.

Skogan, W. & Hartnett, S. (1997). Community policing, Chicago style, New York: Oxford University Press.

Skogan, W., & Maxfield. M. G. (1981). Coping with crime. Beverly Hills: Sage.

Sloan, J.H., Kellermann, A.L., Eeay, D.T., Ferris, J.A., Rivara, F.P., Rice, C., Gray, L., & LoGerfo, J. (1988). Handgu regulations, crime, assaults, and homicide: a tale of two cities. New England Journal of Medicine, 319(19):1256-1262.

Sloan, J.H., Rivara, F.P., Reay, D.T., Ferris, J.A., & Kellermann, A.L. (1990). Firearm regulations and rates of suicide: a comparison of two metropolitan areas. England Journal of Medicine,322(6):369-373.

Smith, A.D. (1986). The Neighborhood context of police behavior, Crime and Justice, 8: 313-342.

Smith, A.D. & Jarjoura, G. R. (1989). Household characteristics, neighborhood composition, and victimization risk. Social Forces, 68(2): 621-640.

Smith, N.E. & Trimboli, I. (2010). Comorbid substance and non-substance mental health disorders and re-offending among NSW prisoners. BOCSAR NSW Crime and Justice Bulletins, 140:1030-1046.

Stack, R. (1982). Suicide: a decade review of the sociological literature. Deviant Behavior, 4: 41-66.

_________. (1987). Deviant places: a theory of the ecology of crime. Criminology, 25(4): 893-910.

_________. (1995). Gender and suicide risk among laborers. Archives of Suicide Research, 1:19-25.

_________. (1996). Suicide risk among dentists. Deviant Behavior, 1:107-117.

_________. (2000). Suickde: a 15-year review of the sociological literature part I: cultural and economic factors. Suicide and Life-Threatening Behavior, 30(2):145-162.

Stack, S. & Haas, A. (1984). The effect of unemployment duration on national suicide rates. Sociological Focus, 17:17-29.

Steinmetz, C. (1989). An empirically tested analysis of victimisation risks. Report no XXIV, The Hague: Ministry of Justice, Research and Documentation Center.

Stuotland, S.E. (2001). The multiple dimensions of trust in resident-police relations in boston. Journal of Research in Crime and Delinquency, 38(3): 226-256.

Sunshine, J. & Tyler, T.R. (2003). The role of procedural justice and legitimacy in shaping public support for policing. Law and Society Review, 37(3): 513-547.

Swaroop, S. & Morenoff, J.D. (2006). Building community: the neighborhood context of social organization. Social Forces, 84(3):1665-1695.

Tannenbaum, F. (1938). Crime and the community. Boston, MA: Ginn.

Taylor, R.B. (1988). Human territorial functioning: an empirical, evolutionary perspective on individual and small group territorial cognitions, behaviors, and consequences. London: Cambridge University Press.

_______. (1996). Neighborhood responses to disorder and local attachments: the systemic model of attachment, social disorganization, and neighborhood use value, Sociological Forum, 11(1):41-74.

_______. (1999). The incivilities thesis: theory, measurement, and policy, in Langworthy, R. (ed.), Measuring What Matters(pp.65-88). Washington, DC: National Institute of Justice.

Taylor, R. (2001). Breaking away from broken windows: Baltimore neighborhoods and the nationwide fight against crime, fear, and decline. Boulder, Colorado: Westview Press.

Taylor, R.B., Gottfredson, S., & Brower, S. (1984). Block crime and fear: defensible space, local social ties, and territorial functioning. Journal of Research in Crime and Delinquency, 21:303-331.

Taylor, M. & Nee, C. (1988). The role of cues in simulated residential burglary. British Journal of Criminology, 28:396-407.

Taylor, R.B., & Hale, M. (1986). Testing alternative models of fear of crime. Journal of Criminal Law and Criminology, 77: 151-189.

Terrill, W. & Reisig, D.M. (2003). Neighborhood context and police use of force. Journal of

Research in Crime and Delinquency, 40(3):291-321.

Thomas, K.J., Loughran, T.A. & Hamilton, B.C. (2020). Perceived arrest risk, psychic rewards, and offense specialization: a partial test of rational choice theory, Criminology, 58: 485-509.

Thrnberry, P.T. & Christenson, R.L. (1984). Unemployment and criminal involvement: a investigation of reciprocal causal structures. American Sociological Review, 49(3): 398-411.

Thurman, Q., Zhao, J. & Giacomazzi, A.L. (2001). Community policing in a community era: an introduction and exploration. CA: Roxbury Publishing Company.

Tolan, P.H. Goman-Smith, D., & Henry, D.B. (2003). The developmental ecology of urban males' youth violence. Developmental Psychology, 39(2):274-291.

Tomlinson, K.D. (2016). An examination of deterrence theory: where do we stand?, Federal Probation, 80(3):33-38.

Tripplett, A.R., Randy, R.G., & Ivan, Y.S. (2003). Institutional strength, social control and neighborhood crime rates. Theoretical Criminology, 7(4): 439-467.

Trojanowicz, R. & Bucqueroux, B. (1990). Community policing: a contemporary perspective. Cincinnati, OH: Anderson Publishing Co.

Trovato, F. (1992). A Durkheimian analysis of youth suicide in Canada, 971 and 1981. Suicide and Life-Threatening Behavior, 22:413-427.

Tubergen, F., Grotenhuis, M. & Ultee, W. (2005). Denomination, relitious context, and suicide: new-Durkheimian multi-level explanations tested with individual and contextual data. American Jouranl of Sociology, 111(3):797-823.

Twigger-Ross, C.L. & Uzzell, D.L.(1996). Place and identity processes, Journal of Environmental Psychology, 16:205-220.

Tyler, T.R., & Wakslak, C.J. (2004). Profiling and police legitimacy: procedural justice, attributions of motive, and acceptance of police authority. Criminology, 42(2): 253-282.

Unger, D.G., Wandersman, A. & Hallman, W. (1992). Living near a hazardous waste facility: coping with individual and family distress. American Journal of Orthopsychiatry, 62: 55-70.

Velez, B.M. (2001). The role of public social control in urban neighborhoods: a multilevel analysis of victimization risk. Criminology, 39(4):837-864.

Villarreal, A. & Silva, B. (2006). Social cohesion, criminal victimization, and perceived risk of crime in Brazilian neighborhoods. Social Forces, 84(3):1725-1753.

Visher, C. (1983). Arrest decisions and notions of chivalry. Criminology, 2:5-28.

Walker, S. (2001). Sense and nonsense about crime and drugs. Belmont, CA: Wadswoth/Thomson Learning.

Warner, B.D. (2003). The role of attenuated culture in social disorganization theory. Criminology,

41(1):73-97.

__________. (2007). Directly intervene or call the authorities? a study of forms of neighborhood social control within a social disorganization framework. Criminology, 45(1):99-129.

Warner, B.D. & Pierce, G.L. (1993). Reexamining social disorganization theory: using calls to the police as a measure of crime. Criminology, 31:493-517.

Warner, B.D. & Rountree, P.W. (1997). Local social ties in a community and crime model: questioning the systemic nature of informal social control. Social Problems, 44:520-536.

Warr, M. (1984). Fear of victimization: why are women and the elderly more afraid?. Social Science Quarterly, 65: 681-702.

Warr, M. & Stanfford, M. (1991). The influence of deliqneunt peers: what they think or what they do. Criminology, 29(4):851-865.

Wasserman, I. (1984). Imitation and suicide: a reexamination of the Werther effect. American Socioligcal Review, 49:427-436.

Weisburd, D. (2014). The law of crime concentration and the criminology of place, Criminology, 53(2):133-157.

Weisburd, D. & Eck, J.E. (2004). What can police do to reduce crime, disorder, and fear?, Annals of the American Academy of Political and Social Science, 593:42-65.

Weisburd, D. & Green, L. (1995). Policing drug hot spots: the Jersey City drug market analysis experiment. Justice Quarterly, 12(4):711-735.

Weitzer, R. (1999). Citizens' perceptions of police misconduct: race and neighborhood context. Justice Quarterly, 16(4): 819-846.

Weitzer, R. & Tuch, A.S. (2004). Race and perceptions of police misconduct. Social Problems, 51(3): 305-325.

Wells, W., Schafer, A. J., Varano, P. S., & Bynum, S. T. (2006). Neighborhood residents' production of order: the effects of collective efficacy on responses to neighborhood problems. Crime and Delinquency, 52(4): 523-550.

Welsh, B.C. & Farrington, D.P. (2002). Crime prevention effects of closed circuit television: a systematic review. London, UK: Home Office.

Werthman, C. & Piliavin, I. (1967). Gang members and the police, In Bordua, D.(ed.). The police: six sociological essays. New York: John Wiley & Sons.

Wilcox, P., May, D.C., & Roberts, S.D. (2006). Student weapon possession and the fear and victimization hypothesis: unraveling the temporal order, Justice Quarterly, 23:502-529.

Williams, K.R. & Hawkins, G.J. (1986). Perceptual research on general deterrence: a critical review. Law and Society Review, 20(4):545-572.

Winfree, I., Thomas, Jr., Teresa, V.B., & Larry, M. (1994). Social learning theory, self reported delinquency, and youth gangs: a new twist on a general theory of crime and delinquency. Youth and Society, 26:147–177.

Wilson, W.J. (1987). The truly disadvantaged: the inner city, the underclass and public policy, Chicago: University of Chicago Press.

Wilson, J.Q. & Boland, B. (1978). The effect of the police on crime. Law & Society, 12:367–390.

Wilson, J.Q. & Kelling, G. (1982). The police and neighborhood safety: broken windows. Atlantic Monthly, 211: 29–38.

Worrall, L.J. (1999). Public perceptions of police efficacy and image: the fuzziness of support for the police. American Journal of Criminal Justice, 24:47–66.

Wright, R.T. & Decker, S.H.(1994). Burglars on the job: street life and residential break-ins. Boston: Northeastern University Press.

Wycoff, M.A. & Oettmeier, T.N. (1994). Evaluating patrol officer performance under community policing. Washington, DC: National Institute of Justice.

Wycoff, M.A. & Skogan, W.G. (1986). Storefront police officers: the Houston field test. In Rosenbaum, D. (ed.). Community Crime Prevention: Does it Work? CA: Sage.

Xie, M. (2014). Area differences and time trends in crime reporting: comparing New York with other metropolitan areas, Justice Quarterly, 31:43–73.

Xu, Y., Fiedler, M.L. & Flaming, K.H. (2005). Discovering the impact of community policing: the broken windows thesis, collective efficacy, and citizens' judgment. Journal of Research in Crime and Delinquency, 42(2): 147–186.

Zhao, J.S. & Lovrich, P.N. (2003). Community policing: did it change the basic functions of policing in the 1990s? a national follow-up study. Justice Quarterly, 20(4):697–724.

Zhao, J.S., Lowrich, Q.C., & Thurman, N.P. (1999). The status of community police in American cities: facilitation and impediments revisited. Policing: An International Journal of Police Strategies and Management, 22(1):74–92.

Zhao, J.S., Scheider, M., & Thurman. Q.C. (2002). The effect of police presence on public fear reduction and satisfaction: a review of literature. The Justice Professional 15: 273–299.

Zimmerman, G.M. & Messner, S.F. (2011). Neighborhood context and nonlinear peer effects on adolescent violent crime. Criminology, 49(3):873–903.

부 록

범죄예방 건축기준 고시

[시행 2019. 7. 31.] [국토교통부고시 제2019-394호, 2019. 7. 24, 일부개정.]

제1장 총칙

제1조(목적) 이 기준은 「건축법」 제53조의2 및 「건축법 시행령」 제61조의3에 따라 범죄를 예방하고 안전한 생활환경을 조성하기 위하여 건축물, 건축설비 및 대지에 대한 범죄예방 기준을 정함을 목적으로 한다.

제2조(용어의 정의) 이 기준에서 사용하는 용어의 정의는 다음과 같다.

1. “자연적 감시”란 도로 등 공공 공간에 대하여 시각적인 접근과 노출이 최대화되도록 건축물의 배치, 조경, 조명 등을 통하여 감시를 강화하는 것을 말한다.
2. “접근통제”란 출입문, 담장, 울타리, 조경, 안내판, 방범시설 등(이하 “접근통제시설”이라 한다)을 설치하여 외부인의 진·출입을 통제하는 것을 말한다.
3. “영역성 확보”란 공간배치와 시설물 설치를 통해 공적공간과 사적공간의 소유권 및 관리와 책임 범위를 명확히 하는 것을 말한다.
4. “활동의 활성화”란 일정한 지역에 대한 자연적 감시를 강화하기 위하여 대상 공간 이용을 활성화 시킬 수 있는 시설물 및 공간 계획을 하는 것을 말한다.
5. “건축주”란 「건축법」 제2조제1항제12호에 따른 건축주를 말한다.
6. “설계자”란 「건축법」 제2조제1항제13호에 따른 설계자를 말한다.

제3조(적용대상) ① 이 기준을 적용하여야 하는 건축물은 다음 각 호의 어느 하나에 해당하는 건축물을 말한다.

1. 「건축법 시행령」 (이하 “영”이라 한다) 별표 1 제2호의 공동주택(다세대주택, 연립주택, 아파트)
2. 영 별표 1 제3호가목의 제1종근린생활시설(일용품 판매점)
3. 영 별표 1 제4호거목의 제2종근린생활시설(다중생활시설)

4. 영 별표 1 제5호의 문화 및 집회시설(동·식물원을 제외한다)

5. 영 별표 1 제10호의 교육연구시설(연구소, 도서관을 제외한다.)

6. 영 별표 1 제11호의 노유자시설

7. 영 별표 1 제12호의 수련시설

8. 영 별표 1 제14호나목2)의 업무시설(오피스텔)

9. 영 별표 1 제15호다목의 숙박시설(다중생활시설)

10. 영 별표 1 제1호의 단독주택(다가구주택)

② 삭제

제2장 범죄예방 공통기준

제4조(접근통제의 기준) ① 보행로는 자연적 감시가 강화되도록 계획되어야 한다. 다만, 구역적 특성상 자연적 감시 기준을 적용하기 어려운 경우에는 영상정보처리기기, 반사경 등 자연적 감시를 대체할 수 있는 시설을 설치하여야 한다.

② 대지 및 건축물의 출입구는 접근통제시설을 설치하여 자연적으로 통제하고, 경계 부분을 인지할 수 있도록 하여야 한다.

③ 건축물의 외벽에 범죄자의 침입을 용이하게 하는 시설은 설치하지 않아야 한다.

제5조(영역성 확보의 기준) ① 공적(公的) 공간과 사적(私的) 공간의 위계(位階)를 명확하게 인지할 수 있도록 설계하여야 한다.

② 공간의 경계 부분은 바닥에 단(段)을 두거나 바닥의 재료나 색채를 달리하거나 공간 구분을 명확하게 인지할 수 있도록 안내판, 보도, 담장 등을 설치하여야 한다.

제6조(활동의 활성화 기준) ① 외부 공간에 설치하는 운동시설, 휴게시설, 놀이터 등의 시설(이하 "외부시설"이라 한다)은 상호 연계하여 이용할 수 있도록 계획하여야 한다.

② 지역 공동체(커뮤니티)가 증진되도록 지역 특성에 맞는 적정한 외부시설을 선정하여 배치하여야 한다.

제7조(조경 기준) ① 수목은 사각지대나 고립지대가 발생하지 않도록 식재하여야 한다.

② 건축물과 일정한 거리를 두고 수목을 식재하여 창문을 가리거나 나무를 타고 건축물 내부로 범죄자가 침입할 수 없도록 하여야 한다.

제8조(조명 기준) ① 출입구, 대지경계로부터 건축물 출입구까지 이르는 진입로 및 표지판에는 충분한 조명시설을 계획하여야 한다.

② 보행자의 통행이 많은 구역은 사물의 식별이 쉽도록 적정하게 조명을 설치하여야 한다.

③ 조명은 색채의 표현과 구분이 가능한 것을 사용해야 하며, 빛이 제공되는 범위와 각도를 조정하여 눈부심 현상을 줄여야 한다.

제9조(영상정보처리기기 안내판의 설치) ① 이 기준에 따라 영상정보처리기기를 설치하는 경우에는 「개인정보보호법」 제25조제4항에 따라 안내판을 설치하여야 한다.

② 제1항에 따른 안내판은 주·야간에 쉽게 식별할 수 있도록 계획하여야 한다.

제3장 건축물의 용도별 범죄예방 기준

제10조(100세대 이상 아파트에 대한 기준) ① 대지의 출입구는 다음 각 호의 사항을 고려하여 계획하여야 한다.

1. 출입구는 영역의 위계(位階)가 명확하도록 계획하여야 한다.
2. 출입구는 자연적 감시가 쉬운 곳에 설치하며, 출입구 수는 효율적인 관리가 가능한 범위에서 적정하게 계획하여야 한다.
3. 조명은 출입구와 출입구 주변에 연속적으로 설치하여야 한다.

② 담장은 다음 각 호에 따라 계획하여야 한다.

1. 사각지대 또는 고립지대가 생기지 않도록 계획하여야 한다.
2. 자연적 감시를 위하여 투시형으로 계획하여야 한다.
3. 울타리용 조경수를 설치하는 경우에는 수고 1미터에서 1.5미터 이내인 밀생 수종을 일정한 간격으로 식재하여야 한다.

③ 부대시설 및 복리시설은 다음 각 호와 같이 계획하여야 한다.

1. 부대시설 및 복리시설은 주민 활동을 고려하여 접근과 자연적 감시가 용이한 곳에 설치하여야 한다.
2. 어린이놀이터는 사람의 통행이 많은 곳이나 건축물의 출입구 주변 또는 각 세대에서 조망할 수 있는 곳에 배치하고, 주변에 경비실을 설치하거나 영상정보처리기기를 설치하여야 한다.

④ 경비실 등은 다음 각 호와 같이 계획하여야 한다.

1. 경비실은 필요한 각 방향으로 조망이 가능한 구조로 계획하여야 한다.
2. 경비실 주변의 조경 등은 시야를 차단하지 않도록 계획하여야 한다.
3. 경비실 또는 관리사무소에 고립지역을 상시 관망할 수 있는 영상정보처리기기 시스템을 설치하여야 한다.

4. 경비실·관리사무소 또는 단지 공용공간에 무인 택배보관함의 설치를 권장한다.

⑤ 주차장은 다음 각 호와 같이 계획하여야 한다.

1. 주차구역은 사각지대가 생기지 않도록 하여야 한다.
2. 주차장 내부 감시를 위한 영상정보처리기기 및 조명은 「주차장법 시행규칙」에 따른다.
3. 차로와 통로 및 출입구의 기둥 또는 벽에는 경비실 또는 관리사무소와 연결된 비상벨을 25미터 이내 마다 설치하고, 비상벨을 설치한 기둥(벽)의 도색을 차별화하여 시각적으로 명확하게 인지될 수 있도록 하여야 한다.
4. 여성전용 주차구획은 출입구 인접지역에 설치를 권장한다.

⑥ 조경은 주거 침입에 이용되지 않도록 식재하여야 한다.

⑦ 건축물의 출입구는 다음 각 호와 같이 계획하여야 한다.

1. 출입구는 접근통제시설을 설치하여 접근통제가 용이하도록 계획하여야 한다.
2. 출입구는 자연적 감시를 할 수 있도록 하되, 여건상 불가피한 경우 반사경 등 대체 시설을 설치하여야 한다.
3. 출입구에는 주변보다 밝은 조명을 설치하여 야간에 식별이 용이하도록 하여야 한다.
4. 출입구에는 영상정보처리기기 설치를 권장한다.

⑧ 세대 현관문 및 창문은 다음 각 호와 같이 계획하여야 한다.

1. 세대 창문에는 별표 1 제1호의 기준에 적합한 침입 방어 성능을 갖춘 제품과 잠금장치를 설치하여야 한다.
2. 세대 현관문은 별표 1 제2호의 기준에 적합한 침입 방어 성능을 갖춘 제품과 도어체인을 설치하되, 우유투입구 등 외부 침입에 이용될 수 있는 장치의 설치는 금지한다.

⑨ 승강기·복도 및 계단 등은 다음 각 호와 같이 계획하여야 한다.

1. 지하층(주차장과 연결된 경우에 한한다) 및 1층 승강장, 옥상 출입구, 승강기 내부에는 영상정보처리기기를 설치하여야 한다.
2. 계단실에는 외부공간에서 자연적 감시가 가능하도록 창호를 설치하고, 계단실에 영상정보처리기기를 1개소 이상 설치하여야 한다.

⑩ 건축물의 외벽은 침입에 이용될 수 있는 요소가 최소화되도록 계획하고, 외벽에 수직 배관이나 냉난방 설비 등을 설치하는 경우에는 지표면에서 지상 2층으로 또는

옥상에서 최상층으로 배관 등을 타고 오르거나 내려올 수 없는 구조로 하여야 한다.

⑪ 건축물의 측면이나 뒷면, 정원, 사각지대 및 주차장에는 사물을 식별할 수 있는 적정한 조명을 설치하되, 여건상 불가피한 경우 반사경 등 대체 시설을 설치하여야 한다.

⑫ 전기·가스·수도 등 검침용 기기는 세대 외부에 설치한다. 다만, 외부에서 사용량을 검침할 수 있는 경우에는 그러하지 아니한다.

⑬ 세대 창문에 방범시설을 설치하는 경우에는 화재 발생 시 피난에 용이한 개폐가 가능한 구조로 설치하는 것을 권장한다.

제11조(다가구주택, 다세대주택, 연립주택, 100세대 미만의 아파트, 오피스텔 등에 관한 사항) 다가구주택, 다세대주택, 연립주택, 아파트(100세대 미만) 및 오피스텔은 다음의 범죄예방 기준에 적합하도록 하여야 한다.

1. 세대 창호재는 별표 1의 제1호의 기준에 적합한 침입 방어성능을 갖춘 제품을 사용한다.
2. 세대 출입문은 별표 1의 제2호의 기준에 적합한 침입 방어 성능을 갖춘 제품의 설치를 권장한다.
3. 건축물 출입구는 자연적 감시를 위하여 가급적 도로 또는 통행로에서 볼 수 있는 위치에 계획하되, 부득이 도로나 통행로에서 보이지 않는 위치에 설치하는 경우에 반사경, 거울 등의 대체시설 설치를 권장한다.
4. 건축물의 외벽은 침입에 이용될 수 있는 요소가 최소화되도록 계획하고, 외벽에 수직 배관이나 냉난방 설비 등을 설치하는 경우에는 지표면에서 지상 2층으로 또는 옥상에서 최상층으로 배관 등을 타고 오르거나 내려올 수 없는 구조로 하여야 한다.
5. 건축물의 측면이나 뒤면, 출입문, 정원, 사각지대 및 주차장에는 사물을 식별할 수 있는 적정한 조명 또는 반사경을 설치한다.
6. 전기·가스·수도 등 검침용 기기는 세대 외부에 설치하는 것을 권장한다. 다만, 외부에서 사용량을 검침할 수 있는 경우에는 그러하지 아니한다.
7. 담장은 사각지대 또는 고립지대가 생기지 않도록 계획하여야 한다.
8. 주차구역은 사각지대가 생기지 않도록 하고, 주차장 내부 감시를 위한 영상정보처리기기 및 조명은 「주차장법 시행규칙」에 따른다.
9. 건축물의 출입구, 지하층(주차장과 연결된 경우에 한한다), 1층 승강장, 옥상 출입구, 승강기 내부에는 영상정보처리기기 설치를 권장한다.

10. 계단실에는 외부공간에서 자연적 감시가 가능하도록 창호 설치를 권장한다.

11. 세대 창문에 방범시설을 설치하는 경우에는 화재 발생 시 피난에 용이한 개폐가 가능한 구조로 설치하는 것을 권장한다.

12. 단독주택(다가구주택을 제외한다)은 제1호부터 제11호까지의 규정 적용을 권장한다.

제12조(문화 및 집회시설 · 교육연구시설 · 노유자시설 · 수련시설에 대한 기준) ① 출입구 등은 다음 각 호와 같이 계획하여야 한다.

1. 출입구는 자연적 감시를 고려하고 사각지대가 형성되지 않도록 계획하여야 한다.
2. 출입문, 창문 및 셔터는 별표 1의 기준에 적합한 침입 방어 성능을 갖춘 제품을 설치하여야 한다. 다만, 건축물의 로비 등에 설치하는 유리출입문은 제외한다.

② 주차장의 계획에 대하여는 제10조제5항을 준용한다.

③ 차도와 보행로가 함께 있는 보행로에는 보행자등을 설치하여야 한다.

제13조(일용품 소매점에 대한 기준) ① 영 별표 1 제3호의 제1종 근린생활시설 중 24시간 일용품을 판매하는 소매점에 대하여 적용한다.

② 출입문 또는 창문은 내부 또는 외부로의 시선을 감소시키는 필름이나 광고물 등을 부착하지 않도록 권장한다.

③ 출입구 및 카운터 주변에 영상정보처리기기를 설치하여야 한다.

④ 카운터는 배치계획상 불가피한 경우를 제외하고 외부에서 상시 볼 수 있는 위치에 배치하고 경비실, 관리사무소, 관할 경찰서 등과 직접 연결된 비상연락시설을 설치하여야 한다.

제14조(다중생활시설에 대한 기준) ① 출입구에는 출입자 통제 시스템이나 경비실을 설치하여 허가받지 않은 출입자를 통제하여야 한다.

② 건축물의 출입구에 영상정보처리기기를 설치한다.

③ 다른 용도와 복합으로 건축하는 경우에는 다른 용도로부터의 출입을 통제할 수 있도록 전용출입구의 설치를 권장한다. 다만, 오피스텔과 복합으로 건축하는 경우 오피스텔 건축기준(국토교통부고시)에 따른다.

제15조(재검토기한) 국토교통부장관은 「훈령 · 예규 등의 발령 및 관리에 관한 규정」(대통령 훈령 제334호)에 따라 이 고시에 대하여 2018년 7월 1일 기준으로 매3년이 되는 시점(매 3년째의 6월 30일까지를 말한다)마다 그 타당성을 검토하여 개선 등의 조치를 하여야 한다.

부칙 〈제2019-394호, 2019. 7. 24.〉

제1조(시행일) 이 고시는 2019년 7월 31일부터 시행한다.

제2조(적용례) 이 기준은 시행 후 「건축법」 제11조에 따라 건축허가를 신청하거나 「건축법」 제14조에 따라 건축신고를 하는 경우 또는 「주택법」 제15조에 따라 주택사업계획의 승인을 신청하는 경우부터 적용한다. 다만, 「건축법」 제4조의2에 따른 건축위원회의 심의 대상인 경우에는 「건축법」 제4조의2에 따른 건축위원회의 심의를 신청하는 경우부터 적용한다.

저 / 자 / 소 / 개

뉴욕시립대학교 존제이형사사법대학(CUNY-John Jay College of Criminal Justice) 박사

- 계명대학교 경찰행정학과 부교수
- 대구시 경관위원회 위원
- 대구시 여성행복위원회 위원
- 대구시 건축위원회 위원
- 경상북도 경관위원회 위원
- 대구지방경찰청 시민감찰위원회 위원
- 한국공안행정학회 이사
- 한국셉테드학회 이사
- 한국경찰학회 이사
- 한국경찰연구학회 이사
- 한국범죄심리학회 이사
- 한국치안행정학회 이사

주요 연구주제

저자는 2008년부터 경찰학과 범죄학의 다양한 연구주제를 다룬 50편의 연구논문을 발표하였음. 또한 불법도박, 성폭력, 테러 등 다양한 사회문제와 관련된 정책연구용역을 10건 이상 수행하였음. 특히 2013년부터 지역사회와 범죄예방이라는 주제를 중심으로 CCTV, 안심귀갓길 조성사업, 범죄예방환경개선사업 등의 효과성을 검증하는 연구에 매진하고 있음.

도서출판
그린

공간과 범죄예방

Green Pub.

인 쇄 ▶	2021년 05월 18일
발 행 ▶	2021년 05월 21일
저 자 ▶	윤 우 석
발행처 ▶	도서출판 **그린**
발행인 ▶	윤 덕 우
출판등록 ▶	제8-161호(1995. 5. 3.)
주 소 ▶	경기 파주시 가람로116번길107 운정한강듀클래스 411호
전 화 ▶	02)333-2574, 2575
Fax ▶	02)333-2561
E-mail ▶	greenpress@greenpress.co.kr
Homepage ▶	http://www.greenpress.co.kr

정가 : 21,000원

ISBN 978-89-5727-329-6